中国特色社会主义政治经济学理论

The Political Economy Theory of Socialism with Chinese Characteristics

主　编：丁任重
副主编：盖凯程

中国社会科学出版社

图书在版编目（CIP）数据

中国特色社会主义政治经济学理论／丁任重主编．—北京：中国社会科学出版社，2020.12
ISBN 978-7-5203-7216-9

Ⅰ.①中… Ⅱ.①丁… Ⅲ.①中国特色社会主义—社会主义政治经济学 Ⅳ.①F120.2

中国版本图书馆 CIP 数据核字（2020）第 175320 号

出 版 人	赵剑英
责任编辑	王 衡
责任校对	朱妍洁
责任印制	王 超

出　版	中国社会科学出版社
社　址	北京鼓楼西大街甲 158 号
邮　编	100720
网　址	http://www.csspw.cn
发 行 部	010-84083685
门 市 部	010-84029450
经　销	新华书店及其他书店
印　刷	北京明恒达印务有限公司
装　订	廊坊市广阳区广增装订厂
版　次	2020 年 12 月第 1 版
印　次	2020 年 12 月第 1 次印刷
开　本	710×1000　1/16
印　张	43.5
字　数	786 千字
定　价	239.00 元

凡购买中国社会科学出版社图书，如有质量问题请与本社营销中心联系调换
电话：010-84083683
版权所有　侵权必究

目 录

导 论

中国经济学构建的若干问题 ……………………………………………（3）

第一篇　中国特色社会主义政治经济学定位、品质及体系构建的研究

关于中国特色社会主义政治经济学研究的几点认识 ……………（19）
新时代政治经济学的学科定位 ……………………………………（29）
论当代中国马克思主义政治经济学的品质 ………………………（32）
中国特色社会主义政治经济学的理论品质及其在新时代的
　　最新发展 ………………………………………………………（36）
中国马克思主义经济学主流地位的嬗变：比较的视角 …………（51）
经济新常态与新常态经济学：范式转向的视角 …………………（64）
马克思主义政治经济学创新与发展的方法论逻辑 ………………（76）
拓展习近平新时代中国特色社会主义政治经济学研究的传播体系 ……（92）

第二篇　中国特色社会主义基本经济制度

不断推进和深化经济体制改革 ……………………………………（107）
中国特色社会主义政治经济学要系统化研究社会主义基本经济
　　制度的重大理论问题 …………………………………………（110）

完善社会主义市场经济体制与财产权法律保护制度的构建
——政治经济学的视角 …………………………………… (118)
马克思关于收入分配的公平正义思想与中国特色社会主义
实践探索 ……………………………………………………… (138)
我国转型期财产权结构及其矛盾的政治经济学分析 ……………… (153)
新中国经济制度变迁：理论逻辑与实践探索
——纪念新中国成立70周年 …………………………… (169)
"国进民进"：中国所有制结构演进的历时性特征
——兼驳"国进民退"论 ………………………………… (189)
改革开放四十年中国特色社会主义收入分配理论回顾与展望 …… (210)
习近平精准扶贫脱贫重要论述的内在逻辑与实现机制研究 ……… (223)
精准扶贫、精准脱贫战略思想的理论价值 ………………………… (239)
新时代共同富裕的理论发展与实现路径 …………………………… (249)

第三篇　中国特色社会主义经济运行

供给侧结构性改革的政治经济学分析 ……………………………… (265)
国有企业改革的困境及出路
——基于动态关系治理的新视角 ………………………… (279)
关于公益性国有企业的理论探讨 …………………………………… (293)
国际垄断资本的全球扩张与中国国有企业改革 …………………… (307)
做强做优做大国有企业符合人民的根本利益 ……………………… (321)
价值关系矛盾运动逻辑中的供给侧结构性改革 …………………… (329)
供需动态平衡视角下的供给侧结构性改革
——兼论其微观基础与制度保障 ………………………… (347)
《资本论》视域下的供给侧结构性改革
——基于马克思社会总资本再生产理论 ………………… (360)
中国城镇化的供给侧结构性改革
——一个政治经济学分析框架 …………………………… (376)

第四篇　中国特色社会主义经济发展

以科技创新促转型稳增长 …………………………………… (425)
共享发展理念与中国特色社会主义的实践探索 …………… (439)
中国特色社会主义政治经济学的共享发展研究 …………… (447)
新时期技术创新与我国经济周期性波动的再思考 ………… (463)
人工智能与新时代中国特色社会主义政治经济学的映射及其
　　政策价值 ……………………………………………………… (487)
利润率下降与中国经济新常态 ……………………………… (499)
新常态下我国经济增长动力新解
　　——基于"创新、协调、绿色、开放、共享"的
　　　测算与对比 ………………………………………………… (517)
新时代中国省际经济发展质量的测度、预判与路径选择 ………… (534)
马克思的生态经济理论与我国经济发展方式的转变 ………… (558)
构建以用益物权为内涵属性的农村土地使用权制度 ………… (579)
财政支农资金转为农村集体资产股权量化改革、资源禀赋与
　　农民增收
　　——基于广元市 572 份农户问卷调查的实证研究 ………… (598)
对坚持和完善农村基本经营制度的新探索 ………………… (617)
习近平新时代农地"三权"分置的实践探索 ………………… (630)
农地非农化制度的变迁逻辑：从征地到集体经营性建设用地
　　入市 …………………………………………………………… (647)

参考文献 ……………………………………………………… (660)

导　论

中国经济学构建的若干问题

刘诗白*

要不要建立中国经济学,怎样建立中国经济学,学术界存在不同看法。本文拟就这一问题略抒己见。

一 中国经济学产生的条件和内涵

1. 中国改革、开放新时代的需要

经济理论总是在一定条件下,适应时代的需要而形成。18世纪英国的资产阶级革命产生了以斯密和李嘉图为代表的英国古典经济学。此后的200多年,适应欧美资本主发展变化,经济学也不断发展变化,递次出现了众多的流派。这一长期流行和发展演变于发达资本主义国家的经济理论,我们通称为西方经济学。

19世纪30年代以来,美国和西欧工人运动产生了马克思的经济学,恩格斯称之为"科学的,独立的,德国经济学"[①],它在20世纪表现为列宁、斯大林的政治经济学以及其他国家的马克思主义经济学流派。

中国共产党强调把马克思主义和中国实际相结合。20世纪40年代毛泽东在延安就倡导实行马克思主义中国化,在50年代中叶中国的社会主义建设中,也提倡从本国国情出发,走出一条自己的道路。但是由于社会主义的理论准备薄弱,具有自身特色的、开创性的社会主义实践和理论探

---

* 本文选自刘诗白《中国经济学构建的若干问题》,《经济学家》1997年第1期。

① 恩格斯曾这样指出,"当德国的资产阶级、学究和官僚把英法经济学的初步原理当做不可侵犯的教条死记硬背,力求多少有些了解的时候,德国无产阶级的政党出现了。它的全部理论来自对政治经济学的研究,它一出现,科学的、独立的、德国的经济学也就产生了。这种德国的经济学本质上是建立在唯物主义历史观的基础上的"。《马克思恩格斯文集》第2集,人民出版社2009年版,第596—597页。

索未获成功，致使中国在社会主义经济建设上仍然摆不脱苏式计划体制的模式，在经济理论上则仍然师承和束缚于斯大林的《苏联社会主义经济问题》和苏联的政治经济学教科书。

中国真正的独立的经济学研究肇始于1978年的改革开放。在小平同志建设有中国特色社会主义理论的指导下，中国把社会主义市场体制作为经济改革的目标模式，走上了一条建设社会主义的崭新道路。中国不再师承东方，因为中国面对如此众多的建立社会主义市场体制的新问题，是根本不可能从传统的政治经济学理论中求得解答的。中国也不照搬西方，因为建立有中国特色的社会主义要着眼于解决把市场体制与社会主义制度有机结合，这是西方经济学很少涉及和不可能加以阐明的新课题。因此，改革开放要求人们必须解放思想，立足实际，针对新情况、新问题进行创造性的思维，得出新答案，形成新原理。同时，改革开放又呼唤经济理论的创新。中国经济学的产生，正是顺应了时代的潮流。

2. 中国经济学的内涵

中国经济学，其核心和主干是理论经济学或政治经济学。因为政治经济学旨在揭示社会经济活动的本质联系，是分析和揭示社会多样经济活动、多层次经济关系的理论基础。因而，建立中国经济学，首先要着眼于政治经济学的革新，谋求在构建社会主义市场经济的新的历史条件下，重新审视和科学阐述经济学的基本原理，写出更好更适用的政治经济学专著。20世纪80年代以来，我国新编出了一批政治经济学教科书，但是情况远远不能令人满意。就政治经济学社会主义部分来说，多数教材存在的缺陷是：

（1）对社会主义市场经济进行浮光掠影式的描述，大多像是对政策的浅释。面对向社会主义制度转换的规律，对实行社会主义市场经济的制度特征，如所有制性质和实现形式、收入分配性质和机制、市场体制的基本框架及其运行机制等，尚未能在科学抽象的高度上予以阐明。

（2）体制转轨的进程及其规律的分析和阐述更是薄弱环节。如对体制转轨进程的启动点，中心环节（不同阶段又有变化），重点突破与全面推进的方式，难点如何攻克、阻力如何克服，宏观环境（如通胀）、自然环境（如农业歉收）、国际环境变动下改革如何相适应，改革中渐进与激进的关系，改革力度的加强与适时调节等问题，人们还来不及进行总结和从理论上加以阐明。主体理论内容的缺乏和薄弱，成为当前新编政治经济学社会主义部分的"胎记"。

（3）现实的经济体制在进行根本性的转变，因此政治经济学社会主义部分的逻辑起点、基本线索、理论结构和体系，理所当然应该有重大调整和重构。这是新教材编写应予解决的，但实际上却又是十分困难的问题。

经济学基础理论及其教材建设大大滞后于改革开放的进程，这就要求人们大力进行经济基本理论的研究，特别是社会主义市场经济基本理论的研究，这一研究将成为中国经济学的主要内容。

中国实行的社会主义市场体制，（1）它把市场机制引进于社会主义的制度框架之中，谋求市场机制与公有制的有机结合；（2）它引入和利用多种收入机制，谋求使有差别的收入和共同富裕相统一；（3）它引入和利用多种所有制，谋求所有制多元化和公有制为主体相统一。上述这些问题，是以往的经济学（包括马克思主义经济学与西方经济学）未曾涉及的，更谈不上加以解决。上述问题似乎都包含着难以调和的矛盾，站在传统理论的基点上，似乎是难以求解的哥德巴赫命题。改革的新实践需要人们重新研究和进行马克思主义创新。抱住陈旧的观念不放，是不可能阐释改革及其带来的新情况和新问题的。同时，它需要人们重新研究，批判地汲取和发展市场经济理论：要懂得市场经济微观主体的性质、活动动机、组织结构、运行机制；懂得市场机制，"看不见的手"起作用的全套体制和机制；懂得由"看不见的手"进行引导的宏观调控机制。特别是要研究上述结构、机制在公有制制度框架内所发生的新变化和具有的新特点。显然，这不仅需要汲取西方市场经济理论的积极要素，而且要在马克思主义经济学的理论基础上，改造现代市场经济理论，从而形成崭新的社会主义市场经济理论。

中国体制改革的设计师邓小平，在社会主义发展的关键时期，提出以经济建设为中心，实行改革开放，以社会主义市场体制为目标等一整套路线和方针，为中国的革命和建设事业指明了航向。他依据马克思主义的学说，冷静地总结了国际和国内的经验，基于中国新时期的新情况和新实践，对什么是社会主义和如何建设社会主义这一根本问题以及在中国如何实行改革开放和加快发展等重大问题进行了新的探索，提出了一系列新原理和新命题，形成了建设有中国特色的社会主义理论。邓小平理论是当代的马克思主义。其理论体系的特色是解放思想、实事求是，特别是体现了马克思主义的求实、创新精神。邓小平的社会主义市场经济理论拥有极其丰富的思想内涵，是马克思主义经济学的新发展，也是当前进一步研讨、发展和形成中国经济学的理论基础。

中国经济学的构建和形成，其性质已经不只是一般的理论联系实际，"拿马克思经济学之弓，射中国社会主义经济之的"，而是要大力进行理论创新；不仅仅要发展马克思经济学，而且要研究、借鉴和发展西方市场理论，以丰富马克思主义经济学。我们应该从中国改革的伟大历史转变出发，从经济学大发展的高度出发，来认识中国经济学的内涵，以及它的现实任务和理论使命。

由此可见，中国经济学是社会主义中国实行改革开放这一伟大历史性的制度创新的产物。正在形成中的中国经济学是：以马克思主义和小平同志的理论为指导，以中国改革开放和建设社会主义的实践为泉源，科学地反映和深入揭示当代中国社会主义建设的规律，批判地汲取西方经济学的积极要素和继承中国历史上的经济学优秀遗产，这样具有中国的理论特色、风格与气派的新经济学，是马克思主义经济学的新发展。

二 中国经济学要"学以致用"

经济科学是对社会生产和各种经济活动的内在联系的理论阐明，它通过一系列经济学范畴，对支配人类经济活动的多种多样的规律（基本规律和非基本规律）和规律体系予以科学分析和理论阐明。具体地说，它把某一经济活动与现象归结为：这是什么？为什么这样？从而把十分复杂的社会经济活动，归结为简要的要素，即生产、交换、分配与消费；并揭示要素的内在结构和各个要素之间的因果关系，从而使表现得杂乱无章的经济生活呈现出逻辑的联系性和有序性。可见，经济学首先是一门理论经济学，它对社会物质生产和多样经济活动予以理论的说明。

科学不只是要说明世界，而且要指导人们去改变、发展和完善世界。对于作为社会科学的经济学来讲，它的指导实践，服务于社会经济生活的"致用功能"更是十分明显。Economv 一词，在希腊语中就是指对家庭收入的管理。亚里士多德就强调使用价值财富的获取，即致富，并将这种活动的研究称为"家计"或经济。"政治经济学"在西欧，从中世纪到19世纪，一直被视为是"使国家致富"的研究。20世纪30年代以来，发达资本主义国家实行"有调控的市场经济"，当代西方经济学更是强化了它的应用的功能。而马克思主义经济学更是公开宣称：它要服务于无产阶级批判旧世界、创造新世界的目标,从而更加强调它的致用功能。尽管不是所有的经济学都强调重视致用,西方经济学发展中曾经不断有脱离实际,甚至钻牛角尖的倾向。当代世界各国的实践表明,经济生活矛盾越多,越是需要经济理论的指导。这一严峻的现实,使多数经济学家在经济学的致用性上大体有了共识。可以说,当今世界人们对经济学进行社会评价的标准,越发偏重它的指导社会改造、经济改革和经济发展的实践效果。因此,经济学不仅要深刻全面地说明某一经济现象,即(1)它是什么,(2)为什么这样,而且还应说明(3)人们应该进一步怎么做。如果理论脱离实际,片面追求形式的"完美性",逻辑推导即使有如数学一样的精确性,"体系的全面而系统","博大而精深",却不能说明经济生活中的重大现实问题,这种缺乏实践功能的理论无疑也是十分苍白的。

当前,我国正处在改革开放、建设有中国特色社会主义的新时期,更是需要构建一门理论与实践密切结合,具有强实践功能的经济学。需要从理论上说明并解决好:什么是市场经济?什么是社会主义市场经济和怎样来建设社会主义市场经济?传统高度集中的计划体制下,政策更多地"出自上边",经济学家难以发挥决策咨询与参与功能,因而经济学主要是对现行政策的理论说明。在市场体制的新模式下,需要充分发挥决策的民主化和科学化,经济学家以各种形式,参与政府决策和企业经营决策,并通过实践的总结,形成新结论和新原理,不断推动经济学理论的发展和创新。倡导学以致用和务实,不只是出于现实的功利的考虑,而且是为了使理论紧密结合实际,在新的实践中受检验,获得创新和发展。改革开放以来,越来越多的经济学家,热心和投身于对社会经济广阔领域内各种各样的新矛盾、新问题的研究,不仅阐明是什么,为什么,而且指出应该做什么和怎样做。可以说,马克思主义的理论联系实际的良好学风和致用的务实精神,在中国经济学界已经有了鲜明的表现,这是一种十分可喜的现象。发扬"学以致用"的务实精神,更加自觉地使经济学研究聚焦于改革开放和经济发展的实际问题,是进一步发展经济理论的需要,也应该是中国经济学的重要特征。

三 拓宽经济学的研究范围

经济学以经济领域为研究对象,政治经济学要研究生产,包括生产的目的、内在要素、社会条件,即生产一般;以及特定条件下生产要素的性质、特定活动动机、具体的组织、运行方式和社会制度条件。由于政治经济学的致用性质，在近代资本主义产生以来的不同的历史时期，适应不同的阶级、阶层、集团的现实利益，政治经济学在研究对象和范围、理论的侧重点和研究方法上，呈现出许多差别，表现为多种流派。

重农主义、重商主义侧重于国民经济的某些方面的分析，还未形成十分系统和完整的经济学。对资本主义经济进行全方位研究的是亚当·斯密，他开创了从生产、交换、分配、消费等环节来进行的"国民经济"研究，并将政策也纳入政治经济学的研究领域。19世纪的奥地利主观效用学派将研究集中于人类主观心理决定的社会需求这一狭小领域。当代西方经济学的主要研究领域是市场经济的运行。20世纪30年代凯恩斯经济学产生后，政治经济学引入了宏观经济运行和政府的调控行为作为研究侧重点。当代资本主义面对加强政府宏观调控，调节收入分配关系，完善微观组织及行为，优化自然经济环境和加强资源利用等一系列新问题，使西方经济学研究范围进一步拓宽。但是对基本"制度"——资本主义所有制——研究的薄弱，成为西方主流经济学的鲜明特征。马克思经济学全面分析了资本主义商品经济的运行机制，它的所有制结构、微观组织的特征、宏观经济运行的条件。但马克思经济学却是以生产关系，即"制度分析"为重点，着眼于揭示资本主义生产关系的产生、形成、发展和为更高的社会主义、共产主义生产关系替代的规律。列宁进一步发展了对生产关系的研究，并且明确地把政治经济学定义为研究生产的社会制度。把研究对象定位于生产关系，其时代背景是20世纪初叶以来资本主义矛盾空前激化的世界经济与政治形势，它适应于当时无产阶级进行社会主义革命的现实需要。第二次世界大战以来，多数社会主义国家长期流行的传统的政治经济学，其蓝本是斯大林《苏联社会主义经济问题》以及苏联编写的《政治经济学教科书》。这种传统理论把研究对象限制在生产关系范围内，排斥对生产力和经济运行的研究。在这种思路下，政治经济学的主要内容是五大经济规律的抽象阐述着眼于论述社会主义制度和体制的优越性，远离了经济运行的现实问题和矛盾，实际上把研究对象锁定于生产关系这一十分狭窄的领域使社会主义经济理论内容十分空洞，越来越不反映，更不解决实际问题。这样的经济学研究，既不能得到他人和社会的重视，又使研究者沮丧，从而经济学的日益衰谢是不可避免的。

1. 为解放和发展生产力服务——中国经济学的重要现实使命①

1978年以来进行的改革开放带来了中国经济的历史性大变化，也带来了经济理论繁荣和兴旺的新局面。社会主义旨在解放和发展生产力，以实现社会共同富裕。为解放生产力和发展生产力服务，理所当然成为中国经济学的重大现实使命。经济学要有所作为，争取大有作为，首先要弄清经济学在社会主义条件下的实践功能。中华人民共和国成立以来人们对社会主义政治经济学实践功能的认识模糊不清，把生产关系作为唯一研究对象的传统观念，长期束缚经济理论研究者的视野，极大地限制了经济学致用于经济建设的功能的发挥。改革开放后和建设中国特色社会主义社会的实践，使政治经济学的现实功能得到了明确，即为经济建设服务，为解放生产力服务。这是经济学的主要功能，也是经济学这一门学科的特点和优势。中国经济学的重要任务，就是要从理论上阐明社会主义中国解放和发展生产力的规律。实践功能的明确，对于中国经济学的发展是十分重要的。因为它既使政治经济学研究获得了新的视野，也大大拓宽了政治经济学的研究范围。

2. 生产关系的完善——中国经济学的重要研究课题

社会主义生产关系的不断完善是发展生产力的根本前提。如何使中国的改革开放充分体现社会主义生产关系的完善，是一篇需要精心做好的大文章，它要求抓好所有制结构、企业、财产结构和收入分配方式、政府宏观调控方式等方面的改革。为此，一方面，人们必须勇于实践，大胆探索，按照"三个有利于"的标准，进一步解放和发展生产力，另一方面，又要使改革体现以公有制为主体和共同富裕。这样的史无前例的改革显然面临着许多难点，也使改革面对着许多风险，需要人们始终保持头脑清醒；始终坚持党的基本路线，改革的社会主义方向；始终坚持解放思想，实事求是，并且正确引导和解决好改革中出现的各种各样的新问题，以实现社会主义生产关系的发展和完善，从而为解放和发展生产力创造根本经济条件。可见，改革的性质决定了中国经济学要深入研究改革中的深层次的生产关系问题，特别是占有和分配问题。因而，制度分析——指基本制

---

① 传统政治经济学教科书社会主义部分的主体理论是有关社会主义基本经济规律，国民经济有计划、按比例发展规律，劳动生产率不断提高规律，商品生产和价值规律，按劳分配规律等的阐述。

度即生产关系的分析——仍然是政治经济学研究的重要内容。而那种把新时期中国理论经济学归结为就事论事,只是分析具体进程、运行机制,弄清参数的变化,而不需要再进行质的分析和制度完善的研究的看法是不可取的。至于那种反对政治经济学要进行制度——生产关系——分析的主张更是错误的。

3. 经济体制结构的优化——中国经济学研究的重要任务

在实现了生产关系由私有制到公有制变革的社会主义国家,体制的完善,对于生产力的发展具有决定意义。体制完善,则主体行为合理,经济活动的组织高效,运行顺畅,增长快,经济充满活力。体制不适合,则主体行为失序,经济活动效率差,运行就不畅,增长就缓慢,经济就萎靡不振。

社会主义国家在很长时期内实行高度集中的计划体制,这与初生期社会主义所处的环境有关,也与经济理论特别是对体制和经济运行的理论的模糊不清有关。具体地说,与把市场体制和市场运行机制——由"看不见的手"调节的机制当成是资本主义固有特征的错误理论有关。

中国正在进行以建立社会主义市场体制为目标的模式转换和机制转换,为此要构建社会主义市场经济的微观主体,要形成完整的社会主义市场体系,要建立高效的宏观调控体系,还要建立各种各样的中介组织与自律组织,同时还需要改革科技、文化、教育体制,还需要健全法制和发扬政治民主。可见,这是一场全面而深刻的制度创新。它不是要照搬西方模式,而是要按照市场经济的一般规律,汲取西方市场经济实践的积极成果,使市场体制适应公有制和我国具体国情和特点,既充分发挥市场调节的活力,又实行有效的宏观调控,保证经济运行有序,这是一项全新的探索。

实现由计划体制到市场体制的转轨,是一项极其艰巨的任务。如何使市场机制与公有制有机结合,这一全新课题涉及:(1)如何改革和重组国有制经济,寻找和形成公有制的新实现形式,使它充分适应市场机制的作用;(2)如何在多种所有制、经营形式发展中,保证公有制的主体地位;(3)如何形成社会主义市场体系,在实行全面市场化放开价格,充分发挥市场调节作用的同时,加强和完善政府的宏观调控,做到在增强经济活力的同时保持价格和宏观经济运行的稳定;(4)如何形成社会主义收入体制,在允许收入差距拉大中,防止贫富悬殊和两极分化。为较好解决上述问题，需要对社会主义市场经济的体制构架进行深入的理论剖析，揭示社会主义国家市场体制的共性与特性，用它来指导我国社会主义市场体制的构建。例如，企业改革中，坚持企业的独立化、法人化，产权多元化和市场流动化，形成真正的市场主体和法人实体；保证企业的公有制主体地位，国有企业的主导作用，坚持分配的社会公正，坚持收入的调节和差别的合理化；等等。总之，要使中国新经济体制既体现"市场经济的一般"，又体现"社会主义制度的特殊"和具有中国的"具体形式和特色"。这样的体制完善和体制创新，需要不断总结实践经验，发展和形成科学的体制改革和创新理论。这一任务，天然地应由政治经济学来承担。可见，把研究聚焦于体制改革，从理论上全面、系统地阐明社会主义体制改革就成为中国经济学的特色和优势，这一中国经济学具有独特优势的研究领域的理论成果将成为对世界经济学的重要贡献。

4. 经济运行机制的研究——中国经济学的重要内容

经济运行指的是经济活动流，是持续不断的经济活动，如持续不断的生产、购买和销售、消费、投资、股市交易、储蓄和银行信贷、财政支出，以及经济增长、价格波动、就业变动、人口增殖等。

进行动态的研究，分析经济运行，有利于进一步揭示经济的发展趋势和本质特征，因而政治经济学理所当然要对经济运行进行研究。

经济运行可以按经济活动的性质进行分别研究，如生产、交换、分配、消费等运行状况；可以按微观的、中观的、宏观的角度进行研究，如一个企业、一个城市、一个地区或一个国家的经济活动的状况；也可以按各不同主体的角度进行研究，如个人消费行为、企业经营行为、政府的调控行为；等等。

经济运行的状况、特点，取决于多种要素：所有制、经济体制、经济各个有关的要素、政策环境、外部的自然环境等。一般地说，经济体制对主体行为和经济运行状况有着直接的影响，个人的、企业的、政府的行为，无不直接地取决于体制的性质与结构。但是具体的经济运行是相关的多因素的产物。简单的经济运行，如市场经济中的个人消费需求，取决于价格、个人收入和个人主观的消费偏好。而复杂的经济运行，如国民经济运行状况则取决于企业投资、居民消费、储蓄和银行信贷、市场融资、农产品供给、人口增长、体制变迁等一系列的要素。总之，具体的经济运行是在经济的各个环节、要素、层面以及非经济的相关要素——包括科技、文化、环境等作用下形成的，要确定经济运行的性质，揭示其特征，人们就应着力于找出其相关要素，并确定其决定要素。

在市场经济条件下，经济具有自发性，经济运行具有不确定性（uncertainty），特别是为了实行有效的宏观调控，人们需要对各种经济运行状况和发展态势进行研究。实现经济运行的稳定性是社会主义市场体制的重大要求，因此更加需要对宏观、中观、微观经济的多种运行规律进行理论的阐明，这是中国经济学必须承担起的一项任务。对经济运行的研究，要求人们把经济生活中各种互相联系、互相制约的环节、层面、要素纳入研究领域，从更广更全面的联系上——它是 21 世纪高度现代化和社会化经济固有的特征——来观察、研究和揭示经济规律，这既是政治经济学的"广义化"的一个重要方面，也是中国经济学研究具有的开放性和与国际接轨的表现。

5. 生产组织形式——中国经济学的另一个研究课题

生产组织形式是在一定的生产力条件下，为实现符合目的的生产而实行的一定的生产要素的组织形式，也就是马克思经济学中使用的"劳动方式"范畴。劳动方式是以劳动手段为基础的一定的生产方法和劳动组织，作为生产要素的组织形式，它属于生产力的范畴。

劳动方式是社会经济组织的基础和社会生产关系的物质载体。人们要深刻把握生产关系的性质和特征，必须从它所依附和植根的劳动方式的剖析着手。例如，以榨取地租为内容的封建生产关系，是以使用手工工具的农民家庭生产或农奴劳动协作为物质载体；以榨取剩余价值为内容的资本主义生产关系，是以机器大生产和工厂制度为其物质载体。政治经济学对经济体制和生产关系的理论分析，都离不开对生产组织形式，即劳动方式的研究和分析。在《资本论》等著作中，人们可以看见，马克思对人类历史上的劳动方式——原始畜牧、原始农业、家长制家庭生产、个体家庭生产、协作劳动、有分工的协作劳动、家庭手工业、机器大生产等所做的十分深刻的考察。

服务于组织好社会主义经济，实现最大限度地解放生产力和发展生产力的中国经济学，除了分析发展生产力的制度条件、体制前提、运行机制外，还应阐明直接决定生产经济效果的生产要素组合方式。

中国经济学不应该只是抽象地论述社会主义物质技术基础——现代化大工业生产，而是要从中国社会主义初级阶段的实际出发，阐述使用先进技术的现代化生产与使用一般技术和使用落后技术的中、小生产的并存；以及资本、技术密集型生产和劳动密集型生产的并存；要深入研究经济发展不平衡的条件下，技术水平和效率不一的多样生产组织和劳动方式存在的合理界限；特别是要基于社会主义现代化和增长方式转换这一历史趋势，深入阐明中国生产组织发展变化的规律。基于中国拥有12亿人口这一现实，要深入研究中国现代化过程中大生产和中小生产的合理结构，技术、资金密集型生产和劳动密集型生产的合理结构，达到有效地利用劳动资源，实现最大社会效益。基于中国农村的具体条件和家庭生产保持的长期性，要深入阐明农业领域的家庭生产、合作生产、实行专业化分工协作的合作生产（农业产业化）的逐步递进的发展趋势和道路，探索并阐明中国农业和农村现代化的规律。

上述对生产组织和劳动方式的研究和阐明，不只着眼于增长方式的根本性转换，而且借助于生产力决定劳动方式，劳动方式决定生产关系的原理，可以更清楚地阐明多种所有制以及多种经营方式发展的必然性及其合理界限，从而有助于人们揭示实现体制根本性转换的规律。可见，深入研究实现要素有效组合的生产组织形式或劳动方式，揭示生产力发展的规律是中国经济学不可缺少的内容。

综上所述，旨在为解放和发展生产力服务的中国经济学，要全面研究生产力发展的条件，即制度、体制、运行机制、生产组织，并促使人们自觉地致力于上述条件的创造，推进制度创新和组织完善，从而实现生产力的解放。为此，中国经济学研究领域的广阔性质是必然的和必要的，同时，拓宽研究范围，也将成为中国经济学获得进一步发展的重要契机。

四　改进经济学研究方法

科学的理论必须要有科学的方法。建立中国经济学，就方法论来说，涉及许多问题。这里，只谈以下几个问题。

1. 坚持唯物辩证法和历史唯物主义

唯物辩证法和历史唯物主义是马克思主义政治经济学的根本方法，建立和形成中国经济学，同样要坚持这一方法论。中国经济学的重要内容，是进一步从理论上阐明有中国特色社会主义的经济制度，特别是所有制和分配关系的特点，要阐明既反对全盘私有化和收入上的两极分化，又不搞"一大二公"的"纯社会主义"和吃"大锅饭"的穷社会主义。中国经济学还要阐述社会主义物质文明和社会主义精神文明的关系及其相互促进的规律，进一步指明社会主义社会的本质特征和建设社会主义的道路。中国经济学的制度分析，同样需要坚持历史唯物主义有关生产力与生产关系，经济基础和上层建筑的基本原理。

体制结构和经济运行的分析，是中国经济学十分重要的内容，如社会主义市场体制的结构，特别是微观主体的性质和行为特征，价格变动机制下宏观经济的运行状态和经济周期等，都是经济研究的重大课题。对体制、主体行为、经济运行的研究既涉及定性的制度分析，更多的是涉及各种相关经济要素的相互作用的分析，这就需要从事物的相互联系性、对立的统一、量变到质变、形式与内容、现象与本质、一般与特殊等方面进行全面的剖析。可见，坚持历史唯物主义和唯物辩证法，对于中国经济学的形成和发展是不可缺少和至关重要的。

2. 用好科学抽象方法

政治经济学是一门理论经济学，它依靠一系列经济学的范畴、原理、规律体系来反映经济活动、关系变动的客观规律。上述经济学的范畴、原理和规律的揭示，不是借助于科学实验，而是要通过人类的思维活动，这就是从现实的具体出发，进行理论的抽象，去粗取精，去伪存真，由此及彼，由表及里，提炼出经济学的一般范畴，如商品、货币、市场、资本等，然后由反映事物一般规律的抽象范畴，上升到具体，从而在本质上把握住有血有肉的现实。

科学抽象法是进行社会主义生产关系的研究——制度分析的需要。构建社会主义市场体制，建设有中国特色的社会主义，要求不断发展和完善社会主义生产关系。因而，政治经济学不仅需要研究有关经济活动的具体组织形式的问题，以及大量多种多样的经济运行问题、生产力的组织问题，而且要通过上述经济活动的具体组织，深入经济关系的里层，揭示社会主义生产关系发展变化的状况和性质（主要是占有和分配的状况和性质），不使用科学的抽象法，不接触深层的制度，只是借助实践材料的验证，就事论事，这种方法是与经济科学不相容的。

正确而合理的使用科学的抽象法，不是要在研究市场机制下产生的新的经济组织形式、财产权结构、收入分配方式，以及经营管理方式时，先行定性和简单地使用"姓社""姓资"两分法，并按这种"性质画线"来加以取舍。而是要基于对生产关系和生产力的矛盾的科学估量、按照解放和发展生产力的现实的需要,以及社会主义初级阶段的性质,有效地加以利用,合理地予以调节引导和促使社会主义生产关系的逐步完善。认为经济学不需要进行制度分析,以及任何放弃科学抽象研究方法的主张,都是不正确的。

3. 引入和正确地使用数量分析

对经济现象活动的分析,不仅要着眼于定性,而且也要着眼于定量。中国经济学不可以满足于帽子大,内容空的"理论阐述",而是要用务实的态度,以实证的资料为基础,去阐明经济活动和关系的演变,从而使人们对经济发展的趋势、规律有更加具体的认识。特别是中国经济学要进行经济运行的研究,这种运行研究首先要对某一经济活动、现象,通过定性的理论分析,抽出制约这一事物的各种因素,即经济参数,然后在研究实证资料的基础上,采用各种定量的数学方法和工具,设计出由各种经济参数组成的方程式,由此简洁而清晰地甚至以可解系数的精确的数学语言,来揭示经济运行的规律。

传统的政治经济学在研究方法上的缺陷,在于不重视和不提倡定量的分析,缺乏量和度的概念,未能把定性分析和定量分析相结合。这种方法导致经济工作中无视现实经济关系的差别性的"一刀切"。这种研究方法已经很难用来说明改革开放后中国生产关系的现实。例如,不分析各类出资人——国家、集体、职工、私有主、外资——股权的比例及其演变的趋势,人们就很难给股份制企业予以定性。特别是这种研究方法不能适应于市场条件下经济运行的研究,例如它不能形成以统计资料为基础的有关市场价格变动→企业行为变动的经验性的论断,后者是企业经营决策和政府的宏观调控的重要依据。

中国经济学中对数量分析方法的使用,其前提是:一,坚持历史唯物主义的基本方法论,二,坚持科学抽象法对经济事物进行定性的理论分析。因而,它要根据其具体研究的对象和课题,恰当地做到把理论分析和数量分析相结合。某些具体问题,如货币流通量与价格变动,居民收入增长与购买力,等等,要建立计量的分析工具和大量使用数量分析。但是对当代十分复杂的经济活动和社会现象的分析和规律的揭示,数量分析法不是唯一的,更不可能是基本的方法。

发源于20世纪30年代,在第二次世界大战后西方经济学中十分流行的数量分析方法,对经济学的发展是具有积极意义的。经济计量学借助数量分析，开展对需求、生产、成本、供给、分配等函数的研究，特别是制订了各种宏观经济模型，这对于预测市场经济下的价格波动、主体经济行为的变化和国民经济总体的运行，具有实用价值。可以说，数量分析方法强化了西方市场经济理论的致用性质，它为政府进行宏观调控和主体进行经济活动提供了一种认识工具。但是也应该看到，西方经济学中使用数量分析方法的片面性和严重的局限性。这就是：（1）把趋势的规律当作有精确数量的精密的自然规律。一些数量经济学家费尽心机，搜罗各种有关经济参数，设计出一系列数学公式来论证某种市场过程、现象，并为形成这一市场现象的条件求解。例如，一些计量经济学家用上百个联立方程式来论证形成一般均衡的条件，德布雷更是力图用拓扑学来对这种一般均衡的条件求出唯一解。用数量分析求解来阐述价值规律，实际上是把受到十分复杂的因素制约的处在不断变动中的"趋势"的规律，等同于自然物质的规律。对本来没有确切数字解的经济过程求解和进行复杂的数学逻辑推演，可以说是一种数学游戏，并没有任何现实意义。（2）西方经济学家大多有良好的数学功底，熟悉统计学方法。他们的长处在于能够用数学工具来揭示经济运行中各种因素之间的相互联系，阐述经济活动具体进程的规律，但是多数学者拙于"制度"——深层制度即所有制结构——分析，多半停留在市场经济运行的表层研究上，不能甚至是有意回避市场经济深层结构的分析。缺乏定性分析的定量研究法，无论如何也是不可能全面地、科学地阐明是什么、为什么和怎么办的问题的。而用这种数量研究来代替或是取消定性的理论分析的流行趋势，表明了在当代资本主义条件下的西方经济学的历史局限性。当前一些年轻同志在学习研究西方经济学和试图进行对经济活动及其进程进行数量分析时，切不可陷入数学崇拜的误区。人们可以看见，一些能超越传统，拥有创新思维能力的西方经济学家，都试图接触资本主义深层关系，而对数量分析不予重视。[①]

可见，我们只能有取舍地吸收西方经济学中数量分析方法的积极成果，而不能全面照搬，更不能用数学计量来取代理论分析。那种关于只有复杂的数学模式的设计和精确数学分析的方法，才意味着经济学的"与国际接轨"并将它视为中国经济学发展方向的主张，笔者是不敢苟同的。

[①] 不说西方激进经济学家，就是加尔布雷斯、科斯等，都不看重数量分析。

第一篇 中国特色社会主义政治经济学定位、品质及体系构建的研究

关于中国特色社会主义政治经济学研究的几点认识

刘　灿*

摘　要：政治经济学要成为指导中国经济改革和发展的理论经济学，要根据中国经济改革发展的需要不断创新发展，重构中国特色社会主义政治经济学的理论体系。政治经济学不仅要研究新常态的经济运行特征和问题，更重要的是要从基本经济关系层面上研究新常态下全面深化改革带来的社会权利、利益关系的变化，揭示生产力和生产关系变化的经济规律。政治经济学是一个开放和不断发展的体系，马克思主义政治经济学要继续保持它长久的生命力和创造力，在中国特色社会主义经济建设中保持它的指导力和解释力，就必须以更加开放的态度参与21世纪经济学学科之间的竞争。

关键词：中国特色社会主义；政治经济学研究；学科开放和学科竞争

一　要构建中国特色社会主义政治经济学的理论体系

党的十八大报告指出，要推进马克思主义中国化时代化大众化，深入实施马克思主义理论研究和建设工程，建设哲学社会科学创新体系，坚定中国特色社会主义现代道路自信、理论自信、制度自信。这就需要理论界构建一套中国特色的社会主义理论体系，而社会主义政治经济学是其中最重要的组成部分之一。2014年，习近平总书记在听取专家学者对当前经济形势和做好经济工作的意见和建议时提出各级党委和政府要学好用好政治经济学，所谓学好，指的是认知，也就是对政治经济学揭示的客观经济规

---

* 本文选自刘灿《关于中国特色社会主义政治经济学研究的几点认识》，《政治经济学报》2016年第8期。

律的认知；所谓用好，指的是实践，按经济规律办事。这里讲的政治经济学是马克思主义政治经济学。学好用好马克思主义政治经济学对于新形势下中国经济学的学科发展及理论创新有着重要的基础性意义。

30多年来，在中国特色社会主义经济建设的实践中产生的中国化马克思主义经济学已经成为指导中国经济改革和经济发展的理论经济学科，同时又具有强烈的实践性特点。政治经济学以现代化建设中提出的重大理论和实践问题为主攻方向，研究经济运行机制、经济体制、宏观经济政策，研究战略性、全局性、前瞻性的重大课题，可以为国家和企业的经济决策提供理论依据。政治经济学要成为指导中国经济改革和发展的理论经济学，需要根据中国经济改革发展的需要不断创新发展，需要重构中国特色社会主义政治经济学的理论体系，塑造政治经济学对中国特色社会主义经济建设的解释力、前瞻力和影响力。

构建中国特色社会主义政治经济学的理论体系，首先要做好三件事：一是以马克思主义经济学（《资本论》）为基础，构建一套中国特色社会主义政治经济学的学术话语体系（基本范畴），包括对现有、正在使用的学术名称和概念进行全面梳理，给予它们丰富的内涵（文献中的语言和实践运用中的语言）。二是对基于中国特色社会主义实践的理论创新成果进行全面总结、梳理、提炼，这些成果是我们政治经济学领域的原创性成果，它推进了20—21世纪现代经济学的繁荣与发展，对世界经济发展和发展中国家转型发展有重要贡献。三是构建中国经济学（政治经济学）的理论体系，包括对象和方法、基本范畴、基本理论问题（回答中国特色社会主义经济建设、改革和发展要解决的重大理论和实践问题）。能否构建一套真正适合中国特色社会主义的理论经济学学科体系，既是对坚持中国特色社会主义的道路自信、理论自信、制度自信的重大贡献，也是一个极具挑战性的课题。

二　要加强新常态下中国特色社会主义经济的政治经济学研究

2014年5月，习近平总书记首次以"新常态"来描述中国经济发展的阶段性转换和新特征；之后，他又提出认识新常态、适应新常态、引领新常态是当前和今后一个时期我国经济发展的大逻辑。适应新常态、剖析新规律，是时代赋予政治经济学的新课题。政治经济学不仅要研究新常态的经济运行特征和问题，更重要的是要从基本经济关系层面上研究新常态下全面深化改革带来的社会权利、利益关系的变化（所有制和产权问题），揭示生产力和生产关系变化的经济规律。例如：

（一）关于社会主义市场经济中政府与市场的关系

在社会主义市场经济体制中，政府与市场都有着自己的功能和作用边界，在此基础上，政府和市场都可以充分而有效地发挥作用，政府作用和市场作用不是对立的，不能以为强市场就一定是弱政府，强政府一定是弱市场。当代资本主义国家奉行自由市场经济，其模式的特征也不是一个强市场、弱政府的问题，资本主义市场经济在社会经济结构失衡问题上也十分强调政府通过各种手段来积极干预。

经济学在200多年的发展过程中，其理论主线一直没有离开过政府与市场的关系。斯密的经济自由主义构成资本主义市场经济模式的基础，在马歇尔的均衡价格理论基础上形成了20世纪微观经济学的主流，它成为后来以弗里德曼新自由主义经济学建立竞争市场均衡及其效率模型的分析工具。20世纪30年代凯恩斯以非充分就业均衡提出国家干预主义学说以及与此相匹配的一整套财政和货币政策。20世纪70年代之后，代表新自由主义的各种学派应运而生，并在一系列背景下在实践中被推至极端，而近两次金融危机后社会矛盾的激化又使学界和政策制定者重新反思自由市场经济体制的缺陷，有学者还提出了"重构经济学"的问题，以及是否要"回到凯恩斯"的问题。①

市场决定资源配置是市场经济的一般规律，市场与政府两种机制的交织和互补作用，是现代市场经济运行的常态。但是，在社会主义市场经济中政府与市场的关系以及各自作用的边界，有着其制度和体制的特征，我们不能仅在西方主流经济学理论框架内来解读这个问题，而应该进行马克思主义政治经济学的分析。从政治经济学的基本命题和研究方法看，政府与市场的关系本质是上层建筑与经济基础的关系，社会主义市场经济的逐步建立和成熟使得生产关系适应了生产力的发展的需求，作为生产关系之总和的经济基础出现的变革也同时要求上层建筑要进行相应的调整，全面深化经济体制改革反映了这一规律的要求。与社会主义市场经济的经济基

---

① 斯蒂格利茨说："经济学已经从一门科学的学科变成自由市场资本主义最大的啦啦队了，尽管经济学家们可能并不这样想。如果美国要想在经济改革中获得成功，那它必须从重构经济学开始。"参见［美］约瑟夫·E. 斯蒂格利茨《自由市场的坠落》，李俊青等译，机械工业出版社2011年版。

础相对应的上层建筑结构中，最重要的就是政府职能。在尊重市场经济的一般规律，让市场在资源配置上起决定性作用问题上，主要是起到服务型政府和法治政府的作用。服务型政府要求政府能够提供良好的市场运行的基础环境，能够发挥宏观调控的作用解决微观市场的不足，能够调和市场在优胜劣汰的资源配置过程产生的负面作用等；而法治政府则更多的是给政府划定了运用权力的界限，避免权力介入市场中去产生权力寻租，防止行政垄断，保障市场主体的机会均等、交易自由、信息对称和权利公平。这些问题都需要我们的政治经济学来分析。

（二）关于垄断行业国有企业改革

关于垄断行业国有企业改革，自然垄断行业引入竞争的可能性以及所有制改革模式一直是理论与实践研究的热点，许多研究发现，转轨国家自然垄断行业改革进程取决于转轨国家市场发育程度以及改革的初始条件；混合所有制的企业竞争模式比完全私有化的社会福利水平要高，也是更适合于转轨国家自然垄断行业改革的所有制选择模式。目前，我国国有经济在邮电通信、铁路航空、金融保险、城市公用事业等领域仍占垄断地位，因而就这些国有公共企业自身而言，政府管制的低效和行业垄断是两大顽症，并没有得到解决。从我国国有企业改革的整体情况看，放松管制和引入竞争机制是市场化改革和满足消费者福利的必然要求；从自然垄断产业组织效率和国内市场开放后产业的竞争力看，又需要政府以一定的管制来实现这些行业的产业集中度，遏制无效率的过度竞争。这样，决定了改革决策者要不断地在这两者之间寻找均衡点。我们需要研究在这些背景下自然垄断行业发展混合所有制与放开市场、引入竞争的关系是什么，混合所有制在什么样的企业制度基础上才是有效率的，并以此指导我国自然垄断行业具体的改革路径选择。

产业组织理论的传统分析范式是把技术和市场特征作为重要的解释变量来讨论市场结构和企业行为的相互关系，在"市场结构—行为—绩效"的分析框架中，从结构到绩效，必须通过企业行为才能传递这种决定关系，但是企业行为不仅来自技术和市场的约束，还受制度（产权）的约束。对于在转型期制度环境不稳定的国家，应着重探讨制度因素，分析一个产业的所有制结构、企业制度和政企关系对企业行为的影响。国有企业的技术低效率也会由于政府的政策性或制度性保护导致进入管制壁垒的发生。在不改变产业内所有制结构和企业制度的前提下，放松管制的结果，也可能无法保证市场竞争性的提高。在我国自然垄断产业，有两种主要的因素在影响企业绩效：一是由于行政垄断造成的进入壁垒，使企业能获得高额垄断利润；二是在政府长期行政保护下不求进取，服务质量低下，缺乏创新动力，并将低效经营的结果向社会转嫁。在这些部门，政府管制下的严格的市场准入使竞争无法充分展开，企业缺乏竞争压力，而这种竞争恰恰是促进效率的。因此，在这些部门，从单个企业的经营效率看，用同样的经济指标评价，它可能超过其他的竞争性产业的企业，但是，从整个国民经济的效率看，行政性垄断的维持将是负效应的。在自然垄断产业选择一个合理有效的所有制结构，国有产权并不是一个简单的"退"字，并不是所有的企业都非国有化和民营化，而是重新布局。应根据自然垄断产业的经营业务的性质，分层次、多环节地推进民营化的改革措施，实行国有经济为主体、多种所有制并存的所有制结构。一般在自然垄断产业中的网络环节（基础性和关键性）应保持国有经济和国有企业的主体，可以是国有独资的有限责任公司，即使是混合所有制，产权结构中国有股份应保持绝对控股地位；在竞争性环节，降低国有经济的比重，引入民间主体，形成多种所有制结构，企业的产权结构中国有股份可相对控股和一般参股。这就是自然垄断行业混合所有制改革的政治经济学分析视角。

（三）关于深化收入分配体制改革

西方主流经济学认为，在经济增长过程中收入差距是不可避免的，而它提供的激励是经济增长的必要条件；进一步的经济增长会自动导致差距缩小（倒"U"形假说）。这是一个未经证实的假说。20世纪六七十年代的新型工业化浪潮，拉美国家的快速增长与巨大的贫富差距被称为"双重奇迹"，至今还看不出差距自动缩小的趋势。

中国的市场化改革过程，是一场涉及社会成员之间利益结构调整和财产权利重新配置的深刻的社会变迁。改革30多年后，社会财产权结构发生了一系列新的变化，当前我国财产权结构矛盾的主要表现是社会成员间财产占有的差距过大，财产权利分配失衡。因此，在收入差距扩大的同时，我们还面临财产差距扩大的问题。据国家统计局公布的数据，2014年我国基尼系数为0.469[1]；根据中国家庭金融调查（CHFS）的数据，2012

---

[1] 国家统计局2015年1月20日发布数据，来自中国网财经，2015年1月20日。

年中国家庭收入的基尼系数为0.62①；根据北京大学社会调查中心的数据，2012年我国财产基尼系数为0.73②。

根据各个国家的经验，在经济增长过程中随着低收入人群的收入增加以及政府加大对收入分配调节政策的力度，有可能缩小差距而同时使收入分配的市场激励作用发挥出。我国也是这样，在保持经济高速增长的同时，保持了社会稳定，按要素贡献分配也发挥了它的作用。但是，如果在这一过程中社会财富分配不公问题不能有效遏制且持续恶化，将成为一个潜在的危险因素，影响我国在经济新常态下实现稳定、高质量增长和社会长期稳定。

从较表象的层次看，当前收入和财产结构的矛盾主要表现为城乡居民之间、不同阶层居民之间以及不同区域居民之间财产性收入差距持续扩大，而导致居民财产性收入差距扩大的原因，我们可以看到主要是居民拥有财产的形式和数量差异、区域经济发展不平衡、市场体系及市场制度不完善，以及居民个人禀赋差异等。而深层次原因，我们应该回到初次分配领域去看财产权利在社会成员间的分配即分布状况，进行政治经济学分析。

我们知道，马克思是从经济结构和制度结构的层面分析资本主义的私有财产制度和财产结构的。马克思把财产关系作为社会生产关系来研究，批判地分析了资本与劳动之间的财产占有及利益关系，揭露了资本主义财产权的核心实质是资本强权，分配的不公源于财产权占有的不平等。财产权的分配使没有财产权的成为被剥削者，财产权的缺乏使其无法参与社会生产成果的分配，更谈不上参与市场的选择权。而经济危机恰恰根源于资本主义生产关系决定的分配关系，即按资本权力分配使没有资本权力的广大劳动者的收入、消费被限制在一个最低的水平上，以及由此衍生出来的社会利益关系失衡的财产权结构。因此，资本主义市场经济内在的贫富分化和财产权结构失衡是由它的基础生产关系决定的。

在市场经济中，财产权利是一种财产性生产要素，财产性要素在不同

---

① 中国家庭金融与研究中心：《中国家庭收入差距报告（2013）》，中国家庭金融与研究中心官网。

② 北京大学社会调查中心：《中国民生发展报告2014》，中国社会科学网，2014年7月28日。

主体间的配置是经济主体获得财产及财产性收入的基础性条件，而财产性要素的获得又与个人的年龄、职业、受教育程度有关；也与社会政治因素，主观行为特征（对待风险的态度），有无财产遗赠以及正式制度之外的非正当聚财行为等非市场因素有关。从体制性因素看，农村居民土地财产权缺失，弱势群体获得财产的能力低，资本强权下的分配不公，一部分人非正当性途径获得财产权利等，是导致我国转型期财产权在社会成员间分布失衡的重要原因。

财产占有的问题源于财产所有权即生产关系。要解决社会财富分配不公和差距过大应解决财产权利在社会成员之间的合理分配、平等受益问题，以及在第一次分配中如何以有效的手段保证资本收益与劳动收益的合理比例。因此，对于我国当前收入分配领域的矛盾以及深化改革的基本思路，需要政治经济学来分析。

三　政治经济学要在学科开放和竞争中不断创新

马克思主义政治经济学是一个开放和不断发展的体系，自它多年前由马克思、恩格斯创立以来至今仍有强大的生命力，即使是不接受它的意识形态的西方学者也不否认马克思、恩格斯对人类社会历史发展的进程以及资本主义经济运动规律揭示的科学性。但是，我们也要看到，20世纪以来人类文明和社会思想的巨大发展，使经济学已经发展成为一个庞大的体系。就如有学者说的那样，在20世纪初，马歇尔的《经济学原理》就是经济学，你只要读懂这本书就够了。而今天，就连有260多万字、收录2000多个词条的《新帕尔格雷经济学大辞典》恐怕也难以包括经济学发展的全部内容。进入21世纪，社会科学领域学科的开放、融合、创新态势更加明显，马克思主义政治经济学要继续保持它长久的生命力和创造力，在中国特色社会主义经济建设中保持它的指导力和解释力，就必须以更加开放的态度参与21世纪世界范围内经济学学科之间的竞争。

21世纪西方主流经济学向何处去？自2008年美国金融危机爆发并蔓延世界多个国家以来，金融危机使资本主义社会的政治分裂、两极分化、贫富差距等深刻问题凸显在世人面前。在反思金融危机的根源、希望对金融体系进行改造时，越来越多的人更加关注社会不平等与贫富差距扩大的问题。西方国家许多学者都尖锐地看到资本主义市场制度出了问题,① 也看到了主流经济学"市场原教旨主义"的缺陷,并有"回到凯恩斯""回到马克思"的说法。但是我们认为,建立在一般均衡基础上的主流经济学的根基并没有动摇,微观经济学和宏观经济学对市场经济运行机制还有其解释力,因此它在 21 世纪相当长的时间内仍有可能是西方经济学的主流,也是经济学教科书的主流。

同时,我们要注意 20 世纪以来到进入 21 世纪,西方经济学中新制度经济学、演化经济学的兴起,以及新奥地利学派、李斯特经济学、熊彼特经济学等的新发展。例如,在当今经济学的学科领域里,制度的经济分析已经成为一个极为活跃的研究领域。这是因为,无论是市场经济中资源配置的效率,还是一个国家的经济增长,有效的产权或者说制度安排都是重要的;并且,新制度经济学的交易费用分析方法和对经济学假定的修改影响了主流经济学的理论工具。演化经济学不同于静态均衡的新古典经济学,它以历史的不可逆视角观察经济现象,研究开放的系统,关注变革、学习、创造、竞争过程是非均衡的,具有路径的依赖性。适应知识经济和信息革命的时代要求,演化经济学认为经济学研究的问题中重要的因素是新偏好的形成,技术和制度的创新以及新资源的创造等,这是否是针对主流经济学范式的一种根本性转变呢,还有待于我们的观察,但我们至少可以看到经济学发展多元化时代的到来。在这个多元化时代,值得注意的还有推崇自由主义,崇拜市场自发势力而反对国家的计划调节的新奥地利学派;以及在经济学中最早系统地揭示欠发达国家向发达国家转变的历史规律,对美国和德国的兴起产生了重大影响的李斯特学派②;等等,它们也可能影响 21 世纪西方经济学的进路以及马克思主义政治经济学与之竞争的格局。

马克思主义政治经济学的开放与竞争,还需要借鉴和吸收西方马克思

---

① 斯蒂格利茨(2003)在《不平等的代价》中认为"已为公众所知的市场经济最黑暗的一面就是大量的并且日益加剧的不平等,它使得美国的社会结构和经济的可持续性都受到了挑战……";托马斯·皮凯蒂在《21 世纪资本论》中认为不加制约的资本主义导致了财富不平等的加剧,自由市场经济并不能完全解决财富分配不平等的问题;克里斯特曼提出了一个"走向平等主义的所有权理论"(2004),对资本主义的财产权结构进行了批判性分析。

② 参见贾根良《李斯特经济学的历史地位、性质与重大现实意义》,《学习与探索》2015 年第 2 期。

主义经济学研究的成果。20 世纪 30 年代，在苏联社会主义经济建设取得巨大成就，而资本主义世界陷入大萧条危机的双重背景下，马克思主义经济学在西欧，继而在北美引发了强烈的研究兴趣，两地逐渐成为马克思主义经济学研究新的中心地。第二次世界大战后期起，在罗宾逊和斯威齐等学者相关著作的推动下，学院派马克思主义经济学（相对于苏联马克思主义经济学）开启了同西方非马克思主义经济学流派的对话，对劳动价值理论、利润率下降趋势、资本主义危机等基本理论问题都展开了更具现代性的分析。例如，第二次世界大战到 20 世纪 60 年代中期，多布、斯威齐、曼德尔、置盐信雄等学者代表了学院派用现代分析更为准确和细致的方法重新考察马克思的经济思想[1]；60 年代中后期到 80 年代末，面对现实经济体中繁荣与衰退的更替，资本主义生产方式多样性特征的演进，马克思主义经济学在研究视野、方法层面都有了新的突破，大量学术流派亦集中兴起，包括"转型问题"的研究，长波理论的重构，调节学派和积累的社会结构理论，等等；90 年代以来，新自由主义扩张不断挤压和挑战马克思主义经济学的活动空间和话语权，然而新自由主义积累体制内生的矛盾又为马克思主义经济学的研究提供了新的素材和理论进步的空间[2]，例如，新帝国主义的扩张[3]，资本积累的金融化趋势[4]，生态危机的加剧[5]，长期困扰发达国家市场的过度竞争和产能过剩[6]，2008 年国际金融危机后对马

---

[1] Dobb, M., *On Marxism To - Day*, The Hogarth Press, 1932; Sweezy, P., *The Theory of Capitalist Development*, New York: Oxford University Press, 1942; Mandel, E., *Marxist Economic Theory*, Monthly Review Press, 1962; Okishio, N., "Technical Change and the Rate of Profit", *Kobe University Economic Review*, 7, 1961: 85 – 99.

[2] Kotz, D., "Over - Investment and the Economic Crisis of 2008", *World Review of Political Economy*, 2 (1), 2011: 5 –25.

[3] Harvey, H., *Spaces of Capital: Towards a Critical Geography*, Routledge Press, 2001.

[4] Lapavitsas, C., "Financialised Capitalism: Crisis and Financial Expropriation", *Historical Materialism*, 17 (2), 2009: 114 –148.

[5] ［美］约·贝·福斯特：《生态革命——与地球和平相处》，刘仁胜、李晶、董慧译，人民出版社 2015 年版。

[6] Crotty, R., "Why do Global Markets Suffer from Chronic Excess Capacity?: Insights From Keynes, Schumpeter and Marx", Economics Department of UMass Amherst Working Paper, 2003; Brenner, R., *The Economics of Global Turbulence: the Advanced Capitalist Economies From Long Boom to Long Downturn, 1945 –2005*, New York: Verso Books, 2006.

克思危机理论和利润率变化趋势的热烈讨论[①]等，成为最近 20 年西方马克思主义经济学研究最中心的话题。系统梳理当代国外马克思主义经济学的研究成果，我们由此可获得政治经济学研究视野和分析方法的拓宽，在理论演进的背后，我们也能把握当代资本主义生产方式的演化路径和多样性特征，这对于增强政治经济学揭示当前资本主义的发展阶段和未来走向，对中国特色社会主义经济建设道路选择问题的解释都具有极强的现实意义。

在 21 世纪知识经济和信息化的时代，经济学越来越从科学技术与社会进步的相互关系中得到全面的发展，随着经济学认识领域的拓宽和方法论的多元化，经济学与其他学科的交流和相互渗透得以大大加深，大量非经学、生物学等自然科学的挑战和哲学、历史学、伦理学、心理学等诸多人文社会科学学派的"侵入"，现代经济学领域中又发展出许多交叉学科和边缘学派，例如，混沌经济学、不确定经济学、行为经济学、法律经济学、实验经济学等。学科交叉和学科融合将是 21 世纪经济学发展必然面对的新环境，马克思主义政治经济学应主动融入这种学科生态，在学科开放、学科包容和学科竞争中实现其不断地发展创新。

[①] Mcdonough, T., et al, *Contemporary Capitalism and Its Crises: Social Structure of Accumulation Theory for the 21st Century*, Cambridge University Press, 2010; Shaikh, A., "Reflexivity, Path-Dependence and Disequilibrium Dynamics", *Journal of Post Keynesian Economics*, 33 (1), 2010: 3-16; Brown, V. and Mohun, S., "The Rate of Profit in the UK, 1920-1938", *Cambridge Journal of Economics*, 5 (6), 2011: 1035-1059.

新时代政治经济学的学科定位

丁任重*

2015年11月23日在中共中央政治局的集体学习中，习近平总书记提出要立足我国国情和发展的实践，解释新特点、新规律，提炼我国经济发展中的成果，把实践经验上升为系统性的学说，不断开拓当代马克思主义政治经济学新境界。

怎么理解这个"新境界"？

理论界还没讨论出来，一个月以后，在2015年12月21日的中央经济工作会议上，习近平总书记又一次提出，要坚持中国特色社会主义政治经济学的重大理论。这是中国特色社会主义政治经济学这个词首次出现在中央层面的会议上，它的提出具有鲜明的时代意义和理论意义。以习近平同志为核心的党中央，把我党30多年的理念不仅上升到理论层面同时也上升到学科的高度，是对马克思主义政治经济学的一个重大创新。

所以开拓当代马克思主义政治经济学新境界，就是中国特色社会主义政治经济学。

学科定位问题。北京一个杂志两个月前就找我，说要讨论政治经济学学科定位问题，当时我们没有理解什么意思，深入讨论以后，围绕着写这篇文章，我们重新读了马克思、恩格斯的有关文章，最后我们内部讨论，认为现在认识一下政治经济学学科地位很有必要。

中国特色社会主义政治经济学的提出，是经济发展中的时代命题，涉及如何认识中国特色社会主义政治经济学学科地位，推动中国特色社会主义政治经济学的发展。我个人体会，首先，学科是什么意思，我们讲政治经济学放在理论经济学下面的二级学科不合适了。我分以下四个方面汇报

---

* 本文选自丁任重《新时代政治经济学的学科定位》，《政治经济学评论》2018年第1期。

一下，政治经济学有四个特点，从四个特点来看放到二级学科不合适了。

（一）政治经济学的基础性

怎么理解这个基础性呢？我们首先学习《政治经济学批判（序言）》。马克思自己说过他为什么研究政治经济学，他早年在《莱茵报》工作的时候，时常面临对物质利益发表评论的问题，所以就开始研究政治经济学。研究的结果是什么呢？即人们在自己生活的社会生产中发生一定的、必然的、不以他们的意志为转移的关系，即同他们的物质生产力的一定发展阶段相适应的生产关系。这些生产关系的总和构成社会的经济结构，即有法律的和政治的上层建筑树立其上并有一定的社会意识形态与之相适应的现实基础。就是生产力决定生产关系，经济基础决定上层建筑。由此可见，马克思正是在研究政治经济学的过程中形成了历史唯物主义的基本观点，这个观点既是整个社会科学的理论基础，也是经济学的理论基础，是整个经济理论科学的基础，因此把政治经济学放到二级学科是不合适的。

（二）政治经济学的包容性

政治经济学是研究什么的呢？研究的是生产关系，这个回答不错，但是不深入。马克思、恩格斯一再说政治经济学研究的目的，是研究现代社会经济运行的发展规律，在《资本论》的序言中，马克思说该书要研究的是资本主义生产方式以及与它相适应的生产关系。马克思说问题不在于资本主义生产的自然规律所引起的社会对抗的发展程度的高低，问题在于这些规律本身。该书的最终目的是揭示现代社会的经济运行规律。马克思开头就说得非常清楚了——研究现代社会的经济运行规律。

所以整个《资本论》，也就是政治经济学研究的是现代社会经济运行规律。我们说理论经济学和应用经济学下面的所有二级学科研究的都是某个领域、某个产业的运动规律。所以从学科内容来说，政治经济学列到二级学科不合适，与政治经济学的内容不匹配。恩格斯说得很清楚，他说我们面前的著作绝不是对经济学的个别章节进行零碎的批判，对经济学的某些问题做孤立的研究，它一开始就以系统地概括经济科学的全部复杂内容，并且在联系中阐述资产阶级生产和资产阶级交换为目的。所以政治经济学具有包容性，它涵盖了经济学科的所有内容。

（三）政治经济学的阶级性

马克思说，在政治经济学领域，自由的科学的研究遇到的敌人，把人们心目中最激烈、最卑鄙、最恶劣的情感，把代表私人利益的复仇女神召唤到战场上来反对自由的科学研究。这个是阶级的层面。我们所有其他的二级学科，阶级性都没有政治经济学这样突出。所以从这个角度来说政治经济学和所有的其他二级学科都不在一个档次上。

（四）政治经济学的历史性

大家都知道，恩格斯阐述了广义政治经济学，后面接着又谈到了政治经济学，他说其本质上是一门历史的科学，因为政治经济学涉及历史性的即经常变化的材料，它首先研究生产和交换的每一发展阶段的特殊规律性，因为政治经济学是研究经济运行和发展规律的科学，经济规律有不同的类型，人类社会发展有一般经济规律，还有不同发展阶段上的特殊的经济规律，从这两类规律出发，恩格斯把政治经济学分为广义政治经济学和狭义政治经济学。因此，他说政治经济学本质上是一门历史的科学。

中华人民共和国成立后，我们党用马克思主义政治经济学指导社会主义建设事业。改革开放以后，中国社会主义现代化建设进入新的发展阶段，其建设目的、任务、路径、环境等都发生了重要变化，我们党在改革开放伟大实践中提出了一系列新的理论和新的观点。在这种形势下，马克思主义政治经济学更多地表现为中国特色社会主义政治经济学。习近平总书记指出，党的十一届三中全会以来，我们党把马克思主义政治经济学基本原理同改革开放新的实践结合起来，不断丰富和发展马克思主义政治经济学，形成了当代马克思主义政治经济学的许多重要理论成果，如关于社会主义本质的理论，关于社会主义初级阶段基本经济制度的理论，关于社会主义市场经济的理论，关于"四化"协调发展的理论，关于利用好国际、国内两个市场和两种资源的理论，关于逐步实现全体人民共同富裕的理论等。党的十八大以来，党中央又提出了经济新常态理论、供给侧结构性改革理论、五大新发展理念理论、开放型经济理论、"一带一路"理论、人类命运共同体理论等。党的十九大又提出了新时代社会主要矛盾理论、增进民生福祉是发展的根本目的理论、高质量发展阶段理论、建设现代化经济体系理论等。习近平总书记指出，实践是理论的源泉，我国经济发展进程波澜壮阔、成就举世瞩目，蕴藏着理论创造的巨大动力、活力、潜力，要深入研究世界经济和我国经济面临的新情况新问题，为马克思主义政治经济学创新发展贡献中国智慧。我们认为，这些中国智慧的结晶，就是中国特色社会主义政治经济学。

论当代中国马克思主义政治经济学的品质

丁任重[*]

坚持和发展马克思主义政治经济学，是当代中国经济学界的一项重要任务。自2014年7月8日习近平总书记主持召开经济形势专家座谈会，提出各级党委和政府要学好用好政治经济学，自觉认识和更好地遵循经济发展规律之后，2015年11月23日，中共中央政治局就马克思主义政治经济学基本原理和方法论进行第二十八次集体学习。习近平总书记在主持学习时强调，要发展当代中国马克思主义政治经济学，不断开拓当代中国马克思主义政治经济学新境界。中华人民共和国建立以后，我国全盘接受和照搬了苏联政治经济学，而改革开放后，又过多地临摹了西方经济学，却唯独没有发展起来以马克思主义为指导的中国本土政治经济学。从现实来看，中华人民共和国成立以来特别是改革开放以来，我国在社会主义经济建设、经济体制改革与转型、对外开放等方面，提出了一系列新的做法、新的思路、新的观点、新的战略，它们在实践上是成功的，在理论上是正确的，事实上为中国社会主义政治经济学的发展奠定了基础。从当代中国发展的实践来看，当代中国马克思主义政治经济学具有三个方面的品质。

一 当代中国马克思主义政治经济学的实践性

马克思主义理论的基本原则和生命力，就在于理论联系实际，马克思主义经典作家总是以基本理论和方法，去研究不同时代、不同国情条件下的新实践、新情况，得出新结论、发展新理论。为此，他们总是反对空谈

---

[*] 本文选自丁任重《论当代中国马克思主义政治经济学的品质》，《经济研究》2016年第3期。

和空论。马克思一直反对空头理论，而是注重对资本主义现实经济的研究，他说："我们不是以空论家的姿态，手里拿了一套现成的新原理向世界喝道：真理在这里，向它跪拜吧！"① 列宁也指出："应当少说空话，因为空话满足不了劳动人民的需要。"② 因此，经典作家崇尚脚踏实地、力戒浮躁的作风，是值得我们学习的。只有面向实际、注重实践，才能推进经济科学的发展。

政治经济学研究的出发点，不是抽象的理论，而是实际经济过程。中华人民共和国建立以来，特别是改革开放以来，我们党坚持以马克思主义为指导，立足中国的现实国情，充分发扬实事求是、理论与实践相结合的优良学风，客观分析了中国社会主义现代化建设所面临的新形势、新任务和新环境，创造性地提出了社会主义初级阶段理论、社会主义市场经济理论、社会主义基本经济制度理论等。这些新理论的提出，丰富了马克思主义政治经济学，解放了人们的思想，推动了经济体制改革和对外开放的深化，极大地促进了中国经济的发展，使中国取得了举世瞩目的经济成就。这表明，在改革开放的实践中，中国不仅走出了一条不同于国外的独特发展道路，而且还创造出有中国特色的政治经济学理论。

事实证明，实践是理论的源泉，中国改革、开放和经济发展的实践，是发展当代中国马克思主义政治经济学的唯一正确途径。这是因为中国的改革、开放和经济发展的实践，激发了广大人民群众的劳动热情和创造力，涌现出许多新的经济做法、经济现象、经济组织等。通过对新经济现象的认识，进一步探索新的经济规律，然后上升为新的经济概念和经济理论，例如联产承包制、三农问题、股份合作制、国有资产管理与运营、宏观调控等。就像习近平总书记所说："要立足我国国情和我国发展实践，揭示新特点新规律，提炼和总结我国经济发展实践的规律性成果，把实践经验上升为系统化的经济学说，不断开拓当代中国马克思主义政治经济学新境界。"

二 当代中国马克思主义政治经济学的人民性

政治经济学为什么而研究？或者说政治经济学的服务对象是什么？不

---

① 《马克思恩格斯全集》（第1卷），人民出版社1956年版，第418页。
② 《列宁选集》（第4卷），人民出版社2012年版，第309页。

同的流派有不同的回答。马克思主义政治经济学的研究是为了人，而马克思主义政治经济学中的"人"，与西方经济学中的"人"是完全不同的。西方经济学中的"人"指的是抽象的"经济人"，而马克思主义认为人是群体的人，社会的人，是广大人民群众。在马克思主义政治经济学看来，经济过程中的人是生产者和消费者的统一。人作为劳动者，在生产过程中创造财富和价值，并获得收入；人作为消费者，用收入购买生活资料和生产资料进入消费过程。因此，广大人民群众是经济发展的主体。

马克思和恩格斯认为，在公有制社会中，"通过社会化生产，不仅可能保证一切社会成员有富足的和一天比一天充裕的物质生活，而且还可能保证他们的体力和智力获得充分的自由的发展和运用。"① 马克思和恩格斯在这里揭示了两方面内容：一方面社会主义生产的目的，是不断满足人民群众物质和文化需要；另一方面在社会主义社会中，每一个社会成员都能得到全面、自由的发展。应当说，这段话是马克思主义政治经济学全部内容的最精确的概括。

为人民服务是我们党的宗旨，而在经济领域中则表现为权为民所用，情为民所系，利为民所谋，人民群众的利益高于一切。习近平同志则把这一观点上升为根本立场问题，他指出："要坚持以人民为中心的发展思路，这是马克思主义政治经济学的根本立场。要坚持把增进人民福祉、促进人的全面发展、朝着全面富裕方向稳步前进作为经济发展的出发点和落脚点，部署经济工作、制定经济改革、推动经济发展都要牢牢坚持这个根本立场。"具体地说，在深化体制改革时，要看人民高兴不高兴、人民拥护不拥护、人民赞成不赞成、人民答应不答应；在制定分配政策时，要正确处理公平与效率的关系，让劳动收入能随着经济增长而不断提高；在制定产业政策时，要把扩大就业作为首要目标；在完善政府管理时，要把不断提高公共产品供给作为硬任务，既要保证城乡之间公共服务的均等化，也要确保食品安全、减少环境污染等。

三 当代中国马克思主义政治经济学的目的性

在讨论政治经济学体系与结构时，政治经济学的主线是一个首要问题，在政治经济学主线问题上，学术界历来存在多种观点。我认为，政治

---

① 《马克思恩格斯选集》（第 3 卷），人民出版社 2012 年版，第 670 页。

经济学的主线应当是发展社会生产力问题，这是因为，生产力是人类社会更替和发展的根本动力。生产关系要适应生产力、上层建筑要适应经济基础，这是人类社会发展的一般规律，也是马克思主义的基本原理。列宁指出："只有把社会关系归结于生产关系，把生产关系归结于生产力的水平，才能有可靠的根据把社会形态的发展看做自然历史过程。不言而喻，没有这种观点，也就不会有社会科学。"①

社会主义社会以大力发展生产力为己任。马克思和恩格斯在《共产党宣言》中指出，社会主义制度建立后将"尽可能快地增加生产力的总量"。② 中国是在落后生产力基础上建立社会主义社会的，中华人民共和国建立后我们党提出，不断增长的人民群众物质与文化需要与落后生产力之间的矛盾，是社会主义社会的主要矛盾，因而加快经济发展是一项重要任务。改革开放以后，邓小平同志提出了"发展才是硬道理"的著名论断，并且进一步阐释社会主义本质就是解放生产力、发展生产力。至此，以经济建设为中心已成为人们的共识，已经成为我国各项工作的主线，也成为政治经济学研究的主线。自党的十一届三中全会确立了以经济建设为中心的基本路线以来，我国学术界坚持生产力决定生产关系这一马克思主义政治经济学基本原理，着力研究经济发展并提出了一系列新的理论，如关于树立和落实创新、协调、绿色、开放、共享的发展理念的理论，关于我国经济发展进入新常态的理论，关于推进新型工业化、信息化、城镇化、农业现代化相互协调的理论，关于用好国际国内两个市场、两种资源的理论等。

理论是现实的反映。既然社会主义的本质是解放生产力和发展生产力，那么把推动社会生产力的发展，不断提高人民群众物质与文化生活水平，作为当代中国马克思主义政治经济学的主线，也是顺理成章的事情。把这一主线贯穿于社会主义生产与再生产过程，或者说贯穿于社会主义生产、分配、交换、消费四大环节之中，又相应地涉及产权制度安排、生产要素配量、企业组织形式、收入分配方式、生产结构、区域布局、市场运行、政府职能、宏观调控、对外开放等一系列问题，以此为逻辑展开社会主义政治经济学的结构与体系，就能完整地展现社会主义经济发展的全貌。

---

① 《列宁选集》（第1卷），人民出版社2012年版，第8—9页。
② 《马克思恩格斯选集》（第1卷），人民出版社2012年版，第421页。

中国特色社会主义政治经济学的理论品质及其在新时代的最新发展*

尹庆双　肖磊

摘　要：中国特色社会主义政治经济学是马克思主义与当代中国经济实践创造性结合形成的理论成果，具有科学性、价值性和实践性的鲜明的理论品质。科学性体现在事实、规律和实践检验三个方面，价值性是科学理论在指导实践过程中所代表的方向性和主体意向性。科学性受价值性的引导和规范，价值性以科学性为基础，二者共同统一于具体的现实的对象性活动（实践）中，形成合规律性、合目的性的社会经济过程。习近平新时代中国特色社会主义经济思想，是坚持科学性与价值性的内在统一的典范，是坚持实践基础上的理论创新的最新成果。中国特色社会主义政治经济学要立足于新时代中国经济实践中的伟大斗争，服务于伟大事业，坚持科学性、价值性、实践性的统一，着力推进体系创新、应用创新和融合创新。

关键词：科学性；价值性；实践性；理论品质；创新路径

中国特色社会主义政治经济学具有其特有的区别于现代西方经济学的理论品质，这一品质是马克思主义作为人们改变世界的"伟大认识工具"[①]而在具体理论形态上展现的特质，可集中表述为：科学性、价值性和实践性的统一。中国特色社会主义政治经济学体现了科学性、价值性、实践性辩证统一的理论品质，对中国改革开放的伟大实践发挥了基础性的指导作

---

* 本文选自尹庆双、肖磊《中国特色社会主义政治经济学的理论品质及其在新时代的最新发展》，《马克思主义与现实》2017年第11期。

① 习近平：《在哲学社会科学工作座谈会上的讲话》，《人民日报》2016年5月19日。

用,并在实践中得到进一步深化和发展。当前,中国特色社会主义进入新时代,中国特色社会主义政治经济学建设与发展进入新阶段。习近平新时代中国特色社会主义经济思想,是马克思主义中国化的最新成果,是新时代中国特色社会主义政治经济学的核心内容。站在新的历史方位,深入研究中国特色社会主义政治经济学的理论品质、最新发展和创新路径,对丰富和发展新时代中国特色社会主义理论与实践,对21世纪中国的马克思主义理论创新,对丰富和发展科学社会主义的理论与实践有重大的历史性意义。

一 科学性、价值性与实践性的辩证关系

中国特色社会主义政治经济学是马克思主义与当代中国经济实践创造性结合的理论成果,是中国经验、中国智慧、中国道路的系统化概括和科学化总结,具体地展现了马克思主义鲜明的理论品质和与时俱进的时代品格。科学性、价值性、实践性的辩证关系在于:科学性受价值性的引导和规范,价值性以科学性为基础,二者共同统一于具体的现实的对象性活动(实践)中,形成合规律性、合目的性的社会经济过程。

(一) 科学性与价值性

科学性是理论与思想的本质属性,是成熟理论与思想的必然要求。在马克思主义看来,科学具有三个本质特征[①]:第一,科学的依据是"事实","不论在自然科学或历史科学的领域中,都必须从既有的事实出发"[②]。第二,科学揭示本质、规律和必然性。科学的任务是透过现象把握本质,是通过对现象的理性分析,发现事物之间内在的必然的联系。在马克思看来,历史是人创造的,人的对象性活动在遵循历史规律的前提下参与历史规律的形成[③],因而历史规律不同于自然规律,从而使社会科学的研究方法显著地区别于自然科学。第三,实践是检验科学的标准。人们在实践中认识自然和社会,并通过这种认识去改造外在对象,一种认识或理论是否具有科学性,是以这种认识或理论在人的对象性活动中是否与实际

---

① 陈先达:《寻求科学与价值之间的和谐——关于人文科学性质与创新问题》,《中国社会科学》2003年第6期。
② 《马克思恩格斯全集》(第20卷),人民出版社1971年版,第387页。
③ 根据马克思的观点,规律可分为"普遍规律"和"特殊规律",这里的"历史规律"指的是特定历史阶段的"特殊规律"。

相符、能否成为推动实践的必要环节作为评判标准的。

由于自然规律与历史规律形成方式的差异性，自然科学和社会科学在是否具有价值性上迥然不同，自然规律是纯粹的必然性，而历史规律却是包含了价值性的必然性。社会科学的价值性是指从实践中产生的具有相对真理性的理论认识在指导实践过程中所代表的方向性和主体意向性。在社会科学中，人的行动在遵循规律的条件下参与规律的形成，因此认识规律并设定目的本身就是历史进程的一个环节。人们在认识到规律和方向的前提下，才能够坚定信心并向着规律所指示的方向前进，认识规律但不去作为，规律终究不会实现。没有人的主观能动作用的发挥，思维的客观真理性就会在实践面前碰壁。因此，科学的价值性问题本身仍然是一个科学性问题，价值若离开了科学性，就会成为空想，从而不具有现实性，不能转化为现实力量。空想社会主义者在资本主义发展的初期就已经意识到资本主义的对抗性质及其对人的发展的限制，但是他们对资本主义的批判并不能成为科学批判，原因在于他们处于资本主义上升时期，他们要求改造资本主义使之更加人性化，但是并没有以资本主义本身发展的规律为基础，因而，这些要求和批判只能是愿望和空想，从而不具有现实性，不能转化为现实的物质力量。

价值性在自然科学中并不存在。自然科学的研究也有一定的主观性，这种主观性体现在研究者选取材料的偏向、理论偏好以及观察事实的角度等方面。库恩的研究表明，科学家是在接受既定的"范式"的条件下从事科学研究的，所谓"范式"，就是一种格式塔、一种科学家团体共同接受的理念和信仰，甚至包括一套特有的话语体系。科学哲学的研究表明，观察渗透理论，在科学家进行观察和收集事实时实际上已经带有一定的理论视域和主观意向，科学家是带着既定的眼镜来看待科学事实的。虽然如此，这种科学家的"范式"和"意向"与科学本身的价值性并不是一回事，因为自然科学研究的是自然现象，自然本身是没有目的和价值的，虽然研究者观察自然现象甚至通过实验介入自然的运动过程，但是，研究者的目的与自然的运动本身是分离的，不管研究过程如何深度介入自然的必然性之中，研究的目的不能代替自然的规律，而自然也不会带着目的性去实现研究者的主观愿望，二者始终是外在的、分离的，即使没有外部研究者的干涉，自然依然按照自己的必然性而运动。至于人们通过认识自然规律，依据规律改造自然使之符合人的需要和目的，那是另外一个问题，是一个运用科学的价值和伦理的问题。

与自然界不同，社会是由众多具有目的性的人的活动所构成的，而这种活动并不是社会主体各自盲目地、无逻辑地行动，而是在一定的社会关系、政治架构、意识形态结构中以一定的方向和总体目标而行动。社会运动是合目的性、合规律性的过程，合目的性是指人通过认识社会规律而设定目的并向着目的而行动，合规律性是指人的行动受到各种主客观条件的制约，"人类始终只提出自己能够解决的任务"[①]。合目的性与合规律性在实践过程中体现为主观能动性和历史必然性，它是社会科学的价值性和科学性在具体实践中的延伸。价值性必须以科学性所指示的历史方向为依据，否则，价值就会成为没有依据的空想，在历史上以主观价值和主观愿望为依据而不从科学性出发制定的政策，都不能很好地实现，甚至会产生严重的社会经济后果。科学性以价值性为引领，并以价值性作为实现的动力，科学规律所指示的方向有赖于人的行动去实现，而人的以价值和目的为动力的行动本身则构成了科学规律实现的一个必要条件。科学是关于人类行动的科学，而人类行动又作为科学的构成要素和事实依据而存在。人作为历史主客体的双重身份，使社会科学具有主体价值，使理论和实践相互渗透，从而鲜明地体现了历史的辩证性质。凡是片面地强调科学性和规律性，而忽视人的目的性和价值性，否定人类历史的合目的性，将社会规律等同于自然规律，都会使社会科学丧失其能动的实践品质，从而割裂理论和实践的内在联系。在历史上，"宿命论"和"无为主义"就是这种观点的典型代表。

（二）理论与实践

理论来源于实践，一种理论只有具有了科学性和价值性才能服务于实践需要，并对实践发挥积极的指导作用。在实践中，科学性和价值性表现为尊重科学规律与发挥主观能动性的辩证关系。理论的主要功能是作为实践工具，推动实践创新。马克思说，"哲学家们只是用不同的方式解释世界，问题在于改变世界"[②]。这里的"解释"和"改变"两个关键词表达了理论的两大功能，即理论的认识功能和理论的实践功能。理论与实践的关系是，实践是第一性的，在实践中理论发挥了认识和改造功能并成为推

[①] 《马克思恩格斯全集》（第31卷），人民出版社1998年版，第413页。
[②] 《马克思恩格斯文集》（第1卷），人民出版社2009年版，第502页。

动实践的环节。理论依赖于实践,并不意味着理论仅仅来源于"直接实践",在大多数情况下,"直接实践"产生经验,而大量经验事实的规律性总结才产生"理论",理论是大量"间接实践"的结果,因此,理论对实践而言,具有更广泛的事实基础和普遍性。

理论的实践功能表现为两个方面:第一,理论通过揭示规律、把握必然性而规范实践的路径和方向。第二,理论通过理想性和超越性而提供规范实践的价值、思维方法和精神。理论相对于实践具有普遍性、前瞻性和超越性,是因为理论所提供的必然性认识能够转化为超越现实的理想图景,从而提供了批判实践、反驳实践、推动实践的武器,理论由此转化为物质力量。实践介于必然和应然之间,是必然转化为应然的途径,以必然性所指示的方向去设定目标,在实践中遵循必然性,才能使应然得到实现,而实现了的应然恰好印证了所遵循的必然性。在理论的指导下设定超越现实的目的并向着目的去行动,是推动历史进步的主要形式。

理论的两种实践功能是内在统一的。只强调第一种功能,实践就成为类似机械运动的活动,不会出现进步现象,这种实践可称为"常规实践";只强调第二种功能,而不以必然性为基础,实践就会成为盲目的活动,成为"空想"或"愿望"。实践要成为具有能动性的对象性活动,就必须兼具两种功能,以必然性设定超越现实的价值目标同时遵循必然的方向,这种实践可称为"创新实践"。在创新实践中,理论与实践相互作用,也就是说,理论创造性地反映现实的运动,而现实朝着理论的理想图景转化,由此达成理论与现实的相互转化。马克思说:"光是思想力求成为现实是不够的,现实本身应当力求趋向思想"[①]。思想成为现实,是指思想客观地反映现实,而现实趋向思想,则要求通过实践把现实变成理想中的现实,在这种辩证的运动过程中,实践催生理论,理论武装大众,理论和实践达成了内在的统一。

(三) 科学性、价值性、实践性统一于特定时代的理论体系

每一个时代都有其鲜明的历史特质和时代精神,都需要解决决定其历史方位和时代进程的重大课题,都需要完成时代赋予的历史使命。马克思主义是随着时代而不断发展的、随着实践而不断丰富的,坚持和发展马克

---

① 《马克思恩格斯选集》(第1卷),人民出版社2012年版,第11页。

思主义就要保持马克思主义与时俱进的时代品格，牢牢把握不同时代的阶段性特征，牢牢把握人民对美好生活的向往在不同时代的诉求。弘扬马克思主义鲜明的时代品格，就要深入研究时代课题、掌握时代规律、顺应时代要求，要引领时代潮流、凝聚时代共识、弘扬时代精神，要承担时代任务、推动时代发展、完成时代使命。只有坚持科学性、价值性、实践性的辩证统一，才能保持马克思主义与时俱进的时代品格。

《资本论》产生于特定的时代，鲜明地体现了其时代特征、反映了其时代精神，展现了科学性、价值性、实践性的辩证统一的内在品质。第一，《资本论》是科学，因为它是以资本主义经济事实为依据、以揭示规律为任务、以实践为检验标准，符合科学的三大要求，这一点是不容否认的。在《资本论》中马克思强调其研究的素材来自于当时典型的资本主义国家英国，其研究任务是揭示资本主义的经济运动规律，研究的结论要在历史的实践过程中进行检验和发展。第二，《资本论》表达了价值性，即资本主义的向更高社会形态的过渡性质以及在此过程中人类生存处境的改善和人的解放的诉求，这一点贯穿于马克思的整个研究历程。《资本论》既可以看作研究资本主义经济规律的科学著作，也可以看作阐释人类解放、人的自由和全面发展的伦理学著作，二者的统一性在于，对资本主义经济规律的研究是为论证人的解放这一伦理要求服务的，而对人的解放的论证则建立在科学分析的基础上，建立在科学所揭示的历史必然性的基础之上。因此，马克思的"政治经济学批判"不是空想社会主义的人道主义批判，不是表达愿望，而是站在新的历史趋势以及代表该趋势的无产阶级的立场上的科学批判，这种批判代表着未来，代表着对现在和过去的一种超越，在这个意义上，"批判"就是"自我否定"，就是科学规律向未来延伸，因而具有鲜明的客观必然性和伦理指向性。也正是由于这种以未来批判现在的维度，使《资本论》能够介入历史进程，从而对历史发挥重大推进作用。第三，《资本论》具有鲜明的实践性。首先，《资本论》创作的目的是为无产阶级运动提供理论依据。在马克思、恩格斯所处的时代，无产阶级运动从自在上升到自为自觉的状态，由早期的破坏机器上升到争取经济、政治权利，并成为一种国际范围内的政治运动，《资本论》创作的背景是国际共产主义运动的展开和发展，它反映了当时的时代精神和大众诉求，为国际共产主义运动提供了理论基础，成为国际共产主义运动必然的理论环节，恩格斯称之为"工人阶级的圣经"。其次，《资本论》在理论层次上客观地反映了资本主义发展的规律和路径，它对资产阶级的经济实践进行了严格地和科学化地分析。马克思对资本主义经济问题的研究始终保持着双重视角，一是资本主义对生产力发展的巨大推动作用，马克思说："资产阶级在它的不到一百年的阶级统治中所创造的生产力，比过去一切世代创造的全部生产力还要多，还要大。"① 二是资本主义发展的内在矛盾及其过渡性质。《资本论》的两种功能是内在统一的，其"解释"功能以无产阶级的斗争实践和资产阶级经济实践为事实依据，而"改造"功能以"科学解释"所提供的方向为价值判断和先验目的，并将"科学解释"所提供的思想武器转化为现实运动的物质力量。缺少任何一个方面，实践的能动性都不能有效实现。只有在坚实的科学性基础上设定理想图景并将理论转化为现实、将理论作为运动的必然环节，才能发挥实践的有效性和能动性作用。

坚持马克思主义社会科学的科学性、价值性、实践性内在统一的理论品质，对于回应时代要求、解决"重大时代课题"、承担时代使命具有重要的方法论意义。事实表明，在我国革命、建设和发展的历程中，凡是能够坚持科学性和价值性内在统一的实践，都能够发挥重要历史作用并实现改造世界的功能；凡是违背历史规律和社会发展趋势，超出现实需要或落后于实际情况，以及满足于现状、裹足不前等，都不能实现理论的转化从而发挥其改造社会的功能，有些甚至导致严重的社会经济后果。中国特色社会主义的发展特别是近五年来的"中国道路"所取得的社会经济的历史性成就，实现了经济、政治、社会面貌的历史性变革，是中国人民对世界社会主义事业的巨大贡献，具有世界历史意义。科学地认识这一具有世界历史意义的进程，必须正确理解马克思主义的实践本质，即马克思主义是来源于实践同时又在实践中不断发展的时代品格。

马克思主义不是教义，而是"认识的原则和方法"，坚持和发展马克思主义，就要深入现实、扎根实际，坚持实践第一，坚持实践基础上的理论创新。习近平总书记指出："马克思主义具有与时俱进的理论品质。新形势下，坚持马克思主义，最重要的是坚持马克思主义基本原理和贯穿其中的立场、观点和方法。这是马克思主义的精髓和活的灵魂。马克思主义是随着时代、实践、科学发展而不断发展的开放的理论体系，它并没有结

---

① 《马克思恩格斯文集》（第2卷），人民出版社2009年版，第36页。

束真理，而是开辟了通向真理的道路。"① 中国特色社会主义政治经济学是立足于当代中国经济实践的理论成果，它不仅对我国改革开放的伟大实践具有强大的解释功能，而且为中国探索社会主义道路提供了宏伟蓝图和实践动力，从而鲜明地体现了马克思主义的实践性品质。改革开放以来，中国共产党带领全国各族人民取得经济建设巨大成就、实现中国人民从站起来到富起来的伟大飞跃的根本原因，就在于坚持了理论与实践的辩证统一，坚持了与时俱进的时代品格。

二 中国特色社会主义政治经济学的最新发展

中国特色社会主义政治经济学是指我国改革开放以来围绕中国特色社会主义经济建设而形成的理论体系、政策体系和话语体系；当代中国马克思主义政治经济学则包括社会主义部分和资本主义部分，是改革开放以来中国学者运用马克思主义立场、观点和方法对世界范围内不同制度、不同地域、不同国家的经济规律的概括和总结。中国特色社会主义政治经济学是当代中国马克思主义政治经济学的核心组成部分。

（一）中国特色社会主义政治经济学新的历史方位

新时代赋予了中国特色社会主义政治经济学新的历史方位：第一，中国特色社会主义政治经济学为当代中国马克思主义政治经济学提供了中国视角、中国立场及融合中国思维的方法论尺度，是中国学者据以研究世界社会主义、世界资本主义以及发展中国家总体运行规律的出发点和参照系；第二，研究世界总体运行规律是为研究中国特色社会主义政治经济学、推进实践基础上的理论创新这一目的服务的，只有从世界背景、全局视角、大历史尺度才能够洞悉中国特色社会主义所具有的普遍意义和历史价值，才能形成对中国特色社会主义的道路自信、制度自信、理论自信和文化自信；第三，中国特色社会主义政治经济学对于落后国家经济发展、资本主义发展趋势、科学社会主义道路探索以及人类的进步具有普遍的理论意义，它的创造性成果绝不是仅仅有国别价值，而是具有世界历史价值，"中国特色社会主义拓展了发展中国家走向现代化的途径，为解决人

---

① 习近平：《在哲学社会科学工作座谈会上的讲话》，《人民日报》2016年5月19日。

类问题贡献了中国智慧、提供了中国方案"①。

由于各国具体实践的差异，不同国家、不同时期的社会主义经济实践形成了不同的社会主义政治经济学理论体系，不同的理论体系展现科学性、价值性、实践性的程度并不相同。从比较和借鉴的角度来看，中国特色社会主义政治经济学是其中最鲜明地展现科学性、价值性、实践性辩证统一，最成功地发挥实践功能、推动经济发展的一种理论体系，是将马克思主义鲜明的理论品质融于时代要求和时代发展最为成功的思想体系。

(二) 中国特色社会主义政治经济学形成的三个阶段

中国人民对社会主义道路的探索分为改革开放前后两个时期。中国特色社会主义政治经济学属于改革开放之后的历史时段，其发展可以分为三个时期。

1. 从1978年到1992年为中国特色社会主义政治经济学的创立时期。1978年党的十一届三中全会做出了把党和国家的工作重点转移到社会主义现代化建设上来、实施改革开放的战略决策，开启了中国特色社会主义的新篇章，是党在中华人民共和国成立后最具深远意义的伟大转折，是对落后国家探索社会主义道路的一次重大认识提升。中国特色社会主义政治经济学，是以这次会议为起点开辟的。1984年中国共产党第十二届中央委员会第三次全体会议通过了《中共中央关于经济体制改革的决定》，提出建立充满生机的社会主义经济体制、发展社会主义商品经济的一系列重大战略决策，确立了中国特色社会主义政治经济学的第一个版本，邓小平评价这个决定："写出了一个政治经济学的初稿，是马克思主义基本原理和中国社会主义实践相结合的政治经济学"②。

2. 从1992年到2012年为中国特色社会主义政治经济学的重大发展时期。1992年召开的中国共产党第十四次全国代表大会，在历史上第一次提出建立社会主义市场经济体制重大决策以及一系列战略安排，这是改革开放之后中国共产党进行理论探索得出的最重要的结论之一，是社会主义认识史上一次伟大的创举。1993年中国共产党第十四届中央委员会第三次会议通过了《中共中央关于建立社会主义市场经济体制若干问题的决定》，

---

① 习近平：《高举中国特色社会主义伟大旗帜　为决胜全面小康社会实现中国梦而奋斗》，《人民日报》2017年7月28日。

② 《邓小平文选》（第3卷），人民出版社1993年版，第83页。

提出了建立现代企业制度、培育和发展市场体系、建立健全宏观调控体系、建立合理的个人收入分配和社会保障制度等重大举措，开创了中国特色社会主义政治经济学的第二个版本，中国特色社会主义政治经济学发展进入新阶段。

3. 从2012年开始中国特色社会主义政治经济学发展进入新时代。党的十八大以来，以习近平同志为核心的党中央立足新时代中国特色社会主义伟大实践，创造性地提出了一系列重大理论和战略决策，形成了"习近平新时代中国特色社会主义经济思想"。习近平新时代中国特色社会主义经济思想是中国特色社会主义经济理论的最新概括，是中国特色社会主义理论体系的重要组成部分，是以习近平同志为核心的党中央带领全国各族人民进行经济建设实践的理论总结和思想升华，是中国特色社会主义政治经济学划时代的理论成果。

（三）中国特色社会主义政治经济学最新理论成果

以习近平同志为核心的党中央丰富和发展了中国特色社会主义经济理论体系，提出"中国梦"的价值目标和理想图景，确立"四个全面"战略布局，以适应新常态、把握新常态、引领新常态作为把握中国未来经济发展的大逻辑，以"五大发展理念"为发展导向，以着力推进"供给侧结构性改革"作为解决现阶段中国经济发展问题的主攻方向，这一系列政策措施充分地展现了中国特色社会主义政治经济学实践性、科学性和价值性的理论品质，是当代中国马克思主义政治经济学的重大发展，对中国特色社会主义发展具有划时代的历史意义。

习近平新时代中国特色社会主义经济思想的中心课题是实现社会主义现代化。党的十九大报告指出，到本世纪中叶把我国建成"富强民主文明和谐美丽的社会主义现代化强国"，是实现中华民族伟大复兴中国梦的第二个战略目标。这个目标是习近平新时代中国特色社会主义政治经济学研究的总课题，也是新时代中国特色社会主义政治经济学要服从和服务的总目标。习近平新时代中国特色社会主义经济思想对中国特色社会主义政治经济学的重大贡献体现在：

第一，对我国发展所处的阶段性特征做出重大判断，提出中国特色社会主义进入新时代，提出新时代我国社会主要矛盾转化为人民日益增长的美好生活需要和不平衡不充分的发展之间的矛盾。新时代中国特色社会主义立足于中国的社会主义实践，是"社会主义初级阶段"这一长期历史发展进程中的"阶段性历史定位",它产生于中国特色社会主义的理论和实践探索,是中国特色社会主义发展的必然结果,但又面临不同的历史任务和历史使命。

新时代的主要特征是社会主要矛盾转化为人民日益增长的美好生活需要和不平衡不充分的发展之间的矛盾,这是长期制约中国发展的主要矛盾,是社会主义初级阶段生产力和生产关系这一根本矛盾在新时代的具体体现。解决这一矛盾必须在完成全面建成小康社会的基础上,进一步推进实现社会主义现代化强国之梦,必须围绕建设社会主义现代化强国整个总目标建设现代化经济体系,必须紧紧抓住生产力和生产关系两个最重要的维度,推进生产力和生产关系的现代化。中国特色社会主义新时代符合马克思主义的科学论断,彰显了马克思主义在当代的解释力和生命力。

第二,对我国发展的总体目标做出了新的概括,提出从2020年到2035年基本实现社会主义现代化,提出从2035年到本世纪中叶把我国建成富强民主文明和谐美丽的社会主义现代化强国。"新两步走战略"是新时代中国特色社会主义发展的战略安排,是立足中国发展实际的宏伟蓝图和价值指引,科学规划了中国未来的发展目标,鲜明地体现了分步骤、分阶段实施经济发展战略的科学性和价值性。

第三,对社会主义生产目的做出了新的概括,将"坚持以人民为中心"作为新时代坚持和发展中国特色社会主义的基本方略之一。以人民为中心的发展思想,要求社会主义生产服务于人民的美好生活需要,服务于增进民生福祉,服务于共同富裕,服务于人的自由和全面发展。这是社会主义制度区别于资本主义制度的一个重要标志,是社会主义生产的根本目的,鲜明地体现了中国特色社会主义在新时代的阶段定位和价值目标,是马克思主义立场和中国共产党人的初心在新时代的具体体现。

第四,提出了新时期中国经济发展的若干重大战略举措、重大方针政策,推进一系列重大经济工作,提出完善和发展中国特色社会主义政治经济学的任务和要求。其重大战略举措和方针政策主要包括"五大发展理念""经济新常态""供给侧结构性改革""稳中求进工作总基调"等。"五大发展理念"科学地界定了当代中国的发展应该具有的基本特征;"经济新常态"是当前及今后一个时期我国经济发展的大逻辑;"供给侧结构性改革"是适应和引领经济新常态的基本政策导向;"稳中求进工作总基调"是做好经济工作的重要指导方针。

第五，提出"人类命运共同体"的国际理念和"一带一路"倡议，致力于打造开放、包容、均衡、普惠的全球合作框架，为中国新型对外开放和新型大国外交政策指明了方向、划定了框架。人类命运共同体是中华民族自古以来的伟大理想，是中国人民价值观念和社会理想的核心内容，鲜明地体现了中国人天人合一、天下为公、和而不同、开放包容的文化精髓，向全球人民展现了中国人民的文化自信。人类命运共同体意识，不仅是对外合作、文明交流和全球治理的核心理念，也是中国经济发展的核心价值；"一带一路"建设是中国实施新一轮对外开放的重要举措，是践行人类命运共同体意识的具体政策。如果说，以承接世界产业转移、引进外资、加工贸易为主要内容的对外开放是改革开放以来中国第一轮对外开放的话，那么"一带一路"建设就是第二轮对外开放，是新的升级版的对外开放模式。实施"一带一路"倡议是中国新时期对外开放的必然选择，这是由中国经济发展的具体条件所决定的重大战略导向。

习近平新时代中国特色社会主义经济思想是中国特色社会主义政治经济学的最新发展阶段，它的基本理念和重大战略体现了中国特色社会主义的本质特征，是新时期中国特色社会主义经济建设基本规律的根本概括和实践指南。中国特色社会主义政治经济学的发展，要以"新时代中国特色社会主义思想"为指导，坚持中国特色社会主义政治经济学的若干重大原则，借鉴西方经济学的有益成分，深入研究新时代我国全面贯彻新发展理念、建设现代化经济体系的若干重大理论和实际问题，研究未来30年我国建设社会主义现代化强国的经济方略，用中国的理论指导中国的实践，用中国的实践丰富和发展中国的理论，并将中国的理论提升到具有世界历史意义的高度，开拓新时代中国马克思主义政治经济学的新境界。

三 中国特色社会主义政治经济学的创新路径

中国特色社会主义的新时代，意味着中国特色社会政治经济学的新阶段，意味着更加紧迫、更加必要的新的理论建设任务。开拓新时代中国马克思主义政治经济学的新境界，要以新时代中国特色社会主义思想为指导，以中国经济实践为理论来源，探讨各个发展阶段过渡的历史必然性，新时代中国特色社会主义经济运行规律以及围绕建设社会主义现代化强国的重大理论和实践问题。坚持实践基础上的科学性和价值性的统一，是新时代的中国特色社会主义政治经济学创新发展的根本要求，也是当代中国马克思主义政治经济学区别于其他经济学的显著标志。

第一，推进"体系创新"。中国特色社会主义政治经济学的核心内容是依据马克思主义的基本原理解释中国社会主义计划经济产生的原因、机制和面临的问题，计划经济向社会主义市场经济过渡的历史必然性，社会主义市场经济的运行机制、中国现阶段的生产方式、中国现实的生产力与经济关系等重大理论和实际问题。中国探索社会主义道路的曲折历程与科学社会主义命题之间的内在联系，特别是其中内含的具体实践、理论探讨和价值主张等核心要素，构成了当代中国马克思主义政治经济学发展的重要理论线索。

马克思主义基本原理和方法论是一种元理论，而经济原则、经济政策则是具体经济实践方面的内容，在这两者之间需要一种"理论体系"作为中介，这个"理论体系"就是中国特色社会主义政治经济学。推进体系创新，就是"把实践经验上升为系统化的经济学说"。这里的"实践经验"主要指的是核心理念、重大原则、具体政策、发展模式、经验教训等；"经济学说"则是系统化的理论逻辑和规范化的话语体系。创造中国的"经济学说"，就是要在马克思主义元理论与中国的"实践经验"之间架设这样一个桥梁和纽带，推动形成当代中国马克思主义政治经济学的理论体系。

与这种理论体系相适应，还需要完善当代中国马克思主义政治经济学的学科体系、学术体系和教材体系。完善学科体系，就是要推进马克思主义政治经济学与理论经济学的互通互融，发挥其他学科特别是哲学、经济史、经济思想史等学科对马克思主义政治经济学的支撑作用，同时发挥马克思主义的方法论在其他学科中的运用；完善学术体系，就是要推进学术共同体的发展，建立完善的学术交流机制和学术评价机制，创新马克思主义话语体系，增进马克思主义的话语权在学术体系中的影响和作用；完善教材体系，就是要根据理论体系、学术体系、学科体系建设的需要，形成适应中国特色社会主义发展要求，立足学术前沿，门类齐全的政治经济学教材体系。

第二，推进应用创新。马克思主义基本原理的应用主要包括两个方面：一是唯物主义历史观的运用，例如，生产力、生产关系、上层建筑之间相互关系原理的运用，生产、分配、交换、消费之间相互关系原理的运用，等等；另一方面是《资本论》具体理论的运用，例如，社会资本再生产理论在社会主义市场经济宏观调控中的运用,市场经济扩大财富和收入差距的理论在调节收入差距、实现共同富裕方面的运用,等等。2014年7月8日习近平总书记主持召开经济形势专家座谈会时指出,各级党委和政府要学好用好政治经济学,自觉认识和更好遵循经济发展规律。其中的"用好"可以解读为遵循经济规律,以科学性为基础设定合理的价值目标和理想图景,通过实践推进目标的实现,从而创新马克思主义政治经济学原理的具体应用方式。判断有没有"用好"马克思主义政治经济学,主要标准就是科学性、价值性和实践性,即有没有遵循经济规律,有没有提出更高的发展目标,有没有强有力的政策创新和实践推动。

推进应用创新,首先,要回归马克思主义的本源,防止出现马克思主义庸俗化、教条化、功利化、表面化倾向;其次,要推进马克思主义政治经济学基本原理和方法与中国最新发展实践相结合,围绕国家重大战略需求,加强前瞻性、针对性、储备性政策研究。最后,要运用马克思主义政治经济学的最新成果指导经济学科的发展,提高马克思主义政治经济学向其他学科渗透的能力,发展马克思主义应用经济学,使马克思主义政治经济学作为基础学科在应用经济学领域得到发展。马克思主义的基本原理和方法作为元理论、元范式,应当在经济学学科和其他人文社会科学领域得到广泛拓展。

第三,推进融合创新。马克思主义政治经济学不是封闭的理论体系,除了内核以外,它具有吸纳和融合其他各种理论的能力。马克思在《资本论》的创作过程中,就广泛地吸收了当时欧洲主要国家几乎所有的哲学社会科学成果,其中最为重要的是德国的古典哲学、法国的空想社会主义和英国的古典政治经济学。当代中国马克思主义政治经济学的创新发展,要吸收世界各国哲学社会科学的学术思想和理论成果,包括我国古代思想文化资源,用中国视角和中国话语对其进行综合和改造,以马克思主义为内核推进各种理论体系的融合创新。

马克思主义具有开放性和包容性。坚持马克思主义就是要坚持马克思主义的元理论、元方法,发展马克思主义就是要把马克思主义的元理论与具体实践相结合。由于世界资本主义和世界社会主义是在不同地域、不同民族、不同国家进行的,各个地域、民族、国家都有其不同的特征,表现出差异性,因而对经济关系的研究也就出现了不同的理论,马克思主义的发展不能忽视这些理论,而应该对这些理论进行历史唯物主义地分析,即研究这些理论产生的社会关系基础，研究这些理论是否解释了经济社会发展的一般规律，对于其科学成分应当吸收和融合。

习近平总书记指出："实践没有止境，理论创新也没有止境。"① 新时代的伟大实践将催生新时代的伟大理论，新时代的伟大理论归根结底来源于新时代的伟大实践。坚持科学性、价值性、实践性辩证统一的理论品质，立足经济实践推进理论创新，并用创新的理论指导创新的经济实践，是中国特色社会主义政治经济学理论发展的基本遵循，是中国特色社会主义事业取得伟大胜利的重要思想方法。习近平新时代中国特色社会主义政治经济学的发展，应当坚持实践基础上的理论创新，坚持科学性与价值性的内在统一，弘扬马克思主义与时俱进的时代品格，着力推进体系创新、应用创新和融合创新。

---

① 习近平：《决胜全面建成小康社会　夺取新时代中国特色社会主义伟大胜利——在中国共产党第十九次全国代表大会上的报告》，《人民日报》2017年10月28日。

中国马克思主义经济学主流地位的嬗变：
比较的视角

李 萍 盘宇章[*]

摘 要：马克思主义经济学作为中国的主流经济学经历了从传统主流向当代主流的嬗变，主流化嬗变背后的历史逻辑是中国发展模式变迁。传统主流的局限主要是释读化研究倾向所带来的，表现为违背问题意识导向、混淆理论研究和政策研究、无法形成逻辑一致的分析框架。当代主流的创新主要体现在研究方法的科学性、理论体系的开放性、对现实问题的指导性和实践性，但它仍面临着"认同之困、体用之困、转换之困"等诸多困境。为继续加强马克思主义经济学的主流地位，必须处理好：（1）垄断与竞争的关系，形成公平的学术研究环境；（2）思想与工具的关系，形成正常的学术价值取向；（3）规范与嵌合的关系，形成科学的学术发展机制。

关键词：马克思主义经济学主流地位；主流化嬗变；历史逻辑；释读化研究

马克思主义经济学是指那些以马克思的经济学理论为基础而发展起来的科学成果。[①] 以1867年《资本论》的问世为标志，马克思主义经济学历

---

[*] 本文选自李萍、盘宇章《中国马克思主义经济学主流地位的嬗变：比较的视角》，《学术月刊》2011年第1期。本文为西南财经大学"211工程"三期重点学科建设资助项目"中国特色社会主义市场经济基础理论创新"的成果之一。

[①] 张宇等：《高级政治经济学：马克思主义经济学的最新发展》，经济科学出版社2002年版，第2页。

经了经典形式、传统形式和现代形式的演变。① 而作为中国主流经济学的马克思主义经济学则经历了从传统主流向当代主流的嬗变。通过分析比较传统主流和当代主流的异同,从整体上把握我国马克思主义经济学的理论脉络和发展轨迹,深入理解马克思主义经济学主流化嬗变历程及其背后的历史逻辑,对于在新形势下坚持和巩固马克思主义经济学的主流经济学地位、继续推进马克思主义经济学的理论创新和发展,有着重要的理论和现实指导意义。

一 我国马克思主义经济学的地位问题:主流化嬗变及其历史逻辑

1. 我国马克思主义经济学主流化嬗变历程

主流经济学是指在一定时期和地理范围内,在各种相互竞争的经济学说或经济流派中居于主导和支配地位的某种理论、学说或流派。主流经济学的主导地位或者表现为它在经济学术界能够得到大多数经济学家认可和赞同,或者作为官方做出经济决策和制定经济政策的理论基石,或者二者兼而有之。② 主流经济学并非一成不变,而是因时因地而不同或变化。有学者提出,世界主流经济学是西方经济学,中国的主流经济学是现代马克思主义经济学。③ 我国马克思主义经济学主流化嬗变基本上沿着官方马

---

① 借鉴张宇等在《高级政治经济学——马克思主义经济学的最新发展》(张宇、孟捷、卢荻主编,经济科学出版社 2002 年版)一书中关于"马克思主义经济学的经典形式与现代形式"的提法,本文进一步概括和区分了马克思主义经济学的经典形式、传统形式和现代形式。其中,马克思主义的经典形式主要是指马克思和恩格斯的经典著作和理论,这一形式确立了马克思主义经济学的本质特征和分析框架,奠定了马克思主义经济学的理论基础;马克思主义经济学的传统形式是与传统社会主义经济模式和经济理论相适应的,20 世纪五六十年代流行的苏联政治经济学教科书是这一形式的系统表达;马克思主义经济学的现代形式是运用马克思主义经济学的方法论研究当代社会经济生活的产物,是马克思主义经济学基本理论在当代的继承、发展与创新。此外,郑谦在《延伸与准备:1949—1978 年马克思主义中国化的曲折与原因》(郑谦主编,中共党史出版社 2009 年版)一书中也指出,在西方,对马克思主义的发展有着各种不同的划分形式。如美国社会学的马克思主义代表人物米切尔·布洛维把马克思主义的发展分为三个时代,即古典马克思主义时代,国家社会主义时代和社会性的社会主义时代,而马克思主义的第三个时代发生在 70 年代中期至今。又如美国著名后现代主义思想家弗里德里克·詹姆逊认为,不同的历史时代会产生不同的马克思主义的形态。他把马克思主义的发展分为三个阶段:现代主义阶段、帝国主义阶段和晚期资本主义阶段。

② 贾根良、崔学锋:《经济学中的主流与非主流:历史考察与中国情境》,《湖北经济学院学报》2006 年第 3 期。

③ 马艳:《中国马克思主义经济学的主流地位及其创新》,《上海财经大学学报》2005 年第 1 期。

思主义经济学和学界马克思主义经济学两条线索展开。基于此，本文尝试把主流化嬗变历程划分为三个阶段。

传统主流阶段（1949—1978年）：以"苏联范式"为代表的传统主流。基于政治考虑、赶超发展战略和计划经济体制的选择，20世纪50年代中后期，尚处在形成中的、代表官方马克思主义经济学的"苏联范式"占据了主导和支配地位，被视作唯一真理和绝对权威。所谓"苏联范式"，是指20年代后在苏联逐渐形成，特别是50年代初在斯大林主持下写成的苏联版《政治经济学教科书》所构建起的那套理论体系和理论范式，它基本上不是对马克思经济学的继承或发展，而是以教条主义和经验主义为特征，带有强烈意识形态色彩、为高度集中的计划经济体制服务的理论体系。这一时期学界仍不乏坚持真理的经济学家，他们在对马克思、恩格斯经典著作进行系统研究和深入理解的基础上，根据中国国情和实际将马克思主义经济学基本原理应用于实践，于不同时期向"苏联范式"提出了挑战。但学界这些具有真知灼见的观点和主张不仅没有发展成为当时的主流，反而被视为离经叛道之说被加以禁止和批判。

过渡阶段（1978—1992年）：对"苏联范式"的反思与批判。十一届三中全会后，无论是官方还是学界都开始认识到，"苏联范式"作为传统计划经济体制的理论反映，其封闭性和教条主义倾向成为束缚当时经济理论和实践发展的沉疴。面对改革实践带来的新矛盾、新问题，决策者开始对现实中的大量经济问题进行研究和策划，其成果集中体现为以邓小平理论为指导的一系列路线、方针和政策，这成为当时官方马克思主义经济学的主要理论创新。同一时期，学界积极响应"解放思想、实事求是"的号召，对"苏联范式"展开了反思和批判，[①] 强调"破除对马克思主义的教条式理解和附加到马克思主义名义下的错误观点"，[②] 以恢复马克思主义经济学的本真面目。

当代主流阶段（1992年至今）：以马克思主义经济学多流派的初步形成为标志的当代主流。首先，官方马克思主义经济学开始超越传统的"具

---

① 樊纲就曾指出，"中国经济学界改革开放以来所感觉到的理论与现实的冲突，其实主要就是苏联版政治经济学与经济现实问题的冲突；所力图'改造'、突破或放弃的'范式'，就是所谓的'苏联范式'"。

② 《十三大以来重要文献选编》（上），人民出版社1991年版。

体化"走向创新发展。传统上,官方马克思主义经济学曾局限于将马克思主义经济学的基本原理在中国"具体化"或"具体运用",而马克思主义基本原理又被视为是不能更改的金科玉律,正是这种脱离时代重大变化和现实条件的发展路向束缚和阻碍了马克思主义经济学与时俱进的创新发展,致使马克思主义经济学生命力走向式微。以党的十四大为转折,标志着官方马克思主义经济学开始超越传统的"具体化",迈出了理论创新和发展最重要的一步。① 其次,学界马克思主义经济学研究也呈现出两个重要特征。一是西方经济学大规模涌入,使得在市场经济条件下,如何正确认识和妥善处理马克思主义经济学与西方经济学的关系成为我国经济学界长期争论的焦点问题。二是学界马克思主义经济学已经从传统形式走向了现代形式,最突出的标志是不再由一种学说或学派一统天下,而是初步形成多个学派竞争、创新与共同发展的格局。最后,官方马克思主义经济学与学界马克思主义经济学的关系趋于正常化,初步构建起平等对话、双向互动的良性学术发展机制。

2. 我国马克思主义经济学主流化嬗变的历史逻辑

我国马克思主义经济学从传统主流到当代主流的嬗变,不是指马克思主义经济学基本立场、基本观点和基本方法发生了根本改变,而主要是对传统的、不合时宜的结论、观点以及陈旧的分析方法进行更新和改造,从而使之更具科学性、开放性和竞争性,也更成为实质的"主流"。这种主流化嬗变背后所蕴含的历史逻辑是中国的发展道路从计划经济向市场经济转轨,从传统发展阶段向现代发展阶段跨越,从封闭和半封闭社会向开放社会转型。

改革以前,受苏联社会主义模式的深刻影响,中国领导人选择了计划经济体制和赶超型工业化战略。同时由于当时特殊的时代背景和国际环境,中国社会基本处于封闭半封闭的状态。作为这种经济社会结构在理论领域的反映,"苏联范式"占据了传统主流地位。然而,中国及其他社会主义国家的实践证明,"苏联模式"的实践是违反了马克思科学社会主义基本原则的做法、是被扭曲了的社会主义,"苏联范式"的理论有着根本

---

① 具体说,官方马克思主义经济学围绕着社会主义市场经济理论这一核心,试图将马克思主义经济学基本原理同深化着的改革开放的时代主题、时代特征、时代实践相结合,为中国特色社会主义现代化建设提供与时俱进的指导思想。

的缺陷,无法通过实践检验,其科学性倍受质疑。正是在这样的转折点上,中国领导人开始从实践角度提出探索不同于苏联模式的社会主义道路,中国经济学界也开始从理论上对"苏联范式"展开反思与批判,这就为社会主义市场经济体制的创立以及当代马克思主义经济学的多学派发展奠定了基础。

综上,可以梳理出一条比较清晰的理论脉络:改革前,通过官方法定的方式确立了"苏联范式"的传统主流地位;1978年之后官方和学界对"苏联范式"展开反思和批判,开始向求实创新、与时俱进的真正的马克思主义经济学回归;1992年以后,我国马克思主义经济学进入了全新的发展阶段——以官方马克思主义经济学和学界马克思主义经济学互动并存及学界马克思主义经济学多学派的初步形成和发展为标志。

二 马克思主义经济学释读化研究:传统主流的局限

以"苏联范式"为代表的马克思主义经济学传统主流,其缺陷不仅仅在于其理论体系本身,核心问题在于其研究方法和方法论基础的脆弱。释读化研究作为传统主流研究方法的基本表征,其局限性突出体现在如下三个方面。

1. 传统主流的释读化研究的局限性

局限之一:违背问题意识导向

问题意识是理论创新的基石,优秀经济理论的生命力依赖于对现实问题的预见力和解释力。马克思所创立的经济理论自始至终都体现着强烈的问题意识导向,它从商品生产、劳动、工资、贫富差距以及经济危机等现实世界中活生生的现象出发,通过抽象概括和逻辑演绎一步步构建起政治经济学理论大厦,最终落脚点则是变革现存世界、实现人的解放。传统主流纯粹、片面地强调释读化研究方法,对现实问题视而不见,而将马克思主义经典著作或苏联马克思主义权威著作作为出发点,用其中若干结论或只言片语去剪裁实践、束缚实践,走上了马克思本人所坚决反对的形而上学道路,使理论研究庸俗化、教条化。

局限之二:混淆理论与政策

理论与政策是既有明确区别,又紧密联系的两个概念。理论乃是人类对自然、社会现象,按照已有的知识和认知,经由一般化与演绎推理等的方法,进行合乎逻辑的推论性总结。政策则是政府、组织或个人为实现目标而订立的计划。马克思主义经济学是一门科学,它首先应该作为理论而存在,其主要任务是深入分析和解释当代社会主义和当代资本主义的新现象、新问题及其运行规律,而对制定具体经济政策的指导作用则是次要的、第二位的。传统主流的释读化研究混淆了理论研究与政策研究的关系,经常打着"理论研究"的旗帜,"意图先行"地对马克思经典文献进行误读和曲解,将马克思主义经济理论研究贬低为带有辩护性质的"政策解释学",从而极大地损害了马克思主义经济学的科学性。

局限之三:无法形成逻辑一致的分析框架

一门学科发展为科学的"成熟标志"是形成普遍性和规范性的分析框架,使得遵循着相同分析框架的各种学派、学说能够并存,继而形成规模庞大、分支众多、体系严谨的学科体系。马克思的《资本论》科学体系同样是由一整套概念系统、范畴体系构成的分析框架,生产力决定生产关系和经济基础决定上层建筑两个基本命题,以及历史唯物主义和唯物辩证法的两个基本方法,较为完美地统一于马克思的理论框架内,构成了它的支撑点和方法论体系。① 而传统主流的释读化研究既没有明确的前提假设条件和分析框架,也缺乏严密的逻辑推理和证明,多表现为不同学者从各自角度对马克思经典著作进行为我所用,甚至断章取义的注解或阐发,这些注解和阐发之间的有机联系和逻辑上的内在一致性并没有得到应有的重视,从而也就缺乏行之有效的学术评价标准,由此形成了许多似是而非、昙花一现的"理论创新"。

2. 释读化研究的形成原因及评介

传统主流之所以形成释读化研究的学风倾向,除受苏联传统政治经济学研究风格影响外,也与当时特定的历史环境有关。1949 年以后我国全面模仿、移植了苏联经济体制和社会制度。马克思主义经济学作为社会主义意识形态的理论武器,其本身长期处于"学术与政治"的现实语境之中。为给当时多变的经济政策、方针、路线提供理论支撑,理论界往往是按要求先预定结论再从经典中寻找注解,甚至不惜以损害马克思主义经济学的科学性为代价,借此为即时政策做依据。

释读化研究方法的局限性是相对的而非绝对的,它本身并不能同教条主义画等号,若使用得当,释读化研究也是理解马克思经济思想的重要途

---

① 林岗:《马克思主义经济学分析范式的基本特征》,《经济学动态》2007 年第 7 期。

径。值得注意的是，基于释读化的文本研究必须结合马克思所处时代的特定历史条件、社会环境、文化环境来实事求是地理解经典原著的理论脉络和精神实质，同时仍需联系当代中国实践的需要。

三 马克思主义经济学中国化的创新：当代主流的特点

马克思主义经济学当代主流发展、创新的高度和境界，取决于它分析和解决中国现实问题的程度和水平。当代马克思主义经济学中国化的创新主要体现在研究方法的科学性、理论体系的开放性、对现实问题的指导性和实践性。

1. 研究方法的科学性

马克思主义经济学的基本研究方法的科学性是毋庸置疑和必须坚持的，但就具体研究方法或分析方法而言，的确存在先进和落后之分，陈旧的研究方法将会制约学科发展。与传统主流所倡导的释读化研究方法相比，当代主流所运用的研究方法更加科学、灵活、有效。当代主流的理论研究不仅继承和发展了马克思的唯物辩证法，且在突破学科和学派界限、借鉴并融合西方经济学等学派的分析方法的创新上已现端倪。其中，比较突出的表现是一些学者运用现代数理分析方法，对马克思主义经济学的经典理论进行表述和重构，对现代马克思主义经济学进行论证、阐述和发展。[①] 此外，马克思主义经济学在同哲学、法学、社会学、政治学等学科的跨学科融合过程中也适当吸纳了这些学科的分析方法，努力实现研究方法的综合与创造、继承与革新的统一。

2. 理论体系的开放性

传统主流把经典作家的论断视为终极真理和千古不变的教条，同时盲目排斥其他各种经济理论、经济流派和政策主张。事实上，真正的马克思主义经济学是一个完全开放的理论体系，它并不是一次性完成即告终结，而是随着时代、现实、社会、历史和实践的发展不断地自我更新、自我丰富、自我完善、自我发展的，与时俱进是它最宝贵的理论品质。[②] 当代主

---

① 程恩富：《改革开放与马克思主义经济学创新》，《华南师范大学学报》（社会科学版）2009年第1期。

② 蒋学模：《马克思主义政治经济学的与时俱进——正确认识和对待〈资本论〉理论体系》，《学术月刊》2003年第7期。

流的开放性体现在两个层面：一方面，当代主流以改革开放的新实践为基础，发展出了社会主义市场经济理论，并吸收或融合了制度分析、转型理论以及发展经济学的分析方法和结论，使马克思主义经济学真正成为一个内涵广泛的开放体系。另一方面，当代主流还加强了马克思主义经济学研究的国际视野，积极关注、充分借鉴西方马克思主义研究的最新理论成果。

3. 对现实问题的指导性和实践性

一个理论不被边缘化的基本标准是它能持续地指导实践。马克思主义经济学只有在保持其对社会主义现代化建设的指导作用时，才能表明其没有被边缘化。而持续的指导作用不能靠钦定或强制来实现，只能靠这种理论的生命力和影响力来实现，即理论是否对现实问题具有预见力、说服力和解释力，是否能够在创新中发展。首先，当代主流的指导性和实践性体现为一场"范式转换"和"范式革命"，表现为它对所有制、所有权、劳动、劳动力、剩余价值、剩余劳动、资本等基本概念进行了争论和澄清，并重新审视了马克思经济学中关于人的行为和动机的假设，使讨论能在共同基础上展开。其次，当代主流的指导性和实践性体现为其理论功能从批判性、革命性走向建构性和建设性。最后，当代主流的指导性和实践性还体现在它为其他应用经济学科提供着基础理论和基本方法支持。

四 当前我国马克思主义经济学主流化发展及其创新：困境、挑战与因应

在改革开放的大环境下，经历了对传统马克思主义经济学、对"苏联范式"的质疑、否定、反思和批判；经历了国外经济学（包括西方经济学、发展经济学、转型经济学、西方马克思主义经济学等）及其多学科（哲学、政治学、社会学、历史学等）的引进、学习、借鉴和改造；经历了"生于斯、长于斯"的本土经济学多流派雏形崭露生机之后，当前我国马克思主义经济学主流化发展及其创新，仍然面临着痛苦的"认同之困、体用之困、转换之困"等诸多困境。

所谓"认同之困"，主要是指当代西方发达资本主义国家伴随新科技革命的经济信息化和全球化发展，以及苏联传统社会主义计划经济体制向市场经济体制的全面过渡，特别是我国经济社会体制的转型和发展，使得一部分人，甚至是一些从事马克思主义经济学教学和研究工作的人动摇了

对马克思主义经济学的认同信念，产生了"怀疑论""过时论""终结论"等认识上的错误和严重偏差。这种认同困境的直接后果是在教学和研究领域，马克思主义经济学不断被淡化、边缘化。

所谓"体用之困"，主要是指在马克思主义经济学与西方经济学的关系认识和处理上，一种"马体西用"主张在理论上与实践中的脱节，或者说，在"知"上"马体"强调必须毫不动摇地坚持马克思主义经济学的指导地位，在"行"上"西用"则强调在"马学为体"前提下借鉴和具体运用西方经济学中反映市场经济规律的科学成分。然而，所谓"体用"不二，"体"与"用"是统一的。"马体西用"的问题在于，它显然是机械地割裂了"体"与"用"之间的内在联系，仿佛"体"是一块，而"用"又是另一块，殊不知"体"是需寓含于"用"之中的。因此，按照"马体西用"的逻辑，既然马为"体"，那就不能为"用"，便是缺乏实践性了。这样一来，难免陷入马学有"体"而无"用"，西学有"用"而无"体"的"体用"割裂分离之困。

所谓"转换之困"，是指马克思主义经济学的创新发展如何从传统范式走向现代范式彼岸，如何寻找这一创造性转化过程的通道与路径，即马克思主义经济学的现代化问题。马克思主义经济学的现代化不是一蹴而就的，而是首先要经历传统范式和现代范式剧烈交锋、相互角逐，而后在实践中对新旧范式进行比较评价，并最终作出痛苦艰难抉择的过程。当代马克思主义经济学研究正处于新旧范式交替时期，不少学者对驾轻就熟的传统研究范式总是怀有难以割舍之情，因此传统范式很大程度上还束缚着理论发展。同时，马克思主义经济学的现代范式也只是初见雏形，还远未臻于完善、成熟，这就更添范式转型的难度。

陷入上述多重困境的原因，与其说是受到变化着的外部世界，以及发展中的西方经济理论的外来冲击，不如说更多的是来自马克思主义经济学自身的创新发展长期缓慢滞后于实践并内外交集使然。有学者提出，马克思主义经济学在当代的发展面临着"四大挑战与创新"，即对现代资本主义经济的挑战需要创新，对现实社会主义经济的挑战需要创新，对经济知识化、信息化、服务化的挑战需要创新，对当今世界和平与发展主题的挑战需要创新。[①]

---

① 简新华：《马克思主义经济学面临的挑战与创新》，《中国经济问题》2006年第3期。

为走出上述困境，因应各种挑战，本文认为，当前马克思主义经济学的主流经济学地位要重新得到真正的确立和加强，马克思主义经济学的影响力和认同度要真正得到进一步地扩大和增强，马克思主义经济学要真正得到突破性、创造性发展，需要在马克思主义经济学与其他非马克思主义经济学之间，以及马克思主义经济学内部各流派之间，着重处理好三个方面的关系。

1. 垄断与竞争的关系，形成公平的学术研究环境

学术领域的垄断和竞争同经济领域一样是对立统一的关系。"主流"一词本身就被赋予了某种垄断的色彩，即主流经济学与各种非主流经济学说、经济理论之间是一种指导与被指导的关系，而不是完全平等的关系。在公平的学术竞争基础上产生的垄断地位是合理的；反之，依靠政治手段干预学术竞争、排斥其他学说和理论而获得的垄断地位是不合理的。即便是已经处于主流地位的学说，也必须继续接受公平学术竞争的检验，而不能对此排斥之、消灭之。当代马克思主义经济学的主流化发展，意味着它应该具有一定程度的垄断力量，不是说马克思主义经济学在教学和科研中的数量或权重必须占绝对优势，而是体现在它能够成为各门应用经济学科的基础理论，以及成为指导社会主义经济改革和发展的理论基础。

虽然今天马克思主义经济学的发展仍面临被边缘化之忧、"认同之困"，但化危为机，并不意味着重新回到过去传统马克思主义经济学研究中"只此一音、只此一家"的低水平、重复性、单向度话语垄断的制度环境。思想与学术领域的绝对垄断是扼杀学术创新、窒息理论生命力的无形绞索，也正是由于此，才造成了马克思主义经济学的停滞、僵化，逐步丧失战斗力，最终面临指导地位被削弱和边缘化的境况。只有在公平竞争的学术环境下，马克思主义经济学的每一种观点、每一个理论都要经受对手的严格琢磨和苛刻挑剔，马克思主义经济学各学派必然会把研究精力聚焦于理论的薄弱环节，紧张地补救理论的缺陷，使理论不断臻于完善，最终各学派在新的高度和境界达到新的统一。

在坚持和承认马克思主义经济学合理垄断地位的前提下，消除独尊马术，罢黜百家的学术傲慢与偏见，倡导正常的学术批判、学术争鸣和学术交流，形成各种理论、各种学派公平竞争、自由发展，特别是能够理解和尊重对立知识体系的学术环境，才能使马克思主义经济学真正在公平的、开放的学术竞争中推向高水平、建设性、创新性地发展，增强对马克思主

义经济学的认同信念。

2. 思想与工具的关系，形成正常的学术价值取向

马克思主义经济学兼具方法上的社会设计功能和理论上的社会启蒙功能双重功能，其方法上的社会设计功能是一种实践理性，是我们行动的指南；其理论上的社会启蒙功能是一种认识理性，它不仅体现为透过事物表象深层次把握事物的本质和规律，而且体现为借助于"规律—趋势"的理论模型对未来的实践活动给予设计、评估和预见。与现代经济学工具理性的实用性相比，马克思主义经济学则更具有思想的认识和启蒙功能。[①] 马克思透过经济现象而发现了资本主义生产方式下人的物化和异化的问题，努力寻找人类摆脱物化和异化从而走向人的自由全面发展的道路。马克思主义经济学的这种思想性特质，表现出它对社会经济生活的本质与社会经济发展趋势的深刻洞察力。它使马克思主义经济学成为与完全是在社会经济生活的现象上兜圈子的、作为"现象经济学"的西方经济学根本不同的科学的经济学理论。[②]

经济学的理论研究首先是要形成对社会的认知，而这种认知就是用思辨性思想对社会现象意义和重要性的理解，除必须分析它的起源、结果和局势价值之外，还要进一步分析支配着所论述的时代的客观的、基本的历史趋势和倾向等。例如，要理解当前中国社会收入分配的现状，就必须从中国当前的社会文化、权力结构以及特定的时代背景中去探求，而不是依靠统计数据和指标。[③] 而渗透着浓郁思辨性的马克思主义经济学方法论恰恰为我们提供了一个政治、经济、文化以及社会全方位的认识视角和思维方式，这是奉工具理性主义方法论信条为圭臬的西方经济学所无法匹敌的。然而，在当前马克思主义经济学中国化创新发展的探索中，我们发现，在经历了传统马克思主义经济学发展中苏联政治经济学教条主义之后，又有走向新古典经济学教条的倾向，其严重性在于西方经济学、新古典经济学的"思想淡出，工具凸显"危机的影响和侵蚀，一些人把马克思主义经济学的思想性和工具性（实用性）分置两端，认为有此即无彼，研

[①] 杨晓玲：《理解马克思主义政治经济学》，《当代经济研究》2006年第7期。

[②] 于金富：《努力实现马克思主义经济学的现代化》，《河南大学学报》（社会科学版）2009年第3期。

[③] 朱富强：《经济学的科学性意味着什么——经济学的双重属性及其研究思维》，《当代经济科学》2008年第3期。

究生产关系就无助于现实经济问题的解决、无助于经济增长和发展的需要①，从而舍弃和远离了马克思主义经济学科学特质的思想性，丢掉和舍弃了生产力决定生产关系、经济基础决定上层建筑的马克思主义经济学分析范式对社会经济制度和经济运行分析的方法硬核，热衷于技术性、模型性分析方法的简单搬用，停留于现象刻画、实证描述，而对中国经济改革与转型中深层次、本质性分析、现实洞察力及其思想深邃的内容却在弱化和减少。

针对此，在坚持马克思主义经济学思想性的价值取向前提下，将思想性和工具性有机结合，这就需要我们采取"适应性原则"，根据我国具体国情有分析、有条件、有取舍地吸收西方经济学中的科学成分及优秀成果，特别是第二次世界大战以后发展起来的系统论、控制论、信息论及耗散结构论、突变论和协同论在经济学上的运用，丰富了马克思主义经济学的方法论体系，增强马克思主义经济学对现实的解释力和实用性。

3. 规范与嵌合的关系，形成科学的学术发展机制

规范与嵌合的关系构成马克思主义经济学范式转换和学科发展的前提和动力，也决定着能否建立起一整套科学有效的学术评价机制、学术交流机制以及学术发展机制。马克思主义经济学的现代化过程面临一般性和特殊性问题。从一般性来说，马克思主义经济学要想成为具有现代意义和世界性的通行学科，必须遵循符合国际惯例的学术规范；马克思主义经济学内部各学派也应该形成遵循同一规范的学术共同体。这就是所谓"科学化"或规范化问题。同时，各个国家自然地理、政治经济制度、社会文化以及所处经济发展阶段不同，我国马克思主义经济学的现代化过程必将嵌合于中国特殊国情和文化之中，即中国化或本土化问题。

学术规范是不同学派和理论所遵循的共同前提和出发点，也是学术发展的需要。在理论经济学界与国际学术规范接轨呼声日盛、当代马克思主义经济学多学派已经初步形成之时，马克思主义经济学的学术规范缺失问题一直仍未得到彻底解决，其后果是：一方面，规范缺失使得我国马克思主义经济学研究方法落后，研究范式转换困难，基于本土经验而产生的学术成果也难以被国际学术界所接受；另一方面，马克思主义经济学内部不

---

① 事实上，马克思《资本论》中的资本有机构成理论、社会总资本再生产理论等对技术进步、经济增长和经济发展的研究对现实社会经济运行、增长与发展是有着重要的现实指导意义的。

同学派也深受各自为政的学术发展机制之苦，学派竞争稍不注意就容易陷入意气用事，党同伐异的境地，陷入不利于学术发展的偏见之中。然而值得注意的是，当前国际学术规范与评价机制很大程度上反映着西方国家的利益和偏好，难以同马克思主义经济学中国化、本土化发展形成深度嵌合。片面地强调规范化而不考虑嵌合性，不加取舍地移植国际规范，甚至以西方意识形态和价值观评判我国马克思主义经济学的发展和创新，势必会走向另一个极端，不仅容易使马克思主义经济学丧失本来的基本立场、观点和方法，而且是对马克思主义经济学主流化发展和中国化创新的否定。

实现马克思主义经济学的现代化，破解"转换之困"的难题，当务之急是处理好中国马克思主义经济学主流化发展过程中规范与嵌合的关系，建立既符合国际潮流，又适应自己国情的，既切实可行，又科学有效的学术规范和学术发展机制。

经济新常态与新常态经济学：
范式转向的视角

盖凯程[*]

摘　要：经济学思想演进和学科知识发展背后隐含着经济学范式转向的深层命题。新常态下经济运行的传统逻辑发生改变，经济学思想形态演绎的触角由此伸向了新常态下经济学范式的转向。世界经济新常态下宏微观理论同态一体化演化的"合作范式"成为现代西方经济学范式转向的趋势性特征；新常态下中国经济转型升级衍生出了中国经济学理论范式转型升级的命题，应从逻辑起点、概念框架、研究范围、逻辑体系、研究方法等方面构筑中国经济学理论体系和学术话语体系。

关键词：范式转向；经济新常态；新常态经济学

经济学作为一组内在逻辑体系严谨、结构严密且内恰的科学知识系统须直面真实世界的检验，真实世界的变化推动着经济学理论的发展。金融危机后世界经济周期性调整与中国阶段性因素叠加促使中国经济进入增速回落的新常态时期。认识新常态，适应新常态，引领新常态是今后中国经济发展的大逻辑。把握这一逻辑及其蕴含的内在规律，从中国经济改革与发展之实"事"中求解其所"是"，推动中国经济学的创新发展与范式建构，构筑中国经济学理论体系和学术话语体系，是时代赋予政治经济学的重大命题。

---

[*] 本文选自盖凯程《经济新常态与新常态经济学：范式转向的视角》，《社会主义经济理论研究集萃（2015）》，2015年11月28日。

一 范式：经济学的框范标尺

作为"科学实践的公认范例"[①]，范式是常规科学所赖以运作的理论基础和实践规范，是科学共同体的价值约定、共有范例以及普遍接受的一组理论假说、概念、准则和方法的总和。在外延上，范式由观念范式（理论体系里稳定的信仰、认知、思维和假说等的规定）、规则范式（理论假设、概念、公理、定律、规则、程序等约定集合）、操作范式（模型、语汇、符号、注解等工具性表达式）构成。范式既是科学研究的必要条件，也是科学发展成熟的标志和先导。当科学家们拥有了共同的理论框架、研究趋向和分析工具，才能去接受吸收并同化由观察和实验所提供的材料进而充实和发展该理论框架。一旦形成范式，"它们的成就空前地吸引一批坚定的拥护者，使他们脱离科学活动的其他竞争模式"，与此同时这些成就又"足以无限制地为一批重新组成的一批实践者留下有待解决的种种问题。"[②]

范式之于经济学的内在恰接性及其新颖的总体性概念构架使之成为校准经济学规范性的标尺，赋予了经济学以科学性的特质。作为理论约定集合和思维表达方式，经济学范式关乎经济学家共同体对经济研究领域的基本判断以及由此衍生的概念体系和分析方法并以此作为交流思想的共同工具。观念范式、规则范式和操作范式蕴含的核心思想、研究架构和操作符号搭建起经济学学科知识增长和思想演绎的平台。不同的经济学范式以其迥异于范式竞争对手的构造路径、理论要素、概念体系、分析框架、检验标准和解题工具等的内容特质和联结形式划定自身的理论边界，并在各自的逻辑演绎空间里不断演进。

经济学思想演进和学科知识发展背后隐含着经济学范式转换的深层命题，循依着"范式形成—常规科学—反常—危机—新范式"的基本路径。常规科学时期经济学家遵循一致的范式"解谜"以稳定地拓展经济科学知识的精度和广度。新的科学发现则源于现实经济世界"以某种方法违反支配常规科学的范式所做的预测"，实践之于范式的非一致性例外事件不断

---

① ［美］托马斯·库恩：《科学革命的结构》，金吾伦等译，北京大学出版社2012年版，第8页。

② ［美］托马斯·库恩：《科学革命的结构》，金吾伦等译，北京大学出版社2012年版，第8页。

积累，既有的范式之于现实世界解释性和预测性下降导致范式危机。面对危机，经济学家共同体在现有范式逻辑空间下通过调整工具设定、渗入新的解释变量以期对其进行扩展性解释，但当努力无效而导致"政策失败"时，原有范式趋弱和认同度下降的必然结果就是范式转换。这种转换一直到经过调整后的范式理论使反常和例外变得与解释性预测和预测性解释相符时为止。显然，范式转向的触动因素是"问题意识"，而在"问题意识"的逻辑蕴涵里，既包含现实经济问题挖掘，也包括经济学理论的自我反省。

经济学通往真理的路上要打通两道关卡：内在逻辑的自洽性以及建立在真实可信假设前提下的逻辑与实践的相验（符）性。在世界和中国经济进入新常态的时代嬗变背景下，经济运行的传统逻辑发生改变，经济新常态衍生出经济学范式"失真"与"校准"的新命题，现实世界之于理论的摩擦成为经济学范式转向和理论创新的契机。不同经济学范式在各自构筑的逻辑空间和理论空间中进行自适性调整，但无论何种经济学范式，其在学科知识和话语体系竞争中胜出的根本路径在于按照世界的本来面目理解、分析和描述世界。只有能反映时代要求、解释经济现实、预测社会未来的经济学范式才能最终成为时代显学。

二 世界经济新常态下西方主流经济学范式危机与转向：宏微观经济学同态一体化

1987—2007 年全球经济增长的长周期被称为世界经济旧常态时期，呈现出以科技创新、经济金融化、资源配置全球化以及新型经济体为发展新引擎的世界经济大繁荣、大稳定特征。2008 年国际金融危机后全球经济格局和治理结构发生重大变化，经济增长乏力、复苏缓慢，面临再平衡、去杠杆化以及资产负债表重新修复等一系列新选择，世界在找寻新的增长引擎和发展动力，全球产业重构、结构调整、要素重组等新特征表明世界经济步入了新常态时期。

在理论范式对应上，在 20 世纪七八十年代"滞涨"危机的时序语境下，新古典范式关于市场有自净功能的原教旨主义凭借资本全球化渗透而得以兴起，世界经济旧常态下资本主义长达 20 年的经济大繁荣奠定了新古典范式（货币主义、理性预期、有效市场假说、真实经济周期等）的支配性主流地位，塑造了其"别无选择"（TINA）的经济学"帝国主义"地位。世界经济新常态下真实世界的问题拷问和金融危机倒逼则使得新古典范式的逻辑困惑和现实悖谬展露无遗。逻辑困惑表现为：空间纬度普适性困惑、时间纬度兼容性困惑、价值中立客观性困惑、工具主义逻辑刚性困惑等；① 现实悖谬包括个体理性与群体非理性悖谬、"均衡假设"与资本市场的结构耗散悖谬、经济模型的共时性诉求与虚拟资本市场的历时性特质悖谬、稳定性偏好与富于弹性的经济运行体系悖谬、微观单位均衡静态分析与宏观体系运行的非线性和动态性特征悖谬等。

以"逻辑为纲"的新古典范式致力于追求一致性的完美表达。共同体力图通过经济现象的"可测量性"表达经济学的优越性，却模糊了逻辑表达和现实描述的边界。当数学公式推演代替经济思想演绎被误认为是通往真理的唯一路径，历史、制度和社会事实特征统被忽视时，"这一不大关注现实世界的……偏好，让经济学家偏离了至关重要的整体性观察的轨道"②。新古典范式危机在于其致力于追求形式逻辑精致化的同时却又无法满足于理论与经验的相符性检验；偏好于关注假设前提到分析结论思维行程的严谨性却又屏蔽掉现实世界的现象性与理论假设的互恰性；过分注重经济现象的现象描述解释却又消解掉了经济本质与经济现象间的适融性；有心凸显经济政策的价值中立却又刻意淡化了经济政策的利益导向。

新古典范式无疑表达了经济学家力图通过经济理性以驾驭市场体系运行的理想期许，然而过分追求严谨的完美理性和一致性表达在保证了思维形式的必然性的同时却导致了思维内容的或然性。类似于一个自组织系统，市场在竞争机制作用下自动趋于均衡的简单性背后，无法掩盖其不确定性、非均衡性、非还原性的复杂性本质。以理性预期假说为例，个体理性预期影响宏观政策的有效性被置于新古典学派观念范式之中，而宏观政策之于个体理性预期的反作用——如政策调整会引致非理性预期——则被排除在外。"经济学的主流模型奇怪地假设人们不仅是理性的而且还是超级理性的"③。在形而上的工具主义方法论下，理论模型的逻辑刚性与现实经济的逻辑弹性之间的冲突就不可避免。简单的新古典范式与复杂的市场

---

① 王晓林：《经济学范式：逻辑困惑、现实悖论及其可能出路》，《经济评论》2006年第6期。
② 《全球经济危机的"女王难题"》，搜狐财经，http://business.sohu.com/20090917/n266795778.shtml，2009年9月17日。
③ [美]约瑟夫·E.斯蒂格利茨：《自由市场的坠落》，李俊青等译，机械工业出版社2011年版，第220页。

经济日益背离的致命缺陷使其理论范式的"系统性风险"和"理论负荷"暴露无遗。经济科学的本质——探究和观察经济世界一般规律基本因果结构和深层运行机制——一旦被遮蔽,剩下的唯一选择也只能是"非理性地相信市场的理性,超逻辑的建构市场的逻辑"①。

在反思传统经济学思维范式本质性缺陷的过程中,经济学思想形态的触角由此伸向了经济新常态下经济学范式的转向。作为西方经济学的两大主体形态,新古典和凯恩斯在范式竞争的动态博弈演化过程中趋向融合的态势日趋明显,微观和宏观在综合过程中努力寻找统一的逻辑基础,宏微观理论同态一体化演化的"合作范式"成为新常态下西方主流经济学范式转向的一个趋势性特征。

自希克斯《凯恩斯和古典经济学:一种解释建议》以 IS-LM 模型试图将宏观经济学构筑在瓦尔拉斯一般均衡基础上,两大范式的耦合就一直在进行着。萨缪尔森致力于将新古典微观比较静态分析和凯恩斯宏观动态分析统一于一个经济学体系。其后"淡水派"和"咸水派"②都试图建构一个新的统一的分析框架。斯蒂格利茨以信息变量的嵌入拓展了微观经济分析的视域,"淡水派"也承认信息不完整之于自由市场的功能障碍,这为双方理论范式耦合提供了契合点。③"淡咸之争"更像"家庭内部矛盾",与老凯恩斯主义者不同,除了勉强拒绝了"市场连续出清"——这是判断新凯恩斯主义是否与凯恩斯保持血缘关系并继承其思想衣钵的最重要依据——假设外,新凯恩斯主义既拥抱了理性预期假设,也欣然接受了弗里德曼的自然失业率假设,从而几乎接受了新古典"2/3"的假设。剩下的"1/3"的区别只在于新古典强调价格和工资弹性,而新凯恩斯强调价格和工资黏性。

双方分歧在于:"淡水派"倾向于将宏观经济学建立在微观竞争均衡

---

① 盖凯程:《"市场的逻辑"的逻辑》,《马克思主义研究》2011 年第 12 期。
② 由于新凯恩斯主义与新古典主义者所处地理位置的不同,罗马大学教授罗伯特·沃德曼将其比喻为"淡水派"(又称芝加哥学派,作为新古典大本营,芝加哥地处密西根大湖的"淡水区")和"咸水派"(因其代表人物曼昆、布兰查德等所在的哈佛大学、麻省理工学院和加州大学伯克利分校均临近海边"咸水区")。
③ 究其根由,两大范式貌似势不两立,实则为基于共同立场的学术共同体,服从和服务于资本主义国家主体意识。维护巩固资本主义的制度基石——私有制及由其衍发出来的自由市场制度——是新古典范式与凯恩斯范式共同的思想根基,是双方共同的价值信仰和道德坚守,也是争论时不约而同遵守的理论底线。其根本性分歧不在要不要,而在于如何更好地维护这两块基石。

理论基础上,在其理论隐指里,微观范式是完美无缺的,关键是发展出一套与之相匹配的宏观经济学。"咸水派"则认为现代经济学真正的弱点不是宏观经济学,恰是所谓精致的微观经济学。因此,关键是发展出一套与宏观范式相适融的微观经济学。从范式互补的视角看,微观经济学长于在高度简化抽象的假设前提下构建严谨的理论模型,却短于其理论假设与现实的高度不相关性;宏观经济学强在微观假设上更贴近实际,但却弱于缺乏严谨的理论模型和统一的分析框架。金融危机和经济新常态宣告卢卡斯等基于微观范式建构宏观分析框架的努力失败,反过来会刺激经济学家在宏观经济学框架下建构新的微观支撑:"经济学研究面对的挑战就是要发展出一套与宏观经济学相匹配的微观经济学"[1]。

三 中国经济新常态与新常态的中国经济学范式

改革开放以来,在中国经济改革和发展实践的推动下,中国经济学取得长足发展。改革路径演进的复杂性表达了对多维(向)度理论的渴求,从而为各种经济理论符码提供了充分的思想孕积空间。在理论符码的嬗变中,中国经济学研究逐步挣脱"苏联范式"的桎梏,在吸收消融现代经济学科学营养成分的基础上努力推进经济学研究的规范化和本土化,大大拓展了经济学的研究范围,呈现或规范或实证或逻辑思辨或理性判断的多元方法论格局,构建起初具雏形的新体系结构,写就了一部"政治经济学的初稿",初步具备了独特的中国经济学品质。

然而,实践总是走在理论前面,正如马克思所说,"对人类生活形式……的科学分析,总是采取同实际发展相反的道路。这种思索是从事后开始的,……是从发展过程的完成的结果开始的"[2]。与中国经济的快速发展相比,中国经济学理论难掩其体系建构的相对滞后和思想蕴涵的相对贫瘠。

(一)在价值取向上,重实用性政策研究,轻基础理论探索,进而导致经济学的实践功能有余,而范畴体系抽象度不足。经济改革与发展不断提出新的实践性课题,为经济改革与发展出谋划策成为经济理论界的首要

---

[1] [美]约瑟夫·E. 斯蒂格利茨:《自由市场的坠落》,李俊青等译,机械工业出版社2011年版,第230页。

[2] [德]马克思:《资本论》(第1卷),人民出版社2004年版,第93页。

任务和历史担当,却也造成了理论界注意力的倾斜。① 这就是,偏重于实证分析、对策研究,而高层次理论研究方面的功夫下得不够。"中国经济学家对中国经济崛起过程的解释远没有经济崛起本身那样成就卓然"②。近年来经济发展及改革在一些领域的踯躅与经济学思想的滞后以及缺乏真正属于中国的经济理论不无关系。从已有的基础理论研究看,虽取得了诸多公认的成果,但不同成果学术表达方式迥异,呈现出板块式、碎裂化的非系统性特征,未能形成一个解释中国经济问题的系统的概念框架、完整的理论结构和严谨的逻辑体系,有待于向深层领域和协同创新方向大力拓展。

(二)在解题工具上,重形式逻辑而轻辩证逻辑,偏好于运用短链条式逻辑方法分析经济问题,而弱于运用长链条式逻辑思维方式观察现实中国。逻辑并非是"关于思维的外在形式的学说,而是……关于世界的全部具体内容以及对它的认识的发展规律的学说,即对世界的认识的历史的总计、总和、结论"③。由于历史、现实与未来的宽广视野和世界观的缺失,偏好于对中国经济改革实践和社会整体性演化历程进行碎片化、切片式地观察,使得一些研究结论带有明显的片面性和形而上的理论色彩。

(三)在学术话语权上,存在明显的"学术话语逆差"④。在借鉴现代西方主流经济学时存在亦步亦趋的教条化倾向。在这一认知偏见里,"中国经济改革的理论研究只不过是考察主流经济学框架里的一些特殊的制度约束和扭曲罢了"⑤。应当看到,西方主流经济学这一根植于西方国家实践土壤的理论之树有其特定适用的时序空间和制度环境依托。脱离这一依托,忽略其演化发展的历史背景,忽视中国经济实践的制度特质,遮蔽中

---

① 赵凌云:《富国裕民的梦寻:经济学的进化与当代图景》,天津教育出版社2002年版,第383页。
② 白永秀:《新中国经济学60年学术话语体系的演变及其重建》,豆丁网,http://www.docin.com/p-218817745.html。
③ 《列宁全集》(第55卷),人民出版社1990年版,第77页。
④ 引申国际贸易术语,意即在建构中国经济学范式过程中,不恰当地过分"进口"西方经济学的概念、术语、工具、体系等,同时中国经济快速崛起的理念、话语体系不能以有效的方式和途径向外传播和"出口"。
⑤ 邹恒甫:《现代经济学前沿丛书》"序言",中国经济学教育科研网,http://economics.efnchina.com/show-1608-60571-1.html,2004年2月18日。

国改革演进路径的复杂性，不以理论为事实的结果，反以事实去迁就理论，削足适履必然导致"普罗克拉斯提斯之床"的思想悲剧①。正如恩格斯所说："人们在生产和交换时所处的条件，各个国家各不相同……因此，政治经济学不可能对一切国家和一切历史时代都是一样的……谁要想把火地岛的政治经济学和现代英国的政治经济学置于同一规律之下，那么，除了最陈腐的老生常谈以外，他显然不能揭示出任何东西"②。

新常态不仅仅指向经济运行层面，更是指向经济学理论建构层面。作为中国经济学观察、解释和分析对象的中国经济进入了新常态，③ 与中国经济转型升级命题并行的是中国经济学体系建构和研究范式的转型升级。经济新常态意味着中国经济向着内涵更丰富、分工更复杂、形态更高级、结构更优化、运行更成熟的阶段演化，意味着系统完备、科学规范、运行有效的制度体系逐渐定型，意味着社会主义市场经济实践脉络越来越清晰，这为创作一部完整系统的中国经济学理论精品提供了丰富的实践素材和现实条件。

为此，必须对中国经济社会运行的约束条件、实际状态和演绎方向进行科学分析和理论抽象：首先将其置于中国经济改革历程和社会发展一般趋势性坐标中，实证研究其演进的过程、脉络、机制；其次在实证基础上抽象出规范的、科学的、开放融通的新概念、新范畴、新表述；最后全面实现马克思主义基本原理与中国实际、中国经济改革与发展的历史逻辑与理论逻辑、中国经济理论与中国具体国情特性等诸多方面的有机结合④，提升理论阐释的深刻性、校准现实的精确性、理论结构的完整性，从逻辑起点、概念框架、研究范围、逻辑体系、研究方法等层面构建起中国特

---

① 普罗克拉斯提斯是希腊神话里的一个好心人，但却有一特殊癖好：劫持旅客后使身高者睡短床，斩去身体伸出的部分；使身体矮小者睡长床，然后强拉其于床齐。意喻套用西方所谓时髦和高深的理论，而不关注中国现实，只能让事情变得更糟。

② 《马克思恩格斯选集》（第3卷），人民出版社1972年版，第186页。

③ 应当指出，世界新常态和中国新常态尽管概念相同，但其内涵是不同的。国际上，新常态是一个被动式词语，用以被动地刻画了金融危机后全球经济增长的长周期转换，其内涵倾向是悲观的或无可奈何的；中国新常态是一个主动式词语，是中国迈向更高级发展阶段的宣示，它指出了中国经济转型的方向。参见李扬、张晓晶《"新常态"：经济发展的逻辑与前景》，《经济研究》2015年第5期。

④ 赵凌云：《富国裕民的梦寻：经济学的进化与当代图景》，天津教育出版社2002年版，第388页。

色、中国风格、中国气派的中国经济学理论体系和学术话语体系。

1. 奠定逻辑始点：中国经济改革和实践的演进路径显然是独特的，这一"世界历史500年未有之转型"内嵌于其自身特有的制度框架和特定的历史传承中。"历史从哪里开始，思想进程也应当从哪里开始。"① 中国经济改革发端于农村生产方式变革，循依着"生产关系适应生产力"的政治经济学"观念范式"。其后30余年改革实践虽其横切面错综复杂，但其纵切面的核心逻辑以及未来改革的演绎方向皆可在这一"观念范式"及其拓展出来的规则范式和操作范式里得到科学解释和合理预测。基于此，中国经济学范式与中国经济实践的内在逻辑张力首先必须在马克思主义视域下找寻最有效的契合点，这是新常态下马克思主义经济学中国化命题的前置条件，也是中国经济学范式建构的理论逻辑始点。

2. 构造概念框架：概念与范畴是科学的基本构成要素。作为对经济系统矛盾展开的集中的本质抽象，核心概念对于经济学范式形成意义重大，如"剩余价值"之于马克思范式、"边际效用"之于新古典范式、"交易费用"之于新制度范式等。围绕核心概念展开的具体概念与之共同构成概念体系。"经济范畴只不过是生产的社会关系的理论表现，即其抽象"②，中国经济学概念范畴的创新过程是一个随时代条件变化而对传统概念体系不断扬弃和由具体而抽象的过程，其基本构造路径有：（1）赋予传统政治经济学概念（如资本、劳动、剩余价值）以新含义，拓展其内涵和外延的规定性；（2）借鉴现代经济学能反映现代市场经济一般规律的概念范畴（如产权、竞争、完全信息、效用、消费者剩余、公共产品、交易成本、生产函数等）并将其中国化、本土化；（3）根据中国经济新常态运行新特征，概括提炼出全新的概念范畴，如新常态，供给侧，创新、协调、绿色、开放、共享。概念范畴的产生，是一个"极其艰难地把各种形式从材料上剥离下来并竭力把它们作为特有的考察对象固定下来"③ 的过程，新常态经济学应在已有尝试性概念改造与展开的过程中去探究发现和规定新的概念的可行性，从社会主义经济运行和新常态中剥离出具有一般本质规定性的核心概念并依此构建起一个概念框架。在概念框架的形成过程中，

---

① 《马克思恩格斯选集》（第2卷），人民出版社1995年版，第43页。
② 《马克思恩格斯选集》（第1卷），人民出版社2012年版，第222页。
③ 《马克思恩格斯全集》（第46卷下），人民出版社1980年版，第383页。

需要注意基于统一的逻辑框架去把握其内涵和调整其外延，以保证概念框架的严谨性和自洽性。

3. 拓宽研究范围：新常态经济学以研究和揭示社会主义初级阶段经济制度结构和运行方式的基本规律为根本任务，但同时其研究对象不能仅限于生产关系本身。必须适应中国发展阶段性新特征，拓展其研究范围，特别是所有制结构的改革、经济体系结构的优化以及经济组织形式的创新，回答新常态下的新问题，如资源配置方式转换、经济增长动力转换、新常态制度基础、创新驱动和大众消费、经济福祉包容共享等，揭示出新常态经济发展的新规律，形成新的经济命题和论断。更进一步地，经济新常态折射出经济运行系统的新矛盾和新情况，经济发展中技术基础变化引致的经济活动组织形式变化、体制结构变化引致的微观组织运行机制调整和政府经济职能的优化、经济活动引致的经济效率效应、社会公正效应、环境与生态效应、社会福利效应、人的道德素质效应[①]等皆应纳入新常态经济学的研究范围。

4. 搭建体系结构：作为马克思主义理论体系最深刻、最全面、最详细的证明和运用，政治经济学与中国改革实践的创造性耦合，实现了对传统"苏联范式"和西方主流范式的突破和超越，形成了中国经济学理论体系结构的基本雏形。以"生产力→经济制度关系→经济体制关系→经济运行关系"为基本分析范式，突出"经济制度—经济体制—经济运行"三位一体的整体理论架构，形成了"经济制度本质、经济体制改革、经济发展、对外开放"等主导型理论，[②] 并衍生出"经济本质论、基本经济制度论、分配理论、体制改革论、市场经济论、现代企业制度论、经济发展论、对外开放论、自主创新论"[③] 等理论板块。

中国经济改革的核心命题是实现社会主义基本制度与发展市场经济的结合，这是中国经济学范式理论体系所应遵从的逻辑主线。以此为核心主线，可将已有理论板块有效地契合起来，从而形成一个内在逻辑自洽的且与中国改革发展历程外恰的整体理论体系结构：①社会主义与市场经济的

---

① 刘诗白：《走向 21 世纪的新时期政治经济学研究之我见》，《学术月刊》1999 年第 3 期。
② 顾海良：《中国特色社会主义经济学的时代篇章》，《经济理论与经济管理》2011 年第 7 期。
③ 张宇：《马克思主义经济学中国化的集中表现》，《学术月刊》2008 年第 3 期。

契合：微观基础。这一社会主义"微观经济学"应从市场主体结构角度厘清经济体制改革中微观单位（企业、居民、农户）主体财产权构建的脉络，构筑社会主义与市场经济结构性调适、功能性匹配、机理性融合的微观基础；②社会主义与市场经济的契合：宏观框架。这一社会主义"宏观经济学"包含着对社会主义经济运行的总量（结构）分析和宏观观察，蕴藏着政府与市场的关系边界、宏观经济结构平衡和价值平衡以及经济增长与发展的基本命题；③社会主义与市场经济的结合：制度架构。制度分析（所有制、分配制度、社会体制）是在宏观和微观经济学之间搭建统一逻辑基础的关键性构件，可以有效弥合个体理性与社会理性、效率与公平、资源配置与可持续发展的二元裂隙，也是构筑宏观经济政策微观传递机制、统一不同利益主体（政府、企业、居民）的利益目标函数、实现资源配置在国家战略意识和市场竞争之间有效契合的最重要解释变量。

5. 革新研究方法。方法论是经济理论体系稳定范式形成的先导和标志，"经济学革命"的实质是经济学方法的革新。[①] 应当看到，中国当代政治经济学者在自觉地吸纳现代西方主流和非主流经济学方法论的有益成分，而政治经济学方法论价值也逐渐被一些西方范式拥趸所认可，这就使得中国经济学范式构建具备了从分割走向融合的方法论基础，其方法论含义是以辩证历史唯物主义统摄科学主义、历史主义、达尔文主义和复杂性科学，政治经济学的研究方法与现代西方经济学的表达工具和检验手段结合起来，对其进行创造性融合：①坚持辩证法，善于运用洞察事物本质的思辨性思维和辩证逻辑来解释和把握中国经济改革实践的历时性特征和共时性结构；②运用科学抽象法，在"具体—抽象—具体"的思维行程中，"主体，即社会，也必须始终作为前提浮现在表象面前"[②]，提炼经济学话语体系的中国元素与社会蕴涵；运用逻辑与历史的方法，静态分析与动态分析相结合，局部均衡与一般均衡结合，重视经济系统的非线性和不确定性特质，导向于将经济系统和环境、认识主体和对象关系内生化，求解新常态经济复杂运行表象背后的内在结构和深层源码；③在处理好规范分析

[①] 从思想史的角度看，"马克思主义经济学革命"的实质是以辩证法取代形而上学；"边际革命"的实质是以边际分析方法取代传统抽象演绎方法；"凯恩斯革命"的实质则是以总量分析取代个量分析；等等。

[②] 《马克思恩格斯全集》（第46卷上册），人民出版社1979年版，第39页。

与实证分析、定性研究与定量研究关系基础上，尊重和借鉴西方经济学的先进形式逻辑思维和数理逻辑分析工具，在"假设真实性"的基础上，形成公理化的程式、规范化的术语表达以及精细化的学术结构，增强科学性和实践功能。同时，审慎处理好经济学思想性与工具性的关系①。

结束语

经济新常态触发了经济学范式的系统性反映，经济学范式呈现出多元演进的趋势特征。世界经济新常态折射出新古典范式的逻辑困惑和实践悖谬，在反思其思维范式的本质性缺陷过程中，促动了宏、微观理论同态一体化演化的合作范式转向。

中国经济学范式与中国经济改革实践的内在逻辑张力衍生出了经济新常态下构建新常态经济学的命题。新常态中国经济学应在马克思主义观念范式统摄下，既推动马克思主义经济学的中国化，也促成西方经济学中科学合理成分的中国化，在开放竞争的复杂演化过程中，构建中国经济学的规则范式和操作范式，使中国经济学的现代化始终沿着科学的轨道前行。

中国经济学理论体系和学术话语体系的构建，必须基于对现实经济世界判断的问题导向，顺应历史时代思潮变化趋势与学科发展方向来探寻经济学现代转向的路径，并同经济学知识系统之外的其他思想形态相契合，特别是与当代主流化的哲学观、方法论相适应。立地且顶天，方可增加经济学话语体系中的中国元素，变"学术话语逆差"为"学术话语顺差"。

---

① 在经济学与数学关系上，学界争论焦点放在了经济学过度滥用数学上。但正如韦德·汉兹所说，数学在经济学中运用多或少不是问题的关键，其实质关乎"数学哲学"的问题：一方面，数学作为一个工具本身发展到什么程度需要探究；另一方面，数学之于经济学的特性和实质作用是什么才是问题的关键。

马克思主义政治经济学创新与发展的方法论逻辑

赵 磊[*]

摘 要：发展中国特色社会主义政治经济学，必须坚持马克思主义政治经济学的基本逻辑。坚持马克思主义政治经济学的基本逻辑，就是要坚持马克思主义方法论，而不是仅仅坚持马克思主义政治经济学的某个结论或某个观点。基于此，本文着重讨论四个问题：其一，考察马克思主义方法论的基本样态，把握辩证唯物主义和历史唯物主义的内核与逻辑。其二，通过对不同历史观的比较，确认马克思主义方法论的理论境界。其三，准确认识唯物辩证法的内涵，深刻理解"矛盾分析"的科学性所在。其四，从认识论的困境出发，批判指责辩证法是"变戏法"的流行观点。

关键词：马克思主义；方法论；辩证唯物主义；历史唯物主义；矛盾分析；辩证法

党的十八大以来，尤其是进入新时代以来，发展中国特色社会主义政治经济学的势头有如破冰之船，正在稳步向前推进。然而有一种倾向以为，既然中国特色社会主义政治经济学的内核是对改革开放实践的总结，那么"中国化"的要义，就只是在于中国经验的理论提升。至于中国经验的理论提升与马克思主义政治经济学的内在联系，却可有可无，甚至并没有多大关系。我认为，强调中国经验的重要性当然没错，但是，把中国特色社会主义政治经济学与马克思主义政治经济学割裂开来，有使中国特色社会主义政治经济学成为"无源之水，无本之木"的危险。这种倾向正在

---

[*] 本文选自赵磊《马克思主义政治经济学创新与发展的方法论逻辑》，《当代经济研究》2018年第3期。

误导中国特色社会主义政治经济学的发展，必须给予澄清。

继承是发展的前提，没有继承，何来发展？发展中国特色社会主义政治经济学，本质上就是发展马克思主义政治经济学。马克思主义政治经济学是中国特色社会主义政治经济学的源，中国特色社会主义政治经济学是马克思主义政治经济学的流。二者的关系，不是平行的关系，而是源与流的关系。因此，只有在坚持马克思主义政治经济学基本逻辑的前提下，才能发展出名副其实的中国特色社会主义政治经济学。这个问题，我在《"刘国光之忧"》①中已经做了分析，不赘述。

方法决定结论，结论和观点固然重要，但是，更重要的是"这些结论是怎么推导出来的"。因此，坚持马克思主义政治经济学的基本逻辑，就是要坚持马克思主义的方法论，而不是仅仅坚持马克思主义政治经济学的某个结论或某个观点。需要说明的是，对于西方经济学方法论的谬误，我在《西方主流经济学方法论的危机》②以及《对经济学形式化的非主流解读》③中，已经做了分析；对于马克思主义方法论的科学性，我在《马克思主义不是"科学"吗？——一个"证伪主义"的维度》④中，从"证伪原则"的维度也做了初步分析。为了避免重复建设，本文着重讨论以下四个问题：（1）马克思主义方法论的基本样态；（2）马克思主义方法论的理论境界；（3）马克思主义方法论中的"矛盾分析"；（4）辩证法是不是变戏法。

一　马克思主义方法论的基本样态

众所周知，经典马克思主义有三个组成部分：马克思主义哲学、马克思主义政治经济学、科学社会主义。虽然这三个组成部分都贯穿了马克思主义方法论的基本逻辑，但是，马克思主义方法论的体系和逻辑在马克思主义哲学中有着明确的阐释，正所谓"哲学既是世界观，也是方法论"。具体而言，马克思主义方法论由两个部分构成：辩证唯物主义和历史唯物

---

① 赵磊：《"刘国光之忧"》，《贵州商学院学报》2016年第1期。
② 赵磊：《西方主流经济学方法论的危机》，《经济学动态》2004年第7期。
③ 赵磊等：《对经济学形式化的非主流解读》，《四川师范大学学报》（社会科学版）2012年第1期。
④ 赵磊：《马克思主义不是"科学"吗？——一个"证伪主义"的维度》，《当代经济研究》2011年第2期。

主义。顺便指出，目前学界对马克思主义哲学的内容存在分歧（其中，"实践唯物主义"和"历史唯物主义"的说法比较有影响），为了减少不必要的争论，这里不对有关分歧展开讨论。

在科学哲学的主流叙事中，人们熟知的以维也纳学派为代表的"逻辑实证主义"，以及波普尔的"证伪主义"和库恩的"历史主义"，构成了当代科学方法论的历史主线。与这条主线形成鲜明对比，马克思主义方法论（辩证唯物主义和历史唯物主义）的学术地位却基本付之阙如，只有极少数论著有所涉及。比如，在科学哲学家艾伦·查尔默斯撰写的《科学究竟是什么》[①]的最后一章中，马克思的唯物主义方法论仅仅得到了不起眼的一席之地（见该书第12章）。西方学界封杀马克思主义方法论是意识形态的立场使然，这不足为怪。遗憾的是，最近几十年来，中国经济学界自觉或不自觉地向西方经济学对标看齐，以至于马克思主义方法论早已逐渐淡出人们的视野。由此可见，重新恢复并科学把握马克思主义方法论的工作任重道远。基于此，我们有必要考察一下马克思主义方法论的基本样态。

（一）辩证唯物主义：理论内核与基本逻辑

辩证唯物主义产生于19世纪40年代，是马克思主义创始人在总结自然科学、社会科学和思维科学的基础上，创立的一种科学的逻辑理论思维形式。在辩证唯物主义之前已经了唯物主义，"辩证唯物主义"这一术语最早出现在狄慈根1886年出版的《一个社会主义者在哲学领域中的漫游》一书中，后来普列汉诺夫也使用了这一概念。列宁则使用了"辩证唯物主义"和"历史唯物主义"的概念。[②] 辩证唯物主义的理论内核有两个：一个是辩证法，一个是唯物论。前者来源于德国古典哲学——黑格尔辩证法的"合理内核"，后者来源于费尔巴哈唯物论的"基本内核"。普列汉诺夫对于辩证唯物主义有十分到位的评价，他说：马克思和恩格斯的哲学革命"破天荒第一次把辩证法放在唯物主义的基础上"[③]，"唯物主义使辩证

[①] ［澳］艾伦·查尔默斯：《科学究竟是什么》，邱仁宗译，河北科学技术出版社2002年版。
[②] 刘福森：《马克思哲学研究中三个不可回避的重要问题》，《哲学研究》2012年第6期。
[③] 《普列汉诺夫哲学著作选集》（第3卷），生活·读书·新知三联书店1962年版，第779页。

法'脚踏实地'地站起来了"。①

辩证唯物主义的基本观点可以从两个维度考察。从本体论的层面看，辩证唯物主义有以下基本观点：(1) 世界在本质上是物质的。恩格斯说，"世界的真正的统一性是在于它的物质性"②。(2) 物质是第一性的，意识是第二性的，意识是高度发展的物质——人脑的机能，是客观物质世界在人脑中的反映。(3) 物质世界是按照它本身所固有的规律运动、变化和发展的。(4) "事物都是一分为二的"，事物发展的根本原因在于事物内部的矛盾性。事物矛盾双方又统一又斗争，促使事物不断地由低级向高级发展。(5) 矛盾规律，即对立统一规律，是物质世界运动、变化和发展的最根本的规律。

从认识论的层面看，辩证唯物主义有以下基本观点：(1) 人的认识是客观物质世界的运动变化在人脑中的反映。(2) 物质可以变成精神，精神可以变成物质。而这种主观和客观的辩证统一，必须通过实践才能实现。(3) 认识来源于实践，又转过来为实践服务。实践、认识、再实践、再认识，循环往复，以至无穷，这是人们正确地认识世界和能动地改造世界的无限发展过程。由此可见：其一，实践的观点是辩证唯物主义认识论的第一的和基本的观点。其二，辩证唯物主义是通过实践来解决人的认识内容、认识来源和认识发展问题的。其三，辩证唯物主义的认识论是能动的、革命的反映论。

在科学研究的活动中，辩证唯物主义的本体论和认识论展现出来的基本逻辑是：唯物论基础上的辩证思维，即"唯物的辩证逻辑"。这个基本逻辑不仅为人们认识世界和改造世界提供了科学且有效的方法论武器，而且也是马克思主义方法论的基本特质。

(二) 历史唯物主义：理论内核与基本逻辑

历史唯物主义又称唯物史观。与辩证唯物主义一样，历史唯物主义也是马克思主义方法论的基本内容。历史唯物主义由马克思和恩格斯所创立。恩格斯在《反杜林论》中（马克思读过恩格斯的这部著作的全部手稿），首次提出了"唯物主义历史观"。有人认为，马克思、恩格斯没有用

---

① 《普列汉诺夫哲学著作选集》（第3卷），生活·读书·新知三联书店1962年版，第87页。

② 《马克思恩格斯选集》（第3卷），人民出版社1972年版，第83页。

过"历史唯物主义"这个概念，比如刘放桐教授认为，"马克思和恩格斯本人没有使用过辩证唯物主义和历史唯物主义概念。这个概念是普列汉诺夫等后来的马克思主义者为概括马克思和恩格斯哲学的基本观点而提出的。在列宁的《唯物主义和经验批判主义》等著作中这个概念一再得到确认"①。另据刘富森考证："马克思没有使用过'历史唯物主义'概念；恩格斯在大多数情况下都是用'唯物史观'来表述马克思的历史观。从列宁开始使用这一概念，经过斯大林、苏联哲学教科书到中国的传统哲学教科书，'历史唯物主义'始终都是作为表述马克思的历史观的概念使用的。"②

其实，恩格斯生前明确使用过"历史唯物主义"这个概念。比如，1892年在《社会主义从空想到科学的发展》的英文版导言中，恩格斯说，"如果我在英文中也像在许多其他文字中一样，使用'历史唯物主义'来表达一种关于历史过程的观点"③。在我看来，历史唯物主义这个词语是否由马克思、恩格斯所使用并不重要，重要的是这个词语的含义是否与马克思、恩格斯的"唯物史观"相符。当代中国不少马克思主义研究者主张，应当用"实践唯物主义"的说法来取代"历史唯物主义"。窃以为，不论这类名词之争的背后蕴含了多少实质上的分歧，争论者都必须以马克思、恩格斯的原意为基础，才具有立论的"合法性"。

列宁对历史唯物主义的评价很高，他说："唯物史观始终是社会科学的同义语。唯物史观并不像米海洛夫斯基先生所想的那样，'多半是科学的历史观'，而是唯一的科学的历史观。"④ 历史唯物主义作为科学的历史理论和科学的方法论，它既是特定社会历史条件的产物，又是人类认识发展的必然结果。自从马克思、恩格斯在19世纪40年代创立了这一崭新的历史观以后，它一直在实践中接受检验，内容上不断充实，形式上日臻完善，正在并且还将在新的实践中继续发展。

按照传统教科书的定义，历史唯物主义是马克思、恩格斯把辩证唯物主义运用到人类社会历史和社会生活领域，由此创立的关于人类社会发展

---

① 刘放桐：《从经典马克思主义到西方马克思主义》，《求是学刊》2004年第5期。
② 刘福森：《马克思哲学研究中三个不可回避的重要问题》，《哲学研究》2012年第6期。
③ 《马克思恩格斯全集》（第22卷），人民出版社1965年版，第346页。
④ 《列宁全集》（第1卷），人民出版社1984年版，第112页。

普遍规律的科学。我认为，这个定义直到今天也是一个很到位的解读。从这个定义出发，我们可以把历史唯物主义的理论内核概括为：用唯物主义去解释人类历史。将这个理论内核进一步展开，就形成了历史唯物主义的七个命题：（1）历史有规律：人类社会的发展有其自身固有的、不以人的主观意志为转移的客观规律。（2）经济是基础：生产以及生产品的交换是一切社会制度的基础。（3）存在决定意识：物质生活的生产方式决定社会生活、政治生活和精神生活。社会存在决定社会意识，社会意识又反作用于社会存在。（4）生产活动是根源：一切社会变迁和政治变革的终极原因，不应当在人们的头脑中，以及在人们对永恒的真理和正义的日益增进的认识中去寻找，而应当在生产方式和交换方式的变革中去寻找。（5）矛盾是动力：推动社会发展的根本动力是社会基本矛盾的运动，即生产关系与生产力之间、上层建筑与经济基础之间的矛盾运动。（6）生产力最革命：在社会基本矛盾中，生产力是最活跃、最革命的因素，生产关系一定要适合生产力的性质，上层建筑一定要适应经济基础的要求。（7）人民是历史创造者：在阶级社会中，社会基本矛盾集中表现为阶级矛盾，因而阶级斗争成为社会发展的直接动力，人民群众是生产活动和阶级斗争的主体，是历史的创造者。上面七个命题归根到底说明了一个最基本的原理：用唯物主义来解读人类历史。这也是历史唯物主义的理论内核。

此外，林岗教授和张宇教授把历史唯物主义归结为五个命题：（1）从生产力与生产关系的矛盾运动中解释社会经济制度的变迁；（2）在历史形成的社会经济结构的整体制约中分析个体经济行为；（3）以生产资料所有制为基础确定整个社会经济制度的性质；（4）依据经济关系理解和说明政治法律和伦理规范；（5）通过社会实践实现社会经济发展合规律与合目的的统一。[①] 这样的归纳，有助于人们从更精练和更深层次的角度去认识历史唯物主义。

如果说，历史唯物主义的理论内核是"用唯物主义来解读人类历史"，那么，历史唯物主义的基本逻辑就是"社会存在决社会意识"。这个逻辑在科学方法论的发展史上具有划时代的意义，它无情地颠覆了"用社会意识来解释社会存在"的历史唯心主义逻辑。正如恩格斯说："自从历史也

---

① 林岗、张宇：《〈资本论〉的方法论意义——马克思主义经济学的五个方法论命题》，《当代经济研究》2000年第6期。

得到唯物主义的解释以后，一条新的发展道路也在这里开辟出来了。"① 这条新的发展道路也就是恩格斯所说的："用人们的存在说明他们的意识，而不是像以往那样用人们的意识说明他们的存在这样一条道路已经找到了。"② 沿着这条道路，"矛盾分析"和"阶级分析"成为马克思主义解释人类社会历史变迁的科学工具。总之，历史唯物主义的基本样态可以提炼为一个"基本逻辑"和两个"分析工具"。一个基本逻辑是："存在决定意识"；两个分析工具是："矛盾分析"和"阶级分析"——关于"矛盾分析"，我将在后面讨论。

二 马克思主义方法论的理论境界

马克思主义方法论的理论境界，不仅体现在辩证唯物主义的科学性上，更体现在历史唯物主义的科学性上。这里以历史唯物主义为例。与过去的历史观相比，历史唯物主义究竟"高明"在什么地方？换言之，马克思主义方法论的理论境界在哪里？这是我们准确把握马克思主义方法论必须搞清楚的问题。有比较才有鉴别，只有比较了不同的历史观，我们才能知道马克思主义方法论的理论境界。所谓历史观就是人们对于社会历史的根本见解，在人类社会的发展过程中，有着全然不同的历史观。据学界考证，普列汉诺夫曾经考察了从古希腊到马克思时代1000多年间历史观的发展过程，他把这个发展过程大致划分为神学史观、理性史观、利益史观、辩证唯心史观和唯物史观五个阶段。有学者据此把历史观划分为三个大的阶段："中世纪到17世纪的神学历史观，18—19世纪40年代的近代唯心史观和马克思的唯物史观"③。

概括起来看，人们的历史观经历了从"以神为本"到"以人为本"的发展历程。在工业社会以前，流行的历史观"以神为本"。人们总是从神的意志、卓越人物的思想或某种隐秘的理性，从某种精神因素出发来解释历史事件，去说明历史的发展，人的历史成了神的历史。进入工业社会以后，"上帝死了"，流行的历史观转向"以人为本"。这个时候，人们开始用"人"的观点来解释历史，这比起中世纪用神的意志来说明历史的神学

---

① 《马克思恩格斯选集》（第4卷），人民出版社2012年版，第234页。
② 《马克思恩格斯全集》（第19卷），人民出版社版1963年版，第226页。
③ 郝立新：《历史唯物主义的理论本质和发展形态》，《中国社会科学》2012年第3期。

观点，是一个重大进步。但是，这种历史观所理解的人是抽象的人，是脱离了历史发展条件和具体社会关系、孤立地生存于自然之中的生物学意义的人，是失去了感性存在的玄虚的"自我意识"。从这种抽象的人出发，历史发展和社会进步的动力被归结为人类的天性或者神秘的理性。这仍然是用非历史因素、人们想象和思考出来的东西去解释历史，因而不可能正确地认识历史。

历史唯物主义虽然也是"以人为本"，但是，它观察社会历史的方法，与之前的一切历史观有本质区别。历史唯物主义承认历史的主体是人不是神，承认历史不过是追求自己目的的人的活动而已。但是，历史唯物主义所说的"人"，不是处在某种幻想的与世隔绝或离群索居状态的抽象的人，而是处于可以通过经验观察到的发展过程中的现实的活生生的人。历史唯物主义认为，现实的人无非是一定社会关系的人格化，所谓的人性以及人类的生存样态始终取决于自己所处的物质生活条件。只有从历史传承下来并在现实中发展着的物质生活条件去考察人性以及人的活动，我们才能描绘出人类发展的真实过程。历史唯物主义的革命性意义就在于此。由此出发，它科学地论证了社会主义代替资本主义的历史必然性，阐明了推翻资本主义，实现社会主义、共产主义的社会力量和必由之路。

顺便指出，历史唯物主义明确规定，它的研究对象是人类社会发展的一般规律。与各门具体的社会科学的研究对象不同，历史唯物主义着眼于从总体上、全局上研究社会的一般结构和一般发展规律。所以，它的任务就是为各门具体的社会科学提供历史观和方法论。有趣的是，现代经济学方法论的理论基础是历史唯心主义。虽然他们历来否认历史唯物主义的科学性，但是，他们从前门赶走了"历史唯物主义"，又不得不从后门偷偷地把"历史唯物主义"塞了进来。这里我举两个案例。

案例一：关于改革的逻辑。张晓晶先生在《樊纲的经济思想——转型理论：改革的政治经济学》一文中，对于中国改革的逻辑有如下分析："改革不是简单的'政府决策'而是一个'社会过程'"，"改革从根本上是一个内生的过程"。改革方案"是由少数人在'上面'制定的"，"但这样一种方案能被社会、被政治家及民众所接受、所采纳，这件事本身却是'内生的'"。"任何经济当中体制改革从根本上说都不是一个'外生的'、由'战略'或政策的明智程度所决定的政府行为，而是一个经济中'内生'的社会过程，取决于客观的经济社会条件以及在此基础上各个利益集团之间的利益冲突关系"。"把政府放到整个经济与社会关系当中时,我们就会发现,最根本的问题并不在于政府本身,而在于一定社会经济条件下,各种利益集团的利益冲突以及它们之间力量平衡的状态。而政府政策,不过是这种利益平衡的一个产物。"①

众所周知,关于改革逻辑的讨论,曾经是20世纪90年代"过渡经济学"关注的焦点。张晓晶先生的上述分析应该是其中的代表。比之那些把改革视为少数几个精英头脑中的奇思妙想,我认为张晓晶的分析不仅与历史唯物主义的"矛盾分析""阶级分析"非常接近,而且与历史唯物主义的基本逻辑——"社会存在决定社会意识",也是一致的。

案例二:关于"经济人假设"。田国强先生是西方经济学在中国的领军人物,对于经济人假设,他在《现代经济学的本质(下)》中有过这样的分析:"需要特别指出的是,个体逐利尽管在绝大部分情况下都基本成立,但也有其适用边界。在非常规、异常情况下,比如,天灾人祸、战争、地震、他人遇到危机时,人们往往表现出利他、无私性,抛头颅、洒热血为国战斗,勇于相助处于危机中人。这是另外一种理性,即大公无私的一面,甚至是愿意付出生命(动物都有的本能,况且人),更何况将会走向极端个人主义或利己主义。比如,当日本帝国主义侵略中国,中华民族面临亡国亡族威胁的时候,人们起来抗击日本侵略,抛头颅、洒热血,为民族利益不惜献身。2008年发生汶川大地震时,全国人民出钱出力帮助灾区人民。而在安定正常的和平环境下从事经济活动时,个体往往追求自身的利益。这些都说明,利己或大公,都是在不同情境、不同环境下的自然反应,完全不矛盾。""由此,可以看出利己性和利他性都是相对的"。②

在这里,田国强先生实际上拒斥了"人性来自天生的基因"之类的历史唯心论,转而承认"利己性和利他性都是相对的",因为"人性"是"不同情境、不同环境"下的产物。这种认识与历史唯物主义的"社会存在决定社会意识"的逻辑,其实已经非常接近了。在我看来,田国强先生从西方经济学的方法论出发,居然得出了与历史唯物主义相近的结论,这恰恰从另一个侧面证明了马克思主义方法论的理论境界已经远在西方经济

---

① 张晓晶:《樊纲的经济思想——转型理论:改革的政治经济学》,《河北经贸大学学报》2010年第6期。

② 田国强:《现代经济学的本质(下)》,《学术月刊》2016年第8期。

学之上。

三 马克思主义方法论中的"矛盾分析"

自从西方经济学在我国学界逐渐形成主流地位之后,"供求分析""损益分析"(成本收益分析)以及均衡分析就成了经济学的"看家本事"。而马克思主义政治经济学的基本分析工具——"矛盾分析"和"阶级分析",逐渐淡出了学界的视野。公允地说,在"短期分析"和"现象分析"中,供求分析、损益分析通常是有效的分析工具;然而,在"长期分析"和"本质分析"中,最有效的工具则只能是"矛盾分析"。顺便指出,"阶级分析"不过是"矛盾分析"在阶级社会的展开,因而这里只讨论"矛盾分析"。

所谓矛盾分析,在马克思主义方法论的规定中就是唯物辩证法的展开和应用。列宁说:"就本来的意义讲,辩证法是研究对象的本质自身中的矛盾。"① 正因为如此,毛泽东对列宁把矛盾视为"辩证法的核心"给予了充分的肯定。② 值得注意的是,列宁明确指出:"不钻研和不理解黑格尔的全部逻辑学,就不能完全理解马克思的《资本论》,特别是它的第 1 章。因此,半个世纪以来,没有一个马克思主义者是理解马克思的!!"③ 列宁这里所说的黑格尔的逻辑学,指的就是辩证逻辑。为什么晚近以来,中国高校经济学专业的很多学生理解不了马克思?笔者在教学和科研的实践中深刻体会到,不懂得唯物辩证法,就不可能掌握和运用矛盾分析,因而就根本理解不了马克思主义政治经济学。基于此笔者强烈呼吁,高校经济学专业应当把马克思主义方法论作为必修课程。

辩证法的灵魂是"自我否定"。黑格尔是辩证法的大师,他用"正题、反题、合题"(即"正反合")展示了辩证法的"自我否定"过程:肯定—否定—否定之否定。需要强调的是:(1)黑格尔的辩证法是建立在"思想辩证运动"的基础之上的,也就是说,他的辩证法是思想观念(绝对精神)的辩证运动。因此,黑格尔的辩证法也被恩格斯称之为"概念的

---

① 《列宁全集》(第 55 卷),人民出版社 1990 年版,第 213 页。
② 《毛泽东选集》(第 1 卷),人民出版社 1991 年版,第 299 页。
③ 《列宁全集》(第 55 卷),人民出版社 1990 年版,第 151 页。

辩证法"①。(2) 黑格尔的辩证法是唯心主义辩证法,其"唯心"就在于:他从绝对精神出发,通过正反合的演绎来解释世界及其运动。在黑格尔看来,世界及其运动的本质不是客观的物质存在,而是绝对精神的流动,辩证法不是物质世界客观规律的反映,而是绝对精神的神秘逻辑的外现。

在马克思之前,黑格尔代表着辩证法的最高成就。马克思公开承认"我是这位大思想家的学生"②,而这位学生又对黑格尔的辩证法做了革命性的扬弃,由此形成了唯物辩证法。顺便指出,自 20 世纪 80 年代以来,中国学界有关唯物辩证法在认识上的分歧不小,比如,在辩证法的形态上,有"自然辩证法""唯物辩证法""矛盾辩证法""系统辩证法""认识论辩证法""劳动辩证法""实践辩证法""人学辩证法""历史辩证法"等;在辩证法的解读范式上有"自然主义范式""认识论范式""实践论范式""生存论范式"等。③ 然而,不论存在何种分歧,唯物辩证法包含"唯物""辩证""矛盾"这三个关键词,应当是学界的共识。

所谓"唯物",就是"物质是第一性的,精神是第二性的"。用马克思的话说就是:"观念的东西不外是移入人的头脑并在人的头脑中改造过的物质的东西而已"。④ 由此出发,马克思主义不是用意识来解释存在,而是用存在来解释意识;不是用观念来解释实践,而是用实践来说明观念。所谓"辩证",就是用发展变化的眼光看问题,用"一分为二"的观点看问题。用恩格斯的话说:"在它面前,不存在任何最终的、绝对的、神圣的东西;它指出所有一切事物的暂时性;在它面前,除了发生和消灭、无止境地由低级上升到高级的不断的过程,什么都不存在。它本身也不过是这一过程在思维着的头脑中的反映而已。"⑤

对于辩证思维,马克思有一段极为深刻的阐释,"辩证法,在其合理形态上,引起资产阶级及其夸夸其谈的代言人的恼怒和恐怖,因为辩证法在对现存事物的肯定的理解中同时包含对现存事物的否定的理解,即对现存事物的必然灭亡的理解;辩证法对每一种既成的形式都是从不断的运动

---

① 《马克思恩格斯全集》(第 21 卷),人民出版社 1965 年版,第 337 页。
② 《马克思恩格斯全集》(第 23 卷),人民出版社 1972 年版,第 24 页。
③ 张传开、干成俊:《改革开放以来辩证法研究范式的批判性反思》,《学术研究》2014 年第 3 期。
④ 《马克思恩格斯全集》(第 23 卷),人民出版社 1972 年版,第 24 页。
⑤ 《马克思恩格斯全集》(第 21 卷),人民出版社 1965 年版,第 308 页。

中，因而也是从它的暂时性方面去理解；辩证法不崇拜任何东西，按其本质来说，它是批判的和革命的"[1]。为什么辩证法对每一种既成的形式都是"从它的暂时性方面去理解"呢？为什么辩证法的本质是"批判的和革命的"呢？理解这一点的关键，在于把握"矛盾"这个范畴。

所谓"矛盾"，就是"对立统一"。理解矛盾，首先要理解"对立"。什么是"对立"？黑格尔认为："本质的差别即是'对立'。在对立中，有差别之物并不是一般的他物，而是与它正相反对的他物。"[2] 在我看来，用"本质差别"来理解"对立"，比用"冲突"或"对抗"来理解"对立"更深刻。在唯物辩证法的语境中，所谓"对立"，意味着性质相反的两个事物的存在，或者在同一事物内部存在着本质不同的差别。恩格斯在《自然辩证法》中谈到的矛盾现象——由"吸引"和"排斥"的相互作用构成的"对立中的运动"，就是矛盾的经典形态。中国道家哲学中的"阴阳"范畴，对于理解和阐发矛盾的内涵具有深远的历史影响。在现代科学中，矛盾现象的微观形态就是原子。原子是由原子核与电子构成的微观矛盾体。电子与原子核的"本质差别"在于：电子为负，原子核为正。至于与"对立"相对应的"统一"，最通俗的理解，就是"相互依存"。

唯物辩证法认为，事物发展变化的根源在于内生于事物之中的矛盾性。这一认识赋予了"矛盾分析"的要义在于"否定"。把否定性看作事物发展的"推动原则"和"创造原则"，这恰恰是"矛盾分析"的精髓所在。唯物辩证法认为，只有通过矛盾对立面之间的斗争和否定，一方克服另一方，一方消灭另一方，才能实现矛盾性质的转化，从而导致旧的矛盾转化为新的矛盾，由此推动事物的变化和发展。"矛盾分析"之所以成为揭示因果关系的科学工具，道理就在于此。这里必须指出，强调"否定"，并不是一概地主张"斗争哲学"，并不是无条件地主张"打打杀杀"。毛泽东说，"不同质的矛盾，只能用不同质的方法才能解决"[3]。所以，并非只有"打打杀杀"才是否定，才是斗争。其实，谈判、批评、竞争也是斗争和否定的基本形式。

唯物辩证法虽然与黑格尔辩证法有着历史的渊源关系，但是二者的本

---

[1] 《马克思恩格斯全集》（第23卷），人民出版社1972年版，第24页。
[2] ［德］黑格尔：《逻辑学》（下卷），杨一之译，商务出版社1976年版，第254页。
[3] 《毛泽东选集》（第1卷），人民出版社1966年版，第286页。

质区别却是不容忽视的。在《资本论》第一卷"第二版跋"中,马克思明确地指出:"我的辩证方法,从根本上说,不仅和黑格尔的辩证方法不同,而且和它截然相反。在黑格尔看来,思维过程,即他称为观念而甚至把它转化为独立主体的思维过程,是现实事物的创造主,而现实事物只是思维过程的外部表现。我的看法则相反,观念的东西不外是移入人的头脑并在人的头脑中改造过的物质的东西而已。"① 在这里,马克思明确揭示了唯物辩证法与黑格尔辩证法的根本区别在于:是观念决定现实,还是现实决定观念?这也正是马克思主义"矛盾分析"之所以是科学方法的实证(实践)根基所在。

四 辩证法是不是变戏法

说到辩证法,不少人对它存有很深的误解和偏见。因为辩证法总是用发展的、变化的、流动的、一分为二的眼光看问题,这就让那些习惯于"是就是,不是就不是;其他都是鬼话"的人,极为不安,甚为恼火,尤其是"引起资产阶级及其夸夸其谈的代言人的恼怒和恐怖"②。于是,他们攻击辩证法是诡辩论,说辩证法是"变戏法"。比如,有人撰文说:作为一种方法论,"辩证法成了绝对正确的无用话语,作为一种哪说哪是的浑圆无缝的方法,也就变成了一种庸俗的扯皮哲学"③。对于在现实与理论之间寻求辩证思维的努力,有学者斥责为:"不过是折中主义的'遁词'而已。思想上诚实的人决不能也不应接受这类欺人的把戏。"④

其实,辩证法并不是"变戏法",而是对世界的真实把握。说到把握世界,就必然涉及"认识论"。哲学上讲的认识论,就是对人类认识世界能力的一种理论总结。有趣的是,认识论一开始就面临一个难题:认识何以可能?在欧洲哲学传统看来,在"时空"中的一切事物,皆是"变动不居"的——所谓"昨是而今非"或"今是而昨非",只有"概念—理念"才是永恒不变的。"概念—理念"为什么永恒不变?因为它在"时空"之"外"。⑤ 这就出现了一个问题:人类面对的世界并不是一个死的东西,而

---

① 《马克思恩格斯全集》(第23卷),人民出版社1972年版,第24页。
② 《马克思恩格斯全集》(第23卷),人民出版社1972年版,第24页。
③ 石菊:《〈易经〉就是辩证法吗》,《学术研究》2007年第9期。
④ 何中华:《重读马克思:可能性及其限度》,《山东社会科学》2004年第11期。
⑤ 叶秀山:《论"瞬间"的哲学意义》,《哲学动态》2015年第5期。

是生命的流动，是一种生生不息的东西。这种生命之流构成了世界的本质。然而，当我们去认识世界时，却无法把握它的流动性，我们只能通过时间、空间，通过各种范畴和概念去切割世界。这样一来，世界就被"谋杀"了。这就导致了一个悖论：一方面，我们的认识目的是想认识作为生命之流的世界；但另一方面，我们实际上认识的却是已经被我们的概念工具切割肢解的、死去的世界。① 由于世界是流变的，所以我们无法确定地思考和言说。

如何解决这个悖论呢？哲学家提出了两种办法：第一种办法，主张以非概念、直观的方式来把握世界。也就是：提倡直觉，贬低理性，认为只有通过直觉才能体验和把握唯一真正本体性的存在。比如佛教禅宗追求的"顿悟"、法国哲学家柏格森提出的"直觉主义"。这种主张对概念的把握能力深表怀疑，其理由是：即使概念是流动的，我们也无法把握流动着的世界，因为"此流动非彼流动"，何况概念运动不可能还原出千差万别的世界原样来。然而康德和黑格尔对这种办法深表怀疑。第二种办法，主张让概念本身也流动起来，也就是创造出一种概念的辩证法来说明流动着的世界。这个主张以黑格尔为代表——当然，这个主张也遭到了许多人批评，认为概念和逻辑都从属于理性，它们并不能完整地说明世界，因为世界还存在许多非理性的东西，这些是单纯的理性无法理解和把握的。②

以上两种办法哪一种更科学呢？在我看来，"顿悟"当然很了不起，但是像释迦牟尼那样的顿悟（坐在菩提树下，冥想7天7夜，突然醒悟），那是少数"圣贤"的境界。对于绝大多数凡人来说，可望而不可即。所以，尽管人类世界许多非理性的东西已超出理性所能把握的范畴，但是，辩证法仍然是人类认识世界最有效的工具。辩证法之所以是人类认识世界最有效的工具，其原因就在于：生成和流动是现实世界的本质，我们生活于其中的现实世界，是一个生生不息的流动的过程。恩格斯说得好，"世界不是既成事物的集合体，而是过程的集合体"③。为了刻画这个世界的"生成和流动"，从而把握世界的本质，我们需要能够反映"生成和流动"的范畴和概念。而能够反映"生成和流动"的范畴和概念是什么呢？就是

---

① 俞吾金：《哲学的困惑和魅力》，《文汇报》2005年1月2日。
② 俞吾金：《哲学的困惑和魅力》，《文汇报》2005年1月2日。
③ 《马克思恩格斯选集》（第4卷），人民出版社2012年版，第250页。

辩证法（比如，矛盾、发展、变化、质量互变、对立统一、否定之否定，等等）。恩格斯说，"要精确地描绘宇宙、宇宙的发展和人类的发展，以及这种发展在人们头脑中的反映，就只有用辩证的方法"①。正是由于这种需要的存在，才有了中国古代朴素的辩证法（老庄），才有了黑格尔创立的概念辩证法，才有了马克思主义的唯物辩证法。

由此可见，那种孤立的、非历史的、静态的形而上学方法论及其范畴和概念，是多么的狭隘（比如主流经济学的"经济人假设"）。恩格斯在《社会主义从空想到科学的发展》一文中，对形而上学方法论有过非常深刻的阐述："在形而上学者看来，事物及其在思想上的反映，即概念，是孤立的、应当逐个地和分别地加以考察的、固定的、僵硬的、一成不变的研究对象。他们在绝对不相容的对立中思维；他们的说法是：'是就是，不是就不是；除此以外，都是鬼话'。在形而上学者看来，一个事物要么存在，要么不存在；同样，一个事物不能同时是自己又是别的东西……形而上学的思维方式，虽然在相当广泛的、各依对象的性质而大小不同的领域中是正当的，甚至必要的，可是它每一次都迟早要达到一个界限，一超过这个界限，它就要变成片面的、狭隘的、抽象的，并且陷入不可解决的矛盾，因为它看到一个一个的事物，忘了它们互相间的联系；看到它们的存在，忘了它们的产生和消失；看到它们的静止，忘了它们的运动；因为它只见树木，不见森林。"②

其实，社会经济现象客观存在的"辩证法"，逼迫着现代经济学也不得不承认辩证法的科学性。比如，计量经济学中有一个非常重要的变量："随机变量"。这个变量之所以是"随机"的，就在于客观经济行为往往具有"不确定"的特征。换言之，由于客观经济活动是"发展变化"的，也就是说经济活动和经济行为是"辩证"的，因此，就需要有一个"随机变量"来刻画这种情况。于是我们看到，在消费函数中（$Y = \alpha + \beta X$），还必须加上一个随机变量 u，于是原来的公式就变成了：$Y = \alpha + \beta X + u$（Y 为居民消费支出；X 为居民家庭收入；α 和 β 为参数。β 实际上就是"边际消费倾向"）。严格地讲，u 具有"既是，又不是"的含义。面对经济现象的辩证法，计量经济学必须做出"不得不如此"的修改，这就是辩证法的

---

① 《马克思恩格斯全集》（第19卷），人民出版社1963年版，第222页。
② 《马克思恩格斯全集》（第19卷），人民出版社1963年版，第220—221页。

力量!

尽管现代经济学的方法论有着鲜明的形而上学的特征,但是,只要我们承认任何事物都处在不断地发展变动之中,承认客观规律的存在,那么,基于唯物辩证法的"矛盾分析"就一定是把握人类社会经济发展客观规律的根本的科学方法。与现代经济学的基本分析工具(供求分析、损益分析以及均衡分析)相比,马克思主义矛盾分析的优势在于:它不是局限于经济运行的现象层面,而是深入到事物内部矛盾运动中去把握因果关系;它始终关注经济运行的本质问题,从而致力于揭示经济发展变化的内在规律。说到这里,我想起了有关经济学家贡献的一段对话:问:"经济学家干了些什么?"答:"短期看他们干了很多,长期看他们什么也没干。"这个幽默虽然有点夸张,却不无道理。擅长于供求分析和损益分析,且热衷于均衡分析,这是现代经济学的看家本领。问题是,如果不能把握经济运行的内在矛盾及其规律,即使经济学家在短期分析和现象刻画中"干了很多",但是"长期看",却"什么也没干"。

马克思主义矛盾分析的成功运用有很多实例。比如,马克思从生产与消费的表层矛盾出发,最终深入生产资料私有制与生产社会化之间的深层矛盾,对资本主义"生产过剩"的根源做出了我所见过的且最有说服力的解释,迄今无人能够超越。值得一提的是,何新先生运用马克思主义矛盾分析,在20世纪90年代初期准确预测了中国的"过剩经济"来临。[①] 此外,早在美国次贷危机爆发前的2001年,笔者对美国"透支经济"所作出的危机预测,[②] 也是马克思主义矛盾分析具体应用的结果。这方面的实证案例很多,我就不列举了。

[①] 何新:《论世界经济形势与中国经济问题》,《人民日报》1990年12月11日。
[②] 赵磊:《透支经济与财富幻觉——美国新经济质疑》,《光明日报》2001年5月29日。

拓展习近平新时代中国特色社会主义政治经济学研究的传播体系

吴垠 陆茸*

摘　要：党的十九大报告提出了中国特色社会主义进入新时代的重要论断。习近平新时代中国特色社会主义政治经济学研究作为一种理论武装，必须入脑、入心、入实践。而深化马克思主义政治经济学理论的研究和建设，加快构建习近平新时代中国特色社会主义政治经济学研究体系，则应高度重视传播手段的建设和创新，提高这一科学思想的传播力、引导力、影响力和公信力。本文从"四位一体"的角度提出构建习近平新时代中国特色社会主义政治经济学研究传播体系的方案，力图把中央深入实施马克思主义理论研究和建设工程的战略部署以传播体系创新的模式提炼出来，以供决策参考。

关键词：习近平新时代中国特色社会主义政治经济学研究；"四位一体"；传播体系

党的十九大以来，中央进一步强化了马克思主义理论研究和建设工程[①]的战略部署，其中，深入学习、贯彻、落实习近平新时代中国特色社会主义政治经济学研究是这个战略的重中之重。当前，政治经济学学科虽然成果颇丰，但在结合习近平新时代中国特色社会主义政治经济学研究进

---

* 本文选自吴垠、陆茸《拓展习近平新时代中国特色社会主义政治经济学研究的传播体系》，《中国浦东干部学院学报》2019年第5期。

① 马克思主义理论研究和建设工程是巩固马克思主义在意识形态领域指导地位的基础工程，是一项重大的理论创新工程。2004年1月，中共中央发出《关于进一步繁荣发展哲学社会科学的意见》，提出实施马克思主义理论研究和建设工程。中共中央办公厅转发《中央宣传思想工作领导小组关于实施马克思理论研究和建设工程的意见》，对实施工程作出部署。

行学科体系建设，推动马克思主义政治经济学中国化、民族化、国际化、互联网化等方面还存在一些亟待解决的问题，尤其需要尽快构建出习近平新时代中国特色社会主义政治经济学的传播体系和传播方案。

正如近期习近平总书记在主持中共中央政治局就全媒体时代和媒体融合发展举行的第十二次集体学习时所强调的，"推动媒体融合发展、建设全媒体成为我们面临的一项紧迫课题"，"要运用信息革命成果，推动媒体融合向纵深发展，做大做强主流舆论，巩固全党全国人民团结奋斗的共同思想基础，为实现'两个一百年'奋斗目标、实现中华民族伟大复兴的中国梦提供强大精神力量和舆论支持"。[①] 而习近平新时代中国特色社会主义政治经济学的传播体系的构建，正是使主流媒体"具有强大传播力、引导力、影响力、公信力"，"掌握舆论场主动权和主导权"[②] 的题中之意和必然要求。

一　由"大"变"强"：马克思主义政治经济学理论的新发展

党的十八大以来，中央继续深入实施马克思主义理论研究和建设工程，坚持和发展马克思主义政治经济学的工作在中国有了新成果、新气象。一大批马克思主义政治经济学理论研究工程的重大成果应运而生，各地纷纷建立起马克思主义政治经济学工程建设平台，大力推动中国特色社会主义政治经济学的创新发展，高举马克思主义的思想旗帜展开理论研究和政策实践研究。其核心主题是坚持和发展中国特色社会主义，把习近平新时代中国特色社会主义政治经济学研究作为发展当代马克思主义政治经济学的重要抓手，并在以市场经济为导向的总体性改革中继续发挥旗帜引领、理论指导和思想传播的重要作用。

显然，坚持和发展习近平新时代中国特色社会主义政治经济学研究、构建其传播体系和传播方案，前提是要坚持和发展马克思主义政治经济学，核心是推动习近平新时代中国特色社会主义思想和马克思主义政治经济学的高度融合。中国发展的历史经验告诉我们，没有马克思主义就没有

---

① 习近平：《推动媒体融合纵深发展　巩固全党全国人民共同思想基础》，《人民日报》2019年1月26日。

② 习近平：《推动媒体融合纵深发展　巩固全党全国人民共同思想基础》，《人民日报》2019年1月26日。

社会主义，不坚持和发展马克思主义，就不可能坚持和发展社会主义，更不可能坚持和发展中国特色社会主义。因此，要发展习近平新时代中国特色社会主义政治经济学，必须高举马克思主义的旗帜，必须把马克思主义政治经济学这个宏大的体系在新时代做强。此外，要为习近平新时代中国特色社会主义政治经济学强根固本，就要注重传承和弘扬马克思主义经典著作《资本论》的科学批判精神，用马克思主义基本原理对我国改革发展的宝贵经验给予概括和抽象，为马克思主义增添新的元素，注重增强我国马克思主义政治经济学中国化的内在品质。①

党的十九大在确定坚持和发展新时代中国特色社会主义这个主题时，提出了"马克思主义在意识形态领域的指导地位更加鲜明，中国特色社会主义和中国梦深入人心，社会主义核心价值观和中华优秀传统文化广泛弘扬"②的思想指引，其意在于通过更好地坚持和发展马克思主义、巩固其在意识形态领域的指导地位，来更好地坚持和发展中国特色社会主义。全国的马克思主义政治经济学者们应该勇于承担起坚持、发展和构建习近平新时代中国特色社会主义政治经济学的重要使命，以科学的批判精神提高自身的内在品质，从建设在规模和体系上追求"大"的马克思主义政治经济学工程项目转向建设更加精干、更有战略远见、更能推动中国经济社会发展的"强"的马克思主义政治经济学，以适应中国从大国向强国的外部环境转变，而习近平新时代中国特色社会主义政治经济学研究就是实现这一目标的重要抓手。

二　加快习近平新时代中国特色社会主义政治经济学发展所面临的主要问题

（一）马克思主义政治经济学中国化的社会服务功能不够强，在预测中国社会主要矛盾变化的关键性、核心性指标上缺乏标志性成果

党的十八大以来，马克思主义政治经济学中国化建设项目着眼于理论平台、话语体系、马工程教材和宣传思想阵地的建设，成果丰硕，这是坚

---

① 屈炳祥：《论〈资本论〉的科学批判精神与中国特色社会主义政治经济学建设》，《当代经济研究》2018 年第 6 期。

② 习近平：《决胜全面建成小康社会　夺取新时代中国特色社会主义伟大胜利——在中国共产党第十九次全国代表大会上的报告》，《人民日报》2017 年 10 月 28 日。

持和发展马克思主义政治经济学的题中之意和必然要求。但是，马克思主义政治经济学中国化理论工程建设不应止步于此，中国化的要义，是以马克思主义政治经济学为理论指导，扎根中国大地、结合中国具体实际做研究。正如习近平总书记在中央政治局第二十八次集体学习讲话中强调的："我们要立足我国国情和我们的发展实践，深入研究世界经济和我国经济面临的新情况新问题，揭示新特点新成果，把实践经验上升为系统化的经济学说，不断开拓当代中国马克思主义政治经济学新境界，为马克思主义政治经济学创新发展贡献中国智慧。"①

此外，马克思主义政治经济学中国化的社会服务功能有待凸显，尤其应在建构能准确预测中国社会主要矛盾变化的关键性、核心性指标方面作出贡献。在新时代中国特色社会主义建设伟大历史进程的现阶段，社会经济发展达到的水平，约束社会经济发展的条件，经济发展面临的机遇和挑战，经济失衡的特点和动因，影响经济发展的因素和矛盾等等，都发生了历史性的系统变化，尤其是社会主要矛盾的转化。②党的十九大报告也明确指出，中国特色社会主义进入新时代，我国社会主要矛盾已经转化为人民日益增长的美好生活需要和不平衡不充分的发展之间的矛盾。③而在党的十九大之前的马克思主义政治经济学中国化的发展进程中，尚缺乏对中国社会主要矛盾问题的充分、新颖的学术研究，以至于出现"理论部分落后于实践"的情况，因此马克思主义政治经济学者在今后的研究中要充分重视、准确把握当前我国社会主要矛盾的新情况、新变化。

同时，马克思主义政治经济学作为中国哲学社会科学的纲领性理论之一，还应做到勇于发声、及时发声、充分发声，把习近平新时代中国特色社会主义政治经济学研究的丰富内涵和发展方略通过各种渠道实现对内、对外的广泛传播，让老百姓知道中国的"两个一百年"奋斗目标不仅仅是一副宏伟的建设蓝图，更是一条能够惠及民生的具有新发展理念的实实在在的道路。"虑天下者，常图其所难，而忽其所易，备其所可畏，而遗其

---

① 习近平：《立足我国国情和我国发展实践 发展当代中国马克思主义政治经济学》，《人民日报》2015年11月25日。

② 刘伟：《习近平新时代中国特色社会主义经济思想的内在逻辑》，《经济研究》2018年第5期。

③ 习近平：《决胜全面建成小康社会 夺取新时代中国特色社会主义伟大胜利——在中国共产党第十九次全国代表大会上的报告》，《人民日报》2017年10月28日。

所不疑",马克思主义政治经济学中国化的社会服务功能,在面对当前中国社会焦点、难点问题之时,应作出先验性的理论预测,而不应只满足于"事后诸葛亮",要图中国社会发展之难,且不忽其表面之"易",不畏且不遗,才能在习近平新时代中国特色社会主义政治经济学建设工程中有所作为。

（二）马克思主义政治经济学民族化任务艰巨

马克思主义政治经济学的民族化,是与中华民族的文化传承、血脉永续息息相关的重要任务。马克思主义政治经济学的民族化,也是坚持将马克思主义政治经济学基本原理的普遍性同各民族特色相结合,使之能够适应民族国家革命和发展的实际需要,回答民族国家和地区在发展过程中提出的实践课题。没有民族化,马克思主义政治经济学就无法同中国的具体实践相结合,无法统筹中华民族当下所面对的共通性问题和特殊性问题。

恩格斯曾在《反杜林论》中提出过马克思主义民族化的问题,"人们在生产和交换时所处的条件,各个国家各不相同,而在每一个国家里,各个世代又各不相同。因此,政治经济学不可能对一切国家和一切历史时代都是一样的……因此,政治经济学本质上是一门历史的科学。它所涉及的是历史性的即经常变化的材料;它首先研究生产和交换的每一个发展阶段的特殊规律,而且只有在完成这种研究以后,它才能确立为数不多的、适合于一切生产和交换的、最普遍的规律"①。对党的十八大以后的中国而言,马克思主义政治经济学民族化面临的具体问题是:在整体上高度认同马克思主义政治经济学民族化与实现中华民族伟大复兴的任务高度一致的同时,把马克思主义政治经济学同中国具体民族的实际情况相结合,形成具有民族特点的理论形态,并着力解决少数民族地区马克思主义政治经济学的传播问题。

中共中央宣传部于2017年设立的七个全国中国特色社会主义政治经济学研究中心,就是在马克思主义政治经济学民族化实践上迈出的重要一步。它们既有责任,也有必要在马克思主义政治经济学民族化和促进民族区域发展、加强民族团结等方面贡献力量。但是,目前各中心的研究任务和平台建设关注"全国性"的东西相对多一些,而立足于"地方性""民

---

① 《马克思恩格斯全集》（第20卷）,人民出版社1971年版,第160—161页。

族性"的成果相对少一些,能深入到民族地区、贫困地区的调查研究则更为稀少。马克思主义政治经济学民族化研究深度的加强,不能只停留在纸面上的高头讲章,而应立足于国情、省情、区情、民情和具体民族地区特点做深入研究,建立细致性和针对性的传播体系,加大区域性马克思主义政治经济学传播平台中心的建设。

马克思主义政治经济学民族化要紧扣我国社会主要矛盾变化,统筹推进"五位一体"总体布局,特别是推动民族地区、贫困地区的经济社会持续健康发展,解决民族地区人民日益增长的美好生活需要和不平衡不充分的发展之间的矛盾:(1)应坚持精准扶贫、精准脱贫,强化党政一把手负总责的责任制,完善大扶贫格局,实现民族地区"真脱贫""脱真贫";(2)实施最严格的环境保护制度,打好大气、水、土壤污染防治三大战役,使生态文明建设水平与全面建成小康社会目标相适应,有力改善民族地区生态环境与生态质量;(3)把防风险摆在突出位置,着力增强风险防控意识和能力,力争不出现重大风险或在出现重大风险时扛得住、过得去,降低民族地区可能存在的族群风险、债务风险、贫困风险等;(4)第一个百年奋斗目标如期实现后,要推动民族地区乘势而上开启全面建设社会主义现代化国家新征程,向第二个百年奋斗目标进军,把民族地区建成富强民主文明和谐美丽的社会主义现代化区域。总之,要以供给侧结构性改革为主线,推动经济发展质量变革、效率变革、动力变革,着重解决发展质量、效益以及不平衡问题,努力缩小民族地区的区域间、城乡间差距。

(三)马克思主义政治经济学国际化需深度拓展,加大人类命运共同体的研究

马克思主义政治经济学的国际化,要求当代中国马克思主义政治经济学研究者们在全面、深入地了解国外马克思主义政治经济学发展现状的基础上,与国外马克思主义政治经济学者们展开学术上全方位的、实质性的对话,把中国特色社会主义政治经济学理论体系和中国几十年来的发展经验介绍到世界各国去,使之成为国际上具有鲜活生命力和影响力的理论思潮之一。党的十九大报告指出,应倡导构建人类命运共同体,促进全球治理体系变革。把我国国际影响力、感召力、塑造力进一步提高,为世界和

平与发展作出新的重大贡献。① 党的十八大以来，中国特色大国外交不断推进，"一带一路""金砖国家峰会""博鳌论坛"等重大国际化工程深入展开，人类命运共同体的建设和中国的发展已紧紧联系在了一起。马克思主义政治经济学国际化的工作若能以对外传播的形式紧锣密鼓地展开，不仅能够助力中国全方位对外开放格局的形成，还能为中国进一步占据国际主流舆论的高点作出重要贡献。

从全球范围来看，一些当代的马克思主义政治经济学者认为马克思主义政治经济学是一个仍在发展中的不完整框架，但他们依然肯定马克思主义政治经济学理论的重要价值，这就为在马克思主义政治经济学框架下寻找构建人类命运共同体的方案提供了思路。一般而言，国际上的马克思主义政治经济学研究者往往会将马克思主义政治经济学理论套用到不同的领域或理论框架上。20世纪的社会主义浪潮，因当时较低的生产力发展水平和落后的信息处理技术而走向失败。因此，现代的社会主义国家应在大力发展经济的基础上，重视对国际上包括现代信息技术在内的新兴科技的学习和应用，有效突破发展困境，早日实现人类命运共同体的建设。中国的马克思主义政治经济学应在其领域推动建立信息对等的生产结构、贸易体系和国际合作机制，从而扩大习近平新时代中国特色社会主义政治经济学对人类命运共同体的实践体系探索。

加大人类命运共同体建设的研究还应当关注当代世界各国激烈的经济竞争与合作态势，一些当代的马克思主义政治经济学者主张通过适度参与国际经济合作与自由竞争，从而实现到社会主义的过渡。具体的方针如下：（1）信息平等公开，建立统一的生产计量单位，从而避免由于信息不对等造成的集权和腐败现象；（2）在部分（国有）企业中试行以生产单位为基础的分配模式，实现以实际劳动分发利润；（3）在试点企业中扩大生产规模，提高工业水平，进一步发展科学技术以及宏观规划生产；（4）参与国际合作与自由竞争，扩大企业规模，促进资本市场转型升级；等等。但这些方法缺乏一个总的国家间合作框架和共同认可的价值观，而人类命运共同体无疑为当代马克思主义政治经济学者力图实现的目标指明了一个可以践行的路径，这就是关注每一个国家和地区人民的共同利益，

---

① 习近平：《决胜全面建成小康社会 夺取新时代中国特色社会主义伟大胜利——在中国共产党第十九次全国代表大会上的报告》，《人民日报》2017年10月28日。

即"命运共同体",换言之,不再以"主义"等意识形态框架划分国际合作的标准与界限,而以"人类命运共同体"这个人类发展的最大公约数来构建新型国际关系,无疑为社会主义中国进一步推动改革开放向深度拓展提供了契机。

习近平总书记在 2017 年 12 月 1 日中国共产党与世界政党高层对话会上的主旨讲话中说:"人类命运共同体,顾名思义,就是每个民族、每个国家的前途命运都紧紧联系在一起,应该风雨同舟,荣辱与共,努力把我们生于斯、长于斯的这个星球建成一个和睦的大家庭,把世界各国人民对美好生活的向往变成现实。"① 马克思主义政治经济学学者在当前的重要任务,就是加大对构建人类命运共同体、转变对外发展方式、促进全球治理体系变革的研究和传播,全方位提升习近平新时代中国特色社会主义政治经济学的解释力和国际影响力,把人类命运共同体的理念植入马克思主义政治经济学的重点研究内容中。

(四) 互联网与人工智能革命亟须马克思主义政治经济学理论的新阐释

随着互联网和人工智能的充分发展,人类社会已经进入一个高度信息化、智能化的互联互通新时代,传统意义上的生产力范畴被不断突破,一系列基于新兴技术范式的互联网或人工智能生产力模式正不断改变着人们的生产、生活方式。以信息技术为代表的新一轮科技和产业革命正在爆发,为经济和社会发展注入了强劲动力,与此同时,一系列新技术的发展也给世界各国主权、安全、发展利益带来许多新的挑战。美国华盛顿特区经济趋势基金会总裁杰里米·里夫金认为,中国走在了新一轮技术革命的前列,这得益于中国领导层很早已经意识到新一轮全球变革的兴起,及其将对经济和社会带来的巨大改变。②

在全球互联网治理体系变革和人工智能充分发展的背景下,我国相继出台了一系列政策措施,助力前沿技术领域成果的重大突破,抓住新兴科技带来的重大战略机遇,建设新时代创新型和科技型强国。2017 年我国相

---

① 习近平:《携手建设更加美好的世界——在中国共产党与世界政党高层对话会上的主旨讲话》,《人民日报》2017 年 12 月 2 日。

② [美]杰里米·里夫金:《中国为什么可以引领下一次全球变革浪潮?》,搜狐网,http://www.sohu.com/a/194095016_488177,2017 年 9 月 23 日。

继出台了《大数据产业发展规划（2016—2010）》和《新一代人工智能发展规划》，党的十九大报告中也明确提出要加快建设制造强国，加快发展先进制造业，推动互联网、大数据和人工智能与实体经济的深度融合。①习近平同志也多次在不同场合强调了发展新兴技术的重要性。2017 年 11 月 10 日习近平同志在亚太经合组织工商领导人峰会上指出："我们将推动互联网、大数据、人工智能和实体经济深入融合，在数字经济、共享经济、清洁能源等领域培育新的增长动能。"② 2018 年习近平总书记在出席全国网络安全和信息化工作会议上，系统阐述了网络强国思想，提出要发挥信息化对经济社会发展的引领作用，加强网信领域军民融合，主动参与网络空间国际治理进程，自主创新推进网络强国建设，为决胜全面建成小康社会、夺取新时代中国特色社会主义伟大胜利、实现中华民族伟大复兴的中国梦作出新的贡献。③

人工智能（AI）、大数据和云计算、互联网金融、物联网、5G 宽带、虚拟现实（VR）等新时代的技术范式正对整个世界和中国的生产力革命和经济发展产生高强度的冲击和影响，甚至重构整个社会和经济体系。中国正致力于高质量的发展，利用一系列新兴技术提高经济社会发展智能化水平，在技术交流等方面积极与各国展开合作、抓住数字经济的发展机遇。面对如此快速的变革，现有经济学理论不仅难以对一系列新问题新现象作出合理阐释，更难以对新技术带来的巨大冲击作出合理预期，产生了理论远远落后于实践，甚至实践倒逼理论革新的现象。在数字经济飞速发展的大背景下，马克思主义政治经济学者应充分重视前沿科学技术，立足于辩证唯物主义和历史唯物主义的方法论基础，结合生产力与生产关系的矛盾运动，对正在发生和即将到来的社会变革做好理论阐释和科学预测，发展出一套面向当代的马克思主义政治经济学理论体系，才能使马克思主义政治经济学这一科学的理论在新时代彰显出深刻的解释力和顽强的生命力。

---

① 习近平：《决胜全面建成小康社会　夺取新时代中国特色社会主义伟大胜利——在中国共产党第十九次全国代表大会上的报告》，《人民日报》2017 年 10 月 28 日。
② 习近平：《抓住世界经济转型机遇　谋求亚太更大发展——在亚太经合组织工商领导人会上的主旨演讲》，《人民日报》2017 年 11 月 10 日。
③ 习近平：《习近平在全国网络安全和信息化工作会议上强调　敏锐抓住信息化发展历史机遇　自主创新推进网络强国建设》，《人民日报》2018 年 4 月 22 日。

三 从党的十九大起步：习近平新时代中国特色社会主义政治经济学发展与传播体系创新的对策建议

（一）以"四位一体"传播方案为核心，大力推进习近平新时代中国特色社会主义政治经济学工程建设

党的十九大报告指出，必须坚持马克思主义，牢固树立共产主义远大理想和中国特色社会主义共同理想，培育和践行社会主义核心价值观，不断增强意识形态领域主导权和话语权。① 实现这一目标的关键在于体系建设，尤其是要寻求新时代马克思主义政治经济学理论与中国特色社会主义哲学社会科学的体系支撑点——习近平新时代中国特色社会主义政治经济学研究。要把马克思主义基本原理与当代中国实践结合起来，与弘扬优秀传统文化结合起来，与时代特点结合起来，创新发展习近平新时代中国特色社会主义政治经济学，为世界贡献中国智慧。②

我们认为，为了坚持和发展习近平新时代中国特色社会主义政治经济学，当务之急是要构建起习近平新时代中国特色社会主义政治经济学的"四位一体"传播方案，即以习近平新时代中国特色社会主义政治经济学为"体"，着力打造马克思主义政治经济学中国化、马克思主义政治经济学民族化、马克思主义政治经济学国际化和马克思主义政治经济学互联网化为"支点"的"马工程"建设体系。其中，要重点突破马克思主义政治经济学中国化的服务功能、马克思主义政治经济学民族化的地区治理功能、马克思主义政治经济学国际化的传播功能、马克思主义政治经济学对互联网等新技术的研究功能，构建体系化、精干化、高效化的习近平新时代中国特色社会主义政治经济学工程建设体系和传播体系。

（二）重点提升习近平新时代中国特色社会主义政治经济学对中国社会主要矛盾等重大问题各个层面的专项研究

马克思主义政治经济学是习近平新时代中国特色社会主义政治经济学的核心理论，构建习近平新时代中国特色社会主义政治经济学需要以改革和发展的重大问题为导向，立足中国社会发展阶段，形成具有中国特色、解决中国问题的政治经济学理论体系。针对党的十八大以来马克思主义政

---

① 习近平：《决胜全面建成小康社会 夺取新时代中国特色社会主义伟大胜利——在中国共产党第十九次全国代表大会上的报告》，《人民日报》2017年10月28日。
② 逄锦聚：《把握"根"与魂 开拓新境界》，《中国社会科学》2016年第11期。

治经济学理论对中国社会主要矛盾研究相对薄弱的现状,今后一段时间,政治经济学者应重点提升马克思主义政治经济学理论对中国社会主要矛盾及其长期发展规律的探讨,着力于对这类重大矛盾问题的各个层面进行马克思主义政治经济学的理论阐释,以及对经济社会发展作出准确预期。此外,在以马克思主义政治经济学理论探究中国经济发展规律的过程中,要着力避免研究的空洞化、教条化,要以问题为导向,倾听时代的声音,认真研究重大而紧迫的实际问题,打造接地气、有所为、重民生、促发展、保公平的马克思主义政治经济学理论体系,营造直面中国经济社会发展的重大矛盾、难点问题的马克思主义政治经济学理论研究和实践应用工程,把专项研究和整体研究结合起来,探讨马克思主义政治经济学理论在上述重大矛盾问题各个层次上的服务功能与解决方案,形成习近平新时代中国特色社会主义政治经济学的理论核心,有力指导我国经济发展实践,开拓马克思主义政治经济学的新境界。

(三)着力打造区域性马克思主义政治经济学传播平台建设,促进习近平新时代中国特色社会主义政治经济学民族化工程日趋完善

2017年以来,中宣部已经成立了七个全国中国特色社会主义政治经济学研究中心,这是推进区域性马克思主义政治经济学理论传播平台建设和马克思主义民族化融合发展的重要而关键的一步。下一步,建议根据七大中心所在区域辐射的民族性、地区性问题展开专项调查研究,明确各个中心在推进马克思主义政治经济学民族化方面的"落地"工作,把马克思主义政治经济学同中国具体民族区域的结合工作做扎实,使马克思主义政治经济学的涓涓细流深入民族地区,最终为中华民族的伟大复兴目标注入长治久安的思想意识形态基础。另外,马克思主义政治经济学的民族化工作不仅要求马克思主义的"一般原理"同各民族的"特殊情况"相结合,形成具有鲜明民族特色和独特内涵的理论体系,在解决民族地区具体实践课题上取得成效,还要在"比较、对照、批判、吸收、升华的基础上,使民族性更加符合当代中国和当今世界的发展要求,越是民族的越是世界的。解决好民族性问题,就有更强能力去解决世界性问题;把中国实践总结好,就有更强能力为解决世界性问题提供思路和办法。这是由特殊性到普遍性的发展规律。"[①] 无论是民族性,还是世界性,关键在于创新,只有立

---

① 习近平:《在哲学社会科学工作座谈会上的讲话》,《人民日报》2016年5月19日。

足我国国情和实践,吸取优秀传统文化,同时吸收别国发展的有益成分和实践经验,提出具有主体性、原创性的理论观点,才能形成自己的优势和特色。① 因此,我们要立足于七个全国中国特色社会主义政治经济学研究中心,打造出覆盖我国广大区域和各民族同胞的习近平新时代中国特色社会主义政治经济学传播体系,走出一条符合各民族实际情况的特色发展道路。

(四)开拓马克思主义对外传播新格局,推出"以人民为中心"的习近平新时代中国特色社会主义政治经济学研究体系

党的十九大明确提出,中国坚持对外开放的基本国策,坚持打开国门搞建设,积极促进"一带一路"国际合作,努力实现政策沟通、设施联通、贸易畅通、资金融通、民心相通,打造国际合作新平台,增添共同发展新动力。② 伴随中国对外开放格局的深入,马克思主义政治经济学的对外宣传工作也应跟上步伐、积极拓展空间、提升质量,尤其要推出一批"以人民为中心"的习近平新时代中国特色社会主义政治经济学研究成果和传播方案,打造习近平新时代中国特色社会主义政治经济学的体系性对外传播格局。习近平新时代中国特色社会主义政治经济学的性质就是以人民为中心,发展习近平新时代中国特色社会主义政治经济学的主线就是围绕以人民为中心,以发展生产力和增进人民福祉为目标,以共同富裕为目标,以人的全面发展为目标。③ 在全球化的大背景下,要秉持"共商共建共享"的全球治理理念,倡导国际关系民主化,坚持国家不分大小、强弱、贫富一律平等;支持联合国发挥积极作用,支持扩大发展中国家在国际事务中的代表性和发言权,引导和促进一大批发展中国家、金砖国家以及发达国家了解中国、认识中国;加大对人类命运共同体的构建、推动全球治理体系变革、打造新型国际关系,使世界各个国家、各个民族的命运紧密联系在一起,努力把世界各国人民对美好生活的向往变成现实。总之,广大政治经济学者们要积极参与"以人民为中心"的习近平新时代中

---

① 逄锦聚:《中国特色社会主义政治经济学的民族性与世界性》,《经济研究》2016 年第 10 期。
② 习近平:《决胜全面建成小康社会 夺取新时代中国特色社会主义伟大胜利——在中国共产党第十九次全国代表大会上的报告》,《人民日报》2017 年 10 月 28 日。
③ 洪银兴:《中国特色社会主义政治经济学的话语体系》,《政治经济学评论》2017 年第 3 期。

国特色社会主义政治经济学对外传播体系的建设，为构建人类命运共同体贡献中国智慧和中国力量。

（五）描绘开放共享的互联网发展蓝图，凸显习近平新时代中国特色社会主义政治经济学对各类新技术带来的生产力和生产关系变革的深刻分析

习近平同志在致第四届世界互联网大会的贺信中指出，以信息技术为代表的新一轮科技和产业革命正在萌发，为经济社会发展注入了强劲动力，同时，互联网发展也给世界各国主权、安全、发展利益带来许多新的挑战。全球互联网治理体系变革正进入关键时期，构建网络空间命运共同体日益成为国际社会的广泛共识。[①] 习近平新时代中国特色社会主义政治经济学在以互联网为代表的新信息技术时代，要紧跟全球互联网治理和数字经济发展方向，拓展对这次技术革命在生产力和生产关系层面的分析，让互联网和数字经济研究的成果更好地造福人民，并与国际社会一道，携手共建网络空间命运共同体。其中，开放共享条件下的互联网发展模式，数字经济与实体经济深度的结合趋势，线上、线下、国内、国际四个市场的融合，各行业智能化场景构建，互联网电商和互联网金融的快速发展及治理，以及互联网时代社会生产关系的变革和公共治理模式转型等问题，都可以成为习近平新时代中国特色社会主义政治经济学在新技术时代研究的侧重点。一方面，应阐述这种互联网技术对生产力、生产关系变革产生的影响及其发展趋势，另一方面，则应提出建设网络强国、数字中国、智慧社会，推动互联网、大数据、人工智能和实体经济深度融合，发展数字经济、共享经济，培育新增长点、形成新动能的建议，为新时代中国互联网等新兴技术的发展贡献习近平新时代中国特色社会主义政治经济学理论分析的重要成果和政策建议。

---

① 《习近平致第四届世界互联网大会的贺信》，新华网，http://www.xinhuanet.com/politics/2017-12/03/c_1122050306.htm，2017年12月3日。

第二篇 中国特色社会主义基本经济制度

不断推进和深化经济体制改革

刘诗白*

科学社会主义由理论形态转化为人民的实践和现实，无疑是20世纪世界最重大的社会历史事件。1917年俄国十月革命的胜利，揭开了世界社会主义建设的历史篇章。第二次世界大战后欧亚、美洲一系列国家走上社会主义的道路。1949年，中国共产党人在毛泽东思想指引下取得了新民主主义革命的胜利，成立了中华人民共和国，并且逐步启动了社会主义革命和社会主义建设。社会主义合乎历史规律而产生，但也是一个新生事物，需要在总结实践经验中摸索寻找与本国国情相适应的体制形式。因此，社会主义发展不可能一帆风顺，它在前进中遭遇困难，甚至发生曲折是不奇怪的。1989年的苏联和东欧社会主义挫败，就是世界社会主义初始发展中的一次大曲折。社会主义拥有强大生命力，是具有自我完善能力的新社会形态，它在历艰克难中向前迈进是任何力量也遏阻不了的。在一些西方人士欢呼"历史的终结"和西方自由、民主模式的胜利之时，中国正在开展一场生机勃勃的社会主义自我完善和体制创新。1979年以来，在邓小平同志的睿智领导下，有着坚持理论与实践相结合优良传统的中国共产党人，站在时代的高度，冷静地和深入地总结了苏东社会主义挫败以及我国一段时间的工作中发生失误的教训，及时地和果敢地作出了实行改革开放和构建中国特色社会主义的伟大战略决策，拨正了中国社会主义前进的历史方向。

进行经济体制改革是这一场社会大革新的第一战役。中国摒弃了西方人士极力推荐的新自由主义经济模式，坚持走社会主义制度基础上引进市场的改革路径，经过40年的大胆探索，成功地在中国构建起以公有制为

---

* 本文选自刘诗白《不断推进和深化经济体制改革》，《经济学家》2019年第1期。

主体，多种经济成分共同发展，充分发挥市场机制功能的社会主义市场经济体制。这是一种由"看不见的手"和"看得见的手"二者有机结合的崭新市场经济模式，一方面，它依靠市场力量调动亿万人民的劳动、创业和企业创新发展的积极性，另一方面，又发挥政府调控、引导市场运行的功能，避免了经济大起伏，保障和维护经济稳定增长。中国新市场经济模式激活了国民经济，带来 40 年经济平均 9% 的高速增长，经济结构不断优化，一些产业技术跃升到世界先进水平。2018 年中国 GDP 已经超过 80 万亿人民币，位居世界第二，人民的收入水平不断提升。肇始于 1979 年的中国经济体制大革新实现了人类历史上一次史无前例的经济起飞、社会进步和国力增强，谱写出 20 世纪末以来世界历史上中国崛起这一最华丽的篇章。而就在这一时段内，资本主义世界遭受了 2008 年爆发的国际金融危机的沉重打击，众多国家经济长期不振，美国、英国等大国社会、政治矛盾不断加剧，有关"西方自由资本主义危机到来"的惊呼也频频出现在美欧的媒体上。

中国的改革是一场全域性的改革，是一次社会革命，它由经济改革开始，逐步向其他社会领域扩展。党的十八大以来，在以习近平同志为核心的党中央领导下，改革加大了势头，在经济、政治、党建、社会、文化、生态等领域全面推进。党的十九大宣告我国进入了中国特色社会主义发展的新时代，提出了我国建设分两步走，在 21 世纪中叶实现社会主义现代化的宏伟目标，绘制了新时代进行改革开放、建设的具体蓝图。当前，在习近平中国特色社会主义思想指导下，新一轮的改革、发展大潮正在中国大地涌现。

经济体制改革，仍然是新时代我国改革的一个重头戏。经过 40 年的艰辛探索，中国社会主义市场经济体制已经形成，但还需要进一步完善，国有企业的改革还要深化，市场化改革还要向农村经济全领域推进，发展和增强社会公共品的改革需要加大力度。经济改革的任务还十分繁重。40 年改革实践的经验启示我们：在坚持社会主义基本经济制度和坚持社会主义文化制度条件下，通过深化改革，形成完善的公平竞争市场经济体制，充分发挥市场驱动大众创业、质量提高、结构优化和促进创新的功能，有效发挥政府的调控、分配调节和提供公共品的功能，将能使国民经济最大搞活，同时活而不乱。总之，坚持改革开放，进一步完善中国社会主义市场经济模式，进一步激活经济，进一步挖掘经济内生潜力，将为新时代我国经济持续强劲发展构筑坚实的体制保障。

进入深水区的我国经济改革的顺利推进，需要研究的重大现实问题很多。另外，中国成功地实现由高度集中的计划经济体制向社会主义市场经济体制平稳转型的经验，以及在生产技术落后的条件下实现经济社会大跨越大发展的经验，也需要进行深入的理论总结、疏理，形成中国版的社会主义政治经济学。习近平总书记要求我们构写"中国理论"，彰显"中国智慧"，构建充分汲取人类一切优秀学术成果，特别是充分汲取中国优秀传统文化的具有中国特色、中国气派的中国经济理论。新时代向我们提出了更繁重的理论任务，中国经济学工作者大有可为，应肩负起重要责任和使命。我寄希望于年轻的经济学家，祝愿中国经济学进一步繁荣。我虽年迈，但还要有一分热、发一分光。

我 1998 年在西南财经大学出版社出版过《刘诗白文集》（八卷本），2011 年又在该出版社出版了该文集第九卷和第十卷。这一部由四川人民出版社出版的《刘诗白选集》十三卷（十七册），重新编选了十卷本《刘诗白文集》中的论著，还汇集了未发表过的论文、讲话、内部报告、一部分经济学手稿，以及今年刚刚完稿的《自然哲学笔记》。因此，这部选集是我 1946 年以来，绝大多数是我国改革开放 40 年以来发表的经济学论著的总汇，体现了我数十载学术思维在自我批判中发展的轨迹。这些论著中很多观点属于个人不成熟的见解，说不上有学术贡献，算是一个经济学人对中国宏伟的社会主义改革开放事业的积极参与和智力奉献。对文章中的不当之处，盼方家予以指正。

谨以此书的出版作为向改革开放 40 周年的献礼！

中国特色社会主义政治经济学要系统化研究社会主义基本经济制度的重大理论问题

刘 灿*

十九届四中全会提出,要坚持和完善社会主义基本经济制度,推动经济高质量发展,并明确提出公有制为主体、多种所有制经济共同发展,按劳分配为主体、多种分配方式并存,社会主义市场经济体制等是社会主义基本经济制度。基本经济制度是社会生产关系中最基础的生产关系,马克思主义政治经济学从辩证唯物主义和历史唯物主义出发构建了基本经济制度和生产关系分析的理论逻辑。中国特色社会主义政治经济学要从基本生产关系层面上研究坚持和完善中国特色社会主义基本经济制度的重大理论问题,形成系统化的理论,揭示生产力和生产关系变化的经济规律,构建中国特色社会主义政治经济学的理论体系,更好地指导中国特色社会主义建设实践。

一 社会主义所有制与产权理论

公有制为主体、多种所有制经济共同发展的实践及理论创新是改革开放以来马克思主义中国化的最大成果之一。中国特色社会主义所有制理论创新包括社会主义公有制理论、所有制结构理论、所有制与产权理论、混合所有制理论、与社会主义市场经济相适应的财产权理论等。

传统的公有制理论("苏联模式")是一种"纯粹形态"的理论结构。这种理论深刻地影响了计划经济时期的中国经济社会发展。改革开放以

---

* 本文选自刘灿《中国特色社会主义政治经济学要系统化研究社会主义基本经济制度的重大理论问题》,《政治经济学评论》2020 年第 1 期。

后，随着中国特色社会主义实践的不断探索和实践，这种"纯粹形态"的理论正在失去其现实基础。中国改革开放的实践丰富和发展了公有制理论。"以公有制为主，多种所有制经济共同发展"的所有制结构显然不同于传统的公有制模式，这是以马克思主义为理论指导，结合中国实际，立足中国国情，进行探索和实践的结果，是对马克思所有制理论的创造性发展。马克思认为公有制是资本主义发展"自然历史过程"中的必然产物。马克思的公有制理论包含着深刻的科学内涵，但马克思关于未来社会公有制的构想，不是实际经验的总结，而是一种科学的假设。我们需要立足于坚持和完善社会主义基本经济制度和发挥社会主义公有制的基础性作用，总结我国构建社会主义初级阶段公有制的历程及经验，将中国经验上升为系统化的社会主义公有制理论。

关于所有制结构，即社会主义初级阶段以公有制为主体、多种所有制共同发展，其政治经济学分析范式是生产力与生产关系及其相互关系。过去政治经济学理解的作为社会主义基本经济制度的所有制基础只有公有制（全民所有制和集体所有制）一种形式，在实践中把非公所有制当作"异类"加以消灭。在改革实践和理论创新中，我们把社会主义需要什么样的所有制建立在生产力基础上即生产力标准，正如马克思所讲的，"无论哪一个社会形态，在它所能容纳的全部生产力发挥出来以前，是决不会灭亡的；而新的更高的生产关系，在它的物质存在条件在旧社会的胎胞里成熟以前，是决不会出现的"[①]。生产力标准使我们对社会主义初级阶段的所有制有了重新认识，也使我们寻找到在坚持和完善社会主义基本经济制度条件下所有制改革的中国道路，以公有制为主体、多种所有制共同发展之路极大地激发了各类经济主体的活力，极大地解放了生产力，使改革开放以来的中国经济保持了长期稳定的增长。从理论体系构建来看，对所有制结构的政治经济学解释，其理论运用主要是马克思的所有制思想或者是西方产权结构理论，其理论研究主要是专题式的，还没有一个以马克思所有制思想为理论基础，以构建社会主义公有制的中国实践为主线，系统化解释公有制的科学内涵、存在基础、发展方向和目标，及其实现形式的社会主义公有制理论。

关于与社会主义市场经济相适应的财产权理论，这在传统社会主义政

---

① 《马克思恩格斯选集》（第 2 卷），人民出版社 2012 年版，第 3 页。

治经济学理论体系中是没有的，我们只讲所有制，不讲财产权。实际上在马克思《资本论》和其他经典著作中有着丰富的关于所有制和财产权的理论，马克思把财产关系作为社会生产关系来研究，马克思阐释了物与财产、财产的所有与占有、财产所有权与使用权的分离，等等。只不过马克思研究和阐释的财产权是资本主义私有制，并没有把这种财产权放入社会主义公有制和市场经济体系中。

中国特色社会主义政治经济学的所有制理论应该包括财产权理论这一内容。改革开放以来关于社会主义市场经济的财产权制度和财产权结构理论探索极大地丰富了社会主义所有制理论。关于财产权制度和财产权结构，在改革实践和理论创新中我们遇到两个问题，一是社会主义基本经济制度及所有制结构为什么能够容纳私有财产，二是怎样构建平等保护各类财产权利的法律体系。

马克思所说的私有财产权都是从生产资料所有制（生产条件的占有）的意义上讲的，并且主要是针对资本主义社会的私有财产。马克思通过对资本主义"异化劳动"的分析揭示了私有财产的来源和本质，并提出"共产主义是私有财产即人的自我异化的积极扬弃"①，从而为"消灭私有制"的观点奠定了基础。在过去的社会主义实践中，我们理解马克思的这一逻辑是社会主义社会应实行高度的公有化，造成生产资料所有制的社会主义改造中把生产资料私有制甚至公民的私产也加以消灭。这种理论逻辑和实践过程实际上背离了马克思所说的废除私有制只有在废除私有制所必需的大量物质条件创造出来之后才能进行。按照社会主义初级阶段生产力发展的要求，按照社会主义基本经济制度的质的规定性和基本原则，以公有制为主体的多种所有制结构包括非公的私人所有制，即非公的私产（生产资料和消费资料，即现在讲的私人拥有的不动产和金融资产，以及作为资本投资于企业的私人股权）。从所有制与财产权的关系看，财产权是所有制在法律上的实现形式，而财产权又是现代社会公民三大基本权利之一。在市场经济中财产权是一种自由选择权，财产权可以激发人们累积财富的积极性和提高市场配置资源的效率。斯密认为，政府是作为保护财产和财产权的手段而发展起来，具有财产权、经济自由以及司法框架的商业社会的发展对于经济增长和经济自由至关重要。因此，社会主义基本经济制度及

---

① 《马克思恩格斯全集》（第42卷），人民出版社1979年版，第120页。

所有制结构应该和能够容纳私有财产。

改革开放以来，我国构建财产权法律保护制度的基本走向是承认和平等保护各类经济主体（民事主体）的财产权利。构建平等保护各类经济主体的财产权利的法律体系是社会主义基本经济制度和实行社会主义市场经济体制的基本要求，在理论上需要从政治经济学和法理学的双重视角来解释财产权的内涵，财产权思想的来源，财产权制度的历史流变，财产和财产权制度与国家经济制度和政治制度的关系等基础理论问题；在实践中需要处理好经济主体、市场与政府的关系，公有财产与私有财产的关系，公权与私权的关系等。

二　国有经济与国有企业理论

通观世界各国的经济发展历程，任何一个国家的任何一个经济发展阶段，都不是由单一的经济成分构成的，都存在国有经济和非国有经济，只是不同国家的不同社会制度性质、不同历史文化传统、不同经济发展阶段，国有经济的总量规模、分布范围、资产比重、影响程度和实现形式有着明显的差别。国有经济存在的理论依据经济学解释为：一是提供公共产品，二是存在于自然垄断企业，三是国家宏观调控的基础与工具，四是实现国家安全和国家战略目标。我国的国有经济是社会主义基本制度的经济基础，其理论解释不能只用西方经济学理论，我们应该科学总结中国特色社会主义国有经济建立、发展、改革的实践经验和理论创新，构建系统化的国有经济和国有企业理论。

在传统的社会主义政治经济学（"苏联模式"）中，国有经济和国有企业作为社会主义公有制的主体，其性质已由社会主义经济制度规定了，企业的生产目标、生产方式和分配方式由社会主义基本经济规律决定，在计划经济体制中企业并不是一个独立的微观经济组织，从而也没有进行独立研究的必要性，因此传统的社会主义政治经济学没有企业或国有企业理论。以国有企业为研究对象的企业理论是在国有企业改革和构建社会主义市场经济体制的实践和理论探索中发展起来的。作为政治经济学理论体系中的企业理论，其理论逻辑是阐释企业的性质和存在（企业与市场的边界），企业的内在结构（所有制和产权），企业治理与绩效，而这些基础问题的解释最初都是来自西方主流经济学和产权理论、交易费用经济学等，我们并没有构建起马克思主义政治经济学范式的企业理论及国有企业理论。

国有企业是社会主义公有制的实现形式,是社会主义基本经济制度的核心保护层,在坚持"两个不动摇"中国有经济和国有企业发挥着重要作用。改革开放40多年来,我国的国有企业改革走了一条比较独特的路径:没有大规模的产权私有化;在关系国民经济命脉的关键行业引入有限的竞争;发展混合所有制企业,但国有控股的格局没有变。中国的改革实践需要新的理论解释。西方主流产权理论还不能提供我国国有企业产权改革的理论解释。主流产权理论,包括交易费用理论和资产专用化理论等均不能从根本上解释国有产权的性质问题,也没有回答什么情况下会出现国有企业的问题。阿罗、德布鲁等人的福利经济学基本原理告诉我们,在一般均衡条件下,市场经济可以达到资源有效配置的结果。但也有学者证明,如果有这些一般条件,计划经济也可以达到有效的配置结果。这样,从某种程度上来讲,资源配置效率似乎与产权制度的安排无关。另外,如果用合约理论来解释国有企业改革也存在问题。

在转轨经济中,把国有企业放到一个特殊产业的环境中来研究其产权与改革绩效,是中国特色社会主义政治经济学从所有制和产权视角来研究国有企业特别是国有垄断企业的一个方向,它需要说明国有企业改革所有制为什么重要。中国的实践表明,对于在转型期制度环境不稳定的国家,应着重探讨制度因素,分析一个产业的所有制结构、企业制度和政企关系对企业行为的影响从而对绩效的影响,在不改变产业内所有制结构和企业制度的前提下,即使政府放松产业管制,也可能无法保证市场竞争性的提高。正因为如此,社会主义基本经济制度中国有企业的政治经济学分析,其逻辑主线应该是所有制(企业产权结构)、市场(放松管制和引入竞争)和政府以及它们之间的关系,在此基础上形成立足于中国实践的系统化的国有企业理论。

三 社会主义收入分配理论

改革开放40多年来,中国特色社会主义收入分配理论以马克思主义为指导,立足于中国国情和改革开放的实践经验,经历了由单一的按劳分配,到按劳分配为主体、其他分配方式为补充,再到按劳分配为主体、其他分配方式共同发展以及按劳分配与按生产要素分配相结合,走了一条理论与实践不断创新发展之路。中国特色社会主义收入分配理论中不仅包含体现社会主义基本经济制度和生产关系性质的按劳分配的基本原则、内容、方式，还包含社会主义初级阶段和市场经济条件下按劳分配的实现方式，社会主义公有制为主体的所有制结构与多种分配方式并存的分配制度特征，以及社会主义市场经济中按要素贡献分配的依据和实现路径。中国特色社会主义收入分配制度与所有制结构、国有经济与国有企业一样，构成社会主义基本经济制度的核心保护层，是社会主义基本经济制度最核心的内容。

中国特色社会主义收入分配理论的逻辑主线是基于中国实践的生产力—生产关系—上层建筑的相互影响及互动机制，基本理论维度是分配基础、分配原则、分配机制和分配形式，理论背景是中国收入分配制度变迁，实践基础是收入分配体制改革的中国经验，重大问题是收入分配领域要解决的重大课题的理论基础与实践方案，包括：社会主义初级阶段分配结构的完善，收入分配领域如何处理好公平与效率的关系，初次分配领域如何处理好劳动与资本的关系，在经济增长过程中如何发挥政府与市场的作用有效调节收入差距，如何走包容性发展道路，脱贫致富实现共享发展，以及缩小差距和实现共同富裕的生产力与生产关系基础，等等，这些重大问题是坚持以人民为中心的发展思想的集中体现。逻辑主线、理论维度、理论背景、实践基础和重大问题将构成系统化的中国特色社会主义收入分配制度理论。

四 社会主义市场经济中政府与市场的关系理论

在社会主义市场经济体制中，政府与市场都有着自己的功能和作用边界，在此基础上，政府和市场都可以充分而有效地发挥作用，政府作用和市场作用不是对立的，不能以为强市场就一定是弱政府，强政府一定是弱市场。当代资本主义国家奉行自由市场经济，其模式的特征也不是一个强市场、弱政府的问题，资本主义市场经济在社会经济结构失衡问题上也十分强调政府通过各种手段来积极干预。

市场决定资源配置是市场经济的一般规律，市场与政府两种机制的交织和互补作用，是现代市场经济运行的常态。但是，在社会主义市场经济中政府与市场的关系以及各自作用的边界，有着其制度和体制的特征，我们不能仅在西方主流经济学理论框架内来解释这个问题，而应该进行马克思主义政治经济学的分析。从政治经济学的基本命题和研究方法看，政府与市场的关系本质是上层建筑与经济基础的关系，社会主义市场经济的逐步建立和成熟使得生产关系适应了生产力的发展的需求，作为生产关系之总和的经济基础出现的变革也同时要求上层建筑要进行相应的调整，坚持和完善社会主义基本经济制度和全面深化经济体制改革反映了这一规律的要求。党的十八大报告中提出让市场在资源配置中起决定性作用，同时更好地发挥政府作用。在社会主义市场经济中，政府与市场、政府与各类市场主体、政府与公民个体之间的关系是社会经济运行的关键性基础，理顺这些关系是建立和谐市场秩序的先决条件。

系统化的政府与市场的关系的理论，其逻辑主线应该是社会主义市场经济的运行机制。在我国市场化改革和构建社会主义市场经济理论中，我们一开始引进、应用的是西方宏观和微观经济学，在政治经济学教科书中关于企业、市场与政府，供给与需求、市场体系和市场结构等基本上是西方经济学教科书的内容。中国市场化改革的独特实践给我们提出了具有社会主义基本经济制度特性和社会主义市场经济体制特征的政府与市场的关系，提出了基本生产关系与市场经济运行机制的关系，以及政府失灵和市场失灵产生的生产关系基础等这些重大理论问题。这些重大问题的政治经济学分析正是社会主义市场经济中政府与市场的关系的理论，其实践基础（案例）是中国经验，它的构建将挑战西方经济学的"经济自由主义"和"凯恩斯主义"，具有重要的学科意义和实践意义。

五　社会主义发展道路理论

马克思把人的自由全面发展作为人的权利的基本内涵，同时把人的劳动实践活动作为权利实现的途径和过程。他认为只有在现实的世界中并使用现实的手段才能实现真正的解放，也只有在共同体中，个人才能获得全面发展其才能的手段。中国特色社会主义建设进入新时代，我们以马克思关于发展是人的全面发展的思想为指导，提出了社会主义共享发展理念下的发展道路要坚持人的全面发展，以发展来推进社会公平正义，体现包容性增长和益贫式增长。实践证明，中国现代化必然要走，也正在走一条有自己特色的独特道路。

政治经济学长期缺乏对发展中国家现代化和发展问题的理论解释。改革开放40多年来新发展理念和发展道路的中国实践，推动了这方面理论的创新，形成了一个"中国的新发展经济学"，它具有重要的学科意义。

从坚持和完善社会主义基本经济制度出发，我们需要进一步研究发展与制度的关系，发展道路的选择中生产力与生产关系、经济基础与上层建筑的关系，把这种研究建立在马克思主义的方法论基础上，构建以马克思主义为指导的、立足中国实践的系统化的发展经济学理论，使之成为中国特色社会主义政治经济学理论体系的重要部分。

完善社会主义市场经济体制与财产权法律保护制度的构建

——政治经济学的视角

刘 灿*

摘 要：财产和财产权利问题是近代西方资本主义经济制度和政治制度的核心，西方国家私有财产权思想和财产权立法趋向在演进的历程中一直保持了其核心和"质"的稳定。中华人民共和国成立后财产权法律保护制度的构建大量移植了苏联模式。改革开放以后，随着社会主义初级阶段多种所有制结构的形成和逐步向社会主义市场经济体制的转型，财产权立法的指导思想和财产权保护条款发生了很大变化。完善财产权法律保护制度需要在财产权宪法保护中保持法治、人权、私有财产保护、征收补偿等基本原则，构建平等保护各类财产权利的法律体系，以及处理好规范公权、保障私权等问题。

关键词：社会主义市场经济体制；财产权；法律保护制度；政治经济学视角

2016年11月27日，《中共中央 国务院关于完善产权保护制度依法保护产权的意见》（以下简称《意见》）发布。《意见》指出，有恒产者有恒心，经济主体财产权的有效保障和实现是经济社会持续健康发展的基础。必须加快完善产权保护制度，依法有效保护各种所有制经济组织和公民财产权，增强人民群众财产财富安全感，增强社会信心和形成良好预期，增强各类经济主体创业创新动力，维护社会公平正义，保持经济社会

---

* 本文选自刘灿《完善社会主义市场经济体制与财产权法律保护制度的构建——政治经济学的视角》，《政治经济学评论》2019年第9期。

持续健康发展和国家长治久安。

2018年11月，习近平在民营经济座谈会上讲话指出，公有制经济和非公有制经济都是社会主义市场经济的重要组成部分，都是我国经济社会发展的重要基础；公有制经济财产权不可侵犯，非公有制经济财产权同样不可侵犯；国家保护各种所有制经济产权和合法利益，坚持权利平等、机会平等、规则平等，健全以公平为核心原则的产权保护制度，加强对各种所有制经济组织和自然人财产权的保护。

构建与社会主义市场经济相适应的财产权制度，面临着一些重大的理论与实践问题。财产权制度的理论基础不仅仅在法理学范围内，更需要政治经济学的解释。因为财产权是整个生产关系在法律上的最好体现。马克思曾说，"在每个历史时代中所有权以各种不同的方式、在完全不同的社会关系下面发展着。因此，给资产阶级的所有权下定义不外是把资产阶级生产的全部社会关系描述一番"①。我们需要从马克思主义政治经济学角度，运用历史唯物主义的方法，从财产权制度演进既受到整体社会经济制度演进的制约，又深刻影响着社会经济制度转型发展，在生产力—生产关系—上层建筑相互影响和作用的互动中找到财产权制度构建的经济学理论基础，同时丰富和拓展中国特色社会主义政治经济学。

一　西方国家财产权法律保护制度的构建与演进

1. 财产权制度是资本主义市场经济形成的基础

在近代社会发展过程中，随着摆脱政治、社会因素和纯粹经济性财产的出现，以自下而上的方式反对封建特权，建构自由、平等、所有权、契约的市场经济，促进了政治社会的转型和市民社会的出现。市民社会是各个成员作为独立的单个人的联合，因而也就是在形式普遍性中的联合，这种联合是通过成员的需要，通过保障人身和财产的法律制度，以及通过维护他们特殊利益和公共利益的外部秩序而建立起来的。财产是政治社会的真正基础，是公民契约的重要保障。市民社会是从个人利益出发，以经济生活为中心形成的人际交往领域，它随着现代市场经济的起源而出现，是在破除君权神授观念之际，建构世俗国家理性的尝试。"市民社会"的实质是指与"政治社会"相对立的"财产关系"，而财产关系"只是"生产

---

① 《马克思恩格斯全集》（第4卷），人民出版社1958年版，第180页。

关系的法律用语"。

近代西方市民社会的兴起,其实是人们的权利意识和公民意识觉醒的结果。权利意识,主要表现为在政治、经济生活过程中对人自身和财产的保护意识提高。洛克在关于财产权的论述中提到了自然权利(包括生命、自由和财产的权利),并认为财产权是最基本的自然权利,也是生命和自由等权利的基础[①]。所以捍卫生命、自由等权利,首先是要捍卫财产权利。这是近代西方社会构建公民权利保障体系的一个基本逻辑。

财产权是现代市民社会的基本权利,它既是每一个公民社会生存及自由选择的基础,也是资源配置的手段。从人类历史上财产权制度的演进来看,对个人或家庭拥有自己的,并得到确认和保护的财产,从中世纪社会以来就是人们的一个理想追求,直到15—16世纪欧洲各国才普遍建立了以私人财产神圣不可侵犯为核心的私人财产权利体系,并在此基础上推进了市场经济制度的形成。[②] 近代西方个人主义是以所有权为基础的个人主义,人与人之间的社会关系实际上是不同的所有者之间的交换关系、财产关系,这种个人主义是对中世纪团体精神的否定,对于崇尚个体、自由的市场经济制度的形成有着重要的、革命性的意义,但是它也包含不利于社会平等和谐的极端化因素。

资本主义市场经济崇尚经济自由。"各个人都不断地努力为他自己所能支配的资本找到最有利的用途,固然他所考虑的不是社会的利益,而是他自身的利益,但他对自身利益的研究自然会或者毋宁说必然会引导他选定最有利于社会的用途。"[③]"看不见的手"一直被解释为市场力量,其核心是自由价格的作用调节着受自我利益驱动的经济活动者在完全竞争的市场中的行为,最后能够或无意中促进整个社会的福利和经济增长。亚当·斯密"看不见的手"的背后是他的个人主义和自由主义的哲学观。斯密的自由主义哲学观认为,在社会的自然秩序中,个人具有"自然的自由"追

---

① [英]约翰·洛克:《政府论两篇》,赵伯英译,陕西人民出版社2004年版,第4—5页。

② 近代西方社会确立了一个以私人财产权利为核心的观念和制度体系,即私人财产权利体系;它是绝对私人所有权、私人财产神圣不可侵犯原则和行使私人财产权利的自由和经济自由的三位一体。这一过程持续了300多年(1600—1900年)时间。参见赵文洪《私人财产权利体系的发展》,中国社会科学出版社1998年版,第31页。

③ [英]亚当·斯密:《国民财富的性质与原因的研究》(下卷),郭大力、王亚南译,商务印书馆1983年版,第27页。

逐他们的利益,这种自然自由涉及的是个人的自由和经济的自由,是从事自己个人事务的自由,它处在市场经济的社会中,在受到司法限制的环境中起作用。这种限制不是对贸易、讨价还价、制造、工资的限制,而是在更基本层面上的限制,即受到公正的限制。① 以斯密为代表的英国古典政治经济学,用经济自由主义反对的是 18 世纪的重商主义,反对政府对市场经济活动的干预和政府管制。财产权是经济自由的基础和条件,即公民作为市场主体参与经济活动,与他人进行经济交换作为自由的保证。财产权作为经济自由的保证具有两方面的作用。一方面,它使人(经济人)能够自主、理性地参与经济活动,在这方面,个人的财产可向社会提供关于他的能力的信息,包括他承担责任的能力的信息,在这种情况下,财产具有"抵押"的作用;另一方面,财产又使人能够在某种社会组织方式、关系所可能具有的强权威胁、风险和不确定性面前,自主、安全地选择退出,如从被操纵的市场交易条件下退出,从受强制的雇佣劳动关系中退出,等等。在这种情况下,财产起着一种"保险"的作用。在这两种意义上,财产权都是一种自由选择权。

私人财产权利的确立为资本主义的长期发展提供了动力和制度环境。建立财产权所有权的重要性在于它提供了财产的安全,从而使得财富的激励与财富的积累得以实现,而这正是资本主义发展的动力。资本主义制度确立后,财产立法允许个人合法地追求财富,并对他们取得的财富提供法律保护。保护财产权,实际上给财产所有者提供一个理性预期,使他们有信心为财产增值而投入生产性劳动,对积累财富有安全感。追求财富的行为即是个人生存与发展的必要条件,也是一个国家、社会生存与发展的必要条件。法律保护私人财产权利实际上是引导把每个人追求财富、爱惜财富、保护财富的自觉性变为促进经济社会发展的持续动力。

2. 西方私有财产权思想的演进

西方私有财产权思想的演进有深刻的经济思想和政治思想渊源。由于资本主义国家经历了资本主义形成和巩固、自由资本主义和垄断资本主义三个时期。与此相应,其经济、政治思想也经历了三个阶段。即资本主义形成巩固时期的重商主义经济思想和鼓吹"天赋人权"的自然法政治观、

---

① [美]帕特里夏·沃哈恩:《亚当·斯密及其留给现代资本主义的遗产》,夏镇平译,上海译文出版社 2006 年版,第 53—54 页。

自由资本主义时期的重农学派标榜的"自由放任"主义和"功利主义"政治思想、垄断资本主义时期的"国家干预"主义和"社会本位"政治思想。

在第一阶段即资本主义形成巩固时期，经济学的主流经济学思想是重商主义。这一理论着眼于为资本主义原始积累提供依据，因而强调国家权利的重要性，主张国家对经济的干预。显然这里的"国家干预"目的是对"外界干预"的干预，从而保持自身自治。实质上，就是主张国家用法律的手段确保资本家通过残酷的原始积累所得来的财富的安全。与此呼应的政治思想则是鼓吹"天赋人权"的自然法主义。它把财产和生命、自由并在一起奉为不可剥夺的天赋人权。自然法理论的第一人格劳秀斯指出，基本的自然权利包括三个方面，即自由、守信和私有财产的尊重。实质上，就是主张国家用法律排除外力对资本家财富的侵犯，以维护资本家的自治领地。

在第二阶段即自由资本主义时期，私有财产权思想是以追求自由与功利为目的的"神圣不可侵犯"思想。这一时期"经济自由"的呼声日益高涨，重农学派标榜的"自由放任"主义原则成为经济思想的旗帜。亚当·斯密将其推至完备，并提出"看不见的手"的理论。并主张越无为的政府就是越好的政府。实质上，"自由放任"主义反映了资本家对个人自由发展和对财富无限追求的欲望，相与匹配的政治思想则是推崇"功利主义"的资产阶级自由主义。其最重要代表有洛克、边沁、密尔等人，洛克是奠基人。[①] 在这一时期，自由主义和个人功利主义思想内核为私有财产权也必然体现以追求自由与功利为目的的"神圣不可侵犯"思想。

在第三阶段即当进入垄断资本主义以后，私有财产权思想是"财产权不可侵犯"思想去掉了"神圣"二字。在这一时期，自由放任主义的经济理论已不能解决垄断的现实，宣扬国家在经济发展中的特殊作用的经济思想盛行其道。以李斯特为代表创立了反对"自由放任"主义的历史学派；1933年世界经济危机爆发后，美国总统罗斯福接受了国家干预经济的思想；此后国家干预理论进一步深入并由凯恩斯推向完备。第二次世界大战后资本主义世界出现了"政治、经济民主化"的倾向，经济思想方面出现了调和"自由"与"控制"的"供给学派"。可见，这一时期的经济学思

---

① 唐士其：《西方政治思想史》，北京大学出版社2002年版，第246页。

想总体上都强调"国家干预"主义在经济生活中的重要地位,并注重对个人和社会民主的维护。同时,如影相随的政治思想则强调以维护整体利益为目标的"社会本位"思想和"社会福利"思想。实质上,这一时期的政治思想仍然体现了国家在社会生活中对维护资产阶级整体利益的作用和国家行使该权力的界限。可见,经济思想与政治思想在维护整体利益至上和推进民主这一本质上是一致的,与之血脉相承的私有财产权思想自然就是以尊重社会利益为前提的"不可侵犯"思想。

从各国财产权的宪法保护制度来看,财产权在近代市民宪法中,"神圣不可侵犯"的私有财产权思想体现为"私权至上"和"财产权神圣"的宪法条文。国家对私有财产权的干预给予积极限制。例如,近代市民宪法大都以大量条文限制政府的征税权与财政权,这实际上是防止政府"私利"膨胀。现代市民宪法具有"国家干预"的色彩并通过宪法赋予国家在经济生活中的社会性与民众性的取向。这决定了现代市民宪法在财产权保障问题上对私有财产权进行有条件消极保护。在该模式下的现代资本主义国家多以宪法条文宣布私有财产权"不可侵犯",去掉了近代市民宪法所推崇的"神圣"话语,市民社会的私有财产权的范围有所收敛。

财产和财产权利问题是近代西方资本主义经济制度和政治制度的核心,行使私人财产权利的自由,是资本主义经济自由和政治自由的前提和基础。斯密认为:"政府是作为保护财产和财产权的手段而发展起来,具有财产权、经济自由以及司法框架的商业社会的发展对于经济增长和经济自由至关重要。"[①]

应该看到,西方私有财产权思想演进的实质不过是私人对财富控制量在一定范围内"量"的伸缩与分割,而不是其权利的本身的"质"发生了变化。正是由于私有财产权思想在演进的历程中保持了核心和"质"的稳定,西方的资本主义私有制才得以稳定。法国学者亨利·勒帕日对此有类似的言论:"人们很容易看到所有权结构和经济增长之间的关系,一个社会所有权体系如果明确规定每一个人的专有权,为这种专有权提供有效保护,并通过缩小对革新带来额外利益可能性无把握的程度,促使发明者的活动得到最大的个人收益,那么,这个社会就更富于革新精神,并且能够

---

① [英]亚当·斯密:《国民财富的性质与原因的研究》,郭大力、王亚南译,商务印书馆1983年版,第242页。

使经济增长"。① 这实质上也从另一侧面表明资本主义制度下财产权的裂变对私有制下的社会经济发展所产生的反作用，而私有制下社会经济的发展需要也反过来决定了私有财产权必须发生量的伸缩和分割。

3. 20 世纪以来西方各国财产权立法实践的新变化

20 世纪以来西方各国财产权概念和立法实践发生了一些新变化。

一是私人财产权利的绝对性受到挑战。在经济思想和法律制度的演进上，财产权一开始就是为实行私有财产而提出来的，各国在财产法立法上都十分强调私人财产权的绝对权利，强调私有财产权神圣不可侵犯。自 19 世纪中叶以来，绝对权的概念受到了挑战，社会利益和社会公平日益受到重视。这些国家财产权制度价值目标和功能的变化，其基本趋向是注重社会公益，限制私人自由，强化国家干预。在规定私人财产权的行使的权利和义务时，开始规定应该承担的社会化义务，即实行"公权优于私权"的原则。20 世纪以来西方各国发生的"所有权的社会化"趋势也值得充分关注。所有权的社会化主要是指作为私人所有者对其土地和某些生产资料的支配和使用应同社会利益相一致，所有权人不得以反社会的方式使用其财产；在土地的私人占有与社会利益相冲突时，所有权的排他性应让位于社会公共利益，但应获得公正的补偿。现代资本主义国家多以宪法条文宣布私有财产权"不可侵犯"，去掉了近代市民宪法所推崇的"神圣"话语，市民社会的私有财产权的范围有所收敛。

二是所有权在财产权中的地位变化。所有权范畴作为一种法律思想形式曾经在资本主义制度中非常重要，现在已经发生了改变。对资源的法律控制已日益被分解为各个特殊的权利，在控制主要生产资料的大型的公众持股的公司中，这种财产权的分解表现得特别明显。"没有财产权的控制权"即不持有股份的经理权力的增长，是现代公司财产权结构一个最基本的现象。所有权在财产权中的地位的"衰落"是与财产的中心从"物"转移到"权利"有关的，同时也与现代财产权注重对财产的使用而不注重财产的归属有关。

大陆法系以所有权为中心制度，在面对现在社会许多新的财产现象时

---

① ［法］亨利·勒帕日：《美国新自由主义经济学》，转引自王永华《美国新自由主义经济学评价》，经济科学出版社 1999 年版，第 103 页。

是以抽象物（即所有权以外的具体的财产权利）为基准，对各种具体财产权利予以平等保护。英美法系"所有权一词纯粹是作为占有的对应词，其意义并不比产权包含更多的含义，所有者比单纯的占有者地位要高一些，但在恢复占有的诉讼中，所有权并无任何技术性的意义。所有权地位变化的主要原因是它赖以存在的经济条件发生了显著变化，即经济形态由'相对静态'到'频繁交易'；价值目标由'归属'到'利用'；利益实现由'自主管理'到'价值支配'"①。

三是财产权概念体系的扩展。20世纪以后现代市场经济的发展，从罗马法沿袭下来的传统的财产法概念体系在纷繁复杂的商品世界和经济活动中受到了严重的挑战，各国财产权确认和立法保护的新实践中推进了财产权概念体系的扩展。主要表现在：（1）财产权立法的价值目标保护的变化，法律本位由个人本位到社会本位；财产法目标由保护私人占有到维护公平分配；财产法原则由私人自治到限制自由，所有权至上的原则受到冲击。②（2）财产权的非物质化。在传统财产权概念中，通常把财产与物联系在一起，即把有形的物作为权利拥有的客观对象。在现代市场经济中，大多数财产都是无形的，如商标、商誉、专利、版权、特许权等，任何有价值的利益都潜在地可能成为财产权的对象，法律上也开始把财产定义为对价值而非对物的权利，财产不再只是支配物的权利，而是支配有价值的利益的权利。③（3）新财产概念的形成。在现代市场经济中，传统的财产概念已经被一种新的财产概念所取代，这种新财产是物质的，不是由支配物的权利所组成，而是由有价值的权利所组成；财产权是由依情况而受到限制的权利所构成。④美国法学家托马斯·G.格雷清晰地表达了他关于新财产概念的思想，他说："财产权意味着对某一物品的权利的思想究竟是什么呢？也许我们从来就不需要一种所有权概念，但是可以肯定，财产权是一种从其他法律权利中派生出来的独特范畴。在法律权利中，财产权与物品是相称的。但是，这一看法也经不起分析。因为在现代资本主义经济

---

① 梅夏英：《财产权构造的基础分析》，人民法院出版社2002年版，第64—66页。
② 梅夏英：《财产权构造的基础分析》，人民法院出版社2002年版，第64—66页。
③ 王占强：《十九世纪的新财产：现代财产概念的发展》，《社会经济体制比较》1995年第1期。
④ 王占强：《十九世纪的新财产：现代财产概念的发展》，《社会经济体制比较》1995年第1期。

中，大多数财产权都是无形的。就拿财产权的公共形式说，公司中的股票份额、债券、各种形式的商业票据、银行账、保险单等等。更不用说那些更加神秘而难以确定的财产权如商标、专利、版权、特许权和商业信誉。"① 这些新形态的财产的分配是通过公法实现的，也应当给予适当的法律保护。

二 我国财产权法律保护制度的构建与演进（1949年至今）

1. 中华人民共和国成立后财产权法律制度的构建：大量移植苏联模式

苏联型社会主义宪法模式中的财产权具有比较突出的"国家观念"和"公权意识"。它在宪法中使用了对财产主体区别对待的条文，往往规定"国家财产神圣不可侵犯"，甚至取消私有财产权的存在；通常不承认个人对生产资料的所有权。1936年《苏联宪法》奠定了这种模式的基础，它完全取消了私有财产权在宪法中的地位。宪法制度在"显性"方面对私有财产权进行无条件限制；在"隐性"方面有意模糊政治国家中的私有财产权与公有财产权的界限。"国家几乎垄断了全部的社会资源，……公民个人则丧失了资源和机会，只是整个计划经济体制中的一个零件，公民个人财产也只是国家通过配给制度给予的维持生存必须的基本生活资料"。这种模式的思想基础来源于列宁的主张"我们不承认任何'私法'"。

改革开放前，我国宪法在私有财产的保护方面，主要经历了1949年《共同纲领》的过渡性保护、1954年宪法的基本肯定、1975年宪法和1978年宪法的基本否定几个阶段。

1949年《共同纲领》，对私有财产的保障作了一些初步的规定，如"保护国家的公共财产和合作社的财产，保护工人、农民、小资产阶级和民族资产阶级的经济利益及其私有财产。"对公民私有财产权的保障是以阶级来划分成分的，具有强烈的政治色彩。另外其没有设立"公民的基本权利义务"部分。

1954年宪法，多条条款规定了私有财产权的主客体和内容，既具多元性，又受严格限制。"国家依照法律保护农民的土地所有权和其他生产资料所有权。""国家依照法律保护手工业者和其他非农业的个体劳动

---

① ［美］托马斯·C. 格雷：《论财产权的解体》，高新军译，《社会经济体制比较》1994年第9期。

者的生产资料。"国家依照法律保护资本家的生产资料所有权和其他资本所有权。"国家保护公民的合法收入、储蓄、房屋和各种生活资料的所有权。"

1975年宪法，公有制就是公有财产权的观念高度强化；公有财产权几乎取代了多种财产权而"一统天下"。这种局面实质上就是追求纯粹的阶级身份与财产权身份同一的形式，而否定了人作为独立主体享有人格与福利的实质。

1978年宪法，对公民的私有财产的保护范围有所扩大；国家保护公民的合法收入、储蓄、房屋和其他生活资料的所有权；财产权作为一种能带来财富增殖和福利的权利开始受到重视，但仍未完全摆脱一些长期积淀的思想的束缚。

2. 改革开放后财产权法律制度的重塑

改革开放以后，随着我们形成社会主义初级阶段多种所有制结构和逐步向社会主义市场经济体制的转型，财产权立法的指导思想和财产权保护条款发生了很大变化。值得一提的是两大事件。

一是"私产入宪"。1982年《宪法》确立了我国财产权法律制度的基础框架，在保持对公有财产权实行特殊保障的基础上，构建了多种财产权并存的制度；1988年宪法修正案扩大了私有财产的来源和获取方式；1993年宪法修正案确立了市场经济体制，由此增强了私产的主体性；2004年宪法修正案确立"私有财产不可侵犯""国家尊重和保障人权"，财产权与人权实现了制度上的同构；2018年宪法修正案在"总纲"部分继续保持了法治、人权、私有财产保护、征收补偿等基本原则。

二是2007年颁布《物权法》。《物权法》作为一种调整财产归属和利用关系的基本法律，其基本规则是民事主体在法律地位上一律平等。物权平等保护原则是指各类民事主体享有的所有权和他物权平等地受法律保护。《物权法》规定：国家实行社会主义市场经济，保障一切市场主体的平等法律地位和发展权利；国家、集体、私人的物权和其他权利人的物权受法律保护，任何单位和个人不得侵犯。《物权法》对公民私有财产的范围作了明确的界定。在我国现行民法立法体系中，已有《民法通则》《民事特别法》《财产管理法》等法律法规，但还没有形成一个完善的体系，主要是缺乏物权的最基本的规则和基本制度。因此，物权法的制定具有重要意义。物权法中规定的所有权制度、用益物权制度和担保物权制度，是实行社会主义市场经济体制的基本制度。①

我国财产权法律制度的建立，我们从马克思主义政治经济学关于经济基础与上层建筑的关系看，要关注的是：其一，与西方国家一般将财产权放在宪法的"公民的基本权利和义务"部分不同，我国从 1954 年宪法起，财产权条款就一直放在"总纲"部分。我国宪法的"总纲"主要是用来规定国家的基本政治制度、基本经济制度、基本文化制度。②将财产权放入总纲部分，在立法思想上是把财产权看作经济制度的一部分，这与马克思认为财产权就是整个生产关系在法律上的最好体现是一致的。生产力决定生产关系，经济基础决定上层建筑，这是马克思主义政治经济学的基本命题。生产资料所有制、财产权、分配制度共同构成一个逻辑整体，它是经济制度的核心内容，也是规定上层建筑的基础，在规定社会基本制度的宪法"总纲"中出现体现了政治经济学的这个逻辑关系。其二，1982 年宪法以前，我国宪法中对私人财产一般不用"财产"这一表述，而是用生产资料、生活资料。生产资料和是马克思对财产的最基本的分类，而且马克思是把财产作为生产关系来分析的，认为财产关系的基础是生产资料所有制，它反映的是生产过程中人与人之间的关系，因此在马克思那里，有意义的是生产资料所有制，即人们把"生产条件看成是他自己的"，而财产关系通过法律形式把这种关系固定下来。所有制，无论是公有制还是私有制都是针对生产资料而言。在我国 1975 年宪法、1978 年宪法、1982 年宪法中都规定实行单一的社会主义公有制，即不允许个人拥有生产资料，因而保护公民的私产就只意味着保护其生活资料。1988 年宪法修正案以后，多种所有制结构和多种所有制经济共同发展得到宪法的确认，允许私有经济和私人合法财产的存在，公民的私产也就自然分为生产资料和生活资料两大类，生产资料和生活资料在宪法层面受到"双重保护"。

---

① 梁慧星：《梁慧星教授今日成都说物权》，新华网，http://www.sc.xinhuanet.com/content/2006-04/23/content_6840831.htm，2006 年 4 月 23 日。

② 例如，"社会主义制度是中华人民共和国的根本制度。""中国共产党领导是中国特色社会主义最本质的特征。禁止任何组织或者个人破坏社会主义制度。""国家在社会主义初级阶段，坚持公有制为主体、多种所有制经济共同发展的基本经济制度。""社会主义的公共财产神圣不可侵犯。""公民的合法的私有财产不受侵犯"，"国家发展社会主义的教育事业，提高全国人民的科学文化水平。"这些条款都是放在"总纲"部分的。

三 关于构建保护公民私人财产权法律制度的理论讨论

关于公民私人财产权的法律制度的构建。首先涉及宪法如何保护财产权,国内学者对此有较多研究。"宪法保护私有财产,不仅要实现公民自由权利,也要捍卫社会的平等和正义价值。财产权制度要关注社会的自由、平等与正义价值,这是法律在作为制度之外,其作为规范的有效性和正当性的内在要求。"①"'宪法财产权'是指公民取得民事财产权的不可转让、不可剥夺的资格,与主体的人身不可分离"。"在谈及宪法财产权时,更深的意思是通过划定公权和私权的界限,确认主体普遍享有的财产资格,严格限定政府或者说公共权力侵蚀私有财产的恣意任为,建立健全以宪法为依托的系统的财产法律制度"。②"财产权是一个由民法和宪法共用的内容宽泛的权利概念,但宪法上的财产权主要指的是公民(或私主体)针对国家而享有的权利,为此具有某种'防御权'的性质。然而,这并不意味着财产权是绝对不可侵犯的。只是来自国家的侵犯必须是一种合理的侵犯,这也使财产权作为针对国家而享有的权利的性质更为突显。在这种'针对国家'的结构中,财产权处于'防御国家的不当侵犯'与'国家可予正当侵犯'的二律背反之中,而对这一现代性矛盾的消解,则有赖于宪法所预备的征用补偿条款。"③

关于制度构建和创新的意义。学界认为公民私人财产权是公民社会发展和法治社会的基础,也是市场经济有效运行的前提。关于在宪法中确立保护公民财产权利的基本原则问题,王利民提出,宪法作为保障公民基本权利的根本大法,理所当然地要对公民的基本权利和自由,包括公民的所有财产权作出原则性的规定;在宪法中增加规定对私有财产的征收、征用制度,有利于正确处理私有财产保护和公共利益需要的关系。④ 范亚峰提出,宪法保护私有财产,不仅要实现公民自由权利,也要捍卫社会的平等和正义价值;财产权制度要关注社会的自由、平等与正义价值。⑤ 屈茂辉

---

① 范亚峰:《财产权保护的正义之维》,《经济学消息报》(第546期)2003年10月8日。
② 饶志平:《完善宪法财产权——基于我国公民宪法财产权问题的分析》,《黑龙江省政法管理干部学院学报》2003年第2期。
③ 林来梵:《论私人财产权的宪法保障》,《法学》1999年第3期。
④ 王利明:《关于中国物权法的基本原则、主要内容(下)》,《中国法律》2001年第8期。
⑤ 范亚峰:《财产权入宪的意义》,《求是》2004年第8期。

认为，完善我国私人财产法律制度可以促进人权保障、发挥市场主体的最大能动性，有利于社会主义市场经济秩序的建立，是将鼓励、支持和引导非公有制经济发展的政策法律化。其基础应当是重塑人们应有的适应市场经济体制的所有权平等观念、自由观念和安全观念，构建科学的私人财产权法律制度，最为突出的是要进行宪法、民法、产业政策法和税法的变革。①

关于如何构建公民财产权利的法律保护制度。许多学者提出，要构建私法财产权和公法财产权，来保障个人拥有和使用私有财产的经济过程不受国家政治权力的任意侵害。②姚德利认为，"制度首先为人们获得财产提供获得财产的生产条件，进而通过良好的制度充分保障人们财产权利的实现，并通过对人们行为的正外部性的激励和负外部性的限制，实现对人们的财产权利行为的调节"③；毛寿龙认为"财产权不仅需要明确界定和充分的保护，而且还需要有一个竞争性的结构，来替代垄断性的产权结构，让所有的人都能够获得自由：充分自由竞争是进一步富裕的基本条件"④。

关于物权法的意义。物权法在财产权法律制度中具有基石地位。经过多年立法讨论和研究，我国《物权法》在2007年获得通过，同年10月1日起实施。关于物权法的意义，国内学者认为，按照大陆法系民法理论，规范财产关系的法律为财产法。财产法分为物权法和债权法两大部分，物权法是规范财产归属关系的法律，债权法是规范财产流转关系的法律。在我国现行民法立法体系中，已有《民法通则》《民事特别法》《财产管理法》等法律法规，但还没有形成一个完善的体系，主要是缺乏物权的最基本的规则和基本制度。因此，物权法的制定具有重要意义。⑤周林彬认为，作为我国民事立法核心内容之一的物权立法，虽然因我国既存的公有制经济体制的障碍而导致物权立法成本较高，但是以私法为基本特征的物权法，因该法与市场主体较强的亲和力，使物权法的实施成本低于一系列国有资产管理法规的实施成本；加之物权法采取人大立法的基本法形式，所

---

① 屈茂辉：《论完善我国私人财产法律制度》，《湖南社会科学》2003年第1期。
② 田宝会、刘静仑：《私有财产权与法律改革：1978—2003中国法律改革史考察》，《河北法学》2006年第8期。
③ 姚德利：《论我国制度对财产权利的保护》，《皖西学院学报》2009年第4期。
④ 毛寿龙：《财产权的悖论》，《商务周刊》2003年第1期。
⑤ 梁慧星：《制定中国物权法的若干问题》，《法学研究》2000年第4期。

以物权法稳定性强，能创造更大的效益。可见制定统一物权法是一种有效率的法律资源配置。他认为，我国物权立法应当坚持以所有权为核心的大陆法系物权法为基本构架，以个人与社会相结合的所有权观念为核心，注重用益物权和担保物权的种类和内容，使归属与利用并重，从而适应现代物权法发展趋势。① 梁慧星认为，物权法中规定的所有权制度、用益物权制度和担保物权制度，是实行社会主义市场经济体制的基本制度。因此可以说，物权法的制定和实施，对于激发全社会的创造活力，全面建设小康社会，构建社会主义和谐社会，具有重大的现实意义和深远的历史意义。②

四 完善财产权法律保护制度的几个问题：政治经济学的视角

1. 社会主义市场经济为什么可以容纳私人财产权

这里讲的私人财产权包括私人拥有的不动产和金融资产，以及作为资本投资于企业的私人（自然人）股权。

所有权是所有制的法律形态。对所有制来说，有决定意义的是实际占有。马克思认为"只是由于社会赋予实际占有以法律的规定，实际占有才具有合法占有的性质，才具有私有财产的性质"③。

从人类的基本历史进程来看，由原始社会逐步过渡到社会主义社会的历程中包括两种基本的所有制类型：私有制和公有制。而就财产权的类型来说有两种基本的分类：私有财产权和公有财产权。两相对照，人们就自然地通过先验的方式以财产权作为逻辑的起点去寻找所有制这个逻辑终点。因此，认为私有财产权就是私有制而公有制就应该实行公有财产制。这一逻辑造成私有制社会极力实行私有化并努力限制公有财产，社会主义社会实行高度的公有化而视私有财产为洪水猛兽。这样财产权和所有制之间形成了高度的黏合。随着人类社会生产生活实践的丰富与发展，我们发现财产权和所有制的"质"是可以互相分离和独立的。在马克思关于财产

---

① 周林彬、刘俊臣：《我国物权法立法若干问题新探》，《四川大学学报》（哲学社会科学版）2001年第4期。
② 梁慧星：《梁慧星教授今日成都说物权》，新华网，http://www.sc.xinhuanet.com/content/2006-04/23/content_6840831.htm，2006年4月23日。
③ 《马克思恩格斯全集》（第1卷），人民出版社1956年版。

权和所有制的思想中清晰地表达了这二者之间的关系。①

马克思把所有制作为社会形态划分的主要依据，而把私有财产权作为商品经济存在的基本要素之一。在社会功能上，所有制决定经济基础的性质及演变，并由经济基础支配着上层建筑和社会的基本性质及社会形态更迭规律。因而，在国家产生后所有制构成了政治国家的制度基础，并以此划定政治国家行为选择的自由界限。财产权则在实现不同目的的过程中成为对有限财富定分止争或有效利用的手段。同时由于其追求目的的差异而分裂为以政治国家为目的的公有财产和以私益为目的的私有财产。

我国对私有财产权的思想认识是随着对社会主义本质和社会主义初级阶段认识的深入而演进的。我国私有财产权思想演进的轨迹，始终强调国家的强力作用，其发展的轨迹大致是：从最初"否定"一切私有财产权，到逐渐"承认"生活资料私有财产权，直至承认各种市场要素可进入私有财产权。我国私有财产权演进的实质是：逐步扩张私有财产权的量，并在保持财产的"人与人"的关系的本质不变和作为经济基础的公有制不变的前提下，逐步回复财产的"人对物"的效用关系和私有财产权是"私权"的"质"。同时将公有财产权和私有财产权的并存作为现阶段社会主义基本经济制度的构成要素。

马克思对资本主义私有财产的态度是建立在社会生产力发展的客观基础上的。马克思所说的私有财产都是从生产资料的意义上讲的，并且主要是针对资本主义社会的私有财产；马克思是通过对资本主义"异化劳动"的分析来揭示私有财产的来源和本质，并从而提出"共产主义是私有财产即人的自我异化的积极扬弃"；马克思认为，废除私有制只有在废除私有制所必需的大量物质条件创造出来之后才能进行，因为"无论哪一个社会形态，在它所能容纳的全部生产力发挥出来以前，是决不会灭亡的；而新的更高的生产关系，在它的物质存在条件在旧社会的胎胞里成熟以前，是决不会出现的"；② 马克思批评了那种不顾私有财产的历史发展性和历史进步性，简单消灭私有财产的思想，他称之为"粗陋的共产主义"；财产权利是把"双刃剑"，它在保障个人自由、促进经济效率的同时，也是人与

---

① 刘灿等：《完善社会主义市场经济体制与公民财产权利研究》，经济科学出版社2014年版。

② 《马克思恩格斯选集》（第2卷），人民出版社2012年版，第3页。

人之间经济不平等的根源。马克思对资本主义积累和私有财产制度带来的严重的社会两极分化进行了深刻批判，100多年后不少学者再次证实财产权利分布的不均是个人收入不平等的主要来源。①

马克思认为人的自由而全面的发展才是人类社会的理想状态，它应该存在于未来的共产主义社会，只有超越了资产阶级的财产权利观念、超越资本主义制度，才能真正实现人的全面发展。在市场经济中财产权是一种自由选择权。财产权可以激发人们累积财富的积极性，可以促进人的全面发展的欲望，在提升社会生产力的效率的同时为人的全面发展提供先进的物质设施和良好环境。从这个意义上来说，保护公民私人财产是同实现人的全面自由发展的终极目标相一致的。马克思在深刻揭示资本主义私有制和私有财产的本质及其历史归宿的基础上，阐释了自己的关于未来社会私有财产思想，即"重新建立劳动者个人所有制"，这一思想贯穿其中的是马克思关于人的自由与全面发展的思想维度和实现实质公平正义的价值维度，马克思关于未来社会私有财产的思想对我们与构建社会主义市场经济体制相适应的财产权制度，把私人财产权纳入我国现阶段社会主义基本制度之中有着重大意义；同时也体现了中国特色社会主义以人为本理念的意识重构、市场化改革的路径选择和推进法治化进程的理论逻辑和实践逻辑。

社会主义初级阶段基本经济制度可以容纳私人财产权，但是我们需要研究和在实践中处理好这样一些问题，例如：怎样处理私有财产权的"私权"本性的回复与保持社会秩序及其伦理的稳定？如何实现财产权与所有制从理念和实践的"黏合"中脱离？如何保障在我国社会主义市场经济既有私有财产权的地位与作用，又不会使社会主义公有制的经济基础受到伤害？如何确保私有财产权得到发展的同时，又能实现社会公平正义？这些都是中国特色社会主义政治经济学的重大课题，需要我们以马克思主义政治经济学的基本命题和基本研究方法，结合中国新时代全面改革开放和完善社会主义市场经济体制的伟大实践来探索和回答这些问题。

2. 如何构建平等保护各类财产权利的法律体系

马克思从所有权在经济上利用和实现的意义上论述了所有与占有、使

---

① 皮凯蒂基于自18世纪工业革命至今的财富分配的数据分析，认为不加制约的资本主义导致了财富不平等的加剧，自由市场经济并不能完全解决财富分配不平等的问题。参见［法］托马斯·皮凯蒂《21世纪资本论》，巴曙松等译，中信出版社2014年版。

用、支配权的统一和分离。马克思并没有把所有权等同于全部财产权利，除了所有权，马克思还研究了占有权、使用权、支配权等一系列权利，从而构成他对所有制结构的动态分析。所有权与占有、使用、支配权的统一或分离，并不改变所有权的基本性质，但它会影响所有权的实现方式和所得利益的分配。

在任何社会任何时代，财产法的目的在于社会资源的最优配置及充分利用。财产法的一个主要功能便是创造、保护以及促进资源有效配置的交易结构。"利用"是财产价值实现的唯一途径，从现实意义来看，所有权的归属意义也不单纯为归属本身，而在于对物的使用。传统大陆法系以所有权为中心的制度的局限是它追求所有权的完整性和缺乏"弹性"而阻止了财产的自由让渡，使利用人无法摆脱所有权人的控制。英美法系没有他物权制度，所有权概念具有与"物权"相类似的含义，这样它就已经确立了占有人之间的权利平等。

当代市场经济运行的复杂性使财产利用不再局限于资源的自然使用价值的释放，而是靠各种生产要素组织起来的一个创造性过程，非所有人利用财产已成为常态。西方国家财产权制度价值目标由"归属"到"利用"的改变正是适应了这一趋势。

所有权人可以把所有权的部分甚至全部权能分离出去由他人行使并在这些权能的基础上形成具体的财产权利（他物权），这种分离正是所有权实现的方式。这种认识在当代已成为实行所有权—他物权制度国家（包括我国）的共识。但这种权能分离还存在理论上的误区，例如，认为他物权与所有权是不平等的，所有权优于他物权；他物权是由所有权人设定的，他物权依附于所有权。大陆法系的三个误区导致了物、财产和财产权运用上的混乱（实际上马克思已经清楚地区分了这三对概念），从而忽略了财产权实际上表现为一系列独立、完整的和平行的具体财产权利。从法理来看，权利是由法律赋予的并由法律强制力给予保护（首先是排他性），权利在各自领域内是平等的。他物权的取得是依据合法的法律关系，并通过实际占有而最后由法律确认的结果，从这个意义上讲与原所有权并不存在依附关系。①

所有制的实现不仅局限于所有制性质的确定，更在于既定所有制条件

---

① 梅夏英：《财产权构造的基础分析》，法律出版社2002年版。

下如何安排使用财产权,从事社会财富的生产。而生产效率的要求又迫使财产权主体对不同的财产权通过价值判断进行选择,并将符合所有制实现的财产权以法律形式加以确认。

我国现行产权保护制度的相关法律和意见明确提出了"平等保护作为规范财产关系的基本原则";"依法有效保护各种所有制经济组织和公民财产权";"落实承包地、宅基地、集体经营性建设用地的用益物权,赋予农民更多财产权利,增加农民财产收益";等等。目前存在的问题是还没有构建起完善的他物权(用益物权,包括承包经营权、建设用地使用权、宅基地使用权、地役权)法律保护制度,相对于所有权,他物权处于弱势地位,这就难以对抗所有权和公共权力的侵害,他物权人也难以建立稳定的经济预期。特别是农村居民的土地财产权利(性质和范围)还没有一个明确的法律确认。从所有权与使用权(他物权)的关系看,目前农村土地产权关系有这样几种:一是"三权分置"下农地集体所有权与农户承包权的关系,以及农户承包权与经营权(农户或非农户的)的关系。二是农村集体经营性资产的产权关系,农户通过集体资产股份量化改革而获得的股权,其产权权能主要表现为集体收益分配权而交易权和处分权却缺乏或得不到保证。从法理上讲,通过确权后目前农户手中这种产权是所有权还是使用权(他物权),它们与农村集体所有制是什么关系?三是集体非经营性建设用地的产权关系,这里主要涉及的是农户的宅基地使用权。宅基地使用权是农村集体所有资产的重要构成部分,目前的问题是,由于强调所有权使农户的宅基地使用权的产权权能受限,农民更多的是拥有所有权约束下的使用权,处分权如何行使还缺乏明确的法律解释,致使收益权行使的范围及程度也受到了极大限制。从农村土地所有权与使用权的契约关系看,以上提到的三种产权关系都涉及产权获得者的集体成员资格问题,这种基于成员身份的产权契约应如何解释?它如何受到与所有权一视同仁的法律保护?

马克思认为,财产反映的不是人与物的关系,而是人与人之间的关系,因为世界上不存在一个孤零零的财产,财产必然是你的财产或是我的财产。他说:"私有财产的真正基础,即占有,是一个事实,是不可解释的事实,而不是权利。只是由于社会赋予实际占有以法律的规定,实际占有才具有合法占有的性质,才具有私有财产的性质。"[1] 马克思曾说过给资

---

[1] 《马克思恩格斯全集》(第1卷),人民出版社1956年版,第382页。

产阶级的所有权下定义不外是把资产阶级生产的全部关系描述一番，可见，财产权就是整个生产关系在法律上的最好体现。马克思从所有权在经济上利用和实现的意义上论述了所有与占有、使用、支配权的统一和分离。马克思并没有把所有权等同于全部财产权利，除了所有权，马克思还研究了占有权、使用权、支配权等一系列权利，从而构成他对所有制结构的动态分析。所有权与占有、使用、支配权的统一或分离，并不改变所有权的基本性质，但它会影响所有权的实现方式和所得利益的分配。只有基于马克思关于所有权和生产关系的分析才能科学地解释在现行制度下农民土地财产权的各种权利形式之间存在的复杂关系，以便建立起能平等保护各类产权的财产权法律制度，从而释放出市场经济中最大的产权激励。

3. 私人财产权法律保护与规范公权

限制私权是 20 世纪以来各国财产权立法实践的趋势。随着国家对经济宏观调控能力的增强，公法不断入侵传统的私法领域，几个世纪以来法律确认的不受公法干预的私人权利无一例外地受到公法上的限制，尤以财产权最为显著。在法国，一些主要的财产通过国有化途径被排除在私人所有权的标的范围以外；在德国，公法对私有财产的限制和剥夺表现为对不动产所有权的限制和对土地所有权的剥夺（征收征用）。英美国家的财产法也面临同样的困境，即国家为了公共利益要通过公法或公权对私人所有的土地进行征收，强化政府的城市规划权等。

我们要承认，在财产权行使中公权与私权是一对矛盾。财产权在民法中一直被视为私权，从某种意义上讲，私有财产权成为个人权利与政治权利之间的界限，传统财产权体系基本上是私法上的权利体系，因此，国家限制私权被作为一种异质性因素，是对私人权利的一种破坏。又如，现在许多国家直接由国家赋予的财产权在无形中被排除在传统的财产权体系之外，如企业的排污权，特许经营权，就实质意义而言，这两种权利都是市场主体享有的具有排他性的财产权，它们无法纳入私权体系范围，主要原因就在于它们是国家直接赋予的权利，具有公众性。近代私法体系以私人权利为主线营造了个人的自由领域，从而与国家权力相对抗，其中，财产权是个人主义的基础。财产权利划定了个人自由与政府合法范围的界限，也是市场经济中政府、市场、个人之间作用范围的界限。但是要看到，个人权利永远是以国家（政府）权力为基础的，不受国家保护而享有的绝对自由的财产权只是一种"空想"。在市场经济中，市场机制对私人自治范围的扩大并不能代表私人能独立于国家权力。就市场经济的客观要求而言，私人被赋予较大的自由，即私法自治原则。但是，市场机制对私人自治范围的扩大并不能代表私人可以独立于国家权力，私人的自由和私权确认"度"只是国家适应市场经济活动而采取的干预或不干预态度，国家之手总是在无形中引导和控制着经济的运行。私法原则并不是自然规律，而是政治国家公共选择的结果。在财产权行使中，私有财产权既可能来自私权利主体的侵害，也可能来自公权力主体的侵害，而对私有财产权威胁最大、危害最严重的是公权力主体滥用权力的行为。面对政府滥用公权力侵夺公民的私有财产行为，私权则显得力不从心。因此，保护私有财产权，既要重视私法的作用，更要突出公法的作用。有专家认为，重构一个完整的财产权体系要解决公权和私权划分的历史性和局限性，使财产权能超越纯形式的分类而在共同的性质和特点上统一起来。

我国长期以来，在财产权的法律保护体系中私权地位相对弱势。我国向市场经济转型的过程中行政权力对市场的干预仍大量存在，计划经济时代"权大于法"的观念仍然盛行，公权不规范，私权受侵害是财产权领域的主要矛盾。完善产权保护制度应在相关法律条款中进一步界定公法关系和私法关系以及它们之间的关系，界定它们各自的范围。法的背后是生产关系，财产权反映的是国家（政府）与私人市场主体之间的权利义务关系。在社会主义市场经济中，财产关系要由市场经济中政府与市场的定位与作用来说明，这种财产关系要能够使市场发挥配置资源的基础作用和更好地发挥政府的作用。市场决定资源配置是市场经济的一般规律，市场与政府两种机制的交织和互补作用，是现代市场经济运行的常态。但是，在社会主义市场经济中政府与市场的关系以及各自作用的边界，有着其制度和体制的特征，我们正确认识保障私权和限制公权的问题，离不开这种制度和体制特征，正如马克思说的："权利决不能超出社会的经济结构以及由经济结构制约的社会的文化发展。"[①]

---

① ［德］马克思：《哥达纲领批判》，人民出版社2018年版，第16页。

马克思关于收入分配的公平正义思想与中国特色社会主义实践探索

刘 灿[*]

摘 要：公平正义是马克思按劳分配思想的价值取向和基本原则。马克思认为公平分配原则和方式是客观的，而不是主观的、抽象的，分配公平与否取决于它是否与一定历史阶段由生产力水平决定的生产方式及生产关系相适应。在中国特色社会主义收入分配制度的构建上，我们要选择的是这种制度与现阶段生产力发展、增进经济效率的内洽性。公平正义的权利结构和分配结构是我国收入分配制度改革的目标，也是构建社会主义和谐社会的基础。在此基础上，要建立起一种新的利益均衡机制，建立起一种为社会大多数成员所接受的权利分布及收入分配状态，以体现社会主义共同富裕的基本方向。实现共享经济发展，对于抑制和缩小差距具有重要的意义。我们的道路选择应该是以包容性经济增长和共享式发展来解决收入分配领域中的矛盾，来解决社会公平正义问题。

关键词：收入分配理论；公平正义；中国特色社会主义；收入分配制度

收入分配是一个社会基本经济制度和所有制结构的重要内容或表现形式，收入分配制度和分配结构直接决定一个社会的基本利益关系及社会成员之间的利益关系，马克思把它们称为生产关系。我国的社会主义初级阶

---

[*] 本文选自刘灿《马克思关于收入分配的公平正义思想与中国特色社会主义实践探索》，《当代经济研究》2018年第2期。本文为马工程重大项目、国家社科基金重大项目"中国特色社会主义政治经济学研究"（2015MZD006）子项目"中国特色社会主义收入分配制度研究"阶段性成果。

段实行的是以按劳分配为主、多种收入分配方式并存的收入分配制度,其内涵是按劳分配和按生产要素贡献分配结合,其价值取向是实现公平和效率的统一。这一分配制度是同我国公有制为主体、多种所有制并存的所有制结构相适应的,体现了社会主义初级阶段生产关系的特征和要求,也体现了发展社会主义市场经济和构建社会主义和谐社会的客观要求。本文立足于构建中国特色社会主义政治经济学理论体系,从经济思想史上梳理马克思的收入分配理论和西方学者的相关思想,研究中国特色社会主义收入分配理论创新与实践探索,提出一个与市场经济相适应的、中国特色社会主义收入分配制度的核心概念和价值取向。

一 收入分配与公平正义:学术思想溯源

1. 马克思的按劳分配与公平正义思想

在19世纪中后期,马克思在深刻剖析资本主义生产关系和分配关系的同时,全面考察了前人的理论成果,批判了空想社会主义者关于未来社会分配问题的错误观点,吸收了其中的合理成分,创立了科学的按劳分配理论。在马克思设想的未来社会里,个人消费品的分配原则是按劳分配。马克思指出:"我们这里所说的是这样的共产主义社会,它不是在它自身基础上已经发展了的,恰好相反,是刚刚从资本主义社会中产生出来的,因此它在各方面,在经济、道德和精神方面都还带着它脱胎出来的那个旧社会的痕迹。"① 马克思在这里强调了共产主义的第一个阶段还带着"旧社会的痕迹",保留了旧式分工,生产力水平还不够高,物质财富还未充分涌流,劳动仍是谋生的手段,个人还不可能得到自由全面的发展,因此,为充分发挥劳动者的积极性,促进生产力的发展,还须实行按劳分配原则,而不能实行共产主义高级阶段的按需分配。

马克思认为:"所谓的分配关系,是同生产过程的历史规定的特殊社会形态,以及在人们生活的再生产过程中互相所处的关系相适应的,并且是由这些形式和关系产生的。这种分配关系的历史性质,就是生产关系的历史性质,分配关系不过表示生产关系的一个方面。"②

公平正义是马克思按劳分配的价值取向和基本原则,但马克思认为公

---

① 《马克思恩格斯选集》(第3卷),人民出版社2012年版,第363页。
② [德] 马克思:《解诠》(第3卷),人民出版社2004年版,第999—1000页。

平分配原则和方式是客观的，而不是主观的、抽象的。分配公平与否取决于它是否与一定历史阶段由生产力水平决定的生产方式及生产关系相适应。马克思指出，所谓的分配关系，是同生产过程的历史规定的特殊社会形式，以及人们在他们生活的再生产过程中互相所处的关系相适应的，并且是由这些形式和关系产生的，分配关系不过表示生产关系的一个方面。

马克思认为分配公平原则是客观的，是由生产力的发展水平决定的。马克思的分配公平包含着禀赋公平（起点公平）、规则公平、结果公平这三个有机联系、辩证统一的方面。从禀赋公平来看，要求社会成员起点上拥有相同的天然禀赋，马克思将此看作公平分配的前提和出发点。马克思指出，只有在个人全面自由发展的共产主义社会，彻底废除生产资料私有制并全面实现公有制才是最终解决公平分配问题的根本性措施，只有使每个社会成员都得到全面自由发展的共产主义社会才能从根本上保证公平原则的实现和公平问题的解决。从规则公平来看，要求社会成员遵循统一的分配原则。在生产力还不是十分发达、财富还没有充分涌流的共产主义第一阶段，个人消费品实行按劳分配原则。而当生产力高度发达、财富充分涌流、劳动成为人们自我发展的第一需要以后，个人消费品的分配将在全社会公有制基础上实行公平的按需分配方式。从结果公平来看，结果公平不是公平分配范畴的全部内容，它只是起点公平与规则公平的产物，如果起点公平与规则公平都能很好地得到贯彻，那么结果公平也就能够自然实现。

2. 西方学者关于公平正义的思想

人们对公平问题的探讨，可以追溯到很早以前。从古希腊的卡克利斯、柏拉图和亚里士多德，到中世纪的西欧思想家，及至资产阶级革命时期的伏尔泰、孟德斯鸠、卢梭等人及其以后的马克思、恩格斯等人，都对公平问题作了许多阐述，形成了丰富的有关公平的思想。

古希腊的柏拉图将公平等同于正义；亚里士多德认为遵守法律就是公正，违法则是不公正；伊壁鸠鲁则重视由约定而产生的公平与正义。在中世纪，西欧的基督教教义提出了在上帝面前人人平等的思想，并且为了达到平等就必须按上帝的意志接受考验，救赎自己的灵魂。在17—18世纪欧洲的资产阶级革命时期，资产阶级思想家格劳秀斯认为，基于人类共有的理性，人们所拥有的符合人性要求的自然权利是公正的、公平的；霍布斯认为，人类在自然法支配之下，人人都是平等的，遵守自然法就是实现正义、公平、公道；伏尔泰认为，人生而是平等的，一切享有各种天赋能力的人，都是平等的。他认为平等的真谛就在于自然法面前的平等，而不是在财产所有权和社会地位上的平等；孟德斯鸠认为，公平的法律不能牺牲公民的个性，在公平的社会中，人民的安全就是最高的法律；卢梭认为，公平很重要的内容就是平等，它不是绝对的、事实上的平等，而是能够缩小贫富差别，实现法律面前的平等。19世纪，不少资产阶级思想家提出与自然法思想相异的公平思想。边沁认为，公平的要求在于为社会谋福利。奥斯丁认为法律往往与公平、正义相分离。黑格尔则认为公平理性的东西是自在自为的法的东西。马克思和恩格斯则将公平理解为人们对社会事物进行价值评价时表现出来的观念，是现存经济关系的表现。

在现代经济学学科领域内，形成了功利主义公平观、古典自由主义公平观和罗尔斯主义公平观三大类思想[①]。（1）功利主义及其在经济伦理思想方面发展成为以庇古为代表的福利经济学，对国民收入极大化和收入均等化的重要命题作出了开创性的研究。庇古认为，社会经济福利在很大程度上受影响于：国民收入的大小；国民收入在社会成员间的分配。在他看来，国民收入总量越大，社会经济福利就越大；国民收入分配越均等化，社会经济福利就越大。[②] 因此，从某种意义上讲，福利经济学的公平观着眼于分配结果，具有很强的平均主义色彩。总之，功利主义分配公平观和福利经济学将"公平"引入经济分析，弥补了实证经济学回避"公平"问题的不足，使公平作为具有社会价值判断色彩的规范经济学范畴而区别于"纯经济学"范畴。但是，由于这种公平观是以唯心主义方法论、个人主观效用为基础，遭到了其他经济学理论流派的质疑。（2）古典自由主义者从起点入手，认为公平的实质就是法律面前的平等和机会公平，也就是说，只要能充分尊重市场经济中经济主体的自由，保证其基本权利不受侵犯，不管分配结果如何，都是公平的。哈耶克和弗里德曼都批评福利国家以促进收入公平而干预社会再分配。他们认为，市场分配是一个自发过程，它的后果是个人无法预见的，竞争性市场分配并非人们有意安排的结果。如果"分配公平的原则，一旦被采用，那么，只有当整个社会都据此

---

① 刘斌：《西方经济学中收入分配公平观述评》，《山西大学学报》（哲学社会科学版）2004年第4期。

② ［英］庇古：《福利经济学》，商务印书馆2002年版。

原则加以组织的时候,才会实现,这就会产生一种在各方面都与自由社会相反对的社会——在这个社会中,权力机构将决定个人所应当做的事情以及个人在这种事情应当采取的方式。"①,这样会破坏市场的资源配置和分配。因此,把法律上的平等对待原则运用到分配领域,是一种错误。弗里德曼还指出:"把平等——即所谓的结果均等——放在自由之上,其结果既得不到平等,也得不到自由。""另一方面,一个把自由放在首位的国家,最终作为可喜的副产品,将会得到更大的自由和更大的平等。"② 所以,超越自由主义者逻辑的机会公平原则去追求社会再分配领域的公平,不仅不能实现公平,而且威胁到自由制度本身。(3) 罗尔斯主义的公平思想同时重视了分配起点和分配结果,但首先强调的是结果公平,并重视社会最少受惠成员的公平。罗尔斯强调社会有责任通过教育、税收和其他途径来改变机会不平等,以排除自然和社会的偶然因素对公平分配的影响。其次,罗尔斯还批判"效率至上"原则,坚持"公平优先于效率"的观点。"如果社会基本结构是不公平的,这些原则将允许做一些可能降低状况较好者的预期的变更,因此,如果效率原则意味着只有改善所有人前景的改变才是允许的,那么民主原则就和效率原则不一致了。公平正义是优先于效率的,要求某些在这种意义上并非有效率的改变"③。

由此,我们可以看出,在不同的历史时期,不同的个人从不同的角度赋予了公平范畴不同的内涵,因此,公平范畴本身是"历史的"。正如马克思所指出,公平始终只是现存经济关系的观念化表现,是随着社会经济关系的发展变化而发展变化的。不同的时代,不同的阶级,不同的学派各有不同的公平观,抽象的、超时代的永恒公平是不存在的。公平的标准也随着历史的演进而不断更新,随着时代的变迁而不断补充新的内容,所以没有永恒的公平定则。恩格斯也说过,希腊人和罗马人的公平观认为奴隶制度是公平的;1789 年资产阶级的公平规则要求废除被宣布为不公平的封建制度。在普鲁士的容克看来,甚至可怜的专区法也是破坏永恒公平的。经济学意义上的公平,是指有关经济活动的制度、权利、机会和结果等方面的平

---

① [英] 弗里德利希·冯·哈耶克:《自由秩序原理》(上卷),邓正来译,生活·读书·新知三联书店 1997 年版,第 121—122 页。
② [美] 米尔顿·弗里德曼、罗斯·弗里德曼:《自由选择》,胡骑等译,商务印书馆 1998 年版,第 152 页。
③ [美] 罗尔斯:《正义论》,何怀宏等译,中国社会科学出版社 1988 年版,第 302—303 页。

等和合理。它是随着经济发展而变化的相对的客观的历史性的范畴,并反映出了人们对一定的社会历史条件下人与人之间利益关系的主观价值判断。

3. 西方马克思主义关于经济正义的思想

近年来,一些西方马克思主义者重新整理马克思的文献,梳理出了"正义"相关的论述,做出了新的解读,提出了"交易正义""产品分配正义""生产资料的分配正义""生产正义""权利正义"等正义原则。① 伍德提出了马克思经济学的"交易正义"理论,认为虽然马克思没有对正义作出完整而清晰的解释,但是其文献中对交易正义时有论述。② 如马克思在《资本论》第3卷中写道:"生产当事人之间的交易的正义性在于:这种交易是从生产关系中作为自然结果产生出来的。这种经济交易作为当事人的意志行为,作为他们的共同意志的表示,作为可以由国家强加给立约双方的契约,表现在法律形式上,这些法律形式作为单纯的形式,是不能决定这个内容本身的。这些形式只是表示这个内容。这个内容,只要与生产方式相适应,相一致,就是正义的;只要与生产方式相矛盾,就是非正义的。在资本主义生产方式的基础上,奴隶制是非正义的;在商品质量上弄虚作假也是非正义的"③。可见,伍德将马克思的正义理解为以所有权为基础,建立在强制性法律约束基础上的交易正义,而交易正义的合理性来源于交易与生产方式的一致性。哈塞米对伍德的交易正义加以质疑,认为马克思的经济正义原则是关于产品分配正义的。他认为马克思的正义原则具有阶级性,无产阶级可以利用这个正义标准去批判资本主义的生产和分配模式,而无产阶级的正义原则具体体现在《哥达纲领批判》中马克思提出的"按劳分配"和"按需分配"的分配原则中④。佩弗关于马克思经济正义原则的分析和哈塞米的论述具有相似性,支持产品分配的正义原则。他还继承了马克思在《哥达纲领批判》中提出的按劳动分配和按需分配的分配原则,并进一步细化了这些原则⑤。科恩基于自然权利观点,认

---

① 柳平生:《当代西方马克思主义对马克思经济正义原则的重构》,《经济学家》2007年第2期。
② Wood Allen W., "Marxian Critique of Justice", *Philosophy and Public Affairs*, 1972 (1).
③ [德] 马克思:《资本论》(第3卷上),人民出版社1975年版,第379页。
④ Husami Ziyadi, "Marx on Distributive Justice", *Philosophy and Public Affairs*, 1978 (8).
⑤ Peffer R. G. Marxism, *Morality and Social Justice*, Princeton, New Jersey: Princeton University Press, 1990.

为资本主义所有制和生产方式严重侵蚀了人们的自然权利,因此资本主义具有非正义性。要重构经济正义,就需要破除资本主义生产资料的资本家占有制,实现所有权的共有。① 尼尔森批判了伍德等的正义思想,将马克思的经济正义思想从分配领域扩展到了生产领域。他认为在资本主义私有制体制下,资本家占有生产资料,工人只能靠出卖劳动力为生,资本家却无偿占有了剩余价值,这说明在生产过程中存在剥削,这是非正义的。② 要建立社会主义的正义原则,其中的路径之一就是建立生产过程正义。生产方式决定分配方式,只有建立了生产过程正义,才能实现产品分配的正义。要建立生产过程正义,就需要将生产者和生产条件结合起来。罗默提出了拥有生产资料所有权的不平等是产生资本主义剥削和收入不平等的主要原因,因此实现生产资料的分配正义是实现马克思经济正义的关键③。

二 我国转型期收入分配领域的突出矛盾和问题

进入 21 世纪,我国发展战略推进到全面建成小康社会的决定性阶段,社会经济领域面临全面深化改革、完善社会主义市场经济体制、转变经济发展方式等一系列战略性任务。中共十八届三中全会《决定》指出,深化收入分配制度改革,优化收入分配结构,构建扩大消费需求的长效机制,是加快转变经济发展方式的迫切需要;深化收入分配制度改革,切实解决一些领域分配不公的问题,防止收入分配差距过大,规范收入分配秩序,是维护社会公平正义与和谐稳定的根本举措。

现阶段我国收入分配领域仍存在一些亟待解决的突出矛盾和问题,主要表现在:(1)居民收入差距基尼系数超过国际警戒线。我国 1980 年的基尼系数为 0.34,表明当时我国个人之间收入差距较小,此后 30 年这一数值不断攀升,近 10 年一直高于国际警戒线。2010—2015 年,全国居民收入基尼系数从 0.481 下降到 0.462,但以基尼系数的国际标准来衡量,我国收入差距已经非常明显。(2)财产占有在社会成员间的分布失衡。除关注收入基尼系数,还要关注财产分布差距。根据北京大学中国社会调查

---

① Cohen G. A., "Freedom, Justice, Capitalism", *New Left Review*, 1981.
② Nilelson Kai, "Marx on Justice: the Tucker - Wood Thesis Revisited", *The University of Toronto Law Journal*, 1988 (38).
③ Roemer John, *Free To Lose: An Introduction to Marxist Economic Philosophy*, Harvard University Press, 1988.

中心《2014 中国民生发展报告》,1995 年我国财产的基尼系数为 0.45,2002 年为 0.55,2012 年我国家庭净财产的基尼系数达到 0.73,顶端 1% 的家庭占有全国 1/3 以上的财产,底端 25% 的家庭拥有的财产总量仅在 1% 左右。① 财产权分布和财产权收入的多少与个人及家庭收入差距是密切相关的。当前城乡居民之间、不同阶层居民之间以及不同区域居民之间财产性收入差距持续扩大,而导致居民财产性收入差距扩大的原因,我们可以看到主要是居民拥有财产的形式和数量差异、区域经济发展不平衡、市场体系及市场制度不完善,以及居民个人禀赋差异等。从体制性因素看,农村居民土地财产权缺失,弱势群体获得财产的能力低,一部分人通过非正当性途径获得财产权利和财产性收入等,是导致我国转型期财产权利在社会成员间分布失衡的重要原因。(3) 初次分配领域资本与劳动的分配关系失衡。资本强权和劳资利益关系失衡是我国转型期初次分配领域的主要矛盾。改革开放以来,我国经济以年均 9.8% 的速度获得了长期快速增长,但劳动报酬所占比重不仅没有随着经济增长同步提高反而呈现不断下降的趋势。近 20 多年来,劳动、资本、技术等生产要素按贡献参与分配的体制机制还不健全、不完善,致使我国劳动报酬占国内生产总值的比重呈逐年下降趋势。《社会蓝皮书:2013 年中国社会形势分析与预测》显示,我国劳动者报酬占 GDP 比例从 1990 年的 53.4% 下降到 2011 年的 44.9%。② 初次分配领域资本与劳动的分配关系失衡主要表现为:第一,国民收入分配中劳动收入比重下降;第二,经济增长中劳动报酬增长缓慢。

近年来,一些西方马克思主义学者和左翼学者越来越重视收入不平等和财富差距问题。法国经济学家托马斯·皮凯蒂《21 世纪资本论》的问世,引起了各国学者对财富不平等问题的关注和讨论。一般说来,财富不平等的程度要大于收入不平等的程度③。近百年来,世界上主要发达国家居民之间财富或收入差距与经济增长的关系并没有像库茨涅茨倒"U"形

---

① 根据皮凯蒂针对中国的研究,2015 年中国的财产分配情况是:最富 10% 的人群占全部财产的比重为 67%,其人均财产为 190 万元。最富 1% 的人群占全部财产的比重为 30%,其人均财产为 835 万元。参见 Piketty, T., Yang, L. and Zucman, G., "Capital Accumulation, Private Property and Rising Inequality in China, 1978 – 2015", NBER Working Paper, 2017。

② 《社会蓝皮书:2013 年中国社会形势分析与预测》,社会科学文献出版社 2012 年版。

③ F. Martin., "Social Security and the Distribution of Wealth", *Journal of the American Statistical Association*, 356 (73), 1976: 800 – 807.

假说所预测的那样变化,而是出现了差距不断扩大的趋势①。2017年9月,美联储报告显示,美国最富有的1%的家庭控制着美国38.6%的财富,创2016年来新高,美国的财富分配越来越不平等②。当代资本主义国家一直在用国家干预和社会福利政策来调节贫富差距,减少社会矛盾。但是要看到,资本主义市场经济内在的贫富分化和社会利益结构失衡是由它的基础生产关系决定的,资本主义私有制限制了对财产和收入分配结构调节的力度及范围。当代资本主义国家为经济增长已付出巨大的代价(不平等和社会分裂),我国在发展社会主义市场经济和竭力推进实现共同富裕的过程中,要避免资本主义制度最有害的和破坏性的特征出现。

三 构建一个与市场经济相适应的中国特色社会主义收入分配制度

1. 以公平正义为核心价值构建收入分配和财产权制度

人类社会不存在普遍的正义,正义是历史的产物。一个公平正义的产权制度,其作用是要形成一个让社会绝大多数成员都感到满意,从而能激励他们的创造性劳动的制度环境,最终促进经济效率的提高。任何一个制度作为生产关系的法定表现是由生产力决定的,在收入分配和财产权构建上,我们要选择的是这种制度与现阶段生产力发展、增进经济效率的内洽性。在社会主义市场经济条件下,产权正义原则应体现为法律承认和保护财产获得的正当性和正当财产权利的排他性。

财产权制度承认和保护包括劳动在内的各种要素主体对经济的贡献以及获得财产,这是一种贡献与收益相对应的公平原则,在它是社会财富的第一次分配的意义上,又被称为"原始公正"。在不区分市场主体的个性特征而具有普遍适用性上来说,这种公平原则体现了一种形式理性和机会平等的公平,它却不能体现社会成员之间无个体差别的共享与占有。问题在于,在物质财富还没有极大丰富,劳动还是个人的谋生手段的社会主义市场经济中,不同的市场主体在个人禀赋、经营条件、机遇等方面的千差万别,注定了各市场主体之间发生实际经营结果上的差别(在分配上体现

---

① T. Piketty and E. Saez, "Inequality in the Long Run", *Science*, 6186 (344), 2014: 838 – 843.

② 《美国财富差距创新高 1%的家庭控制美国38.6%的财富》,中国新闻网,http://finance.sina.com.cn/roll/2017 – 09 – 28/doc – ifymkxmh7704641.shtml,2017年9月28日。

为个人财产和收入的差别),如果我们的产权制度不保护这种结果而强调全体成员共同占有和平等分享,事实上会造成一部分人占有他人劳动成果的情况,这又违背了产权正义的原则,同时还会损失效率。

社会主义市场经济中,产权正义原则应该充分体现为法律承认和保护私人财产获得的正当性及正当财产权利的排他性。自从出现私有财产制度以来,私产的正当性都是法律承认的核心。随着我国《物权法》的颁布和实施,关于《物权法》的核心精神与社会主义社会产权正义原则是否矛盾的争论继而兴起。在现阶段,社会主义社会产权正义的实现途径首先是形式正义,它要解决的是社会成员在获得和利用财产时权利能力的平等,这应该是财产权立法体现的基本精神。权利能力的平等是一种资格的平等,它意味着财产权主体在设定、移转和行使权利时,应当遵循共同的规则;意味着权利发生冲突或受到侵害的情况下,适用平等的规则来解决纠纷,并受到平等保护。

马克思认为,一个利益关系失衡的财产权结构会构成严重的"社会安全问题"①。社会公平正义是社会和谐的基本条件。公平正义的权利结构和分配结构是我国收入分配制度改革的目标,也是构建社会主义和谐社会的基础。这种分配制度,要能有效地促使和规范人们通过正当合法途径去获得财产和收入,要能平等保护各类产权主体,要能有效地约束产权主体和政府的行为;在此基础上建立起一种新的利益均衡机制,建立起一种为社会大多数成员所接受的权利分布及收入分配状态,以体现社会主义共同富裕和利益和谐的基本方向。

2. 建立资本与劳动的协调、共赢机制

建立资本与劳动的协调、共赢机制是当代资本主义国家缓和劳资矛盾,在资本主义私有制范围内对资本主义生产关系进行微观调整的重要举措。第二次世界大战后,由社会民主主义政治推动的集体谈判和福利国家的兴起,使工人在生产率进步的前提下分享企业剩余成为当代资本主义国家中普遍推行的实践。工人分享剩余的问题吸引了一些非马克思主义经济学者的注意,并在人力资本理论的基础上得到了一定程度的分析。例如,威廉姆森曾提出,雇员可因其专用性人力资本的投资而取得准租。青木昌彦则力图在一个合作博弈的框架里解释工人和股东如何分享组织租。近年

---

① 武建奇:《马克思的产权思想》,中国社会科学出版社2008年版,第160页。

来国内一些学者也关注了这一问题的研究。孟捷从价值创造的角度提出资本与劳动可能存在的正和关系。他认为，在传统剩余价值论的架构中，劳动与资本在价值创造中只存在零和关系；如果把劳动生产率与单位时间创造的价值量成正比的理论运用于分析以技术变革和劳动复杂程度提高为基础的价值形成过程，可以证实劳动与资本之间的正和关系得以实现的经济条件。①

社会主义基本经济制度和不断完善的社会主义市场经济体制为在初次分配领域解决资本与劳动的利益矛盾提供了基础条件和制度环境，其基本途径是建立资本与劳动的协调、共赢机制。如何在社会主义市场经济条件下构建新型的劳资关系也是我国近年来学界关注的热点。有学者提出，从市场化劳资关系调整的经验来看，建构以"劳、资、政"为代表的"三方机制"是达成目标的有效社会政策。我国的市场化经济体制虽然时间不长，但"三方机制"的架构已基本成形，其应有功能还待充分发挥。中国的劳动关系正由个别劳动关系调整向集体劳动关系调整转型。《劳动合同法》的颁布实施，标志着中国劳动关系的个别调整在法律建构上已经初步完成，同时也开启了劳动关系集体调整的新起点。②有学者认为，与资本主义经济制度下的"劳动—资本"剥削及其对抗关系不同，中国特色社会主义"劳动—资本"关系更多体现为劳资双方对经济利益的诉求关系；当下"劳动—资本"关系的问题及其实质是劳动—资本收入分配与利益关系的扭曲问题；这一问题的根源并不是由基本经济制度所致，而是与长期以来快速却失衡的工业化和城市化推动的经济增长方式有密切关系。必须从深化市场经济体制改革和转变经济发展方式出发，重建中国特色社会主义的劳动—资本共赢与和谐之劳资关系。③

笔者认为，建立资本与劳动的协调、共赢机制是社会主义市场经济中解决初次分配劳资矛盾的根本途径，这一机制的基础是社会主义初级阶段的生产关系。在市场经济条件下，初次分配关系是通过市场机制形成的，资本和劳动价格的高低决定了资本所有者和劳动及其他要素所有者的收入

---

① 孟捷：《劳动与资本在价值创造中的正和关系研究》，《经济研究》2011年第4期。
② 常凯：《劳动关系的集体化转型与政府劳工政策的完善》，《中国社会科学》2013年第6期。
③ 权衡、杨鹏飞：《劳动与资本的共赢逻辑》，上海人民出版社2008年版。

水平，并同时调节资源的配置过程，政府对市场机制的调节不做过多的干预。我国在构建社会主义市场经济体制的基本框架时，为保证体制的效率也提出了在初次分配领域效率优先、兼顾公平的原则。实践证明，初次分配完全由市场决定既不能实现市场经济的高效率也难以实现公平。初次分配的基本格局是由资本与劳动的利益关系即生产关系决定。生产决定分配，不同的所有制关系决定不同的分配制度，这是马克思主义政治经济学的一个基本原理。资本主义市场经济中生产资料的私人占有是收入分配的两极分化和贫富差距的根本原因，据此，马克思提出了生产资料由全社会成员共同占有的设想，并把生产资料的公有制作为促进社会生产力发展，实现社会成员共同富裕的基本条件。因此，协调资本与劳动的合理关系必须坚持社会主义初级阶段基本经济制度，充分发挥公有制的作用。

3. 增长与共享：以新的发展理念实现公平正义

在《1857—1858年经济学手稿》中，马克思按照人的个体发展的程度把人类社会分为依次递进的三种社会形态。其中最初的社会形态是指人的依赖关系，"在这种形态下，人的生产能力只是在狭窄的范围内和孤立的地点上发展着"[1]。这种形态相当于资本主义社会以前的诸社会形态，生产力不发达，盛行人身依附。以物的依赖性为基础的人的独立性，是第二种社会形态。在这种社会形态下，才形成普遍的社会物质变换、全面的关系，多方面的需求以及全面的能力体系。这种社会形态打破了等级制度和人身依附，在货币面前人人平等，人们有了更广阔的实现自我价值的选择空间和多方面的选择自由，较之第一种社会形态是一个伟大的历史进步，相当于马克思所讲的资本主义社会或通常意义上的市场经济。"建立在个人全面发展和他们共同的社会生产能力成为他们的社会财富这一基础上的自由个性，是第三阶段"，在这个阶段，人的个体得到了全面的、充分的发展，它相当于马克思所讲的社会主义和共产主义社会。马克思强调。"第二个阶段为第三个阶段准备条件。"[2] 马克思所讲的条件既包括物质条件，又包括精神条件。物质条件包括资本主义市场经济造就的强大的生产力，即经济本身的发展和物质的丰富。对于资本主义市场经济形成的巨大生产力，马克思、恩格斯在《共产党宣言》里给予了充分的肯定。他们写

---

[1] 《马克思恩格斯全集》第46卷上册，人民出版社1979年版，第104页。
[2] 《马克思恩格斯全集》第46卷上册，人民出版社1979年版，第104页。

道:"资产阶级在它的不到一百年的阶级统治中所创造的生产力,比过去一切世代创造的全部生产力还要多,还要大。自然力的征服,机器的采用,化学在工业和农业中的应用,轮船的行驶,铁路的通行,电报的使用,整个大陆的开垦,河川的通航,仿佛用法术从地下唤出来的大量人口——过去哪一个世纪料想到在社会劳动里蕴藏有这样的生产力呢?"[①] 与这样的生产力和生产方式相适应的精神方面的准备就是公平、平等、自由选择和竞争,是人的自我价值较之此前的社会得到了更充分的实现,才能得到更为淋漓尽致的发挥。在马克思的经济发展理论里,生产力的发展只是手段,人的全面、自由发展才是目的。

1998年诺贝尔经济学奖得主阿马蒂亚·森在其颇具影响的《以自由看待发展》一书中,同样批评了将发展等同于国民生产总值的增长,或个人收入的提高,或工业化与技术进步,或社会现代化等的观点,认为这些都是狭隘的发展观,最多属于工具性范畴,是为人的发展服务的。进入2000年,世界各国领导人在联合国千年首脑会议上商定了一套时限为15年的目标和价值指标,强调自由、平等、共济、宽容、尊重大自然和共同承担责任,最终是为了人的发展。

收入不平等与经济增长之间的关系,一直以来都是经济学家们关注的焦点。就收入不平等而言,存在两个层次,一是国家间人均收入的不平等,另一个是一国内部个人收入的不平等。前者尤其体现于经济增长理论之中,特别是新经济增长理论更是试图解释国家间的人均收入差异。关于一国内部个人收入不平等与经济增长的关系,库兹涅茨利用一些小样本数据,得出了描绘人均收入与收入分配不平等之间关系的库兹涅茨倒"U"形曲线。他发现在人均收入低的国家中,相对富裕的国家收入分配较为不平等;而在人均收入高的国家中,相对贫穷的国家收入分配较为不平等。这一结论说明了一个国家的收入分配状况可能会随着这个国家经济的增长阶段变化。库兹涅茨倒"U"形曲线假说此后便成为了经济学界争论的热点话题之一,虽然其结论受到了早期实证研究的支持,但随后对此质疑的学者越来越多。特别是20世纪90年代之后的经验研究表明,发达国家在20世纪70年代以前所经历的不平等下降趋势在最近30年间发生了逆转。[②]

[①] 《马克思恩格斯选集》第1卷,人民出版社2012年版,第405页。
[②] 沈尤佳:《收入分配差距问题研究新进展》,《经济学动态》2008年第1期。

人均收入及收入的分布极大地决定了一国居民的福利水平。经济增长与发展理论认为，一国人均收入的高低取决于该国的长期经济增长。同样，增长理论与各国发展的历史经验表明长期经济增长的关键是实现经济的转型，即实现从传统马尔萨斯陷阱向现代持续经济增长的转变。长期经济增长的进程必然经历经济成果的分配过程，该过程是收入分配理论研究的主要内容。不同的收入分配必然造成收入的不同分布，并进而影响一国的经济福利。收入不平等是衡量收入分布福利水平的重要指标。因此，经济转型、收入不平等及其二者的关系对于理解一国国民的福利的决定因素具有重要的意义。

　　改革开放以来，我国在保持经济高速增长的同时保持了社会稳定，但是在这一过程中收入差距扩大和社会财富分配不公问题却未能得到有效遏制，这将成为一个潜在危险的因素而影响我国在经济新常态下实现稳定、高质量增长和社会长期稳定。"在过去的几十年里，中国立足于本国国情，并从19世纪到20世纪的西方历史经验里吸取教训，试图在资本主义和共产主义之间找到一条融合二者优点的道路，并建立起适合自己的发展模式。……调和经济效率、社会公平和个体自由的矛盾，防止全球化以及贸易和金融开放所带来的利益被少数人独占，阻止我们的自然资源被彻底破坏等诸如此类的问题，无论我们身处何地，都需要共同面对。"①

　　我国转型期个人收入差距扩大的原因是复杂多样的，总的说来，一方面是来自深化改革，一方面来自发展过程。通过不断完善社会主义市场经济体制和深化改革，处理好市场经济中政府与市场的关系，可以在一定程度上抑制住差距扩大的趋势，而在今后相当长的时间内保持较高速度的经济增长，实现共享经济发展，对于抑制和缩小差距具有更加重要的意义。我们的道路选择应该是以包容性经济增长和共享式发展来解决收入分配领域中的矛盾，来解决社会公平正义问题。正如习近平总书记在党的十九大报告中指出："发展是解决我国一切问题的基础和关键，发展必须是科学发展，必须坚定不移贯彻创新、协调、绿色、开放、共享的发展理念。"②

　　经济增长的成果如何让人民共享，特别是让穷人受益，20世纪以来发

---

① 李实、岳希明：《21世纪资本论到底发现了什么》，中国财政经济出版社2016年版。
② 习近平：《决胜全面建成小康社会　夺取新时代中国特色社会主义伟大胜利——在中国共产党第十九次全国代表大会上的报告》，人民出版社2017年版。

展经济学根据一些发展中国家的增长经验概括出"包容性增长"和"益贫式增长"的模式。"包容性增长"这一概念最早由亚洲开发银行在2007年首次提出。它的原始意义在于"有效的包容性增长战略需集中于能创造出生产性就业岗位的高增长、能确保机遇平等的社会包容性以及能减少风险,并能给最弱势群体带来缓冲的社会安全网"。包容性增长最基本的含义是公平合理地分享经济增长,其中最重要的表现就是缩小收入分配差距,它涉及平等与公平的问题,最终目的是把经济发展成果最大限度地让普通民众来受益。与此相关的是"益贫式增长",它关注经济增长、不平等和贫困三者之间的关系。发展中国家的增长实践表明,单纯的经济增长并不能自动惠及穷人,穷人的生活水平有可能随着经济增长而下降,因此"涓滴效应"并没有出现。在这个背景下,人们重新审视经济增长、贫困和不平等之间的关系并达成共识:高速的经济增长和对穷人有利的收入分配相结合能够导致绝对贫困下降的最大化,达到所谓的"益贫式增长"。为实现"益贫式增长"模式,一国必须努力实现较高且可持续的经济增长率、增加贫困人口参与经济增长过程的机会、提高贫困人口参与经济增长的能力、使其成为经济增长的推动者,而非单纯依赖社会保障和救济的受助者。共享发展作为中国道路实践经验的概括和总结,它包含着包容性增长和益贫式增长的意义,彰显了以人民为中心的发展道路的鲜明特征。

我国转型期财产权结构及其矛盾的政治经济学分析

刘 灿[*]

摘 要：中国的市场化改革过程，是一场涉及社会成员之间利益结构调整和财产权利重新配置的深刻的社会变迁。改革30多年后，社会财产权结构发生了一系列新的变化，当前我国财产权结构矛盾的主要表现是社会成员间财产占有的差距过大，财产权利分配失衡。财产占有不均和利益冲突是转型期社会经济结构的内生性矛盾。资本主义财产权的核心实质是资本强权，分配不公、贫富差距和阶级分化源于财产权占有的不平等。马克思的产权正义思想体现了追求实质正义和平等的社会主义价值观，我们在构建与社会主义市场经济相适应的财产权制度时应该坚持这种价值取向，在财产权制度上体现经济自由、人的全面发展、社会和谐与利益均衡，并在法治条件下处理好政府与市场的关系。

关键词：转型期；财产权结构和矛盾；政治经济学分析

财产权本质上是一种由所有制关系决定的法权关系，财产权结构反映的是由一定生产关系所决定的利益关系。基于生产关系和财产关系的视角，本文对我国转型期财产权结构的矛盾进行了政治经济学分析，提出财产占有不均和利益冲突是转型期社会经济结构的内生性矛盾，矛盾的化解需要深化改革来完成。我们需要坚持马克思主义财产权思想的价值观，建立与一个社会主义市场经济相适应的财产权制度。

---

[*] 本文选自刘灿《我国转型期财产权结构及其矛盾的政治经济学分析》，《政治经济学评论》2015年第5期。

一 我国转型期财产权结构的特征

改革开放以来，我国居民从基本没有私人财产到拥有私人财产，经历了一个快速发展的过程，这一过程同时是国民财富向民间分散的过程。到20世纪90年代以后，我国居民财产呈现出规模不断扩大，积累速度加快，财产形式多样化的发展趋势。具体说来，2005—2010年，我国城镇居民人均全部年收入平均增长率为12.97%，工薪收入平均增长率为11.48%，经营净收入平均增长率为24.12%，财产性收入平均增长率为22.02%，转移性收入平均增长率为14.02%。

我国现阶段居民财产分布状况具有以下特征：一是居民财产分布的不平等程度已经比较严重；二是无论是金融资产还是其总财产净值，无论是人均财产水平还是财产积累速度，城乡之间都存在巨大差异；三是财产分布差距扩大幅度超过了收入分布；四是中等收入人群比重严重偏低，大约只有15%的人群可视为中等财产组人群，其中64%来自城镇住户。缺乏"中产阶层"是我国居民财产分布的一个重要特征。[①]

根据《中国居民家庭金融资产调查》，中国家庭财富净值的均值为665187元，中位数为24000元。分城乡来看，城市家庭财富净值均值为1467860元，中位数为33340元；农村家庭财富净值均值为117928元，中位数为20500元。因此，家庭财富分布差异大。我国最富有前10%家庭拥有社会总财富前60.6%，资产分布严重不均，中等资产阶层的财富占社会总财富的比重仍然很低。房产价值的增长对家庭财富增加的贡献超过70%。前1%富裕家庭的总资产、净资产、年收入均远高于前5%富裕家庭。也就是说，财富更多地集中在少数家庭中。与普通家庭相比，前5%富裕家庭的收入主要来自工商业经营，其家庭消费是普通家庭的3.5倍，但在教育支出上的差距则高达5倍以上。[②]

[①] 罗楚亮、李实、赵人伟：《我国居民的财产分布及其国际比较》，《经济学家》2009年第9期。

[②] 西南财经大学中国家庭金融调查与研究中心：《中国家庭财产的分布及高净值家庭财富报告》，2014年1月。该调查显示，从全国来看，家庭有48.7%的收入来源于工资薪金收入，其次为转移性收入（25%）和工商业经营收入（16%）。而在收入最高的1%家庭，工商业经营收入占总收入比重最高，为45.4%，其次为工资薪金收入（20.2%）和转移性收入（17.1%）。收入最高5%家庭，工资薪金收入占总收入比重与工商业经营收入相差不大，分别为34.3%和33.5%。而普通家庭（资产40%—60%家庭），工资薪金收入和转移性收入占总收入的比重分别为58.1%和25.8%，略高于全国平均水平，工商业经营收入占总收入比重仅为5.4%。可见，经营工商业（从而拥有工商企业的财产权）是我国家庭致富的重要渠道。

表1　　　　　2010年我国居民财富分布的差距及国际比较　　　单位：美元

	成年人拥有财富的平均数	成年人拥有财富的中位数	财富在成年人中的分组分布（％）				基尼系数
			低于1000	1000—10000	10000—100000	高于100000	
中国	17126	6327	6.8	59.6	31.8	1.8	0.690
美国	236213	47771	3.5	23.8	36.5	36.2	0.809
日本	201387	102946	0.0	6.2	42.7	51.1	0.607
德国	164561	59077	13.1	14.6	30.4	41.9	0.684
英国	229940	78765	0.3	12.2	40.9	46.6	0.717
印度	4910	1300	42.8	50.1	6.6	0.4	0.778
巴西	25270	5793	21.0	41.1	34.1	3.7	0.796
俄罗斯	10408	3692	24.0	51.4	23.5	1.1	0.706
南非	24080	4440	24.1	42.7	29.6	3.6	0.816
全球	43784	4118	25.1	43.3	23.5	8.1	0.881

资料来源：Cred it Suisse Research Institute 2010，Golbal Wealth Datebook，Credite Suisse.com。

根据统计规律，财产分布的基尼系数通常大于收入分配的基尼系数。各国财产分布的基尼系数一般为0.6—0.8，而可支配收入的基尼系数一般为0.3—0.5。与英美等发达国家和"金砖五国"的其他四国相比，我国居民财产分布不平等的程度总体上是比较低的，但高于日本和德国（见表1）。值得重视的是，我国居民财产分布的基尼系数在短期内上升较快，近年来明显升高。2002年，我国居民财产分布的基尼系数为0.550，2010年该指标上升到0.690。值得注意的是，美英等资本主义国家财产分布的高基尼系数的形成经历了一二百年的长期积累过程，而我国在财产分布上的较大差距却是在近20年间快速形成的。①

二　我国转型期财产权结构的矛盾及其原因

在经济体制改革深化阶段，财产权利结构方面的矛盾日渐突出，值得高度关注的几个方面是：一是财产权利发展存在的体制性问题，个人财产

---

① 根据国家统计局数据显示，中国的基尼系数2008年达到高峰0.491后逐年回落，2009—2013年分别为0.490、0.481、0.477、0.474、0.473，年均回落0.0036个百分点。

权利与集体（公有）财产权利的制度地位不平等、财产权利的市场进入与退出机制不健全；二是我国居民财产的增长速度、财产差距的扩张速度非常快，财产占有上的两极分化趋势进一步导致财产权利配置的分化；三是财产权利的保障问题，个人财产权利经常易受侵犯、财产权利的补偿机制不健全。

财产权利和财产权收益（收入）是密切相关的，从较表象的层次看，当前财产权结构的矛盾主要表现为城乡居民之间、不同阶层居民之间以及不同区域居民之间财产性收入差距持续扩大，而导致居民财产性收入差距扩大的原因，我们可以看到主要是居民拥有财产的形式和数量差异、区域经济发展不平衡、市场体系及市场制度不完善，以及居民个人禀赋差异等。而深层次原因，我们应该回到初次分配领域去看财产权利在社会成员间的分配即分布状况。在市场经济中，财产权利是一种财产性生产要素，财产性要素在不同主体间的配置是经济主体获得财产及财产性收入的基础性条件，而财产性要素的获得又与个人的年龄、职业、受教育程度有关；也与社会政治因素，主观行为特征（对待风险态度），有无财产遗赠以及正式制度之外的非正当聚财行为等非市场因素有关。从体制性因素看，农村居民土地财产权缺失，弱势群体获得财产的能力低，资本强权下的分配不公，一部分人通过非正当性途径获得财产权利等，是导致我国转型期财产权在社会成员间分布失衡的重要原因。

（1）农村居民土地财产权缺失。农村推行家庭联产承包责任制以来，农村居民在土地集体所有制下拥有的土地使用权逐渐得到强化。2007年颁布实施的《中华人民共和国物权法》，第一次在财产权制度上确认了农村土地集体所有权基础上产生的土地承包经营权、建设用地使用权和宅基地使用权是同样受法律保护的物权。2007年《物权法》，规定了物权体系中主要由所有权、土地承包经营权、建设用地使用权、宅基地使用权、地役权、抵押权、质权、留置权等基本物权组成，涉及农村集体土地方面的主要物权，包括农民集体土地所有权、土地承包经营权、农村集体建设用地使用权、宅基地使用权等四种基本物权。农村土地使用权用益物权法律性质的确定，使农村土地产权由"弱化""残缺"的使用权逐步走向私法物权意义上的财产权，这一个重大的历史进步。但是，现行土地使用权制度的"用益物权"还显得名不符实，其主要问题：一是土地所有权主体虚位，土地所有权与使用权的权属边界模糊，造成土地用益物权人的权能受到限制；二是土地使用权缺乏稳定性，产权激励并提供长期预期的作用难以发挥；三是土地使用权缺乏可分解性和可交易性，难以发挥市场配置资源的作用；四是土地权利的资本属性受到限制，农民实现土地财产收益缺乏制度保障。从全国城乡居民家庭财产性收入差距的来源看，自有房屋价值对差距的贡献率是60%左右，金融资产的贡献率是30%，这也可以解释为什么城乡之间差距扩大。我们细观农村居民财产结构，农业经营收入增长慢，农村居民金融资产缺少（农村通常只有在财富分布顶端的家庭才有机会参与金融和形成金融资产），土地财产价值难以估计是构成城乡收入差距的三大影响因素。

（2）弱势群体获得财产的能力低。现阶段弱势群体主要包括个人要素禀赋差（包括劳动能力、健康状况、受教育程度）的人群，在城市无固定职业或无就业的人群，无家庭抚养的人，在城市最低生活线下生活和极贫地区的农民等，他们财产获得能力低主要表现在：弱势群体出现的必然性和渐强的流动性阻碍财产获得的稳定性；分布的集中性和规模的变动性，使行业与部门间的财产获得能力大为不同；构成的同质性和贫弱的严重性，无法支撑财产在弱势群体中积累；利益的趋同性和扶助的社会性，使其面临财产获取预期枯竭的现实。

（3）资本强权和劳资利益关系失衡。改革开放以来，我国经济以年均9.8%的速度获得了长期快速增长，但劳动报酬所占比重不仅没有随着经济增长同步提高反而呈现不断下降的趋势。近二十多年来，在我国每年的国内生产总值中，劳动收入所占的份额基本上呈现下降的趋势，特别是1995年以后则是持续下降。根据全国各省份收入法国内生产总值核算数据汇总计算，中国劳动收入在GDP中所占的份额，1995年为51.44%，随后则持续下降，到2007年已下降到了39.74%，2008年以后受国际金融危机和民工荒的影响，劳动收入占比又有所回升，但2010年中国劳动收入份额占GDP的比例也只有45.01%，仍然大幅低于20世纪90年代的水平。[①] 劳动收入和资本收入的比例失衡，核心问题是劳动要素价值被低估，缺乏工资谈判机制，资本要素的分配权力过于强势。我国目前的劳动力市场缺乏对劳动要素贡献及劳动的财产性收益进行动态评价的机制，往往是

---

① 雷钦礼：《技术进步偏向、资本效率与劳动收入份额变化》，《经济与管理研究》2012年第12期。

资方通过压低工资来增加利润，尤其劳动密集型企业由于产品技术含量不高，缺乏足够的市场竞争力，只能接受低工资以保持自己的"比较优势"，这种情况在企业内部加剧了分配不公，也加剧了劳资矛盾。

(4) 一部分人通过非正当性途径获得财产权利。在转型过程中，有一部分人通过以权谋私（权力寻租）和资本违法谋权途径非正当性地获得了财产权利。第一，从权力寻租看财产权利的获得，我们发现，公权拥有者以权力为筹码谋求获取自身经济利益，是这种寻租的代表。它的本质是把权力作为资本，参与商品交换和市场竞争，从中谋取物质利益，从而形成私人及其家庭的财产积累。第二，从资本违法谋权并进而追求财产权利获得看，改革开放以来一系列的体制变革和制度创新，为资本权力与国家权力（尤其是地方政府）之间的结盟提供了强有力的制度激励，大大扩充了资本的能量，本应相互制衡的资本权力和国家权力，在转型中国不仅没有通过相互制约而各安其位、各守其份，反而出现了大量非法勾结的现象，损害了社会基本结构的公平正义性。另外，资本权力与地方政府的合谋与勾结还造成了大量的社会问题，加剧了社会成员之间在财产权拥有上的利益矛盾和冲突。

中国的市场化改革过程，是一场涉及社会成员之间利益结构调整和财产权利重新配置的深刻的社会变迁。改革 30 多年后，社会财产权结构发生了一系列新的变化，财产占有不均和各占有主体之间利益冲突是转型期社会经济结构失衡的突出表现，而这一特点在我国转型期是内生的。

首先，从资本权利与劳动权利的关系看。在社会主义市场经济中，资本作为一种要素，凭资本所有权参与分配，获得资本收入已成为社会主义初级阶段收入分配的制度性安排。但是，资本要素相比其他要素而言往往拥有某种特权，特别是在资本稀缺性超过其他要素稀缺性的时候。资本权利的特权和强势在市场化分配体制中往往表现为保护资本财产所有者的利益，在公司治理中表现为股东利益最大化原则。这种制度性安排承认和保护包括资本和劳动在内的各种要素主体对经济的贡献以及获得相应收入，这是一种贡献与收益相对应的公平原则，它是社会财富的第一次分配意义上的"原始公正"。但是，在社会主义市场经济中，资本、劳动等生产要素并不能在社会成员之间无个体差别的分布与占有，不同的市场主体在资本获得、劳动禀赋、经营条件、市场机遇等方面千差万别，资本所有者凭借资本权利成为社会的强势群体，在国民收入分配中资本收入的比例大大超过劳动收入的比例,就成为社会两大权利主体矛盾的显性表现。

其次,从政府与公民的关系看。在社会主义市场经济中,政府与市场、政府与各类市场主体、政府与公民个体之间的关系是社会经济运行的关键性基础,理顺这些关系是建立和谐市场秩序的先决条件。在财产权结构中,政府既要按照财产法律制度有效保护财产,又要根据社会公共利益和公共政策目标调节财产关系,限制私人财产行为。在我国市场化改革过程中,政府财产行为不受约束和侵害私人财产权是矛盾的主要方面,这在实践中往往表现为政府权力对市场经济活动的过分介入,以及以不当方式和途径获得财产收益。政府除了凭借其权力因素获得一部分财产收益以外,从更深层次来说还可能将权力与资本等强势利益集团形成联盟,通过联盟,实现垄断性的资本回报,导致权力资本与普通百姓(劳动力要素所有者)甚至与一般民营资本(普通的资本所有者)的收入差距扩大,并最终阻碍各类市场主体的活力。

最后,从公共利益与私人利益的关系看。在社会主义市场经济中,公共利益与私人利益是最主要的两大利益。在当代市场经济各个国家中,公共利益都是社会总体福利的现实基础,即使在实行自由市场模式的资本主义国家,他们也要用国有企业、公共事业和在公共事务治理上的"集体行动逻辑"来实现其公共利益。与社会主义市场经济相适应的公民财产权结构承认和保护私人财产权利,但这不意味着排除掉公共利益,财产法律制度在保护私人财产不受侵犯的同时更要保护公共财产不受侵犯。当前我国财产权结构中的矛盾,许多涉及各财产权利边界的侵权行为,实际上都来自没有处理好公共利益与私人利益的关系。例如在实践中公有资产、国有资产虽然法律上明确为公共和国家所有,但国有产权、公有产权主体缺位的情况在实际中还是比较严重的。在偌大的公有资产事实上没有真正的人格化代表(实际是无人真正负责,缺乏有效的产权监护人)的情况下,一些"私利"主体对公共财产的"攫租"行为自然不可避免。

三 财产权分配不公与贫富分化:自由市场经济体制的内在缺陷

财产权是现代社会的基本权利,它既是每一个社会成员生存及自由选择的基础,也是资源配置的手段。从人类历史上财产权制度的演进来看,对个人或家庭拥有自己的,并得到确认和保护的财产,从中世纪社会以来就是人们的一个理想追求,直到15—16世纪欧洲各国才普遍建立了以私人财产神圣不可侵犯为核心的私人财产权利体系。私人财产权利体系建立最大的进步意义就是它把财产关系由一种"人身契约"变成了"市场契约"。同时，以私人财产权为基础，西方国家建立了一系列保护公民权利的制度，它提供了个人参与市场活动、生产和积累财富的激励，推动了资本主义市场经济的发展。但是，资本主义私人财产权制度的最大问题是贫富差距和由此带来的阶级分化与社会公平问题。

当代市场经济国家的财产权结构是在资本主义私有制基础上发展而来的，是资本主义社会生产关系的集中表现和现实展开。20世纪70年代以来发达资本主义国家进入了一个相对稳定的发展时期，经济增长加速了居民私人财产的积累，无论是私人财产总规模还是私人财产在国民财富中的比例都有显著的增加。但是，伴随这一过程的却是社会的分裂和矛盾的加剧。以美国为例，近30年以来，美国则是在分裂地增长，财富以惊人的速度向极少数富豪阶层转移，与贫富差距伴生的是社会结构的断裂和社会流动性的凝滞。富者愈富、穷者愈穷的状况正在削弱美国中产阶级，财富向顶层集中正在改变美国引以为傲的梭子型社会结构。根据美国加州伯克利大学教授 Emmanuel Saez 的最新研究，美国最富有 10% 群体的财富占美国个人总收入的比例在金融危机前后开始陡升，目前比例已接近 1927 年大萧条前的水平，这意味着目前美国 10% 最富裕阶层掌握了约一半的国民财富。特别在 2009—2010 年的复苏期，美国新增财富中的 93% 被 1% 的最富有阶层收入囊中。数据显示，从 2009 年到 2012 年，占据美国人口仅 1% 的最富有阶层收入增长了 31.4%，其余 99% 的人口收入则增长了区区的 0.4%。众多经济学家在对 1913 年以来美国国税局公布的居民收入数据进行分析后发现，2012 年美国 1% 最富有人群的收入占全民年收入的 19% 以上，创下 1928 年以来的最高纪录。在收入"金字塔"中位居前 10% 的美国人占有全社会总收入的 48.2%。有专家称，除非美国政府在政策上作出较大调整，否则财富继续向极少数人集中的趋势难以逆转。①

十分明显的是，在以美国为典型的自由市场经济国家，贫富差距是财产权和收入分配不均的直接后果。2008 年美国金融危机爆发并蔓延世界多个国家。金融危机使资本主义社会的政治分裂、两极分化、贫富差距等深刻问题凸显在世人面前。在反思金融危机的根源、希望对金融体系进行改

---

① 《美国贫富差距创新高》，《人民日报》2013 年 9 月 13 日。

造时，越来越多的人更加关注社会不平等与贫富差距扩大的问题。西方国家许多学者都看到资本主义市场制度出了问题。斯蒂格利茨《不平等的代价》一书中阐述："当今有三大主题响彻全球，第一，市场并没有发挥应有的作用，因为它们显然既无效率也不稳定；第二，政治体制并没有纠正市场失灵；第三，经济体制和政治体制在根本上都是不公平的。"[①] 他认为，"已为公众所知的市场经济最黑暗的一面就是大量的并且日益加剧的不平等，它使得美国的社会结构和经济的可持续性都受到了挑战……"[②] 斯蒂格利茨提出资本主义需要改革，如增加对社会的投资和为普通公民提供更多的保护都将形成一种更有效率和活力的经济，甚至还提到了美国政治体制改革方面稍微减少1%群体的政治势力。法国学者托马斯·皮凯蒂在他的新著《21世纪资本论》中研究了资本主义经济增长过程中的不平等现象，"财富分配已成为时下最广泛讨论和颇具争议的话题之一。但是我们是否真正了解其漫长的演进过程呢？"[③] 他基于自18世纪工业革命至今的财富分配的数据分析，认为不加制约的资本主义导致了财富不平等的加剧，自由市场经济并不能完全解决财富分配不平等的问题。托马斯·皮凯蒂针对不平等问题开出的药方是采取直接对高财富群体和资本高额征税这一极端措施。美国学者克里斯特曼提出了一个"走向平等主义的所有权理论"，对资本主义的财产权结构进行了批判性分析。他说，"我的结论是，私人自由所有权不应该成为一个社会占统治地位的财产制度。因此，我不同意说，在为了分配的目的建构财产权时，国家不应起作用。"[④] 克里斯特曼基于所有权结构重新定义了资本主义分配公正的平等主义原则，但他的平等主义所有权的实现措施仍然是福利主义和国家干预主义，并没有触及资本主义私人财产权制度本身。

由此可见，这些学者提出了要克服过大的贫富差距和社会分化，资本主义国家要对它的自由市场制度加以重新调整，但是，他们都没有去触动

---

① ［美］约瑟夫·E.斯蒂格利茨：《不平等的代价》，张子源译，机械工业出版社2013年版，序言第3页。
② ［美］约瑟夫·E.斯蒂格利茨：《不平等的代价》，张子源译，机械工业出版社2013年版，第3页。
③ ［法］托马斯·皮凯蒂：《21世纪资本论》，巴曙松等译，中信出版社2014年版，第1页。
④ ［美］克里斯特曼：《财产的神话：走向平等主义的所有权理论》，张绍宗译，张晓明校，广西师范大学出版社2004年版，第15页。

私有制这个基础，而只是主张在政府与市场之间找到新的平衡。而不论采取什么样的政府干预措施，都不可能从根本上改变作为资本主义制度基础的财产权结构，而且也不是以此为目标的。由于生产力发展经常被周期性危机所打断，西方主流经济学不再拒绝对资本主义市场体制进行社会改革的要求，他们认为社会不平等对破坏资本主义所追求的自由、平等与公正，会破坏资本主义长期的经济增长和社会稳定。但他们认为以私有制为基础的资本主义市场经济制度仍然是理想的；当然，这个理想的制度不可能单独依靠市场的力量来完成，它还得以政府的干预包括资本管制的各种措施来补充，还需要运用通过政府政策和税收调节手段来弥补市场的缺陷。

我们知道，马克思是从经济结构和制度结构的层面分析资本主义的私有财产制度和财产结构的。马克思把财产关系作为社会生产关系来研究，批判地分析了资本与劳动之间的财产占有及利益关系，揭露出资本主义财产权的核心实质是资本强权，分配的不公源于财产权占有的不平等。财产权的分配使没有财产权的成为被剥削者，财产权的缺乏使其无法参与社会生产成果的分配，更谈不上参与市场的选择权。而经济危机恰恰根源于资本主义生产关系决定的分配关系，即按资本权力分配使没有资本权力的广大劳动者的收入从而消费被限制在一个最低的水平上，以及由此衍生出来的社会利益关系失衡的财产权结构。因此，资本主义市场经济内在的贫富分化和财产权结构失衡是由它的基础生产关系决定的。

四　构建与社会主义市场经济相适应的财产权制度

1. 财产权制度的核心价值是公平正义

人类社会不存在普遍的正义，正义是历史的产物。一个公平正义的财产权制度，其作用是要形成一个让社会绝大多数成员都感到满意，从而能激励他们的创造性劳动的制度环境，最终促进经济效率的提高。任何一个制度作为生产关系的法定表现是由生产力决定的，在财产权构建上，我们要选择的是这种制度与现阶段生产力发展、增进经济效率的内洽性。在社会主义市场经济条件下，产权正义原则应体现为法律承认和保护财产获得的正当性和正当财产权利的排他性。

在马克思、恩格斯对资本主义私有制的批评和对未来社会公有制的构想中，包括了深刻的产权正义公平的思想。马克思主义产权正义思想体现了追求实质正义和平等的社会主义价值观，我们在构建社会主义市场经济的财产权制度时应该坚持这种价值取向。财产权制度承认和保护包括劳动在内的各种要素主体对经济的贡献以及获得财产,在不区分市场主体的个性特征而具有普遍适用性上来说,这种公平原则体现了一种形式理性和机会平等的公平,它却不能体现社会成员之间无个体差别的共享与占有。问题在于,在物质财富还没有极大丰富,劳动还是个人的谋生手段的社会主义市场经济中,不同的市场主体在个人禀赋、经营条件、机遇等方面的千差万别,注定了各市场主体之间发生实际经营结果上的差别(在分配上体现为个人财产和收入的差别),如果我们的财产权制度不保护这种结果而强调全体成员共同占有和平等分享,事实上会造成一部分人占有他人劳动成果的情况,这又违背了产权正义的原则,同时还会损失效率。

2. 财产权制度应体现三对核心概念

一是财产权与经济自由。财产权是经济自由的基础。改革 30 多年来,随着多种所有制结构的形成,公民个人及家庭财产的积累,以及财产权利的生产性运用,人们对财产权利的诉求越来越强烈,公民个人拥有财产权利成为他能否作为市场主体进行自由选择的基础性条件。从更深层次来看,经济自由还特指对任何限制自由的权力进行限制,特别是要限制政府在市场经济中的不当行为。经济自由还包括尊重和保护个人的自由选择权。社会提供给个人的自由选择的权利也是人们珍贵的财产,它能够为个人扩大和增进自己的财富创造更开放的机遇和更广阔的空间。当人们享有充分的自由选择的权利,且每个人的这种权利受到法律保护时,他们就会把自己的精力更多地用于寻求市场机遇,通过自己的诚实劳动以获得长期的收益,而不会偏离正道,通过欺骗欺诈谋求一时的利益;当自由所追求的目标——排除所有妨碍个人努力的人为障碍,越接近实现时,更多的人就会依靠自身的努力和市场机遇而获得更多的属于自己的财产。

二是财产权与人的发展。随着人们认识的发展,财产的概念越来越宽。由"人"自身这个财产对象所引起的人的生存权、发展权、自由权等权利,既是产权,又是人权,即财产权中包含着人权,这是合乎财产权概念的"形式逻辑"。[1] 从更深意义上看,人权的本质特征要求自由平等。马克思说:"每个人的自由发展是一切人的自由发展的条件"。[2] 马克思认为,

---

[1] 武建奇:《马克思的产权思想》,中国社会科学出版社 2008 年版,第 160 页。
[2] 《马克思恩格斯选集》(第 1 卷),人民出版社 2012 年版,第 422 页。

社会进步的意义在于要实现每个社会成员拥有财产权利的平等、获得和使用财产的公平即劳动产品分配的公平以及人们能充分享受社会财富带来的幸福，实现人的全面自由发展。以人的全面自由发展为内涵来构建财产权制度是一种更有效率的制度安排。

三是社会和谐与利益均衡。一个利益关系失衡的财产权结构会构成严重的"社会安全问题"[①]。社会公平正义是社会和谐的基本条件。公平正义的财产权结构是我国所有制结构改革的目标，也是社会主义和谐社会的微观基础。这种财产权结构，要能有效地促使和规范人们通过正当合法途径去获得财产权，要能平等保护各类产权主体，要能有效地约束产权主体和政府的行为；在此基础上建立起一种新的利益均衡机制，建立起一种为社会大多数成员所接受的权利分布及收入分配状态，以体现社会主义共同富裕和利益和谐的基本方向。

3. 财产权制度的所有制基础

在经济转型期，与社会主义市场经济相适应的财产权结构正在逐渐形成，多种所有制并存共荣和财产多元化、包容性结构的社会主义市场经济体制新形态正逐渐为社会大众认可、接受。与此同时，社会经济结构的演变，也形成了多样性的财产权形式和财产权主体。与社会主义市场经济相适应的财产权制度，其所有制基础是公有制为主体、多种所有制经济共同发展。

在社会主义市场经济中，公有制经济在关系国家及民生的重要经济部门充分发挥主体和主导作用，是国民财富增长和财产利益在社会成员间合理分配、平等受益的重要保证。同样是财产权主体的多元化和公民财产权形式的多样性，其财产权结构的所有制基础是否以公有制为主体，这是社会主义市场经济与资本主义市场经济的根本区别。当然，以公有制为主体的所有制基础，需要一个制度来保证，来解决和制约在公有制情况下可能出现的权力寻租、化公为私等问题。如果对公有领域的权力以及权力者行为不加约束，可能会产生比私有制更严重的财富分配不公和不平等问题。

当前新的财产权结构，其最大特点之一就是社会公民在社会主义市场经济条件下，在公有制为主体的所有制结构中拥有了真正意义上的个人（及家庭）私有财产。这种私人财产作为一种权利，不仅包括他们以此获得财产性收入的物质财产和非物质财产，还包括其作为社会公民应该享有的福利性权利和经济、政治事务的参与权。私人财产权利是现代社会的基础,它提供了个人参与市场活动、生产和积累财富的激励,推动了市场经济的发展。在社会主义市场经济条件下,公民个人拥有私人财产权利是市场经济中个人经济自由(选择权和退出权)的条件,是激励生产性劳动和创新活动的动力;财产权制度应该充分保护非公有制经济特别是公民私人财产权利不可侵犯,保护各种所有制经济产权和合法利益,这也是由社会主义市场经济的所有制基础和所有制结构决定的。

五 构建财产权保护的法治体系,处理好政府与市场的关系

构建与社会主义市场经济相适应的财产权制度,需要在宪政层面、财产立法层面、行政法律法规层面和经济调节层面(如再分配、社会保障等)的多层次进行制度设计,并要处理好经济自由与政府协调的关系。政府在财产权结构和收入分配上应该做到积极有为,其核心,是构建一个能切实保护各类财产权的法治体系,在法治条件下处理好政府与市场的关系。

党的十八届三中全会《决定》指出,"经济体制改革是全面深化改革的重点,核心问题是处理好政府和市场的关系,使市场在资源配置中起决定性作用和更好发挥政府作用。"在市场对资源配置起决定性作用的社会主义市场经济体制中,政府与市场都有着自己的功能和作用边界,在此基础上,政府和市场都可以充分而有效地发挥作用,不能将政府作用和市场作用对立起来,不能以为强市场就一定是弱政府,强政府一定是弱市场。政府与市场,两者不是在同一个资源配置领域、同一个层面发挥作用,不会有强政府和强市场的此消彼长的对立。当代资本主义国家奉行自由市场经济,其模式的特征也不是一个强市场、弱政府的问题,资本主义市场经济在财产权结构失衡问题上也十分强调政府通过各种手段来积极干预。我国当前全面深化经济体制改革,随着市场对资源配置起决定性作用的理论被确认,在政府与市场的关系上,一方面,为了使市场对资源配置起决定性作用,政府要通过自身改革尽可能退出直接配置资源,还要推动市场体系的完善并建立市场规范,以保证市场配置资源的效率;另一方面,政府的所有这些作用,应该与市场机制衔接并注意利用市场机制的作用。

在构建财产权保护的法治体系上,针对政府行为边界(行政权和司法权)不清、公权力对私权侵害、财产权立法滞后、平等保护各类产权缺乏法律、政策与市场环境等问题,就是要在"依法治国、依法执政、依法行

政"的总体原则下处理好政府与市场的关系。这里包括以下几方面。

（1）政府切实履行有效保护产权的基本职责。首先，要建立健全保护产权的法律法规，确保各类产权不受侵犯，维护产权主体的合法权益和公平发展的权利。其次，继续推进产权的明晰化，以促进各财产性生产要素不断投入到生产过程中并得到充分流动和有效配置。第三，完善服务机制的建设。政府部门应大力做好权益保障服务，建立产权主体权益保护机制和侵权投诉机制，明确各级各部门职责，开展有关各类产权保护的宣传、法律服务、维权保障、融资服务、人员培训等一列活动，打造出统一、合理、有效的政府服务平台。

（2）营造公平的市场经济环境，实现产权的平等保护。各类产权获得有效和平等的法律保护是市场机制顺利运行和各类所有制经济平等竞争的前提条件，然而在现实中，非公有制经济产权和私人产权保护状况和法律地位上的不平等对待情形仍显突出。因此，为各类产权主体营造公平的市场经济环境，以实现产权的平等保护，在现阶段显得尤为重要。首先，为非公经济的健康发展提供宽松的政策环境。制定和完善有关非公经济权益保护的法律法规，进一步修订现有法律中对公有经济和非公经济区别对待的相关规定，充分体现"平等使用生产要素、公平参与市场竞争、同等受到法律保护"的精神。其次，为非公经济发展和私人财产性要素进入市场创造必要的融资环境。按照"平等使用生产要素、公平参与市场竞争"的原则，解决好非公企业"融资难""融资贵"的问题，逐步放开对非公经济的融资限制。第三，创造有利于非公经济和私人财产权利发展的社会舆论环境。第四，改善非公经济的司法救济环境，以有效减少非公经济在纠纷过程中的司法不公现象的发生。

（3）有效保护公有财产产权不受侵害。针对由于缺少一个规范的产权交易平台，国有、集体企业经常出现资产交易性流失诸如交易中的暗箱操作、压值估价、低价贱卖的问题，要进一步完善产权交易制度建设以实现产权在流转过程中的保值增值，实现公众对产权处置的知情权，防止产权交易过程中的商业贿赂行为，有效保护公有财产产权不受侵害。首先，要建立产权交易市场的监管机制，有效防范国有资产的流失。其次，要健全国有资产监管体系，推进国有经营性资产集中统一监管，从根本上解决国有企业的"内部人"控制问题。

（4）切实保护公民的私有财产。我国宪法对公民私有财产的保护有明确规定:"公民的合法的私有财产不受侵犯";"国家依照法律规定保护公民的私有财产权和继承权"。但宪法保护公民合法的私有财产的原则规定如何在有关法律法规中得到全面而完整的落实,迄今还需要在立法与司法实践中进一步加以完善。

因此,应在财产权立法上强化公民私有财产的排他性以及在受到公权侵害时的权利对抗性。对公民私有财产的侵犯,从主体看来自两个方面:一方面是来自公共权力的侵犯,另一方面是来自产权主体以外的个人或者组织的侵犯。对于个人或组织对主体公民财产权的侵害,主要由物权法、债权法、合同法、劳动法、消费者权益保护法等一系列法律法规,实施公民财产权保护;而政府部门以"公共利益"的合法名义对公民私权进行侵犯时,公民个人处于弱势而难以表达补偿诉求。现有民法的规定为私人财产权利的冲突与侵害提供了救济途径,但是现实中对公民私有财产权利侵害的最大威胁不是来自私人而是来自政府的公权力,尤其是行政权力。针对这种情况,应构建私法财产权和公法财产权,来保障个人拥有和使用私有财产的经济过程不受政府行政权力的任意侵害。

同时,要切实加强对农民土地财产权的保护。农民财产权的保护以及保障农民从自己财产中获的合理的财产收入,是目前产权保护制度的一个薄弱环节。因此有效保护农民的私有财产,需要毫不动摇地坚持和保障农民的土地承包经营权、宅基地使用权、房屋所有权、集体资产的财产权;进一步完善农村土地确权颁证,通过赋予农民明确和稳定的财产权利,继而提高农民财产权利的可交易性;建立统一的产权交易市场,促进农民财产权利的合理有序流转,提高农民财产权利的市场价值;保障农民获得合理的土地增值收益,获得合理的土地增值收益是农民土地产权的重要体现,也是农民分享经济发展成果、提高财产性收入的重要途径。当前农村新一轮的土地产权制度改革实践已经沿着这些方向在推进,但是农村农民土地财产权保护的法律制度还滞后,现行的《物权法》《土地管理法》《土地承包法》等的一些条款还成为农民获得真正的土地财产权利的障碍。因此,应加大农村土地产权制度改革创新的力度,修订现行法律或对相关条款作出新的法律解释,尽快建立确认和有效保护农民土地财产权的法律制度。

(5)强化执法力度,多管齐下解决执行难问题。在财产权保护法治体系中,除了从立法层面制定出平等保护各类财产权和经济活动的法律法规外，更重要的是这些法律法规得到有效执行。如果有法不依、执法不严、违法不究，那么保护财产权的法律法规就只是一纸空文。因此，第一，要建立高效的执行机构体制和执法环境；执行机构在省级以下可以独立并垂直领导，消除地方保护、党政干预等不良现象。第二，要加强执行的沟通协调，进一步发挥执行联动工作机制，改善执法环境，加强与公安、银行、工商、税务、国土资源、房产等部门协调与沟通，发挥执行信息共享与联动机制。第三，提高执行队伍的素质。要解决执行难，必须建立一支政治素质、业务素质都要过硬的执行队伍。第四，加强公民诚信道德建设，培养全社会监督威慑机制。第五，提高公民产权保护意识，普及产权保护知识，使其能够正确运用产权保护相应法律法规，维护自身财产权利不受侵害。

新中国经济制度变迁：
理论逻辑与实践探索

——纪念新中国成立70周年

李 萍 杜乾香[*]

摘 要：基于马克思主义政治经济学的学理依循，尝试循着经济制度——社会核心经济制度、基本经济制度与具体经济制度（包括微观、中观、宏观）这一内在向度的致思路径，并嵌入生产力—生产关系（经济基础）—上层建筑整体系统的外在向度来诠释经济制度的适应性调整和互动性促进。全文隐含且贯穿始终的这一"双向度变迁"的理论分析主线和分析框架，旨在把握中国社会主义经济制度变迁的内生性与阶段转换的自洽性，以洞悉新中国经济制度变迁更为深层的结构性变化和纵跃历史的变迁线索及其规律性大势的方向。进一步地，客观理性地理解新中国经济制度70年的变迁路径、特征及其绩效，对于更加清醒地认识新时代中国特色社会主义的历史方位，更加自觉地增强对中国特色社会主义经济制度的价值认同，更加坚定地坚持对中国特色社会主义经济制度的高度自信，是极具理论与实践创新的重大而深远的历史和现实意义的。

关键词：经济制度变迁；核心经济制度；基本经济制度；具体经济制度；新中国成立70周年

一 引言

"不知来，视诸往"。2019年，我们迎来新中国的70华诞。回溯新中国经济制度的形成、演变和发展历史，全景透视新中国经济制度的过往、

---

[*] 本文选自李萍、杜乾香《新中国经济制度变迁：理论逻辑与实践探索——纪念新中国成立70周年》，《学术月刊》2019年第8期。

现在和未来，追问探索20世纪中叶中国经济制度发生的历史大变革大转折中新中国为什么选择建立了社会主义社会经济制度和计划经济体制？70年代末又何以转向市场取向的经济体制改革？90年代初期怎样进一步确立了社会主义公有制为主体、多种经济形式并存的基本经济制度和社会主义市场经济体制？21世纪前后又如何推进完善社会主义社会基本经济制度和全面深化经济体制改革与创新等经济制度变迁？

深入研究这一系列历史与现实的大问题，我们看到，新中国以降，历经70年、跨越前后两个世纪经济制度的变迁、经济体制的转换，中国共产党领导下的社会主义实践所处的特殊历史背景及其阶段性发展战略、政策选择约束下的复杂性、变异性和多维性，制约着社会主义社会经济制度及其经济体制的特殊表征及其变迁的互动和张力。解构这一具有丰富而深邃内涵的大问题，本文基于马克思主义政治经济学的学理依循，尝试循着经济制度——社会核心经济制度、基本经济制度与具体经济制度的致思路径，并嵌入生产力—生产关系（经济基础）—上层建筑整体系统来诠释经济制度的适应性调整和互动性促进。全文隐含且贯穿始终的是一条"双向度变迁"的理论分析主线和分析框架[①]，即一定社会的核心经济制度、基本经济制度、具体经济制度三重规定性及其内在关系，以及微观经济制度、中观经济制度、宏观经济制度三个层面的内在关联及其相互关系构成经济制度变迁的内在向度；与此同时，一定社会的生产力与生产关系、经济基础与上层建筑的内在关系及其矛盾运动构成一定社会经济制度变迁的外在向度，双向度之间的关系及其互相作用下形成了一定社会经济制度变迁与发展的历史过程。进一步地，从新中国70年来的"特殊历史背景的认识、国家战略的选择、体制机制的建构、政策措施的实施、经济制度的形成和发展——新的历史环境的变化、国家战略的转变、体制机制的改革、政策措施的改变、经济制度的相应调整、改革和转型……"循环深入的历史史实及其历史进程的多维透视中，探索中国社会主义社会经济制度的形成、社会主义社会核心经济制度的创立、基本经济制度伴随具体经济制度即经济体制的转型，尤其是社会主义市场经济体制确立后中国特色社会主义基本经济制度及其具体经济制度的创新与完善的历史过程，旨在把握中国社会主义经济制度变迁的内生性与阶段转换的自洽性，深刻洞悉新

---

① 也可以把这理解为一种"双向度变迁观"。

中国经济制度变迁更为深层的结构性变化和纵跃历史的变迁线索及其规律性大势的方向。值此纪念新中国成立 70 周年的特别时间节点，本文尝试对新中国经济制度变迁史实进行客观描述、深刻反思及其新的理论提炼和概括。

二 经济制度：内部分层及其关系

1. 经济制度的含义及其内部分层

按照马克思主义政治经济学的基本原理，经济制度是一定社会现实生产关系的总和或经济关系的制度化。进一步看，生产关系可分为社会生产关系和生产关系的具体形式两个层次。因此，经济制度也同样可以分为社会经济制度和具体经济制度两个层面。

社会经济制度实质是一定社会生产关系的本质规定和制度化，其核心内容是生产资料所有制性质①以及由此决定的生产、流通、分配、消费性质及其相互关系，反映着特定的社会经济条件下相关经济活动者之间的利益关系及其格局②。具体来看，实践中，社会经济制度不是一成不变、固化的定式，也有一个从量变到质变的变化发展过程。基于此，社会经济制度又可以分为社会核心经济制度和社会基本经济制度，前者主要反映特定社会经济制度的内在属性，是指任何一个国家或地区与前社会相区别的根本特征或根本标志，是作为与前社会性质根本不同的生产资料所有制和由此决定的生产、流通、分配、消费性质及其相互之间的关系等核心内容的制度性本质规定，其具有一定社会的一般性和稳定性；后者则是指一个国家或地区反映该社会主要的或居基础地位的经济制度的基本属性，是指一个国家或地区在该社会变化发展的不同阶段居主体地位的生产资料所有制及其结构和由此决定的生产、流通、分配、消费性质及其相互之间关系等基本内容的制度性原则规定，其具有一定社会的特殊性和渐变性。

---

① 马克思"特别强调所有制问题，把它作为运动的基本问题"强调所有制是决定一个社会其他制度的基础。参见《马克思恩格斯选集》（第 1 卷），人民出版社 2012 年版，第 435 页。

② 马克思在《资本论》中指出："任何时候，我们总是要在生产条件的所有者同直接生产者的直接关系——这种关系的任何当时的形式总是同劳动方式和劳动社会生产力的一定的发展阶段相适应——当中，为整个社会结构，从而也为主权关系和依附关系的政治形式，总之，为任何当时的独特的国家形式，发现最隐蔽的秘密，发现隐藏着的基础。"参见［德］马克思《资本论》（第 3 卷），人民出版社 2004 年版，第 894 页。

在现实的社会经济发展中,一定的社会经济制度的确立、成熟及其完全实现是不同的过程:前者可以是一个时点的短暂历史事件;后者却可能因不同国家社会经济制度确立所依赖的起点的不同,或历史背景的不同、经济社会发展水平的不同从而决定其所走具体道路的不同等,体现为各国或地区虽在时间上有差别,但相较确立而言却都是一个相对长期的历史发展过程。一定社会经济制度的确立,是以所有制根本变革为基础的新社会经济制度与前社会经济制度区别开来最为本质的特征,作为"初生性社会经济制度"具有了社会核心经济制度内核的基本元素;而一定的社会经济制度确立之后其成熟和完全实现的长期过程,作为"次生性社会经济制度"使其本质特征又具有了一定的阶段性历史特征,正是这一阶段性的历史特征可能赋予不同国家或地区的社会基本经济制度各具特色。

具体经济制度则是特定社会生产关系的具体实现形式,其内涵是各种生产要素的具体结合方式,以及经济主体的行为规则,表现为经济制度运行层面的各种经济组织形式和管理体系,反映着社会经济采取的资源配置方式和调节机制等,即通常所说的经济体制,其具有一定社会的应变性和灵活性。瑞典斯德哥尔摩大学国际经济研究所所长阿萨·林德贝克教授给经济制度下的定义,主要着眼于经济运行层面,因而类似于这里所说的具体经济制度的含义,他把这理解为"是用来就某一地区的生产、收入和消费作出决定并完成这些决定的一整套的机制和组织机构",涉及决策结构(集权还是分权)、资源配置机制(市场还是政府计划)、商品分配(均衡价格机制还是配给制)、激励机制(经济刺激还是行政命令)等八个方面的内容[①]。具体经济制度又可以进一步细分为基于微观层面的经济组织制度,即企业制度;基于中观层面的区域经济制度,主要包括城市与乡村关系的经济制度和产业制度等;以及基于宏观层面的国民经济运行及其调控制度。

在社会经济活动实践中,生产力是最活跃、最革命的因素,社会生产力的发展直接引起具体经济制度即经济体制的应变调整或改革,这是一种对经济运行层面的具体规则、利益关系及其相关格局的调整或改革,换言之,是一种一定社会特定生产关系本质不变前提下因应发展变化了的社会

---

① [瑞典] 阿萨·林德贝克:《经济制度与新左派经济学》,中国经济出版社1992年版,第620—621页。

生产力新的要求的调整或改革。这种制度变迁既可能是突破现行体制对生产力进一步发展的束缚，基于社会某一群体利益乃至形成社会整体理性的驱动，而对社会具体经济制度所进行的重建新规则、协调利益关系的自觉调整和改革，以促进经济增长和发展①；也可能是基于一定社会利益集团的个别利益、个别理性的驱动（即对他们而言制度变迁的收益高于制度变迁的成本，新体制的净收益预期要高于现行体制），而对社会具体经济制度做出有利于自身利益的规则的选择性改变，在一定意义上影响甚至损害了社会整体利益，因而一定程度上阻滞了经济增长和发展。

2. 经济制度体系、内部不同层次之间关系及其特点

在社会核心经济制度、基本经济制度和具体经济制度构成的经济制度体系中，随着具体经济制度，即经济体制机制因社会生产力的变化而作出灵活应变和调适性改革与创新，其对社会基本经济制度也会产生或快或慢的影响，长期来看，社会基本经济制度也有一个渐进性相应地改革深化和创新发展使其自身趋于完善，并愈益反映和实现着社会核心经济制度本质规定的过程。由此可见，在一定社会经济制度体系中，具体经济制度即经济体制机制，有着连接生产力和基本经济制度乃至核心经济制度的中介环节、承前启后的作用机理，体现出社会生产力发展——具体经济制度即经济体制的调适性变革——社会基本经济制度相应地渐进式改革与完善、愈益走向实现社会核心经济制度的本质规定的演变逻辑。而在该社会整个历史时期内，特定社会经济的本质关系则不会改变。

如此看来，经济制度在社会核心经济制度、基本经济制度与具体经济制度，即经济体制机制之间有着内核层、基本层与表面层的不同层次的关系，各个不同层面各具特点。一般而言，具体经济制度因其总是要适应社会生产力发展及其他经济、政治、社会、文化等上层建筑诸因素变化的要求，即时性、经常性地进行调整和改革，而具有极大的灵活性和即时应变性；社会基本经济制度则因其要适应具体经济制度的改革和创新做出必要地适当地调整、进一步改革和创新并嵌入新的经济体制之内，而具有相对的稳定性和渐进适应性；社会核心经济制度表现为在该

---

① 肇始于1978年年底的我国经济体制改革开放，正是基于农民群体的生存利益乃至形成全社会"发展是硬道理"的整体理性驱动，遂开启了迄今40年来的经济高速增长和发展的"中国奇迹"。

社会整个历史时期内特定社会经济的本质关系不变的前提下,从长远目标的趋近来看,也有一个随着社会基本经济制度的适当调整、进一步改革、创新和完善而趋于完美实现的过程,因而具有持久的稳定性和长期连续性的鲜明特征。

下面,以中国社会主义社会经济制度体系为例,给出了一个新中国经济制度体系理论逻辑图示(内含"双向度变迁观")。

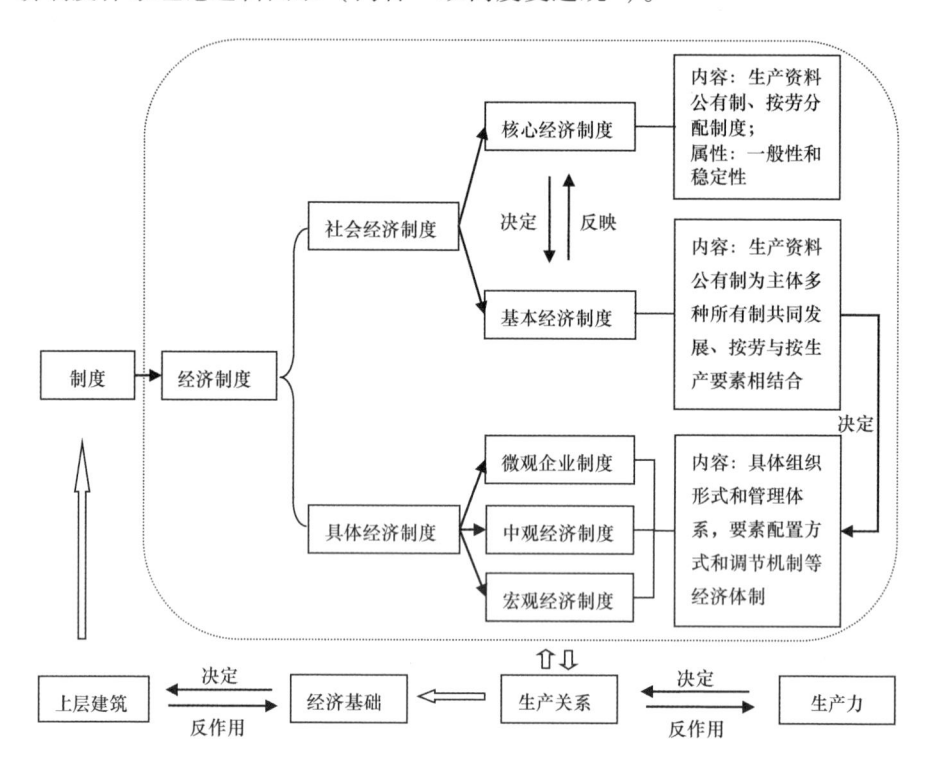

图1 新中国经济制度体系理论逻辑图示(内含"双向度变迁观")

三 中国特色社会主义经济制度变迁:三重规定性及其特征

马克思主义经济学揭示了所有制是生产关系的基础这一至为重要的基本原理。进一步说,一定的所有制、所有制形式及所有制结构是该社会生产关系或经济关系总和的制度化的基础,进一步说,经济制度包含了经济关系、经济关系的制度表达、制度运行相应的制度规则、制度规范的总和。一个多世纪以来,社会主义社会经济制度从产生、形成和发展演变,经历了从理论到实践、从一国实践到多国发展的复杂而艰难曲折的过程。

中国特色社会主义经济制度的历史选择和探索创新,是从中国社会主义初级阶段的基本国情出发,探索符合人类社会发展规律、符合科学社会主义基本原理与社会主义建设和社会主义经济制度变迁规律的中国实践相结合的内在要求及其历史必然。

1. 马克思、恩格斯关于未来社会的两种设想与苏联早期实践的启示

20世纪初至中叶,无产阶级革命不是在发达国家,而是首先在经济文化相对落后的俄国、东欧及中国等国取得胜利,随之而来的是社会主义经济制度如何建构?社会主义经济如何建设和发展?社会主义道路如何行进和拓展?面对实践提出的这一系列史无前例的崭新课题,列宁创新性地提出,"一切民族都将走向社会主义,这是不可避免的,但是一切民族的走法却不会完全一样"①。

事实上,早在19世纪中下叶,马克思、恩格斯在《资本论》《哥达纲领批判》《社会主义从空想到科学的发展》以及《给〈祖国纪事〉杂志编辑部的信》《共产党宣言》俄文版等著作中②,基于深刻洞悉和揭示资本主义社会经济制度的本质、内在结构的轴心及其历史发展趋势,先后曾提出过对未来社会两种模式的设想:一种是从逻辑上推论和设想了在资本主义高度发展的基础上建立社会主义的"经典社会主义"模式,即"前资本主义—资本主义—社会主义(或共产主义)"。这种"经典社会主义"模式的特征是:消灭了私有制,实行自由人联合体共同占有使用生产资料和按劳按需分配,因而,商品、货币或市场自然也没有存在和利用的必要。但到了19世纪70年代后期,当马克思、恩格斯开始接触与西方发达资本主义国家迥然不同的俄国等东方落后国家如何走向社会主义的前瞻性课题时,他们敏锐地洞见到二者在初始条件上的巨大差异,并就这些初始条件的差异性对社会主义实现道路的影响给予了充分地估计和新的开创性研究。基于东方农业社会落后的生产方式和生产力水平这一起始条件,他们果断地突破了前述"经典社会主义"的设想模式,创造性地提出了另一种

---

① 《列宁选集》(第2卷),人民出版社2012年版,第777页。
② 《马克思恩格斯选集》(第2卷),人民出版社2012年版,第299—300页;《马克思恩格斯选集》(第3卷),人民出版社2012年版,第363—365页;《马克思恩格斯选集》(第3卷),人民出版社2012年版,第815—817页;《马克思恩格斯选集》(第3卷),人民出版社2012年版,第727—728页;《马克思恩格斯选集》(第1卷),人民出版社2012年版,第413—416页。

针对东方落后国家的"社会主义的特殊形态"的设想模式①，即"前资本主义——跨越资本主义制度的'卡夫丁峡谷②'——社会主义"。后一种"社会主义的特殊形态"设想模式的科学性在于，马克思、恩格斯从现实出发认为，对于俄国这样经济社会发展较为落后的东方国家，先进的资本主义生产方式和落后的农村公社并存，在各种内外条件的综合作用下，可以探索通向社会主义的另一条道路，即通过革命的手段，缩短前述"经典社会主义模式"下由资本主义过渡到社会主义所需要的漫长而痛苦的发展过程，跨越资本主义的发展阶段。值得注意的是，马克思、恩格斯特别强调，这里跨越的是资本主义"制度"的"卡夫丁峡谷"，而不是资本主义时代高度社会化的生产力③。

因此，当俄国在革命胜利解放了社会生产力的前提下，还面临着重构社会主义制度④以进一步发展生产力、推进社会主义经济建设和发展的新任务。当列宁在短时间内曾试图按马克思、恩格斯第一种设想直接过渡到共产主义、取消商品货币实行战时共产主义政策受挫后⑤，他迅速调整和改变了对社会主义的认识⑥，首创了着眼于当时生产力发展要求的"新经济政策"：在一定限度内利用商品货币关系，在将国家所有作为生产资料公有或共同所有的组织形式的基础上，容纳多种经济成分存在，允许私有

---

① 马克思认为"在俄国，由于各种情况的独特结合，至今还在全国范围内存在着的农村公社能够逐渐摆脱其原始特征，并直接作为集体生产的因素在全国范围内发展起来"，"可以不通过资本主义制度的卡夫丁峡谷，而把资本主义制度所创造的一切积极的成果用到公社中来"，[《马克思恩格斯选集》（第3卷），人民出版社1995年版，第762—765页。] 从而走向社会主义。恩格斯也赞同马克思的观点，认为"这不仅适用于俄国，而且适用于处在资本主义以前的发展阶段的一切国家"。[《马克思恩格斯全集》（第22卷），人民出版社1965年版，第502—503页。]

② 《马克思恩格斯选集》（第3卷），人民出版社1995年版，第762页。"卡夫丁峡谷"典故出自古罗马史。公元前321年，萨姆尼特人在古罗马卡夫丁城附近的卡夫丁峡谷击败了罗马军队。后来，人们就以"卡夫丁峡谷"来比喻灾难性的历史经历。

③ 李萍：《邓小平理论视阈中的主题与创新观》，《社会科学研究》2005年第3期。

④ 这就是马克思在《法兰西内战》中所指出的："工人阶级不能简单地掌握现成的国家机器，并运用它来达到自己的目的。"参见《马克思恩格斯选集》（第3卷），人民出版社1995年版，第151页。

⑤ 列宁说，"我们……用无产阶级国家直接下命令的办法在一个小农国家里按共产主义原则来调整国家的产品生产和分配。现实生活说明我们错了"。参见［苏联］列宁《列宁论新经济政策》，人民出版社2015年版，第105页。

⑥ 列宁指出，"我们不得不承认我们对社会主义的整个看法根本改变了"。参见［苏联］列宁《列宁论新经济政策》，人民出版社2015年版，第266页。

经济和自由贸易在一定范围内存在，允许资本主义国家的企业租赁苏联的国有企业，并通过改造农村公社及其土地制度；同时，吸收和利用资本主义生产的一切成就、文明成果，特别是市场和现代交换机制，以更好地适应和大力发展社会主义社会生产力，成为了另一种"社会主义的特殊形态"设想模式最早的实践探索。遗憾的是，列宁这一从实际出发的创举，因其早逝而中断，且因斯大林时代理论和实践的转向、逐渐形成"单一公有制—指令性计划与商品外壳式交换—按劳分配"的传统社会主义经济制度的"苏联模式"而改写了历史。

2. 中国社会主义经济制度形成、构建与发展的历史回瞻

中华人民共和国成立之初的三年国民经济恢复时期，面对"国家与革命"和"国家与发展"的双重历史任务，以毛泽东同志为核心的党的第一代中央领导集体基于我国半殖民地半封建社会的特殊历史背景，独创性地提出并实践了经由多种经济成分并存的"新民主主义经济形态"，逐渐过渡到社会主义的新的路径。这无疑和列宁早期领导的实践一样，是马克思主义在特定历史条件下具体化的一种成功实践。

之后，为维护和巩固新生的社会主义关系，追求快速建成社会主义在制度安排上的内在强烈需求和国际资本主义阵营封锁扼杀的外部环境制约，促成了新中国建国初期具有重大社会变革和深远历史意义的过渡时期"一化三改造"总路线的实施。试图在生产力方面通过国家工业化发展，实现落后的农业国向先进的工业国的历史性转变，使社会主义工业成为整个国民经济中有决定意义的领导力量；同时在生产关系方面，通过进行合作化改造将个体农民、手工业者和商贩的个体私有制改造为社会主义的集体所有制，通过进行公私合营改造将资本主义工商业的资本主义私有制改造为社会主义的全民所有制，1956年年底所有制的社会主义改造的基本完成，标志着我国具有了社会主义社会核心经济制度内核的基本元素，即公有制基础上的社会主义生产关系和经济制度的正式确立。从历史的角度客观来看，尽管"一化三改造"也存在改造过急、过粗、范围过宽等不足和局限，但在新中国的历史上却由此翻开了社会主义建设和社会主义制度建构崭新的一页，初步建立起的独立的、比较完整的工业体系和国民经济体系，为社会主义工业化和国民经济的发展奠定了必要的物质技术基础，公有制占据主体地位的社会主义经济关系最初的制度表达也得以完成。

20世纪50年代末至70年代末的20多年间，在将社会主义从理想进

一步转为现实的进程中,理论上,我们愈益主观和教条地理解马克思主义设想的"经典社会主义"模式;实践中,愈益忽视和脱离中国现实社会经济条件的制约,为实现"国家工业化"的赶超发展战略①,逐渐形成了以单一公有制和按劳分配为基础、排斥市场调节的指令性计划经济体制的社会主义经济制度②。这一时期,中国社会主义经济制度嬗变,呈现出试图趋近前文所说的社会主义社会核心经济制度③和微观、中观、宏观均贯穿着相应的制度安排、制度规则及其制度规范,即单一公有制和按劳分配的传统教条式社会主义基本经济制度及其指令性计划经济体制、城乡有别的二元经济体制等具体经济制度三重规定性特征,并产生了双重的历史影响:一方面其脱离中国现实国情、忽视发展社会生产力而陷入"贫穷社会主义"发展的困境,延缓和抑阻了我国社会主义建设发展的进程④;另一方面在客观上又为之后的改革开放提供了经验鉴戒和动力支持,并且为始终坚持和深化改革开放也积累了可供反思与创新的"思想成果、物质成果、制度成果"⑤。

3. 中国特色社会主义经济制度探索:改革、重构与创新

以党的十一届三中全会的召开并作出实行改革开放的历史性决策为起点,在40年来的改革开放历程中,中国特色社会主义经济制度的探索伴

---

① 1921年5月,列宁在俄共(布)第十次代表会议上强调指出:"没有高度发达的大工业,那就根本谈不上社会主义,而对于一个农民国家来说就更是如此。"参见《列宁全集》(第41卷),人民出版社1986年版,第331—332页。

② 忽略了社会主义社会不同发展阶段对所有制形式、所有制结构及其分配形式和分配结构不同的客观要求。

③ 前文一般意义地定义了社会核心经济制度,主要是反映特定社会经济制度的内在属性,是指任何一个国家或地区与前社会相区别的根本特征或根本标志,是作为与前社会性质根本不同的生产资料所有制和由此决定的生产、流通、分配、消费性质及其相互之间的关系等核心内容的制度性本质规定,其具有一定社会的一般性和稳定性。而社会主义社会"核心经济制度",则是以社会主义公有制及其由此决定的社会主义生产、流通、分配、消费性质以及相互之间的关系等核心内容的制度性本质规定,作为区别社会主义和资本主义或前社会的根本特征或根本标志。

④ 按照世界银行《1981年世界发展报告》提供的"1955—1980年人口、国民生产总值和人均国民生产总值:份额、比例关系和增长"的数字,1980年我国国民生产总值在世界国民生产总值中所占的份额,低于1955年的水平;人均国民生产总值按时价对美国国民生产总值的百分比,1955年我国占3.2%,1980年降为2.5%。从人民群众的生活水平看,由于国民经济连续20年处于停滞状态,直到1976年,人民群众的生活基本上没有超过1956年、1957年的水平。参见薛暮桥《九年来的中国经济体制改革(序言)》,人民出版社1987年版,第2页。

⑤ 习近平:《在纪念毛泽东同志诞辰120周年座谈会上的讲话》,《人民日报》2013年12月27日。

随着新的以经济建设为中心的社会主义现代化建设进程留下了辉煌的历史轨迹，显现出中国特色社会主义经济制度创新与发展的历史特征和独特规律。

改革开放新时期，根据新的实际和历史经验，以邓小平同志为核心的党的第二代中央领导集体坚持实事求是的思想路线，对社会主义进行重新理解、重新认识。①邓小平抓住"什么是社会主义、怎样建设社会主义"这一基础性的理论与实践问题，针对社会主义实践过程中主观教条、盲目照抄苏联模式形成传统计划经济体制的经验教训，提出了"建设有中国特色的社会主义"的历史命题，本质上是要搞清楚什么是遵循马克思主义、遵循人类社会发展一般规律、遵循社会主义建设规律，特别是立足中国特殊国情、符合中国社会发展规律、从而促进生产力发展、实现共同富裕的社会主义，搞清楚搞社会主义要从中国的实际出发，走自己的路，把马克思主义的普遍真理与我国的具体实际结合起来，寻找实现社会主义共性与个性、一般与个别、普遍性与特殊性相统一的现实路径。

由于我国经济制度的重大变迁始终是在中国共产党的领导下进行的，因此笔者通过历届党代会和中央全会来梳理改革开放以来我国经济制度的变迁②。具体来看，经济政策的调整和突破，在制度供给上为社会主义经济制度的创新提供了重要的推动力。早在改革开放初期的1981年，党的十一届六中全会通过的《关于建国以来党的若干历史问题的决议》中就创新性地提出了"我们的社会主义制度还是处于初级的阶段"，指出"社会主义生产关系的变革和完善必须适应于生产力的状况，有利于生产的发展。国营经济和集体经济是我国基本的经济形式，一定范围的劳动者个体经济是公有制经济的必要补充。必须实行适合于各种经济成分的具体管理制度和分配制度"。此后，1984年党的十二届三中全会决定、1987年党的十三大报告都先后强调了坚持以公有制为主体、发展多种经济形式，发挥非公有制经济对社会主义经济必要的和有益的补充作用。在中国特色社会主义制度的探索过程中，1992年党的十四大具有重大里程碑的意义，明确

---

① 邓小平在1982年党的十二大开幕词中提出："把马克思主义的普遍真理同我国的具体实际结合起来，走自己的路，建设有中国特色的社会主义，这就是我们总结长期历史经验得出的基本结论。"参见《邓小平文选》（第3卷），人民出版社1993年版，第3页。

② 这也体现了上层建筑对经济基础的反作用这个外在向度的分析框架。

提出了建立"社会主义市场经济体制"是改革的目标,形成以公有制为主体,个体、私营、外资经济为补充,多种经济成分共同发展的混合型所有制结构,以及通过平等竞争发挥国有企业主导作用等一系列新的改革思路。在此基础上,1997 年党的十五大在所有制结构与社会主义市场经济关系认识上有了明确界说和重大创新,正式明确和第一次提出了"公有制为主体、多种所有制经济共同发展,是我国社会主义初级阶段的一项基本经济制度""非公有制经济是我国社会主义市场经济的重要组成部分",深刻阐发了坚持公有制的主体地位、坚持多种所有制经济共同发展两者缺一不可、相互促进,特别是明确了非公经济作为我国社会主义市场经济的重要组成部分并共同构成社会主义初级阶段所有制结构及其基本经济制度的重要特征。党的十六大、十七大,尤其是十八大、十九大以来不断深化了对我国社会主义初级阶段基本经济制度的认识,先后赋予更加深刻、更具创新意义的新的内涵①,其中,特别强调坚持"两个毫不动摇"、突出中国共产党的领导是中国特色社会主义制度的最大优势和最本质的特征、坚持"以人民为中心"的发展思想等,使中国特色社会主义基本经济制度的内容结构愈益丰富、严谨和完善。

  实践中,伴随所有制、经济体制和运行机制的渐进性持续深化改革地进行,社会主义经济制度变迁转向了制度重构、形成中国特色社会主义基本经济制度及其坚持完善的重大创新。一方面,20 世纪 70 年代末肇始于农村家庭联产承包责任制的"两权分离"改革,以及乡镇企业的异军突起,"皇粮国税"的终结,到新时期农村土地产权制度"三权分置"改革与乡村振兴战略的实施,极大地解放和促进了农村生产力的发展和生产关系的调整与变革;而城市国有企业也相继实行了"扩权让利""利改税""承包制"改革,转换企业经营机制、实现股份制改造、建立现代企业制度、发展混合所有制经济,积极探索了适应现实社会生产力水平的公有制

---

① 如"必须毫不动摇地巩固和发展公有制经济""必须毫不动摇地鼓励、支持和引导非公有制经济发展""公有制为主体、多种所有制经济共同发展的基本经济制度,是中国特色社会主义制度的重要支柱,也是社会主义市场经济体制的根基""国有资本、集体资本、非公有资本等交叉持股、相互融合的混合所有制经济,是基本经济制度的重要实现形式,有利于国有资本放大功能、保值增值、提高竞争力,有利于各种所有制资本取长补短、相互促进、共同发展""中国特色社会主义最本质的特征是中国共产党领导,中国特色社会主义制度的最大优势是中国共产党领导""坚持以人民为中心的发展思想,不断促进人的全面发展、全体人民共同富裕"等。

特别是国有制的多种有效实现形式；这一过程还伴随允许和鼓励城乡个体、私营，以及特区对外开放外资、合营经济等非公经济形式的出现和发展；中国的所有制形式从过去公有制"一统天下"逐渐演变为多种所有制经济并存和共同发展的格局，市场主体得以培植和成长起来；其间，经历了突出国营经济主导地位和个体、私营等非公经济是公有制经济必要补充的"主导—补充"的实践探索，公有制为主体、个体经济、私营经济等非公经济都是补充的"主体—补充"的实践探索，以及公有制为主体、多种所有制共同发展的"主体—并存"的基本经济制度的实践创新探索；另一方面，计划经济体制的改革向有计划的商品经济、社会主义市场经济体制转型和深化发展，商品和要素市场体系逐渐发育，微观企业组织、中观区域或各产业的发展、宏观国民经济活动及其运行，通过市场规则、市场价格、市场供求、市场竞争、市场风险机制对社会资源配置发挥着越来越重要的基础性乃至决定性作用，在中国共产党的领导下，政府在转变其职能、健全宏观调控体系的改革深化中也更好地发挥着促进国民经济持续增长、高质量发展、实现共同富裕的宏观引导与调控作用。

回过头来看，实际上自党的十一届三中全会决定以经济建设为中心，党的十三大决定发展有计划的商品经济，党的十四大决定建立社会主义市场经济体制，由此就将坚持以公有制为基础还是以私有制为基础这一区别社会主义和资本主义重要标志的核心经济制度、坚持公有制为主体、多种所有制经济并存和共同发展的基本经济制度与坚持社会主义市场经济体制的具体经济制度的三重规定性及其结合真正提上了日程。实践证明，在半殖民地半封建社会的历史废墟上经由新民主主义社会进入社会主义初级阶段的中国，始终坚持公有制的社会主义性质，是坚持了马克思、恩格斯科学社会主义的基本原则和社会主义本质的内核，中国特色社会主义经济制度因此具有了社会主义核心经济制度根本规定性的本质特征；进一步地，坚持实行以公有制为主体、多种所有制经济共同发展的中国特色的社会主义社会基本经济制度，发展和完善社会主义市场经济体制这一具体经济制度，实行市场在资源配置中的决定性作用和更好发挥政府作用，既是社会主义初级阶段社会生产力发展的客观要求和符合我国国情不断调适社会主义社会生产关系和上层建筑的历史选择，更是根据我国实际和时代变化对马克思主义经典作家关于未来社会所有制理论、消除商品货币市场交换关系设想的重大突破与创新性发展，从而赋予了社会主义社会经济制度体系以鲜明的中国特色的时代特征①。中国特色社会主义经济制度具有的三重规定性特征，在 40 年的改革开放实践中形成、丰富和不断完善，产生了极其重要而深远的历史影响：我国在生产力获得了极大解放和发展的基础上，经济总量已上升为世界第二位，经济实力、科技实力、国防实力、综合国力进入世界前列，7 亿多人摆脱了贫困，人民生活水平有了大幅度地改善和提高，取得了令世人瞩目的骄人成就，总体市场化程度已经接近 80%，中国特色社会主义市场经济体制逐步建成并日益完善②。

中国社会主义经济制度变迁发展 70 年的理论追问和实践检视，揭示出一部不断探索和创新的历史。特别是党的十一届三中全会以来，我国改革开放和现代化建设不仅取得了历史性成就，而且积累和形成了一整套中国特色社会主义经济制度创新与发展的科学理论和宝贵经验，理解其丰富内涵及其发生逻辑可以通过如下几个方面来切入：坚持中国共产党的领导，坚持社会主义公有制和社会主义道路，坚持公有制为主体、多种所有制经济共同发展与发展完善社会主义市场经济体制内在一致的中国特色社会主义经济制度创新；坚持遵循制度创新规律与秉持中国国情相一致、诱致性与强制性制度变迁互动结合、改革、发展与稳定相协调的中国特色社会主义经济制度创新；坚持先易后难、以增量改革带动存量改革、公有制与市场机制兼容结合基本方向、体制内改革与体制外推进相结合的中国特色社会主义经济制度创新；坚持顶层设计与试点探索相结合、对内改革和对外开放统筹推进、全面推进与重点突破相协调的中国特色社会主义经济制度创新；如此等等，在社会主义经济制度变迁的历史与现实的探索中作出了中国贡献。

四 理解新中国经济制度 70 年的变迁路径、特征及其绩效：一个简要总结

今天，我们站在新时代新的历史起点上，回望、检视我国社会主义经济制度的 70 年变迁，描绘和勾勒出我国社会主义经济制度经历的建立、

---

① 恩格斯早就明确地指出："所谓'社会主义社会'不是一种一成不变的东西，而应当和任何其他社会制度一样，把它看成是经常变化和改革的社会。"参见《马克思恩格斯全集》第 37 卷，人民出版社 1971 年版，第 443 页。
② 陈宗胜等：《新时代中国特色社会主义市场经济体制逐步建成》，《经济社会体制比较》2018 年第 4 期。

探索、改革、转型与完善过程中艰难曲折的发展脉络，客观理性地理解新中国经济制度70年的变迁路径、特征及其绩效，对于更加清醒地认识新时代中国特色社会主义的历史方位，更加自觉地增强对中国特色社会主义经济制度的价值认同，更加坚定地坚持对中国特色社会主义经济制度的高度自信，是极具理论与实践创新的重大而深远的历史和现实意义的。

1. 理解中华人民共和国经济制度70年的变迁路径，内含理论的抽象性和实践的具体性辩证关系的探索，展现出我国社会主义经济制度变迁中"否定之否定"的规律性特征和演变轨迹的历史语境和历史逻辑

对中华人民共和国经济制度70年变迁的回顾和检视，既不是对1949年以来经济制度变迁的单纯转述和旁观写照，也不是简单地对这一嬗变现实的直接模拟与刻画，而是力求还原历史、置身其间，对"特殊历史背景的认识、国家战略的选择、体制机制的建构、政策措施的实施——新的历史环境的变化、国家战略的转变、体制机制的改革、政策措施的调整——……"循环深入的历史进程，从马克思主义生产力与生产关系、经济基础与上层建筑辩证关系的基本命题出发，作出70年来我国社会主义经济制度演进变迁特有路径全景图的历史书写，其中既在时间上体现为一个包括改革开放前后两大时段，各时段内又可能包含若干阶段的连续性动态变迁的渐进过程，又在空间上体现为包括中央和地方，城市和农村，东部中部和西部，农业、工业和服务业，微观、中观和宏观等各个层面、各个领域、各个维度、各个方面的关联性互动变迁的复杂过程[①]。其间，内含科学社会主义理论的抽象性和社会主义实践的具体性辩证关系的探索，展现出我国经济制度变迁中"否定之否定"的规律性特征及其演变轨迹的历史语境和历史逻辑：服从于新中国成立之初必须尽快完成"变农业国为工业国""国家工业化"的赶超战略及其历史任务，传统社会主义计划经济体制下单一公有制的社会主义经济制度的形成，是对过渡时期亦公亦私、公私结合的多种经济形式混存经济制度的第一次否定；而改革开放后服从于党和国家工作中心转移到经济建设新的战略决策，公有制经济外允许非公有制经济作为"补充"的存在和发展及其后的社会主义市场经济体制确立基础上公有制为主体、多种经济形式并存共同发展的中国特色

---

① 研究经济制度变迁的历史时间和地域空间特征及其特有的规律性，正是本文至为重要的一项研究任务。

社会主义基本经济制度的形成，则是对改革开放前单一公有制的社会主义经济制度的第二次否定。

今天，从历史的角度辩证客观地审视这一经济制度变迁的"否定之否定"过程①，无疑，传统社会主义计划经济体制下单一公有制的社会主义经济制度对过渡时期亦公亦私、公私结合的多种经济形式混存经济制度的第一次否定，有错误也有警示的历史性价值。在新中国成立初期极其落后的国情基础上试图实现工业化赶超战略强国目标的历史紧迫性面前，我们试图通过构建起新的社会经济制度、发挥生产关系反作用于生产力的作用，在所有制的改造和构建上犯了超越阶段的冒进和片面升级过渡的历史性错误，导致超前的生产关系与落后的生产力之间的结构性矛盾，对社会主义建设产生了"欲速不达"的严重制约和影响，这也为后来改革开放的制度创新提供了有益的历史鉴戒。正如邓小平同志所说，"我们尽管犯过一些错误②，但我们还是在三十年间取得了旧中国几百年、几千年所没有取得过的进步"③，我们初步建立起的独立的、比较完整的工业体系和国民经济体系，为社会主义工业化和国民经济的发展打下了坚实的物质技术基础，公有制的社会主义经济关系最初的制度表达也得以完成。在这个意义上，为后来的改革开放奠定积累了必要的物质技术基础和政治经济基础④。而改革开放进程中，社会主义市场经济体制确立基础上公有制为主体、多种经济形式并存的社会主义基本经济制度，对改革开放前单一公有制的社会主义经济制度的第二次否定，并非是对新中国之初过渡期亦公亦私、公私结合的多种经济形式混存的经济制度的简单回归，而是在改革开放凝聚了"发展共识"新的历史背景下，在重新认识唯物史观关于生产力与生产关系辩证关系的基础上，匡正改革开放前"生产力—生产关系—上层建筑"的反向向前推进，即上层建筑反作用逻辑为主的内部封闭静态循环，调整为改革开放后"生产力—生产关系—上层建筑"的正向向后推进，

---

① 列宁曾经指出："在分析任何一个社会问题时，马克思主义理论的绝对要求，就是要把问题提到一定的历史范围之内"。参见《列宁选集》（第 2 卷），人民出版社 2012 年版，第 375 页。

② 如"一化三改造"中存在的改造过急、过粗、范围过宽，特别是"大跃进"中的瞎指挥、浮夸风，以及"文化大革命"中的"打倒一切""全面夺权"等严重错误。

③ 《邓小平文选》（第 2 卷），人民出版社 1994 年版，第 167 页。

④ "社会主义制度的建立，是我国历史上最深刻最伟大的社会变革，是我国今后一切进步和发展的基础。"参见中共中央文献研究室《三中全会以来重要文献选编》下，人民出版社 1982 年版，第 794 页。

即生产力的决定逻辑为主的开放动态演进,在嵌入"生产力—生产关系—上层建筑"系统结构的互动机制中经济制度体系适应性调整的创新发展,促进了中国经济的长期快速增长和人们生活的极大改善及其全社会福利的极大增进,是社会主义初级阶段经济制度自我完善的"中国实践"。

2. 理解新中国经济制度 70 年的变迁特征,其中的一个历史性视角是观察改革开放土壤中生长出的新的"生产关系适应发展观",从而促成了由先前"生产关系自我中心观"①向"生产关系适应发展观"②的历史性转变

以 1978 年党的十一届三中全会的召开为契机,我国进入经济体制改革开放的新阶段。改革始于改变传统社会主义计划经济体制及其单一公有制格局与我国社会生产力发展总体水平低、多层次、不平衡的现实经济条件的不适应性,改革使得原有的"生产关系自我中心观"逐渐转为了"生产关系适应发展观"。即改革开放前脱离我国社会生产力现实、一味追求社会主义生产关系疾风暴雨式的升级过渡,单纯以社会主义生产关系的建立和"一大二公三纯四平"③的主观愿望为中心,导致社会主义生产关系长期超越生产力现实条件,阻碍了社会主义经济制度自身客观求实地探索、创建、发育和成长,其脱离中国现实国情、忽视发展社会生产力而陷入"贫穷社会主义"发展的困境,延缓和抑阻了我国社会主义建设发展的进程;另一方面在客观上又为之后的改革开放提供了经验鉴戒和动力支持,并且为始终坚持和深化改革开放也积累了可供反思与创新的"思想成果、物质成果、制度成果"④。

改革正是旨在寻求社会主义生产关系适应现实生产力状况、放开单一

---

① "生产关系自我中心观"是指偏离社会生产力水平约束,以建立起社会主义生产资料公有制绝对优势的生产关系为逻辑前提。

② "生产关系适应发展观"则是指基于现实社会生产力发展水平,以建立起既适应生产力发展客观要求的社会主义所有制及其经济形式结构为基础的生产关系体系,又保持与此相适应的经济体制、运行机制及其政策决策和实施机制的上层建筑统一的逻辑关系。

③ 一大是指基层经济组织,如人民公社、国营企业在规模上追求越大越好;二公是指追求公有化程度越高越好;三纯追求的是社会主义经济成分越纯越好;四平则是在分配上搞了平均主义。

④ 习近平:《在纪念毛泽东同志诞辰 120 周年座谈会上的讲话》,《人民日报》2013 年 12 月 27 日。

所有制的传统意识的限制，允许与较为落后低下的、多层次的、不平衡的生产力水平相适应的个体、私营、外资等非公有制经济的存在和适当发展，促成了社会主义初级阶段公有制主体经济、主导作用与非公有制经济的补充和互动为基础的中国特色社会主义基本经济制度新芽的萌发，以及适应生产力现实基础和基本国情的公有制为主体、多种经济形式共同发展的基本经济制度的确立和不断发展。这一过程中，相对于发展和完善社会主义市场经济体制的要求而言，尽管仍存在公有制实现形式创新改革的不足及其活力、创造力和竞争力不强，非公经济发展的制度供给不足与制度规范不够，公有制经济与非公经济间行业垄断体制压缩民企发展空间的一定程度上竞争的不平等性等诸多问题，但是，整体上看，伴随党的历次全会，包括十一届三中、四中全会和十二届三中全会，以及党的十二大、十三大、十四大直至十九大报告对改革共识的凝聚、改革领域的不断拓展和全面深入深化，焕发出各经济主体利益激励的"生产性努力"，激活了各要素资源的充分有效利用，从而迎来了改革开放巨变中迸发出的经济持续高速增长，各经济主体包括农民、工人和非公经济组织中劳动者收入增加的良性发展态势。

从"生产关系自我中心观"到"生产关系适应发展观"，是从抽象定性社会主义公有制的先进性，回到"社会主义的优越性归根结底要体现在它的生产力比资本主义发展得更快一些、更高一些，并且在发展生产力的基础上不断改善人民的物质文化生活"[1]，一句话，"归根到底要看生产力是否发展，人民收入是否增加"[2] 的历史唯物主义客观的"生产力标准"的依循之上，是社会主义制度评价标准走向科学尺度和价值尺度的有机统一。这一改革初衷和历史转变值得追忆，值得铭记。

3. 理解新中国经济制度 70 年的变迁绩效，以改革开放为界其制度供给和需求、制度成本和效率的关系，走过并正在经历一个典型的政府主导、纵向层级式、制度供需信息非对称非流动的单向封闭型及其政治偏好下较高制度成本和效率漏损的强制性制度变迁，转向基层诉求与政府顶层设计上下协同、制度供需信息流动的双向开放型及其"发展共识"一致性

---

[1] 《邓小平文选》（第 2 卷），人民出版社 1994 年版，第 250 页。
[2] 《邓小平文选》（第 2 卷），人民出版社 1994 年版，第 314 页。

偏好下追求制度变迁长期绩效的"适应性效率"①、诱致性与强制性耦合联动的制度变迁历史过程

中华人民共和国成立后选择走社会主义制度的道路，受制于当时特殊历史环境下国际国内各种复杂因素及其条件的制约，无论是"国家工业化"战略的实施、尽快重构工业及其国民经济体系以巩固和加强新生政权，还是"一化三改造"的实行以促成社会主义经济制度的加快形成，以及之后实行的中央集权计划经济体制以推进国家主导的现代化建设进程，一方面发挥了资源匮乏条件下社会主义制度能够集中力量办大事的优势②，举全国之力，集中优势资源，聚焦特定的工程、项目、事件，才成就了"一五"期间"156项工程"和"两弹一星"等重大战略、工程跨越性、突破性、高效率的发展，迅速奠定了社会主义工业化的初步基础，铸就了我国国防安全的战略基石，并且对国家科技发展乃至整体经济社会发展都产生了深远影响；另一方面，也体现出国家凭借政权力量破除旧制度障碍、以行政命令方式强力建构起生产资料公有制占绝对优势的社会主义经济新制度的强制性制度变迁，其自上而下、单向封闭的制度供给，以及政治制度和政治权力强势决定资源配置、缺乏基层制度需求信息来源与反馈的制约及其纠偏机制，此间制度僵化导致制度变迁的"适应性效率"长期趋于低下。

而改革开放以来快速增长和发展势头的背后，无不昭示出其对社会主义本质的重新认知，突破传统社会主义经济理论圭臬，包括单一公有制、排斥市场等理论定式误区，作出适应生产力发展水平的"所有制结构和产权改革"、市场取向改革及至社会主义市场经济体制确立和全方位的建设、市场决定资源配置与政府兼具"引导型与推动型""防护型与进取型"③

---

① 诺思在《理解经济变迁过程》一书中提出，"在具有适应性效率的社会中，制度矩阵的灵活性使其能够调整来解决与根本的经济变迁相关的问题"。参见［美］道格拉斯·C.诺思《理解经济变迁过程》，钟正生等译，中国人民大学出版社2013年版，第96页。

② 《增长的极限》的作者之一乔根·兰德斯教授认为，中国政府能集中力量办大事，不应迷信西方民主体制。这个因素是兰德斯对中国发展保持乐观态度的核心因素。参见宋丽丹《国外看"中国道路"取得成就的主要原因》，《红旗文稿》2015年第13期。

③ 王今朝：《关于市场配置资源决定性与更好发挥政府作用的学术认知》，中国社会科学网，http：//ex.cssn.cn/jjx/jjx_gzf/201612/t20161208_3305679.shtml，2016年12月8日。防护型的"更好发挥政府作用"就是要解决中国人民由于各种内外部因素所遭受的痛苦；进取型的"更好发挥政府作用"是为了获得中国本来可以获得的更大的利益。

角色及作用制度效应的初步释放。这中间，从摸着石头过河到与政府顶层设计的结合互动；从民生发展的制度需求与到政府科学发展的制度供给形成的"发展共识"一致性偏好的协调推动；从诱致性制度变迁到与强制性制度变迁的耦合联动，改革带来的"制度释放剩余"和制度变迁愈益灵活性内含的报酬递增及其自我强化机制的累积效应，逐渐形成促进长期增长中制度成本相对降低和制度效率提升的良好绩效，一定意义上其制度变迁"适应性效率"的增强，在国内外转型的横向纵向比较中都得到了多方面经验的验证。

"国进民进":中国所有制结构演进的历时性特征

——兼驳"国进民退"论

盖凯程 周永昇 刘 璐[*]

摘 要:马克思所有制理论是一个由历史形态主体性、现实结构多元化和实现形式多样性等构成的辩证逻辑体系。它与中国所有制改革具体实践相结合,形成了中国特色社会主义所有制理论体系以及与之相一致的政策体系、实践体系和法律体系。这一理论逻辑、历史逻辑与实践逻辑规定与描刻着中国所有制结构演进的主要脉络、外延边界和演绎方向,形塑了中国所有制结构在规模和质量上"国进民进"的历时性时空演绎总体特征。将"国进民退"作为一个实然命题,置于中国经济社会转型时序空间里运用历史数据进行全景式、历时性实证观察:"国进民退"是一个伪命题。

关键词:所有制结构;国进民退;历时性

近年来,在国内经济转型升级和国际贸易保护主义加剧的多重压力下,市场环境发生急剧变化,我国一些行业和领域出现了非公有制企业被兼并结业、国有资本收购民营上市公司等现象,有人据此抛出"民营经济离场论"[①],引发广泛关注。今年伊始,又陆续有人依据"竞争中性"概

---

[*] 本文选自盖凯程、周永昇、刘璐《"国进民进":中国所有制结构演进的历时性特征——兼驳"国进民退"论》,《当代经济研究》2019年第10期。

[①] 吴小平:《中国私营经济已完成协助公有经济发展的任务,应逐渐离场》,凤凰新闻网,http://wemedia.ifeng.com,2018年9月12日。

念炮制出"所有制中性论"①,要求"取消国企、民企、外企的所有制分类"②,"摘下企业头上的'所有制帽子'"③。更有人直接提出"国有企业后退一步,中国经济海阔天空"④,引发了激烈的学术争议。无论是"民营经济离场论",还是"所有制中性论"或"国企后退论",共同的话语隐指皆是"国进民退",实质上是对改革开放以来公有经济与非公经济、国有企业与民营企业地位与关系历次争论的延续与表达。由于这一命题关乎中国特色社会主义基本经济制度的理论符码锚定和实践政策导向问题,所以有必要对我国所有制结构变动事实进行判断并从理论上予以辨析与澄清。

一 马克思所有制理论的三重逻辑

马克思总是使用特定历史形态下的所有制来表征一个社会生产关系的总体特征,以之规定生产资料归谁所有、生产资料与劳动者通过什么样的社会方式相结合,并映射出人们在社会生产过程中通过占有生产资料所反映出的地位和相互关系,进而成为一个社会经济制度的核心特质。从其理论蕴含和实践指向来看,马克思所有制思想包含着历史形态的主体性、现实结构的多元性和实现形式的多样性等层次内容,依此演绎出一个围绕所有制的历史向度与现实维度、本质规定与表现形式而展开的辩证辑体系,为我们提供了分析所有制形态演化规律及其结构变迁趋势的理论基础和分析框架。

1. 所有制历史形态的主体性

马克思用以划设人类社会形态的所有制依据,其实质是一个反映某一社会发展阶段经济社会制度整体特征的历史范畴。作为生产力发展函数的因变量,"所有制关系中的每一次变革,都是产生了同旧的所有制关系不

---

① 高尚全:《坚持基本经济制度 把握"两个中性"原则》,《宏观经济管理》2019年第7期。

② 杨伟民:《减少政府机构 取消所有制分类》,新浪财经,http://finance.sina.com.cn,2018年9月16日。

③ 刘世锦:《应摘下企业头上"所有制的帽子"》,新浪财经,http://finance.sina.com.cn,2019年3月23日。

④ 张思平:《国有企业后退一步,中国经济海阔天空》,澎湃新闻,https://www.thepaper.cn,2017年12月15日。

再相适应的新的生产力的必然结果"①。生产力的发展会使得"一切所有制关系都遭到了经常发生的历史的更替,都遭到了经常发生的历史的变更"②。正是基于所有制的这一动态演进机制,马克思科学地推演出以共产主义取代资本主义的内在逻辑机理:资本主义私有制"只是在劳动资料和劳动的外部条件属于私人的地方才存在"③。而一旦"生产资料的集中和劳动的社会化,达到了同它们的资本主义外壳不能相容的地步"④,则这一所有制形态即告完成其历史使命。

马克思认为,"一切社会形式中都有一种一定的生产决定其他一切生产的地位和影响,因而它的关系也决定其他一切关系的地位和影响"⑤。具体到某一社会形态或特定社会发展阶段中,客观上存在着某种通行的、占据主导地位的生产资料所有权形式的基本制度安排,"这是一种普照的光,它掩盖了一切其他色彩,改变着它们的特点。这是一种特殊的以太,它决定着它里面暴露出来的一切存在的比重"⑥。这种排他性所有制关系的基础性制度安排,就是一个社会占主导地位的生产资料所有制,即主体所有制。其功能是:以生产资料排他性规定界定了归属清晰的生产资料最高支配权,并借以规范各类经济主体的经济行为,阻隔一部分人利用这一权利支配和占有另一部分人的劳动过程和成果,协调各种利益主体的矛盾和冲突,进而确立经济主体在生产、分配、交换、消费中的行为秩序,以"普照之光"和"特殊以太"形塑着社会的整体利益格局。

一个社会中占主体地位的所有制及其制度安排一经形成,则以其相对固定的历史形态框范与规定着这一社会的基本性质、行动边界和演绎方向。资本私有制占主体是资本主义社会区别于其他社会形态的根本特征,公有制占主体则是社会主义社会的根本特征。因此,所有制历史形态的主体性描刻和反映了全社会范围内一个社会基本经济制度在其历史向度上的系统性、稳定性和持续性等整体特质。这一特征并不因其现实结构多元化和实现形式多样性——例如阶段性、局部性的"国进民退""国退民进"

---

① 《马克思恩格斯选集》(第1卷),人民出版社2012年版,第303页。
② 《马克思恩格斯全集》(第4卷),人民出版社1958年版,第480页。
③ 《马克思恩格斯全集》(第23卷),人民出版社1972年版,第829页。
④ 《马克思恩格斯全集》(第23卷),人民出版社1972年版,第831页。
⑤ 《马克思恩格斯文集》(第8卷),人民出版社2009年版,第31页。
⑥ 《马克思恩格斯文集》(第8卷),人民出版社2009年版,第31页。

或者公、私有财产权比重的"此消彼长""此长彼消"——而发生根本性改变。

2. 所有制现实结构的多元化

马克思所有制思想演绎行程中一以贯之的理论方法是"主体,即社会,也必须始终作为前提浮现在表象面前"①。历史向度上的所有制主体性并不排斥和否定现实维度上的所有制结构多元化。具体到某一社会形态和特定发展阶段中,不同所有制形式同时并存的结构性状态是一种客观现象。

所有制现实结构的多元化是一切新社会形态初期阶段的鲜明特征②。马克思指出,不仅仅美洲原始公社解体时期的"所有制形式极其多样"③,资产阶级社会发展过程中同样存在先前社会形态的某些所有制残片,是"借这些社会形式的残片和因素建立起来,其中一部分是还未克服的遗物,继续在这里存留着,一部分原来只是征兆的东西,发展到具有充分意义"④。追根究由,这是由于对于一个新社会形态而言,首先,既有的生产力水平构成形塑所有制形态的最基本约束条件,"人们不能自由选择自己的生产力……,因为任何生产力都是一种既得的力量,是以往的活动的产物"⑤。其次,现实社会的物质生产力并非整齐划一,社会经济部门之间、地区之间以及城乡间的生产力发展水平往往存在着显著差异,构成多种所有制形态并存的现实基础。因而一个社会的所有制结构并非单一的,在主体所有制这种"普照的光"之下,通常还存在着其他非主导的所有制光谱。

对于社会主义初级阶段而言,"它不是在它自身基础上已经发展了的,恰好相反,是刚刚从资本主义社会中产生出来的,因此它在各方面,在经济、道德和精神方面都还带着它脱胎出来的那个旧社会的痕迹。"⑥ 社会物质生产力发展的渐进性与累积性决定了生产资料所有制更替的交错性、逐步性与长期性。公有制对私有制的替代不是简单的线性替代关系,而是一

---

① 《马克思恩格斯选集》(第2卷),人民出版社1995年版,第19页。
② 《刘诗白文集》(第4卷),西南财经大学出版社1999年版,第231页。
③ 《马克思恩格斯全集》(第45卷),人民出版社1985年版,第212页。
④ 《马克思恩格斯文集》(第8卷),人民出版社2009年版,第29页。
⑤ 《马克思恩格斯文集》(第10卷),人民出版社2009年版,第43页。
⑥ 《马克思恩格斯文集》(第3卷),人民出版社2009年版,第434页。

个复杂的、迂回的螺旋上升过程，"不能一下子就把现有的生产力扩大到为实行财产公有所必要的程度一样……只有创造了所必需的大量生产资料之后，才能废除私有制"①。所有制多元并存的结构性状态将是社会主义初级阶段所有制结构的长期特征。

3. 所有制实现形式的多样性

所有制是一个关于社会经济制度的整体性概念②，在特定的社会历史环境和生产条件下还需要通过具体的实现形式来使之具象化。从抽象上升到具体，考虑到特定历史形态发展阶段、经济发展水平、社会文化传统等的异质性，以及微观经济领域大量的具体产权安排及其结构变化等，则所有制的表现形式又是丰富而具体多样的，"这并不妨碍相同的经济基础——按主要条件来说相同——可以由于无数不同的经验的情况，自然条件，种族关系，各种从外部发生作用的历史影响等等，而在现象上显示出无穷无尽的变异和色彩差异"③。因而同一本质规定的所有制可以采用多种不同的具体实现形式，不同性质的所有制也可以采用同一实现形式。

马克思在分析资本私有制实现形式时，不仅指出了股份公司、垄断托拉斯和国有制等多种资本组织形式，"大规模的生产机构和交通机构起初由股份公司占有，后来由托拉斯占有，然后又由国家占有"④，还指出了股份公司资本作为"那种本身建立在社会的生产方式的基础上并以生产资料和劳动力的社会集中为前提的资本"⑤，是"发展现代社会生产力的强大杠杆"⑥，体现了"联合生产"和"社会资本"的性质，它"在这里直接取得了社会资本（即那些直接联合起来的个人的资本）的形式，而与私人资本相对立，并且它的企业也表现为社会企业，而与私人企业相对立。这是作为私人财产的资本在资本主义生产方式本身范围内的扬弃"⑦。作为现代企业的一种组织形式和经营方式，股份制既可以作为资本主义私有制的实现形式，也可以作为社会主义公有制的实现形式。以产权主体多元化为特

---

① 《马克思恩格斯选集》（第1卷），人民出版社2012年版，第304页。
② 荣兆梓：《公有制实现形式多样化通论》，经济科学出版社2001年版，第23页。
③ 《马克思恩格斯文集》（第7卷），人民出版社2009年版，第849页。
④ 《马克思恩格斯文集》（第9卷），人民出版社2009年版，第397页。
⑤ 《马克思恩格斯选集》（第2卷），人民出版社1995年版，第516页。
⑥ 《马克思恩格斯全集》（第12卷），人民出版社1962年版，第610页。
⑦ 《马克思恩格斯文集》（第7卷），人民出版社2009年版，第495页。

征的现代股份公司,也为多样性所有制结构提供了具体实现载体。

"社会生产力与由于生产力的发展,人们在生产过程中的实际的关系必然改变,而这些新的实际关系表现于新的法权概念中"①。从法权和社会意识层面进一步解构所有制表现形态的微观机制,所有制实现形式其实是一个与财产权处于同一层面的具体范畴,财产权作为所有制的具体实现形式是法律对主体财富控制行为正当与否做出的价值判断,它涉及特定财产权利关系的排列组合,是特定历史形态的所有制关系的规定性在特定的实践与空间范围内得以实现的具体产权安排的结构及其关系,包括产权主体的范围与构成、产权客体的边界与规模、产权权能在不同主体间的排列组合和分配等的具体规定,以及广义上的所有权与物权、债权和役权等的产权安排以及其相互作用,等等。作为一个"生产关系的法律用语",尽管由经济基础而决定的法所创设的财产权与所有制密不可分,但财产权一旦产生就具有相对独立性,其变化的特点与规律因与具体经济体制关系密切而带有明显工具性,从而又在一定程度上实现了与所有制性质评判的"脱敏"。

二 马克思所有制理论的中国逻辑

改革开放以来,中国以马克思所有制理论为基础,在实践中打破了传统的社会主义所有制单一结构,构建起与社会主义初级阶段生产力发展水平相调适的基本经济制度②。基本经济制度形成、发展与完善的过程是一个对公有制经济与非公有制经济二者关系的认识不断深化的过程。

一是"有益补充"与"边际增量调整"阶段。十一届三中全会确认"社员自留地、家庭副业和集市贸易是社会主义经济的必要补充",以体制外边际增量微调方式开始认可非公经济存在的正当性。党的十二大提出"由于我国生产力发展水平总的说来还比较低,又很不平衡,在很长时期还需要各种经济形式同时并存",从而确认个体经济是公有制经济的补充。党的十三大则进一步确认私营经济、中外合资合作企业和外商独资企业等非公有制经济都"是公有制经济必要的和有益的补充"。这期间,非公有

---

① [俄]普列汉诺夫:《论一元论历史观之发展》,博古译,生活·读书·新知三联书店1961年版,第139页。
② 葛扬:《马克思所有制理论中国化的发展与创新》,《当代经济研究》2016年第10期。

制经济更多的是作为体制外补充性要素,以边际增量调整的方式逐渐被纳入到经济体制改革的轨道上来。

二是"共同发展"与"存量结构优化"阶段。党的十四大提出"以公有制包括全民所有制和集体所有制为主体,多种经济成分长期共同发展"方针。党的十五大正式把"公有制为主体、多种所有制经济共同发展"确立为基本经济制度。1999年《宪法》修正案明确了"国家在社会主义初级阶段,坚持公有制为主体、多种所有制经济共同发展的基本经济制度"。20世纪90年代中后期着眼于国民经济整体布局优化的"抓大放小"是对这一理论逻辑的实践延伸,意味着基本经济制度演化的逻辑从非公经济边际增量调整转向对公有经济的存量结构优化。其后二十年国有和民营经济双双高歌猛进成为"共同发展"的最好注脚。

三是"两个毫不动摇"与"平等发展"阶段。党的十六大首次提出"两个毫不动摇",即"毫不动摇地巩固和发展公有制经济,毫不动摇地鼓励、支持和引导非公有制经济发展"。党的十七大强调"坚持平等保护物权,形成各种所有制经济平等竞争、相互促进新格局"。党的十八大在此基础上进一步明确"推动国有资本更多投向关系国家安全和国民经济命脉的重要行业和关键领域,不断增强国有经济活力、控制力、影响力",同时要"保证各种所有制经济依法平等使用生产要素、公平参与市场竞争、同等受到法律保护",这就意味着在前期边际增量调整和存量结构优化的基础上,将重心转向从政策和法律层面着力锻造公有制经济与非公有制经济在要素上的平等使用、经济上的平等竞争和法律上的平等保护的平等发展格局上。

四是"内在要素"与"融合发展"阶段。十八届三中全会将基本经济制度定位为社会主义市场经济体制的"根基",提出了"两个都是"和"两个不可",即"公有制经济和非公有制经济都是社会主义市场经济的重要组成部分,都是我国经济社会发展的重要基础",以及"公有制经济财产权不可侵犯,非公有制经济财产权同样不可侵犯",为此,要积极发展"国有资本、集体资本、非公有资本等交叉持股、相互融合的混合所有制经济"。十八届四中全会强调了"健全以公平为核心原则的产权保护制度,加强对各种所有制经济组织和自然人财产权的保护"。这表明在全面深化改革时期,巩固和完善基本经济制度的触角已进一步延伸至各种所有制资本融合发展和产权保护等关键环节和微观领域,着力弥合具体竞争领域中的所有制差别歧视。2018年习近平总书记在民营企业座谈会上提出"民营经济是我国经济制度的内在要素，民营企业和民营企业家是我们自己人"，"民营经济是社会主义市场经济发展的重要成果，是推动社会主义市场经济发展的重要力量"。这意味着民营经济既是社会主义市场经济发展的"果"（之一），又是社会主义市场经济发展的"因"（之一），从而民营经济由一个经济体制改革进程中的"外生变量"真正变成为"内生变量"。

改革开放以来，马克思所有制思想与中国所有制改革的具体实践相结合，产生了①以公有制经济为主体多种所有制经济共同发展的基本经济制度框架；②坚持"两个毫不动摇"和"两个都是"原则；③以股份制为公有制的主要实现形式和以混合所有制经济为基本经济制度的重要实现形式；④公有制经济财产权不可侵犯、非公有制经济财产权同样不可侵犯的平等产权保护四个层次组成的结构完整、运行有效、辩证统一的中国特色社会主义所有制的理论体系、政策体系、实践体系和法律体系，构成中国各种所有制经济各自发展、并行发展和融合发展的理论基础和实践指向。对于公私关系：在认识上，经历了一个从"为什么选择公有制经济为主体、多种所有制经济共同发展"到"怎么样实现公有制经济为主体、多种所有制经济共同发展"的升华；在实践上，经历了一个从宏观体制架构搭建到微观机制构筑的跃迁，公有制经济和非公经济之间从二元对立到边际增量调整、从存量结构优化再到内在融合发展，二者之间在机理上相互调适、在功能上相互匹配、在形式上相互融合，从而形塑了中国所有制经济结构变迁的开放性特征和动态式规律的整体图景。

三 "国进民退"：方法论之辩

"国进民退"实质上是"国退民进"的对偶命题，但却有着比原初问题更复杂的理论指向和争论。不同的理论范式和解题工具给出了截然不同的解释。有学者用它来描述企业在某一行业或领域的进出现象，有学者用它来代指政府与市场边界的进退博弈[①]，还有学者用它来表示所有制结构

---

① 刘瑞、王岳：《从"国进民退"之争看国企在宏观调控中的作用》，《政治经济学评论》2010年第3期。

的变动趋势①；有学者认为"国进民退"是市场化改革的倒退②，有学者认为"国进民退"是社会主义制度优势的表征③，还有学者认为"国进民退"只是特定领域与行业的暂时表现等④。由于涉及公与私、政府与市场、效率与公平的问题，这一话语论争不仅未达到"真理越辩越明"效果，反而造成了"国、民对立"的假象，客观上存在消解改革共识的负面效应。因此有必要深入至方法论层面对"国进民退"命题进行厘定。

1. "国进民退"：是实然命题，还是应然命题

关于"国进民退"的争论首先体现在两种不同范式的研究进向上：一是"国进民退"的实然研究，二是"国进民退"的应然研究。有学者把"国进民退"作为一个实然命题，通过具体案例与经验数据研究其存在与否，存在的条件与边界、规模与范围，并就其产生的原因和可能带来的影响等进行实证分析⑤；有学者则把"国进民退"作为一个应然命题，主要通过理论推演表达对特定现象的定性评价与价值判断，继而将其逻辑结论延伸至我国市场化改革和所有制结构调整的价值取向上来⑥。

纵观历次围绕"国进民退"纷繁复杂的话语争论，根本性分歧正是源自将"国进民退"作为应然命题范畴下的规范分析与理论思辨。如有学者对"国进民退"持批评态度，认为"好的市场经济体制"有赖于国有企业和政府调控的全面退出，"国进民退"背离了市场化改革的既定方向；有学者则对"国进民退"持支持态度，认为公有制经济占主体地位和国有经济起主导作用是社会主义的本质规定，进而，"国进民退"具有体现社会主义的正义性和"不证自明"的天然合理性。这种基于特定价值偏好、遮蔽现实蕴涵的理论推演与判定，既有悖于我国宪法确立的基本经济制度安

---

① 杨春学、杨新铭：《关于"国进民退"的思考》，《经济纵横》2015年第10期。
② 邓伟：《"国进民退"的学术论争及其下一步》，《改革》2010年第4期。
③ 周新成：《毫不动摇地坚持公有制为主体、多种所有制经济共同发展》，《当代经济研究》2010年第4期。
④ 卫兴华：《坚持和完善我国现阶段基本经济制度的理论和实践问题》，《马克思主义研究》2010年第10期。
⑤ 杨新铭、杨春学：《对中国经济所有制结构现状的一种定量估算》，《经济学动态》2012年第10期；罗进辉：《"国进民退"：好消息还是坏消息》，《金融研究》2013年第5期。
⑥ 丁冰：《坚持公有制经济的主体地位是我国当前不容忽视的一项重要任务》，《思想理论教育导刊》2010年第7期；张宇：《当前关于国有经济的若干争议问题》，《经济学动态》2010年第6期。

排这一约束条件,也偏离了确证被观察实践对象内部结构和因果联系的科学轨道,甚至也未跳出 20 世纪 30 年代社会主义经济大论战的理论窠臼。价值偏好越位、逻辑思维缺位的结果往往是理论推演与经验事实的错位。

"光是思想力求成为现实是不够的,现实本身应当力求趋向思想。"① 无论是"国进",还是"民退",都只是对经济运行状况的现实描述,仅凭进退现象就做出褒此贬彼的规范分析和定性评价显然过于轻率。因此不宜把"国进民退"作为一个应然命题,导航于固有的价值定位和取向去伸张自己的理论诉求,而应把它作为一个实然命题,在"公有制经济为主体、多种所有制经济共同发展"的基本制度与价值前提下,展开更深入的实证分析和客观判断。

2."国进民退":是切片式观察,还是全景式透视

将"国进民退"研究作为一个实然命题而论,不同学者之间仍存在较大争议。如有学者通过考察不同所有制企业的兼并重组案例及其在特定行业份额的变动状况,认为我国不仅存在局部性"国进民退"现象,还存在整体性"国进民退"趋势②;有学者则从所有制结构变动的情况出发,认为"国进民退"只是特定行业与领域的个别现象,并不存在普遍性与全局性"国进民退"的问题③。这种认识上的分歧主要源于不同的观察视角。

从微观局部领域来看,近年来一些行业和领域确实发生了民营企业利润增速下降、国有资本收购民营上市公司等现象,如"山西省煤矿企业兼并重组、山东钢铁收购日照钢铁、中粮集团入股蒙牛乳业"等一系列被解读为"国进民退"的典型事件。但同时也存在国有企业控制权转移给民营企业的案例。如近三年国有上市公司实际控制人转移完成的案例共有 9 个,其中变更后实际控制人为自然人的有 3 例,无实际控制人 1 例,占全部变更案例的 44.4%,只有 5 家实际控制人仍为国有资本。2018 年发生上市公司控制权变更交易 95 例,其中国有资本受让控制权只有 29 例,仅

---

① 《马克思恩格斯选集》(第 1 卷),人民出版社 2012 年版,第 11 页。
② 邓伟:《"国进民退"的学术论争及其下一步》,《改革》2010 年第 4 期。
③ 项启源:《对"国进民退"争论的深入思考》,《当代经济研究》2011 年第 1 期;胡鞍钢:《"国进民退"现象的证伪》,《国家行政学院学报》2012 年第 1 期;荣兆梓:《"国退民进"与公有制为主体》,《财贸研究》2014 年第 1 期。

占全部交易的30.5%，其他上市公司控制权都由民营资本获得①。资本市场上的企业控股权转让变更或行业兼并重组更宜解读为混合所有制改革背景下的正常市场竞争行为。

仅以个别企业股权结构变动为佐证，以特定案例和个别现象去推演出一般性结论显然缺乏足够说服力。"如果事实是零碎的和随意挑出来的，那么它们就只能是一种儿戏，或者连儿戏也不如。"② 这一孤立、片面的观察法，使人们容易被某一领域的特定案例或现象遮蔽，进而得出片面结论乃至错误判断。"如果从事实的整体上、从它们的联系中去掌握事实，那么，事实不仅是'顽强的东西'，而且是绝对确凿的证据。"② "国进民退"判断应是一个整体性范畴，通常是指国民经济总体中国有经济的质与量持续、不可逆地扩大和民营经济的质与量持续、不可逆地下降的整体发展趋势，因而对这一问题的科学考察有赖于更全面的整体性观察。

3. "国进民退"：是共时性关系，还是历时性关系

即使把"国进民退"作为一个实然命题予以全景式考察，不同学者间仍然存在分歧：有学者认为"国进民退"是传统计划经济思维方式下政府行为生成逻辑的必然结果，有学者认为这只是经济发展波动造成所有制结构调整的暂时现象③。这种分歧源于共时性与历时性两种不同的分析方法。

在共时性静态结构分析框架下，人们习惯于把特定时点下的经济现象作为经济事实，寻求因时因地的一致性表达，而忽略了其理论总结对特定历史条件的依赖性。如诸多研究"国进民退"问题的学者往往囿于特定时点或时段的局部静态分析，而蠹空了我国所有制结构在更广阔历史背景下的动态演变轨迹。还有学者不是把所有制结构变动看作一个由特定机制驱动的动态演化过程，而是在"国进"与"民退"之间形而上地架构起因果关系，认为是"国、民"之间的挤出效应造成了此消彼长。也有学者运用

---

① 数据来源于万得（Wind）。后文若无特别说明，原始数据均来源于历年《中国统计年鉴》《中国财政年鉴》《中国工业统计年鉴》《中国税务年鉴》《中国科技统计年鉴》《工业企业科技活动统计年鉴》《中国工商行政管理年鉴》《工商行政管理统计汇编》《中国工商行政管理统计四十年》。

② 《列宁全集》（第28卷），人民出版社2017年版，第364页。

③ 常修泽：《所有制改革与创新中国所有制结构改革40年》，广东经济出版社2018年版，第35页。

各种所有制经济长时段宏观运行数据考证公私关系的演进，但由于使用的是比例数据①，对于这种相对比例而言不是"国进"就是"民进"，很容易又将人们引入"国退民进"的争论，难以有效揭示所有制内外部因素交互作用的核心机制和结构变迁的动态特征。

在更宽广的时空背景下对"国进民退"予以全景式动态考察可以发现，争论往往生发于我国内部发展战略调整或外部环境受创，亦即民营企业经营发展面临困境之际，现实中通常是"民退"在前，"国进"在后，国企的"进"更多的是危机中对民企"退"的补位。可见"国进民退"话题之争，更多地表达了民营经济希望在平等的市场环境里得到和国有经济同等的竞争条件与国民待遇，且"国进民退"也只是发生在特定阶段、特定领域、特定发展战略以及特定观察视角与评判标准下的特殊现象。对于近年发生在资本市场上的国企收购事件，与其当作"国进民退"的佐证，不如称之为"资本出清"更为恰当。如果跳出二元对立的零和博弈思维，用长历史逻辑链条和历史数据分析验证我国所有制结构变动的历时性和趋势性特征，或将得出截然不同的结论。

四　国进民进：40 年改革的典型化事实

1. 数据选择

判断所有制结构变动状态的数据口径和计量标准不同会导致结果的差异性。理想的统计口径既应涵盖生产部门，也应包括非生产部门乃至整个国民经济所有部门；从衡量指标上，计算不同性质所有制经济的资本投入和产出更为准确。但一方面，受限于官方并未公开国民经济所有制结构变动具体数据，企业股权结构日益复杂也使得相关测算异常困难；另一方面，鉴于"国进民退"的话语争论场域多发生于工业经济领域，工业作为所有制结构变动最典型的经济领域，有着较为完整连续的统计数据。故本文基于数据的可得性和权威性，在全口径数据上选取了企业数量、注册资本、税收作为衡量指标，在分部门口径数据上选取了工业部门企业数量、资产、利润、税收、研发投入作为衡量指标，以之描述改革开放以来我国所有制结构的总体变化历程，从中揭示其长期趋

---

① 郭克莎、胡家勇：《中国所有制结构变化趋势和政策问题研究》，广东经济出版社 2015 年版，第 13 页。

势性变动特征。

2. 实证分析

（1）企业数量的所有制结构变动趋势

在企业数量变动上，我国经济微观主体四十年来的总体趋势表现为"国减民增"，但国有经济的活力、控制力、影响力和抗风险能力在这一过程中不断得以提升。从按注册类型企业数量来看（图1），国有企业数量从改革之初的近130万户降至2017年的18.7万户。民营企业则经历了从无到有、从少到多的迅速发展过程：从1980年第一个工商个体户诞生，到1985年第一个私营企业执照以国务院特批形式颁发，再到1988年《宪法》修正案确认其合法地位，特别是邓小平南方讲话之后，私营企业数量呈现持续高速增长。私营企业从20世纪90年代之初不足10万户发展到如今的2700多万户，已占全部企业数量的90%，截至2017年年底私营企业和个体工商户在中国全部市场主体中占比高达95%。

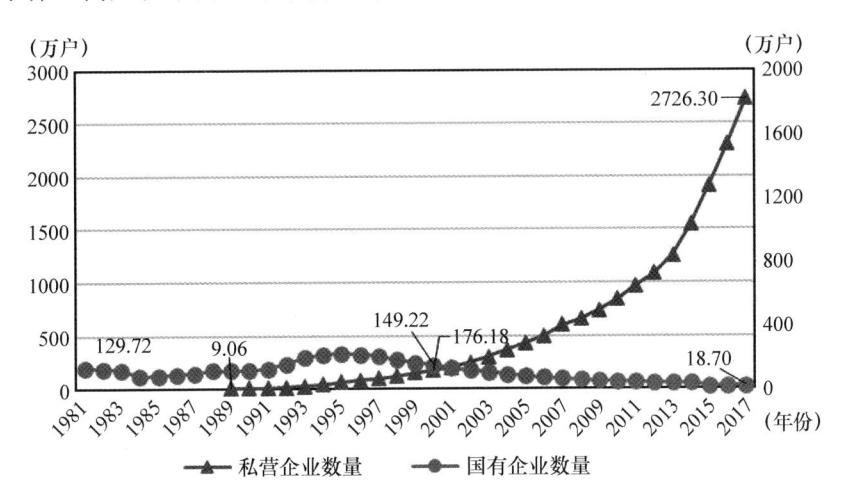

图1　全行业国有和私营企业数量变动趋势（1981—2017年）

资料来源：1989—2014年私营企业和国有企业数量来自《中国工商行政管理统计四十年》和《工商行政管理统计汇编》，2015—2016年私营企业数量摘自《中国工商行政管理年鉴》，2015—2017年国有企业数量来源于《中国财政年鉴》。在工业领域（图2），规模以上国有工业企业数量从1978年的83700户减少到2017年的19022户，减少了77.3%。1998年规模以上私营工业企业10667家，是同期规模以上国有工业企业数量的1/6；到2017年，国有工业企业只剩1.9万户，而规模以上私营工业企业达到21.5万户，是国有工业企业数量的11.3倍。

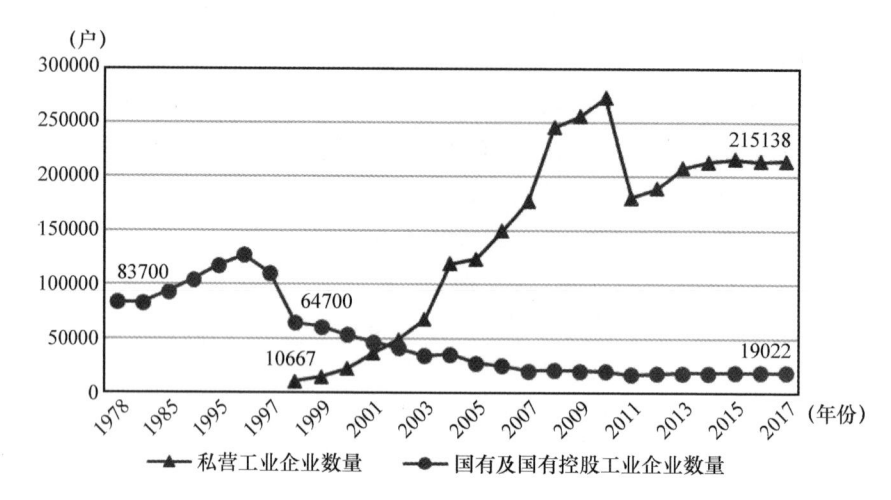

图 2　规模以上私营和国有工业企业数量变动趋势（1978—2017 年）

资料来源：历年《中国统计年鉴》。国有工业企业数量在 1995—2017 统计口径为国有及国有控股工业企业个数，1995 年以前统计口径为国有工业企业个数。

(2) 资本（资产）的所有制结构变动趋势

以经营性部门期末实有"注册资本（金）"[①] 来观察（图 3）：1981—2016 年公有制资本总额从 6095.2 亿元增长到 14.4 万亿元，增加了 22.6 倍；混合所有制资本总额从 13.6 亿元增长到 58.2 万亿元；非公有制资本总额更是从 5.8 亿元增加到 150.8 万亿元。2014 年"大众创业、万众创新"之后，经营性非公有制资本迎来爆发式增长。截至 2017 年年底，私营企业和个体工商户注册资本总额超过了 165 万亿元[②]。

从按注册类型划分的不同所有制工业企业资产总额来看（图 4）：公有制工业企业资产增长迅速，从 1978 年的 3477.6 亿元增加到 2017 年的 17.2 万亿元，40 年间增长超过了 48 倍[③]，同期，非公有制工业企业资产总额从 1998 年的 2.1 万亿元增加到 2017 年的近 45.9 万亿，增长了 20 多倍。

[①] 鉴于法律规定注册资本与实收资本相差 20% 时须重新登记，故二者大致相当。
[②] 习近平：《在民营企业座谈会上的讲话》，《人民日报》2018 年 11 月 2 日。
[③] 从 2012 年到 2017 年，公有制工业企业资产总额呈持续下降态势，但同期混合所有制工业企业资产持续上升，二者呈明显的"剪刀差"，这可能主要是由于公有制企业数量不断绝对减少和混合所有制企业国有资本的"替代效应"。

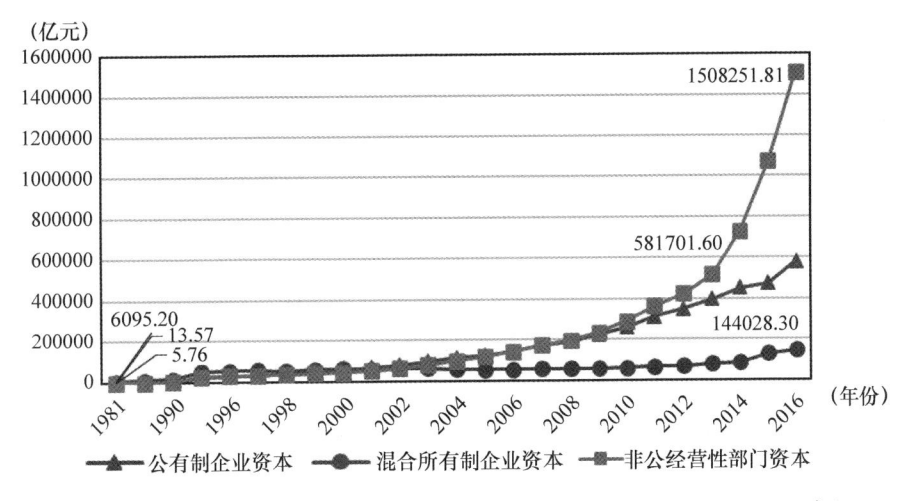

图3 全行业经营性部门注册资本的所有制结构变动趋势（1981—2016年）

资料来源：1981—1990年数据摘自《中国工商行政管理统计四十年》，1991—2014年数据摘自《工商行政管理统计汇编》，2015—2016年"私营企业、个体工商户和外商投资"数据摘自《中国工商行政管理年鉴》，2015—2016年"国有企业"注册资本摘自《中国财政年鉴》国有企业实收资本。

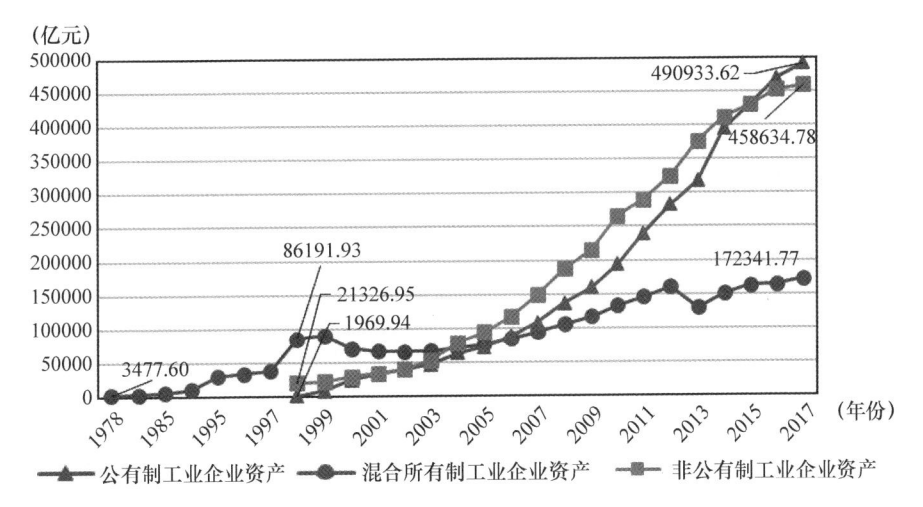

图4 工业部门资产总额的所有制结构变动趋势（1978—2017年）

资料来源：《中国统计年鉴》。

从规模以上工业企业总资产来看（图5），这一增长趋势更加显著：规模以上国有工业企业资产规模在40年间增长了143.5倍，从1978年的

3042.2亿元增加到2017年的近44万亿元；规模以上私营工业企业资产规模在2017年超过了24万亿元，相较于1998年的1487亿元更是增长了162.2倍。

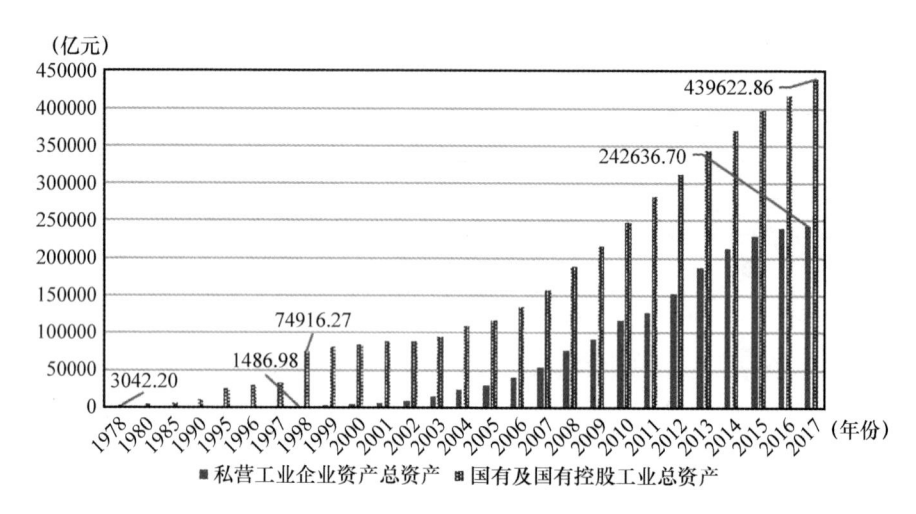

图5 规模以上私营和国有工业企业总资产变动趋势（1978—2017年）

资料来源：1998—2017年数据来源于《中国统计年鉴》国有控股和规模以上私营工业企业总资产；1978—1997年国有工业企业资产数据采用《中国财政年鉴》中国有工业企业固定资产替代。

（3）利润的所有制结构变动趋势

从按注册类型划分的不同所有制工业企业来看（图6）：1998—2017年非公有制企业利润总额从418.6亿元增加到4.1万亿元，增长了98倍，公有制企业利润总额从919.9亿元增加到5279.6亿元，增长了近5倍。

通过对规模以上私营和国有工业企业的考察（图7）：国有工业企业从1978年的8.4万家减少到2017年1.9万家，减少了77%，利润总额却由1978年的460.4亿元增加到2017年的1.7万亿元，增长了36.4倍；与此同时，伴随民营企业数量与体量的增大是其盈利水平的不断提升，规模以上私营工业企业利润从1998年的67.3亿元增长到2017年的2.3万亿元，增长了341.6倍。

（4）税收贡献的所有制结构变动趋势

从企业缴纳税金角度来看，国有经济和民营经济对国家的财政贡献同步增长。从按注册类型划分的不同所有制企业来看（图8）：1978年到

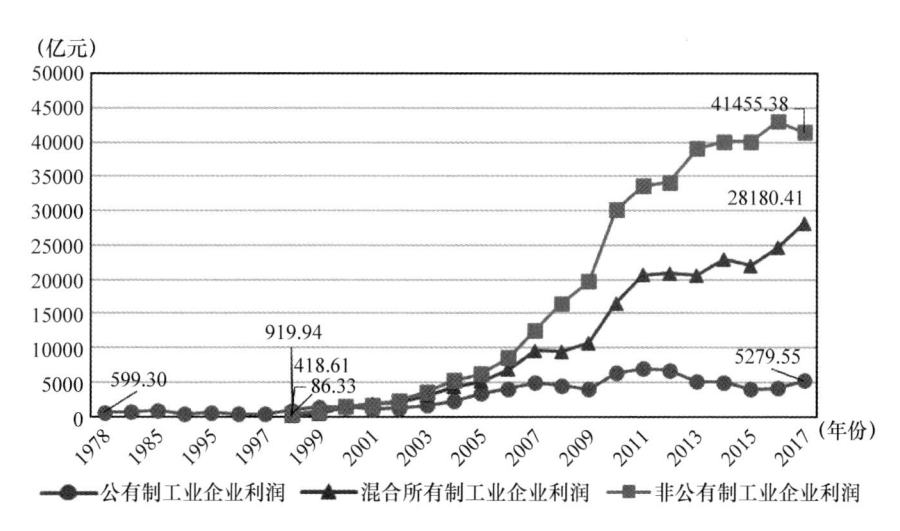

图 6 工业部门利润总额的所有制结构变动趋势（1978—2017 年）

资料来源：1978—1997 年国有工业企业利润数据摘自《中国工业统计年鉴》，其他数据均摘自《中国统计年鉴》。

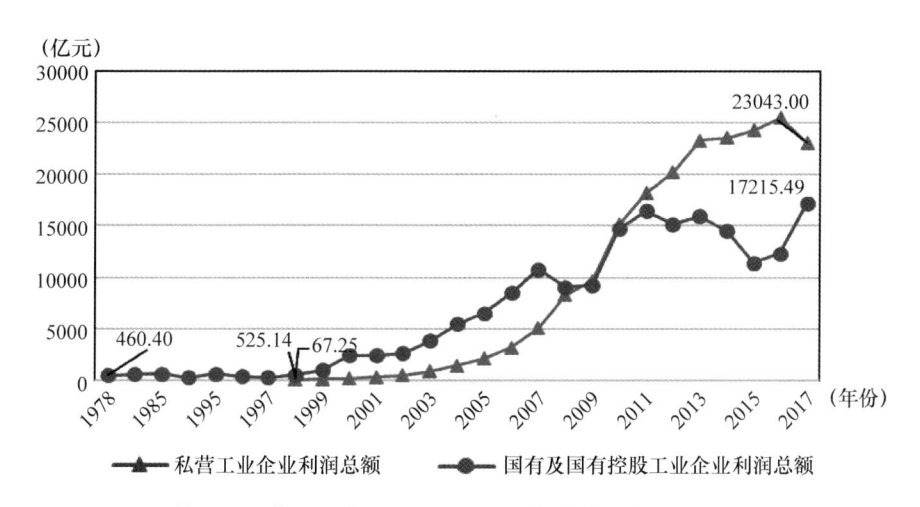

图 7 规模以上私营和国有工业企业利润总额变动趋势（1978—2017 年）

资料来源：1998—2017 年数据来源于《中国统计年鉴》国有控股和规模以上私营工业企业利润；1978—1997 年数据来源于《中国财政年鉴》国有工业生产企业利润。

2017年，非公有制企业税收总额从3.3亿元增加到5.7万亿元，增长了17000多倍；公有制企业税收总额从458.8亿元增加到1.6万亿元，增长了33.7倍；而混合所有制企业税收总额更是从零增长到8.2万亿元。

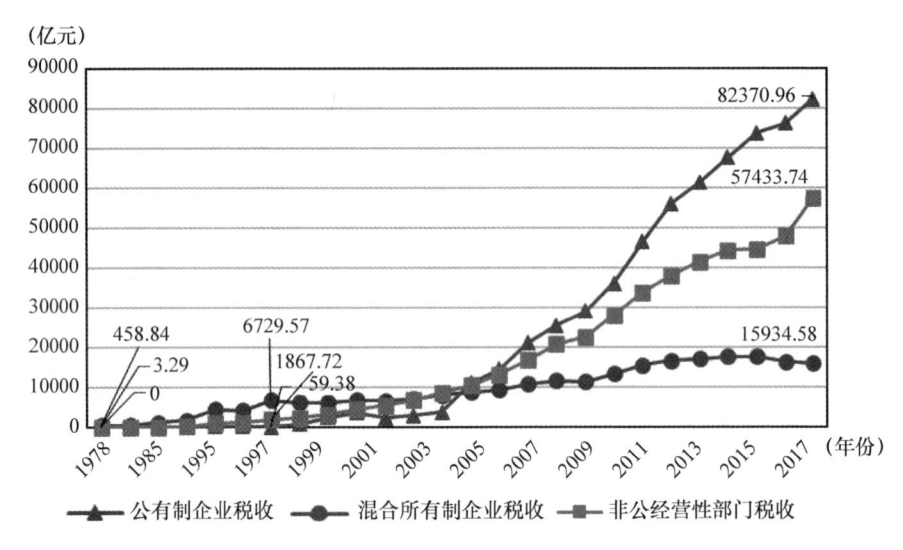

图8 全行业税收总额的所有制结构变动趋势（1978—2017年）

资料来源：历年《中国税务年鉴》。

通过对规模以上私营和国有工业企业缴纳的税金考察（图9）：2017年规模以上国有工业企业缴纳的税金总额为2.6万亿元，较1978年的265.8亿元增长了近96倍，较1998年的2845.9亿元增长了8倍；私营企业税收总额从1998年的74.2亿元增加到1.4万亿元，增长了190多倍。

（5）研发投入的所有制结构变动趋势

从企业科技研发投入角度来看，我国各种所有制经济的创新能力都在不断增强。从按注册类型划分的工业部门不同有制企业来看（图10）：1993—2017年公有制工业企业科技研发投入从231.1亿元增加到915.8亿元，增长了将近3倍；非公有制企业（不包括港澳台和外资）科技研发投入从零增加到3188.1亿元；混合所有制企业科技研发投入从11.4亿元增加到5319.1亿元，增长了460多倍。

通过对私营和国有控股工业企业考察（图11）：国有控股工业企业科技研发投入由1993年的191.4亿元增加到2015年的2922.8亿元，增长了

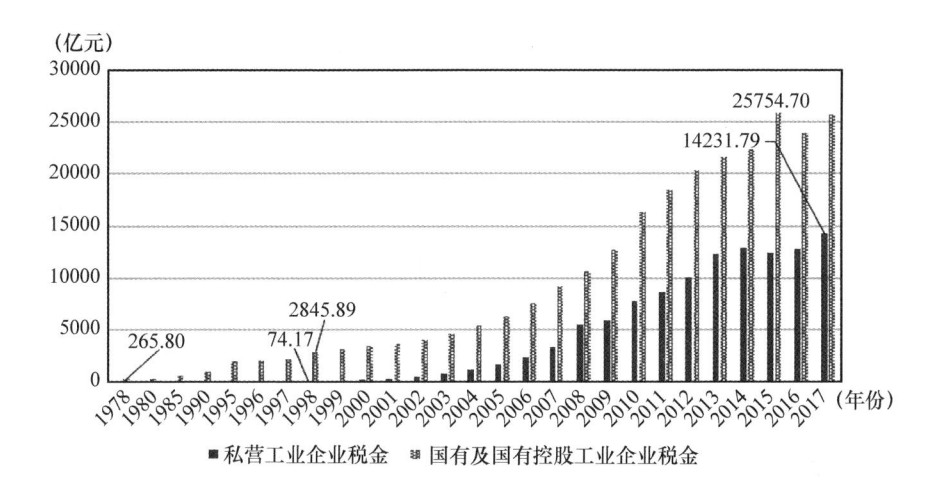

图9 工业部门规模以上私营和国有企业税金总额的变动趋势（1978—2017年）

资料来源：1999—2014年数据均摘自《中国统计年鉴》；1978—1997年、2015—2017年国有及国有控股工业企业税金摘自《中国财政年鉴》。由于《中国统计年鉴》在2015年后便不再公布工业企业应缴税金，2015—2017年私营工业企业税金数据是通过《中国税务年鉴》中"重点税源私营企业税收较上年增减情况"估算得来（2015年增长-3.7%，2016年增长3.1%，2017年增长11.4%）。

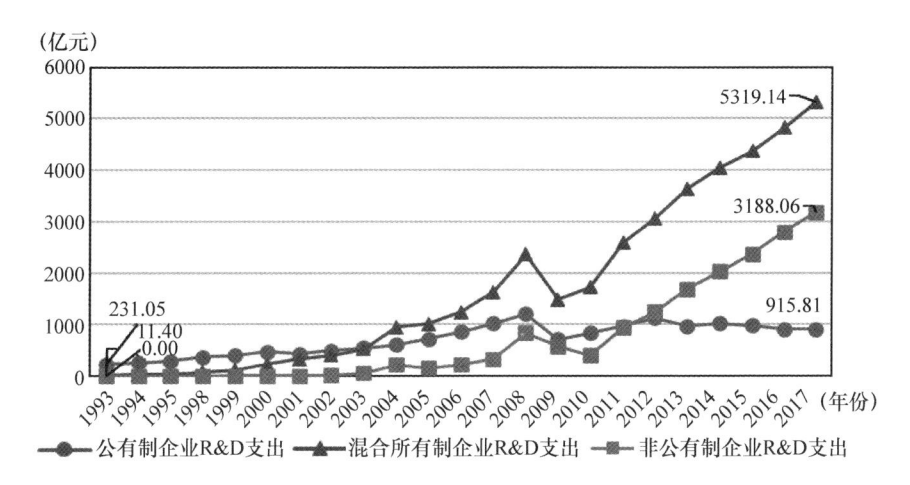

图10 工业部门R&D经费支出的所有制结构变动趋势（1993—2017年）

资料来源：历年《中国科技统计年鉴》。

14.3 倍；与此同时，私营工业企业科技研发投入则从 1993 年的近乎为零增长到 2015 年的 2363.6 亿元。

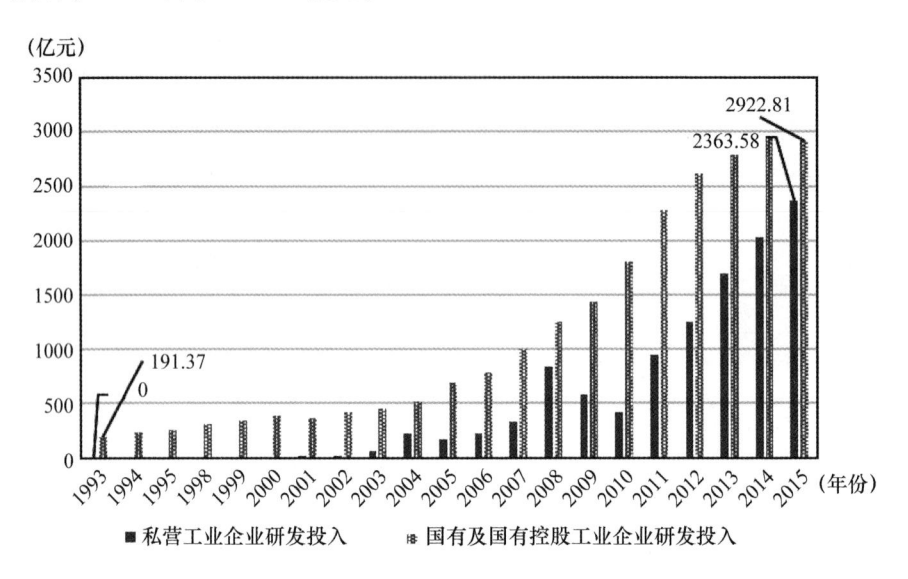

图 11　工业部门私营和国有控股企业 R&D 经费支出变动趋势（1993—2015 年）

资料来源：2005—2015 年国有及国有控股工业企业科技研发投入数据来自《工业企业科技活动统计年鉴》；1993—2004 年国有及国有控股工业企业科技研发投入数据来自《中国科技统计年鉴》。私营工业企业研发投入数据均来自《中国科技统计年鉴》。

五　结论

改革开放以来，马克思所有制思想与中国经济体制改革的具体实践相结合，形成了既坚持科学社会主义原则，又具有丰富实践内涵的中国特色社会主义所有制理论体系以及与之相一致的政策体系、实践体系和法律体系，规定与描刻着中国所有制结构演进的主要脉络、外延边界和演绎方向，形塑了中国所有制结构在规模和质量上"国进民进"的历时性时空演绎总体特征。

这一辩证体系不仅具有极强的逻辑自洽性，且与中国所有制结构变迁的历史轨迹具有高度的逻辑外洽性。40 年改革实践确证，公有经济和非公经济不仅是宏观经济结构与中观产业格局层面的共同发展、有效竞争关系，更是微观运行层面的融合发展、共生共荣关系。国有企业与民营企业也不再囿限于简单的国内市场零和博弈，而是在更广阔的国际市场中携手并进。当前与未来中国经济的健康发展皆取决于二者的相辅相成与相得益彰①。这一理论与实践、历史与逻辑一致性的中国表达,构成"制度自信"的重要来源。这一自信不应因一时一势、一地一域、一行一业所出现的进退得失而动摇。

"国进民退"话语表达了民营企业对自身发展困境的发声,其隐含的深层逻辑是:"国进"是"民退"的原因,而"民退"是"国进"的结果。这一形而上的思维方式,"虽然在相当广泛的、各依对象的性质而大小不同的领域中是正当的,甚至必要的,可是它每一次都迟早要达到一个界限,一超过这个界限,它就变成了片面的、狭隘的、抽象的,并且陷入不可解决的矛盾"②。特定时期的"民退"现象往往是多重因素交互叠加的结果:既有外部贸易环境变化造成的冲击,也有内部经济结构调整带来的转型升级压力;既有民营经济发展政策偏差的问题,也有民营企业自身管理制度不规范、治理结构不健全等问题。"国进民退"伪命题的背后隐藏着民营企业面临"市场的冰山、融资的高山、转型的火山"等真问题,因而今后的理论焦点应集中在国有企业与民营企业公平竞争环境塑造和平等产权保护上,而非将由市场环境变化引致的局部性、阶段性"国进民退"命题泛化。

---

① 习近平:《在民营企业座谈会上的讲话》,《人民日报》2018年11月2日。
② 《马克思恩格斯选集》(第3卷),人民出版社1972年版,第61页。

改革开放四十年中国特色社会主义收入分配理论回顾与展望

王朝明　张海浪　王彦西[*]

摘　要：改革开放 40 年来，收入分配制度的改革实践为收入分配理论的探索创新提供了丰厚的土壤，中国特色社会主义收入分配理论伴随波澜壮阔的改革开放，筚路蓝缕、演进发展、勇于创新，形成了一大批具有时代气息，来源于改革开放实践的理论阐述、学术观点、政策方案，反映了马克思收入分配理论中国化的历史进程。按照历史分析与逻辑演绎相结合的方法，对改革开放 40 年中国特色社会主义收入分配理论的回顾，主要从有计划商品经济探索时期：收入分配理论的拨乱反正、正本清源，社会主义市场经济体制初步确立时期：收入分配理论的突破、探新和社会主义市场经济体制完善时期：收入分配理论的创新与发展，这样三个历史阶段来阐述总结。并且以社会生产力的发展，以人为本、公平正义，所有制结构的改革，市场经济体制目标模式，解放思想、实事求是等角度对中国特色社会主义收入分配理论予以展望。

关键词：改革开放 40 年；中国特色社会主义收入分配理论；探索与创新

引　言

收入分配是一个社会基本经济制度和所有制结构的重要内容或表现形

---

[*] 本文选自王朝明、张海浪、王彦西《改革开放四十年中国特色社会主义收入分配理论回顾与展望》，《江西财经大学学报》2019 年第 3 期。本文为"马工程"重大课题、国家社会科学基金重大项目"中国特色社会主义政治经济学研究""2015MZD006"（子课题五"中国特色社会主义收入分配制度"）的阶段性成果；西南财经大学经济学院"双一流"建设子项目"新时代中国特色社会主义政治经济学理论与实践"资助。

式，收入分配制度和分配结构直接决定一个社会的基本利益关系及社会成员之间的利益关系，马克思把它们称为生产关系。我国的社会主义初级阶段实行的是以按劳分配为主、多种收入分配方式并存的收入分配制度，其内涵是按劳分配和按生产要素贡献分配结合，其价值取向是实现公平和效率的统一。这一分配制度是同我国公有制为主体、多种所有制并存的所有制结构相适应的，体现了社会主义初级阶段生产关系的特征和要求，也体现了发展社会主义市场经济和构建社会主义和谐社会的客观要求。而这一分配制度的改革实践为收入分配理论的探索创新提供了丰厚的土壤，组成了改革开放40年来，中国特色社会主义经济发展的一条主线。随着实践的推进，中国特色社会主义收入分配理论创新也围绕这个目标模式而展开，在收入分配制度、原则、机制、方式、政策等方面展开了深入的理论探讨，提出了若干分阶段的具有中国特色创新性的理论研究成果。可以说，在这期间，中国特色社会主义收入分配理论伴随40年波澜壮阔的改革开放，筚路蓝缕、演进发展、勇于创新，形成了一大批具有时代气息，反映改革开放实践的理论阐述、学术观点、政策方案。为了客观、准确地勾勒出改革开放40年中国特色社会主义收入分配理论的发展进程，我们依据历史唯物主义的方法论，历史从哪里开始，理论的逻辑演绎就从哪里开始。

一 有计划商品经济探索时期（1978—1991年）：收入分配理论的拨乱反正、正本清源

如果将历史再向前回溯约70年，可以发现中华人民共和国成立后从新民主主义经济向社会主义经济过渡的这一阶段，国内学界对收入分配理论的探索反映了所有制关系改造对分配关系变革的理论认识。在计划经济时期，当时阐述按劳分配的主流思想，强调了与社会主义公有制经济相一致的按劳分配是社会主义收入分配中的基本原则，反对平均主义，必须坚持贯彻按劳分配。但其主要论述囿于高度集中的计划经济体制，按劳分配受计划经济规律的制约，实际上论证的是"产品经济型"的按劳分配[①]，

[①] "产品经济型"按劳分配这个范式是将马克思按劳分配原理教条化地在计划经济体制下运用的产物，是"产品经济型"直接按劳动时间分配的按劳分配模式，它的实现形式在全民所有制企业单位和城镇集体企业是工资、津贴制度，在农村集体经济则是工分制；实施的结果是分配上的"大锅饭"和平均主义的流行。而对这套分配制度在理论上的系统概括就是"'产品经济型'按劳分配理论"，这是我国改革开放前30年，收入分配研究中逐步形成的主流范式。

其间虽有将按劳分配与商品生产联系起来的看法，但既未有深入系统的研究，更不可能上升至国家战略和政策层面加以实施。至于超前认识到几十年后建立社会主义市场经济体制下按劳分配与市场经济关系的思想萌芽[①]，在当时由于缺乏此思想成长的社会经济土壤，只能是昙花一现，但留给后人对此继续研究的深刻启发。

马克思收入分配理论中国化的突破及发展以 1978 年中国共产党的十一届三中全会的召开为标志，进入了一个前所未有的新阶段。这次会议全面地纠正了十年"文化大革命"及之前的极左路线，重新确立解放思想、实事求是的思想路线，将全党的工作重心转移到社会主义现代化建设上来，确立实行改革开放的伟大决策。这一阶段开始的生产资料所有制结构改革、农村经济体制改革、城市经济体制改革以及商品经济的发展都将对中国特色社会主义收入分配理论的创新探索产生重要影响。

从改革启动到党的十四大召开之前，中国特色社会主义经济理论的重大构建主要融汇体现在两个方面：一是"社会主义有计划商品经济"的经济体制改革目标模式理论；二是社会主义初级阶段理论，这是深入进行收入分配体制改革的理论依据；同时，也促使我国按劳分配的学术讨论呈现出 1949 年以来少有的生机勃勃、百花齐放的状态。1977—1978 年，国家计委经济研究所、中国社会科学院经济研究所等几个单位在经济学界发起了关于按劳分配理论的四次全国性研讨会，冲破了"四人帮"造成的理论学术界万马齐喑的沉闷局面。这一阶段中国特色社会主义收入分配理论的进展主要体现在两个方面：一方面批判"四人帮"否定按劳分配的种种谬论，拨乱反正，正本清源，回归马克思收入分配理论的本来面目，重新肯定和恢复按劳分配原则和物质利益原则；另一方面继续深入探讨按劳分配的社会主义本质特征，肯定按劳分配的作用，根据改革中所有制结构的调整研究分配形式的变化，并且将收入分配理论研究与经济政策紧密联系，从收入分配的宏观政策调整与改革的角度对"先富与后富"的关系进行了探讨，特别重要的是把社会主义商品经济与按劳分配结合起来研究了劳动报酬与企业经营成果的相互关系，破除了传统计划经济体制下平均主义的

[①] 如像顾准在 20 世纪 50 年代提出了计划体制根本不可能完全消灭商品货币关系和价值规律的论断，主张社会主义条件下依靠商品经济的力量参与收入分配，并且对收入分配中利用货币、价格、经济核算等进行了全面的分析。参见《顾准文集》，贵州人民出版社 1994 年版。

分配方式。其间,提出了"以按劳分配为主体,其他分配方式为补充"①"按劳分配与商品经济的兼容性"②"两级按劳分配"③"家庭联产承包计酬收益"④ 等论断,为中国特色社会主义收入分配理论的深入研究作出了铺垫。

总的来讲,改革开放初期这一阶段的中国特色社会主义收入分配理论的演进,除了在思想上清除"四人帮"散布的各种谬论之外,就是与经济体制改革的推进相向而行,对高度集中计划经济体制下形成的"产品经济型"按劳分配理论的突破正在蓄势待发,但真正的突破还未出现。因为,在 1989 年前后,经济学界在改革目标模式应当选择计划取向还是市场取向这个问题上发生了激烈的论争,乃至提出了姓"资"还是姓"社"的重大理论问题,将计划和市场的关系问题与社会主义基本制度联系在一起。一些人认为:社会主义经济只能以计划经济为主体,而把改革的目标定位在市场取向上,把市场经济作为我们社会主义的目标模式,就是把资本主义生产方式的经济范畴同社会主义生产方式的经济范畴混淆⑤。一直到 1990 年 12 月 24 日,邓小平同江泽民、杨尚昆、李鹏谈话时,说到"我们必须从理论上搞懂,资本主义与社会主义的区分不在于是计划还是市场这样的问题。社会主义也有市场经济,资本主义也有计划控制"⑥,"有计划的商品经济"的争论才得以停息,经济体制改革目标模式才回归"市场经济"之门⑦;中国特色社会主义收入分配理论的研究呼之欲出了。

二 社会主义市场经济体制初步确立时期(1992—2001 年):收入分配理论的突破、探新

按照 1992 年邓小平南方谈话精神,党的十四大明确提出,我国经济

---

① 王启荣、王广礼、方涛:《中国社会主义经济学理论》,华中师范大学出版社 1987 年版;王珏:《社会主义政治经济学四十年》(第 4 卷),中国经济出版社 1991 年版。
② 陆立军、王祖强:《新社会主义政治经济学论纲》,中国经济出版社 2000 年版。
③ 汪海波、吴敬琏、周叔莲:《必须把劳动者的一部分收入和企业的经营状况紧密地联系起来》,《经济研究》1978 年第 12 期。
④ 经济研究编辑部:《中国社会主义经济理论的回顾与展望》,经济日报出版社 1986 年版。
⑤ 郭熙保、张平:《对我国经济体制改革论争的回顾与思考》,《江海学刊》2009 年第 4 期。
⑥ 《邓小平文选》(第 3 卷),人民出版社 1993 年版,第 364 页。
⑦ 《有计划的商品经济》,中国网,http://www.china.com.cn/news/txt/2008/12/09/content_16919417.htm,2008 年 12 月 9 日。

体制改革目标是建立社会主义市场经济体制，以利于进一步解放和发展生产力。这种市场经济体制，就是要使市场在社会主义国家宏观调控下对资源配置起基础性作用。① 随后，中共十四届三中全会对社会主义市场经济体制作出了全面的战略部署，② 中国的经济改革至此进入市场经济改革的轨道，也由此影响到马克思收入分配理论中国化推进到"中国特色社会主义收入分配理论"研究的新阶段。

这一阶段为中国特色社会主义收入分配理论融入市场经济实践经验的初步探索阶段。1997年9月召开的党的十五大首次提出了，公有制为主体、多种所有制经济共同发展，是我国社会主义初级阶段的一项基本经济制度。③ 所有制改革的这一新论断，将推动中国特色社会主义收入分配理论围绕深化改革开放，建立社会主义市场经济体制，取得突破性进展，其研究的重点主要集中在三个方面。

一是深入探讨社会主义市场经济与按劳分配的关系④，按劳分配和按要素分配相结合⑤，劳动价值论与按劳分配的关系等问题⑥。这些探讨，不仅赋予了按劳分配以主体地位和新的内涵，而且打破了按劳分配在分配领域中的唯一性，承认了资本等生产要素参与收益分配的合法性⑦，是对"产品经济型"按劳分配实现模式的突破。要素参与分配的方式，开始进入我国经济学界理论研究的视野，不仅对马克思劳动价值论在当代的发展提出了新要求，而且推动市场经济条件下分配方式的研究向纵深发展。尤其是对于按劳分配和按要素分配的讨论还没有停歇，为下一阶段转向按劳分配与按要素贡献分配关系的讨论打下了基础。

---

① 江泽民：《加快改革开放和现代化建设步伐夺取有中国特色社会主义事业的更大胜利——在中国共产党第十四次全国代表大会上的报告》，《求实》1992年第11期。

② 中共中央：《关于建立社会主义市场经济体制若干问题的决定（中国共产党第十四届三中全会通过）》，《人民日报》1993年11月17日。

③ 江泽民：《高举邓小平理论伟大旗帜，把建设中国特色社会主义事业全面推向二十一世纪——在中国共产党第十五次全国代表大会上的报告》，人民出版社1997年版。

④ 张作云等：《社会主义市场经济中收入分配体制研究》，商务印书馆2004年版；王克忠：《论社会主义市场经济与按劳分配》，《学术月刊》1997年第4期。

⑤ 黄泰岩：《论按生产要素分配》，《中国经济问题》1998年第6期；高培勇：《收入分配：经济学界如是说》，经济科学出版社2002年版。

⑥ 江宗超：《按劳分配与劳动价值论的关系综述》，《法制与社会》2008年第11期；朱炳元等：《马克思劳动价值论及其现代形态》，中央编译出版社2007年版。

⑦ 李楠：《马克思按劳分配理论及其在当代中国的发展》，高等教育出版社2003年版。

二是为了规范收入分配秩序,加强收入分配的宏观政策调控,深入探讨效率与公平的关系,确立效率优先,兼顾公平原则。效率与公平的关系,涉及的是收入分配伦理价值的一个基本判断,也是制定收入分配政策的一个基本面。这一阶段,我国经济学界基于效率与公平关系研究的已有成果,结合中国改革开放初期的实践经验,提出了处理效率与公平关系的新理念,这集中体现在1993年中共第十四届三中全会通过的《中共中央关于建立社会主义市场经济体制若干问题的决定》中首次提出了"效率优先、兼顾公平的原则"。[①] 当然,效率与公平孰先孰后的抉策,并没有到此为止,在一次分配和二次分配过程中的效率与公平的权衡问题,还留下了继续研究的空间,会随着改革的深化不断调整。

三是由于以市场取向的体制转型深化和腐败的滋生,居民收入差距的不断扩大,成为一个研究热点,开始进入经济学界关注的视域,西方经济学中实证研究方法的分析工具也介入研究之中。这一时期,随着市场经济体制改革的推进,居民收入形式由过去的单一化转变为多元化,经济高速增长与收入分配的内生作用,城乡二元结构固化,以及体制转型中存在制度漏洞滋生寻租腐败等多种因素的影响,中国居民收入差距开始逐渐拉大,经济学界围绕城乡收入差距、地区收入差距、行业收入差距、阶层收入差距的状况、特征、形成机制和治理对策等方面展开研究,并且西方经济学中实证研究方法的分析工具也介入研究之中,这个方面的研究还会持续升温,对于收入差距的测度方法和各种收入差距的逐渐拉大的内在机制及调整的办法,对于政策与制度对收入差距产生的作用等,还需要继续进行探索;并且西方研究范式开始被逐渐引进,实证分析工具对各种收入差距的研究将得到广泛运用,中西经济理论和分析范式在研究分配问题上怎样正确的结合问题,都是在下一阶段亟待解决的争端。经济学界关于个人收入分配理论的研究也逐渐由过去就"分配论分配,只局限于特征性质和分配形式工资、奖金"的讨论开始转向规模性个人收入分配的实证分析,即对个人收入分配与经济增长、要素配置、生产效率、技术进步、人力资源开发、物价水平、权力寻租、社会分层、社会稳定等之间的关系进行探

---

① 中共中央:《关于建立社会主义市场经济体制若干问题的决定(中国共产党第十四届三中全会通过)》,《人民日报》1993年11月17日。

究，形成了一大批研究成果。①

可见，这一阶段，中国改革目标模式确定为社会主义市场经济体制，中国特色社会主义收入分配理论创新也将围绕这个目标模式而进行，在分配方式的深入探究上，在"效率与公平"的抉择上，在居民收入差距的测度上，都进行了理论创新。可以说，从这一阶段开始，中国特色社会主义收入分配理论得到不断的丰富。

三　社会主义市场经济体制完善时期（2002年至今）：收入分配理论的不断创新和纵深发展

进入21世纪以来，我国发展战略推进到全面建成小康社会的决定性阶段，面临着全面深化改革、完善社会主义市场经济体制、转变经济发展方式、经济从高速增长转向高质量发展等一系列战略性任务。与此相应，中国特色社会主义收入分配理论研究也进入纵深发展和不断完善的阶段。

随着社会主义市场经济体制的建立和发展，关于市场经济和所有制的论断不断突破，从市场对资源配置起基础性作用到起决定作用；非公经济从"允许存在""有益补充""重要组织部分"定位到公私"混合所有制经济"为基本经济制度的重要实现形式等，这些都为中国特色社会主义收入分配理论的不断创新发展提供了极大的研究空间。从2002年至今，中国特色社会主义收入分配理论呈现出诸多新进展，概括起来主要集中在四个方面。

一是以马克思劳动价值论的分析范式为基础，深入探讨社会主义市场经济条件下按要素贡献分配与按劳分配的关系。2002年，党的十六大报告中指出：要"确立劳动、资本、技术和管理等生产要素按贡献参与分配的原则，完善按劳分配为主体、多种分配方式并存的分配制度"②。这是一个很大胆、很有突破性的提法。围绕这个论断，经济学术界展开了争论，主

---

① 陈宗胜：《倒U曲线的"阶梯形"变异》，《经济研究》1994年第5期；林幼平、张澍：《20世纪90年代以来中国收入分配问题研究综述》，《经济评论》2001年第4期；李实：《中国个人收入分配研究回顾与展望》，《经济学家》2003年第2期；钟祥财：《中国收入分配思想史》，上海社会科学院出版社2005年版；周振华等：《收入分配与权利、权力》，上海社会科学院出版社2005年版。

② 江泽民：《全面建设小康社会　开创中国特色社会主义事业新局面——在中国共产党第十六次全国代表大会上的报告》，人民出版社2002年版。

要表现在"生产要素'贡献'是创造价值的贡献还是生产财富（即使用价值）贡献""生产要素按贡献参与分配的理论依据应如何理解""按要素贡献分配与按劳分配关系"等方面。①

二是继续深入探讨效率与公平的关系，提出初次分配与再分配的关系由前者注重"效率"、后者强调"公平"，演变至二者都要兼顾效率与公平，再分配更加注重公平。在收入分配领域中，如何处理好效率与公平的关系持续受到关注。"效率优先、兼顾公平"的提法有所改变。2002年党的十六大报告中提出了"初次分配注重效率，再分配注重公平"的新提法，这个提法到2007年党的十七大报告中又发展为"初次分配和再次分配都要处理好效率和公平的关系，再分配更加注重公平"。②党的十八大继续坚持了这一提法。经济学术界围绕初次分配与再次分配的效率与公平关系进行了持续探讨。③三是持续关注收入差距扩大问题，这一阶段居民财产性收入及其差距，扩大中等收入者比重、形成"橄榄形"分配结构，经济增长，人力资本投资，社会保障、公共产品投入、实施精准扶贫、精准脱贫等民生建设如何影响收入差距成为研究新亮点。中国特色社会主义收入分配理论研究越来越结合现实社会经济问题、越来越落地，体现出伴随改革深化，不断锐意创新、纵深发展的特色。并且有学者认为："主流经济学家更多的从发展的角度考察发展中国家的收入分配，假定了制度或经济体制是不变的或不重要的。这样一种研究方式显然无法全部说明中国收入分配的'来龙去脉'。"④对于收入差距持续扩大问题，学者们逐渐将中国特色社会主义收入分配理论的研究范式与西方经济学的计量实证的分析工具相结合，开始了对收入分配与诸多社会经济问题相关性影响的定量分

---

① 卫兴华：《按贡献参与分配的贡献是指什么》，《人民日报》2003年2月18日；逄锦聚：《论劳动价值论与生产要素按贡献参与分配》，《南开学报》（哲学社会科学版）2004年第5期；劳动和社会保障部劳动工资研究所课题组：《深化劳动价值论和分配理论的认识》，《经济日报》2002年3月18日；黄燕芬等：《分配的革命：部分劳动权向股权的转换》，中国水利水电出版社2004年版；赵晓雷：《中华人民共和国经济思想史纲》，首都经济贸易大学出版社2009年版。

② 胡锦涛：《高举中国特色社会主义伟大旗帜　为夺取全面建设小康社会新胜利而奋斗——在中国共产党第十七次全国代表大会上的报告》，人民出版社2007年版。

③ 青连斌：《分配制度改革与共同富裕》，江苏人民出版社2004年版；袁恩桢：《收入差距与社会和谐》，《上海交通大学学报》（哲学社会科学版）2005年第13期；孙敬水、程芳芳：《初次分配公平与再分配公平满意度研究——基于浙江省11个地区958份居民家庭问卷调查分析》，《江西财经大学学报》2017年第2期。

④ 李实：《中国农村劳动力流动与收入增长和分配》，《中国社会科学》1999年第2期。

析，涌现了一批理论研究新成果。①

　　四是加强收入差距的治理，规范收入分配秩序，收入分配政策的研究受到重视。随着改革开放的深入发展，计划经济体制下收入分配的平均主义格局被打破，在人们收入水平不断提高的同时，居民收入差距的扩大逐渐成为影响经济持续增长、社会和谐稳定的一个重要因素，如何有效防止"两极分化"引起党和政府的高度关注。从党的十五大以来，调节过高收入、扩大中等收入、提高低收入水平、保护合法收入、取缔非法收入，规范收入分配成为收入分配政策调整的一个主导方向。党的十七大报告中进一步提到"发展成果由人民共享"②，中共第十八届五中全会提出"共享发展的理念"③，党的十九大报告明确了中国特色社会主义进入新时代，提出以人民为中心的"新发展理念"④。这些都标志着"先富论"向"共富论"再到"共享论"的转变，治理收入差距的制度安排、政策措施以及路径选择等方面的研讨也越来越受到研究者的重视。经济学界对于如何进一步缩小收入差距，形成良好的收入分配格局进行广泛的讨论，在缩小收入差距对策方面许多学者也给出了不同的解决路径，学术界还对收入分配相关政策的影响评估展开了研究，在收入分配政策研究方面取得了一定的成果。⑤

---

① 王林辉、赵景：《技术进步偏向性及其收入分配效应：来自地区面板数据的分位数回归》，《求是学刊》2015 年第 4 期；迟巍、蔡许许：《城市居民财产性收入与贫富差距的实证分析》，《数量经济技术经济研究》2012 年第 2 期；李实、魏众、丁赛：《中国居民财产分布不均等及其原因的经验分析》，《经济研究》2005 年第 6 期；李实等：《中国居民收入分配研究Ⅲ》，北京师范大学出版社 2008 年版；纪宏、陈云：《我国中等收入者比重及其变动的测度研究》，《经济学动态》2009 年第 6 期；陈钊、陆铭：《教育、人力资本和兼顾公平的增长——理论、台湾经验及启示》，《上海经济研究》2002 年第 1 期；王小鲁、樊纲：《中国收入差距的走势和影响因素分析》，《经济研究》2005 年第 10 期；中国经济体制改革研究研究基金会、中国经济体制改革研究研究会联合专家组：《中国改革发展报告 2005：收入分配与公共政策》，上海远东出版社 2005 年版。

② 胡锦涛：《高举中国特色社会主义伟大旗帜　为夺取全面建设小康社会新胜利而奋斗——在中国共产党第十七次全国代表大会上的报告》，人民出版社 2007 年版。

③ 《中共中央关于制定国民经济和社会发展第十三个五年规划的建议》（中国共产党第十八届五中全会通过），人民出版社 2015 年版。

④ 习近平：《决胜全面建成小康社会　夺取新时代中国特色社会主义伟大胜利——在中国共产党第十九次全国代表大会上的报告》，人民出版社 2017 年版。

⑤ 陈宗胜、高玉伟：《论我国居民收入分配格局变动及橄榄形格局的实现条件》，《经济学家》2015 年第 1 期；杨华星：《中国传统收入分配思想及其当代价值》，《江西财经大学学报》2016 年第 2 期；李实：《中国收入分配格局的变化与改革》，《北京工商大学学报》（社会科学版）2015 年第 4 期；蔡昉、王美艳：《中国面对的收入差距现实与中等收入陷阱风险》，《中国人民大学学报》2014 年第 3 期；杨灿明、赵兴罗：《"收入分配理论与政策"国际学术研讨会综述》，《中南财经政法大学学报》2012 年第 190 期；中国发展研究基金会课题组：《转折期的中国收入分配：中国收入分配相关政策的影响评估》，中国发展出版社 2012 年版。

总之，这一时期关于收入分配理论研究的焦点是衔接上一阶段提出的：从什么是社会主义市场经济、如何与按劳分配相容、什么是按生产要素分配以及与按劳分配的关系、"效率"与"公平"关系如何权衡处理等问题，随着改革的深化和收入差距的扩大逐渐转移到，如何更好地将按劳分配同按生产要素贡献分配结合起来，如何更好地兼顾"效率"与"公平"，以此建设"以人为本"的和谐社会，更好地让全民共享发展成果。不仅如此，随着对西方经济学分析范式的不断借鉴融合，对收入差距扩大的探究从其产生的原因、造成的影响及分析工具来讲，相比以往的研究在广度、深度和实用性上有了一些突破和创新，尤其在探究收入差距扩大原因时关注了非经济因素，包括权利、制度、心理、伦理道德等因素的影响，并借助大量的计量模型加以实证分析，都是这一时期研究的不同以往之处。

四 中国特色社会主义收入分配理论探索创新之展望

（一）社会生产力的发展，经济的高速增长为中国特色社会主义收入分配理论探索提供了基本前提

当中国经济改革的目标模式指向市场经济，这一切都基于生产力的解放，呈现为中国经济的持续高速增长。而解放生产力又为社会积累了财富，为人民生活水平的提高奠定了物质基础，物质生产和生活条件的变化，必将为中国特色社会主义收入分配理论研究提供基本前提。随着我国生产力发展水平不断提高，人均 GDP 从改革开放前夕的 500 多元，2002 年突破 1000 美元，到现在的 9000 多美元，说明社会经济生活中可供分配的财富越来越多，可供分配的对象也越来越丰富，中国逐渐告别了"温饱"时代，走向"小康"社会，而中国特色社会主义收入分配理论也正是这个中国生产力大发展时代下的产物。同时，也必须看到随着生产力的发展，"蛋糕"的做大，分配不公出现，收入差距扩大成为引人关注的问题，研究者们开始探讨收入差距扩大的原因、效应及治理路径，深入具体关注城乡、区域、行业、阶层的收入差距，人力资本投资与收入差距，经济增长与收入差距，财产性收入差距，权力寻租与收入差距，民生建设与收入差距，以及制度与政策对收入差距的影响等课题，这些研究在相当程度上将为中国特色社会主义收入分配理论的持续探索和创新开辟更新的学术空间。

（二）以人为本、公平正义，建设社会主义和谐社会，实现全面建成小康社会为中国特色社会主义收入分配理论探索创新提供了方向和目标

改革开放后，随着收入分配体制改革的推进，逐渐开始对效率与公平的内涵以及二者的权衡展开讨论。特别是从"效率优先、兼顾公平"到"初次分配和再分配都要兼顾效率和公平，再分配更加注重公平"，并且提出构建和谐社会的任务，明确"以人为本、公平正义"，实现全面建成小康社会的宏伟目标等纲领性的表述为中国特色社会主义收入分配理论的进一步探索突破提供了新的方向和目标。为此，党的十九大之后中国特色社会主义收入分配理论在我国进入新时代的引领下，还将有不断的突破创新，围绕新时代中国特色社会主义发展实践不断贴近马克思主义倡导追求的"人的全面自由发展"目标，在解决我国新时代社会主要矛盾、构建现代化经济体系、保障和改善民生等方面，还待探索创新出更具新时代特征的理论成果。

（三）社会主义初级阶段所有制结构的不断改革为中国特色社会主义收入分配理论探索创新提供了深厚基础

由于分配方式取决于所有制关系，改革开放以来，根据生产力发展水平和经济发展实际情况，不断阶段性地调整所有制结构，这也使得中国特色社会主义收入分配理论随着改革发展逐步探索突破，走向成熟。从理论上讲，马克思收入分配理论中国化是一个动态的过程，当其所依存的经济条件发生变化时，理论也要随之变化。① 可以说，改革以来，所有制结构多元化的变迁，使理论界也逐渐突破了"产品型按劳分配"的实现模式，突破了按劳分配方式唯一性的传统观念。目前所有制结构上的深化国有企业改革，发展混合所有制；推进农村集体产权制度改革，探索农村集体经济新的实现形式和运行机制等，都将为中国特色社会主义收入分配理论发展提供不竭的创新动力和源泉，表明所有制结构的不断改革为中国特色社会主义收入分配理论探索突破提供了深厚基础。

（四）社会主义市场经济体制改革目标模式的确定为中国特色社会主义收入分配理论探索创新提供了理论框架

改革开放之初，理论界围绕计划与市场的关系对改革目标模式展开了激烈的争论。直到 1992 年 1—2 月，邓小平南方谈话的发表，对社会主义

---

① 杨辉：《马克思主义个人收入分配理论中国化研究》，世界图书出版公司 2011 年版。

也存在市场的论断不仅结束了理论界在计划与市场关系上的长期争论,而且奠定了党的十四大和中共十四届三中全会对确立我国建立社会主义市场经济体制且做出全面战略部署和制度安排的基调,这标志着社会主义市场经济体制建设的正式起步,也标志着中国特色社会主义收入分配理论深入探索创新的开始。由此经济理论界关于社会主义市场经济探讨的诸多方面,如市场机制、市场运行、市场主体、市场体系、市场开放与国际金融贸易、市场失灵与政府干预等研究,都对马克思收入分配理论中国化推进到"中国特色社会主义收入分配理论"研究的新阶段产生了影响,为中国特色社会主义收入分配理论探索突破提供了理论框架。在此之中,结合中国市场经济改革实践收入分配的定量研究借鉴应用了计量模型、实证方法等西方经济学的分析工具,形成了一批新的研究成果。应该看到,虽然大部分的研究越来越注重实证,但缺乏对其背后理论依据的深入探析,即缺乏对马克思主义收入分配理论的深刻分析,使其理论品质站位不高。因此,中国特色社会主义收入分配理论的研究远未穷期,全面深化改革开放的丰润土壤将使理论研究结出更加丰硕的果实,既反映又引领我国收入分配体制改革的实践和纵深推进。也就是说,当前随着全面深化改革的推进和决胜全面建成小康社会的实践,中国特色社会主义收入分配理论在实现中华民族伟大复兴的中国梦中继续砥砺前行、奋力创新,将为收入分配体制改革沿着坚持按劳分配原则、完善按要素分配的体制机制、收入差距扩大得到根本扭转、形成更加合理的分配格局和更加良好的分配秩序的发展方向提供积极而有效的理论支撑;并且指导收入分配体制改革在完善劳动、资本、技术、管理等要素按贡献参与分配的初次分配机制,加快健全以税收、社会保障、转移支付为主要手段的再分配机制,建立健全促进农民持续增收的长效机制等方面出台的具体政策措施扎实落地、深入推进、取得实效。

(五)解放思想,实事求是,与时俱进,求真务实为中国特色社会主义收入分配理论探索创新提供了思想保障

改革开放以后的中国特色社会主义收入分配理论研究摆脱了"就分配论分配"的思维窠臼,在解读和运用经典作品时倾向全面、准确和灵活,更加注重实践对理论的检验和理论在实践中的作用,并通过实践促进理论的创新。改革开放以来确立的"解放思想,实事求是"的思想路线,不仅是马克思主义的精髓,也是中国特色社会主义收入分配理论探索创新的核

心精神。这就要求一切从实际出发，杜绝本本主义和教条主义，从"实事"固有的相互联系和不断地变化发展中，去探求和把握事物发展的内在规律。本着这种思想方法，就需要研究新时代中国特色社会主义经济发展的实际问题，不断丰富中国特色社会主义收入分配理论。这种提倡解放思想、实事求是、与时俱进、求真务实的思想作风和研究方法，不仅为中国特色社会主义收入分配理论的探索突破提供了思想保障，而且是其今后创新发展的思想法宝。

习近平精准扶贫脱贫重要论述的内在逻辑与实现机制研究

李 萍 田世野[*]

摘 要：习近平精准扶贫脱贫重要论述是对我国当前经济社会发展阶段和减贫规律的深刻认识及其新的探索，其内在逻辑集中体现为三大要点：第一，精准扶贫脱贫的根本特征是"发展性减贫"，即"以人民为中心"的发展，促进产业发展、共享发展和贫困者的可行能力发展；第二，基于致贫因素的异质性、多重性特征和扶贫脱贫政策的针对性、有效性要旨，提出全方位的精准要求，探索新时期的减贫规律；第三，以中国共产党为领导核心，通过政府与市场协同作用的机制来战胜贫困。进一步看，其实现机制是晋升锦标赛激励机制、扶贫脱贫资源动员机制、资本带动扶贫机制。习近平精准扶贫脱贫重要论述既是对马克思主义唯物史观方法论和反贫困理论的继承、创新和发展，是马克思主义反贫困理论中国化的新贡献；又是习近平新时代中国特色社会主义思想的有机组成部分，与"四个全面"战略布局有不可分割的关系。

关键词：习近平；精准扶贫脱贫重要论述；内在逻辑；实现机制

一 引言

改革开放近40年来，我们在探索走出一条中国特色的减贫道路上已取得了巨大成就，但贫困形势依然严峻。到2012年，我国农村贫困人口

---

[*] 本文选自李萍、田世野《习近平精准扶贫脱贫重要论述的内在逻辑与实现机制研究》，《教学与研究》2019年第2期。本文为国家社科基金重大项目"中国特色社会主义政治经济学研究"（2015MZD006）、国家社会科学基金西部项目"基于农村集体资产股权量化改革的农民财产性收入增长机制研究"（2017XJY015）的成果。

仍有9899万人,相当于同期世界贫困人口的11.2%。① 为此,党的十八大以来,党中央对扶贫工作的重视达到前所未有的高度。根据新时期全面建成小康社会、脱贫攻坚的需要②,习近平总书记进一步提出精准扶贫脱贫等一系列重要论述和决策部署,深刻诠释了扶贫脱贫工作中的"精准"要求,并具体指出精准扶贫脱贫的基本方略——"六个精准"(扶贫对象精准、措施到户精准、项目安排精准、资金使用精准、因村派人精准、脱贫成效精准)和"五个一批"(发展生产脱贫一批、易地扶贫搬迁脱贫一批、生态补偿脱贫一批、发展教育脱贫一批、社会保障兜底一批)③ 在国内学界,关于习近平精准扶贫脱贫重要论述的理论渊源、实践基础、发展过程、基本内容、内在逻辑,已经取得了较为丰富的研究成果。④ 然而,现有研究大多偏重于精准扶贫脱贫的技术细节,较少基于中国特色社会主义制度体制机制这一宏观制度背景,从整体上把握习近平精准扶贫脱贫重要论述的精髓。实际上,精准扶贫在国际上并非全新的概念,与之类似的瞄准扶贫,既有理论探讨,也有实践应用。檀学文、李静从精准要求的全面性、扶贫路径的多元性和对扶贫的重视程度三方面,比较了二者的不同。但是,该文并没有进一步分析我国精准扶贫脱贫实践与国外瞄准扶贫之间存在这些差异的深层次原因。

笔者认为,习近平精准扶贫脱贫重要论述及其引领下的中国精准扶贫脱贫实践,之所以与国际上的瞄准扶贫有诸多重大差别,根源在于前者根植于中国特色的社会主义制度体制及其机制。习近平精准扶贫脱贫重要论述的"本色"是由其制度"底色"决定的。因此,脱离中国特色社会主义的制度体制及其机制,就不能透彻深刻地理解习近平精准扶贫脱贫重要论

---

① 檀学文、李静:《习近平精准扶贫思想的实践深化研究》,《中国农村经济》2017年第9期。

② 党的十八届五中全会从实现全面建成小康社会奋斗目标出发,把"扶贫攻坚"改成"脱贫攻坚",明确到2020年我国现行标准下农村贫困人口实现脱贫,贫困县全部摘帽,解决区域性整体贫困。

③ 《精准扶贫脱贫的基本方略是六个精准和五个一批》,国务院新闻办公室网站,http://www.scio.gov.cn/xwfbh/xwfbfh/wqfbh/2015/33909/zy33913/Document/1459277/1459277.htm,2015年12月15日。

④ 檀学文、李静:《习近平精准扶贫思想的实践深化研究》,《中国农村经济》2017年第9期;汪三贵、刘未:《"六个精准"是精准扶贫的本质要求——习近平精准扶贫系列论述探析》,《毛泽东邓小平理论研究》2016年第1期;季素娇:《习近平精准扶贫思想逻辑体系论略》,《山东社会科学》2017年第10期。

述的鲜明特色、内在逻辑与实现机制。党的十八大以来，习近平总书记提出了一系列治国理政的新思想新理念新要求，全方位地推动了中国特色社会主义制度体制及其机制的进一步发展和完善，对习近平精准扶贫脱贫重要论述的实现提供了有效的制度保障，使之成为习近平新时代中国特色社会主义思想体系的重要组成部分。本文的研究旨在从中国特色社会主义制度环境入手，探索习近平精准扶贫脱贫重要论述的内在逻辑与实现机制，并研究其与习近平新时代中国特色社会主义思想间的逻辑关联，从习近平新时代中国特色社会主义思想的角度来理解把握习近平精准扶贫脱贫重要论述。

二 习近平精准扶贫脱贫重要论述的内在逻辑：一个宏观视角

联系制度环境，从宏观上来把握，习近平精准扶贫脱贫重要论述是对我国当前经济社会发展阶段和减贫规律的深刻认识及其新的探索，其内在逻辑是：第一，精准扶贫脱贫的根本特征是"发展性减贫"，即实现"以人民为中心"的发展，促进产业发展、共享发展和贫困者可行能力发展；第二，基于致贫因素的异质性、多重性特征和扶贫脱贫政策的针对性、有效性要旨，提出全方位的精准要求，这是对新时期减贫规律的新探索；第三，以中国共产党为领导核心，通过政府与市场协同作用机制来战胜贫困。

（一）精准扶贫脱贫的根本特征是"发展性减贫"

发展在习近平精准扶贫脱贫重要论述中居于关键地位。从宏观层面看，党的十九大报告指出，我国仍然是一个发展中国家，发展仍是解决一切问题的关键。对于中国这样的发展中国家，扶贫不能像发达国家那样主要通过转移支付的方式，而必须走与发展相结合的道路。进而言之，习近平精准扶贫脱贫重要论述的根本特征是"发展性减贫"，其核心是"以人民为中心"的发展，其集中概括是新发展理念（创新、协调、绿色、开放、共享）。具体来说，"发展性减贫"主要包括产业发展、共享发展与贫困者可行能力发展三个方面紧密相连的内涵。

第一，产业发展。走中国特色的精准扶贫脱贫之路，实行"发展性减贫"，产业发展、绿色发展是基础。振兴产业，重点是加快日本经济学家速水佑次郎提出的由"资源基础型农业向科学基础型农业"转变[①]的过程，

---

① ［日］速水佑次郎：《发展经济学——从贫困到富裕》，李周译，社会科学文献出版社2003年版，第86—91页。

促进小农户和现代农业发展有机衔接,加快构建现代农业产业体系、生产体系、经营体系,不断提高农业创新力、综合生产能力、整体竞争力和全要素生产率,以根本解决所谓农业弱质、效率不高的传统产业陷阱问题。农村产业发展对"发展性减贫"的基础性作用在于促进了城乡要素资源的合理流动和城乡融合发展,为经济社会落后的农村带来技术、资金、人才、经营管理经验等先进生产要素,并嵌入农村传统农业的改造、产业结构的调整、新产业新业态及其新型农业生产经营主体的发展之中。一方面,新产业新业态的发展创造了大量脱贫致富新机遇,激活了农村沉睡资源,为农村经济发展、产业转型升级、农民就业增收、贫困户脱贫注入了持久活力;另一方面,新型农业生产经营主体又可以通过提供农资购买、技术指导、加工、销售等生产性服务,帮助解决贫困农户面临的资金、技术、经营管理能力缺乏的问题,延长农业产业链,提升价值链,带动贫困户实现持续增收。随着产业的发展,农民(包括贫困户)脱贫致富的机会窗口大大增加,工资性收入、经营性收入、财产性收入都有望获得不同程度的增加。更重要的是,习近平精准扶贫脱贫重要论述中的产业发展是绿色发展,必须平衡农业产业发展与农业良好生态关系、让永续的绿水青山变成真正的金山银山。

第二,共享发展。产业发展只是为"发展性减贫"奠定基础,要实现"发展性减贫",还必须贯彻共享发展的发展理念。十八大以来,习近平总书记反复强调共享发展理念,让发展成果惠及全体人民。马克思主义历来将人的发展和福祉放在主体地位,认为财富生产的目的是为人民的福祉服务。习近平精准扶贫脱贫重要论述是在中国当代条件下对马克思主义这一基本价值追求的继承、发展和具体化。共享发展的真义是共建共享,包括两方面的内涵:其一,发展过程的共享,即所有社会成员都参与发展的过程之中,为发展做出自己的贡献,这是生产层面的共享;其二,发展成果的共享,即包括贫困户在内的全体人民都能从发展中获得实实在在的利益,这是分配层面的共享。① 共享发展、共建共享是"发展性减贫"的题中之义。在习近平精准扶贫脱贫重要论述中,精准扶贫脱贫不是被动的、外在的"济贫",而是在国家、社会帮助下,贫困地区和贫困人口通过自身的奋力拼搏,积极主动摆脱贫困的内外结合、能动联动过程,充分体现

---

① 田学斌:《共享发展的逻辑机理和实现路径》,《中国党政干部论坛》2017年第9期。

了以"共建共享"为核心的共享发展理念的鲜明特色。

第三，贫困者可行能力的发展。贫困的一个重要根源是贫困者的可行能力不足，因此，"发展性减贫"必须致力于增强贫困者的可行能力。习近平总书记反复强调，要注重扶贫与扶志、扶智相结合，党的十九大报告也再次强调了这一要旨。按照马克思主义的传统，人的发展是最高层面的发展，消除能力贫困是最高层面的扶贫，也是最根本的扶贫。阿马蒂亚·森认为，"贫困必须被视为基本可行能力的被剥夺"。① 按照森的观点，人的有价值的生活包括一系列"功能性活动"（functionings），如吃、穿、住、行、读书、看电视、社会参与等，"把这些活动列成一个清单，一个人的'可行能力'，就是对于此人是可行的、列入清单的所有活动的各种组合"。② 可行能力的发展在"发展性减贫"中具有极为重要的意义：一方面，如果贫困人口的可行能力不提高，不具备摆脱贫困的内生动力和自生能力，就不可能稳定脱贫；另一方面，可行能力的提高不仅是经济脱贫的坚实基础，而且本身就有不可替代的价值。

产业发展、共享发展与贫困人口可行能力发展三者间具有紧密的内在关联，共同构成"发展性减贫"这一习近平精准扶贫脱贫重要论述的根本特征。首先，产业发展是共享发展和可行能力发展的基础。因为产业发展搭建了一个共享发展和可行能力发展的广阔平台，使得贫困人口得以广泛地参与到经济发展和收益分享中来，不断提升自身的可行能力。其次，共享发展是产业发展的目的和动力，是贫困人口可行能力发展的手段和条件。最后，贫困人口可行能力的发展是农村产业发展的强大动力，与共享发展互为条件，相辅相成。

（二）全方位的精准要求下减贫规律的新探索

习近平总书记对新时期的脱贫攻坚工作提出全方位的"精准"要求，强调指出"扶贫开发贵在精准，重在精准，成败之举在于精准"。全方位的精准要求集中体现了习近平总书记对我国当前经济社会发展阶段和扶贫规律的深刻认识和新的探索，是对我国原来的开发式扶贫方式的深化和实

---

① ［印］阿马蒂亚·森：《以自由看待发展》，任赜等译，中国人民大学出版社2013年版，第85页。

② ［印］阿马蒂亚·森：《以自由看待发展》，任赜等译，中国人民大学出版社2013年版，第3页。

践逻辑延伸,是习近平精准扶贫脱贫重要论述的鲜明特点、突出亮点和最大要点。我们从扶贫资源分配和利用的效率、公平、公平与效率相结合,以及全面建成小康社会的时代背景四个方面,来深刻理解全方位精准要求的内在逻辑、时代意义和历史价值。

第一,提高扶贫资源配置效率要求全方位的精准。在致贫原因多元化的情况下,必须找准致贫原因,因地因人制定扶贫措施,才能有效提高扶贫资源的配置效率。例如,对于那些自然环境恶劣、水电路气等基础设施薄弱的地区,必须进行易地扶贫搬迁、改善基础设施;对于那些自然条件和产业基础较好,致贫原因主要是疾病、残疾、教育、个人能力欠缺的地区,就应该有针对性地开展医疗扶贫、社保兜底、教育扶贫、文化扶贫等。这就是"项目安排精准"的要求。从经济学角度讲,资源是稀缺的,必须把有限的资源,特别是那些具有较强"专用性"(specific)的资源,用于效率最高的用途。因此,在选派扶贫第一书记和驻村干部时,应当针对不同的致贫原因和扶贫措施,将具有专用性人力资本、物质资本和社会资本的扶贫单位和人员,派往最需要他们和最能发挥他们作用的地方,真正做到人尽其才,物尽其用,这是"因村派人精准"的内在要求。

第二,保障扶贫资源分配公平要求全方位的精准。我国经济发展和扶贫开发推进到现阶段,遗留下来的贫困人口大多具有文化程度低,自身能力弱的问题,对国家扶贫政策不了解,争取国家扶贫资源的能力较为薄弱,导致很容易出现应扶未扶、关系扶贫的弊病。为了保证国家扶贫资源精准落实到每一个贫困户,必须对贫困户进行精准识别、建档立卡,在此基础上,下乡扶贫干部向建档立卡贫困户主动宣讲国家扶贫政策,为其申请提供服务,并对扶贫资源分配进行有效监督,防止出现人情扶贫和各种腐败行为,真正做到"扶贫对象精准""措施到户精准""资金使用精准"和"脱贫成效精准"。

第三,兼顾扶贫资源分配的公平与效率要求全方位的精准。习近平总书记根据不同的致贫原因和应对措施,提出了"五个一批"扶贫工程。在这"五个一批"工程以及相应的扶贫资源和项目中,有的属于生产性、发展性的,目的是通过促进地方经济发展,带动贫困人口脱贫;有的属于消费性、保障性的,目的是对那些丧失劳动能力的深度贫困人口提供补贴。为了兼顾扶贫资源分配的效率和公平,对于生产性、发展性的扶贫资源的分配应该选择那些具有较强资源利用能力的贫困人口,或者资源利用能力更强的企业或专业大户，同时要求接受扶贫资源的企业、大户必须承担相应的扶贫任务，带动特定贫困人口和贫困家庭脱贫；对于消费性、保障性扶贫资源则必须精准地分配给建档立卡贫困户，实施直接的扶贫机制。区分两种扶贫资源和两种扶贫机制，科学合理地分配扶贫资源，是"项目安排精准""资金使用精准""措施到户精准"的题中之意。

第四，全面建成小康社会、消灭绝对贫困要求全方位的精准。长期以来，我国实行的基本扶贫方式是开发式扶贫，所瞄准的是贫困区域而不是贫困户，很容易出现所谓"精英俘获"效应。[①] 开发式扶贫的减贫效应依赖于一个前提条件，那就是贫困者具备内生发展能力，能充分抓住扶贫开发带来的发展机遇。也就是说，开发式扶贫对那些缺乏内生发展能力的深度贫困户的减贫效果是非常有限的。笔者认为，当前我国的减贫工作已经达到这样一个拐点：那些具备内生发展能力的群体已经基本摆脱了绝对贫困，遗留下来的绝对贫困人口大多缺乏内生发展能力，从而无法通过开发式减贫实现脱贫。到 2020 年全面建成小康社会，是中国共产党对全国人民的庄严承诺，必须不折不扣地兑现，决不能将那些缺乏内生发展能力的深度贫困人口抛下，决不能止步于当下的减贫拐点。我们应从当前扶贫脱贫工作新的发展阶段、新的要求，以及全面建成小康社会的历史使命的高度，来深刻认识和践行习近平精准扶贫脱贫重要论述中提出的全方位精准要求。

（三）坚持党领导下积极探求政府与市场的协同作用机制战胜贫困

习近平精准扶贫脱贫重要论述的深层意蕴和核心旨向是通过政府与市场的协同作用机制来战胜贫困。一方面，习近平精准扶贫脱贫重要论述体现了特定时期政府主导的鲜明色彩。习近平总书记将全面建成小康社会视为党和政府必须完成的使命。在 2015 年中央扶贫工作会议上，习近平强调指出，"全面建成小康社会，是我们对全国人民的庄严承诺，必须实现，而且必须全面实现，没有任何讨价还价的余地……我们必须动员全党全国全社会力量，向贫困发起总攻，确保到 2020 年所有贫困地区和贫困人口一道迈入全面小康社会"。2015 年 11 月 29 日，中共中央国务院发布的《关于打赢脱贫攻坚战的决定》明确规定：在领导体制上，实行中央统筹、

[①] 邢成举、李小云：《精英俘获与财政扶贫项目目标偏离的研究》，《中国行政管理》2013 年第 9 期。

省负总责、市（地）县抓落实的分工工作机制，各级均由党委、政府负总责，党政一把手同为第一责任人；各级党委政府分工负责，要层层签订责任书，层层落实责任制，把扶贫开发工作实绩作为选拔使用干部的重要依据，建立扶贫考核督查和社会监督机制。①

另一方面，习近平总书记非常强调市场力量和市场机制在脱贫攻坚中的重要作用。归根结底，在中国特色社会主义市场经济体制的大环境下，资源配置、资源动员不可能绕开市场机制和市场主体。具体而言，其一，按照"发展性减贫"理念，发展在我国当前的脱贫攻坚中居于关键地位，而推动发展，就不能不充分利用市场机制和尊重市场规律，也不能离开各类市场主体的积极参与；其二，习近平总书记强调要动员全社会力量参与扶贫，而在中国特色社会主义市场经济中，对社会力量的动员必须通过市场机制；其三，习近平精准扶贫脱贫重要论述中所包含的全方位的精准要求的主要目标之一是兼顾扶贫资源的公平与效率，而要保证扶贫资源的利用效率，就不能不利用市场机制，尊重市场规律。

在中国特色社会主义市场经济中，积极探求政府与市场有机结合、协同作用机制始终贯穿着中国共产党的领导。全面建成小康社会，消灭绝对贫困，实现共同富裕，是中国共产党的宗旨、使命和理想决定的，也是由中国特色社会主义制度决定的。邓小平指出，社会主义的本质是解放生产力，发展生产力，消灭剥削，消除两极分化，最终达到共同富裕。党的十八大以来，以习近平同志为核心的党中央反复强调，全党要不忘初心，牢记使命。而不忘初心，牢记使命的首要要求和体现就是全面建成小康社会，实现共同富裕。中国特色社会主义制度、中国特色社会主义市场经济体制与中国共产党的理想、信念、理论具有内在一致性。习近平总书记在十九大报告中明确提出，"中国特色社会主义最本质的特征是中国共产党领导，中国特色社会主义制度的最大优势是中国共产党领导"②。十九大

---

① 《中共中央国务院关于打赢脱贫攻坚战的决定》，新华网，http：//news. xinhuanet. com/politics/2015－12/07/c_ 1117383987. htm，2015 年 12 月 7 日。

② 改革开放前，我国对社会主义的认识主要是从生产关系方面界定的（生产资料公有制＋按劳分配），邓小平的社会主义本质理论，强调了生产力，从而也就从生产力层面对中国特色社会主义制度做了规定，习近平则从上层建筑层面对中国特色社会主义制度的内涵进行了进一步发展和丰富（习近平：《决胜全面建成小康社会　夺取新时代中国特色社会主义伟大胜利——在中国共产党第十九次全国代表大会上的报告》，新华网，http：//www. xinhuanet. com/politics/19cpcnc/2017－10/27/c_ 1121867529. htm，2017 年 10 月 27 日）。

后,"党政军民学,东西南北中,党是领导一切的"这一根本原则被写入党章。① 政府与市场机制,则是中国共产党实现其宗旨、使命和战略意图的两只手。

综上所述,"发展性减贫"、全方位精准要求、党领导下的政府与市场协同扶贫机制,这三者是紧密关联、相互支撑、逻辑自洽的有机整体,共同构成习近平精准扶贫脱贫重要论述的逻辑体系(见图1):首先,在这三者中,"发展性减贫"是根本特征,全方位的精准要求和党领导下的政府与市场协同作用机制是其实现手段。其次,在后两者中,全方位的精准要求相对而言又属于理念层次的范畴,中国共产党领导下的政府与市场协

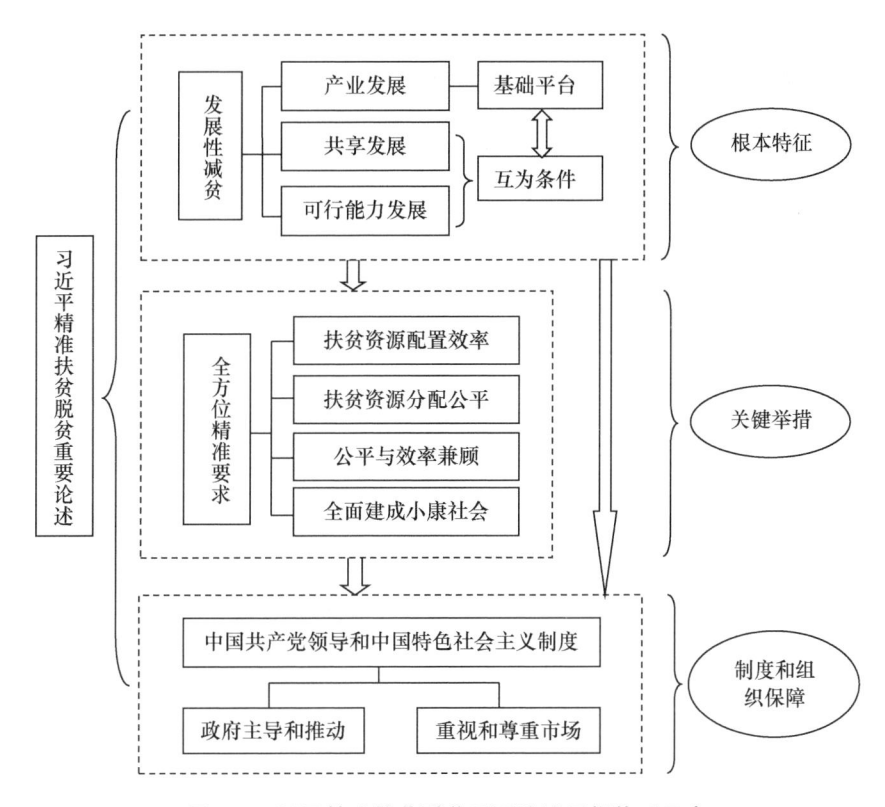

图1 习近平精准扶贫脱贫重要论述逻辑体系示意

---

① 《中国共产党章程》,新华网,http://www.xinhuanet.com/politics/19cpcnc/2017-10/28/c_1121870794.htm,2017年10月28日。

同作用机制是其实现手段。最后，中国共产党领导下的政府与市场协同作用机制构成"发展性减贫"和全方位精准要求共同的制度和组织保障，离开了这一坚强有力的制度和组织保障，"发展性减贫"和全方位精准要求都将失去依托和动力，甚至根本不会被提出。正是在这一意义上，笔者提出，习近平精准扶贫脱贫重要论述的"本色"是由其制度"底色"决定的。

那么，在中国特色社会主义市场经济的制度背景下，如何积极地探求政府与市场有机结合的协同作用机制，实现"发展性减贫"理念和全方位精准要求呢？下面，我们将详细阐述中国情境下这种协同作用机制的具体实践。

三 习近平精准扶贫脱贫重要论述的三大实现机制

与过去忽视市场与社会力量、主要依赖政府资源的单一主体扶贫模式不同，习近平精准扶贫脱贫重要论述致力于构建政府、市场、社会多元合作、协同推进的扶贫脱贫新架构。具体看，在中国特色社会主义制度下，习近平精准扶贫脱贫重要论述的实现机制可分为三大机制：第一，晋升锦标赛激励机制，为主导精准扶贫脱贫的党和政府组织体系提供动力；第二，扶贫资源动员机制，解决的是党和政府如何动员全党全国全社会的力量，投入脱贫攻坚战场的问题；第三，资本带动扶贫脱贫机制，解决的是各类资本如何带动扶贫脱贫的问题。

（一）中国特色社会主义制度下的晋升锦标赛激励机制

精准扶贫脱贫的落实必须建立有效的动力机制，驱动党和政府组织"机器"高效运转。从经济学的学科视角来看，这实质上是一个激励问题：做出脱贫攻坚决策部署的中央政府是委托人，具体开展扶贫工作的扶贫主体是代理人。由于扶贫一般不能给政府官员带来经济利益，且又劳心劳力，因而作为委托人的中央政府与作为代理人的各级地方政府和各个部门之间存在激励不相容的问题，于是就可能出现代理人的"道德风险"，即各级地方政府和各个部门利用自身的自由裁量权（discretion）和信息优势，对扶贫脱贫工作"雷声大，雨点小"，不肯真抓实干，从而使扶贫脱贫攻坚流于形式，不能收到实效。

按照现代经济学的激励理论，公共部门可以采用相对绩效评估

(rank-order tournaments)的激励机制。① 对改革开放以来我国经济快速增长的诸多解释中，基于这一视角的典型代表是周黎安等人。周黎安借鉴由 Lazear 和 Rosen 首先提出的员工激励的锦标赛模型，提出我国地方官员以 GDP 增长率为标准进行的晋升锦标赛是改革开放以来我国经济持续快速增长的重要原因。② 改革开放以来，我国逐步形成了政治集权与经济分权相结合的中央与地方关系，中央政府可以凭借集中统一的组织人事权，通过晋升锦标赛的激励机制，将中央的政策意图贯彻到各个领域，有效集中起全社会的力量来实现某一战略目标。从经济学理论看，这是一种强激励（high-power incentive）机制。如前所述，我国精准扶贫脱贫实践正是通过层层落实责任制，强化考核，将精准扶贫脱贫的压力逐级传递。这里，晋升锦标赛的评判标准发生了重大变化，从以前的 GDP 指标转为扶贫绩效指标，从经济增长导向转变为民生共享导向。但是，其强激励的性质没有变，所依赖的"政治集权，经济分权"的制度基础没有变。③

驱动组织"机器"是一个问题，建设组织"机器"是另一个问题，二者都是为习近平精准扶贫脱贫重要论述的落实提供组织保障所不能缺少的。如果党和政府组织涣散，腐化堕落，利益集团林立，原本有效的组织驱动机制和压力传导机制（晋升锦标赛）也会发生障碍，自上而下、集中统一的命令体系难以有效运转。一个时期以来，由于我们片面重视经济发展，放松党的组织建设和纪律建设，导致党和国家组织肌体出现一系列不容忽视的问题，对习近平精准扶贫脱贫重要论述的贯彻落实构成严重障碍。例如，在各地精准扶贫脱贫的实践中，时常出现"数字脱贫""帮扶走过场""造盆景""垒大户"等形式主义行为④，就是党和政府组织体系建设中的问题在扶贫领域的表现和产物。因此，以民生共享为导向，以扶

---

① 王永钦、丁菊红：《公共部门内部的激励机制：一个文献述评——兼论中国分权式改革的动力机制和代价》，《世界经济文汇》2007 年第 1 期。
② 周黎安：《中国地方官员的晋升锦标赛模式研究》，《经济研究》2007 年第 7 期。
③ 鉴于基于 GDP 指标的晋升锦标赛激励机制可能带来的发展不平衡等负面效果，一些学者研究了使用其他指标来代替 GDP 指标的晋升锦标赛激励机制，例如居民满意度。参见陈钊、徐彤《走向"为和谐而竞争"：晋升锦标赛下的中央和地方治理模式变迁》，《世界经济》2011 年第 9 期。
④ 张国栋、黄武：《对脱贫攻坚中的形式主义坚决说"不"》，新华网，www.xinhuanet.com/legal/2017-05/19/c_129607988.htm，2017 年 5 月 19 日。

贫脱贫绩效为考核指标的晋升锦标赛的良性运转，离不开坚强、有效、健康的组织基础。党的十八大以来，以习近平同志为核心的党中央反复强调"打铁还需自身硬"，以壮士断腕的决心和勇气推动全面从严治党，全面加强党的思想建设、作风建设和组织建设。全面从严治党下，党和政府组织建设水平的提高，将为中国特色社会主义制度下的晋升锦标赛激励机制的良性运转创造有利条件，进而为习近平精准扶贫脱贫重要论述的落实提供强大的动力机制和组织保障。

(二) 中国特色社会主义制度下的扶贫资源动员机制

改革开放以来，我国逐渐确立了公有制为主体，多种所有制经济共同发展的基本经济制度，建立和发展了中国特色社会主义市场经济体制。在脱贫攻坚中，这套制度的特色和优越性不仅体现在财政资金的动员上，更重要的是依靠这一套制度和组织体系，党和政府可以直接或间接的方式，广泛动员那些对促进发展具有不可替代作用的非货币化的人力资本和社会资本。扶贫资源的广泛性和全面性是中国特色社会主义制度下的扶贫资源动员机制的鲜明特色和特殊优势。

对于各级政府部门和国有企事业单位掌握的资源，党和政府可以通过行政方式直接动员。虽然改革开放后，民营经济崛起，国企改革"抓大放小"，大量中小国有企业改制成民营企业，但是，公有制仍然在关系国计民生的关键领域占有绝对优势，如铁路、公路、电力、通信、金融、文化、教育、科研、医疗等。这使得党和国家手中直接掌握了大量资源和优秀的专业人才，可以在脱贫攻坚中，发挥政府部门和民间力量所不能替代的作用，如迅速改善贫困落后地区的基础设施状况、对贫困家庭和贫困者进行有效的教育和医疗帮扶等。国有企事业单位还是精准扶贫脱贫中第一书记和扶贫脱贫工作队人员的重要来源之一。[①]

对于非公有制市场主体所支配的资源，党和政府可以利用经济手段和社会机制，即通过市场杠杆（如税收优惠、贷款贴息等）和紧密的政商关系进行间接动员。从经济手段看，政府可以通过税收优惠、财政补贴、贴

[①] 值得指出的是，在强调国有企业的公有制属性和不可推卸的社会责任的同时，要认识到国有企业仍然是市场主体。除了基础设施、公共服务等不直接面向市场的扶贫项目，可以由政府规划和主导外，产业发展等直接面向市场的扶贫举措，必须尊重市场，遵守市场规律。兼顾这二者的一个可行办法是，赋予国有企业充分的自主权，能够根据市场状况，灵活地制定扶贫方案，政府尽量避免直接干预。

息贷款等经济杠杆，鼓励民营企业参与扶贫。这是世界各国通行的做法，并非中国特色的制度。中国特色的制度在于，党和政府能以社会资本这样的非经济杠杆，广泛动员民营企业参与扶贫。改革开放以来，我国各级地方官员积极开展招商引资，积累了丰富的市场知识和大量商界资源，形成了密切的政商关系。① 地方官员在下乡扶贫时，就可以利用掌握的商界资源以及积累的市场知识，为其所在的扶贫点带来种种发展资源。在中国当前的制度环境下，这种基于社会关系的扶贫资源动员机制可能比正式的经济杠杆更有效，也更频繁地发挥作用。②

在中国特色社会主义市场经济体制中，如何处理政府与市场的关系、国家减贫事业与企业履行社会责任的关系、社会主义本质的实现与民营资本的引导发展的关系，都是特别重大的理论和实践课题。习近平总书记提出的"亲清"新型政商关系，是从理论和实践上回答这些重大课题的独创性探索和重要思路，构成习近平新时代中国特色社会主义经济思想的重要内容。③

（三）中国特色社会主义制度下的资本带动扶贫机制

从我国各地精准扶贫脱贫的实践来看，一种基本模式是各级地方政府积极引进各种资本（包括公有资本和私有资本、外来资本和本地资本），带动农民工资性收入、经营性收入和财产性收入的增加。如何从理论上认识这种资本带动扶贫机制呢？马克思关于资本生产性的理论，对此颇有启发意义。

马克思在《政治经济学批判（1861—1863年手稿）》中，指出"从这些社会劳动形式（指的是协作、工场手工业、工厂——笔者注）发展起来的劳动生产力，从而还有科学和自然力，也表现为资本的生产力"。④ 在《政治经济学批判（1857—1858年手稿）》中指出，"知识和技能的积累，社会智力的一般生产力的积累，就同劳动相对立而被吸收在资本当中，从

---

① 周黎安：《转型中的地方政府：官员激励与治理》，格致出版社、上海三联书店、上海人民出版社2017年版，第298—315页。
② 笔者无意对这一机制的利弊进行详细深入分析，只是指出这种扶贫机制在我国现行体制下的客观存在性。
③ 习近平：《构建"亲""清"新型政商关系》，新华网，http://news.xinhuanet.com/mrdx/2016-03/05/c_135158133.htm，2016年3月5日。
④ 《马克思恩格斯选集》（第2卷），人民出版社2012年版，第850页。

而表现为资本的属性"。① 由马克思关于资本生产力的理论，我们可以知道，在中国特色社会主义市场经济中，如上所说的各种资本（包括公有资本和私有资本、外来资本和本地资本等）支配着社会最先进的生产力。马克思还批判了个体小生产在生产力发展上的落后性，认为这种生产方式"既排斥生产资料的积聚，也排斥协作，排斥同一生产过程内部的分工……它只同生产和社会的狭隘的自然产生的界限相容"，并断言"这种生产方式必然要被消灭，而且已经在消灭"。② 由于资本吸纳和代表了社会先进生产力，因此落后地区的经济发展更不能离开资本的带动作用。

马克思在提出资本生产力理论时，原本是持批判立场的，其意是在生产资料资本主义私有制下，自然力和社会劳动生产力都被吸纳到资本之中，由此劳动就附属于资本，被资本剥削。然而，在中国特色社会主义制度体制下，通过对资本的扬弃，资本所代表的社会生产力也可以为人民所用。③ 总的来说，公有资本下乡，尤其是吸引民营资本、外来资本下乡投资经营为农村带来急需的资金、技术、人才、经营管理等先进生产要素，可以有效地拉动农村经济发展和农民持续增收。具体而言，首先，各类资本下乡投资经营，能创造新的就业机会，增加本地农民（包括贫困人口）的工资性收入。其次，下乡资本通过入股、租赁等方式使用本地的土地、房屋，可使本地农民增加财产性收入。再次，下乡资本通过为农民提供产前、产中、产后社会化服务，可以促进传统农业向现代农业的转型升级，并带动农民农业经营收入的增加。最后，发展休闲农业和乡村旅游，推进农村一二三产业融合发展，也离不开农业、休闲旅游业等企业的投资开发。

资本带动扶贫脱贫机制的充分发挥，需要制度保障。例如，农村土地"三权分置"改革就是启动资本带动扶贫机制的前提和基础，只有进一步完善"三权分置"的农地产权制度，才能在农村经济发展的同时，增加农民收入。农村金融制度的改革同样重要。外来资本在本地制造了新的市场机遇，农民更好地把握这些机遇需要融资支持。目前，我国农村金融制度

---

① 《马克思恩格斯选集》（第2卷），人民出版社2012年版，第775页。
② 《马克思恩格斯选集》（第2卷），人民出版社2012年版，第298页。
③ 鲁品越：《〈资本论〉是关于市场权力结构的巨型理论——兼论社会主义市场经济的理论基础》，《吉林大学社会科学学报》2013年第5期。

还不够健全，尤其是普惠性、包容性不强，不利于农民增收。此外，通过教育培训，提高农民人力资本，也是增强资本带动作用的重要方式。总的来说，目前我国资本带动扶贫机制的制度保障尚不健全，需要在新发展理念的引领下，通过全面深化改革，完善相关制度。

四 尾论

习近平精准扶贫脱贫重要论述具有特殊时代意义和深远的历史意义。

一方面，习近平精准扶贫脱贫重要论述是对马克思主义唯物史观方法论和反贫困理论的继承、创新和发展，是马克思主义反贫困理论中国化的新贡献。马克思的资本主义贫困理论指出，资本积累和资本有机构成提高产生的相对过剩人口将导致财富在资产阶级一极积累，贫困在无产阶级一极积累。因此，资本及其扬弃在马克思关于未来社会发展和反贫困理论中居于重要地位，而唯物史观又是马克思一切理论的方法论基础。习近平精准扶贫脱贫重要论述的实质是通过中国特色社会主义的制度和组织力量——在经济基础上是占主体地位的生产资料公有制，在上层建筑上是中国共产党的全面领导——对资本进行扬弃，既充分发挥资本促进生产力发展的积极面，又抑制其掠夺性的消极面。前述理论逻辑和三大实现机制都充分展现了习近平精准扶贫脱贫重要论述与马克思反贫困理论在思想逻辑上的一脉相承，也只有从马克思主义反贫困理论的角度和高度，才能科学认识和准确把握习近平精准扶贫脱贫重要论述的脉络、实质和精髓。我们既要掌握习近平精准扶贫脱贫重要论述中蕴含的辩证方法和科学精神，又要深刻认识其呈现出的当代中国马克思主义的鲜明理论特质和理论品格。

另一方面，习近平精准扶贫脱贫重要论述是习近平新时代中国特色社会主义思想的有机组成部分，与"四个全面"战略布局有不可分割的关系。习近平新时代中国特色社会主义思想的核心理念就是通过全面从严治党，加强党的领导和建设，进而通过强有力的党和国家制度和组织体系实现"以人民为中心"的发展和中华民族伟大复兴的中国梦。这不仅与习近平精准扶贫脱贫重要论述中的"发展性减贫"理念逻辑一致，而且为习近平精准扶贫脱贫重要论述的实现提供了坚强的制度和组织保障。正如前面反复强调的，习近平精准扶贫脱贫重要论述的本色乃在于其制度底色，我们只有着眼于整个习近平新时代中国特色社会主义思想体系，才能全面、深刻地理解习近平精准扶贫脱贫重要论述的本质和精髓。

习近平总书记指出，我们既要做好中国的事情，也要讲好中国的故事。① 当前中国理论界的一项重要使命就是要紧密联系中国特色的制度体制机制，从理论上，全面、深刻地理解习近平精准扶贫脱贫重要论述的精髓，探寻内部机制机理和规律，发现、研究和解决实践中的真问题，总结经验，提炼理论，结合马克思主义基本原理和贫困理论，创新发展当代中国特色社会主义反贫困理论。

---

① 中共中央宣传部：《习近平总书记系列重要讲话读本》，学习出版社、人民出版社2016年版，第209页。

精准扶贫、精准脱贫战略思想的理论价值

王朝明　张海浪[*]

摘　要：目前，在农村扶贫已经迈入啃硬骨头、攻坚拔寨的决战阶段提出的精准扶贫精准脱贫战略思想，不仅是扶贫政策层面的新举措，而且具有深刻的理论价值。可以说精准扶贫精准脱贫的思想是深深地扎根于决胜全面小康社会、建成社会主义现代化和实现中华民族伟大复兴中国梦的深厚土壤之中，它的理论构建在于："共同富裕"根本原则是其产生的理论之源，以人民为中心的发展观是其确立的理论之魂；决胜全面小康社会和建成社会主义现代化国家的宏伟目标是其必须的现实之基；它的理论特色体现为，精细化观念，逻辑性构架，系统性思维，包容性发展；它是习近平新时代中国特色社会主义经济思想的重要组成，是马克思主义经济发展理论的重大创新。

关键词：精准扶贫；精准脱贫战略思想；理论构建；理论特色；理论创新

一　引言

改革开放以来，中国政府对农村地区普遍存在的贫困现象进行了有组织、大规模的扶贫开发，使7亿多农村贫困人口摆脱了贫困，成为世界上减贫成效最为显著的国家，也是世界上率先完成联合国千年发展目标的国家，为全球减贫事业做出了重大贡献，走出了一条中国特色的扶贫之路。但是，截至2014年年底，中国现行农村贫困标准下仍还有7000多万贫困

---

[*] 本文选自王朝明、张海浪《精准扶贫、精准脱贫战略思想的理论价值》，《理论与改革》2019年第1期。

人口，经过两年多的扶贫攻坚，目前还剩 4000 多万贫困人口，贫困发生率由 10.2% 已经下降到 4% 以下。可以说贫困人口中好扶的、易帮的都做到了脱贫，剩余的贫困人口大都是极端难扶的特困人群，这些贫困人口大多集中在中西部地区，呈现贫困程度深、减贫成本高、脱贫难度大等特点。因此，现在的农村扶贫已经迈入啃硬骨头、攻坚拔寨的决战阶段，没有非常之举、万全之策，是难以啃下这块硬骨头的。而贫困问题成为目前我国经济社会发展中的一个突出短板，关系到 2020 年全面建成小康社会目标的实现。基于这样的现实背景，贫困特点的转变，扶贫阶段的转移，呼唤减贫方略的转换。2013 年 11 月，习近平总书记在湖南湘西十八洞等贫困村寨考察时提出，"扶贫要实事求是，因地制宜。要精准扶贫，切忌喊口号，也不要定好高骛远的目标。"这是总书记第一次在公开场合提出精准扶贫新思想。随后，习近平总书记和中央其他领导同志多次阐述精准扶贫精准脱贫思想，逐步形成了明确"六个精准"（扶持对象精准、项目安排精准、资金使用精准、措施到户精准、因村派人精准、脱贫成效精准）；抓好"五个一批"（通过扶持生产和就业发展一批、通过易地搬迁安置一批、通过生态保护脱贫一批、通过教育扶贫脱贫一批、通过低保政策兜底一批）；解决"四大问题"（扶持谁、谁来扶、怎么扶、如何退）；采取"六项措施"（产业扶贫、转移就业、易地搬迁、教育支持、医疗救助、社保政策兜底）；发掘"九条渠道"（发展特色产业脱贫、引导劳务输出脱贫、实施易地搬迁脱贫、结合生态保护脱贫、着力加强教育脱贫、开展医疗保险和医疗救助脱贫、实行农村低保制度兜底脱贫、探索资产收益脱贫、健全留守儿童、留守妇女、留守老人和残疾人关爱服务体系）为核心内容的精准扶贫精准脱贫战略思想和政策体系。

为了贯彻落实精准扶贫精准脱贫战略思想，从中央到地方，以前所未有的力度、密度、速度出台了一系列政策、制度，探索了多种工作机制、方式，把精准扶贫精准脱贫作为扶贫开发的基本方略，初步构建成精准扶贫精准脱贫的完整战略和政策体系。2014 年 1 月中共中央办公厅印发《关于创新机制扎实推进农村扶贫开发工作的意见与通知》，将建立精准扶贫工作机制作为六项扶贫机制创新之一，推动精准扶贫思想落地；2014 年 4 月国务院扶贫办印发《扶贫开发建档立卡工作方案》制定了 2014 年年底前在全国范围内建立贫困户、贫困村、贫困县和连片特困地区电子信息档案，并向贫困户发放《扶贫手册》，为全面推行精准扶贫精准脱贫工作奠定基础；2014年5月国务院扶贫办等七部门联合下发《关于印发〈建立精准扶贫工作机制实施方案〉的通知》，确定了逐步构建精准扶贫精准脱贫工作长效机制的任务和目标，标志着精准扶贫精准脱贫工作在全国推行；2015年10月举行的党的十八届五中全会在提出我国现行标准下农村贫困人口实现脱贫，贫困县全部摘帽，解决区域性整体贫困；2015年11月中央正式发布《中共中央国务院关于打赢脱贫攻坚战的决定》，把精准扶贫精准脱贫作为扶贫开发的基本方略，纳入国家治国理政总体方略；2016年4月中共中央办公厅、国务院办公厅发布《关于建立贫困县退出机制的意见》，对贫困县退出标准和程序做出了相关规定，截至目前，全国已有28个贫困县脱贫摘帽，实现了中华人民共和国历史上第一次贫困县数量的净减少。

二 精准扶贫、精准脱贫战略思想的理论构建

在中国扶贫开发面临新任务、新形势的情况下，以习近平同志为核心的党中央，胸怀强烈的历史责任感和使命感，站在实现中国梦的战略高度，深入实际、把握全局、运筹帷幄，推进扶贫开发工作不断走向深入，提出了精准扶贫精准脱贫战略新思想，①是对马克思主义经济发展理论的重大创新。学术理论界，围绕精准扶贫精准脱贫思想的内涵、实质、核心要义和最终目的进行解读、展开讨论。总体来讲，精准扶贫是指，以精细化管理、综合协同、持续再生计的理念为指导，运用统筹、协调、分类的科学方法，变扶贫"大水漫灌"为"精确滴灌"，对扶贫对象实施精准识别、精准施策、精准扶持、精准管理的综合治理贫困的新方略。精准脱贫是指，在精准扶贫的前提下，通过"分批分类"的办法，对精确到户的贫困人口进行有针对性的"造血"或"输血"式帮扶，使之能够具备自我稳定的脱贫状态及其能力，真正实现"脱真贫、真脱贫"的全过程目标。进一步讲，精准扶贫精准脱贫的起点在于明确贫困人口的致贫原因，从而针对特定原因制策施策；精准扶贫精准脱贫的核心要义是"真扶贫、扶真贫、真脱贫"，确实使扶贫资源真正瞄准贫困目标人群，确保目标人群真实脱贫；精准扶贫精准脱贫的实质是提高贫困人口自身的发展能力；精准扶贫精准脱贫的最终目的在于减少贫困，进而实现全面脱贫、全面小康、

---

① 陆汉文、黄承伟：《中国精准扶贫报告（2016）》，社科文献出版社2016年版，第23页。

全面发展。①

精准扶贫精准脱贫战略思想的提出，不是凭空而来，其产生、发展一方面是在新时代中国特色社会主义理论体系中进行的；另一方面也是在推进全面建成小康社会，实现中华民族伟大复兴的中国梦实践中脱颖而出的。它的理论构建主要体现在这样几个方面。

第一，"共同富裕"根本原则是精准扶贫精准脱贫思想产生的理论之源。"共同富裕"论断，是邓小平理论体系中的核心范式之一，也是中国特色社会主义理论体系中的重要基石。它高度体现了中国特色社会主义的本质规定、奋斗目标和根本原则。邓小平理论中在阐述"共同富裕"原则时，有一个重要的逻辑前提，那就是"贫穷不是社会主义"②，社会主义是要共同富裕。而精准扶贫精准脱贫思想正是对"共同富裕"理论的继承和发展，是要通过找准贫因、挖准穷根、靶向治理的方法帮助每一个贫困人口都摸索出适合自己的脱贫致富方式，这样在奔向共同富裕目标的过程中，才不至于让每一个贫困村寨、贫困户、贫困者掉队遗漏。同时可以说，精准扶贫精准脱贫思想在一定程度上解决了邓小平理论中允许一部分人、一部分地区先富起来，然后怎样达到共同富裕目标这个关系社会主义本质和优越性的重大理论和实践问题。正如，习近平总书记所指出，"消除贫困、改善民生、逐步实现共同富裕，是社会主义的本质。"③

第二，以人民为中心的发展观是精准扶贫精准脱贫思想确立的理论之魂。党的十八届五中全会首次提出以人民为中心的发展思想，阐述了创新、协调、绿色、开放、共享的新发展理念，这是我们党对经济社会发展规律认识的深化，是马克思主义发展理论的继承和创新，体现了人民是推动发展的根本力量的历史唯物观，反映了人民主体地位的内在要求，也是我们党全心全意为人民服务根本宗旨所在，这就是要把人民的利益和幸福作为发展的根本目的和归宿，做到发展为了人民、发展依靠人民、发展成果由人民共享。而贫困是发展的短板，以人民为中心的发展观必然要求实施脱贫攻坚战略，就要实施精准扶贫精准脱贫，才能实现共享发展，使全

---

① 张占斌：《习近平同志扶贫开发思想探析》，《国家治理》2015年第36期。
② 《邓小平文选》（第3卷），人民出版社1993年版，第225页。
③ 中共中央宣传部编：《习近平总书记系列重要讲话读本》，学习出版社、人民出版社2016年版，第219页。

体人民都在共建共享发展中有获得感、幸福感。因此，精准扶贫精准脱贫战略思想成为新发展观的重要组成部分，是以新发展观为其理论精髓。

第三，决胜全面小康社会和建成社会主义现代化国家的宏伟目标是精准扶贫精准脱贫思想必须的现实之基。党的十五大依据邓小平的小康社会理论和分三步走实现现代化的发展战略，为21世纪前五十年谋篇布局，提出到2010年、建党一百年和建国一百周年的战略目标，要求在本世纪的头二十年，集中力量，全面建成惠及十几亿人口的更高水平的小康社会。这就是在完成了解决温饱、达到总体小康社会两步走目标的基础上到2020年实现全面小康社会的第三步战略目标。党的十六大对全面建设小康社会的目标做了战略部署；党的十七大根据时代的发展和国情的变化又对全面建设小康社会的目标提出了更新更高的要求；党的十八大不仅对全面建设小康社会的目标进行了充实和完善，而且将"全面建设小康社会"调整为"全面建成小康社会"，顺应了人民的新要求。[①] 党的十九大明确提出了，"从现在到2020年，是全面建成小康社会决胜期"[②]，并且乘势而上规划了建党一百年和建国一百年，即2020年到本世纪中叶两个一百年的长远奋斗目标，要在全面建成小康社会、基本实现社会主义现代化的基础上，把我国建成富强民主文明和谐美丽的社会主义现代化强国。当然，在向这一系列宏伟目标迈进的征程中，还要抓重点、补短板、强弱项，克服困难，排除障碍，其中解决贫困问题就是决胜全面小康社会和建成社会主义现代化国家必须完成的一个重大任务。党的十八大以来，习近平总书记反复强调扶贫开发和脱贫攻坚的重要性，认为"全面建成小康社会，最艰巨最繁重的任务在农村，特别是在贫困地区。没有农村的小康，特别是没有贫困地区的小康，就没有全面建成小康社会。"[③] 因此，小康是全民的小康，没有贫困地区、贫困人口、贫困家庭的小康，就不是全面的小康。这是将全面脱贫提升到全面建成小康社会的刚性目标、底线目标的地位。党的十九大报告也明确指出，"坚决打赢脱贫攻坚战，让贫困人口和贫困地

---

① 中共中央宣传部编：《习近平总书记系列重要讲话》，学习出版社、人民出版社2016年版，第54页。

② 习近平：《决胜全面小康社会　夺取新时代中国特色社会主义伟大胜利——在中国共产党第十九次全国代表大会上的报告》，人民出版社2017年版。

③ 陆汉文、黄承伟：《中国精准扶贫报告（2016）》，社会科学文献出版社2016年版，第23页。

区同全国人民一道进入全面小康社会是我们党的庄严承若。"① 这就必然要求我们，以更大的决心、更明确的思路、更精准的举措、超常规的力度，众志成城，实现脱贫攻坚目标。② 于是，可以说精准扶贫精准脱贫的思想也就正是深深地扎根于决胜全面小康社会、建成社会主义现代化和实现中华民族伟大复兴中国梦的深厚土壤之中。

三 精准扶贫、精准脱贫战略思想的理论特色

精准扶贫精准脱贫战略思想从提出、发展到完善，通过近几年的实践，已经彰显出独有的理论特色，概括讲主要体现在：

第一，精细化观念。改革开放30多年的扶贫开发，虽然取得了不小的成效，但以往"大水漫灌"式的扶贫方式却存在底数不清、目标不明、施策不准、效果不佳、潜力挖掘不足，眉毛胡子一把抓等不够精细的问题，很难将经济发展成果通过涓滴机制准确滴落到所有贫困人口身上，切实做到"真扶贫、扶真贫、真脱贫"的目的。针对这些问题而产生的精准扶贫精准脱贫的思想，最大的理论特色就在于坚持精细化的观念，一是精准化理念，这是精准扶贫的核心要义。这就要求提高扶贫的精确性，即指扶贫的瞄准对象与真实的贫困群体要高度一致，并且扶贫的方法对同一样本测量的重复性，同一群体在同一种方法重复测量才能反映这种方法的精确性；③ 实施这种精细化的扶贫方式，从扶贫机制上要由主要依赖经济增长的"涓滴效应"转向更加注重"靶向性"，对目标人群直接加以扶贫干预的动态调整。二是分类分批理念，这是精准脱贫的基础工具。分类分批理念的直接指向就是结合贫困者的具体情况和所处环境在精准识别出扶贫对象，即解决扶持谁、谁来扶的前提下，然后通过分类分批的"五个一批"方式解决怎么扶的问题；做到脱真贫、真脱贫、防返贫，持续提高扶贫绩效，让贫困人口有更多获得感。三是瞄准机制精准动态调整，这是精准扶贫精准脱贫的机制保障。扶贫资源如何更好地瞄准贫困目标人群是一

---

① 习近平：《决胜全面小康社会 夺取新时代中国特色社会主义伟大胜利——在中国共产党第十九次全国代表大会上的报告》，人民出版社2017年版。

② 刘永富：《到2020年实现"两不愁三保障"核心是"两个确保"》，中央政府门户网站，http://www.gov.en/guowuyuant/vom/2015-12/17/content_5025184.html，2015年12月17日。

③ 左常生：《中国扶贫开发政策演变（2001—2015）》，社科文献出版社2016年版，第49页。

个世界性难题。我国的贫困形态大至经历了普遍贫困、区域贫困、片区贫困、分散贫困等状态，与此不同时期不同贫困形态下的扶贫瞄准机制也相应变化，经历了区域瞄准、县级瞄准、片区瞄准、村级瞄准、家户瞄准等多种瞄准机制变化。扶贫瞄准机制的变化正是依据贫困形态的变化，从面上瞄准转向点上瞄准，精准扶贫精准脱贫思想也正是基于扶贫瞄准从区县下沉到家庭个人的转化而逐渐形成。从而更加注重瞄准着力、更加注重深处发力，跟上靶向，将扶贫资源对准、聚焦，用在真正需要帮扶的贫困人群上。

第二，逻辑性构架。精准扶贫精准脱贫战略思想有一个环环相扣，逻辑紧密的概念性构架和工作流程，这就是精准识别、精准扶持、精准管理、精准考核。这四者之间区别联系、相辅相成、缺一不可，是一个完整有机的整体。精准识别是前提，要解决好"扶持谁"的问题，准确确定扶贫对象。通过找准致贫原因，制定贫困标准和贫困指标体系的细化量化，以及贫困对象的信息公开，让真正的贫困户建档立卡。精准扶持是关键，也就是要解决"谁来扶、怎么扶"的问题，这是从贫困到脱贫的关键环节，必须既要重视贫困县、贫困村的整体环境，也要重视贫困户个体的特殊现实，做到因村施策、因户施策、因人施策，才能精准安排项目、精准使用资金、精准选择方式、精准选派驻村干部，真正提高扶贫绩效。精准管理是手段，这是要保证"怎么扶"的问题得到更好解决，在精准推进上下实功，做到动态管理贫困户信息、科学管理扶贫资金、明确划分事权责任，确保精准扶贫精准脱贫落实到位。精准考核是保障，这是对精准扶贫精准脱贫效果的评估、监督、检查，以便分清权责、突出成效、查明问题、奖罚分明、总结经验，促进精准扶贫精准脱贫良性循环取得全面胜利。

第三，系统性思维。现代社会中存在的贫困状态越来越显出，贫困不仅仅是由单一因素造成的，而是多元、复杂、综合因素影响的结果，发展经济学称为贫困的多维度结构，这正如英国经济学家萨比娜·阿尔基尔在评价1998年诺贝尔经济学奖得主阿马蒂亚·森将可行能力视角引入能力贫困的研究所言，"贫困的原因就是能力的匮乏，而能力是由一系列功能构成的，包括免于饥饿的功能、免于疾病的功能、接受教育的功能等。这些功能的丧失不仅仅是贫困产生的原因，而且它们本身就是贫困的表现。"因此，"除了创建可行能力视角和提出可行能力贫困的概念，Sen等还积极推动对多维度贫困的度量。"① 而我国社会中就有因病、因残、因学、因婚、因房、因灾、因失业、因自然环境等多种因素造成贫困和返贫。从国务院扶贫办 2014 年建档立卡信息系统分析，因病致贫占 42.2%，因缺资金致贫占 35.4%，因缺技术致贫占 22.3%，因缺劳力致贫占 16.8%，因学致贫占 9%，因残致贫占 5.8%，因灾致贫占 5.8%，其他致贫占 9.6%。② 由此可见，致贫原因相当复杂，涉及经济、人口、技术、教育、机会、能力、健康、环境等诸多因素，反映了贫困群体高风险、脆弱性的特质。因此，仅靠过去解决收入贫困或给钱送物的扶贫方式，很难完成 2020 年实现全面脱贫目标。必须从系统性出发，来思考扶贫开发的整体战略。前一段时间，国家扶贫办提出了建设专项扶贫、行业扶贫和社会扶贫等多方力量、多种举措有机结合、互为支撑的"三位一体"大扶贫新格局。③ 而精准扶贫精准脱贫思想就是对这种大扶贫格局思考的进一步发展完善，体现了系统性的战略思维。

精准扶贫精准脱贫战略思想代表着一种多维度的可持续的扶贫思想，并不只是一味地追求区域或县域层面的脱贫人数、并不只是单纯的资金投入和基础设施建设，更重要的是对贫困人口特殊致贫因素、贫困程度、脱贫可行性以及贫困者自身全面发展问题进行系统性研究，有针对性地从根本上解决贫困人口的实际问题，培养他们有可持续生计的能力，获得基本的生存保障和公共服务体系，最大限度地防止"贫困—脱贫—返贫"的恶性循环，也就是跳出瑞典经济学家冈纳·缪尔达尔所言的"循环积累因果"④ 链条的贫困锁定。因此，精准扶贫精准脱贫战略思想，从组织系统看，坚持中央统筹、省负总责、县抓落实的工作机制，做到分工明确、责任清晰、任务到人、考核到位；从扶贫精准来看，坚持对象识别、项目安

---

① [英] 萨比娜·阿尔基尔等：《贫困的缺失维度》"前言"，刘民权等译，科学出版社 2010 年版，第 2—3 页。
② 范小建：《关于"十三五"的脱贫攻坚》，宜昌扶贫网，http：//www.yefp.gov.en/art/2016/3/28/art_ 41471_ 922708. html，2016 年 3 月 26 日。
③ 国务院扶贫开发领导小组办公室组织编写，范小建主编：《中国农村扶贫开发纲要（2011—2020）干部辅导读本》，中国财政经济出版社 2012 年版，第 80 页。
④ 冈纳·缪尔达尔提出的"循环积累因果原理"，突破了经济学上关于经济发展与社会公平不可兼得的传统观念，并从独特的视角分析了社会各因素之间存在的循环积累效应，说明不发达国家普遍存在的社会不平等事实阻碍经济发展，加深了他们的贫困，结果又在"回波效应"作用下使不平等更加恶化。

排、资金使用、因村派人、措施到户、脱贫成效等系统化精准；从扶贫方式来看，坚持产业扶贫、科技扶贫、教育扶贫、金融扶贫、资产收益扶贫、劳务输出扶贫、东西部协作扶贫、互联网＋扶贫、生态保护扶贫、易地搬迁扶贫、医疗救助扶贫、低保政策兜底扶贫等扶贫方式的相互结合、相互作用，切实做到因村施策、因户施策、因人施策，不仅解决收入贫困，而且要攻克能力贫困、人文贫困、生态贫困等贫困陷阱，实现个体脱贫、县域脱贫、片区脱贫、区域性整体脱贫的全面推进；从扶贫动力来看，要注重扶贫同扶志、扶智相配合，坚持扶贫先扶志（智）；要以培育和践行社会主义核心价值观为引领，大力弘扬中华民族自强不息、扶贫济困传统美德，振奋贫困户与贫困做斗争决心和信心；要倡导现代文明理念和生活方式，改变落后风俗习惯，善于发挥乡规民约在引导贫困户思想行为中的积极作用；各种新闻媒体和互联网要及时跟踪报道精准扶贫、精准脱贫实践中的先进典型与先进事迹，以榜样的力量提振扶贫对象的内生脱贫动力；特别是驻村的扶贫干部要摸清楚扶贫对象的思想症结，对症下药，通过无微不至的思想教育，才能真正使贫困户由"要我脱贫"变为"我要脱贫"。

第四，包容性发展。精准扶贫精准脱贫战略思想蕴含包容性发展的理念。包容性发展是在党的十六届六中提出构建社会主义和谐社会和科学发展观的引领下，吸取了2007年亚洲开发银行提出的"包容性增长"概念的合理理论要素，结合中国改革开放实践对经济社会发展的一种新的理论探索。包容性增长意味着要使全球化、地区经济一体化带来的利益和好处，惠及所有国家，使经济增长所产生的效益和财富，惠及所有人群，特别是惠及弱势群体和欠发达国家。在此基础上，包容性发展更强调发展的公平、正义，缩小发展的差距，实现机会均等、过程公平和结果均等的动态平衡；包容性发展更强调以人为中心的，人与人、人与社会、人与自然的和谐发展，突出发展的主体是人民，发展的成果本来就属于人民而不仅是惠及广大人民群众，发展的目标就是成果共享，这与以人民为中心的新发展观一脉相承；包容性发展更强调经济社会发展的协调性，着力解决城乡区域发展失衡、经济结构失衡、资源占用失衡、收入分配失衡、生态环境失衡、社会分层失衡等发展不平衡不充分问题，促进经济社会的可持续发展。可见，包容性发展的观念落实在脱贫攻坚领域上与精准扶贫精准脱贫战略思想是相互贯通的。正像有的学者指出，"不同经济体实现经济增长分享、社会融合凝聚以及生态平衡和资源节约的过程,构成了包容性发展的各种具体形式。"① 而精准扶贫精准脱贫战略思想的政策工具和措施体系是与其完全可以对接的。

总之,精准扶贫精准脱贫战略思想是习近平新时代中国特色社会主义经济思想的重要组成,是马克思主义经济发展理论的重大创新。它具有特定的形成背景,深刻的基本内涵,鲜明的理论特色、系统的政策体系,反映了习近平同志为核心的党中央对我国扶贫脱贫攻坚实践及其发展趋势的科学认识,体现了我们党审时度势和不畏险阻的改革精神,为决胜全面小康社会和实现社会主义现代化进程中的减贫战略指明了方向,随着实践的发展它的理论价值将逐渐彰显出来。

---

① 朱玲:《减贫与包容:发展经济学研究》,中国社会科学出版社2013年版,第5页。

新时代共同富裕的理论发展与实现路径

韩文龙　祝顺莲*

摘　要：共同富裕既是社会主义的本质要求，也是新时代中国特色社会主义的价值目标和实践追求。新时代的共同富裕思想是在继承和发展经典马克思主义理论基础上，结合中国实践发展的阶段性特征而创新的产物。新时代实现共同富裕已经具备了一定的经济、政治、社会、文化和生态基础条件，需要从解决社会主要矛盾入手，创新其实现途径。具体来说，在坚持党的集中统一领导和中国特色社会主义发展道路，以及解放生产力、发展生产力和保护生产力基础上，进一步实施区域协同发展战略，解决地区发展不平衡问题；实现城乡融合发展，解决城乡发展不平衡问题；实现收入分配调节战略，解决不同群体之间的收入差距问题；坚决打赢精准扶贫攻坚战，消灭绝对贫困。

关键词：共同富裕；理论发展性；发展阶段性；实现路径

共同富裕既是社会主义的本质要求，也是新时代中国特色社会主义的价值目标和实践追求。党的十九大报告中，习近平总书记多次提到了共同富裕。新时代是继往开来的时代，更是逐步实现共同富裕的时代。研究和阐释习近平新时代共同富裕的理论内涵和实现机制是理论发展和实践探索的迫切需要。本文的分析以马克思的辩证唯物主义认识论为指导，坚持马克思主义的实践观、认识观、真理观和方法论。具体来说，从理论和实践

---

* 本文选自韩文龙、祝顺莲《新时代共同富裕的理论发展与实现路径》，《马克思主义与现实》2018年第9期。本文为国家社科基金重大项目"中国特色社会主义政治经济学研究"（2015MZD006）的阶段性研究成果。

发展的角度阐释马克思主义共同富裕思想在中国的实践和发展，重点对新时代共同富裕的本质、实现条件和实现路径等进行探索性研究。

一　马克思主义共同富裕思想在中国的实践与发展

（一）共同富裕是经典马克思主义的核心思想

马克思、恩格斯一生都在为无产阶级追求富裕和幸福的生活而奋斗，其共同富裕思想对当前我国实现共同富裕具有非常重要的理论指导意义。每一种理论与思想的产生都有其特殊的历史背景。马克思、恩格斯共同富裕的思想是在资本主义存在严重贫富分化、阶级压迫以及无产阶级抗争等多种社会矛盾的背景下逐渐形成的。同时，西方启蒙思想中的人权、自由、平等观点和古典政治经济学的劳动价值论观点、空想社会主义中对幸福平等的追求以及古典哲学中的部分理论为马克思、恩格斯共同富裕思想提供了理论来源。马克思、恩格斯正是在这些理论的基础上结合阶级压迫与无产阶级斗争的时代背景创立了共同富裕思想。他们认为在以私有制和剥削本质为基础的雇佣劳动制度下，资产阶级和无产阶级之间的关系是一种剥削与被剥削的关系。所以，在资本主义社会里无产阶级的平等和自由是无法实现的，未来社会里只有共产主义社会才能实现共同富裕。同时马克思提出实现共同富裕的物质基础是生产力的高度发展，在保证社会主义公有制与生产力高度发展的基础上才能实现共同富裕的价值追求从而促进劳动者的全面发展。

从经典著作中可以看出，马克思和恩格斯是从经济基础、制度保障与实现过程等方面来讨论共同富裕思想内涵的。

首先，关于共同富裕的经济基础，马克思曾经说过，"任何一个民族，如果停止劳动，不用说一年，就是几个星期，也要灭亡，这是每一个小孩子都知道的[1]。"在《1857—1858年经济学手稿》中，马克思指出："社会生产力的发展将如此迅速，以致尽管生产将以所有人的富裕为目的，所有的人可以自由支配的时间还会增加[2]。"恩格斯曾在《反杜林论》中指出："在生产资料社会占有的前提下，通过社会生产不仅能保证一切社会成员有富足的和一天比一天充裕的物质生活而且还可能保证他们的体力和智力

---

[1] 《马克思恩格斯选集》（第4卷），人民出版社2012年版，第473页。
[2] 《马克思恩格斯全集》（第31卷），人民出版社1998年版，第104页。

获得充分自由的发展和运用①。"由此可以看出，马克思认为共同富裕的物质基础是生产力的高度发达，实现共同富裕的首要条件就是生产力的高度发展。马克思、恩格斯明确指出无产阶级推翻资产阶级之后首先要明确自身的目的，就是尽最大努力地发展生产力。

其次，关于共同富裕的制度保障方面，马克思、恩格斯曾在《共产党宣言》中明确指出："共产党人可以用一句话把自己的理论概括起来：消灭私有制②。"他们认为以生产资料为主的社会主义公有制为共同富裕的实现提供了重要的制度保障和原则。在马克思看来，劳动和生产资料相分离的资本主义私有制度是阻碍共享的，是形成两极分化的根本原因，要实现共同富裕，就需要消灭资本主义私有制，建立社会主义公有制。

最后，在实现共同富裕的过程上，马克思曾指出："把生产发展到能够满足所有人的需要的规模；结束牺牲一些人的利益来满足另一些人的需要的状况；彻底消灭阶级和阶级对立；通过消除旧的分工，通过产业教育、变换工种、所有人共同享受大家创造出来的福利，通过城乡的融合，使社会全体成员的才能得到全面发展③。"马克思、恩格斯认为实现共同富裕是一个漫长的动态的过程，社会主义是共产主义的过渡期且社会主义是存在一定的贫富差距的。虽然马克思、恩格斯并未对这个复杂艰巨的过程做出明确的期限规定，但从他们对实现共同富裕的观点表述可以将共同富裕的实现过程分为两个阶段，即社会主义建设阶段和共产主义最终实现阶段。综上所述，马克思、恩格斯共同富裕思想是从人类根本利益出发，为无产阶级谋福利求幸福的科学理论。深入研究马克思恩格斯共同富裕思想对正确认识共同富裕的科学内涵和实现问题具有重要的意义。

（二）共同富裕在中国实践中具有发展阶段性和理论创新性

共同富裕在中国的理论发展和实践探索是与时俱进的，是与生产力发展水平和特定时期的发展战略相适应的，是呈现阶段性特征的。本文根据中国革命、建设和改革实践的阶段性，将共同富裕的实践历程分为三个阶段——初步探索阶段、深入探索阶段和初步实现阶段。

---

① 《马克思恩格斯全集》（第46卷），人民出版社2003年版，第222页。
② 《马克思恩格斯选集》（第4卷），人民出版社1972年版，第265页。
③ 《马克思恩格斯选集》（第3卷），人民出版社1972年版，第303页。

1. 共同富裕的初步探索阶段 (1949—1978 年)

1949 年中华人民共和国成立到 1978 年改革开放前,这段时期既是社会主义的初步探索阶段,也是共同富裕在中国的初步探索阶段。"共同富裕"这一概念最早出现在 1953 年 12 月 16 日公布的党的文件《关于发展农业生产合作社的决议》中,《决议》指出:"使农民能够逐步完全摆脱贫困的状况而取得共同富裕和普遍繁荣的生活"。[①] 1955 年,毛泽东在《关于农业合作化问题》中进一步提出了"共同富裕"的理念,他指出"要巩固工农联盟,我们就得领导农民走社会主义道路,使农民群众共同富裕起来"[②]。在毛泽东看来,共同富裕就是消灭阶级剥削和阶级压迫,使人民群众都能富裕起来,从而实现社会主义的大同世界。毛泽东思想中的共同富裕为后来我国继承和发展共同富裕理论提供了思想框架与理论基础,尤其是其对共产主义和社会主义道路的坚持为实现共同富裕奠定了重要的制度基础。

2. 共同富裕的深入探索阶段 (1978—2012 年)

1978 年改革开放以后,邓小平在坚持四项基本原则基础上,结合改革开放的现实背景形成了对共同富裕的新认识。在邓小平看来,共同富裕在过程上体现为先富带后富,即允许一部分人先富起来再带动其他人共同富裕。邓小平曾说过:"我们允许一些地区、一些人先富起来,是为了最终达到共同富裕,所以要防止两极分化,这就叫社会主义[③]。"可见,邓小平提出"共同富裕是共同富有而不是共同贫穷[④]。"他认为共同富裕是社会主义的本质特征,要通过先富带后富最终实现共富,而解放与发展生产力是实现共同富裕的前提。邓小平理论结合时代背景对共同富裕内涵提出了重大的理论创新。

1992—2012 年,江泽民"三个代表"重要思想拓宽了共同富裕的理论内涵,具体体现为在经济上坚持公有制与非公有制经济共同发展,实行三步走战略;政策上积极扶持中西部;在效率与公平问题上提出新的规

---

① 中共中央文献研究室:《十六大以来重要文献选编》,中央文献出版社 2008 年版,第 651 页。
② 中共中央文献研究室:《建国以来重要文献选编》(第 7 册),中央文献出版社 1993 年版,第 308 页。
③ 《邓小平文选》(第 3 卷),人民出版社 1993 年版,第 123 页。
④ 《邓小平文选》(第 3 卷),人民出版社 1993 年版,第 187 页。

划,强调效率优先,兼顾公平的观念。胡锦涛的科学发展观进一步丰富了共同富裕的理论内涵,并提出共同富裕的关键是发展,坚持以人为本,提出了和谐观念,建设和谐社会;与此同时,在生产力不断发展的基础上更加关注社会公平问题。

3. 共同富裕的初步实现阶段(2012年以后)

党的十八大以来,以习近平同志为核心的党中央继续坚持和发展中国特色社会主义,并提出了精准扶贫、新发展理念和中国梦等新思想,进一步丰富了共同富裕的理论内涵。习近平共同富裕思想的目的就是要解决新时代社会的主要矛盾,让全体人民享有幸福、安康的美好生活,全面建成小康社会,全面建成社会主义现代化强国,最终实现中华民族的伟大复兴。

正如习近平总书记经常提到的"小康不小康,关键看老乡"和"小康路上一个也不能少"[①]。共同富裕是新时代实现人民美好生活的重要内容。这里的美好生活不仅包括人民对美好物质生活、精神生活的需要,还包括人民对美好生态环境的需要。习近平共同富裕思想有两个基本内核,即始终坚持人民的立场和新发展理念。具体来说,习近平总书记提出要坚持"以人民为中心"的发展思想,结合中国面临的现实问题提出深入推进精准扶贫、城乡融合发展和乡村振兴战略等,提出在提高效率的基础上,更加注重公平。

从马克思、恩格斯对共同富裕理念的提出,再到毛泽东思想、邓小平理论、"三个代表"重要思想、科学发展观以及习近平新时代中国特色社会主义思想对共同富裕理论的继承、发展和实践,体现了实现共同富裕既是一个理论不断创新的过程,也是实践不断探索的过程。作为一个当代马克思主义中国化的核心范畴,共同富裕既是社会主义的根本目标,又是一种道路的选择和坚持,这需要通过全体人民的不断努力和生产力的不断发展来实现。

二 新时代共同富裕的本质要求及实现条件

(一) 新时代共同富裕的本质要求

新时代的"新"之所在,在于中国特色社会主义进入了新的发展阶

[①] 中央农村工作领导小组办公室:《小康不小康关键看老乡》,人民出版社2013年版。

段，处于新的历史方位；在于确立了分两个阶段全面建设社会主义现代化强国的新安排，踏上了新的征程；在于社会主要矛盾发生了新变化，提出了新的要求。新时代，中国社会主要矛盾已经转化为了"人民日益增长的美好生活需要和不平衡不充分的发展之间的矛盾"①。人们对共同富裕的追求，更多地倾向于对物质文明、精神文明以及生态文明等的整体获得感、满足感和幸福感。

新时代，习近平共同富裕思想蕴含着深刻的人民性，只有发展为了人民、发展依靠人民，才能解决发展的目的和动力问题，才能在实现共同富裕的道路上坚持社会主义基本方向。新时代，经济发展的根本目的就是实现共同富裕。习近平总书记曾指出："要坚持把增进人民福祉、促进人的全面发展、朝着共同富裕方向稳步前进作为经济发展的出发点和落脚点。②"新时代的共同富裕一定是全体人民的共同富裕。习近平总书记在十九大报告指出："必须坚持以人民为中心的发展思想，不断促进人的全面发展、全体人民共同富裕。③"

马克思曾经说过："通过社会生产，不仅可能保证一切社会成员有富足的和一天比一天充裕的物质生活，而且还可能保证他们的体力和智力获得充分自由的发展和运用。"④ 在党的十九大报告中，习近平总书记也指出："共同富裕问题上，一个也不能掉队。"这说明在生产力高度发达的情况下，实现发展成果由全民共享一直以来都是共同富裕的本质特征。

当前，我国正处于新旧矛盾叠加的转型期，解决不平衡不充分的发展也面临诸多挑战，从客观环境和经济发展规律来看，仍然要坚持发展是第一要务的基本理念。因此，新时代共同富裕的本质要求就是在解放生产力、发展生产力和保护生产力的基础上，坚持以人民为中心，解决发展的不平衡不充分问题，积累更多社会财富，增强全体人民的幸福感和获得感。共同富裕是社会主义的价值追求，它的终极目标就是在发达的生产力

---

① 习近平：《决胜全面建成小康社会 夺取新时代中国特色社会主义伟大胜利——在中国共产党第十九次全国代表大会上的报告》，《人民日报》2017年10月28日。

② 习近平：《在主持中共中央政治局第二十八次集体学习时的讲话》，《人民日报》2015年11月23日。

③ 习近平：《决胜全面建成小康社会 夺取新时代中国特色社会主义伟大胜利——在中国共产党第十九次全国代表大会上的报告》，《人民日报》2017年10月28日。

④ 《马克思恩格斯选集》（第3卷），人民出版社1972年版，第757页。

基础上，消除两极分化，实现社会发展成果由全体人民共享，实现人的全面发展。随着中国特色社会主义事业的不断推进，共同富裕的社会主义价值目标会更加全面的实现。

（二）新时代共同富裕的实现条件

新时代，我国已经具备了初步实现共同富裕的经济条件、政治条件、社会条件、文化条件和生态条件。

1. 经济条件

生产力的发展是实现共同富裕的前提，解放和发展生产力是共同富裕实现的物质基础。邓小平曾经指出："社会主义的任务很多，但根本一条就是大力发展生产力，在发展生产力的基础上体现出优于资本主义的特性，为实现共产主义创造物质基础①。"改革开放以来，在效率优先和兼顾公平原则下，通过解放生产力和发展生产力，为实现共同富裕奠定了坚实的物质基础。如今，我国已经成为第二大世界经济体，社会需求已经从"物质文化需要"转向"美好生活需要"，新时代要解决的阶段性问题也由"落后的生产力"转向"不平衡不充分的发展"。党的十九大报告中，习近平总书记阐述了社会主要矛盾的重大转变。社会主要矛盾的转变既说明了我国经济社会发展取得了巨大进步，也对发展中国特色社会主义伟大事业提出了新要求。因此，新时代，实现共同富裕的经济条件就是要加快转变经济发展方式，建立现代化经济体系，走高质量发展之路。

2. 政治条件

按照经典马克思主义理论的解释，科学社会主义制度诞生以前，之所以共同富裕只是人们的美好期待，而不可能成为现实的根本原因就是剥削制度的存在。目前，我国处于社会主义初级阶段，已经具备了实现共同富裕的基本政治制度基础。共同富裕是社会主义与资本主义在发展方向上的根本区别，是社会主义的本质特征与根本原则。共同富裕的人民性是我国社会主义制度优越性的具体体现。共同富裕这项伟大的事业属于全国人民，需要全国人民共同参与、共同为之奋斗，最终受惠于全体人民。因此，在共同富裕的实现过程中必须充分体现出人民性和民主性，调动全国人民创造财富的积极性。社会主义政治制度为实现人民民主专政和调动人民群众创造财富的积极性提供了充分的制度保障。新时代，实现共同富裕

---

① 《邓小平文选》（第3卷），人民出版社1993年版，第137页。

就是要在党中央的集中和统一领导下,坚持发展中国特色社会主义道路,深入贯彻党和国家的基本理论、路线、方针和政策。具体到基本经济制度和分配制度,就是要始终坚持公有制为主体和多种所有制共同发展的基本经济制度,坚持按劳分配原则和不断完善按要素分配的体制机制。

3. 社会条件

社会和谐稳定是一个国家或地区实现经济社会可持续发展的前提。从社会条件角度来看,影响一个国家经济社会发展的因素主要是与民生相关的领域。坚持在发展中保障和改善民生、增进民生福祉是中国特色社会主义发展的重要目的。实现共同富裕必须始终坚持以人民为中心的发展思想,在不同发展阶段都要始终维护人民群众的根本利益。党的十九大报告中习近平指出要高度重视民生,解决公共基础设施供给不足、公共服务不均等问题,尤其"在幼有所育、学有所教、劳有所得、病有所医、老有所养、住有所居、弱有所扶上不断取得新进展,深入开展脱贫攻坚,保证全体人民在共建共享发展中有更多获得感,不断促进人的全面发展、全体人民共同富裕"①。因此,保障和改善民生,增加人民群众的获得感和幸福感,是实现共同富裕的重要社会保障。

4. 文化条件

共同富裕既要提高全国人民的物质生活水平,也要丰富全国人民的精神文化生活。精神文化的丰富既是共同富裕的目标,也是保证共同富裕得以实现的前提。邓小平曾经指出:"无论是发达国家的发展经验还是发展中国家的发展历史都表明,贫富悬殊是自然的选择,共同富裕必须建立在精神文化和物质文明协同发展的基础之上②。"社会主义精神文明是共同富裕的思想保证和精神动力,保障改革开放能够始终沿着共同富裕的方向不断推进。文化自信是一个国家、一个民族发展中更基本、更深沉、更持久的力量。因此,实现共同富裕在精神文化领域的条件就是要在坚持马克思主义指导思想和社会主义核心价值观的基础上,进一步发展和繁荣文化事业,创造更多优秀的文化产品,满足人民对美好精神文化生活的需要。

---

① 习近平:《决胜全面建成小康社会 夺取新时代中国特色社会主义伟大胜利——在中国共产党第十九次全国代表大会上的报告》,《人民日报》2017年10月28日。

② 《邓小平文选》(第3卷),人民出版社1993年版,第144页。

5. 生态条件

坚持人与自然和谐共生是共同富裕实现的生态环境基础。在《资本论》中马克思论述到："甚至整个社会，一个民族，以至一切同时存在的社会加在一起，都不是土地的所有者。他们只是土地的占有者，土地的利用者，并且他们必须像家长那样，把土地改良后传给后代[①]。"这句话体现了马克思的可持续发展思想，它强调了要处理好人与自然之间的关系，告诫我们要学会善待自然、尊重自然，消除人主宰自然的错误想法，在遵循自然规律的基础上改造自然，形成人与自然和谐统一的关系。

生态文明是人类的新型文明形态，它将对人类生活的各个领域产生十分重要的影响，建设生态文明是中华民族永续发展的千年大计。由于过去的经济增长方式粗放、产业结构不合理特别是不正确的政绩观影响，我国能源资源消耗总量快速攀升，生态环境保护形势严峻。因此，在经济发展的新阶段下，要实现共同富裕的伟大目标，我们就必须树立和践行"绿水青山就是金山银山"的绿色发展理念[②]，形成绿色发展方式和生活方式，坚定不移地走生产发展、生活富裕、生态良好的文明发展道路。实现共同富裕既要创造更多物质财富和精神财富以满足人民日益增长的美好生活需要，也要提供更多优质生态公共品以满足人民日益增长的对优美生态环境的需求。

三 新时代共同富裕实现的新路径

改革开放40年来，中国的经济社会发展水平不断提升，综合国力不断增强，目前中国已经是世界第二大经济体。但是，我们仍然面临着发展不平衡不充分的问题。例如，居民间的贫富差距较大，主要体现在地区差距、城乡差距、行业差距以及居民财富分配差距等方面。根据国家统计局公布的数据，自2014年以来，我国基尼系数一直保持在0.46左右，已经超过了国际警戒线0.4的水平。发展的不平衡不充分已经成为制约我国经济社会实现高质量发展和实现共同富裕的阻碍因素。

新时代，要实现共同富裕，需要集中力量解决发展不平衡不充分的问

---

① 《马克思恩格斯全集》（第25卷），人民出版社2001年版，第875页。
② 习近平：《决胜全面建成小康社会 夺取新时代中国特色社会主义伟大胜利——在中国共产党第十九次全国代表大会上的报告》，《人民日报》2017年10月28日。

题，需要准确把握两条基本遵循：一是要坚持党的集中统一领导，在中国特色社会主义发展道路上实现共同富裕，解决实现共同富裕的领导力量和制度基础问题；二是要进一步解放生产力、发展生产力和保护生产力，打好实现共同富裕中的物质基础和生态基础。在此基础上，以解决社会主要矛盾为突破口，重点解决地区发展不平衡、城乡发展不平衡、收入差距扩大和绝对贫困等问题。

（一）实施区域协同发展战略，解决地区发展不平衡问题。

地区之间发展不平衡是我国新时代社会主义主要矛盾的具体表现，也是实现共同富裕的重要阻碍。实施区域协同发展战略是缩小区域间发展差距的重要举措。首先，在区域发展战略上，要积极构建新的增长极，着力推动"一带一路"倡议、"京津冀协同发展"和"长江经济带发展"三大战略的实施，形成支撑区域协调发展的新格局。其次，积极促进发达地区对欠发达地区的支持援助。支持援助应该以地区之间横向转移支付和中央政府对地方政府的纵向转移支付为主要形式。加大发达地区对贫困地区的各类援助，积极建设贫困地区的教育、医疗与公共事业，实现区域间公共物品的均等化，解决不发达地区人民最关心的问题；支持发达地区对贫困地区的资源捐赠和项目投资，同时积极支持贫困地区的人才引进；积极宣传慈善事业，促进慈善捐赠事业的发展。再次，将外部支援与自身建设充分结合。欠发达地区应该利用其特有的生态优势加强自身建设来缓解当前地区经济发展不平衡的问题。借鉴"闽宁模式"经验，实现"输血式"扶贫到"造血式"扶贫跨越式发展，依托欠发达地区的自然条件和资源优势，着力培育和发展特色优势产业，以产业带动扶贫、扩大就业，提高人民的生活水平。

（二）实现城乡融合发展战略，解决城乡发展不平衡问题。

城乡差距过大是我国经济社会发展中的突出问题。要解决城乡差距问题，第一，要大力推进乡村振兴战略的实施。乡村振兴战略的主要目标是解决农业、农村和农民的发展问题，实现农业现代化，农村现代化和农民现代化。首先，从制度上要坚持以家庭承包经营为基础，统分结合的双层经营体制，巩固和完善农村集体经济制度，夯实乡村产业发展的基础，深化农村土地制度改革，完善和落实土地"三权分置"制度。其次，实现农村、农业和农民的现代化应该确保农业主体的现代化，优化农村大众创业、万众创新的创业就业环境，着力建立和发展现代农业生产经营队伍，不断提高和加强对"新农民"的支持与鼓励,积极开展农民的技术培训和思想报告,使"新农民"真正成长为我国农业现代化的深厚人才基础。再次,要深入推进农业供给侧结构性改革,大力推进农业与其他产业融合发展,积极支持并发展生态农业和特色农业,提高农产品的质量和安全性,打造农产品的特色化与品牌化,构建可持续的现代化农业生产体系。

第二,要实施城市反哺农村,工业反哺农业。加强城市反哺农村,工业反哺农业,首先必须进行相关的制度创新,消除不合理的城乡分割制度,解决制度性的公平问题。其次,要建立和完善城乡统一要素市场,引导城乡工业合理协调发展,建立起工业反哺农业、城市带动乡村的社会激励制度。再次,以城市工业化成果带动农村发展,发展乡村企业带动农村工业化和农业产业化、机械化的发展,发展农村服务业,统一城乡劳动和人才市场,解决农村人口就业问题,同时协调工农关系并统一城乡经济运行。最后,走以大中城市带动小城镇发展的城镇化建设道路,以城带乡,积极发展农村社会事业,统筹处理好城乡经济发展和生态环境保护,实现我国国民经济的平稳较快发展,消除我国经济社会发展中的"二元结构"。

第三,要实现城乡之间基础设施和公共服务均等化。首先,要建立服务型政府制度,实现从管制型向服务型转变,保障公共服务的公平性。其次,要改善农村基础设施条件。比如,实施农村饮水安全巩固提升工程,提高贫困地区农村饮水安全保障水平;实施新一轮农村电网改造升级工程,实现城乡电力公共服务一体化;加快推进农村道路建设,实现所有具备条件的建制村通硬化路、通客车等交通扶贫目标;推动有条件地区燃气向农村覆盖,充分利用农村有机废弃物发展沼气;加大农村危房的改造力度,全面完成贫困地区存量危房改造任务。再次,推动城乡基本公共服务的均衡配置。把社会事业发展重点放在农村和接纳农业转移人口较多的城镇,推动城镇公共服务向农村延伸;加快农村教育、卫生计生、社保、文化等事业发展,全面改善农村义务教育薄弱学校基本办学条件,建立城乡统筹的养老保险、医疗保险制度,巩固城乡居民大病保险,引导公共文化资源向农村倾斜。最后,推进农业转移人口市民化。深化户籍制度的改革,全面实行居住证制度,统筹推动农业转移人口的就业、社保、住房、子女教育等方面改革,推进有能力在城镇稳定就业和生活的农业转移人口举家进城落户,保障进城落户居民与城镇居民享有同等权利和义务;实施支持农业转移人口市民化等若干财政政策,建立城镇建设用地规模同吸纳农业转移人口落户数量挂钩机制,实现农业转移人口和其他常住人口在城镇定居落户。

(三) 实现收入分配调节战略,解决收入差距扩大问题

完善收入分配制度,促进发展成果由人民共享是当前我们党和国家必须解决的问题,应该从初次分配、再分配以及三次分配领域深化收入分配改革。

初次分配是在市场经济条件下,将国民收入直接与各类生产要素相联系的分配。我国坚持按劳分配原则与按要素分配相结合的混合型分配制度。由于初次分配的公平与否直接影响再分配的效果。因此建立规则与过程公平的国民收入初次分配制度是至关重要的。首先,初次分配要充分发挥市场在资源配置中的重要作用,理顺劳动收入与财产性收入的关系;其次,处理好政府与市场之间的关系,减少政府对基础性资源配置机制的干预,尽可能减少寻租性收入;最后,应当健全劳动力市场体系,加大城乡户籍制度改革的力度,减少城乡、行业和地区间的收入分配壁垒,促进实现"同工同酬",进一步完善劳动力市场的调节作用,促进收入分配公平、机会均等。

再分配政府通过税收、转移支付和社会保障等政策工具对初次收入分配结果进行再调节。再分配更加注重公平。要更好发挥政府的收入再分配职能,首先,推进并完善个人所得税、房产税和遗产税等多个领域的税制改革,明确税制改革的整体框架,建立和完善对税收执法的监督和问责机制,将税制改革置于当前经济新常态的大背景中,更好地发挥税收调节收入分配的职能。其次,建立一套完整的国企利润全民共享机制,在提高国企经营效率的前提下,逐渐提高国企利润用于社会保障及民生事业的比例,逐渐实现国企为国为民的定位。再次,完善转移支付制度,加大对不发达地区、贫困地区,以及重点民生领域和低收入人群的转移支付力度。最后,健全社会保障体系,完善社会保险体系、健全社会救助体系以及积极宣传公益慈善和社会救助活动,建立健全更加公平、更加持续的社会保障体系。

按照发达国家经验,三次分配对于缩小收入差距也是可以发挥积极作用的。三次分配主要包括公益事业的慈善、捐赠等。因此,政府应通过免税以及其他的制度安排促进和鼓励居民和其他经济参与慈善捐赠事业。要善于借助网络等新媒体引起人们对弱势群体的关注和帮扶,大力倡导慈善

理念；同时，国家应该颁布与慈善事业同步的法规政策和透明的管理制度，明确慈善组织的权利和义务，将慈善事业纳入法制轨道，做到有法可依、有法必依。另外，加强慈善组织的自身建设，加强各组织之间的交流合作，节省慈善资源的浪费，建立组织内部的管理和监督机制。

（四）坚决打赢精准扶贫攻坚战，消灭绝对贫困

新时期，实现共同富裕的关键一环就是要坚决打赢精准扶贫攻坚战，实现"扶真贫、真扶贫"，解决隐形贫困问题。从当前贫困问题的发展现状来看，应该从经济、教育、医疗三个方面角度结合外部支持和自身资源解决导致贫困发生的各种因素和障碍，从而拔出"穷根"，实现真正意义上的脱贫致富。

经济发展是实现贫困地区整体脱贫的内在可持续动力。首先要根据不同地区的经济发展水平实现精准识别，结合国家级政策整合资源，对不同类别的贫困村实施不同类别的减贫支持政策。其次，创新扶贫发展手段，实行产业扶贫，培育发展富民产业，把贫困人口纳入产业发展中去，除了农业发展以外，应该注重贫困地区的第二产业和第三产业的发展，比如可以依托贫困地区优势旅游资源，结合整村推进措施搞旅游扶贫，包括乡村度假旅游、休闲农业，甚至生态旅游，确保减贫和生态保护双赢。

教育是解决贫困代际传递的治本之策，教育扶贫则是"斩断穷根"的利器。因此，应该充分发挥教育扶贫在推进精准扶贫精准脱贫中的基础性、先导性、根本性作用，帮助贫困家庭从根本上脱贫。首先，加大对贫困地区的学生的教育补助，在继续实行现有贫困生生活补助的基础上，进一步加大对贫困生中特困生的补助力度，减免其校服、教辅、住宿、三餐等方面的所有费用。其次，整合各类助学资金，对各类帮扶资金进行整合，统筹使用。严格实行专管专用和独立账户制度，全部用于帮扶各类贫困学生；最后，健全完善财务信息，教育等相关部门要统筹协调，进一步健全完善贫困学生信息档案，实施动态跟踪、动态管理，及时更新信息，努力做到不偏不漏，争取贫困学生及时得到帮扶，引导有爱心和捐赠意愿的社会各界人士参与结对帮扶等扶贫活动。

医疗扶贫是解决因病致贫问题的重要抓手。我国农村的医疗保障水平相对于城市而言还很不完善，而贫困农村相对于富裕农村来说，更是处于一种落后、分散的低水平状态。因此，实施医疗扶贫首先应该体现倾斜性

的特征，切实降低"因贫误病、因病致贫、因病返贫"的风险。其次，应该建立政府性大病救助兜底资金，对重度贫困户住院治疗的，由政府基金或商业保险进行补助。最后，加强建设贫困地区的医疗软硬件设施并给予一定的政策性支持，大力培育医疗人才并积极引导医疗人才加入贫困地区的医疗建设队伍，有效解决群众看病贵、看病难的问题，助推健康扶贫工程。实践中，还应该把医疗扶贫和社会保障扶贫结合在一起，解决贫困户的医疗和养老等后顾之忧。

第三篇 中国特色社会主义经济运行

供给侧结构性改革的政治经济学分析

丁任重 李 标*

摘 要：马克思主义视角下，供给和需求具有同一性，需求决定供给，供给创造需求。基于此辩证关系，中共中央提出了供给侧结构性改革。这一提法不是西方供给学派的简单复制，超越并丰富了西方供给理论。二者存在显著的不同，主要表现在制度基础、政市关系与经济背景三个方面。我国经济发展的结构问题突出。既存在总需求不足与需求转移外溢并存的供需间不对称，也存在有效供给不足与相对过剩并存的供需内部不对称；三次产业结构有所优化，但改善的空间依然较大；传统产品供给过剩，以需求为核心、精益求精的新兴产品供给不足；供给端质量安全制度建设的滞后加剧结构失衡。因此，供给侧结构性改革的关键与核心是优化经济结构。要加快推进供给侧结构性改革，应树立正确的宏调思路，需求与供给两侧同时发力；做好加减乘除法，优化经济结构；正视投资与转型的关系，增投资与调结构并举；多角度推进科技创新，全力培育供给新优势；以多元化改革为抓手，优化供给端的制度环境。

关键词：马克思主义；需求侧；供给侧；结构性改革；新常态

一 引言

2015年11月以来，"供给侧结构性改革"这个新词开始在我国财经界频繁地提及。11月3日，公开发表的《中共中央关于制定国民经济和社会发展第十三个五年规划的建议》提出："培育发展动力，优化劳动力、资本、土地、技术、管理等要素配置，激发创新创业活动，推动大众创业、

---

* 本文选自丁任重、李标《供给侧结构性改革的政治经济学分析》，《中国经济问题》2017年第1期。

万众创新,释放新需求,创造新供给,推动新技术、新产业、新业态蓬勃,加快实现发展动力转换。"11月10日,在中央财经领导小组第十一次会议上,习近平总书记强调,在适度扩大总需求的同时,着力加强供给侧结构性改革,着力提高供给体系质量和效率,增强经济持续增长动力。11月11日召开的国务院常务会议,也提出以消费升级促进产业升级,培育形成新供给新动力扩大内需。11月17日,习近平主席在亚太经合组织工商领导人峰会的发言中指出,中国经济必须下决心在推进经济结构性改革发面作更大努力,使供给体系更适合需求结构的变化。

从经济学的角度来说,拉动经济增长的"三驾马车"为投资、消费、出口,一般称为"需求侧",与之相对应的是"供给侧",指生产要素的有效供给和有效作用。在理论上,"需求侧"对应的是凯恩斯主义,20世纪30年代爆发了世界性经济危机,凯恩斯认为需求不足是危机的根源,为此他提出了以扩大有效需求、增加财政赤字和政府投资为主要内容的理论与措施。到了20世纪70年代,世界经济进入滞胀阶段,凯恩斯主义无法解释现实,在这种情况下,供给学派应运而生。在美国兴起的供给学派强调通过供给方面的改革,减少政府管制和干预,放任市场调节作用,以促进经济增长。90年代以后,在供给学派基础上又发展出新供给学派,主张通过放松供给约束,通过供给创造新需求,来提升潜在经济增长率。由此可见,每一个经济发展阶段都会出现与之相适应的经济学说,因此经济理论之间不存在优劣之分,只有是否适应现实之分;不存在相互否定,只有相互替代关系。

当前阶段,中央提出的"着力加强供给侧结构性改革"方针是以供给学派的理论为基础吗?

此问题在国内学界引起了激烈的讨论,逐渐形成了两大代表性观点:一些学者认为,中国的供给侧结构性改革与西方经济学中的供给经济学并无差异,是供给学派若干观点与实践在我国的翻版,仅是由过去的需求管理转向供给调控;另一些学者持不同看法,不能简单地或形而上学地将中国的供给侧结构性改革等同于西方供给经济学在国内的复制,二者有着本质上的不同,它是几代中国共产党人在经济社会领域多年实践经验的积累,顺应经济发展阶段与改革大势适时提出的,是调整供给侧结构,以更好地适应需求侧,实现"双侧"持续发力推进经济发展的目标,凸显了马克思主义政治经济学的实践指导特色。对于此问题,我们支持后者的观点。

实际上，供给侧结构性改革并不是简单地摒弃宏观需求管理，因为需求侧与供给侧是平衡经济增长的两翼，二者缺一不可。而且，需求与供给具有较强的统一性，这一改革实际上强化了需求调节与供给调节的功能互补。基于马克思主义视角，寻找当下我国供给侧结构性改革的理论基础，厘清供给与需求或生产与消费的辩证统一关系，并从制度基础、政市关系以及经济背景三大方面分析其与西方供给经济学的区别。这是本文的首要贡献之处。本文的另一个贡献是从供需结构、经济结构、具体产品以及制度设计四个角度详细分析了我国经济面临的结构性问题，认为供给侧结构性改革的关键环节与方向在于优化经济结构。文章后续安排如下：第二部分是供给侧结构性改革的理论基础；第三部分是供给侧结构性改革的关键环节；最后给出推进供给侧结构性改革的路径。

二 供给侧结构性改革的理论基础

结合我国所处的新常态发展阶段，中国共产党中央提出的供给侧结构性改革是以供给与需求具有辩证统一关系为基础的，有着厚重的马克思主义特色。这一提法与西方供给学派存在显著的不同。二者的差异主要体现在制度基础、政市关系与经济背景三个方面上。

1. 供给和需求的辩证关系

实质上，供给是商品或服务的生产，需求是商品或服务的消费（生产性消费和生活性消费）。从这个意义上说，供给和需求的辩证关系就是生产和消费的辩证关系。所以，供给与需求的同一性、需求决定供给、供给创造需求也等同于生产与消费有同一性、消费决定生产、生产创造消费。

（1）供给与需求的同一性

供给与需求的同一性主要表现在两个方面：

首先，供给是需求，需求是供给。从本质上考察，马克思将其称之为"直接的同一性：生产是消费；消费是生产"[①] 在商品生产过程中，存在着两种消费：一方面，作为主体的个人支出和消耗自身的劳动能力；另一方面，燃料、原材料、生产工具等作为客体物质的价值伴随着活劳动转移至新产品的同时也被消耗掉了。"因此，生产行为本身就它的一切要素来说

---

① ［德］马克思：《〈政治经济学批判〉序言、导言》，人民出版社1971年版，第18页。

也是消费行为。"① 就消费是生产而言，马克思指出："吃喝是消费形式之一，人吃喝就生产自己的身体……而对于以这种或那种形式从某一方面来生产人的其他任何消费形式也都可以这样说……这种与消费同一的生产是第二种生产，是靠消灭第一种生产的产品引起的。在第一种生产中，生产者物化，在第二种生产中，生产者所创造的物人化。②" 现实中也的确如此。"新产品或者可以作为生活资料进入个人消费领域，或者可以作为生产资料进入新的劳动过程……个人消费的产物是消费者本身，生产消费的结果是与消费者不同的产品。"③ 人们在向社会提供种类繁多的商品与服务的同时，也要通过物质消费与精神消费，满足自己不同层次的需求，促进了劳动力的再生产以及提高了自身的素质，而后进入再生产过程中创造更多的财富，也实现了生产的目的。

此外，供给与需求相互依存，互不可缺。国民经济的平稳运行实际上是供给与需求或商品、服务的生产与消费的均衡运动过程，缺少其中任何一极，社会化大生产都将难以持续，经济体系也将随之崩溃。作为宏观经济的两翼，"每一方都为对方提供对象，生产为消费提供外在的对象，消费为生产提供想象的对象；两者的每一方不仅直接就是对方，不仅媒介着对方，而且，两者的每一方当自己实现时也就创造对方，把自己当作对方创造出来"④。某种程度上，可以说"没有生产就没有消费，没有消费就没有生产"⑤。所以，供给与需求二者相辅相成，缺一不可。

（2）需求决定供给

需求决定供给也就是消费决定生产。马克思明确指出："没有消费，也就没有生产，因为如果这样，生产就没有目的。"⑥ 可以从两方面加以理解：

一方面，消费使生产得以顺利进行。按照商品二重性理论，劳动产品成为商品一个必不可缺的环节是进入消费领域，寻找到对应的主体，否则内在于使用价值内的价值难以实现，生产的目的与意义难以体现。马克思

---

① ［德］马克思：《〈政治经济学批判〉序言、导言》，人民出版社1971年版，第15页。
② ［德］马克思：《〈政治经济学批判〉序言、导言》，人民出版社1971年版，第16页。
③ 《资本论》（第1卷），人民出版社2004年版，第214页。
④ ［德］马克思：《〈政治经济学批判〉序言、导言》，人民出版社1971年版，第19页。
⑤ ［德］马克思：《〈政治经济学批判〉序言、导言》，人民出版社1971年版，第19页。
⑥ ［德］马克思：《〈政治经济学批判〉序言、导言》，人民出版社1971年版，第16页。

认为:"产品不同于单纯的自然对象,它在消费中才证实自己是产品,才成为产品。消费是在把产品消灭的时候才使产品最后完成,因为产品之所以是产品,不是它作为物化了的活动,而只是作为活动着的主体的对象。"①

另一方面,消费能够创造出新的生产需要,促进生产往复循环。"显而易见的是,消费在观念上提出生产的对象,作为内心的意象、作为需要、作为动力和目的。消费创造出还是在主观形式上的生产对象。没有需要,就没有生产。而消费则把需要再生产出来。"② 可知,需要是生产进行的前提,满足主体需要是生产的目的。如果没有消费,生产也就失去了意义,人们就不会去从事各种生产活动。商品或服务被人们消费时证明了自身的价值,主体的需要也得到满足,同时也产生了新的需要,为新一轮的生产提供了内在动力。

(3) 供给创造需求

与需求决定供给相对应,供给也能够创造需求。本质来看,供给创造需求意味着生产创造消费。

首先,生产创造了消费对象。"任何一种不是天然存在的物质财富要素,总是必须通过某种专门的、使特殊的自然物质适合于特殊的人类需要的、有目的的生产活动创造出来。"③ 可以认为,生产提供了有形的或无形的消费材料或对象,为主体创造了具体的使用价值,使得消费需要得以满足。消费而无对象,不成其为消费;因而,生产在这方面创造出、生产出消费。④

其次,生产决定消费的方式。⑤ 生产不仅仅创造消费对象或消费需求,而且也创造了消费工具或消费手段,最终形成特定的消费方式。例如,随着机器在商品生产中的运用,相对较少数量的工人便可以创造更多的物质财富,"一方面产生出新的奢侈要求,另一方面又产生出满足这些要求的新手段"⑥。任何社会形态下,"饥饿总是饥饿,但是用刀叉吃熟肉来解除

---

① [德] 马克思:《〈政治经济学批判〉序言、导言》,人民出版社1971年版,第16—17页。
② [德] 马克思:《〈政治经济学批判〉序言、导言》,人民出版社1971年版,第17页。
③ 《资本论》(第1卷),人民出版社2004年版,第56页。
④ [德] 马克思:《〈政治经济学批判〉序言、导言》,人民出版社1971年版,第17页。
⑤ [德] 马克思:《〈政治经济学批判〉序言、导言》,人民出版社1971年版,第18页。
⑥ 《资本论》(第1卷),人民出版社2004年版,第512页。

的饥饿不同于用手、指甲和牙齿啃生肉来解除的饥饿"①。

最后,生产为消费对象生产主体。消费本身作为动力是靠对象作媒介的。② 生产者生产出的产品,为消费者的知觉所感知,在主体身上引发需要,形成消费动力。正如马克思所说:"商品可能是一种新的劳动方式的产品,它声称要去满足一种新产生的需要,或者想靠它自己唤起一种需要。"③ 因此,生产不仅为主体生产对象,而且也为对象生产主体。④

2. 与西方供给学派的主要区别

(1) 制度基础不同

西方供给学派的形成是以资本主义私有制为基础,根本目的是强化这一基本制度,促进私有经济发展。而我国供给侧结构性改革的提出则是以社会主义公有制为基础的,根本目的是优化以公有制为主体的制度设计,提升要素资源的配置效率,挖掘新增长点,提高经济社会的福利水平。

资本主义私有制下无序的社会化大生产带来了生产相对过剩与政府支出扩大、扩张的货币政策导致了通货膨胀共同诱发"滞涨",由此孕育产生了供给学派。从西方供给学派实践案例中最具代表性的"撒切尔主义"和"里根主义"加以考察,其主要目的是从供给端优化私有经济结构,夯实资本主义的发展根基。面对 20 世纪七八十年代资本主义世界出现的滞涨现象,时任英国首相的撒切尔夫人在能源、钢铁、交通等制造业领域开展了大刀阔斧的私有化运动,进一步巩固私有制地位。美国总统里根尤其注重减税、降低政府干预对微观经济主体的影响。里根时代,美国个人与企业所得税边际税率分别降至 28% 和 33%,极大程度上增加了个人可支配收入和企业利润总量,刺激了劳动供给意愿与投资意愿,加快了私有经济的恢复与发展。

我国政府为应对最近的两次金融危机,果断推行了双扩张的宏观经济刺激政策,以公有制企业占主体地位的、关联性与传导性较强的基础设施建设领域为突破口,迅速加大投资,避免了实体经济的硬着陆,但也带来钢铁、煤炭、水泥与电解铝等行业的产能过剩。面对生产领域问题,供给

---

① [德] 马克思:《〈政治经济学批判〉序言、导言》,人民出版社 1971 年版,第 17 页。
② [德] 马克思:《〈政治经济学批判〉序言、导言》,人民出版社 1971 年版,第 18 页。
③ 《资本论》(第 1 卷),人民出版社 2004 年版,第 127 页。
④ [德] 马克思:《〈政治经济学批判〉序言、导言》,人民出版社 1971 年版,第 18 页。

侧结构性改革应运而生。纪念改革开放 40 周年系列选题研究中心（2016）认为，我国的供给侧结构性改革包括要素端与生产端，主要通过优化制度设计提升土地、劳动力、资本与技术等要素资源配置效率，实施减税与优惠政策激发私企、国企生产的积极性与创新活力，采取 PPP 模式引导社会资本参与国有企业经营提高国企效率等关键环节和重点领域改革的方式，实现经济社会的持续健康发展。① 可知，供给侧结构性改革必然涉及不同所有制企业的改革，关停并转与扶植支持的优胜劣汰并存，但在整个过程中，鼓励、支持、引导非公有制经济发展，同时公有制主体地位与国有经济主导作用不能动摇。②

（2）政市关系不同

政府与市场在经济发展过程中的角色定位一直是市场经济关注的问题。西方国家更倾向于反对政府干预的自由市场，我国则主张在尊重市场机制的决定性作用，充分发挥政府的经济调控职能。

西方供给学派强调自由主义，市场机制下经济能够自我调节至均衡状态，政府只需充当"守夜人"的角色。以英国与美国老牌资本主义国家为例，撒切尔夫人执政期间尤其信奉哈耶克的自由主义，崇尚市场经济。她一方面采用紧缩的货币政策，控制通货膨胀，另一方面大刀阔斧地推进完全私有化运动，加快私有经济发展。在美国，里根政府实施了与凯恩斯主义需求侧管理针锋相对地供给侧管理的若干政策，除了减少货币供给以控制财政扩张带来的通胀问题以外，还推进了美国历史上最大幅度整体降税法案的实施，同时特别强调减少政府对市场的干预，实现微观经济效率的改善，以解决供需失衡带来的短期经济增长难题。

我国的供给侧结构性改革主张承认市场机制的基础地位，注重市场机制的调节功能，但是不能忽视政府调控经济的作用。市场经济自亚当·斯密提出以来的发展历程表明："现代市场经济中，不可能没有政府的作用，问题的关键是政府发挥什么样的作用，以及如何发挥作用。"③ 党的十八大报告明确指出："经济体制改革的核心问题是处理好政府和市场的关系，

---

① 纪念改革开放 40 周年系列选题研究中心：《重点领域改革节点研判：供给侧与需求侧》，《改革》2016 年第 1 期。
② 逄锦聚：《经济发展新常态中的主要矛盾和供给侧结构性改革》，《政治经济学评论》2016 年第 2 期。
③ 刘世锦：《"新常态"下如何处理好政府与市场的关系》，《求是》2014 年第 18 期。

必须更加尊重市场规律，更好发挥政府作用。"十八届三中全会强调："经济体制改革是全面深化改革的重点，核心问题是处理好政府和市场的关系，使市场在资源配置中起决定性作用和更好发挥政府作用。"可见，我国供给侧结构性改革过程中，市场的作用由以往的"基础性"上升为"决定性"，生产力将得到进一步解放，同时"更好地发挥市场作用"也强调了政府的经济管理职能不能偏废。这表明市场经济在我国已由最初的经济管理方法、调节手段转变为基本经济制度，政府与市场的关系并未割裂，反而在发展实践过程中得到了有机结合与辩证统一。

（3）经济背景不同

从经济现象来看，与20世纪七八十年代的英美等资本主义国家相似，我国也出现了经济增长停滞不前、宏观经济政策效果不明显、产能过剩以及国有企业效率不高等经济事实。事实上，表面的相似难以掩盖内在逻辑的迥异。

英美当年面临的是滞胀，缘起于超越发展阶段过度建设福利社会、石油供给冲击、资本主义条件下过度发展国有企业等政治经济社会方面的多重因素。[①] 货币主义学者认为："无论何时，通货膨胀都是仅仅是一种货币现象。"所以，侧重于需求侧管理的财政与货币政策很难同时实现经济高速增长与低通货膨胀的对象。实际上，在更综合、更本质的层面上讲，经济发展的停滞其实不是需求不足，而是供给（包括生产要素供给和制度供给）不足引起的。[②] 从而，英美以萨伊定律与拉弗曲线为理论基础推行了国有企业私有化、降低税负与减少政府干预等供给改革政策，一定程度上破除了经济增长的藩篱，同时控制了通货膨胀，实现了经济的复苏。

我国的经济大环境是经济增速高速转向中高速的新常态，并没有出现滞涨现象。一方面，结构性产能过剩显著。由于前期应对金融危机，保增长，国家实施了双扩张的需求调控政策，从而引发了低端与传统产品过度供给，而高端与新兴产品供给不足的现象。另一方面，通货紧缩迹象明显。2016年，央行发布的《4月份金融市场运行情况》显示：4月M_2的同比增速为12.8%，较上月低0.6个百分点，季节调整后的M_2环比增速也

[①] 陈彦斌：《理解供给侧改革的四个要点》，《光明日报》（理论版）2016年1月6日。
[②] 贾康等：《中国需要构建和发展以改革为核心的新供给经济学》，《财政研究》2013年第1期。

由 3 月的 0.9% 下滑至 4 月的 0.7%；新增人民币贷款 5556 亿元，较 3 月的 1.37 万亿元显著回落，其中，非金融企业及机关团体贷款仅增加 1415 亿元，中长期贷款减少 430 亿元。这表明，供给侧改革背景下，货币供应趋缓，银行信贷或有所收紧，再加上大规模的外汇占款，实体经济资金供给条件不容乐观。此外，数据显示，当月社会融资规模出现大幅下滑，但地方债发行创下历史新高达到 1.06 万亿元，超出前 4 月总和的 50%，其中地方债置换规模占比为 88.8%，说明尽管我国的财政赤字水平整体可控，但地方债务风险压力较大。

（4）改革路径不同

不同的制度基础致使西方供给学派与我国供给侧结构性改革的路径有着必然的差异。西方供给学派的改革主要是遵循"恪守资本主义私有制，加快经济总量提升"的路径。比如，针对企业与个人的减税政策，针对减少市场干预的缩减政府财政开支、去监管化与私有化等举措，无疑是有利于富人，给整个资产阶级松绑，强化资产阶级力量；同时，坚持削弱工会力量，最大程度上降低资本主义生产恢复的阻力，刺激经济加快繁荣。我国的供给侧结构性改革则是遵循"坚持社会主义基本经济制度，提高供给体系质量和效率"的路径。比如，为确保经济平稳运行，充分尊重市场机制配置资源的决定性作用，减少行政审批的同时政府也加大了区间调控、定向调控与微调控；为推动结构优化，坚持调整存量与做优增量相结合，积极推动要素投入方式转变；为刺激微观主体的生产积极性，由结构性减税转向大规模减税，同时坚决推进国有企业股权多元化改革；为加快输出创新性制度产品，坚定推进金融、财税、土地以及价格体制机制改革；为促进产品质量提升，强化安全监督管理，加强高质量的私人产品与公共产品供给。

三 供给侧结构性改革的关键环节

进入新常态以后，我国生产领域存在五个主要问题：经济增速下滑，供给能力下降；部分行业产能过剩；创新驱动不足；发展方式和产业结构不合理；生产和投入效率不高。[①] 在宏观经济中，这些生产领域的问题直接表现为经济总量问题，但更主要表现为经济结构问题。党的十八届三中

---

① 逄锦聚：《经济发展新常态中的主要矛盾和供给侧结构性改革》，《政治经济学评论》2016 年第 2 期。

全会提出，要创新和完善宏观调控方式，在区间调控基础上加大定向调控力度。这表明我国目前的宏观调控将从总量调控转向结构调控，优化经济结构成为供给侧结构性改革的核心问题与关键环节，体现在以下几个方面。①

就供需结构而言，我国商品服务市场形势出现较为复杂的局面，呈现供需结构性失衡特征——总需求不足与需求转移外溢并存、有效供给不足与相对过剩并存，既存在供需间的不对称，也存在供需内部的不对称。从需求端来看，我国目前一直强调需求不足，但实际上更多的是需求结构性问题，即存在总需求不足的问题，更存在需求转移和需求外溢。以出境游为例，每年有大量中国人赴国外旅游，并在国外大肆扫货。2015年7月28日，《经济参考报》和 Visa 联合在北京发布的《中国跨境消费年度指数报告》显示，2014年中国出境旅游规模达1.07亿人次，中国居民境外旅游消费达到10127亿元人民币，增长率达27%，略高于2013年24%的水平，这表明国内的部分消费需求转移外溢到海外市场。按照供给需求的辩证统一关系，需求的结构问题本质上还是生产结构、供给结构的问题。从供给端来看，经过改革开以来的几十年快速发展，我国市场形势已经发生了根本性的变化，已由全面商品短缺转变为相对市场过剩。2001年年底，加入世贸组织以后，我国商品市场结构性过剩与有效供给不足的特点逐渐显现。近几年，传统产业的快速萎靡与新兴产业发展滞后、低层次产品的积压过剩与高端产品和新兴产品供给不足共存的现象表现得尤为突出。

从产业结构层面考察，我国三次产业结构有所优化，但改善的空间依然较大。一方面，服务业占 GDP 比重的提升空间较为充足。国家统计局的数据显示，我国2015年的一二三次产业结构为9.0∶40.5∶50.5，第三产业的比重较2011年提高了6.2个百分点，成功的跨越了生产型经济向服务型经济转变的分界点。但是，这一比重与高收入国家70%以上的服务业比重还有较大差距，表明完全转型为服务型经济、消费型经济的时间仍较长。另一方面，传统产业、行业过剩问题严重。我国已经形成了比较完整的工业体系，但是传统工业比重大，战略性新兴产业有所增长，但难以弥补传统工业的快速萎靡，加剧了产业内部矛盾。具体行业中，由于房地产行业的不景气迅速向钢铁、水泥、玻璃、电解铝等关联行业传导，导致这

---

① 丁任重：《高度重视供给侧结构性改革》，《经济日报》（理论版）2015年11月19日。

些行业出现大面积过剩。

从具体产品分析，传统产品供给相对过剩，反而以市场为导向，以需求为核心，精益求精的新兴产品供给明显不足。受外部经济环境影响，一些传统轻工业产品如服装、鞋、帽、玩具等也出现销售困难，传统制造业产品如汽车、造船等也出现销售量急剧下滑的现象，传统产品去库存压力较大。相对地，新兴产品则表现出供给不足的特征。以手机为例，苹果手机的最大销售市场在中国，每一代苹果手机的上市均引起国人在全球的疯抢，说明当前我国在特定产品上的创新能力与供给能力不高。再如养老服务，我国仍以家庭养老为主，面临日益加重的老龄化问题，社会养老、社区养老、智能养老等模式处于起步发展阶段，短时间内难以形成有效的和安全可靠的供给，加剧了这一领域的供需矛盾。

从制度设计角度看，我国供给端质量安全监督制度建设的滞后进一步加剧了供需不均衡的矛盾。近些年，在国内供给的奶粉、皮包、钟表、马桶盖等产品领域了出现火爆的"代购潮""海淘热"现象，反映出我国生产环节管理制度相对缺失。不健全的质量安全监督机制导致了较为严重的产品质量安全问题，大大降低了国人对国内企业的产品尤其是精益求精产品的信任度，反而加剧了有效供给不足的现象。

在改革开放以来的近40年中，中国经济保持了较快的发展，不仅现在成为世界第二大经济体，而且还进入了中等偏上收入国家行列。但是，由于长期以来粗放式、外延式发展模式的影响，我国供给能力快速提升，现在突出的问题是总体上的产能过剩，即严重过剩的产业主要是传统产业，如冶金、煤炭、化工、造船等，而在环境保护、资源节约、公共服务、社会保障等产业与行业的产品及其相关制度，还存在着供给不足的现象。因此，供给侧结构性改革的当下，关键是解决经济发展中的结构性问题，方向是优化结构、转型升级。

四　推进供给侧结构性改革的路径

供给侧结构性改革作为我国经济新常态发展阶段上的一大发展战略，意义重大。理论上，我国的供给侧结构性改革尤其注重协调政府与市场的关系，力争在市场经济发展过程中实现二者的辩证统一，这超越并丰富了西方供给理论。现实中，我国的供给侧结构性改革着力通过供给端的变革发力，化解经济发展中的结构性矛盾，改造"旧动能"，壮大"新动能"，提高潜在的增长率，确保经济持续稳定增长。

1. 树立正确的宏观调控思路，需求与供给两侧需同时发力

在市场经济发展过程中，供给与需求具有相互统一的关系，需求决定供给、引导供给，而供给既满足需求，又创造新需求。当前，政府的宏观调控既不能以需求管理为主，也不能以供给管理为主，而应结合经济中存在的结构性问题，注重需求调节与供给调节的功能互补，采取需求调节与供给调节相结合的定向调控思路。需求方面，大规模的全方位刺激需求已不在必要，但部分区域的扩大需求还是必要的，如中西部的交通设施、棚户区改造和地下管网等公共基础设施建设还需要加大投资，环保、高端制造、高新技术产业等也需要增加投资。这也反映了这些领域、这些产品供给能力的不足。供给方面，整体来说，主要是放松管制与约束，降低企业经营成本，激发企业活力，加强产品的质量监督管理，提升有效供给能力；对高端战略性产业与新兴朝阳产业应加大扶持、引导力度，改善供给结构。

2. 做好加减乘除法，优化经济结构

经济结构的优化调整涉及多个方面，具体路径也应有所不同。一是，做好加法。要加快现代服务业发展，产业政策的制定需适当向新兴的生产性服务业和生活性服务倾斜，优化服务业供给结构；要加快战略性新兴产业发展，在消除传统产业萎靡带来的增长动力不足问题的同时，优化升级产业结构。二是，做好减法，面临产能过剩的问题，以充足的外汇储备为基础，抓住"一带一路"建设机遇，鼓励向国外输出过剩产能，加快去库存速度，同时加快淘汰僵尸企业，提高资源利用效率。三是，做好乘法，以创新发展为指导，抓住信息化与工业化深度融合机遇，运用先进信息技术改造提升传统产业，更新淘汰落后设备，加快传统产业升级换代。四是，做好除法，坚持绿色发展，扩大节能减排领域的投资，严把企业节能减排审核关口，提高违规排污的成本，降低资源消耗与排放规模，提升经济发展质量。

3. 正视投资与转型的关系，增投资与调结构并举

我国面临的结构性问题表现为有效供给不足，很大程度上是与相关领域、相关产业的投资不对称有较大关联性的。为此，应不断加强交通设施、水电气通讯管网等基础设施投资，逐渐增加教育、医疗、社保等民生领域支出，着力提高生态绿化带、绿地涵养、污染治理等生态环境保护投

资，提升公共产品与服务的供给能力；不断完善财政资金分担投入机制，全力优化投融资机制，引导社会资金参与物质基础设施建设与社会基础设施建设，缓解资金支持压力；坚持总量可控、过剩产业减少投资原则，将投资重点转向以战略性新兴产业为代表的高端产业与产业高端以及新产业新业态，优化投资结构，在增加产业投资的同时，夯实供给结构优化的基础，促进结构调整与经济转型。

4. 多角度推进科技创新，全力培育供给新优势

2016 年 5 月 30 日，李克强总理在全国科技创新大会上指出："创新既是我国实现双中高的重要支撑，也是推进供给侧结构性改革的重要内容。"作为创新核心的科技创新作用重大。通过科技创新创造新供给，通过科技创新创造新效益，通过科技创新创造新空间，通过科技创新培育供给新优势，将是我国未来经济发展的大趋势。一要，加强创新型人才队伍建设。围绕重点领域、重点产业、关键行业，遴选战略意义重大、优势突出、竞争性强的项目，支撑中青年高端人才梯队的培育；同时注重海外高端人才引进与国内高端人才培养的融合，合力攻克难关，着力补足基础研究的短板。二要，突破应用研究产业化瓶颈，促进科技创新成果转化。基于既有科技创新园区，整合各级科技创新创业平台、孵化器，强化功能协同建设，搭建多层次的创新要素集聚平台，汇聚创新要素；以政府出面组织聚合成果转化需要的风投资金、人才、技术、专利以及相关企业，完善成果转化的链条配套，打造科技创新成果转化"集市"。三要，大力推动协同创新。鼓励高等院校、科研院所、微观企业围绕重大问题、关键问题成立产学研协同创新基地，整合利用科技创新资源；统筹部委与省市部门科技创新专项资金，择优、择重与前期、中期支持，杜绝"撒胡椒面"与奖励资助的支持模式；注重培育区域协同创新中心，避免盲目跟风造成重复建设与资源浪费，提升区域创新能力与创新成功率。

5. 以多元化改革为抓手，优化供给端的制度环境

制度产品供给滞后是我国生产领域矛盾突出，有效供给能力不高的重要原因之一。一要深化行政体制改革。继续加大简政放权力度，减少行政审批环节，将政府的注意力与精力转移到环境保护、教育医疗、基础设施、质量安全等公共服务领域，发挥政府提供公共产品的能力。二要深化国有企业改革。充分发挥社会资本在国有企业改革中的作用，进一步推进国有企业作为市场主体的角色转变，尊重市场经济规律，让公有制主体与

私有制主体平等竞争，提高公有制主体效率。三要完善财税体制改革。继续推进营改增，摸清营改增各环节存在的问题，扫除税收体制改革的节点障碍；优化各级财政分担体制，实现财权与事权的对称。四要优化投融资机制改革。财政资金为主体的项目基金应在科学评估的基础上，由重视奖励转向前期与中期投资；继续推进商业银行利率市场化；完善多层次市场融资结构，加强监管审查，让有实力的企业扩大社会融资规模，缓解资金供给压力。

国有企业改革的困境及出路
——基于动态关系治理的新视角

刘 灿 韩文龙[*]

摘 要：现阶段，国企改革处在了理论和现实的困境中。国企改革过程中面临着国企的性质和定位、与政府的关系、效率、内部治理和利益分配等五方面的困境。为此，本文提出从动态关系治理的视角来分析和解决国企改革中面临的问题。"包络"国企的动态关系主要有政府、市场与国企的关系，市场中的竞争秩序关系，企业内部治理关系，利益分配关系，社会公众对国企的期望关系等。国企动态关系治理的实质就是对这些秩序和利益关系的再调整。

关键词：国企改革；动态关系；治理；利益调整

一 引言

从1978年起，国有企业的改革实践经历了"放权让利""两权分离"和建立"现代企业制度"三个阶段。对国有企业改革的理论探讨上，国内外学者提出的不同的分析视角，如科尔奈的政府与国企的"父子关系"论和预算软约束假说、西方的产权理论、公司治理理论、市场竞争理论等理论都被用来指导中国的国有企业改革。可以说正是在这些理论的指导下，国企改革取得了一定的成绩。但是，这些理论的作用也呈现了边际效率递减的趋势。现阶段，面对国企改革实践中出现了一些新问题，原有的理论

---

[*] 本文选自刘灿、韩文龙《国有企业改革的困境及出路——基于动态关系治理的新视角》，《当代经济研究》2014年第2期。本文系国家社科基金重点项目"完善社会主义市场经济体制与公民财产权利研究"（10AJL002）阶段性成果和西南财经大学"211工程"三期重点学科建设项目"中国特色社会主义市场经济基础理论创新"阶段性成果。

不能给予较好的理论解释。国企改革仍然处于理论和现实的困境中。为此，本文从动态关系治理的视角来剖析"包络"国有企业的动态关系，以图找到国企动态关系治理的新思路。

二　国企改革的困境：文献回顾

现阶段，国企改革主要面临着以下的理论和现实困境。

1. 国企性质和定位的困境

在计划经济时代，国有企业是计划体制下的"社区单位"或者是生产车间①；同时国有企业也是国家实现重工业优先发展战略的组织形式，要解决国有企业的问题就必须解决国有企业的各类政策性负担②。国有企业也可以理解为国家与企业之间的一种特殊的契约关系，如国有企业要保障员工和实现国家的战略目标等③。其实，国家行为对国有企业的目标和行为具有较强的制约作用④。随着市场化改革的不断推进，国有企业的性质也在发生变化。有学者提出在社会主义市场经济中国有企业是国家干预和参与经济的主要手段⑤，国有企业是区别于非国有企业的特殊企业，应该接受双重评价，即经营效率评价和所有者利益评价⑥。

国有企业的性质和定位到底应该是怎样的？其实从全世界来看，在同一时间段的不同国家和同一国家的不同时间段各国国有企业的性质和定位都是动态变化的。就国外而言，各个国家的国有企业主要分布在基础设施建设、公共品提供和战略性新兴产业等领域；其产权是多元化的，如国有独资、国有控股、国有参股、股份上市公司等；其经营方式也是多种多样的，如国有国营、国有民营和公司合营等⑦。就国内而言，经过"放权让利""两权分离"和建立"现代公司制度"三个阶段的改革后，在新时期

---

① 刘世锦：《中国国有企业的性质与改革逻辑》，《经济研究》1995 年第 4 期。
② 林毅夫、蔡昉、李周：《竞争、政策性负担和国有企业改革》，《经济社会体制比较》1998 年第 5 期。
③ 张军：《社会主义的政府与企业：从"退出"的角度分析》，《经济研究》1994 年第 9 期。
④ 张宇燕、何帆：《国有企业的性质》（上、下），《管理世界》1996 年第 5—6 期。
⑤ 黄速建、余菁：《国有企业的性质、目标与社会责任》，《中国工业经济》2006 年第 2 期。
⑥ 金碚：《论国有企业改革再定位》，《中国工业经济》2010 年第 4 期。
⑦ 袁志刚：《国外国有企业制度及其演变的比较研究》，《世界经济》1995 年第 6 期。

国有企业内部也发生了分化，出现了"新型国有企业①"和超大型集团公司式国企。

其实，国有企业的性质和定位是应该动态调整的，调整的依据是国有企业的社会效益和经济效率的动态平衡。但是，这两者之间的平衡本身就是一个难题。

2. 政府和国企关系的困境

在计划经济体制下，正如科尔内所说政府和国有企业之间是"父子关系"。其实在转型的市场经济国家中，这种"父子关系"的影子依然存在，只是这种"父子关系"不仅仅表现为国企的预算软约束，而是表现为政府与国有企业的"双向依赖"②。在计划经济时代，国有企业为国家承担了过多的社会性和战略性政策性负担③。如果说国有企业承担的社会性和战略性负担主要是指保持就业稳定和实现国家重工业发展的战略目标，那么在转型市场经济中国有企业承担了更多的经济社会发展的责任，如提供基础设施和公共品、投资战略性新型行业、支持国家国际竞争力的战略等。

在国企改革中，政府作为执政者和国有企业的所有者的双重身份往往会产生角色冲突。作为执政者，政府的目标往往是发展经济、稳定社会、增加就业、增加税收等，而国有企业的目标则是经济效率的提高。这两者之间往往会发生冲突。有冲突就会有选择。政府一方面利用国有企业加强对关键性领域的控制，另一方面又部分或全部的放弃一些领域的国有企业产权。政府为什么会放弃国有企业的产权？有学者验证了影响政府放弃国有企业产权的五个假说：经济效率假说、市场化假说、软预算约束假说、财政负担假说、改制成本假说④。对国有企业改制的原因，学界仍然有很大的争论。纵观世界上各个国家的国有企业与政府的关系，都是在多重目标中进行选择和动态调整的结果。这种选择是多个不同利益主体共同博弈

---

① "新型国有企业"是指在市场中具有独立竞争主体地位的国有企业，如联想、TCL集团等。他们的特征是多元化的股权、完善的现代公司治理结构、独特的管理模式、不带官员色彩的企业家以及注重技术和产品开发等。详细的论述见金碚《"新型国有企业"现象初步研究》，《中国工业经济》2005年第6期。

② "双向依赖"是指政府依靠国有企业控制国民经济命脉，将其作为宏观调控和发展战略性产业的制度性安排，而国有企业通过俘获政府来获得低价的要素资源、行使部分行业标准制定权、提高产品市场的垄断价格等，以此来获得市场垄断地位等。

③ 林毅夫、李赟：《中国的国有企业与金融体制改革》，《经济学》（季刊）2005年第4期。

④ 郭凯、姚洋：《国有企业改制的成因：对五个假说的检验》，《世界经济》2004年第12期。

的结果。

3. 国有企业的效率困境

国有企业的效率问题可以说是目前争论最多的问题之一。国有企业的效率问题涉及宏观效率和微观效率两个方面。

(1) 国有企业的宏观效率的争论。有学者提出实行后赶超战略的发展中国家，国有企业是弥补"市场失灵"和"政府失灵"的中间型制度安排；国有企业具有实现"技术模仿、技术扩散和技术赶超"的作用；同时国有企业还是改革经济的稳定者、社会福利和公共品的供给者，从这个层面来说国有企业具有宏观效率。[①] 但是，这一观点遭到了一些学者的反对。有学者认为国有企业执行社会目标的作用是有限的；国家对宏观经济的调控应该通过财产政策和货币政策来实现，而不是利用国有企业；从全社会来看，技术模仿、研发和扩散中心一直是大中专院校和科研机构，而不是国有企业；就实证数据而言，国有企业为社会提供社会福利是缺乏效率的。[②]

(2) 就国有企业的微观效率而言，一些实证研究表明1980—1994年期间，被取样的国有企业的技术效率普遍较低。[③] 刘瑞明从金融抑制和所有制歧视等角度考察了国有企业的效率问题，认为转型经济体中庞大的国有企业群会因为自身的效率损失而影响经济增长，也会由于金融抑制、所有制歧视以及效率错配等拖累整个国民经济。[④] 吴延兵则认为具有公有产权的国有企业不仅存在生产效率方面的损失，而且存在着创新效率损失。[⑤] 值得注意的是提高国有企业效率的途径，大多数学者偏向了国有企业的改制，即产权多元化。[⑥] 但是，产权多元化就一定能提高国有企业的效率吗？

---

① 刘元春：《国有企业宏观效率论——理论及其验证》，《中国社会科学》2001年第5期。
② 杨天宇：《国有企业宏观效率论辩析——与刘元春先生商榷》，《中国社会科学》2002年第6期。
③ 郑京海、刘小玄、Arne Bigsten：《1980—1994期间中国国有企业的效率、技术进步和最佳实践》，《经济学》（季刊）2002年第3期。
④ 刘瑞明：《金融压抑、所有制歧视与增长拖累——国有企业效率损失再考察》，《经济学》（季刊）2011年第2期。
⑤ 吴延兵：《国有企业双重效率损失研究》，《经济研究》2012年第3期。
⑥ 郝大明：《国有企业公司制改革效率的实证分析》，《经济研究》2006年第7期；白重恩、路江涌、陶志刚：《国有企业改制效果的实证研究》，《经济研究》2006年第8期。

4. 国有企业（公司）治理困境

在国有企业改革的第三阶段，建立现代公司制度成为了改革的主要方向。现代公司制度有效运行的核心是完善的公司治理结构。

从内部治理的角度看，公司治理主要涉及企业产权的配置，即剩余控制权和剩余索取权的配置；委托代理问题，即解决委托人和代理人的激励相容问题。正如张维迎所言，从公司治理的角度看，我国国有企业改革在解决代理人激励问题上是相对成功的，但是经营者选择问题一直没有解决好。① 目前国有企业的内部治理中仍然存在一些问题：经理人的机会主义行为，如偷懒等；② 内部人控制问题；③ 替代性选择下的在职消费；④ 垄断行业中的群体性腐败问题；⑤ 经理层对董事会的俘获，即拥有强大控制权的经理人可以自行设计激励契约等。⑥ 这些问题导致了国有企业较高的代理成本。有学者的研究认为国有企业的代理成本相当于60%—70%的利润潜力。⑦

从公司外部治理来看，以林毅夫为代表的学者主张先剥离国有企业的社会和战略性的政策负担，建立完善的外部市场竞争机制，如建立和完善要素市场、经理人市场、资本市场、产品市场等。⑧ 目前，国企的内部治理问题仍然较多，而外部治理机制也没有完善起来。国企的内外部治理仍然处于困境中。

5. 国有企业利益分配的困境

国有企业的利益分配涉及微观和宏观两个层次。就微观方面而言，首

---

① 张维迎：《从公司治理结构看中国国有企业改革的成效、问题与出路》，《社会科学战线》1997 年第 2 期。

② 谭劲松、黎文靖：《国有企业经理人行为激励的制度分析：以万家乐为例》，《管理世界》2002 年第 10 期。

③ 李中建、柳新元：《国有企业"内部人"控制问题研究综述》，《经济学动态》2004 年第 11 期。

④ 陈冬华、陈信元、万华林：《国有企业中的薪酬管制与在职消费》，《经济研究》2005 年第 2 期。

⑤ 黄群慧：《管理腐败新特征与国有企业改革的新阶段》，《中国工业经济》2006 年第 11 期。

⑥ 吕长江、赵恒宇：《国有企业管理者激励效应研究——基于管理者权力的解释》，《管理世界》2008 年第 11 期。

⑦ 平新乔、范瑛、郝朝艳：《中国国有企业代理成本的实证分析》，《经济研究》2003 年第 11 期。

⑧ 林毅夫、李赟：《中国的国有企业与金融体制改革》，《经济学》（季刊）2005 年第 4 期。

先是等级科层制下国企内部高管和一线员工多大的收入差距问题；其次是国企股利分红与公司治理方面的问题。① 从宏观方面来看，国有企业利益分配的问题则是国有企业利润在不同所有者之间分配的困境。目前，出现了国有企业，尤其是国内上市公司存在着不分红或者是少分红，而国外上市的国有大型企业却给国外投资者多分红的怪现象；② 另一方面，国有企业给国家的分红比例较小也是一个突出问题。③ 国有企业对投资者进行国别歧视，以及分红政策的不公平性是社会公众对国企产生负面看法的主要原因之一。

三　国企改革的新视角：动态关系治理

1. 动态关系治理理论的提出

（1）背景

国有企业改革已经走到了又一个十字路口。一方面是人们对国有企业效率的质疑和对垄断性国企改革的呼声，另一方面是"国进民退"的争论。转型市场经济中，国企其实承载了太多的目标和责任。笔者认为国企改革的实质就是处理好"包络"国企的各种利益关系。那么"包络"国企的关键性的关系有哪些呢？为此本文提出动态关系治理的概念，下文将对其内涵和治理做一个框架性的分析。

（2）理论内涵

在阐述动态关系治理理论之前，需要提到与此相关的两个理论：公司治理理论和利益相关者理论。公司治理理论，从内部治理的角度讲主要是通过激励机制的设计来解决委托代理问题；从外部治理角度讲，主要是通过发展和完善资本市场、经理人市场、产品市场以及中介评价组织等外部信号和约束机制来解决信息不对称和经营者选择等问题。但是，在公司内部治理和外部治理漏出的公共领域，如转型国家中市场的竞争秩序、利益分配问题等却不能得到有效的解决。"利益相关者"理论指经理人在经营

---

① 罗宏、黄文华：《国企分红、在职消费与公司业绩》，《管理世界》2008年第9期。
② 一些在美国上市的大型央企，对美国的投资者的分红比例远远超过了国内水平。详细参见 Louis Kuijs、Willian Mako、张春霖《国企分红：分多少？分给谁？》，《中国投资》2006年第4期。
③ Louis Kuijs、Willian Mako、张春霖：《国企分红：分多少？分给谁？》，《中国投资》2006年第4期。

过程中应该充分考虑与企业相关的各个利益主体的利益。这一理论提出后，引起了很多学者的质疑。一种质疑是经理人在选择企业目标时如果关注了太多的利益相关者的诉求的话，由于各方利益的平衡会过度分散有限的资源，降低经营者的效率，损害股东的利益。与此相对应，有学者提出了股东利益最大化模式。股东利益最大化模式强调经理人应该以股东利益最大化为目标选择的依据，最大限度地提高企业的经济绩效，维护股东的利益。因此，用"利益相关者"理论来指导国有企业的改革，仍然面临着最大化股东利益与平衡其他利益相关者利益的冲突。

全球化背景下，国有企业的改革不宜采取东欧、苏联式的偏激的私有化形式，而是注重国企自身能力的培养、市场竞争秩序的再造和维护、国有企业社会效益和经济效率的平衡。在转型市场经济国家中，国有企业是一种过渡性的制度安排，具有改革的阶段性特征。要进一步解决国有企业的治理问题，需要一个既涉及企业微观层面关系治理，又涉及国企整体层面关系的动态关系治理理论。这些内容的实质是对"包络"国有企业的各种关系的再调整。这些关系的内涵包括政府、市场与国企的关系、市场中的竞争秩序关系、企业内部治理关系、利益分配关系以及公众和社会对国企的期望关系。在动态关系治理视角下，国有企业的改革就应该专注于国有企业动态效率的提高、利益的再分配、公平的市场竞争秩序的塑造、政府与国企关系的再定位等。

2. "包络"国企的动态关系的内涵

（1）政府、市场与国企的关系

在计划经济体制下，国有企业仅仅是国家"辛迪加"中的生产单位。政府与国企是"父子关系"。在转型市场经济中，现代市场从政府与国有企业关系的裂缝中催生出来并逐渐发展壮大。如果说在封闭的计划经济体制中仅仅分析政府与国有企业的关系是正确的，那么在转型市场经济中这种分析思维是有局限性的。因为还需要分析政府、市场和国有企业的关系。在转型经济体中，国有企业由政府直接控制下的生产单位逐渐演变为了实现政府经济职能和社会职能的过渡性制度安排。随着政府宏观经济和社会管理能力的不断提高、非国有经济的发展、市场竞争秩序的完善，国有企业应该逐渐退出竞争性领域，承担起建设基础设施、供给公共品、发展战略性新型行业等的重任。但是，国有企业会主动退出竞争性领域吗？

在转型市场经济国家中，政府需要依靠国有企业来完成一些本应该由政府完成的职能和任务，如政府依靠国有企业进行产业投资和宏观调控、维护社会稳定以及提高本国企业的国际竞争力等。国有企业对政府也有天然的依赖性，如为了规避激烈的市场竞争，国有企业具有通过加强与各级政府的政治关联性进而获得垄断性收益的激励。政府和国有企业之间的"双向依赖"会形成非竞争性的垄断，破坏市场竞争秩序。另外，政府与国有企业的目标可能又是冲突的。国家的目标可能是增加经济产出、增加就业、增加财政收入、维护市场秩序和提升国家竞争力等。在单一所有制中，政府需要完全国有企业来完成这些目标，但是随着非公有制经济和民间社团的发展壮大，政府的多重目标的实现可以借助于市场的力量，但是部分的目标的实现仍然需要依赖于国有企业。这就需要在转型市场经济中，动态的处理好政府、市场和国有企业的关系。

（2）市场中的竞争秩序（关系）

在转型市场经济国家中，构建公平和有序的市场竞争秩序是衡量转型成功与否的关键标准之一。在现实中，对竞争秩序的破坏除了来自非法交易外，最具影响力的就是垄断。垄断最大的危害是破坏市场竞争秩序，造成效率损失。政府和国有企业之间"双向依赖"的关系往往会产生各种各样的垄断，如行政性垄断、竞争性垄断和自然垄断。处于行政性垄断地位的国有企业，往往既是行业规则的制定者，又是行业领域内的竞争者，通过影响制度的制定，行政性垄断国企可以获得超额的制度性租金。在转型市场经济中，国有企业的竞争性垄断也不同于成熟市场经济中的竞争性垄断。因为在转型经济体中，处于竞争性垄断地位的国有企业不是依靠长期的市场竞争而形成的，而是在现代市场形成之初就依靠计划经济时代积累的庞大规模直接成为了垄断竞争者。以这种非对称的地位参与市场竞争，同时凭借与政府的强政治关联性，国有垄断企业的垄断程度会不断加强。

在转型经济国家中，往往很难区分自然垄断企业①。国有企业一旦贴上自然垄断的标签，就开始"大摇大摆"的获取消费者剩余。其实，随着技术水平的提高，一些由于规模经济等形成的自然垄断也会逐渐不在具有自然垄断的条件，如架设有线通讯光纤存在一定的规模经济问题，但是无

---

① 转型经济体中，自然垄断不仅仅是个技术概念，而且是一个政治概念，是各方利益博弈的结果。

线网络时代，这种规模经济的壁垒会逐渐降低，自然垄断的条件也会逐渐的取消。

市场竞争中，最大的垄断其实来自于全产业链的垄断，即国有企业依据特殊的政治关联性从垄断资源所有权的政府手中低价拿到资源、在行业中人为的设置进入壁垒、控制行业标准的制定权、控制产品分销渠道等以便实现排挤竞争者、获取高额垄断利润的目的。转型经济体中，国有企业的强政治关联性、所有制歧视是破坏市场竞争秩序的主要因素。从这个角度来说，市场秩序维护的实质就是规制和调整不同所有制企业间的竞争关系，使得不同所有制的企业处于公平、有序的竞争性地位。

（3）企业内部治理（关系）

在我国国有企业建立现代企业制度时采用的是美国式的公司治理模式。美国式公司治理模式是指在经济效率的原则下，为了实现股东价值的最大化，设计强激励和约束机制来诱使经理人努力工作。在两权分离的前提下，实现剩余索取权和剩余控制权的对应是解决激励问题的关键。这种公司治理模式在法制健全、信息机制和外部监督约束机制完善的欧美发达国家的公司治理实践中取得了较好的成绩。但是在转型国家中，由于制度不完善、外部的竞争性市场没有形成等原因，内部人控制、经理人对董事会的俘获以及管理层的集体腐败等问题较严重。另一方面，美国式公司治理更多的关注了股东和经理人之间的关系，而不怎么关注工人权益的问题。因为美国式公司治理的制度背景之一是存在强大的独立的行业工会。工人的工资待遇等问题是由工会和企业直接谈判解决的。在转型市场经济国家中，没有形成具有强大功能的行业工会，所有公司治理中员工往往处于弱势地位。

转型市场经济国家中，美国式公司治理遇到的困境还包括两个方面。首先，经营者激励问题解决了，但是经营者选择问题却不能有效解决。因为，一方面由于没有形成有效的经理人市场，不能通过经理人市场选聘合适的企业家；另一方面政府为了政治和经济利益考虑，建立了联通政治市场和国有经济"政治企业家"市场的内部人才市场，即国有企业的企业家具有行政级别，其身份可以互相转化，从商则为企业家，从政则为政府官员。这种没有隔离制度的所有制内部的人才市场虽然有利于在封闭的体制内选拔相对"进步"的政府官员，但是不利于选拔真正具有企业家才能的国企经营者，也不利于形成公平竞争的市场竞争秩序①。其次，作为公司内部治理延伸的外部治理机制不健全，如扭曲的资本市场、不完善的经理人市场、不健全的要素市场和垄断的产品市场等都不能提供较好的信息显示机制和市场竞争性约束。国有企业凭借强政治关联性和市场垄断地位对其他竞争性主体进行"制度性驱赶"②，使得其他类型的企业，尤其是民营企业的发展空间受到了较大的压缩。

4. 利益分配关系

与国有企业利益相关的利益分配问题涉及隐性分配和显性分配两个方面。（1）隐性分配问题。如垄断性国企通过垄断低价向上游要素的供给者分割上游利润，通过垄断高价蚕食消费者福利；国企经理人的在职消费以及其他非货币性收入；垄断行业国企内部职工的过度福利问题等③。另外，最近新出现的问题是，为了应对所有制歧视和国有企业的垄断地位，一些非国有企业通过参股等形式参与垄断性国企，通过搭垄断的便车获得收入。这其实是对其他经济主体的一种隐性掠夺。（2）显性分配问题。这主要涉及国有企业的分红问题。首先是国有企业对股票股东和国家所有者的分红比例问题。对股票股东的分红问题主要是现金股利派发的公平性和合理性问题，而对国家所有者的分红问题则是指国有企业向国家上缴多少红利的问题。其次是国有企业对不同国别投资者的歧视问题。正如世界银行的报告所指出的——为什么我国在美国等上市的国有企业对外国股民的分红较多，对国际性的战略投资者分红较多，而对国内股民和所有者的分红比例却很低？④

5. 公众和社会对国企的期望关系

国有企业和社会公众之间的期望关系实质是国有企业的定位和目标选择问题。在计划经济体制下，国有企业为了实现国家利益和人民的利益，

---

① 具有政治背景的国有企业的企业家，具有较强的政治资本和社会资本，凭借此种优势，国有企业的政治型企业家可以获得制度性和资源性竞争优势。

② "制度性驱赶"是指一些领域的国有企业既是行业规则的制定者，又是行业内的市场竞争者，通过控制规则制定权可以制度性的驱赶和排挤与其具有竞争关系的非国有企业。

③ 过度福利只是其福利水平超过了其劳动贡献率的水平，其获得的超过劳动贡献率的福利是凭借行业的垄断地位或者是所有制歧视等获得的。

④ Louis Kuijs、Willian Mako、张春霖：《国企分红：分多少？分给谁？》，《中国投资》2006年第4期。

承担了太多的社会性和战略性政策负担，使得国有企业没有自生能力。[①]在向市场经济转轨的过程中，国有企业改革的目标就是成为真正的市场竞争性主体。经过"放权让利""两权分离"和建立"现代公司制度"三个改革阶段后，国有企业的经济绩效相对提高了。但是一些新问题又出现了，如垄断，相比发达国家而言，一些国有垄断企业为国内消费者提供了高价而质低的产品和服务；垄断行业内部以及垄断行业与其他行业过大的收入差距等。另一方面，国有企业的定位开始模糊化。是追求纯经济效率还是要兼顾社会效益？国有企业的社会责任是什么？国有企业的真正股东是人民，人民委托国家管理国有企业。但是作为真正的股东，人们要接受垄断高价，又不能真正行使股东权益——获得合理的国企分红。社会公众和国有企业之间的期望冲突由此而生。

四 国企动态关系的治理

1. 政府、市场与国企的关系的治理

在转型市场经济国家中，由于政府和国有企业之间具有"双向依赖"的关系，国有企业凭借这种依赖关系在市场中形成行政性垄断和竞争性垄断。要处理好政府、市场与国企的关系，首先仍然要逐步剥离国企的政策性负担，使得国企成为具有自生能力的竞争性市场主体。其次，应该逐步取消国有企业享受的一些政策性"优待"，使得其成为平等参与市场的主体。再次，应该逐步提高国家的宏观调控能力，由依赖国有企业进行宏观调控逐渐转向依赖财政、税收、和货币政策等来实现宏观调控的目的。最后，需要剔除所有制歧视。国有企业应该有序的退出竞争性领域，政府应该相信市场竞争的力量，允许各类所有制企业公平的参与市场竞争。

政府、市场和国有企业关系治理的实质仍然是对三者职能的定位以及利益关系的调整。对国有企业地位和定位的认识既取决于政府本身的利益考虑，又取决于公众对国企作用的认知。当然，在开放集权式的转型国家中，政府在调整这三者之间的关系中处于关键的地位。政府对国企作用的认识、政府自身能力的提高、政府的目标函数的改变以及政府对不同所有制关系企业作用的认识等都会决定政府是不是采取立法措施来规制三者之间的关系。其实，对不同所有制企业好坏的判断，应该坚持效率原则，而

---

① 林毅夫、李赟：《中国的国有企业与金融体制改革》，《经济学》（季刊）2005年第4期。

不是所有制偏见。

2. 市场中竞争秩序（关系）的治理

在前一节提到转型国家中，对市场竞争秩序的破坏，除了非法的市场交易外，对竞争秩序最大的破坏来源于垄断，尤其是行政性垄断和"制度性驱赶"造成的竞争性垄断。现阶段，笔者认为与国企相关的市场竞争秩序问题主要有两个方面，一是国有企业如何从竞争性领域退出，二是反行政垄断问题。

关于国有企业该不该从竞争性领域退出的问题，学界有两种不同的意见。李平认为国有企业应该从竞争性领域退出，同时对竞争性领域无关国计民生的国有企业进行民营化改造，从战略布局上调整国有企业数量和结构。① 而王仪祥认为国有企业不应该完全从竞争性领域退出，而应该在政企分开、政资分开和分类管理的基础上进一步推进国有企业的改革。② 其实，在转型过程中，国有企业固然承担了大量的社会性和战略性的政策负担，但是作为一种过渡性制度安排，国企应该逐步制度性退出和竞争性退出竞争领域。

对于国有企业的自然垄断的问题，魏杰提出自然垄断行业改革的关键不是谁所有，而是谁经营以及经营中是否坚持自主权和市场化原则的问题，并且主张自然垄断国有企业的可以实现国有民营等经营形式。③ 行政性垄断是转型市场经济中最突出的问题，其实质是利益集团通过人为设置的行政性障碍排挤其他竞争性主体，表现形式是政企合谋和垄断平移，当然对其的治理既要靠反垄断法，又要从体制上予以解决。④

3. 企业内部治理

在国有企业改革的第三阶段，建立现代公司制度成为了改革的主要方向。在两权分离的前提下，用现代公司治理理论来解决委托和代理问题取得了一些成效，但是也需要进一步的治理。首先，股东利益的保护问题。在两权分离的情况下，由于外部竞争性市场的不完善、小股东的"搭便

---

① 李平：《论竞争领域国企改革的根本出路》，《管理世界》2000 年第 3 期。
② 王仪祥：《国有企业不宜完全退出竞争性领域》，《经济学动态》2010 年第 10 期。
③ 魏杰：《自然垄断性国有企业如何改？——英国铁路企业改革的启示》，《理论前沿》2007 年第 20 期。
④ 曲创、石传明、臧旭恒：《我国行政垄断的形成：垄断平移与行政合谋》，《经济学动态》2010 年第 12 期。

车"的行为以及多层委托代理问题,在公司治理中产生了管理层侵蚀股东利益的行为。保护股东的利益可以通过健全独立董事制度、引入战略投资者和公共机构投资者等来实现。其次,规范和限制管理层的权力,规制在职消费,打击群体性消费等。再次,内部员工权益的保护问题。美国式治理模式是以强大的行业工会存在为前提的。由计划体制向市场体制转型的过程中,由于没有具有谈判力量的行业工会,国有企业的一线员工由"主人"逐渐变为了"边缘人"。在现代公司制下,要解决一线员工的权利问题,需要建立健全工会制度,同时设计职工代表参与工人薪酬谈判的机制。最后,进一步完善外部市场机制。通过健全市场法规、改革要素市场、建立经理人市场、完善资本市场和产品市场来形成有效的外部信号传递和约束机制。

4. 利益分配关系的治理

与国有企业相关的利益分配关系主要涉及隐形分配的利益和显性分配的利益关系治理两个方面。对隐形分配关系的治理,应该通过加强公司内部治理来规制经理人的行为,通过相关法律和执行机制的创新来保障不同利益主体平等的参与公司剩余的分配。对于显性的分配问题,主要是国内资本市场上股东的分红以及对国家股东的分红比例问题以及对不同国家股东分红歧视问题,治理这些问题都需要创新相关制度来规制国有企业的外部利益分配关系。

5. 公众和社会的期望关系的治理

社会公众对国有企业的期望是动态变化的,这种期望关系来源于人们对国企性质和定位的动态性认识。社会公众对国企的期望的内容包括破除垄断、建立公平有序的市场竞争秩序、去除股利分红的国别差异、承担必要的社会责任等。对期望关系的治理,需要完善公司内部治理和外部治理机制;需要完善相关的法律法规规制市场竞争秩序;需要建立国企承担社会责任的执行机制;需要建立国企与民众的沟通机制。

五 进一步的讨论:动态关系治理的实质是秩序和利益关系的再调整

对"包络"国企的各种关系治理的实质是秩序和利益关系的再调整。国家、市场和国有企业之间关系的调整就是把国民创造的财富在国家、国企、非国企和居民之间进行分配。这种分配应该平衡好效率和公平的关系。市场竞争秩序的调整就是在坚持公平和效率原则的前提下加强市场权利体系建设,给予每一个市场主体公平和平等的市场机会。公司内部关系的治理就是在解决委托代理问题的前提下,对股东、经理人和员工等之间合理的分配"剩余"。处理与国有企业相关的利益关系,重点是调整好对股东的分红比例,尤其是要平等的对待国内外的股东。社会公众对国企期望关系的治理实质是动态调整国有企业的定位,让国有企业承担必要的社会责任。动态关系治理的关键是利用不同的治理机制来激励和约束不同利益主体的行为,协调好不同的利益关系。

在转型市场经济国家中容易出现利益集团,这是国有企业动态关系治理可能遇到的最大挑战。这些利益集团可能来自于处于垄断地位的国有企业、体制内的员工利益集团、大型国企内部的经理人群体等。对待利益集团,国家应该发挥关键性的平衡作用。但是,国家是中性的吗?

六 结论

目前,国有企业改革陷入了新的理论和现实困境。这些困境包括国企性质和定位的困境、国企与政府关系的困境、国企的效率困境、国企内部治理的困境以及国企利益分配的困境等。要解决好这些困境,需要进一步的理论创新。为此,本文提出了以动态关系治理的视角来分析国企改革的问题,认为"包络"国企的动态关系主要有政府、市场与国企的关系,市场中的竞争秩序关系,企业内部治理关系,利益分配关系,社会公众对国企的期望关系等。国企的动态关系治理需要基于不同利益主体,利用不同的治理机制来激励和约束不同利益主体的行为。其实,国企动态关系治理的实质就是对这些秩序和利益关系的再调整。

关于公益性国有企业的理论探讨

程民选　王罡[*]

摘　要：《关于全面深化改革若干重大问题的决定》为我们完善国有资产管理体制和进一步深化国有企业改革指明方向并提供了重要指南。"准确界定不同国有企业功能"，这是对国有企业进行分类改革的前提。公益性国有企业存在的理论依据不应当从企业社会责任的视角去寻找。具有公益性质的国有企业，代表国家和政府向社会公众提供公共产品（或者准公共产品），是此类国有企业为社会公众提供福祉和利益的一个实现途径。较之私人企业，政府治理国有企业负外部性的成本相对要低。瑞典对国有企业分类管理的改革实践给予我们启示。划分公益性国有企业时需要警惕误判。

关键词：公益性国有企业；公共产品；社会效益

在全面深化改革的新的历史时期，如何深化国有企业改革，无疑是我国经济学界和企业都必须认真思考的重大理论与实践问题。党的十八届三中全会审议通过的《中共中央关于全面深化改革若干重大问题的决定》（以下简称《决定》），对于深化国有企业改革提出了极其重要的思路，不仅明确指出要"准确界定不同国有企业功能"，而且基于完善国有资产管理体制，以管资本为主加强国有资产监管这一改革思路，进一步明确提出"国有资本加大对公益性企业的投入，在提供公共服务方面作出更大贡献"。《决定》中这一重要思想，为我们完善国有资产管理体制和进一步深

---

[*] 本文选自程民选、王罡《关于公益性国有企业的理论探讨》，《当代经济研究》2014 年第 3 期。

化国有企业改革指明方向并提供了重要指南。

"准确界定不同国有企业功能",这是对国有企业进行分类改革的前提。关于国有企业实行分类改革,多年前就已经有过讨论。而国务院国有资产监督管理委员会副主任邵宁也曾在"2011 中国企业领袖年会"上,首次代表官方表述了具有公益性质的国有企业这一提法。他认为,国有经济结构调整将使国有企业向两个方向集中,这两个方向分别为公益性质的国有企业和竞争领域的国有大企业。① 基于这样一个思路,有必要对国有企业的公益性进行理论分析,因为这是区分公益性国有企业和竞争性国有企业的理论前提和依据。本文拟就公益性国有企业的基本特征、存在的理论依据等进行论述,阐明我们的一己之见,以就教于学界同仁。

一 相关研究回顾

改革开放以来,中国的国有经济规模和比重都发生了很大的变化,对促进经济体制改革和经济发展都起到了重要的作用。然而总的来看,我国国有企业的经济效益仍然不够理想,单一市场化的改革目标也并不完全符合国有企业在社会主义市场经济中的特殊功能。一方面,本应专注于经济效益的许多竞争领域的国有大企业,以承担过多的社会效益为幌子为其应尽经济效益卸责,并希望基于此来维持垄断地位;另一方面,本应专注于社会效益的公益性质的国有企业,却往往去追逐经济效益而忽视了其所应该承担的社会效益。② 有鉴于此,在 20 世纪 90 年代,已有学者提出了应对国有企业实行分类改革的思路,并进行了相关的研究。如杨瑞龙等指出,根据国有企业提供产品性质以及所处行业的差别,可以把国有企业分为竞争性与不完全竞争性两类,不完全竞争性的国有企业又可以分为提供公共产品的非竞争性企业与处于基础产业和支柱产业地位的垄断性企业。而在选择具体的企业改革思路时,他认为提供公共产品的国有企业宜选择国有国营模式;垄断性国有企业宜选择国有国控模式;竞争性国有大中型企业宜进行公司制改造;竞争性国有小型企业宜完全放开。③ 金碚也认为,

---

① 白天亮:《国企将分公益性竞争性》,《人民日报》2011 年 12 月 14 日。
② 黄速建、余菁:《国有企业的性质目标与社会责任》,《中国工业经济》2006 年第 2 期。
③ 杨瑞龙、张宇、韩小明、雷达:《国有企业的分类改革战略(续)》,《教学与研究》1998 年第 3 期。

对国有企业进行分类改革是实现改革目标的必由之路，应以是否负有特殊的社会功能来对国有企业进行分类改革。对少数负有特殊社会功能的国有企业的制度进行改革，国家制定专门规范此类国有企业行为的法律，将其纳入特殊企业的运行轨道；而大多数并不负有特殊社会功能的国有企业则按一般企业（公司制企业）的制度进行改革，其行为完全纳入《民法》和《公司法》所规范的一般企业运行规则之中。①

在近期针对国有企业垄断问题的思考中，赵昌文认为对于国有企业的垄断要具体问题具体分析，指出根据国有企业提供的产品和服务属性、所处行业的重要性以及所处行业市场机制的有效性，可以将国有企业分为商业性国有企业和兼有政策性功能的国有企业。其中，具有自然垄断特征的行业、提供重要公共产品和服务的行业、涉及国家安全的行业以及包括部分支柱产业和高新技术产业在内的国有企业，大体上属于兼有政策性功能的国有企业，除此之外的国有企业都应该属于商业性或者竞争性国有企业。②赵昌文的研究从国企垄断问题切入，同样提出必须要对国有企业的不同性质加以区分。

此外，一些学者还就西方发达市场经济国家对国有企业的分类管理做了详尽的研究。如以法国和新加坡为代表的按企业市场地位或竞争程度分类，将国有企业分为垄断性和竞争性两类；以芬兰等北欧国家以及新西兰为代表的按利益属性和赋予目标分类，将国有企业分为承担特定任务的国有企业、有战略利益的商业性国有企业和以投资者利益为主的纯粹商业性国有企业三类。并且，各国都对不同类型的国有企业实施分类管理。如在国有企业的功能和目标方面，对完全市场化或纯粹竞争性的国有企业，一般要求企业以财务回报为主要目标，要求企业市场化经营，追求利润，而对于垄断性、承担特定任务或公共服务责任的国有企业，一般要求以社会、产业或文化目标为主，追求社会利益；在对国有企业的所有权监管方式方面，对垄断或特定任务企业，各国政府倾向于严格管理，对于商业化或市场化企业，各国政府倾向于赋予很强的自主经营权、少干预；在国有企业适用的法律形式方面，垄断性或特定任务企业，各国政府一般通过特

---

① 金碚：《三论国有企业是特殊企业》，《中国工业经济》1999年第7期。
② 赵昌文：《对国企垄断要具体问题具体分析 国企改革几个理论问题辨析》，《人民论坛》2013年第4期。

定法律或归属政府部门来监管,对商业化或竞争性企业,各国均按照普通法来规定。① 这类研究对于我国"准确界定不同国有企业功能",实行分类改革,具有一定的参考价值。

二 公益性国有企业的基本特征

"准确界定不同国有企业功能。国有资本加大对公益性企业的投入,在提供公共服务方面作出更大贡献。""国有资本投资运营要服务于国家战略目标,更多投向关系国家安全、国民经济命脉的重要行业和关键领域,重点提供公共服务、发展重要前瞻性战略性产业、保护生态环境、支持科技进步、保障国家安全。"这是《决定》关于我国国有企业深化改革高屋建瓴的论述,不仅明确提出了公益性国有企业的概念,而且强调国有资本应加大对公益性企业的投入,服务于国家战略目标。这样的理论高度,可以说是前所未有的。那么,公益性国有企业究竟具有哪些特征?划分公益性国有企业的理论依据是什么?显然都成为理论上需要探讨的问题。

邵宁在提及划分两类国有企业的改革思路时提出:竞争性领域的国有大企业在体制上政企分开更为彻底,企业在机制上更加市场化。作为独立的市场竞争主体,和其他所有制企业一样,这种类型的国有企业要独立承担经济法律责任和市场竞争的优胜劣汰,乃至破产退出的风险。而具有公益性质的国有企业具有这样一些共同特征:其产品或服务关系到国民经济发展和人民生活的保障;在经营中存在不同程度的垄断因素;产品或服务的价格由政府控制,企业并没有定价权;企业的社会效益高于经济效益,经常会承受政策性亏损等。② 从中可以看到,他更多强调的是公益性国有企业所承担的公益职能。

公益,指有关社会公众的福祉和利益。顾名思义,公益性国有企业就是那些承担有关社会公众的福祉和利益的职责的国有企业。具体说,公益性国有企业,应该指那些以社会公众的福祉和利益为出发点的国家所有以及国家控股的企业,其在社会经济运行中具有双重目标,即社会效益和经济效益,但以社会效益为主要目标,以此区别于竞争性国有企业。而竞争性国有企业是指那些在市场中独立经营,以获得盈利为目标,从而在市场

---

① 张政军:《国有企业分类管理如何推进》,《经济日报》2013年5月3日。
② 李彬:《"公益性"概念引发国企改革方向之争》,《人民政协报》2011年12月27日。

中优胜劣汰，甚至破产退出的国有企业。政府对这类国有企业仅履行出资人的权利而对其进行监管，不得用行政手段干预其日常经营，不得给予其垄断地位，使其在市场中与其他企业独立进行公平的竞争。

这样的划分，显然不是从国有企业应不应当考虑公众利益，承担社会责任的角度去思考问题。因为社会责任的思考角度，无疑对所有企业都适用，而非仅仅针对国有企业。按照阿奇·B.卡罗尔的定义：企业社会责任是某一特定时期社会对社会组织所寄托的经济、法律、伦理和自由决定（慈善）的期望。[1] 只要有企业的存在就应该有企业的社会责任存在。而划分两类国有企业，是要明确国有企业中存在一类承担有关社会公众的福祉和利益的职责，代表政府向社会公众提供公共产品的国有企业，它们以社会效益为主要目标，而区别于另一类即竞争性国有企业。这样的划分，无疑有利于政府对两类不同的国有企业进行科学管理。基于这一理解我们认为，公益性国有企业应当具备以下几个基本特征：第一，提供关系到社会公众的福祉和利益的公共产品；第二，其提供产品的定价机制由政府控制，企业自身没有定价权；第三，企业社会效益高于经济效益，政府制定科学的考核指标体系，对企业的成本控制水平、提供公共产品的数量与质量等进行考核。

既然公益性国有企业具有以上基本特征，公益性国有企业的改革也就涉及以下方面，包括建立有别于竞争性国有企业的、有针对性的出资人管理制度，考核评价应切合企业的功能定位；实施有效的行业监管，包括价格、服务标准、成本控制、收入分配、资源配置和行业限制，提高透明度，防止企业利用垄断地位损害社会和公众利益；形成规范合理的与政府间的政策安排，以兼顾企业为社会服务和企业持续发展的双重目标等。

三 公益性国有企业存在的理论依据

邵宁对公益性国有企业的表述，针对这类企业的特征而言，虽然从中可以得出公益性国有企业因其承担公益性职责而区别于竞争性国有企业的结论，但并不是从理论上论述公益性国有企业存在的依据。那么，公益性国有企业存在的理论依据究竟是什么呢？我们在前文中已经指出，公益性

---

[1] Carroll, Archie B., "A Three-Dimensional Conceptual Model of Corporate Social Performance", *Academy of Management Review*, 4 (4), 1979: 497-505.

国有企业存在的理论依据，不应当从企业社会责任的视角去寻找，因为所有的企业都必须承担起应有的社会责任，而国有企业更应当在主动承担社会责任方面发挥表率作用。既然划分此类国有企业旨在突出其公益性，而体现公益性的核心或者说根本出发点，应该是体现社会公众的福祉和利益，那么如何才能体现出社会公众的福祉和利益呢？显然这是我们探讨公益性国有企业成立的理论依据的切入点。我们认为，具有公益性质的国有企业，代表国家和政府向社会公众提供公共产品（或者准公共产品），是此类国有企业为社会公众提供福祉和利益的一个实现途径。

关于公共产品，萨缪尔森的定义"公共产品是具有消费的非排他性和非竞争性等特征的产品"①，得到了最广泛的认同。从理论上来说，界定一种产品或服务是否为公共产品，要看其是否具备两个特征，即消费的非排他性（non-excludability）和消费的非竞争性（non-rivalness）。所谓消费的非排他性，是指只要有人提供了公共产品，不论其意愿如何，都不能排除其他人对该产品的消费。若想排除其他人从公共产品的提供中受益，要么在技术上是不可行或极其困难的，要么排除的成本过于昂贵而缺乏可行性。所谓消费的非竞争性，是指某物品在增加一个消费者时，边际成本为零，即在公共产品数量一定的情况下，将其多分配给一个消费者的边际成本为零。当然这并不意味着多提供一单位公共产品的边际成本也为零，在这种情况下，多提供一单位的公共产品的边际成本同其他产品一样是正的。②

在随后对公共产品理论的研究中，多数学者认为，萨氏只定义了极端情况，脱离现实。满足萨氏定义的肯定是公共产品，但不满足其定义的也并非不是公共产品。现实社会中，大量存在的是介于公共物品和私人物品之间的准公共产品。准公共产品是指具有不完全的非竞争性和非排他性的社会产品。一般来讲，准公共产品应当具备三种特征：一定程度的非竞争性、非排他性以及公益性。③

基于此，公益性国有企业代表政府向社会公众提供公共产品或准公共

---

① Samuelson P. A., "The Pure Theory of Public Expenditure", *Review of Economics and Statistics*, 36 (4)，1954：387 - 389.

② 吕恒立：《试论公共产品的私人供给》，《天津师范大学学报》（社会科学版）2002 年第 3 期。

③ 秦颖：《论公共产品的本质》，《经济学家》2006 年第 3 期。

产品，无疑是其公益性的良好体现。诸如供水、供电，污水处理、公共交通等企业，以及有关国防和国家安全的军工企业等，此类企业提供的产品或服务大都具有公共产品的性质，具有非竞争性或者非排他性。并且此类企业在发展过程中，由于需要巨大的基础设施的投资，在投资形成后其生产的边际成本又相对较小，因此容易形成自然垄断。更为关键的是，由于公共产品的特殊性质，消费者普遍具有"搭便车"的行为，提供此类产品的企业很难从中获取利润，于是容易导致供给不足，影响公众福祉和利益。有鉴于此，作为全民所有的公益性国有企业，在经济活动中代表国家和政府提供公共产品或准公共产品的行为，正是其公益性的体现。

在当今世界，公共产品并非仅仅由政府或是国有企业提供，私人部门已经开始涉及公共产品的提供。一方面，对于非排他性和非竞争性的产品，通过与私人产品捆绑出售，将公共产品和私人产品组合在一起，可以克服公共产品收费困难的问题。在这类公共产品的消费上往往存在排他性技术。此外，对产权予以界定以及给予某些激励措施，也可以为私人部门提供公共产品创造良好的制度环境。另一方面，把公共产品的生产和供给区分开来，基于政府与市场的委托代理关系——私人部门生产公共产品而政府部门采购或者租赁公共产品，也完全可以实现。例如，公司伙伴关系（Public-Private-Partnerships，PPP）[①]已经被广泛应用到各类公共产品和公共服务的供给当中。

从我国的实际来看，随着政府放宽准入条件，也使得有条件的市场力量成为潜在的公共产品提供者。十六届三中全会通过的《关于完善社会主义市场经济体制若干问题的决定》已经明确指出：清理和修订限制非公有制经济发展的法律法规和政策，消除体制性障碍放宽市场准入，允许非公有资本进入法律法规未禁入的基础设施、公用事业及其他行业和领域。这标志着民营资本可以全面进入基础设施和公用事业领域。[②]而十八届三中全会通过的《关于全面深化改革若干重大问题的决定》进一步明确指出：

---

① 根据联合国发展计划署1998年的PPP概念：PPP是指政府、营利性企业和非营利性组织基于某个项目而形成的相互合作关系的形式。通过这种合作形式，合作各方可以达到比预期单独行动更有利的结果。合作各方参与某个项目时，政府并不是把项目的责任全部转移给私营部门，而是由参与合作的各方共同承担责任和融资风险。

② 贾康、孙洁：《公司伙伴关系（PPP）的概念、起源、特征与功能》，《财政研究》2009年第10期。

要消除各种隐形壁垒，制定非公有制企业进入特许经营领域具体办法。因此，公共产品由私人部门通过市场机制来提供，或者通过公私合作的方式联合提供，在我国业已提上日程。

公共产品私人供给不仅缓解了公共投资的不足，扩大了投资渠道，解决基础性项目资金的短缺，提高投资的运行效率，而且可以增强竞争意识，提高经济和社会效率，对改善公共产品的供给状况具有十分重要的意义。但不可否认的是，私人部门提供公共产品也存在如下局限性：

首先，私人部门提供公共产品可能出现由于垄断而造成的福利损失。公共产品——尤其是准公共产品在使用量一定限度内社会成本为零，超过临界点后，就会导致拥挤，使公共产品的消费者收益下降，而私人部门在取得公共产品供给权后，可能会形成某种垄断优势，尤其是在一些容易形成自然垄断的行业，这必然会带来一定的社会福利损失。此外，在私人提供公共产品的过程中，因为公共产品的消费者一般是分散的，而且消费者容易陷入集体行动的困境，不太可能形成强有力的集体行动同公共产品的私人供给者讨价还价。而在市场经济体制下，政府只能对私人部门进行法律上的监管以及宏观政策的指导，无法直接对私人企业提供的公共产品的定价进行管制。一旦私人部门在市场上形成了垄断优势，那么作为追求利润最大化的私人部门凭借这种优势来提高公共产品消费的准入价格就几乎是必然的，而消费者的利益就会受到损害。

其次，具有"理性经济人"特征的私人企业在生产经营过程中，基于其个体利益往往会出现"短视"的行为——更多地注重眼前的利益而忽视长期利益，尤其是后代人的利益。比如，在提供公共产品的同时对环境造成污染等行为。这些负外部性问题会使社会福利遭受损失。而相对于国有企业来说，政府治理私人部门负外部性的成本会更高。[①]

无须讳言，具有公益性质的国有企业，在公共产品的供给上与私人部门一样可能存在负外部性，但是较之私人企业，政府治理国有企业负外部性的成本相对要低。在公共产品的定价方面，政府可以直接以国有资产出资人的身份来管制公共产品的价格，即使管制价格可能会造成部分社会福利的损失，但是这种损失往往比私人部门垄断定价所造成的福利损失要小。另外，政府可以直接通过行政手段披露公益性国有企业的相关信息，

---

① 李洪波：《公共物品供给机制研究》，博士学位论文，天津大学，2005 年。

使公众尽可能地了解与其利益相关的消息，减少由于信息不对称而造成的福利损失。政府也能比较容易地收集消费者的诉求，并及时直接反馈给提供公共产品的公益性国有企业。而对于私人企业，政府很难做到这几点。所以，即使公共产品可以通过市场手段来提供，公益性国有企业在这方面的重要性依然不能被忽视。

需要指出的是，公益性国有企业也必须遵循市场规律。有人认为，既然这类国有企业"具有公益性质"，那么只要体现其公益性就可以了，不需要考虑盈利。笔者认为，这种观点其实是对公益性国有企业的一种误读。《决定》明确指出要推动国有企业完善现代企业制度。国有企业属于全民所有，是推进国家现代化、保障人民共同利益的重要力量。国有企业总体上已经同市场经济相融合，必须适应市场化、国际化新形势，以规范经营决策、资产保值增值、公平参与竞争、提高企业效率、增强企业活力、承担社会责任为重点，进一步深化国有企业改革。对于具有公益性质的国有企业来说，突出体现它的社会效益固然是它存在的基础，但是任何企业都是市场经济中的微观主体，都必须遵守市场经济的基本规律。即使我们能够接受公益性国有企业承受一定的政策性亏损，但并不意味着它们就可以不讲成本核算和控制。公益性国有企业在突出体现其社会效益，履行提供公共产品职能的基础上，还应该尽可能地完成其经济目标，要以现代企业制度来规范和要求自己，做到科学经营决策，尽可能提高企业运作的效率，在更多承担社会效益的基础上实现国有资产的保值增值。即便是正常的政策性亏损，也应努力做到亏损最小化。同时，政府应处理好与公益性国有企业的关系。《决定》指出"实行以政企分开、政资分开、特许经营、政府监管为主要内容的改革，根据不同行业特点实行网运分开、放开竞争性业务，推进公共资源配置市场化。进一步破除各种形式的行政垄断。"这一精神同样适用于公益性国有企业，防止这些企业利用垄断地位损害社会和公众的利益，使公益性国有企业在履行其社会效益职能的基础上，真正作为市场经济的微观主体——企业来参与到市场经济的运行当中。

虽然对于公益性国有企业来说，其社会目标是第一位，利润目标是第二位的，但这并不意味着具有公益性质的国有企业就一定要产生亏损。对于部分公益性国有企业，其产品链上有一些是可以划为竞争性的，通过进行多元化经营，可以用其竞争性业务产生的利润来弥补公益性带来的损失。例如军工企业在完成国防品生产的基础上，还可以生产部分民用产品，这样就可以为军工生产提供资金支持和能力保障，减少部分亏损甚至盈利。这方面已有成功的例子：中国兵器装备集团下属的长安汽车，掌握了独立的整套汽车生产的核心技术体系，使我国在军队机动车方面摆脱了对外资的依赖性。不仅如此，长安汽车经过多年的发展壮大，已经位列中国制造企业 100 强，"长安"商标荣获"中国驰名商标"称号，品牌价值高达百亿元，年销售收入突破 300 亿元。这充分说明，公益性国有企业对社会效益的强调，未必一定是以牺牲经济效益为基础。公益性国有企业采取多元经营模式、混合发展，这也许是公益性国有企业改革的一个可行思路。

四 瑞典划分两类国有企业的实践及其启示

把国有企业分为公益性和竞争性，国外已有成功的实践，尤其是瑞典的经验值得我们注意。我国商务部 2007 年对瑞典国有企业的一个调研报告[①]中，就已经介绍了瑞典将国有企业划分为在市场条件下运营的国有企业和具有公益项目的企业，同时对这两种企业规定不同的经营目标。例如：1997 年成立的 IRECO 公司，目的是提升瑞典在工业研发方面的水平，因此对其没有盈利目标规定。而对国家电力公司这样的企业，不但有明确的经营目标，而且有明确的红利分配政策。在运营管理方面，瑞典议会赋予瑞典政府国有企业管理者的角色。为达到国有资产长期保值增值，由政府制定和实施所有权政策，监督管理国有资产经营，并在可能情况下顾全社会公益。

瑞典政府对国有企业，尤其是具有公益性质的国有企业，一般遵循以下几种管理原则：

1. 所有权政策统一的原则

瑞典对国有企业的管理遵循所有权政策统一的原则，虽然国有企业的管理分散在工商部、外交部、财政部等多个部门，但是国有资产的所有权政策是统一的。根据宪法，议会决定管理和处置国有资产的基本原则，瑞典政府据此处置国家资产。但政府在实质性变更公司的经营方向、稀释所有权、增资以及购买和出售股份时，都必须获得议会批准。根据宪法，首

---

① 本节参考了《瑞典国有企业调研报告》，中华人民共和国驻瑞典王国大使馆经济商务处网站，http：//se. mofcom. gov. cnarticle/ztdy/200703/20070304473788. shtml，2007 年 3 月 19 日。

相授权工商大臣处理有关国有企业所有权的有关问题，执行统一的国有资产所有权政策和董事会提名。

2. 公开透明原则

瑞典对国有企业的管理遵循公开透明原则，对公司的董事会任命、高管任命、审计监督、财务报表等都作出具体规定。瑞典公民均可参加国有企业股东大会，并有权提出质询，也充分体现了全民所有。即使没有上市的国有企业，其信息公开的程度不得低于上市公司。国有企业必须按照法律条例提交年度报告、季度报告和经营报告，包含完整环境分析、财务目标、社会责任目标、机会均等政策、董事会工作总结、红利政策、董事会及高管薪金等内容，并在网上公布。

3. 分类管理原则

瑞典对国有企业实行分类管理，将国有企业划分为在市场条件下运营的竞争性企业和公益性企业，并对这两类企业采用不同的评价和管理方法。规定在市场运营条件下的国有企业符合以下两个条件：一是在充分竞争的市场中运营；二是国家作为所有者根据企业风险状况制定有关盈利和财务收支的要求。同时规定公益性的国有企业须符合以下两个条件：一是国家作为所有者对企业活动进行直接指导和管理；二是这些企业在具有特殊规定的市场中运营。政府对在市场条件下运营的企业，按照市场的要求设定具体的经营目标，并按这些目标进行评价。对于公益性企业，由于其目标是为社会创造有益的价值，因此对其的评价要相对复杂一些，很大程度上是通过一些定性的参数来进行评价和监测。这些参数，主要是从社会经济和行业政策目标以及效率推演而来。由于区分两类不同企业且按不同要求提交年度报告，因而对两类公司的运营和目标完成情况分别都更清楚，评价也更加科学。

瑞典对国有企业分类管理的改革实践给予我们启示，对我国深化国有企业改革提供了可资借鉴的思路。其一，可以借鉴瑞典对国有企业行业的布局，根据我国国情和发展阶段对国有经济结构进行战略性调整，保留那些基础好、竞争性强的企业，同时减少垄断性企业，并加强对垄断企业的监管。其二，可以借鉴瑞典对国有企业进行分类管理的办法，将国有企业划分为市场条件下运营的竞争性企业和公益性企业，实行不同的管理模式。对在市场条件下运营的竞争性国有企业，把竞争能力放在第一位，考核其经营绩效，而不承担其他社会目标。国家在这些企业中的角色类似于一个普通的股东,主要采取控股方式进行间接控制。而对于公益性国有企业,政府可较多采取直接管理的办法,不设定具体的盈利目标,采用一些经济社会、环境、效率等方面的定性指标对其进行考核。其三,可以借鉴瑞典的做法完善国有资产产权管理制度,尤其对具有公益性质的国有企业实行统一的制度。为保证公益性国有企业更好的体现其社会效益,可以考虑对公益性国有企业实行垂直管理。其四,可以借鉴瑞典国有企业治理结构中,建立董事会专家化的集体决策制度,弱化政府行政行为对企业经营活动的影响。其五,可以借鉴瑞典对国有企业信息披露的规定,有针对性,有效地保证舆论、股东、公众对国有企业的监督。完善对国有企业的审计程序和办法,保证对国有企业的有效监管。采取措施增加国有企业透明度,提高公民所有者的意识,强化公众和舆论的监督。最后,可以借鉴瑞典经验,完善国有企业向国家上缴红利制度。国家作为国有企业股东,有权制定国有企业的分红政策,决定红利的用途,利用红利再投资进一步完善国有资本的产业布局。通过对国有企业红利的再投资,以达到宏观经济调控的目的。

五 警惕对公益性国有企业的误判

区分公益性国有企业与竞争性国有企业,强调公益性国有企业的社会效益,这在深化国有企业改革的过程中是一个很好的思路和方向。但是,对于邵宁提到的"公益性国有企业在中央层面包括如石油石化、电网、通信服务等领域的企业"的观点,我们又不敢苟同,并由此看到划分公益性国有企业存在误判的可能。

划分公益性国有企业,无外乎强调此类国有企业的公益性,即以社会公众的福祉和利益为出发点,尽力为公众提供公共产品或者准公共产品。虽然石油、石化、通信等行业在国民经济发展中通常被认为是战略性产业,这些产业的竞争力决定着一个国家的竞争力,也是国民经济是否有活力的具体表现,在经济发展中的确起着举足轻重的作用。但是,无论怎样突出其重要性,这些战略性产业与提供公共产品和服务的公益性行业之间依然是泾渭分明。[①] 根据公共产品的定义:公共产品是具有消费的非排他性和非竞争性等特征的产品。显然,无论是石油石化产品还是通信网络的

---

① 张世贤:《战略性产业何来公益型国企》,《中国经济周刊》2011年第12期。

服务，都不具有或者说基本不具有非排他性和非竞争性的特征，因此也都不应该归为公共产品或者准公共产品。既然石油石化、电信等都是属于竞争性产品或者服务的提供者，那么把他们算在公益性国有企业之列，值得商榷。

石油、电信等产业，过去由于民营企业在财力或技术上的原因，无法进入该领域与国有企业竞争，所以为了满足国家的经济发展和人民的日常生活需要，政府政策扶持一些该领域的国有企业并且给予其一定的垄断地位也是可以理解的。但是，随着民营经济的蓬勃发展，资本、技术壁垒对于部分民营企业来说已经不复存在，民营经济完全有能力进入这些领域与国有企业竞争。例如通信领域，现在随着技术的进步、通信基础设施的不断完善以及民营企业的发展壮大，民营企业进入通信行业参与经营竞争是完全可行的，政府只需要对其进行必要监管和宏观政策上的指导即可。再比如石油石化行业，即使民营企业无法在原油勘探、开发等上游产业生产经营，那么至少在冶炼、销售等下游产业——尤其是销售环节——民营企业有足够的能力与实力在市场上与国有企业竞争。但现状是，民营资本在几大油企的围攻之下已经日渐萎缩，逐渐从石油石化的下游产业中退出。而面对这种趋势，政府依然保持沉默，没有对完全处于弱势的民营资本予以政策支持，这本身就表明了一种态度。

再者，我国的石油、电信企业，大部分已经在股票市场上挂牌上市。所谓公益性国有企业，首先必须要强调其所承担的社会效益，之后再是经济效益。然而，作为上市公司，在生产经营过程中盈利并为股东分红、保证投资者的利益是其基本的义务之一，那么这显然与公益性国有企业的先"社会效益"后"经济效益"的目标相冲突。如果确认其为公益性国有企业，那么企业股东的权益又如何得到保障？显而易见，将这些国有企业划分为公益性国有企业是不合适的。

六　结论

国有企业的"公益性与竞争性"分类，为深化国有企业改革提供了一个新的方向。对这两类国有企业的划分，尤其是公益性国有企业的提出，是深化国有企业改革的一个有益探索。

公益性国有企业代表政府向社会公众提供公共产品或准公共产品，无疑是其公益性的良好体现。虽然在公共产品的供给上，公益性国有企业与私人部门一样可能存在负外部性,但是较之私人企业,政府治理国有企业负外部性的成本相对要低。在公共产品的定价方面,政府可以直接以国有资产出资人的身份来管制公共产品的价格;政府也可以直接规定公益性国有企业披露相关信息,减少由于信息不对称而造成的福利损失;政府也能比较容易地收集消费者的诉求,并及时直接反馈给提供公共产品的公益性国有企业。即使公共产品可以通过市场手段来提供,公益性国有企业在这方面的重要性依然不能被忽视。

国际垄断资本的全球扩张与中国国有企业改革

杨慧玲*

摘　要：应该在全球化及国际垄断资本主义历史阶段这个大背景中，考察我国国有企业及其改革，而不能割断国有企业产生和发展的具体社会历史环境，做抽象的、断章取义的分析，笼统地以自由竞争的市场结构为假设，借"反垄断"私有化国有企业；我国国有企业面对的是国际垄断力量的挑战与竞争，国有企业改革既要为国内市场经济的发展创造竞争环境，也要保证自身"做大做强"与跨国公司进行国际竞争。目前，在外资垄断已经笼罩中国市场的紧迫条件下，国有企业的稳定、持续发展才是社会主义市场经济和国家经济安全的根本保障；如果对国有企业私有化，只会加重我国的垄断势力，而不可能换来自由竞争的"理想"状态。

关键词：国有企业；垄断；全球化；垄断资本主义；自由竞争

党的十八大强调要深化国有企业改革，2015年7月，作为新一轮国有企业改革的先行和试点，上海推出国有企业改革具体方案。一击石激起千层浪，在三中全会明确强调市场的"决定性"作用这一背景下，基于之前"国有企业垄断论"的铺垫，很多人有意无意地将这一轮国有企业改革解读为"国退民进"，说得更为直接，即国有企业私有化，试图以此影响国有企业改革乃至中国市场经济的改革方向。

---

* 本文选自杨慧玲《国际垄断资本的全球扩张与中国国有企业改革》，《当代经济研究》2015年第7期。本文为教育部人文社科项目（12YJA790167）的阶段性成果之一。

一 关于国有企业改革的理论讨论及实践之历史回顾

国有企业改革是中国市场经济改革实践的重要组成部分,因此,关于国有企业改革的理论探讨,也始终伴随着我国改革开放的各个历史阶段。纵观30多年对国有企业改革问题的讨论,大致划分为两个阶段,两种基本观点。

1. 20世纪90年代中后期的争论

20世纪90年代,随着我国社会主义市场经济体制的建立,国民经济结构发生了很大变化,私营经济充分发展,外资企业进入,多种所有制经济并存局面已经形成。而习惯在计划经济"温室"中生存的国有企业,面对越来越激烈的市场竞争,凸显出政企不分、人浮于事、效率低下的弊病。针对这种情况,理论界一方面在国有企业应该进行适应市场机制的改革,以增强企业活力方面达成了共识,一方面在如何市场化的问题上发生了分歧:信奉西方经济学的学者,实质上主张私有化是国有企业市场化的必由之路,当时最为典型的是搬出所谓"科斯定理",作为推动国有企业"非国有化""民营化"的注脚,他们的理论根据是公有制同市场经济不相容,具体体现在国有企业产权不清晰,不能适应市场竞争,因此解决这一矛盾的办法就是对占相当大比重的国有经济实行非国有化,提出国有企业只适合存在于垄断性行业,必须对国有经济"布局"进行"战略性"调整,使国有企业"退出"竞争性行业,"让位"于非公有制经济,为非公有制经济发展"腾出空间"。

马克思主义经济学家驳斥了"公有制与市场经济不相容"的论断,指出市场经济总是同一定的基本经济制度相结合的,强调公有制经济是社会主义经济制度的基础,社会主义市场经济是以公有制为主体、多种所有制经济共同发展为基础的,资本主义市场经济则是以资本主义私有制为基础的,两者属于性质完全不同的市场经济;私有制并不等于产权清晰,它不仅不是企业走向市场化的灵丹妙药,也从根本上背离了社会主义;企业财产权强调的是与企业法人制度相结合的控制权和经营权,而不是所谓的企业法人所有权,后者只能侵蚀国家所有权,最终改变国有企业的性质;转换国有企业经营机制,应该对国有企业存在的不同问题进行历史地分析,在这个前提下对症下药;主张按照现代企业制度的原则进行国有大中型企业的改革,将国家所有权与企业经营权相对分离,明确反对私有化。

2. 随后10年国有企业改革及成果

与上述争论同步展开的国有企业改革，则采取了"折中"的办法，那就是对中小型国有企业，更多地倾向于非国有化的方案，对国有大中型企业，则在维护其公有制性质不变的前提下，着力于从经营机制上推进其市场化水平。首先展开的是制度创新和结构调整，1993年11月召开的十四届三中全会明确了国有企业改革的方向是建立"产权清晰、权责明确、政企分开、管理科学"的现代企业制度。党的十五大提出"抓大放小"，着眼于搞好整个国有经济，具体实施中采取"有进有退"，对国有企业实施战略性改组，在国有大中型企业推进建立现代企业制度试点，而针对国有中小企业，则采取改组、联合、兼并、租赁、承包经营和股份合作制、出售等形式放开搞活。特别是1998—2000年，党中央、国务院带领国有企业实施了改革脱困3年攻坚，通过债转股、技改贴息、政策性关闭破产等一系列政策措施，促进国有企业优胜劣汰，提高效率，最终实现了国有企业的整体扭亏为盈。

在上述改革措施奠定国有企业健康发展的良好基础之上，又继续以国有资产管理体制改革推动国有企业改革发展，2002年召开的党的十六大针对国有企业发展的体制性矛盾，提出深化国有资产管理体制改革，强调国家要制定法律法规，建立中央政府和地方政府分别代表国家履行出资人职责，享有所有者权益，权利、义务和责任相统一，管资产和管人、管事相结合的国有资产管理体制，进一步加强了国有资产监管。由此可见，这一阶段的改革实质上是进行的是国有企业产权制度的深化。

经过30年的持续改革，国有企业的发展、变化是有目共睹的，正如李荣融总结的："国有经济比重趋于下降，但总量不断扩大"，"国家综合实力增强，国有企业数量明显下降，实力进一步向大型企业集中"；"国有经济分布范围适度收缩，国有资本逐步向关系国家安全和国民经济命脉的重要行业和关键领域集中"；"国有经济运行效率显著提高"；"中国特色的国有资产管理体制初步建立"。[①] 上述结论从国有企业资产总额、主营业务收入、实现利润总额以及上缴税金的数量和增长率方面，还有国有大型企业的相关数据等给予了全方位、充分的数据支撑，在此不再赘述。

---

① 李荣融：《宏大的工程 宝贵的经验——记国有企业改革发展30年》，《求是杂志》2008年16期。

显然,从国有企业改革的结果来看,与当初国有企业改革的动因和初衷是相吻合的,那就是改变了国有企业不适应市场机制、经营效率低下的弊病,初步建立了与市场经济相适应的国有资产管理体制,用事实证明了公有制与市场经济的相容性,为社会主义市场经济夯实了经济基础;同时,国有企业在很多领域的经营范围都做出了收缩甚至退出,为民营经济的发展提供了优越、宽松的发展环境,支持了多种所有制共同发展。按照这样的逻辑,国有企业改革,应该继续沿着国有资产管理体制的思路进行下去,摸索出一条监管严密、适应社会主义市场经济的科学的国有资产管理体制,以克服目前比较突出的国有资产管理上的漏洞和问题。但是,事实并非如此,第二阶段的理论争论又回到了原点。

3. 近期的理论交锋

正当国有企业步入稳定的发展轨道之时,理论界又一次掀起了关于"国进民退"还是"国退民进"的讨论,而且,随着党的十八大和十八届三中全会召开,这种事关国有企业未来命运的争论日益白热化。从争论的实质看,仍然跳不开两种思想的交锋:

西方经济学者明确抛出"私有化"的方案,这一次他们从中国市场经济遇到的现实矛盾和冲突寻找论据,把"垄断"和"使收入分配差距拉大"作为攻击国有企业的两大利器,为私有化方案鸣锣开道。首先,面对国有企业绩效显著提高的客观事实,他们否认这是国有企业改革本身所取得的成果,转而提出国有企业绩效提高的原因在于国有企业的垄断地位;其次,把目前突出的收入差距悬殊问题,也算到国有企业头上。对上述观点的论证,西方经济学者都是采取惯用的在诸多前提假定条件下,设计精致的模型,输入数据加以演绎推导。

马克思主义经济学家依然坚持维护国有企业的公有制性质,指出国有经济才是社会主义的经济基础,提倡进一步发挥国有经济的主导作用,做大做强国有企业,努力提高国有企业的国际竞争力,明确反对私有化;指出生产集中前提下的经济垄断是资本积累作用下生产社会化的客观结果,国家对经济资源的占有是社会主义的主要经济基础;国有经济的整体高效已经得到了历史验证;针对自由主义的"国有企业垄断论"和"国有企业垄断导致收入差距拉大"的观点,给予一一驳斥,指出垄断与国有企业之间并没有直接关系,国有企业经营绩效的改善并非主要来源于垄断,国有企业垄断并不构成我国当前收入分配不公的原因,所以,反垄断不是国有企业改革的首要任务。

二 讨论国有企业及其改革不能脱离全球化及国际垄断资本主义的历史背景

国有企业作为一种客观存在，与其他任何经济现象一样，它的发生、发展受到特定的社会历史条件的影响和限制，有其内在规律性，因此，研究国有企业及其改革，不能割断国有企业产生和发展的具体社会历史环境而进行抽象的、断章取义的分析。西方经济学研究范式决定了它对国有企业的分析仍然是以各种假设为前提，设定抽象的模型，以输入经济数据为幌子，用形式上的实证主义及精确性显示其研究的所谓科学性。实质上，因为这样的研究是在与实际情况相距甚远的诸多假定限制中进行的，一开始就注定了其分析的片面性和孤立性，所以，由此得出的结论也只在符合其各种严格限定的"真空"环境中才具有逻辑合理性，与其说这样的研究可以经世济民，不如把它当作一种技术技巧秀。从目前西方经济学者得出所谓"国有企业垄断论"，并以违背市场效率原则为由指出其不合理性的论证过程来看，基本都抽象掉了我国国有企业产生、发展的历史条件，不顾当前全球化的大背景，也从来没有将我国对外开放所必须面对的当代国际资本主义的发展现实作为参照，而是想当然地依照市场自由主义的生硬教义，将我国国有企业强行放置于19世纪之前西方资本主义自由竞争阶段的逆历史模拟器中加以判断、引导，因此，其结论的真理性及改革指导意义值得质疑。

1.21世纪的世界资本主义市场经济处于垄断阶段，这构成我国国有企业存在与发展的客观历史环境

早在19世纪末，资本主义就进入了垄断阶段，而从过去100多年垄断资本主义的演进来看，资本主义市场经济由自由竞争开始，先后经过了私人垄断和国家垄断两个阶段，至今已经演进到国际金融垄断阶段，这一客观进程本身说明了：随着生产力的发展，生产的社会化程度越来越高，再加上资本积累的内在冲动，生产集中已经成为一个不可避免的客观存在，尽管与自由竞争相对立，以生产集中为必要条件的垄断却是市场竞争的结果与趋势也已经是一个不争的事实。以世界上最发达的资本主义市场经济美国的情况为例，美国国内电力市场、电话市场和运动饮料市场85%以上的份额都分别被一家公司所控制，其票务服务、婴儿食品以及剃须刀产品市场的70%也都分别被一家公司所垄断，美国碳酸饮料和包裹快递市场则分别被两家公司控制了80%（可口可乐、百事可乐）和75%（联邦快递和UPS），有五家垄断巨头控制了85%—95%美国民航市场，两家公司分享了90%的卫星电视转播市场。①

因此，当代世界市场经济的代表性特征已经不再是教科书上所宣扬的"自由竞争"，而是生产集中与垄断。经济学的基本理论也证明并不是凡是垄断，都是低效率的，比如自然垄断就符合规模经济的要求。发达市场经济体施行的反垄断法一般也并不针对自然形成的市场垄断现象，而主要是反对价格共谋等利用垄断地位干扰正常的市场竞争秩序的垄断行为。因此，无视当代资本主义市场经济发展的具体历史阶段，有意忽略世界市场的"垄断"特征，对我国市场经济及国有企业进行孤立、抽象的考察与判断，这样的研究是荒谬的、脱离实际的，其结论因而只能是乌托邦。

2. 20世纪80年代初，为了增强国际竞争力，发达资本主义国家放任其国内企业的兼并、集中行为，强化了国际垄断势力

经历了20世纪70年代的"滞涨"后，发达资本主义国家着手强化本国企业的国际竞争力，对其国内企业的兼并和集中行为由过去的严加管制变得相对宽容甚至放任，这有利于规模巨大的垄断组织的形成，跨国公司成为资本全球化的主导，垄断边界由一国国内市场扩展到国际市场，20世纪80年代以后国际兼并风潮造就的一批在各自的行业中占据市场支配地位的超级行业巨鳄，它们甚至可以凭借强大的经济实力操纵全球经济。根据联合国贸易与发展委员会统计，20世纪90年代，世界对外直接投资规模迅速扩大，从1990年的2000多亿美元，增加到2000年的10000亿元，即使2000年以后，直接投资规模有所缩小，仍然在6000亿美元以上②

3. 我国国有企业面对着国际垄断力量的激烈竞争与严峻挑战

我国国有企业是1949年之后，经过全国人民艰苦奋斗几十年才奠定的社会主义基业，国有企业改革进程始于20世纪80年代，与改革开放同步。这说明，我国国有企业一开始与市场经济接轨，就不得不暴露于垄断的资本主义这样的国际环境，而所谓自由放任的"理想"环境早已不在

---

① 转引自张宇、张晨《"国有企业垄断论"的谬误》，《政治经济学评论》2010年第1期。

② 臧传琴、李晓飞：《经济全球化背景下我国垄断的新特点及对策》，《济南大学学报》（社会科学版）2009年第1期。

了。当代资本主义市场经济，不仅有私人垄断组织，而且资本主义国家政权已经与垄断资本相互结合，垄断因素从企业渗透到国家政治之中，国家力量稳定地、常规性地介入社会生产过程，市场力量不再占据统治地位。资料显示：15家棉花跨国公司控制着世界棉花贸易的90%左右，6家铝业公司的铝土产量占世界的45%以上①，2006年世界最大50家石油公司的原油和天然气储量分别占全球总储量的84%和66%，产量分别占全球总产量的81%和71%，波音公司和欧洲空中客车公司生产的客机占据世界民航机市场的近90%，美国微软公司占有了全世界计算机操作软件的绝大部分市场，其Windows操作系统的市场份额长期处于90%以上，英特尔公司则占据了计算机中央处理器（CPU）近80%的市场份额，在高性能计算机即服务器市场中，IBM和HP两家公司的市场份额更是超过8成。在流通业中，沃尔玛、家乐福等零售巨头在世界各地迅猛扩张，据卖方垄断地位，而且在上游采购中谋取买方垄断，沃尔玛在美国零售市场中的份额达10%以上，在金融业中，摩根、高盛等投资银行和"四大"会计师事务所也具有非常强的垄断地位……②上述高度集中的生产形成的国际垄断地位，使得资本主义跨国公司在国际贸易中甚至有恃无恐地实施垄断行为，包括中国在内的发展中国家因此备受侵蚀。

除此而外，当代资本主义垄断还具有全球化与金融化的特征：垄断资本跃出国家范围，利用高度灵活的金融资本，不仅将资本主义生产过程扩散到全球，而且，居于中心地位的垄断资本主义国家进而借助其占据支配地位的金融、信用工具，实现了对全球资本再生产过程的控制和剩余价值的全球剥削。从形成垄断的过程来看，金融资本已经介入定价机制，随着基金规模的不断扩大，其对市场的影响力也越来越强，大的投行如摩根大通、高盛等甚至通过各种手段操控价格的涨跌，这在大宗商品的交易中越来越司空见惯。

由此可见，处于当前世界历史阶段的我国大中型国有企业，在市场开放的前提下，并没有"享受"自由竞争的机会，它一开始就被国际生产的高度集中化、被国际垄断集团掌控的"管理价格"及跨国垄断集团的兼

---

① 转引自程恩富、焉杰《评析"国有经济低效论"和"国有经济垄断论"》，《学术研究》2012年第10期。

② 转引自张宇、张晨《"国有企业垄断论"的谬误》，《政治经济学评论》2010年第1期。

并、收购等这些背离自由主义模板的垄断因素所包围和倾轧。在这样的世界历史氛围中，仍然以 19 世纪之前资本主义自由竞争的市场结构作为参照衡量国有企业的市场份额及产业集中度，并以之为标准，假国有企业以"垄断"之罪名，显然是不公正的。

4. 我国国有企业改革既为市场竞争创造了条件，又必须与跨国公司相抗衡

中国市场经济虽然只发展了短短三十几年，却并不是按照传统西方资本主义市场经济的路子亦步亦趋而来，这是一种在改革开放的过程中逐渐展开的市场化，因此，中国经济发展过程中，一方面，需要打破计划传统的禁锢，创造充分竞争的氛围以促进国内市场机制的培育和完善，促进生产效率的提高，另一方面，不得不借助与国际垄断资本的交流与竞争，参与国际资本主义市场大系统，引进发达资本主义的资金、管理和技术成就，在短时间内实现资本主义经过二、三百年的发展才取得的经济成就和生产力水平。

应该说，为国内市场经济的发展创造自由竞争的环境，以市场的公平竞争促进效率的提高，在我国改革开放前一阶段，培育和建立市场经济体制的时期，是更为突出和急迫的任务。与引进外国资本竞争一样，20 世纪 90 年代，中国国有企业施行的"抓大放小""有进有退"的改革，实际上都发挥了注入市场竞争的作用，国有中小企业"退出"竞争领域，为民营经济让出了巨大的发展空间。"据 2009 年 12 月 25 日国家统计局公布的全国第二次经济普查资料显示：在全国二、三产业中企业法人单位总数为 495.5 万个中，公有制与非公有制的比重为 7.1%：92.9%；在 207.8 万亿元企业资产中二者的比重为 32.8%：92.9%；在 34 万亿实收资本中二者的比重为 36.4%：63.6%；在工业领域从业人员 11738.3 万人中，二者的比重为 12.3%：87.7%。其中国有企业在 2002 年尚有 15 万多家，到 2008 年已减至 11 万家，年均减少 8000 家以上。这些说明，在二、三产业中，从资产的实力来看，公有经济大约只占三分之一；就从业人员来看说，公有经济三分之一都不到，即公有经济主体地位已明显地被严重削弱或取代了。"[①] 可以理直气壮地说，中国市场经济体制的建立，民营企业的

---

① 丁冰：《坚持公有经济主体地位是坚持中国特色社会主义的生命线——兼析指责国有企业垄断的各种观点》，《福建论坛》（人文社会科学版）2011 年第 3 期。

发展和宏观经济的繁荣，国有企业做出了当之无愧的贡献和巨大的自我牺牲。

但是，另一方面，我国国有企业迈向市场化的档口，适逢世界资本主义市场经济跨入国际金融垄断阶段，我国市场经济以及国有企业自然而然卷入到了资本主义全球化的浪潮之中。这意味着，中国国有企业与新生的非公有制企业一样，不得不面对各式各样、各种层次的国际垄断形式，既存在以价格共谋破坏市场竞争这种私人垄断资本主义的垄断行为，这也是最为明显的垄断形式，也有资本主义国家政权与国际金融资本相互勾结，通过在微观层面的并购操作，控制国际产业链及资源和市场的垄断行为，后者是国际金融垄断资本主义的典型而又具相当迷惑性的控制方式。这种来自国际垄断势力的挑战和竞争，在2001年我国加入世界贸易组织之后，开始全面展开。而中国的民营企业，因为发展时间短，资金力量较弱等客观因素，其总体实力无法与已经培育发展了上百年的国际垄断势力相抗衡，所以，作为中国市场经济的既定有生力量，国有大中型企业肩负着与国际垄断资本相抗衡，为国家经济提供基础支撑的重要作用。

值得一提的是，经过持续的改革与发展，我国国有企业虽然数量减少，国有经济比重下降，但是，与十多年前相比较，如今国有企业"大而强"的态势初步形成，从总体上具备一定能力与国际跨国公司相抗衡。2001—2008年，国企利润总额从2811.2亿元增加到11843.5亿元，资产总额也从179244.9亿元增加到373018.4亿元，从1998年到2008年，国有上市企业的市值占总市值的比重也一直维持在90%左右，在短短十年内总市值翻了近五倍。[①]

然而，正因为国有企业逐渐强大，竞争力增强，却招来了"国有企业依靠垄断获取超额利润"的指责与非议，针对这种言论，马克思主义经济学家已经给予了坚决的驳斥，并充分证明国有企业是依靠提高经济效益强大起来的，与垄断无关。本文想强调的是：正如上文所讨论，在当前的历史条件下，再一味搬用自由市场主义理论，以所谓的"垄断阻碍效率"攻击国有企业，首先不符合现代高度发达的生产力条件下，社会化大生产的客观要求；其次与全球化背景下的国际金融垄断资本主义这个社会历史条

---

① 袁志刚、邵挺：《国有企业的历史地位、功能及其进一步改革》，《学术月刊》2010年第1期。

件相脱节；最后，人为地将国有企业一定程度的生产集中做特殊化解读，即默认国际垄断资本及国内私人垄断企业的合理性，而有意攻击国有企业"做大做强"即为垄断，又不对存在于国有企业领域内的垄断现象进行具体分析①，而武断地归咎为是生产资料的公有制性质所导致，这种以点盖面、片面化的结论，实则是为"国有企业私有化"寻找借口。

三 跨国公司在华垄断态势急迫要求国有企业"做大做强"

1. 跨国公司在中国实施产业控制的途径和策略

从20世纪90年代中后期开始，大型跨国公司在华投资明显增加，其投资目的已经开始由追求短期利益转向形成产业规模，占领和控制中国市场为主。联合国贸易与发展会议发表的《2004年世界投资报告》显示，如果不计卢森堡的特例，2003年中国第一次超越美国成为全球最大的外国直接投资接受国，吸收外国直接投资额高达535亿美元。② 从世界500强跨国公司在华投资情况看，到2012年7月，投资项目从1993年的29个提高到674个，实际投资金额从1.4亿美元提高到104.5亿美元，在此期间世界500强跨国公司在华累计投资项目8442个，累计实际投资801.9亿美元。③

跨国公司并购国内企业主要采取间接并购和直接并购的方式，其具体途径包括到国外投资建厂、兼并和收购国外企业以及与外国企业合资等。在中外合资企业模式下，合资企业里中国的原有品牌，即使经营多年，在消费者中建立了很好的口碑，也大都在一夜之间被跨国公司的品牌所代替，比如洗涤、化妆品行业等，国外品牌的这种垄断使得中国失去了自己产品的灵魂；国外投资基金介入产业并购这种最具国际金融垄断资本主义特征的投资模式也已经在中国发挥作用，南孚电池、佳木斯联合收割机厂和大连电机厂等国内品牌企业都是被国外投资基金收购，摩根控股南孚电池，获利后退出，又把它专卖给了其竞争对手吉列公司。这种金融介入产业投资的模式隐蔽性更强，杀伤力更大。

---

① 国有企业的情况不是铁板一块，比如对其存在的滥用行政权力造成的不合理垄断，应该加以改革，但是，这不是国有企业的主流。

② 转引自杜晓宇《跨国公司在华制造业投资与市场垄断》，《世界经济研究》2005年第12期。

③ 葛顺奇：《世界500强跨国公司在华投资透视》，《研究与讨论》2013年第5期。

从并购策略上看，实力雄厚的跨国公司直指我国制造业领域的骨干企业和龙头企业，被称为"斩首式收购"，它们热衷于控制市场影响力高的龙头企业和著名商标，"一些跨国公司在华并购有三个基本要求，即必须绝对控股、必须是行业龙头企业、预期收益必须超过15%。"① 其在中国通过并购形成垄断的企图昭然若揭，比如，德国博世并购我国油嘴油泵行业的排头企业江苏无锡威孚有限公司后，不仅垄断了中国柴油机市场，而且垄断了无锡威孚的原有技术优势，却迟迟不向中国转移核心技术，导致该行业在我国几乎全部被跨国公司并购、控股。

跨国公司在对外输出策略上，几乎都是将基础性研究和核心技术的开发放在母国，而仅仅将研发链条的低端环节设在东道国，并且对后者也通过独资的形式加以管理；如果非要转让其具有垄断优势的技术，一般都以受方必须接受很多苛刻的条件为前提，以保证跨国公司始终占有市场优势，从而最大化地获取技术垄断利润。

跨国公司抓住我国在高端技术产品及服务业领域的对外依赖性，强制推行其指定的产品和行业标准，对中国本土的认证标准百般抵制，这些标准的垄断比产品、技术的垄断更具有长久、隐形的杀伤力：它用事先确定的、有利于自己的条条框框约束产品和服务的开发路线和运作模式，实际上"先入为主"地为中国的自主创新和产业结构升级套上了枷锁，从而掌握了未来很长一段时间的竞争优势。

2. 国外跨国公司已经在中国形成垄断，对社会主义市场经济造成威胁

经过多年经营，外资在中国市场的垄断已经形成：计算机软件操作系统的95%以上被美国微软所控制，瑞典利乐公司垄断了中国95%的无菌软包装市场，美国柯达公司占有中国感光材料市场50%的份额，而整个国外跨国公司在这一领域的市场占有率高达80%，法国米其林公司占有中国子午线轮胎市场的70%，而在零售业中，80%以上的大型超市被外资占据，……除此之外，中国的医药、轻工、化工以及机械、电子等行业，跨国公司子公司的产品已经占据了三分之一以上的市场份额。② "据估计，外资水务占国内水务市场总体比重在10%左右，国有水务公司占60%以上，

---

① 黄进喜：《反垄断法对国家经济安全的维护功能》，《人民论坛》2007年11期。
② 转引自谭小琴、曾国屏《知识资本全球化与当代跨国垄断》，《国际问题研究》2008年第1期。

而全世界水务中,公有企业的占比在90%以上,美国水务中91.4%是由公有制企业提供的。我国可能已经成为私营企业在税务领域比重最高的国家之一。①"国内农机市场,尤其是大型农机市场几乎被外资品牌所垄断。约翰迪尔公司进入后,迅速把包括天津拖拉机厂在内的国内两大农机'排头兵'给收购了。目前国内200马力以上的大型拖拉机市场基本被约翰迪尔公司垄断。而南方的水田作业所需的小型农机,如水稻收割机,也基本上被日本久保田公司垄断。在这样的大环境下,市场定价权实际上早已被外企所拿下。"②

在粮食、种业、自来水、高端婴儿奶粉等关系国家经济安全及人民基本福利的行业,外资垄断已然形成。比如,随着我国粮油原材料大豆等被外资垄断,粮油产业链企业被不断并购。目前四家跨国粮商在全国97家大型油脂企业中的64家参股控股66%。由此而定的大豆以及粮油食品的产量和价格主导权、定价权已经初步掌握在外资手中;外资在控制我国蔬菜种子50%以上的市场份额后,种子价格大涨,农民饱尝"一克种子一克金"的苦果。③

作为现代工业和经济发展中举足轻重的资源性商品石油、铁矿石、稀土等的定价权因为被国际垄断资本控制,使得我国的进口成本增加,不仅严重侵蚀下游产业利润,也助推了物价的上涨。而且,国际垄断的程度和形式还在不断升级,比如,不仅国际铁矿石行业由三家巨头形成了横向垄断,而且铁矿石巨头和钢铁巨头又正在走向进一步的纵向融合,世界范围内的"矿钢一体化"进程正在加快,日本、韩国钢铁企业早已向澳大利亚、巴西等国的矿山企业渗透;国际矿业巨头也在加快对产业链全过程控制。④与之形成鲜明对比的是,中国虽然是稀土、钨、锑等稀缺战略性资源的主要出口国,却并未获得相应的市场地位,只能低价出口。

面对如此强大的国际垄断势力,如此设计精致的垄断策略,毋庸置疑,只有我国大中型国有企业的强大,才能在国际市场竞争中占有一席之

---

① 朱安东:《我国公有经济已退无可退》,环球网,http://opinion.huanqiu.com/opinion_china,2014年4月4日。
② 林远:《国内大型农机市场已被外资垄断》,《现代农机装备》2014年第2期。
③ 田振洋、江心英:《我国产业外资垄断趋势问题探析》,《商业时代》2010年第35期。
④ 《国际定价格局趋势及策略》,学术杂学,http://www.zhazhi.com/lunwen/jjkx/gjmylw/29634.html,2012年8月24日。

地。在石油领域，我国备受"垄断"诟病的"三桶油"，才具备一定的实力与外国石油巨头，特别是以埃克森—美孚、壳牌、BP 为首的国际大石油公司，以及一些产油国大公司，如俄罗斯石油公司等进行竞争，尽管中石油、中石化和中海油三家企业的年销售收入尚不及壳牌石油公司一家。另外，中国移动及中国远洋等在内的所谓垄断性国有大中型企业，其企业规模与国外垄断巨头比较依然相距甚远[①]，有研究显示，我国作为贸易大国，不掌握资源性商品定价权的主要原因之一，就是产业集中度较低，这些事实都告诉我们，国有企业必须维持其稳定发展，继续做大做强，才能在激烈的国际竞争中培育和保持中国经济的竞争实力。

四 国有企业私有化只会加重中国市场的垄断势力，不利于我国市场经济的培育和完善

国有企业作为与国际垄断资本相抗衡的有生力量，如果被随意"肢解"或者"私有化"，除了瓦解社会主义经济基础，使得中国社会主义市场经济成为无本之木，无源之水的终极结果之外，还会导致垄断加剧，公平竞争严重受阻的后果。

1. 跨国公司将会长驱直入，并不会迎来"反对国有企业垄断"所预期的市场充分竞争的"完美"状态，而很可能是"国退洋进"

现阶段，在我国民营企业的实力尚无法与国际垄断资本平等竞争的条件下，如果想对强大的国有企业再被肢解和出售，很可能对中国经济"釜底抽薪"，最终有被实力雄厚、野心已久的国际垄断资本控制的危险，国家经济安全将会受到威胁。国外跨国公司在中国市场造成的垄断局面，虽然表面看是合法合理的，是自由竞争的市场规则全球化作用的结果，但是，这是跨国公司依靠其垄断力量，与我国实力悬殊的企业力量进行不对等竞争的结果，对很多国内企业而言，这场博弈一开始就剥夺了它发展壮大的权利和机会，在这种情况下，更需要国有大中型企业健康、稳定的发展，而不是以反垄断为名损害国有企业发展壮大，只有这样才能减轻或者避免"以鸡蛋碰石头"的结果，才能为民营企业及中国经济发展提供保护和安全感。阿根廷的国有企业私有化就是典型的反例，它几乎将所有的国

---

① 这方面的数据及论证，参考张宇、张晨《"国有企业垄断论"的谬误》，《政治经济学评论》2010 年第 1 期。

有企业都卖给了私人，关系国计民生的行业因此被外国投资者掌控，这是导致阿根廷陷入全面危机的重要原因。

2. 国内权贵垄断资本乘机发家

国有大中型企业如果被私有化，将可能被国内最具权力的资本收购和兼并，这正好迎合了少数权贵垄断资本的胃口，后者还能借助这个机会，转身成为合法的私人大垄断资本。由此，国内权贵垄断资本与国际垄断资本将在这场国有企业私有化的盛宴中同流合污，进行一场垄断"大跃进"，其结果必将是强化中国市场上的垄断势力，迅速而过早地扼杀中国尚需培育和发展的公平竞争环境，最终将民营经济逼到墙角。所以，以"反垄断"之名对国有企业私有化，并不能达到为国内民营经济发展扫清障碍，促进市场经济发展的初衷与目标。

做强做优做大国有企业符合
人民的根本利益

韩文龙　葛泽坤＊

2016年7月4日，在全国国有企业改革座谈会上习近平总书记提出"理直气壮理直气壮做强做优做大国有企业，尽快在国企改革重要领域和关键环节取得新成效"。同年，10月10日至11日召开的全国国有企业党的建设会议上，习近平总书记又提出要使国有企业"成为党和国家最可信赖的依靠力量，成为坚决贯彻执行党中央决策部署的重要力量，成为贯彻新发展理念、全面深化改革的重要力量，成为实施'走出去'战略和'一带一路'建设等重大战略的重要力量，成为壮大综合国力、促进经济社会发展、保障和改善民生的重要力量，成为我们党赢得具有许多新的历史特点的伟大斗争胜利的重要力量"。2017年3月7日，习近平总书记在辽宁代表团参加审议时再次对国有企业改革和发展提出了明确要求。国有企业肩负着重大的政治任务和经济责任，是党、国家和人民所能依靠的重要力量。为此，本文从现实、历史、国外经验三个角度来阐释"做强做优做大国有企业"的原因，以解决人们在理论认识上的困惑。

一　"做强做优做大国有企业"符合当今中国之现实

1. 从基本制度角度来看，"做强做优做大国有企业"有利于维护和巩固社会主义基本经济制度，体现我国社会主义性质

现今的中国理论界，出现了一些鼓吹"国退民进"的学者，他们认为

＊ 本文选自韩文龙、葛泽坤《做强做优做大国有企业符合人民的根本利益》，《红旗文稿》2018年第3期。本文系国家社科基金重大项目"中国特色社会主义政治经济学研究"（2015MZD006）的阶段性成果。

国有资本与国有企业天生就是无效率的，必须通过私有化来实现效率，进而完成改革和转型，甚至有的学者极端地认为国有经济比重越小越好。对此，十八届三中全会《决议》中明确给予批驳："改革开放最重要的是坚持党的领导，贯彻党的基本路线，不走僵化封闭的老路，不走改旗易帜的邪路，坚定走中国特色社会主义道路，始终保持正确的改革方向"。应当明确，我国是以公有制为主体的国家，我国宪法中明文规定："中华人民共和国的社会主义经济制度的基础是生产资料的社会主义公有制，即全民所有制和劳动群众集体所有制"，"国有经济，即社会主义全民所有制经济，是国民经济中的主导力量，国家保障国有经济的巩固和发展"。虽然在不同的条件和不同的历史时期，人们对什么是社会主义存在不同的理解，但是就经济制度来看有一点是始终不变的，即公有制永远是其核心制度，公有制必须保持主体地位。而"以公有制经济作为国民经济主体"的论断主要体现在公有资产在社会总资产中占优势，国有经济控制国民经济命脉，对经济发展起主导作用。这就要求在涉及国家安全的行业、自然垄断的行业、提供重要公共产品和服务的行业以及支柱产业和高新技术产业中，国有经济应该处于中坚和优势地位。这是体现我国社会主义性质的必然要求。

2. 从宏观经济角度来看，"做强做优做大国有企业"有助于政府实施宏观调控政策，保障国民经济的健康可持续发展

在改革开放初期和社会主义市场经济体制建立初期，借助于国有经济发展和整个经济发展环境不断改善的大环境，国有经济投资极大地带动了非国有经济的投资；伴随国有经济战略调整的深化和国有企业改革成效的初现以及经济的快速发展，国有经济投资对非国有经济投资的带动效应更加明显，发挥了其服务和带动非国有经济发展的"助推器"功能。总的来看，1978—1997年，国有经济投资极大地推动了非国有经济的投资，促进了非公有制经济的发展；1998至今年，国有经济投资对非国有经济投资的拉动效应更加明显，使得非公有制经济发展迅猛，日益成为社会主义市场经济的重要主体和不可分割的一部分，对我国经济长期保持高速发展做出了卓越的贡献。

在经济新常态下，要完成供给侧结构性改革，更离不开国有资本与国有企业。此时国有资本与国有企业"共和国长子"的地位与作用便突显出来，各级政府可以对国有资本在融资和经营政策（如结构性减税，补贴等

等)方面给予优惠,从而"间接"对国有企业进行投资,进而推动国民经济的发展。同时,通过混合所有制改革,引入非国有资本,更大范围内发挥国有资本的引导作用。相关研究也表明,加大国有经济投资既可带动非国有经济投资增加又可促进经济增长。当国有资本和民营资本发展之后,中央和地方各级政府,每年可以从中得到的上缴额提升,政府的财政收入提升,政府支出也相应增加,投资增加,进一步带动经济发展,形成良性循环。

在新的对外开放格局下,"做强做优做大国有企业"有助于进一步实施"一带一路"倡议。在"经济新常态"下,经济整合成为一种趋势。无论是"一带一路"建设,还是"京津冀区域一体化",其中无不体现着"经济整合"的思路。我国的私营企业私企规模相对较小,市场压力大,抗风险能力弱,这一点已在2008年国际金融危机中凸显出来。考虑到国家经济安全和对外开放战略的实施,国有企业与国有资本应该发挥重要作用,既要在国内控制好关系国计民生的关键性行业,又要在"一带一路"建设的大格局下积极走出去,充分发挥国有资本的带头示范作用,引导更多的民营资本走出国门,到"一带一路"沿线国家和地区投资创业。

3. 从收入分配和社会公平正义角度来看,"做强做优做大国有企业"有助于弥补市场经济的固有缺陷,促进社会公平正义

众所周知,按照西方经济学的"福利经济学第一定律",所有竞争性市场制度都是有效率的。但是,由于市场本身的自发性、盲目性、外部性和信息不对称性等,市场并不能做到完全竞争,更不能达到社会的公平。在市场经济中,效率和公平是对立统一的一对范畴。例如在社会主义市场经济在追求效率的过程中,也在一定程度上忽视了公平,具体表现为城乡之间、地区之间、行业之间和行业内部的收入差距过大。按照国家统计的数据,从2000年我国基尼系数超过国际警戒线0.4的水平,之后迅速扩大,2003年我国基尼系数就已超过美国达0.479,2008年达到峰值0.491,之后虽然逐步回落,但到2016年基尼系数依然维持在0.465的高水平。据此,一些学者认为,正是中国经济中的非公有制经济部分越来越大,才动摇了社会主义的经济基础,使得贫富差距日益扩大。这种说法有一定道理。要想解决市场经济中分配不公和分配不均的问题,在现今的中国必须更加依靠国有资本与国有企业的力量,"做强做优做大国有企业",从而更好地发挥国有企业与国有资本的作用,应该把国有企业作为促进社

会公平的工具。如，国有企业经营"公用事业"，可降低低收入者生活必需品的价格。同时，国有经济的发展，可推动收入分配改革。国有企业在初次分配和再分配领域进行改革具有所有制优势，从理论上说可减少推动初次分配和再分配改革的进程中受到来自非国有经济等特殊利益集团的阻力。

4. 从人民的根本利益角度来看，"做强做优做大国有企业"符合人民群众的根本利益

我们应当清楚，"国进民退"和"国退民进"问题的大讨论之所以在民间有反响，很大程度上在于普通百姓参与到了历次大讨论中。因为老百姓关注的是国有企业能否增进社会的整体财富，增进的财富能否实现全民共享等等问题。其实这也不难理解，归根结底，百姓更多的是在关注经济利益问题。而经济利益作为人的决定性利益，在现代经济生活中占据中心地位，这就注定我们必须用"以人民为中心"的发展理念去考虑经济问题与政策法规。

在应对国际金融危机过程中，国有企业带头落实国家的各项宏观经济政策，在金融危机中几乎没有裁员，有力地保障了经济和社会的稳定发展。广大人民群众也避免了因失业而对自身和家庭带来的负担。国有企业在稳定失业率的同时，也成功维持了国内外投资者的投资信心，避免了外资的集体撤出对中国经济产生冲击。在经济结构调整中，国有企业响应国家产业政策，推动传统产业改造升级，淘汰落后产能，加大科技创新力度，加快发展新一代高端装备制造、新能源、新材料等产业，着力培育新的经济增长点，在促进就业的同时也使人民群众享受到了更为优质的生活。在重大自然灾害和突发事件面前，国有企业发挥着关键作用，一旦灾害发生，国有企业会积极为救灾工作提供人员、设施和物资的保障；最大程度降低人民群众的生命和财产损失。在经济全球化不断加深、国际间的竞争日趋激烈、全球范围内资本的集中和垄断趋势进一步加剧、国际垄断资本主义势力进一步扩展、其对全球经济的控制力进一步加强的大背景下，发展与壮大国有经济，一方面有利于加速国内资本的集中和积累，推动重点部门和重点企业的迅速扩张，大力实施自主创新的战略，建设创新型国家，另一方面有利于保持国家对关键行业和领域的控制力，防范和化解国际风险的冲击，维护人民群众的经济安全，降低境外资本势力对国内经济的冲击与破坏影响。总而言之，"做强做优做大国有企业"是站得住

脚的,是可以提升百姓经济利益的,更是符合人民群众的根本利益,是行得通的。

二 "做强做优做大国有企业"符合中国历史之传统

从我国历史经验来看,发展壮大"国有经济"一直是重要的国策。西周之时,国有经济以农业最为典型、最为繁盛。当时土地为国家所有,是最基本和最重要的社会财富。西周社会实行的是井田制,把一定土地数量或若干农业生产者的数量为一单位——"井",若干"井"组成"邑",若干"邑"组成"丘",若干"丘"组成"甸"。井田制,这种土地国有的"国营经济"促使了当时经济的显著发展,换取了社会的长时期稳定。春秋时期的齐国相管仲曾提倡"经济的国有化"。据《管子》记载:春秋时期,管仲在齐国"官山海"和"徼山海之业",同时"设轻重鱼盐之利",大规模官营经济,便是极好的证明。此外,管仲独创"长短之法",主张国家运用行政权力控制一些主要生产和生活资料的价格变动。在《管子》中以粮食和绢帛的关系为例,对这种行为做出了详细的说明:民间粮贵而帛贱,政府就将国库中的丝帛抛售出去,低价购入大量粮食;民间粮贵而帛贱,政府就粜粮籴帛。这样一来可以平抑物价,二可以在不增加百姓税收负担的基础之上增加财政收入,三来可以维护社会的稳定。管仲的"经济国有化"政策十分有效,在较短时间内使齐国的国力飞速增长,极大地繁荣了齐国的经济,使齐国成为当时最为强大的国家。西汉时期,汉武帝参照桑弘羊的《盐铁论》实行"盐铁酒专卖"制度,实际上实现了"盐铁酒的国有化"。所谓"盐铁酒专卖"就是指由国家垄断盐、铁、酒的经营权,具体来看包括"均输""平准"和"酒榷"等政策,国家在各地设置均输官,其主要任务是把各地区每年向朝廷贡输的商品和物品按当地的市场价折算为一定数量的当地的土特产品,经过国家征收后运往其他地方进行销售。这就是所谓均输,它节省了地方政府将贡物直接运往京师的巨额运费,也在一定程度上减轻了百姓的徭役负担;平准政策是在京师设置平准机构,以国家所直接掌控的物资和资金作为基本储蓄,当市场上价格上涨时就大量抛售,而当市场上价格下降时则大量买进,进而进一步稳定物价;"酒榷"政策是指政府在各地设立"榷酤官",通过"榷酤官"严格控制着酿酒的生产和销售过程,同时国家垄断酒类饮品的出售,从而获得一定的财政收入。国家通过"均输""平准"和"酒榷"这三项制度安排,达到了稳定物价和增加财政收入的目的。"盐铁酒专卖制度"使汉朝国力大增,财政盈余,形成了繁盛昌茂的经济格局。不仅如此,它还使得中央政府对于社会经济尤其关键领域或行业的控制能力进一步加强。

凡此种种,不胜枚举,如:北魏的"均田制"改革;唐代的"国有农庄"经营;明朝朱元璋时期的水利修建,明朝的"茶马互市"制度以及清朝的漕运制度等等。笔者认为这些制度无一例外地从主观或客观上加强了经济的国有化,从结果上看这些政策都或多或少地使当时的经济出现了繁荣昌盛的景象,缓解了各阶级之间的矛盾冲突,创造了当时社会的繁荣稳定。从这里我们可以清楚地看到,壮大国有经济,符合中国历史之传统,且收到了良好的效果。据此,从历史的角度看,在当今中国,"做强做优做大国有企业"一定程度上是合情合理的。

三 "做强做优做大国有企业"符合二战以来西方国家之变动趋势

从西方国家第二次世界大战后经济发展的经验来看,发展和壮大"国有经济"具有其合理性,这种政策曾被他们广泛运用。从第二次世界大战结束到20世纪70年代是西方资本主义国家国有企业发展的黄金时期。当时英国、法国、奥地利和西德等西欧和中欧的一些国家,执政党均采取重要措施发展和壮大国有企业。借助国有企业,这些国家较快的恢复和完成了战后经济社会的重建,同时也较好的矫正了市场经济的缺陷,降低了居民之间的收入差距,实现了社会的公平和正义。结果,这些国家的国有企业获得了极大的发展,与此同时,西方各主要资本主义国家经济迎来了战后的"黄金十年"。1950—1978年,在这28年里,世界范围内国有经济取得了较大发展。经济合作与发展组织(OCED)国家国有企业的分布较为广泛,在宏观经济的各个主要领域均有国有企业的宽泛分布与深入参与,有的甚至控制着一个行业或产业。

然而,在经历了20世纪70年代全球性的经济滞涨与石油危机后,以法国、澳大利亚和英国为代表的发达国家,在80年代实施了大规模私有化运动。以英国前首相撒切尔夫人的私有化运动最为出名。大规模的私有化运动使得国有企业的数量和规模在发达国家都快速减少。私有化运动坚持了将近十年,这段时间也被学术界称为西方资本主义国家国有企业"衰退的十年"。但即使是在大规模私有化运动结束之后,绝大多数西方资本主义国家也都根据国情与经济发展需要,在不同的某些竞争性产业领域保持相当规模的国有企业，因而国有资本在社会总资本中依旧地位显著。据经济合作与发展组织（OCED）统计，在其34个成员国中，共有2111家国营企业，资产总价值超过2万亿美元，就业人口约600万人。国家所有权在能源、交通、邮政、电信、电力和天然气、大众传媒和金融服务等基础设施以及具有战略意义的领域仍占有较高的比重，且这些领域对一国的竞争环境和整个国民经济都产生着重要影响。

2008年国际金融危机以后，法国和英国等西方国家又在一些公共事业领域进行了再国有化。现今主要的OECD国家仍旧拥有规模庞大的国有企业部门，它们无不控制着事关国计民生的关键行业。发展壮大"国有经济"是OECE国家的惯用措施，也是一种趋势。毕竟国有企业在对于促进经济发展，确保宏观经济平稳运行，缩减贫富差距，维护社会公平正义等方面上发挥着不可磨灭的积极显著作用。我国是社会主义国家，无论是从政治制度的规范设计上，抑或是自身国情的特殊性上出发考虑，都注定更应该"做强做优做大国有企业"。

四 "做强做优做大国有企业"的几点补充说明

第一，"做强做优做大国有企业"不代表着国有资本的全面崛起与国有资本在各个行业间的全面进入。国有资本绝不会在所有行业中都做大做强，我们所强调的国有资本的发展和壮大，只会出现在事关国家经济安全命脉与事关百姓福祉的重要领域，在国有资本原本并未涉足的新兴领域和在改革开放中已被经验证明的竞争性行业领域，其他资本可以毫不犹豫、放心大胆地进入，毕竟"有进有退""优胜劣汰"才是真正合乎市场经济的方式，这不仅合乎市场经济的运行机制，也是对中央精神的正确阐释。我们深知，在整体经济上"做强做优做大国有企业"与具体各个行业的"有进有退"并不相同，也不能混淆，这一点必须进行明确。

第二，"做强做优做大国有企业"并不意味着国有资本与民营资本间的对立。改革开放的经验表明，"国有资本"与"民营资本"存在着一荣俱荣、一损俱损的关系，"你中有我，我中有你"。国有企业与私营企业的关系就如骨骼和肌肉的关系，骨骼强健，肌肉才能发达；肌肉雄厚有力，骨骼才能进一步强健。事实上也正是如此，国企和私企的发展都需要共同的良性外部环境。法制化的经济运行秩序、市场化的资源配置格局、民主化的社会治理框架、现代化的教育科研体系、前瞻性的创新能力，以及独立的国家主权和稳定的国际秩序等，对于国有企业和私营企业来说都是基本的前提和保障。国企和私企任何一方对这些因素的推动都会同时带动另一方的发展，从而形成"一荣俱荣"的格局。

第三，要坚决摒弃"国有企业低效率"的错误认识。在传统的计划经济年代，国有企业确实存在着效率缺失的现象，但随着改革开放的深入发展、社会主义市场经济的建立、现代企业制度的全面推广，国有企业的效率已大大提升。此外，对于"国有企业低效率"这个提法，笔者认为也是一个伪命题，是被故意制造出来的。众人皆知，国有企业承担着提供公共产品、维护社会公平的重要职责，根本就不能把经济效率当作唯一目的，应结合其政治效益、社会效益和生态效益做出综合研究、统筹规划。对于国有企业的效率问题，不应盲目指责，应该区别对待。

总之，经过以上的分析我们可以看到，"做强做优做大国有企业"在当今中国是可行的，是有效的，也是与十八届三中全会《决议》的要求相契合的。"做强做优做大国有企业"，壮大以国有经济为主导的生产资料公有制是解放和发展生产力的根本要求，是实现共同富裕的基本前提，是促成社会主义和谐社会的有利条件，是实现"两个一百年"奋斗目标和全面建成小康社会的不竭动力，是在全球化大背景下维护经济安全的重要保障，是社会主义政治制度的有力后盾，更是共产党执政的经济基础，且事关共和国的生死存亡。

价值关系矛盾运动逻辑中的供给侧结构性改革

杨慧玲*

摘　要："供给侧"涵盖社会再生产过程，是由生产、分配、交换、消费四个环节之间的循环所构成的物质生产系统，由生产力与生产关系之间的矛盾运动所推动；生产关系的本质是社会利益关系，中国特色社会主义市场经济中的社会利益关系属于商品价值关系演进的历史范畴。因此，供给侧改革的着力点在于促进价值生产水平，提升价值实现能力，既尊重商品经济的价值运动规律，又发挥社会主义公有制及有为政府的作用，从调整生产关系出发，落脚在理顺社会利益关系，从而最大限度调动社会再生产各方的参与积极性，解放生产力发展生产力，推动社会生产朝着"以人民为中心"的方向平稳发展。

关键词：社会再生产过程；生产关系；社会利益关系；价值生产；价值实现

引　言

2008年美国金融危机爆发之后，我国迅速出台了需求刺激政策，有效抵御了外部冲击的短期影响，但是，国际经济形势的逆转也使我国经济的结构性矛盾逐渐显现。在经济"新常态"背景下，2015年中央经济工作会议提出将"供给侧结构性改革"作为引领经济发展新常态的重大政策创新。

国内"新供给经济学"对我国供给侧改革的理论研究比较突出，根据

---

* 本文选自杨慧玲《价值关系矛盾运动逻辑中的供给侧结构性改革》，《当代经济研究》2018年第11期。本文为国家社会科学基金一般项目（16BJL008）的成果。

贾康、苏京春阐释，新供给经济学并非建立在单一源流的基础上，而是建立在传统理论经济学、制度经济学、转轨经济学、发展经济学、信息与行为经济学所构成的"五维一体化"理论框架基础之上。① 新供给经济学重视面对中国的国情与实践，提出可以洞悉规律和适应中国现代化客观需求的"新供给经济学"理论认识框架；② 肖林认为中国新供给经济学的创新和实践是中国特色社会主义政治经济学的重要组成部分；③ 滕泰、刘哲基于对新供给创造的新需求，新供给的经济周期，新供给的五大财富源泉和31种增长方式的分析，构建新供给经济学的微观、宏观及经济增长理论；④ 新供给经济学强调以中国改革为依托，衔接短期和长期，淡化需求管理，从供给端的机制创新入手推动经济增长。⑤

马克思主义经济学关于供给侧改革的研究，聚焦于理论基础和政策路径两个方面。任保平从马克思分工理论出发，认为供给侧改革的实质是改善和调节社会分工和企业内部分工，使生产力和生产关系相适应，从而促进经济增长和经济发展。供给侧改革的发力点是消解过剩产能、形成新的分工体系和发展新型产业；⑥ 李松龄强调供给侧改革的价值论依据，认为具体应该从马克思的使用价值理论和相对剩余价值理论入手，发掘劳动创新和资本创新的理论内含，为供给侧改革提供理论支撑。所有制形式、科技教育体制和收入分配体制等各方面的变革是供给侧改革的制度保障；⑦ 白暴力指出供给侧改革丰富和发展了包括物质资料再生产理论、宏观经济结构理论、生产力和生产关系理论等的马克思主义理论，强调以公有制为

---

① 贾康、苏京春：《"五维一体化"供给理论与新供给经济学包容性边界》，《财经问题研究》2014年第11期。
② 贾康、苏京春：《探析"供给侧"经济学派所经历的两轮"否定之否定"：对"供给侧"学派的评价、学理启示及立足于中国的研讨展望》，《财政研究》2014年第8期。
③ 肖林：《新供给经济学 供给侧结构性改革与持续增长》，格致出版社、上海人民出版社2016年版，第10页。
④ 滕泰、刘哲：《供给侧改革的经济学逻辑——新供给主义经济学的理论探索》，《兰州大学学报》（社会科学版）2018年第1期。
⑤ 贾康、苏京春：《"五维一体化"供给理论与新供给经济学包容性边界》，《财经问题研究》2014年第11期；滕泰、刘哲：《供给侧改革的经济学逻辑——新供给主义经济学的理论探索》，《兰州大学学报》（社会科学版）2018年第1期。
⑥ 任保平：《马克思主义政治经济学分工理论及其对供给侧改革的解释》，《政治经济学报》2018年第6期。
⑦ 李松龄：《供给侧改革的价值论依据与制度保障》，《山东社会科学》2018年第1期。

主体的中国特色社会主义基本经济制度是我国推进供给侧改革的根本制度基础;①张俊山讨论了马克思的社会再生产理论对我国供给侧改革的指导意义。他特别指出将"供给"等同于"生产"的理论片面性，提出"供给侧"应该指以物质生产为核心，以分配、交换、消费为中介的社会再生产体系，这一体系涵盖生产力和生产关系的运动，并强调以人民为中心，贯彻"创新、协调、绿色、开放、共享"五大理念，确保供给侧改革的社会主义方向;②魏旭基于马克思社会再生产四个环节的辩证关系与矛盾运动理论，结合社会主义初级阶段基本国情以及党的十八大提出的协调推进"五位一体"总体布局阐释供给侧改革，指出供给侧改革应该以生产力的解放、发展和保护为核心，以公有制经济引领生产力发展方向，并防范金融风险，更好发挥政府作用。③

总之，供给侧改革是经济"新常态"倒逼出来的重大改革举措，只有从理论基础上深化论证，才能为供给侧改革提供科学指导。学界一致认为，本质上属于自由主义的美国供给学派不可能成为我国供给侧改革的理论来源，其所主张的减税和减少政府干预也与我国供给侧改革政策实践的路径不一致。中国是以马克思主义为指导的社会主义国家，应该从马克思主义经济学中为供给侧改革汲取营养，奠定供给侧改革的理论基础。

一 供给侧结构性改革的内涵

"供给侧结构性改革"政策是在我国经济面临着产能过剩，杠杆率过高、生产发展低质量等问题的背景下推出的，固然与当时应对 2008 年国际金融危机所实施的需求刺激政策相联系，因此含有反思凯恩斯主义需求管理政策的成分，但是，供给侧改革主要针对的是影响经济增长与发展的结构失衡问题，后者是中国市场化改革及全球化背景下，国际国内诸多因素长期交互作用的结果，并最终引起收入分配恶化，有效需求不足，经济增长乏力，因此，矛盾的根源并不在需求侧，或者说把需求刺激当作解决

---

① 白暴力、王胜利:《供给侧改革的理论和制度基础与创新》,《中国社会科学院研究生院学报》2017 年第 2 期。
② 张俊山:《用马克思再生产理论指导我国的"供给侧结构性改革"》,《当代经济研究》2017 年第 7 期。
③ 魏旭:《"供给侧结构性改革"的马克思主义经济学理论基础与路径选择》,《社会科学战线》2018 年第 4 期。

我国经济问题的路径依赖已经失去了科学性。

同时，我国经济系统中比较突出的结构失衡也不单纯是产能及生产在量上大于需求的"过剩"矛盾，而是涉及地区发展、产业结构、城乡差距、工业化与城市化、金融与实体、政府与市场、经济发展与生态环境、国内与国际、社会分配以及各种所有制等等涵盖社会生产诸多方面的平衡协调及其与生产力发展相适应的问题。由此可见，不能依照西方经济学供求均衡模型的思维定式，仅仅从决定市场价格的两端——供给与需求中的所谓"供给"角度，对"供给侧结构性改革"中的"供给侧"作分散、孤立的解读，从而把"供给"的内涵限定在与市场"需求"相对的"点"上，那只能是片面、侠义的"生产"。

根据马克思主义普遍联系的观点，从系统性的角度理解，"供给侧"应该涵盖社会生产运动的总过程，也就是马克思经济学中的社会再生产过程，它是以生产力运动为内容，以生产关系为社会形式，由生产、分配、交换、消费四个环节之间的循环所构成的物质生产运动系统，[①]马克思指出，社会再生产过程归根到底进行的是物质资料的再生产和生产关系的再生产。

鉴于此，本文的讨论基于供给侧所涵盖的社会再生产过程，由与生产力相互作用的生产关系范畴切入，落脚在社会利益关系的调整上。

二 价值关系及其矛盾运动是社会利益关系在商品经济阶段特有的历史形态

（一）生产关系的实质是社会利益关系

生产力决定生产关系，生产关系对生产力产生反作用。生产关系的本质是社会利益关系，一定的生产资料所有制结构及人们在生产过程中的相互关系，决定了相应的社会分配关系，所以，生产关系集中体现在社会分配上。其中，生产资料所有制决定生产关系的性质从而利益分配的基本格局，除此之外，特定社会历史条件下各个集团之间的力量对比及其相互博弈，也对人们在生产过程中的关系包括社会分配关系产生显著影响。与一定生产力水平相适应的生产关系，借助制度、法律、契约、规范等"法权关系"得以外化，前两者组合构成经济基础，后者的集合形成上层建筑。

生产关系并非静态的制度结构，而是动态地再现于社会再生产过程之中。如果社会各集团在参与社会再生产的过程中能够获得与其地位与作用相匹配的利益激励，由此产生合力推动社会再生产按秩序顺利进行，对生产力起促进作用，则生产关系的再生产便是可持续的；如果社会再生产过程中，某些集团难以获得相应的经济利益，或者社会分配关系相对生产关系发生扭曲，一部分人因此失去参与社会生产活动的物质激励，社会再生产的动力被削弱，不利于生产力发展，生产关系面临调整甚至变革。

（二）商品经济中社会利益关系体现于价值生产和价值实现及其矛盾运动过程中

商品生产者生产的目的不是使用自己的产品，而是用所生产的产品交换自己需要却不能生产的其他一切产品，这是分工发展的自然结果。"使用物品成为商品，只是因为它们是彼此独立进行的私人劳动的产品。这种私人劳动的总和形成社会总劳动。"① 与直接交换劳动的利益实现方式不同，商品生产者之间是借助商品关系体现各自的利益关系的，"在生产者面前，他们的私人劳动的社会关系……不是表现为人们在自己劳动中的直接的社会关系，而是表现为人们之间的物的关系和物之间的关系。"② 由此，马克思抽象出价值这一历史范畴，"如果把商品体的使用价值撇开，商品体就只剩下一个属性，即劳动产品这个属性。……它们剩下的只是同一的幽灵般的对象性，只是无差别的人类劳动的单纯凝结……这些物，作为它们共有的这个社会实体的结晶，就是价值——商品价值。"③ 可见，商品生产者之间衡量经济利益关系的唯一标准便是他们各自在商品生产中所付出的抽象劳动，后者构成价值的实体，价值实质上就是商品经济中的社会经济利益。

"商品只有作为同一的社会单位即人类劳动的表现才具有价值对象性，因而它们的价值对象性纯粹是社会的，那么不用说，价值对象性只能在商品同商品的社会关系中表现出来。"④

作为商品的社会属性，商品价值的量并不是由实际劳动时间决定，而是由社会必要劳动时间决定。当劳动生产率提高时，同样的社会必要劳动时间创造出更多的使用价值，单位商品的价值量自然就会下降；价值的社

---

① 《资本论》（第1卷），人民出版社1974年版，第89页。
② 《资本论》（第1卷），人民出版社1974年版，第90页。
③ 《资本论》（第1卷），人民出版社1974年版，第50—51页。
④ 《资本论》（第1卷），人民出版社1974年版，第61页。

会属性还反映在，商品生产者的生产目的是实现商品的价值，而商品交换是价值实现的必要环节，"物的使用价值对于人来说没有交换就能实现，就是说，在物和人的直接关系中就能实现；相反，物的价值则只能在交换中实现，就是说，只能在一种社会的过程中实现。"①

对于商品生产者而言，商品价值是以交换价值来体现的，"产品交换者实际关心的问题，首先是他用自己的产品能换取多少别人的产品，就是说，产品按什么样的比例交换。"② "商品 A 的价值，通过商品 B 能与商品 A 直接交换而在质上得到表现，通过一定量的商品 B 能与既定量的商品 A 交换而在量上得到表现。换句话说，一个商品的价值是通过它表现为'交换价值'而得到独立的表现。"③

交换价值与商品中凝结的价值是有区别的，前者所包含或者代表的价值量，才是商品生产者实际获得的价值量，或者所能实现的价值，交换价值也反映了价值的社会属性：商品生产者的经济利益，不仅仅由其在生产中所付出的社会必要劳动决定，还取决于其所在的社会分工体系能够认可的劳动份额，后者通过商品供求关系决定的价格体现出来，正如马克思在表述第二种含义社会必要劳动时间时说，"事实上，因为商品生产是以分工为前提的，所以，社会购买这些物品的方法，就是把它所能利用的劳动时间的一部分用来生产这些物品，也就是说，用该社会所能支配的劳动时间的一定量来购买这些物品。……但是，如果某种商品的产量超过了当时社会的需要……这时这个商品量在市场上代表的社会劳动量就比它实际包含的社会劳动量小得多。……如果用来生产某种商品的社会劳动的数量，同要由这种产品来满足的特殊的社会需要的规模比太小，结果就会相反。但是，如果用来生产某种物品的社会劳动的数量，和要满足的社会需要的规模相适应，从而产量也和需求不变时再生产的通常规模相适应，那么这种商品就会按照它的市场价值来出售。"④

交换价值并不是对抽象劳动所创造的价值构成商品生产者利益基础的否定，"……彼此独立进行的、作为自然形成的社会分工部分而互相全面

---

① 《资本论》（第 1 卷），人民出版社 1974 年版，第 100 页。
② 《资本论》（第 3 卷），人民出版社 1974. 年版，第 91 页。
③ 《资本论》（第 1 卷），人民出版社 1974 年版，第 75 页。
④ 《资本论》（第 3 卷），人民出版社 1974. 年版，第 208—209 页。

依赖的私人劳动,不断地被化为它们的社会的比例尺度,这是因为在私人劳动的偶然的不断变动的交换关系中,生产这些产品的社会必要劳动时间作为调节作用的自然规律强制地为自己开辟道路,就像房屋倒在人的头上时重力定律强制地为自己开辟道路一样。因此,价值量由劳动时间决定是一个隐藏在商品相对价值的表面运动后面的秘密。"①

货币作为商品价值的独立表现形式出现之后,商品价值就采取了价格形式,于是,商品的交换价值便演进为商品之间的比价关系,"商品的价值量表现着一种必然的、商品形成过程内在的同社会劳动时间的关系。随着价值量转化为价格,这种必然的关系就表现为商品同它之外存在的货币商品的交换比例。"② 这也暗示,交换价值进一步受货币因素的影响。至此,也为价格与价值之间的不一致提供了可能性。

价格作为商品价值的货币表现形式并不妨碍体现商品生产者之间的利益关系,只要各种商品之间的比价关系与商品生产者依据其在生产中所付出的社会必要劳动所形成的利益关系一致,商品交换就符合"等价"原则,从而使各个商品生产者的利益得以实现,维护了商品经济关系,有利于商品经济的发展;当然,价格与价值的不一致,也会引起另一种可能,那就是使商品比价关系与原本的商品价值关系相违背而发生价格扭曲,即商品交换扭曲了社会利益关系,使一部分生产者的利益受损,自然破坏了商品经济秩序,阻碍社会再生产过程。

这里须注意,货币的出现,因为割裂了买卖在时空上的同一性,也就打破了"供给能够创造自身需求"的萨伊定律,这为价值生产与价值实现之间的矛盾创造了可能性。

(三) 价值关系矛盾运动的历史演进

1. 小商品生产过程中的价值生产与价值实现基本一致

手工劳动基础上的简单商品经济中,小商品生产者同时拥有创造财富的两个要素,生产资料和劳动力,生产者为了满足自己的生活、生产需要而从事商品生产和交换。因此,只要按照商品价值进行等价交换,便能够实现简单商品经济条件下商品生产者之间的利益关系,推动小商品生产的发展。

---

① 《资本论》(第1卷),人民出版社1974年版,第92页。
② 《资本论》(第1卷),人民出版社1974年版,第120页。

受生产力水平制约，基于社会分工而形成的生产、分配、交换和消费关系无论从地域范围还是人口规模上都很有限，货币仅仅发挥的是交易媒介的作用，因此，尽管商品经济内涵价值生产与价值实现之间矛盾的可能性，但是，"这些形式包含着危机的可能性，但仅仅是可能性。这种可能性要发展为现实，必须有整整一系列的关系，从简单商品流通的观点来看，这些关系还根本不存在。"①

2. 资本主义社会再生产中价值生产与实现的矛盾演进为剩余价值生产与实现的矛盾

资本主义生产方式，是建立在大机器工业基础之上的，生产资料归资本家所有，资本雇佣劳动进行商品生产。因此，资本主义生产首先具有商品生产的共性：其生产目的并不是使用价值而是价值，但是在商品生产基础上更进一步纳入了资本化生产的性质——实现资本价值的增值：生产剩余价值并实现剩余价值。

与小商品经济不同，资本主义经济中，生产资料所有权被资产阶级所垄断，生产资料与劳动者之间的分离，导致人们的经济利益不仅来自于劳动付出，也来自于生产资料的所有权，资本家凭借其生产资料所有权而获得价值，马克思称之为商品所有权规律转化为资本主义占有规律；等价交换原则，演进为按照生产要素所有权进行价值分配，后者是实现资本主义社会利益关系，维持资本主义社会再生产的必要规则。

马克思强调，商品经济中的价值是活劳动创造的，生产资料作为物化劳动，并不具有创造价值的能力，其价值只能被活劳动转移到商品中，并没有实现价值增值，因此，被资本家凭借资本所有权所占有的资本价值增值部分，即剩余价值，是资本家对工人劳动的剥削。因此，以生产资料所有权的垄断为核心形成的资本主义生产，就将简单商品经济中价值生产与价值实现的潜在矛盾，转化为剩余价值生产与实现的矛盾。

资本主义为上述矛盾由可能性升级为现实性创造了充足的条件，除了在货币支付手段职能基础上发展起来的资本主义信用能够使买和卖在时空上完全相互脱离之外，资本主义生产自身的逻辑更使这种矛盾的爆发不可避免：资本化的生产天生是为追求货币利润，因此资本主义企业必须始终要在竞争中保持优势，一方面进行资本积累扩大生产规模，还要不断进行

---

① 《资本论》(第1卷)，人民出版社1974年版，第133页。

技术创新，使自己生产的商品的个别价值低于社会价值，由此在市场交换中获得超额利润。结果是在促进生产力水平发展的同时，引起资本有机构成不断提高：一方面资本规模日益增大，一方面可变资本相对减少，导致剩余价值的生产相对收缩，利润率趋于下降；一方面商品生产能力和产品规模越来越大，一方面收入日益集中在少数资本家手中，导致社会消费能力相对减少，剩余价值实现面临困难。

剩余价值生产与实现的困难，映射为社会利益关系实现的困难：过剩和失业引起资产阶级和工人阶级双重利益受损。面对这个困境，资本主义历史上不断地进行着社会利益结构的调整，表现为管制资本主义和自由市场资本主义交替，全球化与逆全球化交替，从自由竞争到私人垄断、国家垄断，再到国际金融垄断，直至当代资本主义经济的金融化，都是围绕着剩余价值生产与实现之间的矛盾而进行的资本主义生产关系的自我调整——通过重构社会利益结构维持社会生产的动力，以保障社会再生产的持续进行。

总之，资本主义生产是以资本雇佣劳动的社会方式展开的商品生产，资本又分为生产资本、商业资本、金融资本以及土地资本、技术资本等，各个资本之间力量对比错综复杂；以资本为中心的社会再生产过程形成了资本主义全球分工体系，构造了全球产业链和价值链；信用循环深度介入社会再生产过程。因此，当代资本主义是在国际范围内进行剩余价值的生产与实现的，在国际化的资本主义利益结构中，以实现美国为首的国际垄断资本的货币利润为核心，发达资本主义国家对发展中国家进行剩余价值掠夺，各个国家内部资产阶级对无产阶级进行剩余价值的剥削；无论是国际还是国内的利益关系，都通过国际产业链和价值链，依赖于资本化的价值生产和价值实现过程而得以体现；剩余价值生产与实现的矛盾，不断推动国际化的资本主义利益结构的调整，维护以国际垄断资本为中心的生产关系的可持续性。

三 "供给侧结构性改革"是中国特色社会主义市场经济中价值关系矛盾运动的客观要求

（一）中国特色社会主义市场经济中的利益关系属于商品价值关系演进的历史范畴

社会利益关系的源头是生产关系，现代化社会生产过程形成的生产关系，除了最根本的生产资料所有制结构之外，还包括企业之间、劳动之间、劳资之间、政府与市场之间、金融与实体经济之间，以及国家在全球化的社会再生产过程中相互博弈所形成的经济关系及利益分配结构，是一个随生产力发展而演进的动态社会体系。无论当代资本主义国家还是社会主义国家，生产关系都由上述关系集合构成。

我国社会主义初级阶段的社会利益关系，既携带着人类社会生产演进的历史沉淀，又深受当代世界资本主义经济关系的直接影响，更是中国特色社会主义市场经济中生产关系的集中体现。

第一，中国特色社会主义市场经济中社会利益关系的核心仍然是价值生产和价值实现。社会主义市场经济进行的是以工业化为基础的商品生产，社会经济关系主要通过商品货币关系来实现，围绕价值生产和价值实现来展开。第二，中国特色社会主义实行的是公有制为主体多种所有制并存的经济制度，因此，非公有制的社会经济关系必然借助剩余价值的生产和实现而体现。第三，中国特色市场经济的发展目标是"以人民为中心"，国民经济建设的最终目标是满足广大人民群众对美好生活的需要，追求"共同富裕"的社会主义理想。所以，公有制经济和各级政府在市场经济中发挥着特殊的、克服私有制及市场经济固有矛盾的作用。第四，中国经济是对外开放的，已经融入全球分工体系之中，中国的国民生产活动属于全球产业链和价值链的一部分，而全球经济是国际垄断资本主导的，因此中国市场经济发展深受国际垄断资本主义利益关系掣肘，并且随着对外开放的深入，中国经济越来越受到国际价值规律的作用及影响。

(二) 结构失衡造成价值生产与价值实现的困难

我国改革开放的历史进程中，既有生产力的发展，也有生产关系的变革，四十年来的总趋势是相互促进不断发展的。而这种良性关系是在每个阶段生产力与生产关系之间的矛盾推动下实现的。

1. 市场化改革过程中我国内部不均衡发展的积累及内需不足

市场机制有利于占有优势资源者在竞争中获取更高的利润或者收入，但是市场的弊端在于难以实现公平。

随着我国社会主义初级阶段市场经济的发展，非公有制经济迅速发展壮大，其中民营企业和外商独资及合资企业已经占据我国经济的半壁江山。这些非公有制企业的经营是以获取剩余价值为目的的，受资本主义占有规律作用，它们在带动经济发展的同时，必然拉大收入分配差距；我国在医疗、教育、住房等具有公共品及半公共品属性的领域推动的市场化改革，使相应的生活必需品由过去的社会福利供给范围被纳入资本追逐剩余价值的范围，客观上推动了资本对劳动的剥夺；我国东、中、西部之间自然条件差异巨大，在不断强化市场竞争机制的发展过程中，受比较优势规则作用，这种自然禀赋的地理分布差别逐渐引起区域发展失衡。根据最新公开数据，我国经济最发达省市的人均 GDP 是最落后省市的 4 倍多；农村联产承包责任制因为保障并实现了农户家庭的劳动收入，激发了农民的生产积极性，因而在改革的早期显著地促进了我国农业生产力的发展，但是，近年来，农村土地制度的局限日益突出，这是造成农业发展缓慢，农民收入增长不足，农村经济期待振兴的重要原因。我国原本存在的农业发展和工业发展之间的不平衡，随着工业化和城市化进程的推进而不断拉大，城乡之间的失衡由此加剧：传统农业生产效率低，农产品的市场接受度越来越低，因而农业劳动的价值生产处于低水平，农产品价值实现困难，农业生产低收益反过来引起农业投资不足，导致农业基础设施落后，农产品结构老化，大多停留在解决温饱的低质量水平上，难以满足高质量生活的需求，由此陷入农产品市场价格低，农业劳动附加值低，农民收入难以提高，农村青壮年劳动力到外出务工，农村经济积累乏力的恶性循环。

此外，我国是通过对过去的计划体制实行"渐进式"改革的路径建立社会主义市场经济体制的，在市场化的历史进程中，改革措施在各个领域的引入并不是"齐头并进"的，这导致市场竞争机制在不同部门和领域的作用不平衡而引起利益关系失衡。比如，产品生产领域比要素生产领域更早引入市场机制，引发凭借资源行政性垄断的市场寻租行为，由此形成既得利益集团；在市场化改革大潮推动下，几亿农民离开土地进城打工，为城市工业发展和城市建设做出巨大贡献，但是，我国改革之后很长时期仍然沿用的计划经济时期城乡分割的户籍制度，却拒进城务工人员于城市公共品之外，损害了其合法权益，置"农民工"于农村回不去城市留不下的尴尬困境之中，农民难以转化成为市民，既阻碍了城市化进程，也造成了不公平；城市养老保险改革过程中社会统筹滞后，使企事业单位退休人员之间养老金产生巨大差距；金融领域的市场化进程滞后于实体经济，银行等金融机构凭借金融资源垄断回避市场竞争，获取高额利润，一度出现宏观经济不景气条件下，银行业从业人员收入居高不下的不正常现象，这也是金融行业对实体经济利润的不公平占有，不利于实体经济的发展。

上述与市场化改革与发展密切联系的产业、区域及城乡之间的发展不平衡，最终导致参与社会再生产过程的各个社会群体之间在利益分配上的不公平日益积累，集中体现在社会收入分配差距拉大趋势上。根据国家统计局及世界银行公布的数据，我国的基尼系数从改革开放之初的 0.3 以下，持续上升，到 2000 年后一度超过 0.47，2010 年之后有所回落，目前仍然徘徊在 0.46 以上。

总体而言，虽然我国的综合经济实力已经位居世界第二，人均收入达到中等偏上水平，但是内部不平衡发展的趋势日益明显，进而引起社会各集团之间在价值占有上的分化加剧，这种社会利益关系的失衡，一方面严重制约了社会需求能力的提升，造成了价值实现的困难，给社会再生产过程的顺利进行形成障碍，另一方面打击了利益分配弱势群体参与社会生产的积极性，导致生产关系再生产的困难，对生产力产生制约，所以，无论从需求还是供给的角度，都会阻碍价值创造及资本积累，弱化了社会生产动力。

2. 全球化进程中产业链与价值链的国际分工与我国经济增长动力失衡

20 世纪 80 年代前后，在总结中华人民共和国成立前 30 年计划经济建设的经验教训基础之上，为了摆脱落后的生产力水平，缓解资本短缺、解决技术落后的问题，中国在进行市场化改革的同时推行对外开放，积极融入世界分工体系。实践证明，对外开放与市场化一样，是助推中国经济迈上高速发展轨道的重要因素。

但是同时，中国改革开放的历史进程，与美国主导的新一轮资本主义全球化同步。通过引进外资，加入世界贸易组织等，中国承接了发达资本主义国家向外转移的制造业，我国凭借劳动力及原材料等比较优势而成长为"世界工厂"，源源不断地将低成本的工业品输出到全世界，主要销往购买力最强大的美国等发达资本主义市场。中国制造业成长为全球产业链的重要一环，并容纳了大量就业，出口制造业成为中国经济增长最重要的动力。但是，制造业从美国等发达国家向外转移，是国际垄断资本积累的内在要求，以维护并加强其跨国公司的高额垄断利润为目标。为此，在全球化进程中，资本主义跨国公司始终牢牢地将核心技术掌握在自己手中，它们控制设计、品牌、服务等产业链的高端，利用技术垄断，不仅在全世界市场赚取垄断利润，而且凭借技术垄断联盟，对主要由发展中国家参与的中低端环节进行讨价还价，加大对发展中国家劳动人民创造的剩余价值的剥削；进而，跨国公司利用从全球攫取的高额垄断利润，加强技术研发与创新，强化其技术垄断能力；更值得注意的是，拥有全球绝对技术优势的美、英、日、德等发达资本主义国家，对于维护自己的技术垄断地位越来越显示出国家政策意图，从20世纪80年代左右开始，技术领先的发达国家开始放松对技术垄断的管制，并抛出知识产权保护等工具，这是中国试图在对外开放中"以市场换技术"战略失败的重要原因。

发达国家与发展中国家这种在技术资源占据上的不均衡，在国际贸易等价交换规则的作用下，形成了极不平衡的全球价值链分工格局：中国等发展中国家的投资及生产主要以消耗廉价能源、原材料及劳动力谋求利润，发达国家的投资及生产凭借技术垄断占优，前者带动大量从事低端产品加工的劳动，其所创造的国际价值远远低于发达国家从事高端产业的劳动创造的国际价值。结果必然是：发展中国家以巨大的资源、环境和劳动为代价，在全球价值链中仅仅获得很小部分利润和低廉的工资，而国际垄断资本则从全世界劳动者创造的剩余价值中牟利，获取超额垄断利润，发达国家的高层技术人员及管理人员获得丰厚工资报酬，而中下层劳动者往往沦为失业者。中美之间贸易不平衡的积累正是这种国际经济结构失衡的集中反映。

由此可见，国际垄断资本追求超额剩余价值的逻辑，构成中国作为后发国家在较长时期内难以突破技术瓶颈，陷入提升产业等级困境的客观原因，这也同时使中国处在国际价值生产与分配的劣势地位：依靠外需的发展模式虽然提高了国内就业和投资，但是强化了以资源和环境为代价的粗放型产业的发展，这种国际价值链低端的处境，加上日益加剧的国际竞争及更低成本国际劳动力的加入，使我国劳动密集型出口产业几乎难以在提高工人收入方面有所作为，也越来越无助于化解内部需求不足的矛盾，不利于经济可持续发展。

此外，美国等发达资本主义国家经济金融化趋势日益明显，这对新兴市场经济国家的金融改革产生了不可忽视的暗示和影响。我国在出口导向型经济发展中，形成了人民币基础货币与美元挂钩的发行机制，也就是外部需求带动的价值生产成为我国货币的发行基础，人民币作为价值符号在国内流通，而作为价值载体的使用价值即物质财富却在国外流通，导致随着贸易顺差的积累，出口越多，国内货币超发越严重，这一后果构成通货膨胀及信用过度供给的基础，不仅增加了金融投机引发金融风险的可能性，也为资源错配及经济结构扭曲埋下伏笔。

3. 世界资本主义经济的周期性危机与我国不平衡矛盾的激化

2008 年爆发的美国次贷危机，给世界经济带来的阴影延续至今。资本主义经济周期不仅引起了中国的短期经济波动，更使中国不得不直面长期积累起来的经济结构矛盾及增长模式问题对可持续发展带来的制约。

美国金融危机使我国出口需求迅速减少，为了抵御外部经济波动的冲击，我国政府出台了"4 万亿"财政扩张政策，这种需求管理措施，短期内发挥了稳定经济、保持就业的作用，但是，信用膨胀的并发症最终导致 2011 年至 2012 年爆发显著的通货膨胀，并使本该淘汰的低效率产能得以保全，甚至在政府投资的带动下，鼓励了水泥、钢材、电解铝及光伏等能源及原材料领域的盲目投资；同时，超宽松信用供给刺激了市场投机及资产泡沫，由此合力对产能过剩及产业结构失衡起了推波助澜的作用。

金融危机及其之后世界经济的低迷宣告了我国出口导向的经济发展动力加速衰减，源于内部失衡的内需乏力短时期内难以扭转，这构成我国经济进入"新常态"的基础；以美国为首的发达资本主义国家为了摆脱自身的经济困境，实施利用经济和金融霸权转嫁积累矛盾的策略，这是美国进行制造业回归战略、税收大战……直至 2018 年伊始即主要针对中国发起"贸易战"的经济根据。总之，金融危机暴露并激化了世界性的失衡和中国内部的失衡，二者相互影响。

（三）"供给侧"改革的着力点在于促进价值生产和价值实现

由于商品价值关系仍然是社会主义市场经济中社会利益关系的历史形态，社会利益关系本质上又体现的是生产关系，因此，旨在促进生产力发展的"供给侧"改革，就是通过调整生产关系，使各个集团在参与社会生产的过程中获得最大利益激励，从而推动物质资料的再生产和生产关系的再生产。换句话说，供给侧改革就是改善经济结构，理顺社会利益关系，既促进生产力发展，又使生产力发展贴合广大人民对美好生活的需求，使二者之间相得益彰。实现上述良性循环，关键在于提高价值生产水平、提升价值实现能力。

第一，价值生产与劳动生产率。首先，企业是社会生产的基本单位，企业的生产目的是获取货币利润，如果无法保证正常利润，不仅企业面临破产，参与企业生产经营活动的投资者、管理者、工人甚至供应商、经销商等也就无从获得相应的经济利益。在激烈的市场竞争中，企业要保持长期稳定的利润，必须依靠技术创新不断提高劳动生产效率，才能在价值生产上抢得先机——使自己生产的商品的个别价值低于社会价值，即实现技术创新的企业能够用较少的劳动时间生产同样多的价值，企业由此可以获得超额剩余价值；创新能力强的企业不仅在价格竞争上占据优势，而且功能创新的产品具有更高的交换价值，所以企业技术创新本身就能创造需求，扩大市场份额，同样为企业获得利润甚至超额利润奠定基础；个别创新成果在整个部门普及之后，全社会劳动生产率普遍提高，虽然随着个别价值与社会价值之间差别的消失，完成创新的企业将会失去超额剩余价值，但是，这种劳动生产率的提升降低了劳动力价值，企业获得相对剩余价值的空间扩大。总之，技术创新始终是企业利润最大化目标的有力保障。

我国目前的产能过剩，反映了企业生产的产品在质量和品种方面跟不上不断升级的市场需求，造成中低端产品和服务过剩而高端产品和服务在产量和价格上都无法满足市场需求，近年来，中国人的海外购物狂潮及"代购热"就充分说明了国内需求潜力无法通过国内生产得到释放；其次，产业结构滞后于较高收入水平下人民消费升级的需要，适应于较低层次消费结构的传统产业过剩而提供新产品和新服务的新兴产业发展不足，实质上是社会劳动的分配比例已经与生产力发展水平不适应了。无论是产能产量过剩还是产业结构滞后，都使参与生产的劳动付出不被社会认可而沦为无效价值生产，不仅造成资源浪费，设备闲置，也导致产品无法取得交换价值，企业投资不带来利润，员工劳动得不到工资补偿，这种价值生产的困难无疑会阻碍社会再生产过程。

因此，从价值生产着力的供给侧改革，一是政府加强对基础科研的投入和组织，提升国家的整体科技发展水平，夯实国民创新基础，同时创造条件为企业减费降税，减少各个环节的生产运营成本，推动企业增加创新研发投入，通过提高产品的技术含量、推动劳动生产率来提升产品价值；二是采取各项措施，引导、推动产业升级，将资源从低价值商品生产部门配置到高价值商品生产部门，减少社会总劳动的浪费；三是通过"一带一路"倡议等，加强产能的国际合作，为现有的产品和产业开拓海外市场，使我国的产能和产品造福于更多国家和人群，同时也为国内产品开拓了获取交换价值的空间以上三方面措施，都是从外延和内涵两个方面促进整个社会的价值生产水平。

第二，价值实现与收入分配、基础设施建设。商品生产的目的是实现价值，而价值实现与社会分配结构密切相关，"'社会需要'，也就是说，调节需求原则的东西，本质上是由不同阶级的相互关系和它们各自的经济地位决定的，因而也就是，第一是由全部剩余价值和工资的比率决定的，第二是由剩余价值所分成的不同部分（利润、利息、地租、赋税等等）的比率决定的。这里再一次表明，在供求关系借以发生的基础得到说明以前，供求关系绝对不能说明什么问题"①。如果一个社会的收入分配差距拉大，就会削弱其社会购买能力，从而降低价值实现能力。

随着改革开放的深入推进，我国社会收入分配差距逐渐扩大，再加上住房、医疗和教育等市场化改革，更是压抑了广大人民群众的消费能力，这是造成我国内需不足的重要原因。所以，供给侧改革必须在促进价值实现方面有所作为，通过工资、税收、社会保障制度包括精准扶贫等措施，缩小收入分配差距，抑制贫富分化，提高和稳定中低收入者的收入水平，通过调整社会收入分配提高社会消费能力，促进市场的价值实现能力。缩小收入分配差距也是实现社会主义"共同富裕"目标的必由之路。

除此而外，交换过程是价值实现的重要环节。交易成本直接影响交易效率，而交通运输、互联网信息技术平台以及法律法规，包括政府审批程序等公共品的供给都直接影响一个经济体的交易效率。我国在过去几十年的改革开放中，积累了丰富的政府投资主导基础设施建设的经验，在新常态下，政府投资对于提高流通渠道和交易平台等硬件供给质量和水平仍然具有不可替代的作用；而软件方面，不光需要法律法规的跟进，更是对政府转换职能、提高社会服务质量和效率提出了更高的要求。

第三，价值关系与生产关系、社会再生产过程。受金融化作用，信用货币所"构造"的价值关系日益脱离生产关系，使社会利益分配相对生产关系发生扭曲。长期积累起来的贸易顺差使我国基础货币超发，在2008年国际金融危机的刺激下，我国信用供给加速扩张。与劳动生产所创造的真实社会购买能力不同，信用货币只代表一定的价值交换权力，这种权力一方面缺乏价值实体，属于虚拟价值，另一方面，在现代信用发行的杠杆机制作用下，它更容易被掌握在具有信息及资源优势的金融机构或者具有

---

① 《资本论》（第3卷），人民出版社1974年版，第203页。

优势地位的大中型企业手中。在预期回报率不理想的投资环境下，这些银行及企业更加偏好于利用手中掌握的价值交换权力进行投机牟利。随着信用手段源源进入楼市、股市，资产泡沫随之而起，投机者通过转移社会财富的手段达到自身盈利的目的，却牺牲了社会收入分配的公平性，扰乱了社会利益关系，使后者不再是生产关系的映射，也就是生产关系的再生产发生了障碍。

而且，价值关系的扭曲还违背了社会再生产的运动规律："一定的生产决定一定的消费、分配、交换和这些不同要素相互间的一定关系。当然，生产就其单方面形式来说也决定于其他要素"①，"生产出消费的对象，消费的方式，消费的动力"②，"分配本身是生产的产物，不仅就对象说是如此，而且就形式说也是如此。就对象说，能分配的只是生产的成果，就形式说，参与生产的一定方式决定分配的特殊形式，决定参与分配的形式"③，"交换就其一切要素来说，或者是直接包含在生产之中，或者是由生产决定"④，显然，马克思、恩格斯强调在社会再生产过程中，生产是第一性的，生产决定分配、交换和消费。但是信用投机却使需求反过来"决定"生产——当信用机制不顾生产过程"虚构"价值交换能力，扭曲价值分配关系，进而利用这些衍生的交换能力和分配关系对生产过程发生"重塑"，导致生产结构及生产能力与生产力发展水平所决定的社会消费结构及消费能力相脱离，生产结构的扭曲加剧，产能过剩矛盾趋于恶化，最终引起无效价值生产并增加了价值实现的障碍；更为严重的是，由于信用创造的自我强化机制，在监管疏漏的情况下，债权债务嵌套叠加，杠杆率随之不断攀升，最终债权债务关系的增长速度大大超过实体经济增长的潜力，信用货币代表的价值交换权力如同倒立的三角体那样由下向上迅速繁殖，金融泡沫的膨胀与金融风险同步累积。

所以，防控金融风险，降低杠杆率，就是从源头上抑制信用供给可能引起社会利益关系相对社会生产关系的扭曲，防止价值关系违背社会再生产秩序甚至误导社会生产。

---

① 《马克思恩格斯选集》（第2卷），人民出版社1995年版，第17页。
② 《马克思恩格斯选集》（第2卷），人民出版社1995年版，第10页。
③ 《马克思恩格斯选集》（第2卷），人民出版社1995年版，第13页。
④ 《马克思恩格斯选集》（第2卷），人民出版社1995年版，第17页。

第四，价格形成机制与生态环境。企业生产目的与社会利益存在着冲突，企业是为了获得尽可能多的货币利润而进行生产经营活动的，货币利润是凭借资本所有权而占有的剩余价值的一部分，所以企业目标的实现离不开价值生产与价值实现过程，体现在其所生产的产品或者服务的交换价值之中。作为商品的交换价值，价格形成的基础是劳动价值实体，同时受利润率平均化、供求关系等因素的制约，显然，商品价格形成机制排除了企业从事商品生产活动对他人或社会带来的损益这一因素，企业生产活动的外部性便由此而来。

市场使企业获取利润却并不承担污染环境破坏生态的成本，后者转化为社会公众为了预防和应对污染而购买相关产品和服务的价格，还包括健康状况及生活质量下降等无法以价格计量的福利损失，因此，市场鼓励了高耗能高污染的低质量生产的扩张，导致了生态环境的急剧恶化，这不仅是资本主义工业化所经历的历史，也是我国过去几十年市场经济发展的真实写照。

解决生态环境与经济发展之间的矛盾是供给侧改革的重要内容，摒弃市场失灵，发展低碳经济必须依靠政府，一方面通过政府对生产行为的强有力监管，推动城市工业节能减排，规范化肥农药使用标准，促使污染代价纳入生产成本，并体现在商品价格中；另一方面，发挥政府制定产业政策的职能，加强区域经济发展的科学规划，并在招商引资过程中杜绝高污染产业落地，避免重蹈边污染边治理的老路，推动高质量产业的发展，引导培育生态农业，促进农业产业的绿色升级，这样才能既维持了经济的可持续发展，又顾及子孙后代的福祉。

总之，供给侧改革，就是基于生产力与生产关系之间的相互作用，致力于价值生产和价值实现，从调整生产关系出发，既尊重商品经济的价值运动规律，又发挥社会主义公有制及政府的作用，维护社会生产参与各方的经济利益，充分调动社会生产的积极性，解放生产力发展生产力，推动社会生产朝着"以人民为中心"的方向平稳发展。

供需动态平衡视角下的供给侧结构性改革

——兼论其微观基础与制度保障

程民选　冯庆元[*]

摘　要：供需关系并非处于静态，而是处于不断调整变化的动态过程中。供给不仅要沿着需求侧要求去适应和调整，关键还在于通过供给侧转换升级创造更多的有效供给以引领需求，拓展有效需求的规模及结构，达到更高层次的供需平衡。推进供给侧结构性改革实现的根本路径在于要素资源优化配置、技术创新和应用，提升全要素生产率，助力经济持续增长。必须健全产权制度体系以激发和保护企业家精神，为推进供给侧结构性改革夯实微观基础提供重要的制度保障。

关键词：供给侧结构性改革；动态平衡；实现路径；企业家精神；制度保障

在党的十九大报告中，习近平总书记进一步把深入推进供给侧结构性改革作为现阶段"贯彻新发展理念，建设现代化经济体系"的主线与首要环节，把深化供给侧结构性改革确定为当前以及未来我国经济实现高质量发展的核心工作。现有文献对于供给侧结构性改革的相关论述大多仅停留于供需结构的静态平衡分析，这无疑割裂了静态与动态平衡实现过程的内在关联。如果脱离供需动态平衡的视角，仅仅着眼于供需结构的静态平衡来论述当前供给侧结构性改革具有一定的片面性。也正是基于此，党的十九大报告明确强调要"优化存量资源配置，扩大优质增量供给，实现供需

---

[*] 本文选自程民选、冯庆元《供需动态平衡视角下的供给侧结构性改革——兼论其微观基础与制度保障》，《理论探讨》2019年第1期。

动态平衡"。本文从供需动态平衡视角研究供给侧结构性改革，论述供给侧结构性改革的实现路径，并提出供给侧结构性改革实现的微观基础和制度保障。

一　供给与需求动态平衡分析的内在逻辑

我国曾经长期热衷于总需求管理模式，坚持以投资扩张为主的宏观经济调控政策，在拉动经济总量增长的同时，也进一步导致供需失衡的现象愈发严重，加剧了部分工业制造业领域产能过剩以及库存高企等问题。因而，结构性产能过剩的问题成为本文从供需动态平衡视角探讨分析供给侧结构性改革的逻辑起点。

（一）供给与需求从失衡到平衡：静态分析

结构性产能过剩是供需失衡的重要体现，也是我国经济新常态下供给侧问题的基本特征。不言而喻，其背后必定是资源配置存在某种程度的扭曲，这不仅直接造成当前经济增长质量与效益的低下，还是近年来我国经济增速持续放缓的深层次原因。[1] 根据一般均衡的原理，当某一市场出现供给大于需求即供给过剩时，也就意味着存在其他市场供给小于需求即供给缺口的情况。在我国产业体系中，当前一些产业存在产能明显过剩（如钢铁、煤炭、建材、水泥等行业）、库存大量积压，同时也存在部分产业领域的产出供给无法有效地满足居民需求、依赖于对外贸易来平衡的情况。譬如，近些年来苹果手机凭借其精湛的工艺、精致的外观以及实用的功能拥有国内大批"果粉"，以至于排队轮购或海外抢购的现象屡见不鲜；又比如，近年来国人组团去日本抢购马桶盖、赴海外大肆扫购婴幼儿奶粉等，诸如此类海外抢购事件不时见诸报端。毫无疑问，上述经济现象深刻地反映了我国现阶段供给与需求结构性失衡的事实。

经济系统由多层级、多类型的产业组合构成，其本质是一个结构复杂的动态演化系统。[2] 为了便于本文关于供给与需求结构失衡问题的理论分析，笔者借助于图1来予以阐释和说明。

---

[1] 胡鞍钢、周绍杰、任皓：《供给侧结构性改革——适应和引领中国经济新常态》，《清华大学学报》（哲学社会科学版）2016年第2期。

[2] 黄凯南：《供给侧和需求侧的共同演化：基于演化增长的视角》，《南方经济》2015年第12期。

```
产出水平 Y
         Y(S1)
              Y(D) Y(S2) Y(D)


         供给  需求  供给  需求    T1 时期
```

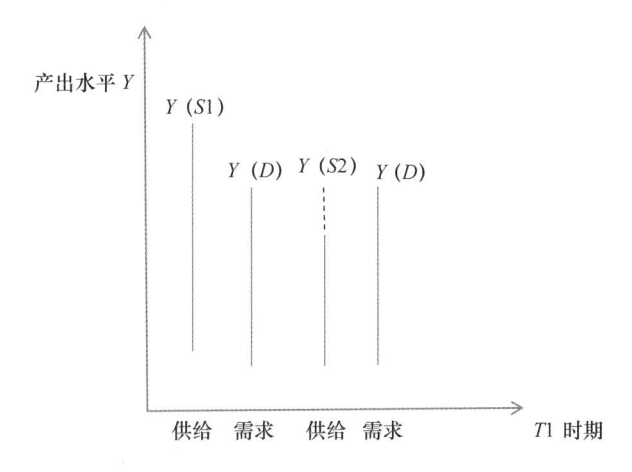

图 1　供给与需求失衡的静态分析：供给过剩与有效供给不足

图 1 所反映的是一个简化的供需结构失衡静态分析框架①。在 $T1$ 时期（当期），某一产业的产能相对于需求存在过剩的情形：产出供给 $Y(S1)$ 高于有效需求 $Y(D)$，即 $Y(S1) > Y(D)$，此时供给过剩②。同样，另一产业的产能相对于需求则存在不足的情形：产出的有效供给 $Y(S2)$ 低于有效需求 $Y(D)$，在量上具有较为明显的"缺口"，即 $Y(S2) < Y(D)$，此时有效供给不足③。显而易见，因为 $Y(S1)$ 超过 $Y(D)$ 导致资源的浪费以及经济效率的损失，所以在 $T1$ 时期经济系统总体实现相对有效率的总产出水平仅为 $Y(D) + Y(S2) <$ 实际总产出水平 $= Y(S1) + Y(S2)$。由前述分析及图 1 可以看出，在 $T1$ 时期两个产业市场的需求侧始终稳定维持在 $Y(D)$ 的水平，而供给侧即不同产业的产出水平则呈现出一定的差异（高于或低于需求侧）。因此，供需结构失衡的主要矛盾在于供给侧。相应的，供给侧结构性改革就是要以供给侧调整为根本抓手，优化供给侧产出结构，化解供给过剩与有效供给不足，从而使供给侧适应于满足需求的基本要求。按照这一传统的静态分析框

---

① 假定经济体仅存在两个抽象化产业市场——供给过剩与有效供给不足，但不考虑开放经济的情形。
② 产能过剩是指显著超过实际需求的生产能力，并非一定意味着产出过剩，但为分析需要本文把产能过剩等同于产出过剩。
③ 这里进一步假定 $Y(S1) - Y(D) = Y(D) - Y(S2)$，即供给过剩的部分刚好可以与供给不足的部分相互抵消。

架,就要遵循"截长补短"的逻辑,在短期把产出"$Y(S1) - Y(D)$"的要素资源从供给过剩的产业转移至供给不足的产业中去,促进供给与需求在结构上由失衡向平衡转变,从而实现有效率的总产出:$Y(D) + Y(D)$。

然而,需求侧也并非始终稳定维持在不变的水平。自改革开放以来,我国经济发展以及人均收入水平逐步提高,居民的偏好和消费结构正发生着深刻的转变:由维持生存的需要向个人全面发展及追求美好生活的需要转变。这主要表现在由传统低端制造品需要向新兴高端制造品需要转变,以及由满足物质的需要进一步向满足精神文化的需要转变。由此,反映在宏观经济层面,由于边际资本报酬递减以及资本品价格上升投资需求会趋于下降,相较而言消费在总需求中的比例必然趋于上升。[①] 无论在微观还是在宏观上,需求结构变迁为供给结构的调整提供了一种内在的自适应机制。因此,在静态平衡分析框架下,供给侧结构性改革就是要坚持优化存量资源配置,合理引导要素资源在各产业和部门的内外部有效转移与流动,推动供给侧要素结构和产出结构转换升级,以适应与满足需求结构及其变化的方向。可见,经济系统本身供给与需求结构上的平衡并不是一种静止的状态或结果,而是在结构上不断进行调整变化的动态过程。供给侧结构性改革不仅是要求供给侧沿着需求侧的要求去适应,或者根据需求的变化来进行自我变动和调整,关键还在于通过供给侧的创新,在主动地创造出更多有效供给的同时,达到引领更多新需求的目标。所以,对于供给侧结构性改革的把握和认识,更重要的是从供给与需求结构的动态视角进行分析。

(二) 供给与需求再平衡的逻辑:从静态转向动态

在古典经济学时期,萨伊曾提出过"供给自动创造需求"的观点即萨伊定律。一方面,萨伊定律是以市场机制完全发挥作用、货币中性为基本假设条件,即具有充分弹性的价格能自我调整来出清市场,以使供给与需求二者在动态中实现均衡。显然,萨伊定律所赖以成立的价格具有充分弹性这一基本假设在真实世界中并非总是存在。另一方面,萨伊定律对供给与需求的互动分析主要聚焦于总量,且供给自动创造需求的假设前提是供给总是有效的,因而供给增长意味着有效需求也会随之"自然"增长。但

---

① 黄凯南:《供给侧和需求侧的共同演化:基于演化增长的视角》,《南方经济》2015 年第 12 期。

供给总是有效的设定前提同样不具有现实性,并且因为忽视了结构层面的差异,并未注意到供给结构转换升级与需求结构上存在的联动效应。因此,本文关于供给引领需求的以下分析与萨伊定律存在根本区别。

从动态分析视角看供给侧结构性改革,现阶段供给与需求之间结构不断适应、互动及调整的最终结果不但要求供需在当期相互适应与匹配,实现静态平衡,而且,更重要的是还要求在下一期供给主体通过扩大优质增量供给引领新一轮的有效需求,拓展有效需求的规模及结构,以期在更高的经济水平上实现供需动态平衡。这可以通过图2予以简要说明。

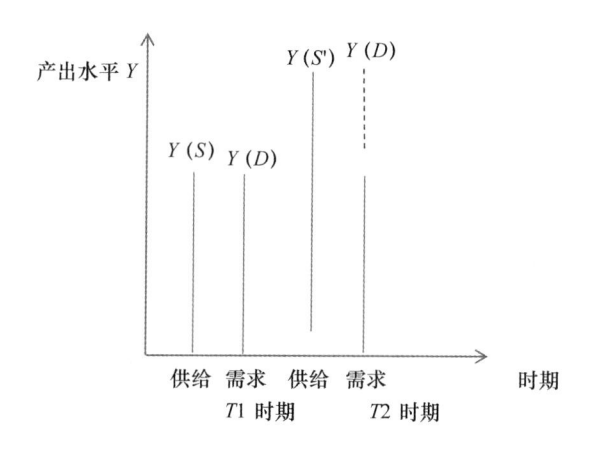

**图 2　基于两时期的供给与需求结构动态平衡过程:
扩大有效供给引领有效需求**

图2所刻画的是一个基于两时期的供给与需求结构动态平衡的过程。在 $T1$ 时期,两个不同产业市场的供需结构同时实现静态平衡,即 $Y(S) = Y(D)$,之后,依靠上一期($T1$ 时期)各类存量要素资源(如劳动力、资本及其他自然资源等)优化配置实现的结构调整,在未来的 $T2$ 时期两个产业市场上的产出供给水平 $Y(S)$ 均再次得到有效提升。如图2所示,$T2$ 时期的产出供给 $Y(S')$ 与 $T1$ 时期 $Y(S)$ 相比发生较为明显的变动,由产出水平 $Y(S)$ 扩张至 $Y(S')$,形成新的有效供给。这直接刺激了有效需求由 $T1$ 时期的 $Y(D)$ 的水平增长至 $Y(S')$,与产出供给水平 $Y(S')$ 在量上恰好保持一致,实现了两个产业市场在 $T2$ 时期的供需平衡,此时,总产出水平为 $Y(S') + Y(S')$。

为什么产出供给扩张促进了有效需求的正向变动?或者说究竟是什么因素驱动了有效需求的出现呢?在这一过程中,无论是传统产业还是新兴产业，技术创新的驱动作用都是不容忽视的。技术的任何变化在很大程度上都会影响偏好的转移或改变，而偏好的转移或改变又会影响消费结构的调整，以致对需求产生间接性影响。① 实际上，个体偏好是在主体不断搜寻能满足自身效用最大化物品的过程中逐步形成的，当某种具有新功能或新用途的产品出现时，这种偏好很可能会随之发生转移。创新驱动导致产业结构调整，调整形成的优质增量供给推动了需求上升。当个体偏好转化为市场的群体偏好后，又会对技术革新和发展提出更高的要求，进一步影响到技术进步的方向与速度，从而间接地决定不同产业的兴衰（如工业中的战略性新兴产业、服务业中的信息技术产业等）。例如，在黑白电视机趋于饱和的情况下，通过研制和生产出彩色电视机引致新的对于彩电的需求，以及其后彩电的不断创新引领对于彩电新品更新换代的需求等。再如，近年来人工智能（AI）趋热，随着科技进步智能化程度逐步提高，一些原来主要依靠劳动力进行生产的企业对人工智能的需求也开始上升，甚至部分个人消费者对智能产品也是趋之若鹜，这也进一步促进了人工智能产业的蓬勃发展。通过供给与需求结构的动态分析，不但可以看到有效供给能创造有效需求，而且更为常见的情况在于有效需求上升后又会反过来推动更多的有效供给，呈现一种循环往复、螺旋式上升的供需结构动态发展变化的过程。

必须说明的是，技术创新并非始终都是无条件有效的，只有符合偏好内在要求和规律的变动，才是有效的技术创新，才能促进需求的变化。技术的有效创新有利于经济系统动态平衡的形成，因为技术进步带来的全要素生产率（TFP）提高，会导致要素边际产出增加，在要素价格不变的情况下必然会带动投资及要素结构的优化。

以上关于供需结构静态与动态平衡的分析表明，虽然静态平衡与动态平衡过程是密不可分的，但唯有牢牢把握住动态分析的内在逻辑，才能全面系统地弄清现阶段供给侧结构性改革的基本要求：在短期中，要首先通过供给主体推动不同产业体系中存量要素资源的优化配置，改善要素结构及积累效率，化解过剩产能，补齐产业短板，促进供需静态平衡；在长期中，则要求全社会各产业部门通过供给主体的技术创新，持续扩大优质产

---

① 黄凯南：《供给侧和需求侧的共同演化：基于演化增长的视角》，《南方经济》2015 年第 12 期。

出供给的增量,引领新的有效需求,释放需求潜力,在供给侧与需求侧结构的互动转换升级中,实现经济系统总体的供需动态平衡,以达到经济长期均衡增长的目标。[①]

二 基于动态平衡分析的供给侧结构性改革实现路径

如前文所述,按照供给侧结构性改革的逻辑要求,我们必须从动态平衡分析的视角出发,阐明改革的最终目标,并把握二者之间的内在关联,进而得出实现供给侧结构性改革的基本路径。

(一)动态平衡视角下的供给侧结构性改革与经济绩效

从供需动态平衡过程看供给侧结构性改革,其最终目标归根结底还是在于提升经济运行质量和效率,促进经济持续均衡增长。关于这一动态中的供需结构平衡与经济均衡增长的过程,可以由图3予以描述。

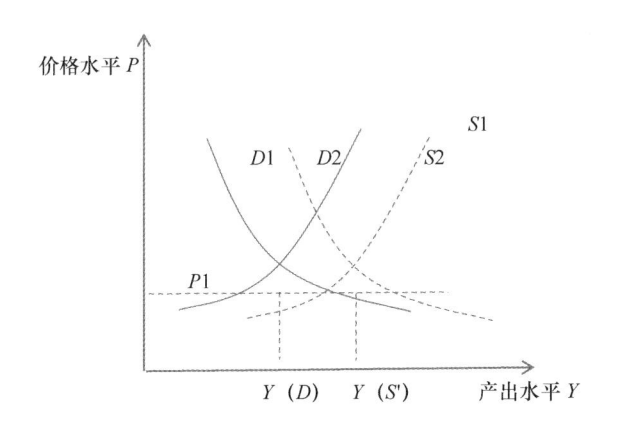

图3　$T1—T2$ 两时期供给引领需求的动态平衡与经济均衡增长

假定 $T1$ 时期,某一产业的供给曲线 $S1$ 与需求曲线 $D1$ 在价格水平 $P1$ 处相交,在静态平衡下经济系统实现的有效率产出为 $Y(S) = Y(D)$。从 $T1$ 时期到 $T2$ 时期,由于供给主体通过技术创新等方式提升全要素生产率(TFP),供给曲线 $S1$ 右移至 $S2$ 的位置,在有效供给提升的同时,进一步推动了有效需求的上升,即需求曲线 $D1$ 右移至 $D2$ 的位置。由此,若原有价格水平 P 保持

---

① 纪明、许春慧:《论中国当前供需结构性改革思路——基于供需转换与经济持续均衡增长视角》,《社会科学》2017年第1期。

不变,在动态平衡下经济系统实现的有效率产出为 $Y(S')$。可见,基于动态分析视角,供给侧结构性改革在更高产出水平上实现了供需的动态平衡,推动了经济增长,且提升了经济运行效率。结合上述供需结构的静态与动态平衡分析,对供给侧结构性改革实现的根本路径的探索,还是应回归于通过要素资源配置优化以及技术创新与应用,以提升全要素生产率,改善投资与生产效率,驱动经济持续均衡增长。对此,可由图4予以说明。

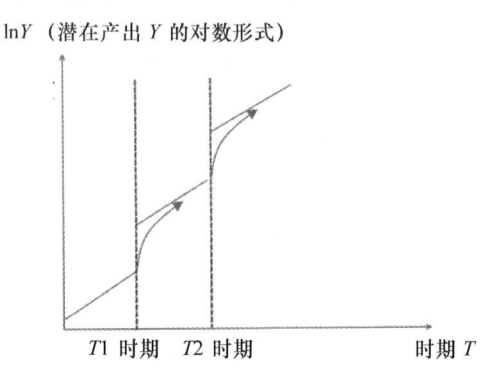

图4 潜在产出 Y 在 $T1$ 时期与 $T2$ 时期的跃升(全要素生产率上升)

注:假定稳态下总产出 Y 的潜在增长率恒定,即 Y 增长路径的斜率保持不变。

在 $T1$ 时期供需结构静态平衡阶段,由于要素资源配置优化使全要素生产率上升,总产出稳态增长路径经历一次跃升,上移至第二条稳态增长路径;在 $T2$ 时期供需结构动态平衡阶段,由于技术创新及其应用带来全要素生产率上升,总产出稳态增长路径再一次跃升,上移至第三条稳态增长路径。即使在稳态条件下总产出潜在增长率保持不变,但是每一次跃升都是产出增长率上升的过程。因此,要素资源配置优化和技术创新是经济均衡增长的重要动力,而从长期看具有持续性的技术创新显得更为关键。

(二)供给侧结构性改革实现的基本路径与困境

综合我国现阶段实际情况,供给侧结构性改革的具体实现路径要着重围绕五大核心任务展开,即去产能、去库存、去杠杆、降成本以及补短板。在这"三去一降一补"任务中,不仅首先要在宏观层面努力做好去产能、去库存以及补短板的任务,还要在微观领域把供给侧降成本与去杠杆有效地结合起来,逐步提升企业盈利水平,优化资产负债结构,为企业创新以及技术进步提供有利条件。

从全国各行业领域供给侧结构性改革深入推进的成效看，当前"三去一降一补"五大任务取得一定的阶段性成果。然而，必须注意的是，供给侧结构性改革推进工作也存在一定的困难，例如在去产能方面，长期以来，由于地方政府官员政绩考核以 GDP、就业、财政收入等指标为主，政府部门为在激烈的招商引资竞争中脱颖而出，常常会承诺给予企业不少的优惠性政策（如土地、税收、补贴以及信贷等）。在要素价格扭曲的背景下，一方面，企业投资会迅速攀升，资本积累程度持续提高，导致产业的生产能力大幅提高；另一方面，产能过剩导致企业盈利空间萎缩，资产负债结构恶化，只有通过银行的贷款或政府追加投资才能维持正常经营。地方政府出于维持社会稳定等方面的考虑，往往对这样的企业给予一定救助，进一步地又导致"僵尸企业"的存在。另外，从政府与企业之间关联的紧密程度来看，国有工业企业产能利用率可能更低，产能过剩的情况相对来说会更加明显。① 在实践中，生产、经营、研发、投资等决策在很大程度上受到了政府的影响和干预，企业难以成为真正的自主经营、自我激励的微观经济主体。毫无疑问，探讨供给侧结构性改革的实现路径，无论是要素资源配置还是技术创新及其应用，都离不开企业家所发挥的作用。

三 推进供给侧结构性改革实现的微观基础与制度保障

当前国际国内环境日趋严峻，要求我国不断推进和加快供给侧结构性改革的步伐。从短期来看，在企业成本（融资成本、税费成本以及各类行政成本等）高昂的情形下，进一步有效降低成本必然成为现阶段我国供给侧结构性改革的重要内容和中心环节。从长期来看，破解供需结构失衡的矛盾是推进供给侧结构性改革的根本出发点，目的是彻底消除长期积累的结构性过剩问题，实现供需结构由失衡进入更高水平的平衡。在这一过程中需要注意的是，虽然政府全力推动供给侧结构性改革，但如果作为供给方的市场主体不能成为自觉的改革主体，那么供给侧结构性改革的目标也将难以实现。②

---

① 董敏杰、梁泳梅、张其仔：《中国工业产能利用率：行业比较、地区差距及影响因素》，《经济研究》2015 年第 1 期。

② 吴敬琏：《不能把"供给侧结构性改革"和"调结构"混为一谈》，《中国经贸导刊》2016 年第 10 期。

(一) 推进供给侧结构性改革实现的微观基础及其实质

毫无疑问,供给侧结构性改革目标的实现并不是一个自然而然的过程,鉴于现阶段的供给主体还难以与需求方形成良性的互动转换,难以形成市场有效的供给动力,成为供给侧结构性改革的重要制约因素,所以必须培育新的、能动的供给主体,或者说促成旧供给主体向新供给主体的转换。于是,新旧供给主体转换的绩效成为实现供给侧结构性改革目标的关键。

供给主体是经济系统中为数众多的企业,企业作为经济细胞构成市场经济的微观基础,企业家则是企业的灵魂。企业家不仅执行管理者的功能,更重要的是熊彼特所揭示的创新者。企业家不仅要承担动员要素配置、进行生产经营的职责,还要搜寻新思想并将它们付诸实施,敢于承担风险,善于创新性地运用知识,推动技术进步与变革,这就是威廉·鲍莫尔所称道的企业家精神。① 但在现实中,囿于各种主客观条件,我国许多企业经营者却并不具备这样的基本素质,缺乏企业家精神,也就难以成为真正的企业家。缺乏企业家的企业不可能成为创新主体,无法实现向新供给主体的转换,显而易见,这样的企业不可能成为推进供给侧结构性改革实现的微观基础。对于激发和保护企业家精神与深化我国供给侧结构性改革之间的逻辑关系,党的十九大报告也给予了明确肯定和强调。因此,笔者认为,新旧供给主体转换的核心和本质就在于激发和保护企业家精神,而夯实推进供给侧结构性改革微观基础的实质也在于激发和保护企业家精神。

企业家精神能否激发和得到保护取决于制度所形成的规则,正是制度规则深刻地激励和约束着企业家的选择与行为集合,从而决定供给主体资源配置对经济的根本绩效。② 换言之,要让企业成为市场新型供给主体,就要让企业经营管理者成为具备企业家精神的真正企业家,而具备企业家精神的企业家培植须有一套相适应的规则作为根本的制度基础。

---

① [美] 威廉·鲍莫尔:《企业家精神》,孙智君等译,郭熙保等校译,武汉大学出版社 2010 年版。

② [美] 威廉·鲍莫尔:《企业家精神》,孙智君等译,郭熙保等校译,武汉大学出版社 2010 年版。

(二) 供给侧结构性改革微观基础形成的制度保障：健全产权制度体系

对于制度这一因素的认识，新经济史学家诺思很早就在其著作《制度、制度变迁与经济绩效》中进行过相应论述，认为制度对经济运行效率的影响是显而易见的；而且不同经济体实现的绩效水平要受到制度有效变迁的影响。① 阿西莫格鲁、罗宾逊则更进一步认为，制度的有效供给是关键，不断创造条件以确立和完善包容性制度，从而逐步取代不利于经济持续稳定发展的汲取性制度，是发展中国家得以实现长期增长的根本性条件。② 平乔维奇在此基础上，更进一步指出产权与生产的效率密切相关③。审视我国目前的市场体制、政府管理机制、产权制度，不难得知，在制度层面仍存在一些影响具有企业家精神的新型供给主体形成的体制机制障碍，进而间接地对供给侧结构性改革实现造成不利的制度困境。

为有效地深入贯彻供给侧结构性改革，需要对制度层面上存在的体制机制问题进行一系列调整与变革，这其中最为重要的就是健全产权制度体系，因为正是产权制度体系对于激发和保护企业家精神起着至关重要的作用。只有在健全产权制度体系的基础上，企业家才能在自利动机的激励下对新生事物保持强烈的敏感性、自主支配要素资源及结构，特别是在竞争的环境中利用好技术的有效变迁，广泛传播和应用技术，变革供给的结构。如果没有制度层

面上一系列变革作为激发和保护企业家精神的前提条件，那么从长期来看，供给侧结构性改革将难以取得重大进展，其提升经济增长质量、实现持续均衡增长的目标更无从谈起。

健全产权制度体系，明确财产权利主体以及相应的权利边界，在权利范围内行为主体能平等地协商谈判、能自由地签订契约并获取权利带来的收益。这样，才能给企业家营造一个稳定的预期，才能使其在现有约束条件下进行利益最大化的选择，激发其企业家精神，使其敢于承担风险、善

---

① ［美］道格拉斯·C. 诺思：《制度、制度变迁与经济绩效》，杭行译，韦森译审，格致出版社、上海人民出版社2014年版。
② ［美］德隆阿西莫格鲁、詹姆斯·A. 罗宾逊：《国家为什么会失败》，李增刚译，徐彬校，湖南科学技术出版社2015年版。
③ ［南］斯韦托扎尔·平乔维奇：《产权经济学——一种关于比较体制的理论》，蒋琳琦译，张军校，经济科学出版社1999年版。

于创新性地运用知识、推动技术进步与变革。以此为基础，市场新型供给主体才能最终形成。这样的供给主体会根据市场的供需结构状况，产生出自我激励创新（发现新的知识、开发新的技能）①，连同要素资源共同投入到有"前景"的产业或产品中，催生出新的产业或新的产品，继而产出结构不断得到调整。这样的供给主体不仅减少了无效供给，还增加了有效供给，在满足现实需求的同时创造出更多潜在的有效需求，实现更高层次的供需结构平衡。总之，只有健全产权制度体系以有效地保护产权，才能激发和保护企业家精神，有效地深入推进供给侧结构性改革，从而提高整个经济运行的效率、推动经济健康稳定增长。

供给侧结构性改革的深入推进，必将对产权制度体系等制度环境提出更高要求，促使其不断完善。现阶段的当务之急，就是要推动分类式产权制度体系建设逐步完善。健全产权制度体系，在国有经济领域就是要全面落实国有企业的公司制改革，大力发展混合所有制经济；在产能过剩的行业或部门，以及一些非核心非关键的领域，国有资本可考虑选择性退出，集中精力牢牢占据国民经济核心、关键领域的制高点。在民营经济领域，则应坚决落实对企业、企业家及个人合法财产的产权保护要求。

（三）供给侧结构性改革与其他制度层面的协调演进

除了健全产权制度体系以外，还要完善法治体系，明晰和厘定企业、政府以及市场之间的合理边界，构筑"清""亲"型政商关系。健全产权制度体系的根本目标在于我国社会主义市场经济体制的完善，基本方向在于让市场在资源配置中起决定性作用。从现实的境况来看，我国市场机制在资源配置方面尚未完全起到决定性作用，以政府为主体的资源配置行政化倾向仍较为突出。② 这主要表现为当前我国企业、政府以及市场三者的界限不清，常常出现政府强势"越界"的情况。例如，有的地方政府干预市场、扭曲要素资源价格，甚至直接干预或控制企业生产经营的决策。正因为如此，企业家不得不想方设法与政府及官员搞好关系，他们关注的不是如何动员要素投入生产经营，不是如何通过技术创新、传播与应用来谋求企业发展，而是在寻租活动中实现切身利益。显而易见，这与市场经济

---

① ［德］柯武刚、史漫飞：《制度经济学：社会秩序与公共政策》，商务印书馆 2000 年版。
② 卢现祥：《供给侧结构性改革：从资源重新配置追赶型经济转向创新驱动型经济》，《人文杂志》2017 年第 1 期。

体制的本质内涵是背道而驰的。事实上，市场经济的精髓和本质在于法治，所以，这些都需要通过不断完善法治体系来规范和约束政府的行为，厘清企业、政府以及市场之间的界限。在法律的框架下重构"亲""清"型政商关系，政府或官员意志要主动让位于企业家精神，让企业家按照自我激励的内在要求，在要素资源配置优化的基础上不断追求变革与创新，使企业成为新供给主体，为供给侧结构性改革的顺利推进奠定坚实的微观基础。当然，在发挥市场机制的同时，也要更好地发挥政府的作用，这也正是现阶段强调从"放管服"入手改革政府管理体制机制，进一步简政放权，减少政府对微观经济的不当或过度干预，由管制及投资型主体向服务型主体转变的深意所在。

供给侧结构性改革是一项集系统性、复杂性、全面性于一体的长期改革过程，关于供需结构性失衡与平衡的研究不能仅局限于静态的分析，因为现实中的供需关系并非处于静态，而是在总量和结构上不断进行着调整变化的动态过程。供给不只是要沿着需求侧的要求去适应，或者根据需求的变化来进行符合需求结构的调整和变化，关键还在于通过供给侧的技术创新与运用创造出更多的有效供给，以引领更多的需求来形成供需之间更高层次的平衡。因此，从供需动态平衡视角对供给侧结构性改革进行认识和把握很有必要。培育具备能动性的新供给主体，或者说促成旧供给主体向新供给主体的转换，是实现供给侧结构性改革目标的关键。只有健全产权制度体系，奠定激发和保护企业家精神的制度基石，才能有效地推进供给侧结构性改革目标的实现。

《资本论》视域下的供给侧结构性改革

——基于马克思社会总资本再生产理论

盖凯程 冉 梨[*]

摘 要：供给和需求作为市场经济内在关系的两个方面，是对立统一的关系。需求侧管理，着重解决总量性问题；供给侧管理，着重于解决结构性问题。当前我国经济发展面临的问题，既有供给也有需求，但矛盾主要方面是在供给侧，也就是体现在结构性问题上。因此，解决这些结构性问题，必须要从供给侧发力，使供给能力满足人民日益增长的美好生活需要，不仅从供给数量角度出发，更要推动供给的高质量发展，在质量上满足需求。在《资本论》中，马克思社会总资本再生产理论充分阐述了在社会再生产过程中，供求平衡和结构均衡至关重要，也成为当前我国供给侧结构性改革的理论指导。用改革的方法着眼于结构的调整和优化，通过实施提高供给体系质量，破除无效供给、培育新动能、强化科技创新，降低实体经济成本等措施，建立高水平和高质量的供需动态平衡体系。

关键词：供给侧结构性改革；社会再生产；两大部类失衡与平衡；高质量发展

改革开放以来，我国经济取得了举世瞩目的成绩，综合国力增强明显。然而，粗放式的发展方式使得经济运行出现一些深层次矛盾，这些矛盾集中体现在供给侧的结构性失衡。如何解决这一矛盾，习近平总书记指出要积极"推进供给侧结构性改革"。党的十九大报告指出，中国特色社会主义进入了新时代，"我国社会主要矛盾已经转化为人民日益增长的美

---

[*] 本文选自盖凯程、冉梨《〈资本论〉视域下的供给侧结构性改革——基于马克思社会总资本再生产理论》，《财经科学》2019 年第 7 期。

好生活需要和不平衡、不充分的发展之间的矛盾"①。这一论断正是以深化供给侧结构性改革为主线，推进现代化宏伟事业的战略性认识依据和设计指导方略的关键性原点。供给侧结构性改革政策既强调供给侧管理为主，又注重供给侧管理和需求侧管理相结合，②注重总量性宏观政策与产业政策、微观政策、改革政策和社会政策协调配套。这与凯恩斯主义为代表的需求决定论、萨伊定律为核心的供给经济学、里根和撒切尔主义的供给管理、罗丹和刘易斯的结构主义政策都不一样。供给侧结构性改革的提出，是以我国经济发展的新情况、新问题、新矛盾为背景的。供给侧结构性改革不是供给经济学在中国的再现，而是结合我国经济新常态这一现状所提出的新观念、新思想。这是马克思主义中国化的最新成果，是基于 40 年改革发展规律、推动高质量发展的深刻认识，是适应、把握、引领新常态的理论指导，是中国特色社会主义政治经济学的重要内容。

一 文献综述

1. 从马克思主义政治经济学理论框架谈供给侧结构性改革的理论来源

程恩富、谭劲松③提出，供给侧结构性改革作为马克思主义政治经济学的创新与发展，是中国特色社会主义经济理论的重要内容，页是马克思主义中国化的最新体现。所以，供给侧结构性改革的理论来源就是马克思主义政治经济学。刘元春④提出供给侧结构性改革的理论基础，就是吸收各种现代经济学成果，结合当前中国实践和经济新常态背景下所面临的新问题，发展和创新马克思主义经济学基本原理，形成的以经济新常态理论为内容的新时期的中国特色社会主义政治经济学。邱海平⑤认为我国的供给侧结构性改革必须坚持马克思主义政治经济学为指导。当前中国经济发展和改革的理论起点，是马克思主义政治经济学，并结合我国实践所形成的中国特色社会主义政治经济学，此外中国经济发展的现状也符合《资本

---

① 习近平：《决胜全面建成小康社会 夺取新时代中国特色社会主义伟大胜利——在中国共产党第十九次全国代表大会上的报告》，人民出版社 2017 年版。
② 中共中央宣传部理论局：《习近平新时代中国特色社会主义思想三十讲》，学习出版社 2018 年版。
③ 程恩富、谭劲松：《创新是引领发展的第一动力》，《马克思主义与现实》2016 年第 1 期。
④ 刘元春：《供给侧结构性改革的政治经济学解读》，《光明日报》2016 年 7 月 28 日。
⑤ 邱海平：《供给侧结构性改革必须坚持以马克思主义政治经济学为指导》，《政治经济学评论》2016 年第 3 期。

论》中的相关论断和预言。因此，运用马克思主义政治经济学的基本理论来分析供给侧结构性改革更具有理论意义。刘凤义①提出，中国特色社会主义政治经济学是马克思主义中国化的具体体现，是与中国经济发展和具体实践分不开的。其中以人为本原则、满足需要原则、共享发展原则、共有主体原则等都将成为供给侧结构性改革的指导。

2. 从马克思主义市场均衡理论谈供给侧结构性改革的理论来源

侯晓东②从市场供需均衡理论分析了供给侧结构性改革，他从西方经济学一般均衡和局部均衡角度出发，与马克思供需均衡理论进行了对比分析。当前的改革需要根据中国特色政治经济发展的实际，批判地学习借鉴马克思政治经济学与西方经济学市场均衡理论与分析方法，运用马克思的均衡思想指导现阶段产业升级与结构性改革。丁任重③提出，供给侧结构性改革是在新的社会发展水平上，实现供给与需求的再匹配以实促进经济增长，这个理论是以马克思政治经济学为指导的。王亚丽④认为，马克思宏观经济均衡理论是供给侧结构性改革的理论源泉，也为进行供给侧结构性改革提供了方法和对策。同时也提出，在新常态背景下，需要与时俱进地发展马克思宏观经济均衡思想，形成具有中国特色的宏观经济理论，才能更好地解决当前供给侧结构性改革的相关问题。杨继国、朱东波⑤认为，马克思结构均衡理论阐明了我国供给侧结构性改革的实质，"供给侧结构性改革"要跳出西方经济学的"总量分析"，运用马克思主义经济结构理论和经济增长理论，使得供需结构相匹配。滕泰、刘哲⑥认为新供给主义经济学结合马克思均衡理论，通过自身的不断完善和发展，为供给侧结构性改革形成了坚实的理论支撑，特别是供给侧结构性改革实践大部分与新

---

① 刘凤义：《中国特色社会主义政治经济学原则与供给侧结构性改革指向》，《政治经济学评论》2016 年第 3 期。

② 侯晓东：《供给侧结构改革的马克思主义政治经济学研究——基于市场供需均衡理论比较视角》，《当代经济》2016 年第 19 期。

③ 丁任重：《关于供给侧结构性改革的政治经济学分析》，《经济学家》2016 年第 3 期。

④ 王亚丽：《运用马克思宏观经济均衡思想指导供给侧结构性改革》，《经济问题》2017 年第 5 期。

⑤ 杨继国、朱东波：《马克思结构均衡理论与中国供给侧结构性改革》，《上海经济研究》2018 年第 1 期。

⑥ 滕泰、刘哲：《供给侧改革的经济学逻辑——新供给主义经济学的理论探索》，《兰州大学学报》（社会科学版）2018 年第 1 期。

供给主义经济学的"供给侧和五大财富源泉"所推行的主张相吻合。

3. 从马克思生产力与生产关系理论谈供给侧结构性改革的理论来源

白暴力、王胜利①谈到,供给侧改革的理论来自于马克思主义政治经济学,丰富和发展了马克思再生产力论、宏观经济结构理论、生产力和生产关系理论,它和西方的供给学派有着本质的不同。因此,在对供给侧改革进行分析时,必须从公有制这一角度出发,强调需求侧和供给侧的辩证统一关系,从生产端入手,提高社会生产力为目的,调整产业结构,深化企业改革,推进马克思理论中国化和中国特色社会主义政治经济学的发展和创新。陶启智②认为,深化供给侧结构性改革的理论依据来源于马克思主义政治经济学,其根本立场是坚持"以人为中心"的发展思想,通过解放和发展生产力,拉动经济的增长。马克思主义政治经济学理论阐述了物资资料生产过程中,生产是起点,消费是终点,交换和分配连接两者,生产关系调整自己以适应生产力的发展。社会总供给和总需求理论、资本循环周转理论、现代企业管理制度都是供给侧结构性改革的理论依据。

4. 从马克思社会再生产理论谈供给侧结构性改革的理论来源

魏旭③认为供给侧结构性改革是为了更好地实现中国特色社会主义生产为目的,通过社会主义制度的自我完善和发展,在新的技术基础上重构社会再生产体系,进一步解放和发展生产力。因此,必须从社会再生产体系中来把握供给侧结构性改革。王婷④谈到,供给侧结构性改革需要注意统筹使用价值和价值的辩证关系、生产资料和消费资料的数量和质量关系、扩大再生产过程中积累和消费的比例关系这三大关系,推进供给侧结构性改革。李繁荣⑤谈到部类之间及内部比例不协调导致供给侧结构性失衡,通过调整合理结构、合理的比例关系是解决当前"生产危机"的关

---

① 白暴力、王胜利:《供给侧改革的理论和制度基础与创新》,《中国社会科学院研究生院学报》2017年第3期。
② 陶启智、冯青琛、刘铭:《深化供给侧结构性改革的马克思主义政治经济学分析》,《财经科学》2017年第8期。
③ 魏旭:《唯物史观视阈下"供给侧结构性改革"的理论逻辑》,《社会科学战线》2018年第4期。
④ 王婷:《马克思社会再生产理论视域中的供给侧结构性改革》,《河北经贸大学学报》2017年第3期。
⑤ 李繁荣:《马克思主义经济学视域下的供给侧结构性改革解读——基于社会总资本再生产理论》,《当代经济研究》2017年第4期。

键。邵丽敏、王建秀、阎俊爱[①]通过分析再生产的物质基础、核心问题、实现条件，提出去杠杆化，防范金融风险、化解产能过剩和培育新兴产业，以解决供给侧结构性改革的具体问题。

既有研究从马克思主义政治经济学宏观理论框架角度谈供给侧结构性改革，也有从具体的市场均衡理论、生产力和生产关系理论分析供给侧结构性改革的理论来源，这些理论研究都为供给侧结构性改革做了很好的理论推进，也提出了诸多原创性观点，不过当前有关供给侧结构性改革的再生产理论角度的文献还比较少，且已有的文献对基于两大部类失衡的现实表现以及供给侧改革的对象和路径缺乏系统化梳理。基于此，本文将着重以再生产理论为切入点分析供给侧结构性改革的理论基础，并在此基础上分析改革措施，以促进供需结构的平衡和经济的长期稳定增长。以期为供给侧结构性改革的政治经济学基础理论创新做出边际增量贡献。

二 供给侧结构性改革究竟改什么？——从两大部类失衡角度出发

马克思对供给（supply）的定义是"处在市场上的产品，或者能供给市场的产品"[②]。供给是生产者提供给市场的具有使用价值的产品，它等同于某种商品的卖者或生产者的总和。因此，生产者既需要有对某种商品提供出售的愿望（供给欲望），也要有提供出售的能力（供给能力），才能形成有效供给。与此对应，需求（demand），是指"购买商品或劳务的愿望和能力"[③]。马克思认为它是"市场上出现的对商品的需要"[④]，当然这个商品可能被作为生产资料进入生产消费领域，或者作为生活资料进入个人消费领域。因此这里的需要既可能是由生产者产生，也可能由消费者产生。"在需求方面，存在着某种数量的一定社会需要，要满足这种需要，就要求市场上有一定量的某种物品。但是，从量的规定性来说，这种需要具有很大伸缩性和变动性。它的固定性是一种假象"[⑤]。这种需要和实际的

[①] 邵丽敏、王建秀、阎俊爱：《社会总资本再生产理论——基于生产持续性视角》，《经济问题》2018年第9期。
[②] 《马克思恩格斯全集》（第25卷上），人民出版社1975年版，第208页。
[③] 中国社会科学院语言研究所词典编辑室：《新华字典》，商务印书馆2011年版。
[④] 《马克思恩格斯全集》（第25卷上），人民出版社1975年版，第211页。
[⑤] 《马克思恩格斯全集》（第25卷上），人民出版社1975年版，第211页。

社会需要之间存在着数量上的差别,就导致了供给和需求的不平衡。

马克思《社会总资本再生产和流通》①中论述,资本的直接生产过程,就是资本的劳动和价值增值的过程。这个过程的结果是商品产品,决定性动机是生产剩余价值。而再生产过程既包含直接的生产过程,也包含真正流通过程的两个阶段,即全部循环,并形成资本的周转。社会总资本运动的过程,既包含生产消费和作为中介的形式转化,也包含个人消费和作为其中介的形式转化或交换。

在《资本论》第二卷关于"再生产"的论述中,将社会的总生产物,分成两大部类:第Ⅰ部类是生产资料,是必须进入或至少能够进入生产消费的形式的商品;第Ⅱ部类是消费资料,是必须进入资本家和工人两个阶级的个人消费的形式的商品。②这两个部类分别成为生产资料的生产部门和消费资料的生产部门,而两个生产部门通过各自使用的全部资本形成社会资本的特殊大部类。社会总资本再生产理论前提认为:社会总产品的生产,通常是物质形式和价值形式同时存在的。物质形式包括生产生产资料(第Ⅰ部类)和生产消费资料(第Ⅱ部类),价值形式则表现为不变资本 c、可变资本 v 和剩余价值 m。第Ⅰ部类与第Ⅱ部类的是否能平衡发展,将决定供给侧结构性改革的手段和目的,同时也为供给侧结构性改革提供了理论基础。通过简单在生产理论,我们知道,第Ⅰ部类向社会所有生产部门提供生产资料,既满足本部内的生产需要,也满足第Ⅱ部类所有部门所需的生产资料;第Ⅱ部类生产所有消费资料,既要满足本部内的消费资料需求,也要为第Ⅰ部类提供消费资料,这样再能实现扩大再生产。供给侧结构性改革正是从结构角度出发,保证两大部类按比例平衡发展和社会生产体系均衡,从而能实现经济的持续健康运行。

1. 两大部类内部结构失衡的表现

再生产实质上是以消费为目的的,两大部类的生产都是为简单和扩大再生产服务的,所以两大部类内部的结构均衡与否都会影响再生产。

第一,第Ⅰ部类内部结构的失衡。"第Ⅰ部类内部的交换,就是一种生产资料与另一种生产资料的交换,通过交换,各部门与各企业消耗的生

---

① 《资本论》(第2卷),人民出版社2004年版,第402页。
② 《资本论》(第2卷),人民出版社2004年版,第438页。

产资料可以互相补偿"。① "第 I 部类内部的生产主要从两个方面体现，一部分是生产生产资料的生产资料，称其为 I A，例如生产生产资料的机器等；另一部分是生产消费资料的生产资料"。② 尽管在《资本论》原文中没有对第 I 部类生产消费资料的生产资料进行分类，但对第 II 部类生产的消费资料分为了生产必要消费资料和生产奢侈消费资料，参照这次分类，我们将第 I 部类内部的生产生产资料分为生产必要生产资料的生产资料 I a 和生产奢侈生产资料的生产资料 I b。而在具体生产过程中，I a 和 I b 不生产他们自己再生产的生产资料，只能从 I A 处得到，否则难以实现再生产。因此，I A 与 I a+I b 之间的比例关系和 I a 与 I b 之间的比例关系都会影响简单再生产的顺利进行。例如，在钢铁、煤炭等重工业的过度投入，产能过剩，影响农业和第三产业的发展；同时重工业内部生产，例如煤炭与钢铁之间的生产也出现了比例失调。

第二，第 II 部类内部结构的失衡。"年商品生产第 II 部类事由品类繁多的产业部门构成，但从生产的产品来说，分为两大分部类，即消费资料 a 和奢侈消费资料 b"③，"消费资料进入了工人阶级的消费的一部分，但他们是必要生活资料，所以也构成资本家阶级的消费的一部分，虽然就其质量和价值来说，旺旺和工人的必要生活资料不同"④，"奢侈消费资料只进入资本家阶级的消费，所以只能和花费的剩余价值交换，而剩余价值是绝对到不了工人手中"。⑤ 在消费资料生产过程中，a 和 b 两个分部类之间是存在一定量的比例关系，因此，提供这两类产品的生产部门也有一定量的比例关系，若 a 和 b 的比例发生了变化，简单再生产的条件也会发生变化。现实中，如果必要的消费资料需求得到了满足，而奢侈消费资料无法得到满足，就会出现供给与需求不对称，造成结构性失衡。特别是在国内消费资料无法满足需求，就会促使消费者购买国外商品（以满足自身需求），导致有效供给不足。所以，"必要消费资料的生产和奢侈品的生产之间的

---

① 人民出版社：《学习马克思关于再生产的理论》，中国社会科学出版社 1980 年版，第 279 页。
② 人民出版社：《学习马克思关于再生产的理论》，中国社会科学出版社 1980 年版，第 281 页。
③ 《资本论》（第 2 卷），人民出版社 2004 年版，第 448 页。
④ 《资本论》（第 2 卷），人民出版社 2004 年版，第 450 页。
⑤ 《资本论》（第 2 卷），人民出版社 2004 年版，第 453 页。

比例关系,是以Ⅱ(v+m)在Ⅱa和Ⅱb之间的分割为条件的",这将直接影响生产的性质和数量。

2. 两大部类之间结构失衡的表现

两大部类之间应当保持一定的比例关系以推动社会经济平稳发展。如果出现比例失调,扩大再生产无法实现,出现经济结构失衡甚至经济衰退。两大部类平衡与否,在现实中直接表现为结构问题。而当前我国经济出现的问题,也是由于社会总供给和总需求结构失衡所导致的。

第一种失衡:

Ⅰ($v+\Delta v+m/x$) < Ⅱ($c+\Delta c$),Ⅰ($c+v+m$) < Ⅰ($c+\Delta c$) + Ⅱ($c+\Delta c$)

第Ⅰ部类的生产和积累小于第Ⅱ部类消耗的不变资本,同时第Ⅰ部类生产生产资料小于第Ⅰ部类和第Ⅱ部类自身对生产资料的需求。这意味着在整个经济结构中,生产资料的供给方面出现了结构性问题,无法满足消费资料生产和扩大再生产对生产资料的需求。而引起两部类生产资料供给不足的原因表现在以下几个方面:

第一,从劳动力角度看。劳动力供给已经从过剩变为短缺,特别是对高级技术人才的需求进一步扩大,而低技能的劳动力又不能满足劳动力市场的需求;同时,城乡之间差距、东中西区域之间差距和不同行业产业之间工资差距进一步扩大,收入分配差距仍然较高。依靠劳动力总量大,发展劳动密集型企业,通过简单加工或者生产低附加值产品来获取利益,在当前市场竞争中无法确立优势;而市场急需的职业技能精湛、知识涵养丰富的高素质和高技术的人才短缺严重,不足以满足市场的需求,导致生产力水平下降。人口规模减小和适龄劳动力减少,依靠提升劳动者素质来减少劳动力成本上升所产生的影响,劳动密集型的产业必须转型升级。

第二,对生产企业而言,创新能力有待提高。根据市场分析,当前中国企业的创新能力分布不均衡。首先,在创新成果集中程度上,绝大多数的创新成果主要集中在少数企业中;其次,在创新成果质量方面,整体质量处于中下水平,核心技术对外依存度偏高;再次,在重要前沿领域方面,企业整体活跃度不高,创新能力仍然落后于世界先进水平;最后,在企业对创新的资金投入方面,总量有所上升,但与发达国家仍然存在一定差距。根据《中国企业创新能力排行榜 2018 分析报告》①，中国企业的创新能力主要从专利数量、专利质量和分布区域三个方面进行分析。专利数量方面，优秀企业有效专利数量增长迅速，但集中度较高，在中国企业创新能力 100 强中，申请专利数和有效专利数在 2000 件以上的有 71 家和 42 家企业，可以看出专利数量主要集中在少数优质企业中；专利质量方面，中国高新技术企业的发明专利占比有所提高，前 100 强企业发展专利占比 64%，有效发明专利占比 48.5%，但仍与美日等发达国家存在一定差距；地区分布方面，高新技术企业主要还是聚集在经济发达地区，最为集中的省份分别为广东 22%、北京 22%、江苏 11%、上海 7% 和山东 7%，这些地区的高新技术企业共占前 100 强的 69%。同时，这些高新企业创新主要集中在通讯领域、大数据技术和人工智能技术，而对于传统企业，创新能力提升的压力颇大。

第三，对宏观管理主体政府而言，实现扩大再生产，需要降低企业的生产成本。在调整政府与企业之间的收入分配关系方面，需要在税收、行政事业收入方面进行调整，主要就体现在税收体制改革上。过去税收结构的不合理，导致重复性征税现象出现，尤其是制造业等行业，增值税和营业税并存导致企业负担沉重，减少企业的生产性积累，影响企业发展，再生产难以扩大。2016 年在增值税和营业税并存情况下，各项税收总计 130360.73 亿元；2017 年进行税收改革后总税收为 144369.87 亿元，其中增值税 56378.18 亿元，可以在一定程度上减少企业负担，但仍需进一步退休降税降费政策。

第四，对市场而言，大量的"僵尸企业"长期占据市场重要资源，需加速淘汰落后产能过剩行业。当前，煤炭、钢铁等行业占据着土地、资本、劳动力等社会资源，不但没有相应的产出，还阻碍了这些资源流向高效企业，无法实现资源的优化配置。市场的优胜劣汰原则在面对这些企业时并没有发挥作用。同时，这类企业长期占据金融资源，一旦破产，社会金融风险爆发，引起经济危机，这会对经济转型升级和产业结构调整产生重大影响。2017—2018 年全年工业产能利用率分别为 77.0%、76.5%。

---

① 中国人民大学中国经济改革与发展研究院和经济学院，"2018 中国企业创新能力百强排行榜"发布，人民网·财经，http：//finance.people.com.cn/n1/2018/1104/C1004 - 30380707.html，2018 年 11 月 4 日。

其中，煤炭开采和洗选业产能利用率为 68.2%、70.6%，黑色金属冶炼和压延加工业产能利用率为 75.8%、78.0%，相较于前几年有了较大改观，但仍需对落后产能进行淘汰或进行结构升级，以实现资源的优化配置。

通过对劳动力的供给、企业的创新能力、政府的降成本措施以及市场的资源配置四个角度分析，我们发现，这四个方面的供给侧结构问题正是导致第Ⅰ部类的生产无法满足两大部类的总需求的原因。当然，经济的发展不仅仅是只缺乏第Ⅰ部类的生产，第Ⅱ部类消费资料的生产不足也存在供给侧结构性问题。

第二种失衡：

Ⅱ$(c+\Delta c)$ < Ⅰ$(v+\Delta v+m/x)$、Ⅱ$(c+v+m)$ < Ⅰ$(v+\Delta v+m/x)$ + Ⅱ$(v+\Delta v+m/x)$

第Ⅱ部类的生产和积累小于第Ⅰ部类消耗的不变资本；同时，第二部类生产的消费资料也小于两大部类的可变资本总需求。扩大再生产实现条件出现偏差，两大部类内部失衡，消费资料生产不足引起供给侧结构性问题，主要表现在以下几个方面。

第一，城镇化进程缓慢，劳动力转移能力不足。作为第Ⅱ部类生产和消费的主体，城镇居民对促进第Ⅱ部类发展有着重要作用，而城镇化也影响着第Ⅱ部类的生产。城乡户籍制度、城市和农村的社会保障制度等都对城镇化进程都有一定影响，当前的户籍制度对农村剩余劳动力的转移有一定影响，城乡差距也在近年逐步拉大。根据统计，2018 年全国总人口为 139538 万人，其中城镇常住人口 83137 万人，占总人口比重为 59.58%，城镇化率为 43.37%，和美国当前总体平均城市化率 83% 还有较大差距。全国参加城镇职工基本养老保险人数 41848 万人，比上年末增加 1555 万人。参加城乡居民基本养老、基本医疗保险、失业保险、工伤保险、生育保险人数都有所增加，但与社会总人口对比以及城乡居民保障制度对比都有一定差距。

第二，房地产库存积压，住房空置率高。过去扩大内需的政策诱发了以房地产投资为主的热潮，各地方政府为获得短期经济效益，通过提高土地价格实现财政收入增加。土地价格上涨导致房价居高不下，一方面有购买欲望的家庭买不起房，另一方面有的家庭拥有多套住房却空置，造成积压。部分地方政府的"土地财政"政策使得房地产投资多、开发热，出现结构性失衡，库存积压严重。2016—2018 年房地产开发投资 102581 亿元、

109799 亿元、120264 亿元，在整个政府投资中所占比例加大；同时，2017 年至 2018 年年末商品房待售面积分别为 58923 万平方米和 52414 万平方米，库存积压严重。① 根据调查，中国的自然空置率为 9.8%，一线城市的自然空置率为 11.3%，二线城市为 9.1%，三线城市为 8.8%。中国目前的空置率水平已远高于自然空置率的标准，尤其是二、三线城市明显偏离自然空置率；同时，商品房的空置率一、二、三线城市分别为 16.8%、22.2%、21.8%，明显高于多数国家水平；且根据数据统计，住房越新，空置率越高。②

第三，产业结构不合理，经济发展后续乏力。近年来，传统产业的转型升级步伐加快，落后产能的淘汰效果明显，但新的经济增长动能还有待进一步提高，特别是产业结构的优化升级稍缓、产业发展地区不平衡、产品同质化严重以及市场竞争力偏低等方面因素严重制约了消费升级。社会资本再生产中两大部类和两大部类内部是有一定比例进行生产的。就当前的三大产业结构来看，其比重存在一定问题。2017 年第一、二、三产业产值的比重分别为 7.6%、40.5% 和 51.9%，第三产业产值比重过半且超过了第二产业，但农业的基础地位相较于 2016 的 8.1% 进一步下降，重工业无变化，这与美国三大产业所占比重 0.89%、19.06%、80.25% 仍存在加大差距，特别是在第三产业的发展，还有待进一步提高。在消费结构中，各类消费品与三大产业的关系非常密切，食品等消费主要依靠第一产业，生活、交通等主要受第二产业影响，而医疗、教育、通信服务等主要受第三产业的影响，因此，产业结构的不合理将直接影响消费结构升级，而消费结构是影响第Ⅱ部类发展和扩大再生产的重要因素。

三 供给侧结构性改革怎么改？——从两大部类平衡角度出发

从马克思社会总资本再生产理论和两大部类平衡理论角度，当前的供给侧结构性改革必须从经济结构角度出发，进行调整和优化；同时为促进经济长期持续地发展，要通过政策的制定和体制的完善来实现供给和需求的平衡。

---

① 全文数据除特殊标注外，均来自于国家统计局网站
② 甘犁：《2017 中国二、三线城市空置率远超一线水平》，网易·财经新闻，http://money.163.com/18/1221/11/E31/SCSC00258105.html，2018 年 12 月 21 日。

1. 从国家宏观政策看

2019 中央经济工作会议提出，当前经济运行的主要矛盾仍然是供给侧结构性的，必须坚持以供给侧结构性改革为主线，政府采取改革的办法，更多运用市场化、法治化手段，在'巩固、增强、提升、畅通'八个字上下功夫，思路更清晰、重点更明确。① 这一经济政策的实施，也是为了实现两大部类均衡，更好地促进经济持续稳定的增长。

第一，要坚持供给侧结构性改革为主线，立足当前，着眼长远。当下，供给与需求不平衡，更多表现在结构性矛盾上，所以要解决好供求结构性矛盾，激发国内需求；长远来看，是要建立长效体制机制，保持经济持续稳定增长。在扩大内需方面，减少低端和无效供给、扩大有效和中高端供给；在建立机制体制上，还需要充分发挥市场的作用，用市场机制来推动供给侧结构性改革。同时，过去供给侧结构性改革提出首先要在供给数量上要满足需求，在十九大报告中，强调当前中国经济发展进入新时代，开始由高速增长转向高质量发展，而高质量发展正是新发展理念的集中体现，是保持经济持续健康发展的必然要求，是遵循经济规律发展的必然要求。推动高质量发展，要改变发展方式，从数量追赶转向质量追赶；要实现产业体系和产业结构的升级，从要素密集型产业转向技术和知识密集型企业，从低技术含量、低附加值产品体系转向高技术含量、高附加值产品体系；要打造环境友好型经济，在经济发展过程中主义生态环境保护，走绿色发展道路。

第二，要在"巩固、增强、提升、畅通"上下功夫。八字方针的推行，首先需要巩固"三去一降一补"成果，进一步巩固改革的成果；同时，"去产能、去库存"是为有效供给腾出空间，重新调整国内供求矛盾，创造和满足有效供给；再次，"去杠杆、降成本"是为了提高企业竞争力，以弥补国内有效供给不足这一缺口，为满足国内需求提供更多有市场竞争力的商品；最后，"补短板"是为了实现进口替代，尽可能用国内的供给满足消费者的需求，以实现国内产品的生产价值，使得消费者将国外需求转化为国内需求，进一步扩大国内需求市场。经过这几年发展，该政策已

---

① 人民日报评论员：《坚持以供给侧结构性改革为主线不动摇——四论贯彻落实中央经济工作会议精神》，新华网，http://www.xinhuanet.com/2018-12/25/c_1123903836.htm，2018 年 12 月 25 日。

经取得了阶段性成效。但从长期看，经济目标是实现供需的动态平衡，所以还是需要继续通过改革手段，建立机制体制，保障经济长期稳定的增长。

巩固，主要是要巩固前期改革成果，尤其是在产能过剩行业方面，要进一步加快市场出清，从而降低各类经营成本。市场，作为资源配置的基础手段，应当充分发挥其作用，应用市场去产能、去库存，让市场的价格体现供给和需求的变化；在市场准入方面，积极放宽市场准入，减少政府干预，促进生产要素的自由流动，让供给结构能够积极适应需求的变化；同时，政府应当逐渐取消对"僵尸企业"的补贴，让市场对不符合市场规则的产业和企业优胜劣汰；政府简政放权，减少审批事项，简化审批流程和环节，最大限度地减少对资源的直接调控和对企业的发展限制。

增强，主要是增强微观主体的活力，这一微观主体就体现在企业和企业家身上，而外在，则需要建立公开公平透明的市场规则和法治化的营商环境。发挥企业和企业家的主观能动性，主要体现在企业创新上。一个企业的创新能力，是改变生产方式、保持经济持续增长的重要因素之一。要提升企业的创新能力，一方面需要完善的法律法规体系，加强市场监管，保护企业知识产权，建立公平开放透明的市场规则和法治化营商环境，为企业创新提供制度保障；另一方面引导社会资金进入创新领域，深化投融资体制改革，调动企业的积极性和创造性，激发企业创新热情，积极推进正面刺激和优胜劣汰，从而发展更多优质企业。

提升，主要体现在产业链水平的提升上，特别是保持企业持续有效的发展，推动企业创新发展。科学技术是第一生产力，创新是引领发展的第一动力。科技创新是需要体制创新推动的。一方面，政府作为市场中的重要角色，对科技的投入有着重要作用，同时政府也可以积极引导企业、社会等增加对研发投入，加大资本市场对科技型、创新型企业的支持力度，积极鼓励研发和创新，建立风险分担机制，降低民营企业研发风险，是企业成为创新的主体；另一方面推进重大科技决策制度化，进一步完善符合科技创新规律的资源配置方式，通过简化行政预算和财务管理方法管理科技资源等问题，力求科技创新活动效率最大化，推动流通环节改革和反垄断反不正当竞争，减少政府对市场资源的直接调控，发挥市场在资源配置中的决定性作用。

畅通，是要建立统一开放，竞争有序的现代市场体制。公平竞争，就要全面实施市场准入负面清单制度,清除违反公平竞争的规章制度,保障企业在健康公平的环境下发展,激发市场主体活力,对价格进行积极引导,保障其在资源配置中的作用,促进生产要素自由流动。同时,政府要建立统一的监管政策和标准,维持市场的公平公正。

2. 从具体结构性改革措施和体制建设看

在推进新时代经济发展,提高供给体系质量水平过程中,整个供给体系都要有高质量;有市场经济环境中,各个领域各个环节都要推行结构性改革,才能实现推进两大部类平衡发展,推进社会总资本扩大再生产。

第一,在劳动力供给方面,提升劳动力供给质量。当前人口红利的逐步消失和老龄化问题凸显,人口总量增长的势头减弱,人口结构性问题突出,劳动年龄人口开始减少,劳动力供给出现不足,人口均衡发展的压力增大。这对企业,特别是劳动密集型企业来说,将极大限制其自身的扩大再生产活动。同时,职业技能精湛、知识涵养丰富的劳动力也相对比较缺乏,劳动力素质有待进一步提高。因此,在劳动力供给角度方面,既要从"量"上手,也要提高劳动力供给的"质"。首先,坚持计划生育的基本国策,完善人口发展战略,全面实施二孩政策,积极开展应对人口老龄化行动。全面二孩政策是符合供给侧结构性改革的要求,是有利于优化人口结构,保持经济社会发展活力,促进家庭幸福与社会和谐。从社会发展长远看,全面二孩政策的实施,到 2050 年适龄劳动年龄人口将增加 3000 万左右,有利于稳定经济增长预期。其次,构建中国特色多层次混合型养老保障体系。通过国家基本养老保险、企业年金和个人商业养老保险"三位一体",实现老有所养、老有所乐,完善养老保障制度。通过取消城乡社会保障差异,推进城镇化建设,保证社会保障供给的公平公正,对养老基金实行全国性统筹。进一步完善社会救助体系,逐步实现二次分配的公平性。再次,加大对教育的投入,提高劳动力素质,在创新下功夫。企业的创新,实际就是人才创新,而创新驱动实际就是人才驱动,人力资源才是是支撑创新发展的第一资源。优先发展教育事业,提高劳动力素质。劳动力素质已经成为制约当前经济的发展的重要影响因素,全面提高劳动力素质已是当务之急。积极推动城乡义务教育一体化发展,高度重视农村义务教育、普及高中阶段教育、完善职业教育和培训体系、推进高等教育内涵式发展,从各个阶段着手,综合提升劳动力素质,让有效劳动力的供给满足扩大再生产的需要。最后,建立与高质量发展相适应的激励机制,激发人才的积极性、创造性,保证高质量发展有源源不断的动力。

第二,在企业供给方面,注重提升企业质量。企业作为扩大再生产的重要角色,对经济发展有着重要作用。首先,提升企业的质量水平、技术水平和服务水平意味着提升供给主体的整体质量。加大对企业的财政支持,特别是规模优势明显、自主创新能力强、品牌知名度高、资源整合能力优势明显的企业,进行积极引导。特别是对创新型企业的培育、强化,一方面要加大人才和服务保障,同时还要深化产学研协同创新,鼓励企业积极创新,提升创新能力,推进创新企业的发展。其次,注重企业产品质量的提升,通过对产品进步标准化管理,在产品设计、制造、销售以及售后等环节采取统一的质量标准,加强行业监督,为产品质量提供公平公开的市场竞争环境。

第三,加快产业结构转型升级,加大对实体经济的支持和投入。首先,要进一步优化产业结构,在推进供给侧结构性改革时,要坚持优化存量和扩大增量并重的基础上实现结构升级,发展先进制造业和壮大第三产业,培育新兴产业和改造传统产业,由中国制造转向中国创造、中国速度转向中国质量、中国产品转向中国品牌。其次是优化区域结构,各区域各地区根据发展优势不同,进行不同角度不同功能进行建设。在推进各区域发展时,要注意生态环境与经济发展的关系。再次是优化城乡结构,积极推进乡村振兴战略,推进农业现代化,培育新型农业,促进城乡一体化发展。最后,实体经济是国民经济的基础,振兴实体经济,既是中国经济发展的支点,也是经济政策制定的基点。积极推进云计算、大数据、AI等为代表的新一代信息技术与实体经济的深度融合,加快提升产业供给能力,推进经济实现高质量发展;继续深化金融体制改革,优化融资结构和信贷结构,积极引导银行对实体经济的融资支持;积极推动科技创新能力,把握产业升级方向,提出适宜产业政策,促进技术进步,提高产业效率和促进产业结构高级化;加强顶层设计,多举措共同发展壮大实体经济特别是先进制造业,通过营造公平竞争市场环境,强力支持民营经济发展。

第四,进一步优化商品供给结构,使得消费结构不断改善,从量的满足转向质的提升。根据调查显示,满足基本生活需求的消费品零售额占比明显下降,反映消费升级的耐用品零售额占比提升;同时生活水平的提高使得消费由实物型向服务型转变,体验类消费快速发展。为适应这一发展,首先应当积极推进消费结构转型,加强市场监管,规范市场供给,培育服务类消费新的增长点；其实，通过建立多层次消费体系，通过丰富和完善供给市场以适应不同消费群体消费升级的需求；再次在企业方面加强企业创新和创造能力，加强品牌建设，提升产品质量，形成生产消费的良性循环，以质量创品牌，以品牌带市场，真正实现高质量发展。

四 结语

供给侧结构性改革，是综合研判世界经济形势和推动高质量发展所作出的重大决策，也是落实全面深化改革的战略突破口；这一改革不是西方供给学派的重现，而是立足于中国改革发展实践对马克思主义政治经济学的创新发展；这一改革是以提高供给质量为主攻方向，以深化改革为根本途径，以满足需求为最终目的，是推动我国经济实现高质量发展的必然要求；这一改革是充分把握改革主线，提高供给结构对需求结构的适应性，在解放和发展社会生产力中更好地满足人民对美好生活的向往。通过以上分析，在经济转向高质量发展背景下，马克思社会总资本再生产理论对分析当前供给侧结构性改革的理论来源有着重要作用。当前，在社会总产品实现上，主要问题在于两大部类的失衡，因此要解决这些问题，必须从两大部类平衡角度出发，既要强调供给又要关注需求，既要解决结构性问题又要解决总量性问题，既要注重数量的提升也要推进高质量发展。当然矛盾的主要方面在供给侧，所以重点放在结构调整和质量提升上，以保证总供给和总需求的平衡，实现经济的持续平稳健康的发展。最后，在当前开放国际市场条件下，深入探讨两大部类失衡原因与平衡对策将成为笔者未来进一步研究的方向。

中国城镇化的供给侧结构性改革

——一个政治经济学分析框架

吴 垠[*]

摘 要：党的十九大以来，供给侧结构性改革成为经济体制改革的重心所在。城镇化的改革如何从供给侧结构性的角度入手进行创新，成为一个亟待解决的问题。要素、体制、各类利益主体的生产关系构成城镇化供给侧结构性改革的难点，需要历史地看、动态地看：1949年后，中国经历了以产业后备军助推城镇化发展到以土地后备军助推城镇化发展的两个重要历史进程，城镇化的供给要素由人口主导变成了土地主导，其背后的城镇化运营体制和社会生产关系也发生了深刻地变化。本文从政治经济学的角度模型化了这一产业后备军到土地后备军分别主导的城镇化发展历程，并着重探讨了农村土地产权性质变更带来的生产关系调整对城镇化的影响，并用实证数据分析了土地后备军的潜力及其对产业后备军替代的可持续性。文章认为，无论是产业后备军、还是土地后备军，都是对城镇化发展做出过、甚至还将继续做出巨大贡献的力量。需要把这些发展的力量和新阶段中国城镇化供给侧结构性的改革结合起来，找到一条成本代价更低、发展模式更多元、利益关切更倾向广大劳动人民的城镇化道路，让城镇真正成为中国经济发展的"永动机"，实现"以人民为中心"的城镇化。

关键词：城镇化；产业后备军；土地后备军；政治经济学分析框架

一 引言

党的十九大以来，习近平同志在多个场合强调要从供给侧结构性改革

---

[*] 本文选自吴垠《中国城镇化的供给侧结构性改革——一个政治经济学分析框架》，《政治经济学评论》2017年第11期。

中国经济,特别是要加强供给侧的结构性改革,着力提高供给体系质量和效率①。《人民日报》曾用整版的篇幅刊载了一篇题为《权威人士再论当前经济:供给侧结构性改革引领新常态》的文章,文章指出:从国情出发,我们不妨用"供给侧+结构性+改革"这样一个公式来理解,即从提高供给质量出发,用改革的办法推进结构调整,矫正要素配置扭曲,扩大有效供给,提高供给结构对需求变化的适应性和灵活性,提高全要素生产率,更好满足广大人民群众的需要,促进经济社会持续健康发展。并强调"我们要学好用好中国特色社会主义政治经济学,把各方面的力量凝聚起来,形成推进供给性结构性改革的整体合力"②。

在这样一个改革的宏观背景下,作为中国"十三五"规划重点的城镇化发展战略,在供给侧结构性改革方面当何去何从?城镇化的结构性调整包含哪些方面?应该找到哪些关键的变量来考察当前城镇化的焦点问题?城镇化战略在实施的同时如何配合"去产能、去库存、去杠杆、降成本、补短板"?这些问题,本文将从一个政治经济学框架角度加以概述,力求解决中国城镇化改革进程中的那些供给侧结构性难题。

二 文献综述

城镇化的理论与政策研究是近年来国内外学术界的一个热点话题。国际上的一些代表性研究在考察城镇化供给侧结构性的论述思路,主要可以从三个方面加以观察:

第一个方面是关于城市化③的古典学派的纯理论研究。这一思路的研究进展早期可以追溯到威廉·配第的城市发展资源说,配第的研究较早地

---

① 习近平在亚太经合组织(APEC)工商领导人峰会发表演讲时表示:"要解决世界经济深层次问题,单纯靠货币刺激政策是不够的,必须下决心在推进经济结构性改革方面做更大努力,使供给体系更适应需求结构的变化。"在随后的中央财经领导小组会议上,他又指出:"在适度扩大总需求的同时,着力加强供给侧结构性改革,着力提高供给体系质量和效率。"参见《习近平为何九天两提"供给侧结构性改革"?》,人民网,http://politics.people.com.cn/n/2015/1119/c1001-27834311.html。

② 参见《权威人士再论当前经济:供给侧结构性改革引领新常态》,《人民日报》2016年1月4日。

③ 西方学术界的城市化和城镇化概念是混用的,我们这里采用最通常的翻译,即"城市化"。后文将阐述这两者的区别。

关注到了资源供给对城市发展的突出作用①；在其之后，亚当·斯密通过重商主义城市的分析推演出城市形成的两个前提条件是农业生产过剩和城市生产用于交换农产品，农产品的供给因素在亚当·斯密那里成为城市发展的基础性条件②；马克思对英国城市经济发展和资本积累的分析，特别探讨了两类城市：一是贸易型商业城市，二是圈地运动形成的早期工业城市，他认为这两类城市模式是资本原始积累的先驱，而机器大工业则铸就了现代工业城市的雏形③；延续马克思的思路，马歇尔对工业城市发展的约束条件进行了观察，指出"我们必需研究聚集在一个工业城市或人口稠密的工业区域的狭小范围内熟练工人集团的命运"④，这显然已经是近代城市化研究的重要主题，即工业城市的经济聚集与劳动力的生产发展状态的关系，这也为后来的城市经济学在城市交通、城市区域规划的新古典研究开辟了一扇窗口；刘易斯⑤提出了二元经济与无限劳动力供给假说，开创了古典经济学分析城乡二元结构的重要领域，在刘易斯的城镇化"供给侧结构性"分析中，农业劳动力是无限供给城市的，除非发生今日中国出现的刘易斯拐点现象⑥。

20世纪50年代以后，用古典经济学分析范式探讨城镇化的理论学说日渐稀少，直到杨小凯的"城市经济学新兴古典框架"和大卫·哈维的资本主义城市批判研究的出现。杨小凯在他的"新兴古典经济学"框架和超边际分析中⑦，沿用了斯密和马歇尔关于分工经济含义的思想，认为城市与城乡差别的出现是分工和个人专业化演进的结果⑧，杨小凯等的分析可

---

① ［英］威廉·配第：《赋税论》，陈冬野等译，商务印书馆1978年版，第36—37页。
② ［英］亚当·斯密：《国民财富的性质和原因研究》（下），郭大力、王亚南译，商务印书馆1974年版，第251—252页。
③ 关于贸易型商业城市的描述参见［德］马克思《资本论》（第一卷），人民出版社1975年版，第184—185页；关于圈地运动形成早期工业城市的描述参见［德］马克思《资本论》（第一卷），人民出版社1975年版，第800页。对机器大工业的描述参见［德］马克思《资本论》（第一卷），人民出版社1975年版，第505—506页、第552页、第719—721页、第723—726页。
④ ［英］马歇尔：《经济学原理》（上），商务印书馆1964年版，第283—284页。
⑤ Lewis, W. A., "Economic Development with Unlimited Supplies of Labour", *The Manchester School of Economic and Social Studies*, 22 (2) 1954: 139-191.
⑥ 蔡昉：《人口转变、人口红利与刘易斯转折点》，《经济研究》2010年第4期；蔡昉：《二元经济作为一个发展阶段的形成过程》，《经济研究》2015年第7期。
⑦ 杨小凯：《发展经济学：超边际与边际分析》，社会科学文献出版社2003年版，第268页。
⑧ Yang, X. and Rice, R., "An Equilibrium Model Endogenizing the Emergence of a Dual Structure between the Urban and Rural Sectors", *Journal of Urban Economics*, 35 (3), 1994: 346-368.

能暗含了把城镇化供给侧结构性改革融入微观分工的考虑,但是其研究并未指明这一点。而大卫·哈维则延续马克思的资本积累古典分析框架,认为:城市化过程是与积累和阶级斗争两大主题高度相关的①,资本主义的经济地理、阶级垄断租金、土地租金乃至阶级结构均来自资本积累过程②,孟捷和龚剑将其总结为资本主义"都市化"进程中的"阶级——垄断地租"现象③,换言之,供给一个恰当的租金结构与生产关系结构,可能比单纯供给与城镇生产力相关的那些要素更有化解城镇化进程中各类主体利益冲突的重要意义。

第二个方面是关于城市化新古典学派的纯理论研究。这一体系又大体分为两条主线。

第一条线路是空间均衡(Spatial Equilibrium)思想的应用。代表性的框架是由三位经济学家开创的,称为 Alonso – Muth – Mills 模型④,这个模型里要素供给市场是充分竞争和流动的,因此才有所谓的空间均衡;在他们之后,Kain 的论文指出的空间错配假说的重要性⑤,而 Jane Jacobs 则从城市的经济起源和创新的角度补充了空间均衡思想对城市经济史分析的不足⑥,Jacobs 认为城市需要不断把新的产品或工作添加到旧有的产品和工作中去,形成城市的内生发展动力,换言之,供给创新的产品和技术比供给要素更重要;Henderson 以及 Black 和 Henderson 将城市空间均衡思想形成逻辑体系,并深入研究了城市范围和种类,他们同时考察了城市发展的

---

① David Harvey, *The Urbannization of Capital Studies in the History and Theory of Capitalist Urbanization*, The Johns Hopkins University Press, 1985.

② David Harvey, *The Urbannization of Capital Studies in the History and Theory of Capitalist Urbanization*, The Johns Hopkins University Press, 1985;大卫·哈维:《叛逆的城市:从城市权利到城市革命》,商务印书馆2014年版,第43页。

③ 孟捷、龚剑:《金融资本与"阶级—垄断地租"——哈维对资本主义都市化的制度分析》,《中国社会科学》2014年第8期。

④ W. Alonso, *Location and Land Use*, Cambridge: Harvard University Press, 1964; R. Muth, *Cities and Housing*, Chicago: University of Chicago Press, 1969; E. Mills, "An Aggregative Model of Resource Allocation in a Metropolitan Area", *American Economic Review*, 57 (2), 1967: 197 – 210.

⑤ John F. Kain, "Housing Segregation, Negro Employment, and Metropolitan Decentralization", *Quarterly Journal of Economics*, 82 (2), 1968: 175 – 197.

⑥ Jane Jacobs, *The Economy of Cities*, New York: Random House, 1970.

供需两面，并寻求城市发展的一般均衡体系[1]；Krugman 从技术与交通成本的经济地理角度把空间均衡思想做了解释，并指出城市聚集经济在降低成本方面的作用，Krugman 的思路对城镇化供给一个低成本运作的交通体系和贸易体系有着巨大的推动作用[2]；Glaeser 将这一新古典主线的分析做了汇总并作出展望：新技术和交通成本的进一步降低，将使专业化制造型城市的比例降低，但会使专业化生产创意和思想的城市重生（rebirth）[3]，照此看来，未来的城镇化发展能不能供给出一些"创意制造"型、"思想生产"型城市，可能是突破既有的城镇化模式的关键。

第二条线路，则是从刘易斯开创的二元经济路径展开的一系列联系城市和农村的新古典分析。代表性研究包括 Jorgenson 将刘易斯二元经济的两部门生产函数化，并展开的城乡市场出清分析，他兼顾了城乡供求两侧的分析[4]；Tordaro[5] 以及 Harris 和 Tordaro[6] 将迁移人口的预期收入引入城镇化的研究，形成较为贴近发展中国家城镇化人口迁移实际情况的一套分析范式，其供给侧结构性分析的特点是带有预期理性的农业剩余劳动人口供给城市发展及其迁移决策模式；Rakshit 从凯恩斯主义有效需求角度分析了农村的农业部门和城市的非农业部门的均衡发展关系[7]，补充了二元经济分析中对有效需求研究的不足，但是，缺乏对供给侧结构性特别是有效供

---

[1] J. Vernon Henderson, "The Sizes and Types of Cities", *American Economic Review*, 64 (2), 1974: 640–656; J. Vernon Henderson, *Economic Theory and the Cities*, Academic Press, 1977; J. Vernon Henderson, *Urban Development: Theory, Fact, and Illusion*, Oxford University press, 1988; Duncan Black and Vernon Henderson, "A Theory of Urban Growth", *Journal of Political Economy*, 107 (2), 1999: 252–284.

[2] P. Krugman, "Increasing Returns and Economic Geography", *Journal of Political Economy*, 99 (3), 1991: 483–499; P. Krugman, "Target Zones and Exchange Rate Dynamics", *Quarterly Journal of Economics*, 106 (3), 1991: 669–682.

[3] Edward L. Glaeser, *Cities, Agglomeration and Spatial Equilibrium*, Oxford Universtiy Press, 2008.

[4] Dale W. Jorgenson, "The Development of a Dual Economy", *The Economic Journal*, 71 (282), 1961: 309–334.

[5] Michael P. Todaro, "Model of Labor Migration and Urban Unemployment in Less Developed Countries", *The American Economic Review*, 59 (1), 1969: 138–148.

[6] John R. Harris and Michael P. Todaro, "Migration, Unemployment and Development: A Two-Sector Analysis", *American Economic Review*, 60 (1), 1970: 126–142.

[7] Rakshit, M, *Labour Surplus Economy: A Neo-Keynesian Approach*, Macmillan India Press, 1982.

给的分析①。

第三个方面，就是大量的城市经济发展的应用分析，它关注各个国家城市化的进程以及问题。特别的，其中关于中国城市化的研究包括：城市增长、地理集聚与工业集聚②，地方政府、财政分权与城市土地扩张③，户籍制度与劳动力流动④，道路与基础设施建设⑤以及住房价格和城市化⑥等角度来思考城市化的一般规律以及中国的人口或土地城市化问题，其供给侧结构性的焦点分析集中在人口和土地两个方面。

一个显见的特征是，近期国际上的关于中国的城市化的应用研究注重从城市发展演变的理论模型进行推导，并采用实际数据加以验证，供给侧结构性并不是他们研究的重点，并且，其研究均采用 Urbanizaiton 这个词作为研究口径。在他们看来，城市化和城镇化这两者似乎是一回事，并以此笼而统之地分析中国的城市化和城镇化。这显然并不令人满意。

与国际上不同的是，在国内理论界研究城镇化或城市化基本上是理论结合中国改革实践的应用分析为主。国内学者的研究很注重从定义上将"城市化"和"城镇化"区分清楚：目前有两种研究口径，一种是以"人

---

① Rakshit 之后，二元经济的代表性分析日渐稀少。大概到日本、中国台湾、中国大陆地区相继出现刘易斯拐点的迹象后，二元经济的新古典分析范式又焕发出生机和活力。

② Ben Li, Yi Lu, "Geographic Concentration and Vertical Disintegration: Evidence from China", *Journal of Urban Economics*, 66 (1), 2009: 294 – 304; Lu Jiangyong, Tao Zhigang, "Trends and Determinants of China's Industrial Agglomeration", *Journal of Urban Economics*, 65 (1), 2009: 167 – 180.

③ Erik Lichtenberg, Chengri Ding, "Local Officials as Land Developers: Urban Spatial Expansion in China", *Journal of Urban Economics*, 66 (1), 2009: 57 – 64; Qiang Fu, "When Fiscal Recentralisation meets Urban reforms: Prefectural Land Finance and its Association with Access to Housing in Urban China", *Urban Studies*, 52 (10), 2015: 1791 – 1809.

④ Maarten Bosker, et al., "Relaxing Hukou: Increased Labor Mobility and China's Economic Geography", *Journal of Urban Economics*, 72 (2 – 3), 2012: 252 – 266; Qin Chen, Zheng Song, "Accounting for China's Urbanization", *China Economic Review*, 30, 2014: 485 – 494; Fulong Wu, John Logan, "Do Rural Migrants Float' in Urban China? Neigh Bouring and Neighbourhood Sentiment in Beijing", *Urban Studies*, 53 (15), 2016: 2973 – 2990; Zhen Li, Zai Liang, "Gender and Job Mobility among Rural to Urban Temporary Migrants in the Pearl River Delta in China", *Urban Studies*, 53 (16), 2016: 3455 – 3471.

⑤ Han Li, Zhigang Li, "Road Investments and Inventory Reduction: Firm Level Evidence from China", *Journal of Urban Economics*, 76, 2013: 43 – 52.

⑥ Hongyan Du, et al., "The Impact of Land Policy on the Relation Between Housing and Land Prices: Evidence from China", *The Quarterly Review of Economics and Finance*, 51, 2011: 19 – 27.

口城市化"作为目标进行的研究,包括伍晓鹰、高佩义、陶然等、梁琦等、唐为等①;另一种,则是以"人口城镇化"为目标的研究,包括马侠、曾毅等、辜胜阻等、卫龙宝等、黄宗智等、章铮、李强等、丁守海、周飞舟等、范建勇等、陈云松等和江曼琪等②。这两类口径的最大区别,是对城镇化和城市化的定义不同。总体来看,强调人口"城市化"的学者注重的是大、中城市人口规模之变化,而强调人口"城镇化"的学者更多地把包括大、中、小城镇在内的城镇化及其人口变化都看作题中应有之义;因此,这两类研究对城镇化的速度、质量的测算也存在一定的差距。

考虑到中国现阶段大、中城市已经出现了同质化的"城市病"(只是程度不同而已),假若仅考虑大中城市的"城市化"而忽略中小城镇之"城镇化",那么很可能将研究引向某种聚集程度极高的单一城市化模式上去。故此,本文采用人口城镇化之口径进行分析。总体而言,不管是以大、中城市为导向的"城市化",还是以中小城镇为导向的"城镇化",其研究思路的落脚点早期均强调"人口流动数量城镇(市)化",而后期则强调"人口发展质量的城镇(市)化"。注重"以人为本"的人的城镇(市)化成为这类研究框架的共识。迄今为止,人口城镇(市)化的指标在官方和学界都有极大的影响。

---

① 伍晓鹰:《人口城市化:历史、现实和选择》,《经济研究》1986 年第 11 期;高佩义:《世界城市化的一般规划与中国城市化》,1990 年第 5 期;陶然等:《城市化、农地制度与迁移人口社会保障——一个转轨中发展的大国视角与政策选择》,《经济研究》2005 年第 12 期;梁琦等:《户籍改革、劳动力流动与城市层级体系优化》,《中国社会科学》2013 年第 12 期;唐为等:《行政区划调整与人口城市化:来自撤县设区的经验证据》,《经济研究》2015 年第 9 期。

② 马侠:《中国城镇发展模式初探》,《社会学研究》1987 年第 8 期;马侠:《工业人口、国民总产值与城镇发展》,《中国社会科学》1987 年第 5 期;曾毅等:《中国未来人口发展过程中的几个问题》,《中国社会科学》1991 年第 3 期;辜胜阻等:《中国城镇化的发展研究》,《中国社会科学》1993 年第 5 期;辜胜阻等:《中国自下而上城镇化的制度分析》,1998 年第 3 期;卫龙宝等:《城镇化过程中相关行为主体迁移意愿的分析——对浙江省海宁市农村居民的调查》,《中国社会科学》2003 年第 5 期;黄宗智:《三大历史性变迁的交汇与中国小规模农业的前景》,《中国社会科学》2007 年第 4 期;章铮:《农民工城镇化现状与前景》,《中国社会科学》(英文版)2010 年第 4 期;李强等:《中国城镇化"推进模式"研究》,《中国社会科学》2012 年第 4 期;丁守海:《中国城镇发展中的就业问题》,《中国社会科学》2014 年第 1 期;周飞舟等:《农民上楼与资本下乡:城镇化的社会学研究》,2015 年第 1 期;范剑勇等:《居住模式与中国城镇化——基于土地供给视角的经验研究》,《中国社会科学》2015 年第 4 期;陈云松等:《城镇化的不平等效应与社会融合》,《中国社会科学》2015 年第 6 期;江曼琪等:《中国主要城市化地区测度——基于人口聚集视角》,《中国社会科学》2015 年第 8 期。

与此相对应,关于"土地城市化"和"土地城镇化"的处理我们亦选用土地"城镇化"作为分析口径。"土地城镇化"是近年来兴起的与"人口城镇化"研究热潮相对应的另一种研究思路,即城镇化发展的执行思路。典型的代表包括:陈凤桂等、范进等、李昕等、李子联和范建勇等①,它们的研究集中在对土地城镇化速度和程度的标准测算以及对土地城镇化的影响范围的分析上,其背景是地方政府以土地财政为基础,迅速推动城镇化水平提高的建设热潮。

事实上,这种以土地作为城镇化开发手段与研究思路的起因很复杂,但其总体上呈现出这样的发展特征:中国的中央政府至今为止并未将土地城镇化作为明确的发展战略,但土地开发却成了地方政府实现就地迅速城镇化的主要抓手。这种城镇化发展思路不是研究了再干,而是典型的"干中学"——土地先开发,理论后跟上,颇有点事后诸葛亮的味道。尽管对土地城镇化的地方政府行为研究依旧褒贬不一,但是就土地城镇化的规模和影响而言,它已经远远超越了单纯依靠人口流动和迁移来实现的城镇化模式。从这个角度来判断,中国走的就是先人口城镇化,再土地城镇化的这么一条城镇化建设历史路径。

在近期的学术研究中,比较流行的做法是一开始就采用定量方式测定人口或土地城镇化水平,然后展开现状分析,最后提出对策。但是,今后中国的城镇化到底是该土地城镇化优先还是人口城镇化优先?从现有的研究看,并没有明确给出答案。因为这本质上是个价值判断问题。单纯的定量测定人口和土地城镇化的相对水平的思路是缺乏战略性的,因为我们并不清楚究竟我们需要怎样的城镇化。

如果说追求的是人口城镇化率水平提高,而实证测定的数据出现人口城镇化率未达标,那么,土地城镇化则可能成为实现人口城镇化某一水平(如80%)达标的手段;如果追求的是土地城镇化水平提高,而测定出来的人口城镇化数据低于土地城镇化水平,那么,把农民"迁移"

---

① 陈凤桂等:《我国人口城镇化与土地城镇化协调发展研究》,《人文地理》2010年第10期;范进等:《土地城镇化与人口城镇化协调性测定及其影响因素》,《经济学家》2012年第5期;李昕:《土地城镇化及相关问题研究综述》,《地理科学进展》2012年第8期;李子联:《人口城镇化滞后于土地城镇化之谜——来自中国省际面板数据的解释》,《中国人口·资源与环境》2013年第11期;范剑勇:《居住模式与中国城镇化——基于土地供给视角的经验研究》,《中国社会科学》2015年第4期。

到城里则可能成为配合土地城镇化的政策举措。换句话说，土地城镇化与人口城镇化水平的相对高低，并不是据此大力发展某类"相对落后"的城镇化的依据①，土地城镇化与人口城镇化并不是赫希曼②所说的前向、后向联系发展效应决定的变量。因此，我们需要明确中国城镇化改革的价值取向。

贺雪峰充分展示了他对中国城镇化和农村土地城镇化速度过快、范围过大的忧虑，他的基本价值判断是：中国农村不需要整齐划一的土地城镇化规划，农村地权（集体建设用地或农民宅基地）入市本质上只能富裕少数城郊地区的农户，而广大偏远地区的农民无法享受农地城镇化的红利③。贺雪峰和印子坚持认为，自新中国成立以来到改革开放后形成的现有土地制度和"小农经济"生产模式的"强韧性"，不仅符合中国的实际国情，而且还富有生命力，没有必要去刻意改动④。他甚至把曾经影响甚大的成都农地流转模式给予了深入剖析和"批判"，认为成都模式不仅不能为中国其他区域的城镇化模式加以模仿，甚至也无法持续。贺雪峰认为，中国的农地制度必须继续坚持亚细亚的生产方式才能保障农民利益，不能也无必要通过征地、整理、集中的方式腾挪出资本下乡的空间，中国农业不适宜都走农业工业化的集约型道路。农地就是中国农民的生产、生活保障品，离开它，农民就失去了生存发展的基础。

周其仁从农村土地使用权的角度概述了城镇化使用农地的制度基础，即以农地转为建设用地作为纽带，而"国家征用农地就成了城市化利用农地资源的惟一合法途径"⑤；因此，农地使用权主体变成非农建设用地主体的"主体"变更成为周其仁所指城镇化的一个必要步骤。周其仁进一步强调："中国只有两种土地，政府手里的国有土地，农民手里的集体土地。

---

① 例如，人口城镇化快于土地城镇化，不意味着马上就要发展土地城镇化。反之，亦反是。
② 赫希曼：《经济发展战略》，经济科学出版社1991年版，第98—105页。
③ 贺雪峰：《地权的逻辑：中国农村土地制度向何处去》，中国政法大学出版社2010年版，第213页；贺雪峰：《地权的逻辑Ⅱ——地权变革的真相与谬误》，东方出版社2013年版，第106页。
④ 贺雪峰、印子：《"小农经济"与农业现代化的路径选择——兼评农业现代化激进主义》，《政治经济学评论》2015年第2期。
⑤ 周其仁：《农地产权与征地制度——中国城市化面临的重大选择》，《经济学》（季刊）2004年第1期。

宪法所规定的土地使用权可以转让，没有特别强调只针对国有土地。"① 这就暗含着周其仁的一个逻辑推定，农村土地也可以并必须入市，以便让市场主导城镇化的进程。但是，按照其城镇化思路，则必须要把农地确权，用他自己的话来说是确定"农村各项资源的转让权"②。实际上，周其仁所主张的城镇化思路是由政府包办确权过程，而市场则主导权利交易的过程。城镇化因此而得以"自动"实现。但是，十八届三中全会强调"市场起决定性作用"，为什么单单要在确权和征用环节上政府说了算，而在交易时却强调市场主导？为什么不是从确权伊始就强调市场主导？现阶段，农民的主要财产利益被牢固地锁定在土地集体所有制上，现在只是由地方政府重新确定一个使用权的界限，就将农民的集体土地的所有制属性变更为可以市场化交易的国有土地，农民的利益注定会在这个"半市场"主导的产权确定规则中受损。周其仁的价值判断显然源自集体土地产权变更产生极差地租的基础之上，但是这个级差地租是否可以持续地保证农地城镇化的健康发展以及各类农村土地主体的相关利益，则还需谨慎斟酌③。

华生认为，中国城镇化的主要问题在于"土地城镇化与人口城镇化脱节，城市化发展和土地利益分配中基本不考虑进城农民和移居就业者这个城市化的主力军"④。政府征地主要是把城市蔓延到的农村土地改变用途，"旧城区、城乡接合部和棚户区改造也不是安置而是赶走移居者。进城农民工普遍居无定所、妻离子别，老小在家乡留守。"⑤ 因此，华生主张："借鉴东亚模式成功现代化城市化的经验，中国城镇化用地制度改革最需要的并非是从政府尽揽卖地收入的这一极端，走到城郊农民和开发商坐享土地收益的另一极端，而是要以低成本安置移居就业人口为重心，实行用地成本公开透明、财务平衡的新体制，使政府既从债务泥潭也从利益纠葛

---

① 周其仁：《土地财政的功过是非》，《财经界》2014年第9期。
② 周其仁：《集体所有制下的确权》，《经济观察》2014年第11期。
③ 近期还有一项研究从资源诅咒的角度看农地对农村居民收入的双重影响：认为农村土地是农民获取农业收入的保障但同时也是获取工资性收入的阻碍，土地对农民总收入的影响并不显著，且会随着经济环境的变化而转换于阻碍和保障这两种角色之间，农村人均土地面积扩大能够提高农业投资对农业收入的促进作用并降低其对工资性收入的促进作用。因此，这项研究的逻辑在某种程度上支持土地城镇化有利于增加农民打工收入。参见骆永民、樊丽明《土地：农民增收的保障还是阻碍？》，《经济研究》2015年第8期。
④ 华生：《土地财政为何进退维谷》，《国土资源导刊》2014年第6期。
⑤ 华生：《土地财政为何进退维谷》，《国土资源导刊》2014年第6期。

中解脱出来。"① 说到底，华生的价值判断关注的是土地背后的人，特别是在中国国情条件下土地承载的社会保障对象的那部分农民的生产、生存、发展问题。

从以上代表性学者的著述来看，土地城镇化和人口城镇化在中国似乎是不能兼得的一对矛盾——"双低"的土地、人口城镇化率不可取，"双高"的土地、人口城镇化率也会带来巨大的负担。实际上，土地城镇化提速，至多只能把农业、农村人口推向城镇，但是它们多数人最终的结果不是"市民化"而是"贫民化"；而放低土地城镇化速度，人口固然凝聚在了土地上，但是也降低了地方政府的预算外、制度外土地财政收入和地方所追求的人口城镇化速度。从价值判断的角度看，贺雪峰、周其仁、华生代表了三种思路，贺雪峰更多强调公平，周其仁则相对强调效率，而华生则兼顾效率与公平。

如前所述，这种两难选择在中国不是同时进行的，而是经历了一个先产业后备军、后土地后备军交互推动城镇化发展的历史过程。但从供给侧结构性的角度，国内目前还很少有文献对此问题进行深入分析，本文以下的工作就是用政治经济学模型的方式把中国城镇化供给侧结构性改革的思路表达出来，以便更进一步深入思考中国城镇化的速度、质量以及涉及那些更深的制度改革问题。

三 中国城镇化供给侧结构性改革的政治经济学模型：从产业后备军到土地后备军

（一）城镇化的"产业后备军"供给侧结构性模型

从1949年到20世纪90年代中期地方政府"土地财政"发展模式兴起之前，中国的城镇化战略服从马克思所说的"产业后备军"模型的描述，即以持续不断的产业后备军供给城镇化所需的低成本劳动力，来维持城镇现代工业部门的高速发展，这是一个典型的政治经济学过程。

对于这一"产业后备军"的形成机制，马克思有一句经典表述："工人人口本身在生产出资本积累的同时，也以日益扩大的规模生产出使他们自身成为相对过剩人口的手段。"② 如果从供给侧结构性的角度重新理解马

---

① 华生：《土地财政为何进退维谷》，《国土资源导刊》2014年第6期。
② [德] 马克思：《资本论》（第1卷），人民出版社1975年版，第692页。

克思对"产业后备军"形成机制的这段经典描述,我们可以看到,马克思实际上是将"产业后备军"形成机制加以了"内生化"的处理,并认为:"产业后备军"的主要来源——过剩的工人人口"不受人口实际增长的限制,为不断变化的资本增殖需要创造出随时可供剥削的人身材料。"① 马克思这句话实际上是要说明:产业后备军规模的变化既撇开了人口增长的外生因素的影响,又能够随时、足额地提供给现代工业部门所需的劳动力,具有"内生性"再生产的特征②。

但是,产业后备军在形成1949年后中国城镇化和工业化体系的"脊梁"时,也把二元经济的发展阶段引入了中国的城乡发展体系,也就是我们反复提及的那个过程——城镇化。同时,也是蔡昉所分析的从格尔茨内卷化为特征的G类型增长,到以刘易斯二元经济发展为特征的L类型增长,再到以刘易斯转折点为特征的T类型增长过程③。劳动力过度供给的消解难题已经超越了城镇化本身的发展阶段。从供给侧结构性来看,这属于马克思意义上不断再生产出来的产业后备军造成的,用刘易斯的话讲就是劳动力无限供给城镇化。短期看,这构成城镇化发展供给侧结构性的强力支撑;但从长期看,这将形成城镇化的负担。

我们可以通过图1的模型来描述城镇化的产业后备军增长模式所面临的供给侧结构性问题:图1是我们利用劳动力市场供求模型所构造的"城镇化马克思产业后备军供给侧结构性模型",它表示城市现代工业部门的劳动力市场,纵轴和横轴分别度量工资率和就业情况。直线 D_1D_1,D_2D_2 分别表示特定资本存量劳动的边际产值,图1中还以制度性生存工资率画出了水平状(末端向上翘)的劳动力供给曲线 S_i($i=1,2$)。在这里,马尔萨斯和马克思关于长期劳动力供给分析的最大区别就在于,如果是基于马尔萨斯"外生"的人口法则,那么劳动力供给曲线 S_i 无论在何种情况下都是一条水平直线;而马克思的劳动力供给曲线在过了反映产业后备军被

---

① [德]马克思:《资本论》(第1卷),人民出版社1975年版,第693页。
② 吴垠:《刘易斯拐点:基于马克思产业后备军模型的解析》,《经济学动态》2010年第10期。
③ 蔡昉将时间上继起和空间上并存的经济增长,按照历史上发生的时间划分为:以马尔萨斯陷阱为特征的M类型增长,以格尔茨内卷化为特征的G类型增长,以刘易斯二元经济发展为特征的L类型增长,以刘易斯转折点为特征的T类型增长,以及以索洛新古典增长为特征的S类型增长。参见蔡昉:《二元经济作为一个发展阶段的形成过程》,《经济研究》2015年第7期。

吸收完毕的 R_1 这一点之后开始上升，它对应的必然是城市现代工业部门制度工资率的上升。

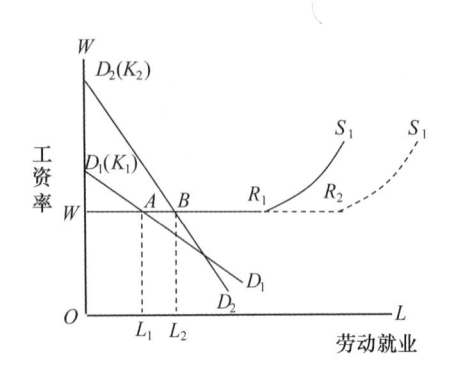

图1　城镇化的马克思产业后备军供给侧结构性模型表达

假定在初始期（0），对应于资本存量（K_1）的中国城镇现代工业部门劳动力需求曲线位于直线 D_1D_1，最初的均衡在 A 点，以生存工资率 OW 雇佣的劳动为 OL_1。然而，在城镇现代工业部门寻找就业机会的劳动力即实际劳动力供给数量 WR_1 要比 OL_1 大。无法找到就业机会的那些人只能靠非正规就业勉强度日，并等待着被城市正规部门雇佣的机会。这个发展阶段最显著的两个时间段，就是知识青年"上山下乡"结束后返城与部队士兵大规模复员相叠加的1979—1989年①。只要城镇有一个工作岗位，哪怕工资低一点，也会有人抢着干。但是，在这十年里，中国城镇化率仅由19.99%（1979年）上升到26.21%（1989年）②。而从1949年的10.64%算起，中国在40年左右（1949—1989年）的产业后备军供给以满足城镇化发展的年代，城镇化率也仅仅上升了约16个百分点。这说明，单纯靠劳动力供给侧结构性的城镇化发展，必定会碰到城镇吸纳就业能力瓶颈的限制。

再来看这一时期的产业后备军的情况：显然，由 AR_1 度量的人口就是马克思定义的产业后备军。与马尔萨斯的无限期呈水平状的长期劳动力供给曲线不同，马克思的长期劳动力供给曲线可能从 R_1 点开始上升，

---

①　另一个时期是从高考扩招后的第一批毕业生就业的2003年至今的学生就业潮和农民工就业潮相叠加的时期。
②　数据来源为中国国家统计局网站。

意味着当产业后备军被吸收殆尽以后城市工业部门的企业家不得不以更高的工资率来吸引劳动力。然而，由于产业后备军是不断被再生产出来的，即在城市工业发展过程中，传统农业和家庭手工业中自我雇佣的小生产者被现代工业企业挤垮而落入产业后备军的行列，使得产业后备军就像一个蓄水池一样源源不断地有后备劳动力注入。这既是产业后备军从供给侧结构性支援中国城镇化建设的关键所在，也是问题所在。如果仅仅只有一种要素（劳动力）通过供给的变化来支撑中国城镇化战略，那最终的结果是城镇化会使这种要素的资源配置效应为负，城镇化将难以为继。

从图1可以看出，随着工业企业家把他们的大部分利润（AD_1W）用于投资，处于供给侧结构性的资本存量从 K_1 增加到 K_2，他们的企业的产出从面积 AD_1OL_1 扩大到 BD_2OL_2，被这种现代工业部门生产扩张所挤垮的传统的自我雇佣生产者（这其中必然包含农业生产者）及其家庭成员被迫到劳动力市场特别是现代工业部门去寻找就业，导致长期劳动力供给曲线水平部分延长至 R_2。这个拐点向后延伸的根源是由于产业后备军的内生化生产方式造成的。

仔细地推敲这一向后延伸的拐点 R_2，其实我们可以发现，只要城镇现代工业部门维持住较高的投资率和吸纳就业的技术创新率，它从产业后备军蓄水池中吸纳就业的数量就可能超过传统部门（城市手工业、农业等）向蓄水池中注入的劳动力数量，以至于产业后备军被吸纳完毕的这一拐点 R_2 并不是可以无限地向外延伸的，最终出现的情况必然是以产业后备军被吸纳完毕，同时城市现代工业部门制度工资率开始上升的拐点来临，这和刘易斯拐点极其近似①。

从现实来看，中国在1978—2003年完成了马克思所描述的城市现代工业部门工资变化趋势，即从制度低工资率到城乡劳动力价格并轨的"拐点 R_2"的转折。2004年以来，中国逐渐出现的"刘易斯拐点"，正是产业后备军供给侧结构性发生显著变化的标志，它说明单纯依靠低成本劳动力助推城镇化提速的时代已经结束，中国的劳动力资源跨区域配置不再具有显著的资源再配置的改善效应，人口城镇化目标不再只是人口或劳动力本

---

① 吴垠：《刘易斯拐点：基于马克思产业后备军模型的解析》，《经济学动态》2010年第10期。

身的问题。

现在的城乡劳动力工资上涨已经接近劳动力商品化的工资决定模式，即同步、同趋势、相对高价格；不同地区的劳动力雇佣价格在扣除价格因素后其平均购买力亦相差不大。城乡和地区间"实际工资"差距缩小，逐渐瓦解了劳动力迁移的"工资剪刀差"的动力。

与此同时，农村的青壮年劳动力依然毫无例外选择进城打工的原因已经发生了深层次的变化，即已经从劳动力自主选择进城打工，变为地方政府推动农村劳动力进城打工。原因在于：从20世纪90年代中国的分税制改革之后，中央—地方政府的财政关系发生了重大转变，地方政府可获大量贡献财政收入的税种基本交付中央政府，从本地企业、事业单位获取主要财政收入来源的时代基本宣告结束。地方政府开始选择以经营土地、推动城镇化作为实现地方财政收入增长的主要模式。此时，土地变量开始成为替代劳动力的经济增长核心要素。对土地的整理，不少地方采用的是"农民上楼、资本下乡"的模式①，劳动力即产业后备军的形成是以城镇化的土地储备不够，进而政府采取征用、整理、集中的方式，将农村劳动力与土地剥离开来的做法实现的。从供给侧结构性的角度看，产业后备军从"自动自愿供给"变为"政府推动供给"，而待开发的土地资源则由"农村集体供给"变为"政府开发式供给"。我们将此转变，称为："土地后备军"替代"产业后备军"。

（二）城镇化的"土地后备军"供给侧结构性模型

我们从马克思的有机构成和社会再生产模型出发，着力分析中国城镇化进程中产业后备军被土地后备军替代的供给侧结构性过程变化，并探讨各类社会主体之间的利益关系。从供给侧结构性角度，我们将中国的"土地后备军"定义为：城镇化进程中，由于各类开发用地的需要，由储备或待开发土地尤其是农业用地形成的土地准备，它包含实际储备和潜在储备土地两部分，并持续形成对城镇化开发的土地供应。土地后备军的内涵虽然是土地准备，但外延却包含着实际或潜在储备土地拥有者的一组产权契

---

① 周飞舟、王绍琛：《农民上楼与资本下乡：城镇化的社会学研究》，《中国社会科学》2015年第1期。

约①。现在，假定所研究特定城镇化和相邻农村区域（省、市、县）范围内主要的就业方式为城市现代工业部门和农村的农业部门②，假定城乡的劳动力总量为 L，城镇区域范围内的劳动力为 L_U，其中，城镇现代工业部门的劳动力就业量为 L_1，工资水平为 W_1，城镇现有富余劳动力为 L_2，富余劳动力生存主要靠打零工和务农收入③；农村区域范围内的劳动力总量为 L_R，其中，农业就业劳动力为 L_3（我们这里严格限定为种粮的农业就业，因为资本下乡也可以搞经济作物的农业生产，以示区分），农业富余劳动力为 L_4，农业劳动力和富余劳动力按农业产出获得平均工资 W_2，L_4 属于农村的隐性失业人群。t 代表特定的研究时期。满足的劳动力及工资条件为：

$$L_t = L_{Ut} + L_{Rt} \tag{1}$$

$$L_{Ut} = L_{1t} + L_{2t} \tag{2}$$

$$L_{Rt} = L_{3t} + L_{4t} \tag{3}$$

$$W_{1t} > W_{2t} \tag{4}$$

仿照马克思的扩大再生产两部门模型，我们作如下的模型构造：从产业后备军的角度看，城市富余劳动力 L_2 和农业的富余劳动力 L_4 是城乡产业后备军的主要源泉，但是，这是在工农业技术不变即资本有机构成不变情况下的静态结果。现在我们引入城乡工业部门和农业部门的资本投入水平，其中，K_U 代表工业部门的资本总投入水平，K_R 代笔农业部门的资本总投入水平④。M_U 代表城市工业部门的剩余价值生产水平，M_R 代表农业部门的剩余价值生产水平。在 t 时期，有：

城市工业部门的价值生产过程为：

$$K_{Ut} + L_{1t} + M_{Ut} = V_{Ut} \tag{5}$$

农村农业部门的价值生产过程为：

$$K_{Rt} + L_{3t} + M_{Rt} = V_{Rt} \tag{6}$$

---

① 这组产权契约既可能是"所有权"，它适用于国有或集体土地储备；也可能是"承包经营使用权"，例如农民的承包地、宅基地、农村建设用地等。

② 这里暂不考虑城乡服务业部门的就业，因为服务业本质上也是由工业、农业派生出来的。

③ 由于城市富余劳动力就业的非正规性质，其收入表现为不连续、不稳定，故这里不增设城市富余劳动力的收入变量。

④ 我们这里采用剩余价值概念，并不回避城乡工农业生产中可能存在的剥削生产关系，但是就我们研究的目的而言，更强调价值增加的生产过程以及各种要素在供给方的变化情况，生产关系的问题会附带提及。

很显然，工农业两部门既存在产品交换，又存在劳动力和资本的流动。考虑到供给侧结构性的重要影响，这个模型本身所要表达的是资本、劳动、土地等要素在供给侧结构性能否保证经济发展的结构性平衡。[①] 现在，我们则要既考察价值扩大再生产在工农业部门的可持续问题，又要考察在城镇化发展转型时期，劳动力和资本流动（尤其是土地资本）会产生怎样的结构性的经济社会影响。

从中国的实际情况和分析的方便程度，我们首先观察有机构成的变化情况：其中，城市现代工业部门的有机构成往往是高于农业部门的有机构成的，这就有不等式：

$$\frac{K_{Ut}}{W_{1t}L_{1t}} > \frac{K_{Rt}}{W_{2t}L_{3t}} \tag{7}$$

为了引入土地要素，我们这里假定：

$$K_{Ut} = K_{1t} + K_{2t} \tag{8}$$

$$K_{Rt} = K_{3t} + K_{4t} \tag{9}$$

其中，t 为时间变量，K_1 为城市工业部门非土地资本投入量，如厂房、设备等；K_2 为城市工业部门对土地资本的投入量，例如购买、租赁城市国有土地的资本支出。而 K_3 为农业部门非土地资本投入量，包括农机具、种子、化肥等，K_4 则为农业部门对农村土地资本的拥有量和投入量（包括耕地、宅基地、农村建设用地）。

以耕地为例，尽管中国农村土地采用集体所有制，但仍可将承包为一定年限的农地视为一种资本（尽管只是承包经营使用权）；另外，对土地肥力的改良性投入，决定土地的级差，也是一种资本，因此可以从机会成本角度看待农业部门对农村土地资本的拥有量和投入量 K_4 这个变量，它是指改变农用土地用途必须给予原农业用地"承包使用权主体"相关补偿的"最低"水平[②]。而对宅基地和农村建设用地来讲，它们本质上也是服务于农业生产的土地，如果它们要改变用途，其补偿性质和耕地也很类似，可以用机会成本给予衡量。我们这里统一将其涵盖在 K_4 这个变量里面，以便于分析。

---

① 马克思当年主要是从价值交换和价值扩大再生产总供求平衡以及结构性供求平衡的角度来考察他的第一部类、第二部类的再生产问题。

② 之所以是"最低"补偿，是因为众所周知的农地非农使用后产生的巨大溢价因素。

现在,将(8)式、(9)式代入(7)式,有:

$$\frac{K_{1t} + K_{2t}}{W_{1t}L_{1t}} > \frac{K_{3t} + K_{4t}}{W_{2t}L_{3t}} \tag{10}$$

其中,K_{2t} 和 K_{4t} 是城乡工业、农业拥有的土地资本价值,它们取决于土地的面积、所在地理位置及价格水平等综合因素,为避免引入过多的变量,我们先假定同一时期单位面积的城市土地价值大于单位面积的农业土地价值,即 $K_{2t} > K_{4t}$。考虑到(4)式已经假设 $W_{1t} > W_{2t}$。这就意味着,在城市工业资本和农村农业资本短时期投入份额(K_{1t} 和 K_{3t})不会有大的变动情况下,劳动力的流动,即 L_{1t} 和 L_{3t} 的此消彼长,很可能成为城镇化供给侧结构性的决定性因素。这也正是我们在土地城镇化开发之前的那些年份所展现出来的城镇化发展的政治经济学特征——产业后备军主导。

下面,我们从有机构成变化的角度对(10)式展开讨论:

命题一:在没有"资本下乡"改变农业用地用途(含耕地、宅基地、农村建设用地)的情况下,劳动力流动形成的产业后备军会使城市工业部门有机构成上升的速度减缓,并降低城市工业部门工资上升的可能性,换言之,城市就业岗位的供给必定不足;而农业部门的有机构成则会因劳动力的流出而呈现变大趋势,但这并不意味着中国走上了农业工业化道路。城市富余劳动力随着进城务工人员增多而持续增加,农村的富余劳动力呈现减少趋势。

首先,在 t 时期,由于 $W_{1t} > W_{2t}$,农村劳动力 L_{3t} 和 L_{4t} 都会有一部分人选择进城打工,我们记这部分人总数为 ΔL_{Rt},它表明劳动力随工资水平迁移的基本数量。在 ΔL_{Rt} 中,有 α 的比例属于 L_{3t}(即种粮农业部门的农民),剩下 $1-\alpha$ 的比例属于 L_{4t}(农业富余劳动力)。ΔL_{Rt} 这部分人进城后,会有 β 的比例进入城市现代工业部门就业,剩下 $1-\beta$ 的比例留在城市里成为城市富余劳动力,类似 L_2[①]。其中 α,β 均为 0 到 1 之间的一个小数。

此时,在不考虑城乡资本流动的情况下,

城市工业部门有机构成变化为:

$$\frac{K_{1t} + K_{2t}}{(L_{1t} + \beta\Delta L_{Rt})W_{1t}} \tag{11}$$

---

① 这里暂不考虑城市富余的农业剩余劳动力回流农村的情况出现,相当于 ΔL_{Rt} 为农村人口净流出。

农村农业部门的有机构成变化为:

$$\frac{K_{3t} + K_{4t}}{(L_{3t} - \alpha\Delta L_{Rt})W_{2t}} \tag{12}$$

城市的富余劳动力为:

$$L_{2t} + \Delta L_{Rt} - \beta\Delta L_{Rt} = L_{2t} + (1-\beta)\Delta L_{Rt} \tag{13}$$

农村的富余劳动力为:

$$L_{4t} - (1-\alpha)\Delta L_{Rt} \tag{14}$$

从（11）式、（12）式、（13）式、（14）式我们可以看出，随着进城人口的增加，城市工业资本面临持续的雇佣难题，维持刘易斯意义上的城市工业部门工资水平不变的情况下雇佣更多农业及农村剩余人口，不仅意味着城市现代工业部门资本有机构成的降低，还不断增加城市现代工业部门的运营成本，并且附带增加难以安置的城市富余人口。为了维持社会主义市场经济条件下城市工业资本对劳动的雇佣关系，在工资刚性不易降低的情况下，就只能提高城市工业部门的资本存量水平。提高资本存量水平，一个是通过城市工业资本 K_1 的自我积累来完成，另一个方式就是通过扩展城市工业的土地资本 K_2 来完成，也就是本文重点研究的目标。所以有命题二。

命题二：通过资本下乡，从区域上"平面扩展"城市现代工业部门的资本及使用范围，本质上是以农村土地资本的注入来增加城市工业资本的总量。短期内，这将稳定城镇化扩展的土地供给。从而，城市工业部门有机构成增加的速度得到减缓，而农业部门有机构成总体上维持稳定，农村富余劳动力向城市迁移的动因从收入差距转变为土地产权性质变更。

尽管存在城乡分割的户籍制度限制，但是中国城乡劳动力流动的持续性从未中断，这在相当程度上印证了刘易斯二元经济模型[1]以及哈里斯托达罗人口迁移模型[2]的发展中经济体适用性。因此，在资本有机构成的劳动力变化上，我们可以保持其计算方式的分母不变。此时，分子的变化即资本的变化值得关注。在存在资本下乡会同地方政府一起征用、租用农业用地时，相当于使农村土地转变了性质与用途。假定资本下乡所征用或租

---

[1] Lewis, W. A., "Economic Development with Unlimited Supplies of Labour", *The Manchester School of Economic and Social Studies*, 22 (2), 1954: 139 – 191.

[2] Harris, John R., Michael P. Todaro., "Migration, Unemployment and Development: A Two-Sector Analysis", *American Economic Review*, 60 (1), 1970: 126 – 142.

用的土地资本为 ΔK。那么，从资本角度看，农业对土地资本的投入相当于减少了 ΔK，即 $K_4 - \Delta K$；而城市工业部门对资本的投入相当于增加了 ΔK，即 $K_2 + \Delta K$。此时，由于土地性质发生的改变（但土地的生产力未变），我们将发生改变的土地资本 ΔK 的时间记为 $t+1$，其中，$t+1$ 的含义不是指 t 时刻的下一年，而是指下一时期，因为土地征用并不是某一年可以完成的。于是有：

城市工业部门的有机构成变为：

$$\frac{K_{1t+1} + K_{2t+1} + \Delta K_{t+1}}{(L_{1t+1} + \beta \Delta L_{Rt+1})W_{1t+1}} \tag{15}$$

农业部门（种粮）的有机构成变为：

$$\frac{K_{3t+1} + K_{4t+1} - \Delta K_{t+1}}{(L_{3t+1} - \alpha \Delta L_{Rt+1})W_{2t+1}} \tag{16}$$

此时，城市的富余劳动力既包括城市土地未向农村扩展时容留之富余劳动力，又包括城市工业资本扩展到农村土地之上所未能充分吸纳的那部分劳动力。因为，t 时期的 ΔL_{Rt} 描述的正是从农村、农业转移出来的劳动力（未考虑土地性质的变化）；为区别土地性质的变化，我们记资本下乡征用、租用农业或农村土地后的劳动力总流出为 ΔL_{Rt+1}，其他变量的含义均只有时间 $t+1$ 的变化。在资本下乡征用了农业及农村土地后，城乡富余劳动力呈现如下变化：

城市（含扩展至农村土地）的富余劳动力为：

$$L_{2t+1} + \Delta L_{Rt+1} - \beta \Delta L_{Rt+1} = L_{2t+1} + (1 - \beta)\Delta L_{Rt+1} \tag{17}$$

农村的富余劳动力为：

$$L_{4t+1} - (1 - \alpha)\Delta L_{Rt+1} \tag{18}$$

虽然只是一个时间段的变化，但 $t+1$ 时期却标志着中国城乡关系进入一个新的历史阶段。"资本下乡"改变了 t 时期城乡土地的配置和供给结构，农村的集体土地以及农民个人的宅基地在这个时期进行了大规模的重组和整理，再辅以增减挂钩的区域性供给调控，土地后备军渐渐成为城镇化发展的重要依托。

而此时，城乡富余劳动力既可以进入城市原有的现代工业部门就业，又可以选择在资本下乡并开设的新工厂中就业。农业转移人口似乎多了一条"打工"的途径，即由进城务工变为就近务工。本质上，这和20世纪80年代的乡镇企业崛起时的状态并无二致，但是，乡镇企业迅速萎缩的历史教训告诉我们，还不能够轻易且乐观地认为这些新工厂可以长期发展，并找到持续增长的路径。

目前来看，资本下乡租用或征用的土地后往往会"因地制宜"选择经济型农作物、农业服务业和旅游观光农业等作为附加值较高的产业进驻，它们所雇佣的农业工人可能还是在"务农"，但是这些劳动力的身份已经从单纯的农民变为雇佣工人了，换句话说：经营得好，皆大欢喜；经营不好，工人下岗、资本撤资也是常态。土地城镇化的结果是加速了农村劳动力供求的市场化水平。

另外，城市现代工业部门的的有机构成随着大量农村、农业土地资本（含耕地、宅基地、农村建设用地）的注入，有效延缓了由于劳动力注入导致的有机构成缩小趋势。换言之，资本下乡确实能在一定时期缓解一部分现代工业部门吸纳劳动力瓶颈的困难，农业人口的"身份"也会随着土地城镇化的过程而迅速改变。但这是可否持续呢？因为土地资本受自然条件约束，不可能无限增加；农村土地受耕地红线、集体土地制度的束缚也不可能都征用或租用以供资本下乡使用，土地后备军的政治经济学含义在此时已经非常明显——它绝不是无限供应的生产要素。因此，城市现代工业部门有机构成的分子只能依靠工业部门本身的积累而壮大，其分母，即雇佣劳动力和工资水平的乘积，会因为通货膨胀以及城市工业部门要求降低经营成本的需求，而逐渐提升工资水平并降低雇佣劳动力的数量，这就打破了刘易斯模型关于城市工业部门劳动力工资不变的假设，也与李文博、熊英①从产品市场出清的角度证明刘易斯模型关于城市工业部门不变劳动工资假设不符合现实的研究相一致。从整体而言，城市工业部门的发展不会因为农村土地资本的注入而改变有机构成提高的趋势，以扩张城市土地来换取劳动力就业的暂时增加，只能是应时之举。

再来看农业部门的有机构成，由于土地资本的流失和劳动力的持续流出，传统农业部门（种粮）的有机构成在一段时间内有可能维持相对稳定②。但是，由于资本下乡的效应，传统农业部门的 K_3，即农业部门非土地资本投入量，包括农机具、种子、化肥投入等等会仿照资本下乡改造后

---

① 李文溥、熊英：《刘易斯拐点的一个理论证伪——基于产品市场的角度》，《经济研究》2015年第5期。

② 其有机构成计算方程的分子分母同时减小。

的农业工业化模式大幅度增加，即张培刚①意义上的农业工业化进程必然提速，传统农业的资本排斥劳动亦会发生并提速。换句话说，以土地产权制度变更来推动城镇化的发展模式，表面上增加的是土地供应，但根本意义上催生的是更多的产业后备军，农村劳动力由主动流出农村、农业，变为被动和主动两种方式流出。这也是从 20 世纪 90 年代中期开始城镇化速度提升较快的重要原因。

关于城乡富余劳动力的变化情况，可从（17）式、（18）式并对比（13）式、（14）式看出，农业劳动力的城乡流动本身是一个随时间连续变化的量，很难说资本下乡前后的两个时期哪个迁移量更多。我们关注的是动因问题。（13）式、（14）式中农业、农村迁移劳动力的重要变量 ΔL_{Rt} 是由于刘易斯—哈里斯—托达罗所阐述的城乡二元收入和社会地位差距，造成迁移的；而（17）式、（18）式中的 ΔL_{Rt+1} 则是由于土地性质的变动产生的迁移人口，其特征在于：城镇化发展进程中土地后备军不足，造成资本下乡并会同地方政府的行政权力采取"强制性制度变迁"模式将原本在农村和农业中生产、生活的人更进一步推向了城市——用国内学者卞华舵的话来讲，这就叫"主动城市化"（对城市工商资本和地方政府而言）；但对，这些迁移人口来讲，则是"被动城市化（城镇化）"②。

命题三：资本下乡前后，为了维持劳动力流动造成的城乡工农业价值再生产的平衡要求，城乡工农业部门都要维持较高的扩大再生产水平，以满足越来越多的城乡富余劳动力的"劳动力再生产"需求。但是，资本下乡征用、租用农地的结果，使得农业特别是粮食产业受到投入规模缩减、土地资本流失和劳动力转移的三重影响而陷入困境。农业劳动力在面临新型雇佣关系时，还呈现出更加不利的生产关系背景，并深刻影响中国农业发展道路的方向性选择。

（1）城乡工农业社会价值再生产的平衡与再平衡依据

首先，在 t 时期城乡工业农业的价值生产过程是由（5）式、（6）式写出的（计算过程忽略了城市和农村富余劳动力），为方便对比分析，我们这里重写出：

城市工业部门的价值生产过程为：

---

① 张培刚：《农业与工业化》，中国人民大学出版社 2014 年版，第 1—10 页。
② 卞华舵：《主动城市化：以北京郑各庄为例》，中国经济出版社 2011 年版。

$$K_{Ut} + L_{1t} + M_{Ut} = V_{Ut}$$

农村农业部门的价值生产过程为：

$$K_{Rt} + L_{3t} + M_{Rt} = V_{Rt}$$

将（8）式、（9）式关于工业、农业资本的划分模式代入（5）式、（6）式，则可以将城市工业部门和农村农业部门的价值生产过程重写为：

$$(K_{1t} + K_{2t}) + L_{1t} + M_{Ut} = V_{Ut} \tag{19}$$

$$(K_{3t} + K_{4t}) + L_{3t} + M_{Rt} = V_{Rt} \tag{20}$$

从（19）式、（20）式可以看出，在有大量农村富余劳动力的前提下，为了完成城乡工农业价值再生产的连续性，城乡工农业部门不能仅仅只满足两部门产品交换的简单再生产平衡条件，而必须是两部门都采取扩大再生产且拥有足够的剩余产品。也就是说，V_{Ut} 对应的工业产品在与 V_{Rt} 对应的农业产品完成"部门间"的交换后，必须有足够的剩余用来满足未能充分就业的城乡富余劳动力的消费或生产性需求，剩余产品在再生产过程中"供给侧结构性"的作用是非常明显的。

此外，由于在同一时期，K_{2t} 和 K_{4t} 所对应的土地面积总和是不变的，可能引起土地资本价值变化的是由于土地极差地租变化引起的"溢价"或"价格缩水"现象。考虑到人地关系在中国的紧张性，土地极差地租引起的溢价应该是常态。而 K_{1t} 和 K_{3t} 这种投在工业和农业上，靠其自身积累完成增值的资本，总体上受到边际报酬递减规律的影响，短期内能保持正常增速已属不易。再加上城市工业部门有机构成受技术变革因素影响有增加趋势，以及农村农业部门的有机构成短时期总体上维持稳定，L_{1t} 和 L_{3t} 只能最多维持劳动力就业的数量稳定，不可能出现大幅度工农业就业同时增加的情况出现，因此，劳动力本身的价值转移是有限的。所以，V_{Ut} 和 V_{Rt} 即城乡工农业产品价值增值与实现主要靠资本和劳动力结合的技术水平和产品质量得到市场认同才能予以实现。

在 $t+1$ 时期，由于出现了城乡土地资本的"流动"，加上劳动力流动的加速（主动和被动流动同时进行），这使得问题更加复杂化：资本下乡带来的是一系列结构性问题，为方便分析，我们先写出 $t+1$ 时期的城乡工农业产品价值再生产的方程式：

城市工业部门的价值生产过程为：

$$K_{Ut+1} + L_{1t+1} + M_{Ut+1} = V_{Ut+1} \tag{21}$$

农村农业部门的价值生产过程为：

$$K_{Rt+1} + L_{3t+1} + M_{Rt+1} = V_{Rt+1} \qquad (22)$$

考虑到 $K_{Ut+1} = K_{1t+1} + K_{2t+1} + \Delta K_{t+1}$，而 $K_{Rt+1} = K_{3t+1} + K_{4t+1} - \Delta K_{t+1}$，则在资本下乡完成土地征用或租用后，(21) 和 (22) 可以改写为：

$$(K_{1t+1} + K_{2t+1} + \Delta K_{t+1}) + (L_{1t} + \beta \Delta L_{Rt+1}) + M_{Ut+1} = V_{Ut+1} \qquad (23)$$

$$(K_{3t+1} + K_{4t+1} - \Delta K_{t+1}) + (L_{3t} - \alpha \Delta L_{Rt+1}) + M_{Rt+1} = V_{Rt+1} \qquad (24)$$

值得注意的是，因为城乡劳动力的流动是持续的，这里在 L_{1t} 后面加入的 $\beta \Delta L_{Rt+1}$ 和在 L_{3t} 后面减去 $\alpha \Delta L_{Rt+1}$ 主要为了表示 $t+1$ 时期由于资本下乡造成农村土地制度属性转变所带来的劳动力流动，这和城乡收入差距带来的劳动力流动在性质上、动力上都是有差异的。而 ΔK_{t+1} 是考虑了农村土地性质变化造成溢价以后的土地资本价值，因为这个溢价在市场经济条件下是相当高的一笔资本价值，所以，农地所有制属性和承包使用权性质的变更，将大大提高城市工业部门资本的注入水平，但同时，也大大降低了农村农业部门的资本注入水平。

为了维持城乡间的平衡，政府一般要求通过直接补偿农业（尤其是土地被征用的农业劳动力）或者通过工业反哺农业的方式，来弥补这种土地产权属性发生变化带来的经济结构性影响。这种政策供给，瞄准的就是土地城镇化模式带来的对农业和农村的不平等影响。正如 Jane Jacobs 所说："农业生产是一切城镇化生产的基础"①，当产业后备军将城镇化发展的动力让渡于土地后备军后，对失地农民和农业的保护无疑是整个社会特别是政府和资本力量要优先考虑的，否则，没有兴兴向荣的现代农业以及没有出路的失地农民的存在是无论如何也支撑不起工业集聚城镇化模式的。

那么，从 t 到 $t+1$ 时期，城镇工业和农村农业内部发生了哪些变化呢，我们用 (23) 式减去 (19) 式，再用 (24) 式减去 (20) 式来分析这一问题。

$$(23) - (19) = [(K_{1t+1} - K_{1t}) + (K_{2t+1} - K_{2t}) + \Delta K_{t+1}] + (L_{1t} + \beta \Delta L_{Rt+1} - L_{1t}) + (M_{Ut+1} - M_{Ut})$$

$$(24) - (20) = [(K_{3t+1} - K_{3t}) + (K_{4t+1} - K_{4t}) - \Delta K_{t+1}] + (L_{3t} - \alpha \Delta L_{Rt+1} - L_{3t}) + (M_{Rt+1} - M_{Rt})$$

记 $(K_{1t+1} - K_{1t}) = \Delta K_1$，$(K_{2t+1} - K_{2t}) = \Delta K_2$，$(K_{3t+1} - K_{3t}) = \Delta K_3$，$(K_{4t+1} - K_{4t}) = \Delta K_4$，$L_{1t+1} - L_{1t} = \Delta L_1$，$L_{3t+1} - L_{3t} = \Delta L_3$；$(M_{Ut+1} - M_{Ut}) = \Delta M_U$，

---

① Jane Jacobs, *The Economy of Cities*, Random House, 1969.

$(M_{Rt+1} - M_{Rt}) = \Delta M_R$。

于是可以将上述方程式简写为：

$$(23) - (19) = \Delta K_1 + \Delta K_2 + \Delta K_{t+1} + \beta \Delta L_{Rt+1} + \Delta M_U \quad (25)$$

$$(24) - (20) = \Delta K_3 + \Delta K_4 - \Delta K_{t+1} - \alpha \Delta L_{Rt+1} + \Delta M_R \quad (26)$$

（25）式、（26）式充分表明了城乡工农业在资本下乡征用、租用土地后，所产生的积累性经济结果，其中，城市工业资本 ΔK_1 和 ΔK_2 在跨时期的过程中属于常规变化，根据我们的假定：K_1 为城市工业部门非土地资本投入量，如厂房、设备等，因此它的积累主要受到跨期投资规模、技术水平和工业规模经济程度的影响，当然，可投资土地规模的变大，会使城市工业跨期投资需求有增加；K_2 为城市工业部门对土地资本的投入量，例如购买、租赁城市国有土地的资本支出，而城市国有土地资本本身是饱和的，其变化只受到城市国有土地价格波动、政府土地规划变更的影响，因此变化范围极其有限。实际上，影响城市工业部门跨期积累的主要力量，现在是农地资本变为城市工业使用的 ΔK_{t+1} 以及由于资本下乡导致土地产权属性变更而激发出来的农村移民新群体，即 $\beta \Delta L_{Rt+1}$。

对农村农业资本的跨期积累而言，因为 K_3 被假定为农业部门非土地资本投入量，包括农机具、种子、化肥等，因此，在土地规模缩减的情况下，如果要保持农业（模型中设定为种粮）资本 K_3 投入保持一定的增速，那就必须实现农业工业化道路，加大各种农业现代自动化机器设备的投资规模；但是，农业资本本身很难有实力短期内实现这一变革性的资本投入，城市工商业资本又很难把主要的投入放到与种粮相关的纯农业投入中，所以，ΔK_3 不要说保持一定的增加，就是维持规模不变都很困难；现阶段一些农田水利设施维护、更新、换代极慢就是明证，这也是为什么中央政府始终要求保持18亿亩耕地红线不能被突破的原因了。就模型本身所讨论的中国城镇化问题而言，ΔK_3 极有可能是一个负值。

由于我们假定 K_4 为农业部门对农村土地资本的拥有量和投入量（包括耕地、宅基地、农村建设用地），而 ΔK_{t+1} 已经单独表示为土地产权性质变化造成的农村土地资本的变化，因此，ΔK_4 可以视为非土地产权性质变化造成的农业用地减少（或增加），例如自然力造成土地肥力消失、各种自然灾害等等（增加的情况适用于复垦）。考虑到中国农村土地每年存在因自然力或不可抗力造成的损失，$\Delta K4$ 为负值的可能性也相当大。

另外，因土地产权性质变更造成的劳动力流出 $-\alpha \Delta L_{Rt+1}$ 确定是负值

（最好的情况不过是劳动力就地转移到资本下乡的工厂中），再加上，资本下乡所征用或租用的 ΔK_{t+1} 所对应的土地性质变更对农业特别是粮食生产的压力，这就对两部门模型的农业部门如何持续扩大再生产，并保持相当的剩余产品都提出了极大的挑战。农业在缺乏投入，又逐渐失去土地的情况下，如何支援正在进行的城镇化，这是一个需要冷静考虑的问题。因为，到目前为止所有的城镇化研究的起点都默认城镇化有足够的粮食和其他农产品供给，失去这个条件，城镇化就是无本之木、无源之水了。

（2）生产关系分析

考虑到我们是在马克思二部门模型的启发下探讨城镇化问题，因此，生产关系的分析必不可少。按照马克思的分析，剩余价值率即 m/v 是考察这一问题的关键变量。仿照这一思路，我们考察在从 t 到 $t+1$ 时期城乡工农业部门的剩余价值率变化情况，以期发现从产业后备军到土地后备军时期，城镇化模式变化带来的对劳资关系的影响。

在 t 时期[根据（5）式、（6）式]，城市工业部门的剩余价值率为：

$$\frac{M_{Ut}}{W_{1t}L_{1t}} \tag{27}$$

农村农业部门的剩余价值率为：

$$\frac{M_{Rt}}{W_{2t}L_{3t}} \tag{28}$$

在 $t+1$ 时期[根据（23）式、（24）式]，城市工业部门的剩余价值率为：

$$\frac{M_{Ut+1}}{W_{1t+1}(L_{1t}+\beta\Delta L_{Rt+1})} \tag{29}$$

农村农业部门的剩余价值率为：

$$\frac{M_{Rt+1}}{W_{2t+1}(L_{3t}-\alpha\Delta L_{Rt+1})} \tag{30}$$

我们主要从纵向和横向的角度来考察剩余价值率的变化，以及由于资本下乡导致土地后备军代替产业后备军成为城镇化供给侧结构性的发展动力背后的生产关系调整。首先，从时间纵向上看，$t+1$ 时期相对于 t 时期的有机构成，我们用（29）式除以（27）式，以及（30）式除以（28）式，分别得到：

$$(29)/(27) = \frac{M_{Ut+1}}{M_{Ut}} \cdot \frac{W_{1t}}{W_{1t+1}} \cdot \frac{L_{1t}}{L_{1t} + \beta \Delta L_{Rt+1}} = m_U \cdot \frac{1}{w_1} \cdot \frac{1}{1 + \beta \cdot \frac{\Delta L_{Rt+1}}{L_{1t}}}$$

(31)

$$(30)/(28) = \frac{M_{Rt+1}}{M_{Rt}} \cdot \frac{W_{2t}}{W_{2t+1}} \cdot \frac{L_{3t}}{L_{3t} - \alpha \Delta L_{Rt+1}} = m_r \cdot \frac{1}{w_2} \cdot \frac{1}{1 - \alpha \cdot \frac{\Delta L_{Rt+1}}{L_{3t}}}$$

(32)

我们令 m_U 和 m_R 分别为城市工业部门和农村农业部门剩余价值从 t 到 $t+1$ 时期的增长率,而 w_1 和 w_2 为两部门各自雇佣劳动力的工资增长率。因此,从纵向时间的角度看:城乡工、农业部门各自的剩余价值生产能力变化分别取决于四个因素:第一是各自的剩余价值增长率(m_U 和 m_R);第二是各自劳动力工资增长率的倒数;第三是进入和离开城市工业部门或农村农业部门劳动力的比例(β 和 α);第四是因为土地产权性质变更而迁移的劳动力 ΔL_{Rt+1} 占 t 时期城乡工农业各自雇佣劳动力(L_{1t} 和 L_{3t})的比例。

显然,在本模型中,城乡工农业部门各自的剩余价值增增长率(m_U 和 m_R)是内生于城乡工农业生产方式变革程度的,具体的讲就是城乡工业、农业在 t 到 $t+1$ 时期投资规模增加和产出比率(资本技术构成)共同决定,这个变化趋势是由城乡生产力发展的时代特征历史决定的,属于渐变的变量;除非遇到重大产业技术革命,一般保持常态性增长。

从 t 到 $t+1$ 时期城乡工业、农业部门各自雇佣劳动力的工资水平,受到各自雇佣人数、工农业利润状况的影响,一般应保持正常增长率。根据《中国经济与社会发展统计数据库》统计的年平均工资变化水平来看(见图 2),总体上,工农业部门雇佣工人工资水平都是上涨趋势,但是以建筑业和制造业代表的城市工业部门工资水平上涨速度远远快于农民的工资性收入上涨速度,也就是 $w_1 > w_2$;另外,考虑到城市工业部门属于国有性质的单位相对居多,而农业部门属于集体性质的单位居多,我们也考察了国有和集体单位的职工平均工资变化情况,图 2 显示,自 2002 年以来,国有单位职工平均工资水平较集体部门工资上涨水平更快,也从某种程度上证明了 $w_1 > w_2$。考虑到工资增长率是以倒数形式影响剩余价值率的变化的,也就是说工资增长越快,越抑制剩余价值率的增加,因此,城市工业部门快速的工资增长速度确实有利于缓解其雇佣劳动力的"剥削程度"①；而农业部门雇佣劳动力的工资增长缓慢，则说明，通过资本下乡来雇佣的农业劳动力，承受着比以前更大的"剥削程度"。考虑到中国各年的通货膨胀率情况，所以工资上涨的数据只能看部门间的相对值变化，单个部门的工资上涨情况并不能真正体现对雇佣劳动力剩余价值率的影响。

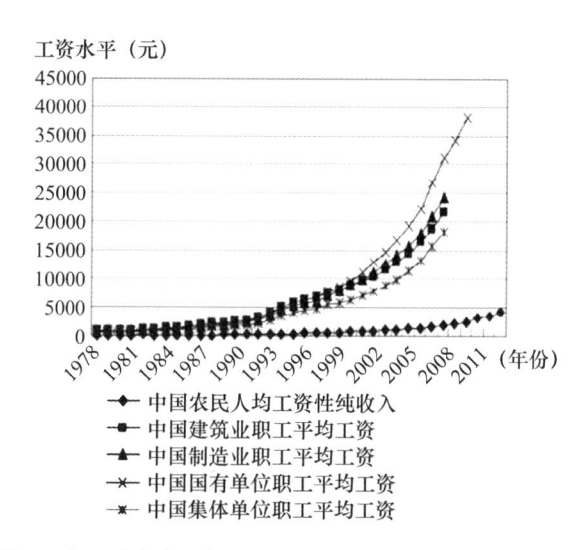

图2　中国城乡主要部门（单位）的年平均工资变化趋势

资料来源：《中国经济与社会发展统计数据库》各年数据。

真正影响 t 到 $t+1$ 时期城乡工农业剩余价值率的，是资本下乡造成农村土地产权性质变更引发的劳动力迁移 ΔL_{Rt+1} 的外生影响，这是一个关键性的链接土地制度和人口迁移的变量；另外，迁移人口进入城市工业部门的就业比例 β 和城市用工制度、社会福利保障制度和公共设施的准入程度相关。迁移人口 ΔL_{Rt+1} 绝对数量越多，用工比例 β 的稳定性就越差，因为城市工业部门、社会保障系统以及公共设施不可能承载过多的劳动力。

而离开农村农业部门（本模型设为种粮部门）的劳动力比例 α，则主要受到粮食产业的利润率、种粮农业有机构成、农业经营模式和雇佣模式的影响。特别地，选择何种农业发展道路，对 α 比率的影响极大——如果

---

① 本文仅在中性的概念上使用"剥削"二字，即这种剥削必定属于社会一定发展阶段的常态性现象，既无必要刻意回避，也不能完全当作没有。以下论述均在此意义上使用剥削概念。

是张培刚①意义上的农业工业化道路，则离开种粮农业的劳动力比率 α 会极高，因为工业化的农业几乎容纳不下太多的劳动力，比如，日本、美国的劳动力务农比例因为农业工业化的实现，降到了3%以下；如果是坚持亚细亚的农业生产方式（Asiatic mode of production）②，即劳动密集型、效率偏低的传统农业生产模式的话，α 比率会相对较低，此时，中国的农业还能涵盖住相当部分的农业人口就业，农业迁移人口会相对少很多。尽管农业工业化的道路很是理想，但是，如果解决不好农业转移人口和工业资本的雇佣关系，整个社会的生产关系将面临极大压力；而采用传统农业生产方式，农业劳动力和资本的生产关系则会相对缓和一些。

从横向城乡工业、农业剩余价值率变化的情况看：资本下乡进一步将农村剩余劳动力从土地剥离，并推动这部分人口主动进城寻找就业机会。因此，滞留在农业的劳动力的"剥削"程度更高了，这从（30）式 $t+1$ 时期农业劳动力"被流出"造成剩余价值率计算公式的分母进一步减少可以看出，这也是农业实现现代化、工业化的必要步骤；而城市工业部门的剩余价值率变化更复杂一些，尽管（29）式表明，中国城市工业部门剩余价值计算公式的分母还在吸纳资本下乡造成农业释放出的劳动力，但是，这种吸纳能力已经无法和城镇化起步时期相提并论了。因此，尽管城市工业部门雇佣劳动力工资水平有所增加，但是，如果抛开通货膨胀率对劳动力价值的影响，以及劳动力实际雇佣人数增幅有限的现实情况，城市工业部门在继续维持甚至增加剩余价值创造能力的同时，其劳动力"被剥削"的强度是依然不减的。

四 土地后备军的潜力分析及其对产业后备军的替代：一个实证数据分析

（一）土地后备军的潜力分析

从没有农村土地产权属性变更的 t 时期到资本下乡导致农地产权性质变更的 $t+1$ 时期，农村土地的城市化供给侧结构性的可持续性问题显然是一个绕不开的话题。土地后备军的潜力如何刻画？它对中国城镇化供给侧结构性改革的助推作用应该如何评价？这些都是值得探讨的话题。

---

① 张培刚：《农业与工业化》，中国人民大学出版社2014年版。
② ［德］马克思：《〈政治经济学批判〉序言》，敦克尔出版社1859年版。

我们认为,在城市国有土地存量变化不大的情况下,土地后备军的实质可以用 $\Delta K/K4$ 来进行刻画。在这方面的研究中,关键是如何从现实中找到与土地后备军模型相对应的实际部门的数据和指数。我们首先看看相关研究的基本做法:

吕萍等[①]指出,度量土地城市化的指标体系应包括土地利用结构变化、土地利用效益水平变化、土地利用程度变化、土地利用景观变化和土地资本投入变化等方面的因素;他们概括了一系列的土地利用指标(见表1)。在他们的各种指标中,土地利用结构变化指标和土地利用景观变化指标最接近本文所讨论的土地后备军的含义。但是,他们的研究主要是从城市建成区域的角度来考察土地利用的变化,因此忽略了土地后备军还有哪些待开发或待征用的农地。

王洋等[②]指出,鉴于城市化率是评价城市化水平的通用方法,因此,"土地城市化率"可评价静态的土地城市化水平,其概念和测度方法建立的前提是理清"分子"与"分母"。他们认为中国城市主要存在以下地域层次,从大到小依次为:市区、城区、建成区;而土地城市化率的"分子"是"城市化地域"的土地面积,目前常用的是城市建成区面积或城市建设用地面积。因此,土地城市化率的概念是:城区中城市建设用地面积所占的比重,是评价一个城市土地城市化水平的核心指标。土地城市化率(LUR)计算公式为:

$$LUR = (UCA/UA) \times 100\% \qquad (33)$$

其中,UCA 为城市建设用地面积;UA 为城区面积。他们的创新之处,主要是把我们概念中常常模糊的城市区域概念给廓清了,但是从其土地城市化的定义来看,依然是从大中城市的角度,用建成区或城市建设用地面积,来衡量这一指标。但对城镇涵盖的那些更靠近农村的中小城镇来讲,这一指标就显得生硬,因为这些地方不一定都是按照大城市的布局开展建设的,建成区和未建成区有时并不是泾渭分明的。另外,这也不能描述将要征用(租用)但还未征用(租用)的那部分农地的分析。而且,从他们

[①] 吕萍、周滔、张正峰、田卓:《土地城市化及其度量指标体系的构建与应用》,《中国土地科学》2008年第8期。

[②] 王洋、王少剑、秦静:《中国城市土地城市化水平与进程的空间评价》,《地理研究》2014年第12期。

研究来看，主要是地理意义上的土地城（市）镇化，而不是资本意义上的土地城（市）镇化。

表1　　　　　　　土地城市化及其度量指标体系的构建

	指标名称	指标代码	指标计算	指标意义
土地城市化评价指标体系	建设用地比重	X_1	建设用地面积/区域总面积	衡量土地利用数量结构的差异
	建设用地平均斑块面积	X_2	建设用地面积/建设用地斑块数	衡量土地利用景观变化的程度
	农用地景观破碎度	X_3	（农用地斑块总数-1）/农用地平均斑块面积	衡量土地利用景观变化的程度
	土地利用程度综合指数	X_4	$100\sum$（土地利用程度分级指数×分级面积百分比）	衡量土地利用程度
	道路面积比重	X_5	区域道路交通面积/区域总人口	衡量土地资本投入水平
	地均收入	X_6	区域内总收入/区域土地总面积	衡量区域土地利用的效益水平

资料来源：吕萍、周滔、张正峰、田卓：《土地城市化及其度量指标体系的构建与应用》，《中国土地科学》2008年第8期。

范进、赵定涛[①]利用历年《中国国土资源统计年鉴》归纳了2个统计指数的口径，即土地征收面积（公顷）和土地出让面积（公顷），他们指出，自1997年至2005年，全国城镇建设累计占用农用地和未利用地61.53万公顷，占地、圈地、毁地现象严重。需要构建土地城镇化与人口城镇化协调性指数，定量测度这两者的关系，他们的土地城镇化与人口城镇化的协调性指数可以定义为：

$$C_{LT} = \left| \frac{L+T}{\sqrt{2}} \right| \Big/ \sqrt{L^2 + T^2} \qquad (34)$$

其中，L 表示城镇人口的增长率，T 表示城镇建成区的增长率，C_{LT} 表示土地城镇化与人口城镇化协调性指数。这和尹宏玲、徐腾采用人口城镇

---

① 范进、赵定涛：《土地城镇化与人口城镇化协调性测定及其影响因素》，《经济学家》2012年第5期。

化与土地城镇化离差系数来研究的思路近似,尹宏玲等的离差系数 C_V 方程为:

$$C_V = \left| \frac{P-L}{P+L} \right| \qquad (35)$$

P 表示城市人口综合增长率,L 表示城市建设用地综合增长率,离差系数表征城市人口与建设用地之间增长的差异状况。

但是,类似(34)式、(35)式这类指数研究,只能代表土地与人口城镇化的相对速度,尽管可以客观上描述土地城镇化与人口城镇化谁领先、谁滞后,但是无法阐明这种领先与滞后的根源,以及未来中国究竟需要怎样的土地城镇化和人口城镇化。也就是说,对土地城镇化与人口城镇化发展演变的历史动因,不是单纯比较某一时期的土地城镇化速度与人口城镇化速度就可以贸然做出结论的。

李子联[1]采用城镇人口占比增长率与城市建成区面积增长率的比值来测度土地城镇化与人口城镇化的关系。他认为,由于人口规模和空间规模的扩张分别是人口城镇化和土地城镇化的主要内在特征,因此,城镇人口占比增长率和城市建成区面积增长率能够分别表示人口城镇化和土地城镇化的扩张速度。谭术魁、宋海朋[2]更进一步将这种增长率的速度关系表达了出来,他们指出,由于我国的特殊国情(如户籍制度、城乡二元土地制度),土地是空间、用途和权属三者的结合,土地城市化不仅仅意味着空间景观向城市形态的转化,更反映土地本身的国有化、资本化和土地发展权的变化。因此他们提出土地城市化速率的计算公式如下:

$$\nu_{\mu L} = \frac{\mu_{L_{t_2}} - \mu_{L_{t_1}}}{\mu_{L_{t_1}}} \qquad (36)$$

其中,$\nu_{\mu L}$ 代表土地城市化速率,t_2、t_1 为两个不同时间点,μ_{Lt2}、μ_{Lt1} 分别代表 t_2、t_1 时刻的土地城市化率。

这种从增量角度的土地城镇化和人口城镇化增长率测算较之静态地考虑建成区的土地城镇化与人口城镇化的关系要更进一步,毕竟它从增速的角度考虑到了土地城镇化与人口城镇化的关系,某种程度上可以部分刻画

---

[1] 李子联:《人口城镇化滞后于土地城镇化之谜》,《中国人口·资源与环境》2013 年第 11 期。

[2] 谭术魁、宋海朋:《我国土地城市化与人口城市化的匹配状况》,《城市问题》2013 年第 11 期。

土地后备军的问题——这类增速指标如果表现出持续增加的迹象，说明：第一，我国用于新增城市建设用地的储备还很丰裕；第二，说明征地制度和资本下乡的行为尚未受到现有土地制度的阻碍；反之，则说明，土地后备军或现有土地制度已经无法支撑城镇化对土地的需求。

为了使问题描述更准确，我们在上述研究的基础上继续查阅《中国经济与社会发展统计数据库》，得到如下值得关注的几组数据（见表2）。

表2　　　　　　　2004年以来中国土地征收情况

年份	中国						
	国有建设用地出让土地面积（公顷）	国有土地供应出让土地面积（公顷）	国有建设用地出让土地面积新增（公顷）	国有商服用地供应出让土地面积（公顷）	土地征收面积（公顷）	国务院批准土地征收面积（公顷）	省级政府批准土地征收面积（公顷）
2004	181510.4	181510.4	69685.86		195655.4	63308.27	132347.1
2005	165586.1	165586.1	50009.45	23267.66	296931.3	124649.6	172281.7
2006	233017.9	233017.9	89947.38	25394.2	341643.6	102419.9	239223.7
2007	234960.6	234960.6	92390.94	26974.63	301937.3	98495.93	203441.4
2008	165859.7	165859.7	67839.27	21802.38	304010.7	78760.7	225250
2009	220813.9		134576.8		451025.7	204239	246786.7
2010	293717.8		142370.8		459246.1	146427.8	312818.2
2011	335085.2		222838.6		568740.5	215553.2	353187.4

注：空格处为数据缺失。
资料来源：中国经济与社会发展统计数据库。

很显然，从上述公布的数据中，土地征收面积是所有相关数据中在同一年里的最大值，它大体上满足以下等式：

土地征收面积（公顷）＝国务院批准土地征收面积（公顷）＋省级政府批准土地征收面积（公顷）

这就是说，从某个特定的年份来讲，实际可以参与城镇化建设的新增用地的上限不可以超过土地征收面积的"天花板"；从各个地方推动城镇化建设的角度讲，地方政府（Local Government）＋社会资本（Social Captial) +农村土地（Rural Land）的 LSR 模式成为近年来地方城镇化建设中的流行模式，其实质是资本与地方政治权力的结合来保证土地持续供应城镇化发展所需。因而，资本下乡除了不能违背国务院土地征收面积的宏观规定外，也必须服从省级政府对地方城镇化发展的基本规划。换言之，地方政府的土地规划是另一个隐性的"天花板"——它从供给侧结构性实际制约着各个地方土地后备军的规模和土地城镇化的范围。

通过 LSR 模式实现征用或租用的农村土地，就是我们在模型中反复强调的因为土地性质变化而造成的 ΔK_{t+1} 这部分农村土地资本所对应的土地面积。这里就延伸出一个问题，ΔK_{t+1} 在本文中定义为农村土地性质变化后造成的土地资本转移，如果设征地面积为 S_{t+1}，土地价格为 P，那么，$\Delta K_{t+1} = P \cdot S_{t+1}$。

现在的难点在于，如何确定土地价格 P？在农村土地产权性质变更过程中，至少有几种价格需要明确，第一，是农地农用时的土地价格 P_1；第二，是政府或资本下乡时征用农地的价格 P_2；第三，是征用后的农地市场化使用，尤其是作为工业、商业用地开发时的价格 P_3。为方便分析，我们假定 P_1、P_2、P_3 是各种类型土地使用加权后的平均价格，即，不去考虑某种土地（例如农地农用）因为级差原因的造内部价格差异，例如，P_1 就是某地区加权后的农地农用价格，其他价格指标 P_2、P_3 也服从加权平均的假定。同时，根据市场对各类土地在不同阶段的定价标准，我们清楚地知道这一事实，即：

$$P_1 < P_2 < P_3$$

那么，因为资本下乡造成农村土地性质变化而获得的土地资本 ΔK_{t+1}，究竟是等于 $P_1 \cdot S_{t+1}$、$P_2 \cdot S_{t+1}$ 还是 $P_3 \cdot S_{t+1}$ 呢？

我们认为应该是 $P_3 \cdot S_{t+1}$。原因在于，P_3 是真正由市场决定的农地非农用价格，农村土地资本的价值体现主要就靠这个订的较高的土地市场价格。而 P_2 仅仅是资本下乡获得土地的"成本"价，也是使用这些土地的价格底限，它只能代表农地性质变化后，在农户和资本、政府讨价还价之后形成的一个局部"均衡"价格①。但是不管怎样，资本下乡与地方政府的权力相结合，毕竟以一定的、低于土地市场价格的成本获得了土地，这

---

① 之所以成为打引号的局部"均衡"价格，是因为，这个过程还可能包括存在"强征"这样的极端情况，显然，强征只是压低了农民的意愿出让价格，谈不上是讨价还价基础上的均衡。

个事实不容回避。所以，$(P_3 - P_2)$ 的价格差则正好体现了资本对农业土地城镇化开发的结果——充分溢价。

由于我们假定：K_4 为农业部门对农村土地资本的拥有量和投入量（包括耕地、宅基地、农村建设用地），所以，从机会成本的角度看：$K_4 = P_1 \cdot S_U$，S_U 为 t 到 $t+1$ 时期的全部农业用地（包括未被资本下乡征用或租用前的耕地、宅基地和农村建设用地），因此，土地后备军的实质可以表示为：

$$\Delta K / K_4 = \frac{P_3 S_{t+1}}{P_1 S_U} \tag{37}$$

从（37）式来看，有几重含义，第一，决定土地后备军自然地理界限的，是农村土地的面积，特别是因为资本下乡可以造成产权性质变化的面积 S_{t+1}，但是 S_{t+1} 绝不是可以无限接近 S_U 的，因为农村土地特别是 18 亿亩耕地红线的存在，使得土地后备军的自然地理约束成为紧约束，尽管近年来各地方政府采取了增减挂钩、土地集中整理等措施扩大可征地范围，但是这恰恰说明土地可征用范围接近瓶颈值；第二，P_3/P_1 的价格差，构成了 LSR 模式推动农地产权制度迅速变革并为农地快速征用模式的主要动力，这个价格差越大，那么城市工商资本和地方政府就有足够的空间与土地出让方的农民或农村集体组织进行谈判。

显然，从 2004—2011 年全国土地征收面积来看（参见图 3），呈现征收面积上升—下降—又上升—再下降的波动态势，其中，2007—2008 年土地征收面积达到统计数字显示年份的低点，这也恰恰是中国经济遭遇发展的低点（遭遇国际金融危机冲击和开始进入结构调整的过程）；这个变动趋势与国务院批准土地征收面积（公顷）是一致的，其中也可以看出中央政府土地宏观调控的基本态势①。

但是，图 3 中地方政府特别是省级政府批准土地征收面积（公顷）却是保持持续增长态势的，就是说，中央和地方政府在对待土地征收的问题时，有着截然不同的态度：不管中央政府是否对经济过热或紧缩进行土地宏观调控，地方政府都在努力扩大土地征收面积，这再次凸显了土地财政对地方经济增长的绝对支撑作用。客观上也造成了这些年城镇化的提速。

从供给侧结构性的角度看，中央政府始终致力于从建设用地指标的角

---

① 结合表 2 数据整理出图 2，可以更综合地分析上述土地后备军的发展变化情况。

度控制用地供给的增长态势,并特别注重区域间的平衡以及农业、非农业地区的平衡——增长速度快的区域(东南沿海),用地指标偏紧;增长速度慢的区域(中西部),用地指标相对宽松;农业特别是粮食主产区,用地指标供给偏紧;非粮食主产区、非农业集中区,用地指标相对宽松。但是,总体而言,中央政府的建设用地指标供给是偏紧的。这和地方政府持续高涨的用地需求形成矛盾,其化解方式不是、亦不可能选择宽松的土地指标供应模式,而应该考虑调整以 LSR 模式推动城镇化的这种思路。从供给土地转向供给制度、管理、保障以及对迁移人口更重要的公民权利。

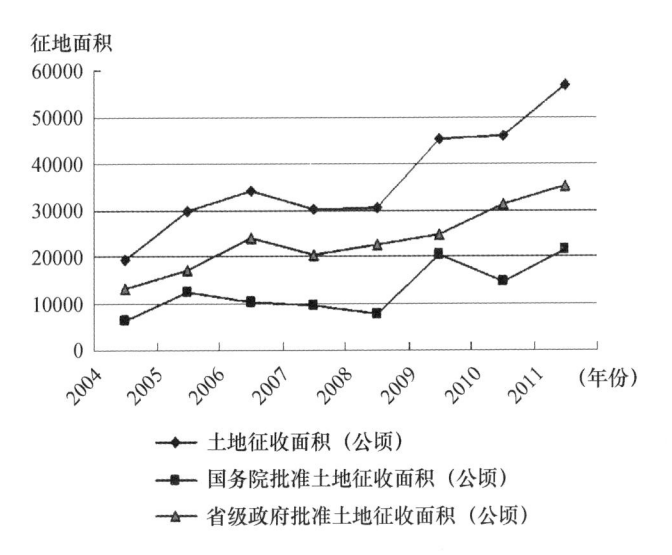

图 3　中国土地征收面积趋势:2004—2011 年

资料来源:中国经济与社会发展统计数据库。

中国农村土地的总面积 S_U 我们采用全球宏观经济数据库中国农业用地占国土面积的比例进行大致推算,根据下表 3 数据显示,自 2000 年来,中国农业用地(包含耕地、宅基地、农村建设用地等)的占比保持相对稳定,维持在 56%—57%,我们取中间值即 56.5%。按照陆地国土面积 960 万平方公里计算,中国在 2000 年后的农业用地大体保持在 542.4 万平方公里,约合 81.36 亿亩(5.424 亿公顷),这就是上文谈到的 S_U 的面积。我们要维持的耕地红线 18 亿亩大概占到农业用地的 22.12%。

考虑到中国国土面积中山地和高原类型的土地占到国土总面积的59.38%[1]，也就是说这81.36亿亩的农业用地要抛开近60%的山地和高原等不适宜耕种的土地后，18亿亩的耕地红线对有效农业用地的占比将达到54.46%左右，这个比例已经是相当高了；换句话说，征地的瓶颈其实早在2000年以后就已经形成了，考虑到资本下乡征地也不会主动考虑那些山地、高原等自然条件恶劣的土地，即是说，S_{t+1}/S_U不能超过农业用地比例的46%。资本下乡只能在有效农业用地中剩下的大概15.05亿亩[2]，包括宅基地、农村建设用地和部分撂荒或自然条件勉强合格的农业用地上进行土地征用和整理。

表3　　　　　　　　2000—2009年中国农业用地面积的比例

年份	2000	2001	2002	2003	2004	2005	2006	2007	2008	2009
农业用地/国土面积比（%）	57.06	56.96	56.86	56.66	57.29	56.92	56.92	56.02	56.02	56.21

资料来源：全球宏观经济数据库，参见 http://finance.sina.com.cn/worldmac/compare.shtml?indicator=AG.LND.AGRI.ZS。

表4　　　　　　　　2001—2008年中国土地成交金额及面积

年份	土地出让面积（公顷）	成交金额（万元）	单价（万元/公顷）	单价（万元/亩）
2001	90394	12958896	143.36	9.56
2002	124230	24167925	194.54	12.97
2003	193604	54213113	280.02	18.67
2004	181510	64121760	353.27	23.55
2005	165586	58838171	355.33	23.69
2006	233018	80776447	346.65	23.11
2007	234961	122167208	519.95	34.66
2008	165860	102597988	618.58	41.24

资料来源：范进、赵定涛：《土地城镇化与人口城镇化协调性测定及其影响因素》，《经济学家》2012年第5期，以及《中国国土资源年鉴》各年数据。

---

① 根据中国政府网相关数据测算。
② 15.05亿亩是这样计算出来的：81.36亿亩×（1-59.38%）-18亿亩≈15.05亿亩。

另外，根据范进等①和《中国国土资源统计年鉴》的数据，我们将2001—2008年的土地出让的单位价格（每公顷）也表示在表4，这样可以一并阐明这种土地后备军动力机制的价格驱动因素。从2001年到2008年的8年时间里，中国单位面积（公顷）的土地出让价格翻了4.32倍，从143.36万元每公顷（9.5万元每亩）增加到618.58万元每公顷（41.2万元每亩）。这种巨大的价格飙升趋势，从根本上促使农村土地以各种形式完成产权转化，并服务于城镇化。

（二）土地后备军对产业后备军的替代

从20世纪90年代中期开始，土地在迅速的城镇化过程中成为替代劳动力以发展城镇化的重要因素。因此，从供给侧结构性的结构性改革看，中国城镇化所发生的转折，既有劳动力供求结构问题，还新增了土地供求结构的问题。产业后备军难题被土地后备军难题所替代（或部分替代为发展过程中最棘手的问题），本质上是城乡发展的要素结构和要素成本产生的巨大变化——劳动力变贵了，但是总量依然过剩；用于城市开发的土地本身就不足，改革开放的进程让土地变得更贵，土地俨然成为中国城镇化进程加速阶段供给侧结构性的主要瓶颈。

不妨从数据的角度考察一下这两种要素的相对价格变化。根据《中国经济与社会发展统计数据库》的资料，我们查找到了自1998年以来中国工业用地交易价格指数、居住用地土地交易价格指数、其他用地土地交易价格指数、商业营业用地交易价格指数、土地交易价格指数，参见图4。由于缺乏确切而全面的工资统计数据，这里仅用中国农民人均纯收入代表农民的劳动力价格，而用城镇居民家庭人均可支配收入代表城市劳动力的价格。其变化趋势见图5。

图4中，2003年和2008年是土地价格，尤其是城市土地平均价格（特别是商业用地和居住用地交换价格指数）上升最为剧烈的年份，而工业用地的价格自有数据可查的1998年至2009年之间始终在平稳中略有增长；这就是说，近年来的土地价格上升，主要是商业和居住用地价格攀升所引致的。从供给侧结构性的角度看，土地后备军其实并不是不足，而是没有用在刀刃上；当前三四线楼市的库存已经严重过剩就是明证。如果不

---

① 范进、赵定涛：《土地城镇化与人口城镇化协调性测定及其影响因素》，《经济学家》2012年第5期。

尽快通过土地价格的调整将商业和居住用地价格攀升的趋势抑制住的话，土地后备军就难以回归跟随市场增长来调整供给的正常规律。

现在回到劳动力的价格，准确地讲，应该以平均工资水平来考察劳动力价格的变化趋势。但是，工资水平在中国的各个行业还属于"机密"性质的数据，既不可能对外公布，也很难得到确切的真实调查数据。从图5城镇居民家庭人均可支配收入和中国农民人均纯收入增长的角度看，显然城镇家庭可支配收入增长幅度从1991年开始就迅速与中国农民人均纯收入拉开距离。但是，《中国经济与社会发展统计数据库》中并未明确说明农民工打工收入究竟归属在城镇家庭可支配收入中还是归属于中国农民人均纯收入中，因此尚难以判断城乡居民收入增长的真实差距。

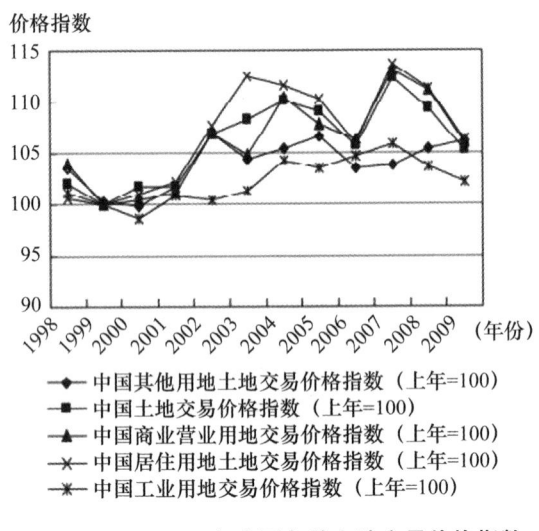

图4　1998—2009年中国各种土地交易价格指数

资料来源：《中国经济与社会发展统计数据库》。

但是，如果将劳动力价格增长趋势同土地价格增长的趋势作一横向比较，则可以较为直观地看出这两种要素的使用成本此消彼长的变化趋势（见表5、表6）。

从数据可对比的角度，我们将1997年设定为基年，自1998年到2014年的17年间，中国土地交易价格的平均增长指数稳定在6.06%（其中商业用地价格指数增长率为6.03%，居住用地土地交易价格指数为6.93%，工业用地交易价格指数2.23%，其他用地交易价格指数3.98%）；这显著

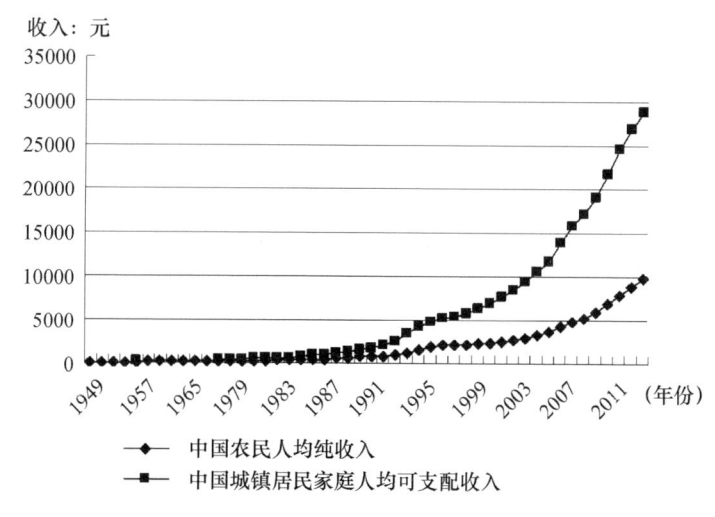

图 5　中国城乡居民劳动力工资水平的变化趋势和绝对值大小（近似）

资料来源：《中国经济与社会发展统计数据库》。

地低于同一时期劳动力价格的增长速度，其中，以农民纯收入测算的农业劳动力价格增长指数为年均 9.58%；而以城镇居民家庭人均可支配收入增长指数测算的城市劳动力价格增长指数为年均 10.65%。所以，选择使用土地代替劳动力作为城镇化发展要素储备的模式，就不令人感到意外了。因为，中国的劳动力价格实在涨得太快，即使政府有意创造更多就业岗位，但是，容纳劳动力的这些企业，是绝不愿意将更多的企业发展成本支付到劳动力工资上。

表 5　中国各种类型的土地价格交易指数

年份	中国				
	其他用地土地交易价格指数（上年=100）	土地交易价格指数（上年=100）	商业营业用地交易价格指数（上年=100）	居住用地土地交易价格指数（上年=100）	工业用地交易价格指数（上年=100）
1998	103.6	102	104	100.6	101.2
1999	100.2	100	100	99.9	100
2000	99.8	101.7	100.4	101	98.6
2001	101.7	101.7	101.2	102.2	100.8
2002	106.9	106.9	107	107.7	100.4

续表

年份	中国				
	其他用地土地交易价格指数（上年=100）	土地交易价格指数（上年=100）	商业营业用地交易价格指数（上年=100）	居住用地土地交易价格指数（上年=100）	工业用地交易价格指数（上年=100）
2003	104.4	108.3	104.9	112.4	101.3
2004	105.5	110.1	110.4	111.6	104.3
2005	106.7	109.1	107.9	110.3	103.6
2006	103.5	105.8	106.4	106.0	104.7
2007	103.8	112.3	113	113.7	105.9
2008	105.5	109.4	111.1	111.3	103.7
2009	106.2	105.4	106	106.4	102.2
平均值	103.9833	106.0583	106.025	106.925	102.225
年均增长率（%）	3.98	6.06	6.03	6.93	2.23

资料来源：《中国经济与社会发展统计数据库》。

表6　　　　中国劳动力价格变化情况的纵向测算结果

年份	农民人均纯收入（元）	城镇居民家庭人均可支配收入（元）	城镇居民人均可支配收入/农民人均纯收入
1997	2090.10	5160.30	2.47
1998	2162.00	5425.10	2.51
1999	2210.30	5854.00	2.65
2000	2253.42	6280.00	2.79
2001	2366.40	6859.60	2.90
2002	2475.60	7702.80	3.11
2003	2622.20	8472.20	3.23
2004	2936.40	9421.60	3.21
2005	3254.93	10493.00	3.22
2006	3587.00	11759.50	3.28
2007	4140.40	13785.80	3.33
2008	4760.60	15780.80	3.31
2009	5153.20	17174.70	3.33

续表

年份	农民人均纯收入（元）	城镇居民家庭人均可支配收入（元）	城镇居民人均可支配收入/农民人均纯收入
2010	5919.01	19109.44	3.23
2011	6977.29	21809.78	3.13
2012	7916.58	24565.00	3.10
2013	8896.00	26955.00	3.03
2014	9892.00	28844.00	2.92
平均值	4422.97	13636.26	3.04
平均增长率（变化率,%）	9.58	10.65	0.98

资料来源:《中国经济与社会发展统计数据库》。

当然,从绝对价格的角度看,单个劳动力工资再怎么涨,也比不过一亩土地的价格,尤其是商业用地在城镇化发展中的征用成本;唯一的差别是,在劳动力总量特别是农村剩余劳动力供给总量依然是过剩的情况下,劳动力单位成本的增加,势必使成批的农村剩余劳动力被企业"选择性的放弃"。企业和政府转而追求价格上涨相对缓慢的土地,来维持城镇化的增长规模和速度。劳动力在价值创造上的主动性和持续性特点,在土地后备军溢价的短期效益面前显得"微不足道"。

但是,土地的基本自然地理属性是"有限性"。城镇化发展从依赖劳动力到依赖土地的结果,一方面使得土地的价格上涨迅速,可利用土地的规模绝对地减少;另一方面,是把"选择性放弃"的那些农村剩余劳动力可获得的土地保障水平降到更低——在返乡还是入城的问题上,土地的社会保障功能对农村迁移出的劳动力至关重要,但现在农地城镇化的总水平提高了,农地的传统社会保障功能势必下降。这就是选择以土地后备军代替产业后备军发展城市的后果所在。土地在中国,还真不能视为农民的"资源诅咒";农民的贫穷,绝不是因为拥有了一亩三分地——他们失去这些土地,多数人会更贫穷。

土地后备军日趋成为城镇化发展的动力也许是当前发展阶段所不能避免的一个趋势。陆铭等认为,由于土地特别是建设用地指标2003年以后在供应总量上逐渐趋紧,"中央政府开始对土地违法进行严厉打击,其中对东部地区土地违法的查处尤其严厉";"在土地供给方式上推行全面的招拍挂制度,地方政府成为土地一级市场的垄断供给方,并通过'饥饿供地'等各种方式追求土地收益的最大化"①。这些政策的结果,恰恰更突显了土地后备能力不足的问题,也是当前城镇化供给侧结构性土地制度改革的焦点所在。即"在劳动力流入地限制土地供给的结果是房价上涨,而房价上涨则推动生活成本上升,并阻碍劳动力流动,减少劳动力供给的增长速度,最终推升工资"②。换言之,土地后备军的供给和成本问题最终还是要回归的劳动力的成本上来。因此,土地后备军本质上是中国城镇化过程中产业后备军的孪生兄弟,需要将这两者联系起来统筹地看、历史地看、互动地看。

五 结论与政策展望

人口城镇化和土地城镇化是工业化国家城镇化建设进程面临的两个侧面。但是,对中国而言,却形成了前后延续几十年的一个历史过程。在中华人民共和国成立后很长一段时间,户籍制度锁定了城乡人口、资源的流动,中国的城镇化基本上就是大城市独领风骚。随着改革开放,中国出现过一段较短时间的乡镇企业辉煌,它为发展某种靠近农村的中小城镇模式提供了经济和产业基础,并有效地实现了农业人口就地转移就业。但是,20 世纪 80 年代农村改革所促成的农业生产潜力全部释放完毕以之后,乡镇企业迅速衰落,农业农村的失业人口突然成为劳动力市场上的一支庞大的供给力量,它冲破了户籍制度的限制,不断涌向城镇化地区。中国开始了以产业后备军模式推动的城镇化发展阶段,出现了一批以加工制造为主导的劳动力密集型、产业化城镇,它大量聚集着农业转移人口——特别以沿海地区的珠三角、长三角的加工制造业城市为代表。

这个过程持续到 2003—2004 年,中国出现了城镇化的刘易斯转折现象③,工资上涨、企业订单锐减以及城市居住、就业、教育、社会保障等

---

① 陆铭等:《偏向中西部的土地供应如何推升了东部的工资》,《中国社会科学》2015 年第 5 期。
② 陆铭等:《偏向中西部的土地供应如何推升了东部的工资》,《中国社会科学》2015 年第 5 期。
③ 吴垠:《中国特色新型城镇化:以刘易斯拐点期为背景的理论、模式与政策研究》,《经济科学》2015 年第 2 期。

福利措施的滞后，使得工业城市模式在聚集劳动力的能力上锐减。因此，从2004年开始的十来年时间里，劳动力流动开始出现一些新的特质，沿海制造业城市不再是唯一的流动去处，一些中西部省份、民族地区的劳动力甚至不选择外出打工。隐含的约束条件是，这些劳动人口的预期收益和成本支出无法支撑其流动的愿望，城市工业企业的生产关系也让某些农村劳动力望而却步。也就是说，靠向城市聚集劳动力，并以产业后备军发展模式支援城镇化建设的路径已经无法延续。

在劳动力流动出现刘易斯转折的前后，由中国地方政府兴起的土地财政与经营城市模式，逐渐开始替代劳动力城镇化聚集的产业后备军模式。本文将这种模式称为城镇化的土地后备军模式，并从马克思扩大再生产模型的角度，对城乡工农业价值再生产，以及土地后备军支援城镇化建设的动力、过程、生产关系以及土地后备军的潜力进行了分析。总体来看，土地后备军已经形成了对产业后备军的替代，并成为中国城镇化建设的主要推动力量。这种推动模式，将深度影响城乡劳动力雇佣的生产关系，尤其是从土地上被剥离出去的这部分劳动力，他们将面临更加严峻的生存状态与雇佣关系。从城镇化可持续发展的角度看，耕地红线和农村土地集体产权性质共同决定了土地后备军的潜力有限。因此，从供给侧结构性改革的角度，本文提出以下政策建议。

第一，城镇化战略的供给侧结构性改革要从单种要素的供给转变为多要素乃至全要素供给。以往的城镇化发展，我们采用哪种要素成本低，就利用哪种要素的务实策略。尽管有其历史合理性，但是，没有全要素生产率的革新，仅仅依靠人口或土地这种单一要素的突进，城镇化发展必定遭遇瓶颈。而全要素生产率的形成，关键在做对要素的相对价格，并适时将创新的要素引入原有要素中，实现多要素协同的城镇化发展。土地后备军尽管替代了产业后备军成为城镇化发展的主力，但已经无法持续高强度地实现土地供给。至于"增减挂钩"这种拆东墙补西墙的应时之举，更是应该逐年逐步取消。并代替为选择人口、土地之外的新型要素如科技、信息、创新等来丰富城镇化的要素供给。实现城镇化的全要素生产率更上台阶。

第二，城镇化战略供给侧结构性的结构性改革要从生产关系入手，化解城镇化的诸多矛盾。无论是产业后备军还是土地后备军助推的城镇化，我们都只看到了速度，而缺乏对城镇化发展质量的考量；或者即使有所考量，也受制于发展阶段的原因，而"有心无力"。经历了长达30多年的快速增长，当前城镇化发展最大的矛盾，既非增长率不够，也非建筑质量、公共设施、公共服务欠缺，而是城镇化的生产关系矛盾突出。怎么样把不同户籍、区域、收入、文化背景的人口，很好地聚合在城镇化发展的布局、生产、消费、休闲、娱乐、居住等方面，需要政府理顺现有城镇化产业后备军、土地后备军背后主体的利益关系、雇佣关系以及各类利益冲突和矛盾，用柔性城镇化管理模式，化解城镇化发展过程中那些"软"的、"看不见"的短板。这比单纯多建几套保障房、多修几组公共健身设施要有用得多，供给侧结构性的结构性改革需要关注城镇化"人"的方面多于"物"的方面。

第三，城镇化要考虑制度供给的超前性，给予国民更宽松的投资、消费环境。现阶段，三四线城镇的住房库存过剩量极大，如果城镇化继续无限制地坚持以土地后备军替代产业后备军推动城镇化，并以更大的速度再生产出产业后备军的话，必将把城镇化的各类矛盾更进一步激化。这个时候，再开拓土地已经无济于事，因为中国各地未必真正需要都达到80%以上的城镇化率。城镇化供给侧结构性的改革不单单是要素的供给，还必须包括制度供给。特别是应该及时供给产权制度，尤其是调整住房产权70年的归属制度，让进城务工者可以购买年限超过70年以上的住房产权，逐渐通过化解楼市库存的方式，吸纳进城务工人员安居乐业。这一举措，既不至于引起住房产权制度和现有城市国有土地制度以及农村集体土地制度的激烈冲突，也能够稳定住房购买者、住房拥有者的预期：住房产权时间延长的预期下，现阶段楼市的供给和需求都会回落到一个理性的范畴，房价在回归理性的时候，自然会有更多的人口选择哪怕是现在看来不值得居住与投资的三四线楼市进行购买。这样，推动农民工进城并消化库存就会由政府费力推动，变为市场主动调整，可谓四两拨千斤。现阶段，中国的国家实力和国家信誉已经到了可以对国民做出新的产权制度承诺的时候了。土地后备军发展模式的终点就是流动人口大量减少，并都拥有一套及以上的住房产权，能够享受宽松的投资、消费环境。

第四，引入外资，调整中央—地方财政资金供给结构，做实城镇化的发展资金供给。中国的城镇化需要调整资金供给市场的发展思路。原来我们强调利用政府财政资金＋社会资本来充实城镇化发展的资本金。但是，这个资本金的运作方式只是追求城镇化的速度、效率，而忽视城镇化的质量和人性考量；并且一些地方政府或地方性投融资平台已经出现负债较严重的情况。从资金使用情况看，投在城镇化基础设施建设上的不少，但却未必让人满意；地方财政这些年要求中央财政补窟窿的地方多，用在发展和民生的城镇化建设上的却少，资金漏损现象较严重。作为供给侧结构性的考虑，引入外资进行投资、管理地方的城镇化社区，适当调整中央—地方的财税责任关系，有效改善城镇化资本金的供给结构，特别是改善资本金的使用模式，把人性化的、科学的城市管理模式也一并引入下一阶段中国城镇化的建设中，这可能有助于改善现阶段千篇一律、浪费不断的城镇化模式不断复制的状况。

中国城镇化的发展是分阶段性的历史过程；作为中国的研究者，我们既然跳不出这段历史，那就必须正视这段历史。当然，我们亦不必过多苛责曾经选择的发展道路：无论是产业后备军、还是土地后备军，都是对城镇化发展做出过、甚至还将继续做出巨大贡献的力量。需要做的是，把这些发展的力量和新阶段中国城镇化供给侧结构性的改革结合起来，找到一条成本代价更低、发展模式更多元、利益关切更倾向广大劳动人民的城镇化道路，让城镇真正成为经济发展的"永动机"，让产业后备军和土地后备军所对应的那些利益主体，真正享受到城镇化带来的便利，实现"以人民为中心"的城镇化。

第四篇 中国特色社会主义经济发展

以科技创新促转型稳增长

刘诗白[*]

摘 要：党的十八大报告中提出了一条以科技创新为核心，加快发展方式转变，促进持续增长，实现富民强国的发展战略。理论与实践证明科技创新是现代经济社会进步的"元动力"，目前，世界正处在一个从未有过的科技强有力地促进经济社会发展的新时期，把科技创新摆在国家发展核心地位，探索和走出一条更多依靠科技力来促增长之路，是实现我国两个一百年发展目标的最佳战略抉择。为此，(1) 摒弃高速低质的传统增长思维，走依靠科技支撑的质量提高型的发展之路，加深对"科学技术是第一生产力"的马克思经济学原理的认识，立足于中国实际构建"多层次"科技创新体系，切实转变片面追求 GDP 的传统观念，进一步明确走质量提升型发展的重要性。(2) 深化改革，充分立足于发挥市场机制基础性作用，构建起市场性的科技创新机制，切实搞好"专利制度"，促使企业成为自主创新主体，加强科技创新的金融支撑。(3) 有效地发挥政府的功能，特别是在关键性、基础性、战略性的重点科技领域，要实行政府主导的跨越式的创新模式。

关键词：科技创新；转换发展方式；新科技革命

一 引言

党的十八大高度重视科技创新，报告中强调以"科技创新"作为"提高社会生产力和综合国力的战略支撑"，指出科技创新"必须摆在国家发展全局的核心地位"，要求着力实施创新驱动发展战略，"以全球视野谋划和推动创新，……把全社会智慧和力量凝聚到创新发展上来"。贯彻好这

---

[*] 本文选自刘诗白《以科技创新促转型稳增长》，《经济学家》2013 年第 11 期。

一精神，我们要进一步深化"科学技术是第一生产力"的理论认识，把握当今世界科技促发展大趋势，切实推动科技创新，加快转变发展方式，提升发展质量，保障持续增长。

二　着力科技创新，加快转换发展方式

党的十八大站在 21 世纪的时代高度，以全球视野分析世界发展形势和我国新时期面对的新问题和新挑战，阐明了当前我国发展仍处于可以大有作为的重要战略机遇期，提出了一条以科技创新为核心，加快发展方式转变，促进持续增长，实现富民强国的发展战略。

改革开放 30 多年来，我国进行了由计划经济向社会主义市场经济的成功的体制转型。社会主义市场经济体制焕发出强大活力，带来和实现了史无前例的经济大起飞奇迹。2012 年 GDP 达 51.9 万亿元，居全球第二位；34 年来 GDP 年均增速 9.9%，人均 GDP 由 190 美元到 6100 美元；2012 年进出口贸易总额 38667.6 亿美元，位居世界第二；基础设施飞跃发展，高铁运营里程 9356 公里，居世界第一。经过 30 多年快速增长，中国已经由原先的经济不发达国家，一跃成为中等发达国家，成为引领世界经济发展和影响政治、社会走向的大国。

中国 30 多年以来经济大起飞的路径：一是构建和依靠市场经济体制，调动全民创业活力，国有经济快速做大，民营经济遍地开花。截至 2012 年，已有 54 家国企进入世界 500 强，民营企业贡献占 GDP 的 70%，成为支撑当前经济增长的主要力量。二是利用高储蓄，实现投资快速增长。近年来中国居民储蓄率已超 50%，投资贡献率达到 50% 以上，基础工业和基础设施大建设成为发展的强劲动力。三是发挥劳动密集经济的比较优势和人口红利功能，吸引国外投资。1979—2008 年 30 年中国累计实际利用外资逾 8 千亿美元，2003—2008 年年均实际利用外资更是超过 600 亿美元。加工制造业获得飞速发展，中国成为了"世界工厂"。四是充分利用了全球化条件下外贸对经济的拉动作用。1978—2012 年我国商品进出口额增长了 187 倍，其中出口总额增长了 99 倍。截止 2012 年中国出口总额占全球贸易份额由不到 1% 提高到 11.1%，已连续四年成为世界货物贸易第一出口大国，出口拉动成为增长的强劲动力。

可见，中国的改革开放，启动了一轮立足于劳动密集型和低技术层级产业的"数量扩张型"的发展，实现了第一轮令举世瞩目的高增长，出现

了34年平均9.9%的高增长率，2002—2011年年均10.7%的特高增长率。

2008年爆发的国际金融危机带来我国外贸环境恶化，进出口下降。劳动密集型企业首当其冲。2009年春季以来沿海地区众多出口加工厂家纷纷倒闭。国有企业也呈现产能过剩。在政府出台4万亿投资的刺激计划下，中国保持了经济稳定，但GDP增长率放慢，2012年增长7.8%，创1999年以来13年内最低水平；财政收入增速下降，2012年仅增长12.8%，为三年来最低点；近年来房地产处于"滞胀"，银行不良贷款压力增大，股市不振等等成为发展中的困扰。

中国仍面对良好的发展机遇期，将在今后20年保持不断的增长和拥有世界上较高增长率。但当前国际金融危机的阴霾尚未散尽，世界经济仍处在长复苏之中，面对着诸多不确定性。此外，各国产业结构与出口结构也正发生新调整。国内面对着消费率低、内需动力不足，经济结构不合理、质量效益不高，以及人口红利功能弱化、资源不足、生态严重恶化等等问题。上述情况决定了中国经济高速增长时期的结束。因应国内外发展环境和条件的变化，党的十八大提出了我国新时期着力深化改革，切实加快转型的方针，要求实行在动力上由过去的投资、出口为主动力到消费、投资、出口协同拉动的转变。特别要大力推进科技创新，产业升级，实行由数量扩张型发展向质量提升型发展的转变。

1979年以来30多年的高增长是我国新经济体制巨大活力和国家增长巨大潜力的表现。但它毕竟是中国这样的原先经济不发达大国改革初期具体条件的产物。随着经济基数的加大和各种生产资源的供求状况的变化，增长速度会趋于下降。应该说在后国际金融、经济危机时代，在国内外新的情况下，我国双位数的高增长时代已经结束。我们应当审时度势，将发展重点与核心，由数量转向质量，由产值转向效益，由体量转向实力尤其是竞争力。特别是要树立起协调、长期、稳定的全面发展和持续发展观，争取实现二十年平稳的质优中速增长，而不能追求粗放式的高速度。

何况，GDP高增长并非发展的目标。实践一再表明：粗放型工业经济的高速增长，更会加剧资源耗竭、环境生态恶化等负面效应。另外，国民收入过多地用于投资，会排挤消费，压制消费需求的增长，带来内需不足。建设资金过多投入工业与基础设施，会挤压社会公共事业的发展，造成发展的失衡。特别是粗放型的产业结构和生产链，劳动生产率低，产品技术含量低，效益小，而资源耗用大。这种粗放型扩张是不可持续的，它越来越不适应于当今走向高技术经济时代的要求。

据统计,我国制造业劳动生产率水平仅为美国的 4.38%、日本的 4.37% 和德国的 5.56%;从中间投入贡献系数看,1 单位价值中间投入仅获 0.56 个单位新创造价值,相当于发达国家平均水平的一半;从效益上看,能源消费弹性系数快于 GDP,2010 年单位 GDP 能耗达到世界平均水平 2.2 倍。与之对应,能源资源需求快速上升,2012 年原油对外依存度高达 56.4%,创历史新高。资源过度耗费导致了环境恶化,近期国内雾霾现象证明空气严重污染,并付出了高昂代价。亚洲开发银行报告显示:我国空气污染每年造成的经济损失,基于疾病成本估算相当于 GDP 的 1.2%。

可见,新时期的国内外新情况,要求我们更加重视增长质量,致力于加快发展方式转变,为此要大力推进科技创新,搞好产业升级,走质量提升型发展之路,实现资源节约型、环境友好型的可持续发展。这是一场新的经济大变革,包括经济结构的大调整、物质技术基础的大提升、国际经济的大调适。

三 科技创新:现代经济社会进步的"元动力"

世界近现代的经济社会发展,是由工业和科技所推动的。在市场机制作用下,科技不断转化为生产力,科技创新由此成为经济发展的强有力引擎。

1770—1820 年,英国启动了以蒸汽技术和机器使用为特征的第一次工业革命。在市场经济机制的推动下,蒸汽技术迅速转化为生产力,产生了机器大生产与工厂制度,纺织、机械等产业迅速壮大,成为主导产业。工业革命催育出巨大的工业财富,马克思说:资本主义在不到一百年的时间里创造的生产力"比过去一切世代创造的全部生产力还要多,还要大。"[①]

19 世纪末 20 世纪初,产生了第二次工业革命。以电力广泛应用、内燃机和新交通工具创制、新通信手段发明为标志。这一时期,工业重心由轻纺工业转到重工业,出现了电气、化学、钢铁、石油、汽车、飞机等现代大工业部门,新技术使工业经济发展到更高阶段。

20 世纪中叶以来,科学、技术研发呈现出在广度和深度上加快发展,特别是 80 年代以来,出现了一场以信息技术为代表的高技术领域——包

---

① 《马克思恩格斯选集》(第 1 卷),人民出版社 1972 年版,第 256 页。

括信息技术、新能源技术、新材料技术、遗传工程、航天技术和海洋技术等众多领域——的革命。

信息与高技术革命是工业化以来的科技革命高峰。这次科技革命极大地推进了生产力发展和经济体制创新，加强了产业结构非物质化和生产过程智能化的趋势，推动了20世纪末世界的一次新的经济组织转型：由传统工业经济向高科技经济——包括信息产业、生物产业、新材料产业、航天产业等——的转换。新兴高科技产业已成为西方发达国家主导的产业。

当代高科技经济和现代新兴产业的出现，其意义不能低估：第一，高技术（High Technic）是立足于20世纪科学新突破——相对论、量子理论、基因理论等——新的基础之上，是对物质（包括生命体）的深层结构蕴含的自然力的自觉利用，从而体现为一种最强大的生产力。这种深层自然（及生命体）力通过科技知识密集型的新生产方式被释放出来，成为造福于人类的现代财富。第二，高技术经济使劳动生产率和效益大幅提高，促使资本快速积累，出现了技术、知识密集型企业快速增长。微软、苹果等白手起家，30多年来成长为产值过千亿美元的特大企业。高技术企业的扩大再生产，引发更多风险投资的投入，扩大了投资需求；适应科技经济扩大的需要，消费服务业也相应扩大；多方面的产业扩展，增加了就业，特别是增大了创新型人才的就业机会。第三，高新科技产品，以其高使用价值和性价比，刺激和创造出新消费需求。第四，高技术经济通行着"摩尔法则"式的不断技术创新和产品升级。另外，信息等高技术大规模引入传统产业，促进了传统工业生产的创新。第五，科技创新成为最强有力的引擎，推动着经济的发展。20世纪末叶的这一轮科技创新，使二战后内在矛盾不断深化的西方资本主义大国获得了生机，并保持了一段相对稳定的增长。第六，信息、知识经济使一般新技术可自由传播，成为通用的"社会生产力"。有效地发展和利用信息网络等新技术，将为不发达国家争取跨越式的发展提供可能。第七，高技术在社会生活各个方面的普遍应用，促使人类由工业社会转变为科技知识社会，进一步发展了现代化和现代文明。

综上所述，21世纪，高技术成为"现代最新生产力"，发达国家正在向科技知识经济迈进，世界正处在一个从未有过的科技强有力地促进经济社会发展的新时期。就我国来说，加大力度，发展科技，推动高科技经济的发展,并且将高新技术引进和提升传统工业生产,既是时代的要求,也是我国发展新时期现实的需要。

四 当今世界处在新科技革命的前夜

(一)金融危机阴霾不断,但科技创新势头强劲

1. 危机驱动创新

2008年发生的国际金融危机,沉重打击了西方资本主义大国,造成金融活动大紊乱,生产萎缩,失业增长,引发社会动荡,也冲击着不发达国家和新兴经济体,造成这些国家外贸下降,国外市场紧缩和增长减速。危机从来会推动技术创新,促使经济结构调整和产业升级。

2001年美国网络危机后,信息技术的革命并未止步。2008年危机爆发以来,美国信息公司加强了技术创新的势头。乔布斯推出的苹果手机iPhone和iPad持续热销,iPad近两年已实现1亿台的总销量,iPhone在过去5年也实现了2.5亿部的总销量。技术创新使苹果公司资产"飚增",公司实现高盈利,2011年第四季度盈利增长115.2%。苹果的优异业绩还拉动了全美股市市值增长和支撑了美国经济的复苏。标普500指数2011年上升1.55%,但若没有苹果只会上升0.47%。2012年一季度美科技行业营收预计增长6.7%,去除苹果后仅上升2.3%。

布莱斯通描绘了2011年硅谷的兴旺景象:"在硅谷2011年的狂飙突进让人出乎意料,高失业率,负债累累,硅谷统统没有,……硅谷是一个别样的世界,一个繁荣的泡泡,这一点在2011年体现得尤其淋漓尽致。餐馆订不到位,高速路水泄不通,公司钱多得花不完"。作者也说:"在深陷金融与经济危机的美国,硅谷仍然会出现这样一个黄金年代,让人们忍不住要带点质疑的眼光去看待,也许和上世纪90年代那次繁荣一样转瞬即逝。"但作者指出,"这次硅谷的乐观情绪似乎有更坚实的基础",这就是苹果、微软、谷歌等高技术企业卓有成效的技术创新和扩产。[①]

2. 政府推动力增大

国际金融危机宣告了20世纪80年代以来美英等国盛行的新自由主义的失败。为了摆脱危机,各国政府加强了经济调控功能,采取财政税收措施,促进复苏与就业,特别是扶持与推动技术进步,培育新的经济增长

---

① Brad Stone:《现时现地:硅谷的黄金时代》,《商业周刊》2012年第1期。

点。政府着力推进科技创新成为世界大趋势。

奥巴马政府力图通过推动新能源为核心的技术创新。2009年出台《美国复苏与再投资法案》（ARRA），总额7870亿美元的经济刺激方案中，1000亿美元用于支持能源、医药、环境保护和新技术领域的科技创新（包括多项针对新能源行业的税收优惠、补贴和贷款担保）；720亿美元直接投资再生能源研究和生产、能源效率项目、环保车辆制造、智能电网技术和环保职业培训等。其后，美科技政策办公室发布《奥巴马总统的创新战略》，提出加大基础领域创新研发投资，发展先进信息技术生态系统，加速国家重点项目突破开发（包括开发新能源、新医疗技术和新型汽车生产等）。近年来美国依靠水压破裂技术和水平钻井技术结合新技术，使页岩油产量爆发式增长。美能源信息署统计，2012年美国页岩油日产量达72万桶，相当于其国内石油日产量的12.5%。原油对外依存度大幅下降，2017年美国将取代沙特成为全球最大产油国，在2035年左右实现能源自给自足。

欧盟则把发展重心放在开展低碳环保技术研发促进新经济的发展。2008年《欧盟能源技术战略计划》鼓励推广包括风能、太阳能和生物质能源技术在内的"低碳能源"技术。2010年欧盟实行《欧洲2020战略：实现智能、可持续性和包容性增长》战略，确立了以知识型、低碳型、高就业型经济为基础的未来十年欧盟经济增长新模式，制定绿色经济新战略计划，推动技术研发和创新，建立能源可持续利用机制。此外，韩国政府制定了《新增长动力前景及发展战略》，将绿色技术、尖端产业融合、高附加值服务三大领域共17项新兴产业确定为新增长动力。日本推出《绿色经济与社会变革》政策，强化"绿色经济"，重点发展新能源、信息技术应用、新型汽车、低碳产业等。新兴国家也纷纷加强了对科技创新的政府扶持。政府的推动成为当前世界科技创新的新动力。

可见，尽管当前西方资本主义内在矛盾空前深重，世界经济复苏进程缓慢，发达国家经济处在艰难的自我调整之中。但发达国家的科技创新不曾停步，以科技调结构、促增长，成为后金融危机时代世界经济发展的明显趋势。

（二）世界处在新的科技革命前夜

1. 科技创新是时代大需求

科学技术的重大突破离不开经济社会发展的需求。恩格斯说："社会一旦有技术上的需要,则这种需要就会比十所大学更能把科学推向前进。"① 内生于经济和社会的技术革新的现实需求越是强烈,科技创新的势头就会越加强劲。

全球人口已超 70 亿,并将于 21 世纪中期超 90 亿,21 世纪末超 100 亿,粮食生产与供给的压力不断增大;不发达国家工业化的推进,正在加剧能源、原材料的短缺;全球生态的持续恶化,环境破坏、大气污染、气候变暖和自然灾害等等问题在近年来越加凸出。上述情况表明:新世纪全球性大发展中,人与自然的矛盾更加尖锐,地球承载力空间愈益紧张。寻找资源节约型、环境友好型的新生产方式,开发新能源、新材料,更充分有效地将自然力转化为生产、生活资料,实现一种人与自然和谐的发展模式,已成为时代的大需求。

21 世纪人类的需求正在有力驱动一系列新的高技术开发。信息网络领域,尽管摩尔式的芯片技术性能 18 个月翻番奇迹已经结束,但是人们看到,通过要素结合,创造功能多、使用方便的新产品,如像 iPhone、iPad、GALAXY 的开发,使苹果、三星等企业再次成为信息技术创新明星。

生物技术领域,在基因图谱的研究获得巨大成果基础上,近年来基因组合技术已经开始使用于动植物品种的改良和医疗。根据有关报告,不需多时,艾滋病、癌症等难症治疗技术有望被攻克。

新能源领域,核聚变技术正在寻求新突破,并使其商业化使用成为可能。海水成为"取之不尽,用之不竭"的能源将不再是理论,而终将成为现实。

快速成型技术领域,2012 年 3D 打印快速推行,成为近年技术创新的一个亮点。它将计算机技术与新材料技术引入加工制造,创造了一种量体裁衣式的个性化的"精细生产方式"。这种生产将创造出在办公室内的依靠 IT 专家、设计人员、营销专家等来完成产品生产的新生产方式和新产业。

基于近年来技术创新的新发展,2011 年美国未来学家里夫金提出第三次"工业革命"的新论点,在西方学术界引起不小反响。尽管看法不一,但 80 年代以来信息革命的发展,正在通过云计算,以及生产智能化、小型化、分散化等趋势,进一步引发和演化为新的"工业制造方式"和"组

---

① 《马克思恩格斯全集》(第 4 卷),人民出版社 1995 年版,第 732 页。

织方式"的革命。

可见，在新需求启动下，当前世界经济发展仍在不断孕育出新的技术创新。

2. 科学理论新突破有巨大空间

科学是技术的始源。现代科技发明是科学理论结出的果实，当代高科技的蓬勃发展，导源于自然科学基本理论的进步。20世纪初以来西方发达国家自然科学基本理论获得重大进步：出现了量子论、信息论、基因论、宇宙暗物质理论等理论新突破。尽管上个世纪末以来重大理论发展"沉寂"，基于此，西方一些学界人士担心由此导致技术进步源泉的"枯竭"，但事实上当前大国科学理论研究势头仍然强劲。

2012年，欧洲核子研究中心（CERN）宣布找到与希格斯玻色子相吻合的新粒子，以及2013年丁肇中领导的AMS项目取得重大实验成果：发现40万个正电子来自同一源头——脉冲星或暗物质，标志着宇宙理论的新发展。

科学永远处于发展中，是不可穷尽的真理。"吾生有涯而知无涯"，科学本身具有不可穷尽性，人类将永远面对着无限巨大的未知世界。科学知识发展也是不平衡的，它时而慢，时而快，暂时的理论创新沉寂往往孕育出新的大突破。因而，应该说，当前世界仍面对着科学基本理论的大突破，并由此推动科技创新上新台阶的发展大趋势。21世纪世界仍处在新的科技革命的前夜。尽管发达经济体和美国仍将是新科技革命的带头羊，但更多新兴国家已经参与这场科技大竞赛。在上述大趋势下，我们应树雄心、立大志，不仅应加大应用科技研发力度，争取掌握世界科技制高点，而且要立足务本，加强人才培养与基础科学理论研究力度，争取在基础科学和高新技术新发展中作出贡献。

五 奋起直追，走依靠科技力促增长之路

（一）摒弃高速低质的传统增长思维，走依靠科技支撑的质量提高型的发展之路

在我国面对的国际和国内新形势、新矛盾、新挑战下，传统的数量扩张型主导的发展方式已走到尽头。党的十八大提出和要求新时期着力实施创新驱动发展战略，把科技创新摆在国家发展核心地位，探索和走出一条更多依靠科技力来促增长之路，是实现两个一百年发展目标的最佳战略

抉择。

改革开放以来，我国科技取得长足进步，科技力上了新台阶。截至2012年，全社会 R&D 支出已超 1 万亿元，占 GDP 的 1.97%，其中企业 R&D 支出占 74% 以上。研发人员总量达 320 万人年，发明专利授权量 21.7 万件，为世界第一。华为、中兴等明星企业成为技术创新标兵。特别是航天技术突飞猛进，已处在世界先进水平。

但是就我国总体而言，工业经济还是以传统工业技术为基础，高科技企业还处在初生期，中小企业通行落后手工技术。特别是专利成果多，但转化率低，创新型人才缺乏，高水平成果少。我国科技水平与世界先进水平还存在很大差距。我国急需加快科技发展，启动全面的科技创新，实现有力的创新驱动。为此迫切需要解除认识桎梏，构建体制机制，加强人才培养。

首先，要求人们加深科技对经济发展的作用的理论认识，摒弃陈旧过时的发展观念：第一，结合当代世界科技革命的新发展和工业经济新演化，加深对"科学技术是第一生产力"的马克思经济学原理的认识，明确坚持制度创新和强化科技创新是我国新时期面临多样挑战下实现可持续发展之本。第二，结合新实际，进一步明确走质量提升型发展的重要性。第三，立足于中国实际的科技创新是"多层次"的，既包括发展信息高新技术和新兴产业，又包括发展适用技术和开展多样中低层级的技术创新，要谋求推进各类企业、各个领域的现有技术的创新和升级，形成全方位、多层次的技术创新热潮。第四，最主要的是加深对科学发展观的认识，切实转变片面追求 GDP 的传统观念，树立起更加重视经济质量与效益，更加重视环境与生活质量，更加重视消费拉动和内生需求，更加重视国内外经济均衡——确立起全面、协调、稳定的可持续发展观。

（二）深化改革，充分立足于发挥市场机制基础性作用

实现科技创新驱动，根本在于体制和机制的完善。人类科技发展史表明科技创新活动兴起和蓬勃发展固然是要有发明创新者的兴趣、智慧与辛勤，但形成能有效激励创新和推动科技向现实生产力转化的体制和机制的确立才是决定性的。

近 300 多年来西方的科技进步是立足于和依靠市场性科技创新体制，其主要内容是：实行科技产品商品化，以企业为科技创新主体，建立和完善专利制度和科技市场制度，建立创业板市场制度，形成风险资本，等

等。市场机制的引入科技领域,强化了对创新的经济激励,调动研发积极性,与企业的自主创新积极性,加大了对创新型企业的金融支撑。正是市场化的深化和上述一整套激励支撑机制和竞争机制的更有效的作用,催生出上世纪末发达国家高技术创新大潮。

在当前,为了形成国民经济广大范围内的科技创新活动,要求我们深化改革,构建起市场性的科技创新机制。

1. 切实搞好"专利制度"

专利制度立足于科技创新成果的商品化和市场交易化,通过产权保护为创新活动提供激励机制,从而有效调动研发者的创新积极性和企业使用新技术的积极性。我国当前存在着专利意识淡漠,特别是诚信缺失,窃取他人专利、盗用品牌等侵权行为现象普遍发生,上述情况使科研机构缺少与企业合作的意愿,顿挫了科技工作者的创新积极性,造成大量专利"搁置高楼"。目前,我国专利技术转化率平均不到15%,专利应用推广率为10%—15%,远低于发达国家70%—80%的转化率。这表明:构建专利制度,加强专利保护,已迫不及待。

为此要提高专利权意识,加强专利权保护制度和管理机制建设;明晰科研成果与知识产权归属,建立科研机构、企业间稳定的合作伙伴关系;构建有利于新技术推广使用的利益激励与约束机制,加快专利人才培养;完善专利法,加强专利法规和专利制度的建设,积极参与国际专利保护体系的建立和完善,等等。

2. 企业要成为自主创新主体

企业是市场体制的微观生产主体,在当代发达市场经济条件下,企业更成为技术创新的主体和技术进步的最主要策源地。企业要在激烈的竞争中谋取最大利润,必须实行技术创新为中心的全方位的创新。通用电气、西门子等世界顶尖级的大公司,既是物质产品的生产者,又是科学知识产品生产者。实力强大的实验室、高额的研发费用、众多的科技人员、大量的创新成果(专利),则是现代大企业的共同特征。当代科技型公司,则更是主要从事科技研发和知识生产的企业。

近30余年来市场机制的引进,使得我国不少企业加强了研发活动,一些明星企业推出了质量高、效益大的创新成果。但总体上说,我国企业研发积极性偏低,自主创新能力薄弱。加之以体制缺陷造成的垄断利润和竞争力缺乏,使一些国有企业丧失自主创新的内在动力。国有企业经营管理体制缺陷造成企业的短期盈利偏好,吝于科技投入和缺乏提升科技实力的长期目标。据统计,世界 500 强 R&D 费用占全球 R&D 费用 65% 以上,著名大企业研发费用占营业收入 8% 左右。而我国国有大中型企业研发费用占产品销售收入比重只有 1.4% 左右。民营企业同样面临自主创新内生动力不足的问题。据调查,一半以上的民企科研经费投入为零,中小企业研发费用占销售收入比重不到 0.2%,劳动密集型民营企业 R&D 投入水平平均不到 0.5%。民企领军者联想尽管已成全球最大 PC 制造商,但其营业利润率只有 1.4%,远低于惠普的 7.4% 和戴尔的 6.2%。

形成生气勃勃的科技创新,必须依靠企业的自主创新积极性。为此,要大力深化国企改革,健全现代企业制度,切实增强自主创新的动力和实力,着力培育一批引领技术创新的国家队和主力军。要完善国有企业经营管理体制,引导国有企业推进结构调整,质量升级,切实"做强"。要消除垄断,引进和强化竞争机制,以优盈劣败的市场力量激活全面的自主创新活动。

3. 加强科技创新的金融支撑

金融体制创新在现代科技创新中的作用越来越大。由于使用高技术沉淀资本大、风险高、融资难,更加需要加强风险金融的支撑和投融资制度的创新。因此,深化金融改革,推进金融创新,建立起包括银行信贷、投资基金、风险资本、二板市场等在内的科技投融资支撑体系,特别是完善风险投资制度和创业板资本市场制度,是当前加快科技创新的重要条件。

总之,启动全面的科技创新,必须立足于经济体制机制的构建和创新。在当前要着力推进市场化改革,形成更富有活力的发达的市场经济,构建起驱动推进创新活动的市场激励机制,研发选项的市场导向机制,促进技术创新的市场竞争机制,支撑创新经济的金融体制。市场和竞争是不停顿的科技进步的动力。微软首席研究及战略官克瑞格·蒙迪说:"伟大的公司不想停滞,就需要每天去创新才能存活下来。"消除垄断,加强竞争机制,才能形成众多市场主体参与的、全面的自主创新。

(三) 有效地发挥政府的功能

当代科技创新绝不是纯粹由市场力量推动而自发的演进,政府的支持、引导和参与,对科技创新进程起着积极作用。在我国社会主义市场经济体制下更需要有效发挥政府的功能,尊重和按照科技演化的客观规律,采取多样政策,推动科技创新快速有序地发展。特别是在关键性、基础性、战略性的重点科技领域，要实行政府主导的跨越式的创新模式。

中国"两弹一星"的研发，载人航天、探月工程、载人深潜及其他军工科技取得的巨大成就，位居世界前列，以及一批影响重大的关键核心技术和原创成果相继涌现，表明政府主导的科技公共品生产体制在推进科技创新中的重要作用。

在21世纪全球激烈的科技竞赛中，谁掌握了关键性的、基础性的最新科技，谁就能掌握发展的先机。"十二五"规划提出培育发展战略性新兴产业，并以节能环保、新一代信息技术、生物、高端装备制造、新能源、新材料和新能源汽车为主攻方向。在推进国家战略产业发展中，应发挥好政府的主导作用，把握创新的方向，加强对重点研发项目的规划，采取切实有效措施，扶持推动企业的实验研发设施的建设，促进战略性新兴产业健康成长。

要强化竞争性经济领域的科技创新的政府支撑功能，如牵头组织产学研联合攻关和协同创新，加大对自主创新项目的支持与鼓励，特别要加强支持对包括民营企业在内的强势企业的重大技术创新。基础科学研究是非市场性活动，要实行政府主导，把它作为公共产品来进行生产和向全社会提供。

我国农村经济发展越来越依靠科技创新。当前粮食、油料等基本农产品生产中依靠科技提高质量和效益，是极为迫切的任务。发挥好政府功能，搞好农业科技公共品生产与反哺机制，对推动农业经济领域的科技创新起着决定作用。

总之，我国需要立足实际，深化改革，积极探索和构建起充分依靠市场和政府"两只手"功能的中国特色的科技创新体系，依靠体制活力全面激发各类主体的科技创新积极性，促使科技创新不断在广度和深度上发展，使之汇成发展大潮，充分有效地依靠科技力提升增长质量。

六　结束语

改革开放以来，中国经济业已经历了30多年的第一轮高速起飞。当前中国经济发展正处在重要转折点：由高速度、粗放型增长转变到中速度、质量提高型增长的转换；由投资、出口拉动高增长到消费内需主导的增长的转换。中国经济已经进入依靠创新，特别是依靠科技提升质量，增加价值量和积累，实现中速、平稳、持续增长的新时期。更多发挥科技创新的拉动力和增大科技对增长贡献率，对新时期中国经济的顺利发展起着关键作用。可以说科技创新的状况、科技水平提升程度、科技"转化率"和提升竞争力的"度"，决定着中国今后中长期经济质量提高度、增长速度与运行平稳度。加快科技创新是中国摆脱当前的增长困境与发展瓶颈，争取二十年平稳较快增长的重要依托。

中国古代曾经是世界科技创新先行者。指南针、火药、造纸术、印刷术均是最早发明于中国。明清以降，科技发展进入低谷。新中国建立，特别是改革开放以来，我国进入了科技发展的新时期。21世纪伟大中国梦的实现，需要有全体人民艰苦奋斗，特别需要有生气勃勃的科技创新。当前我们应坚定信心，勇于攀登科技高峰，向着科技强国迈进，争取在不远将来有更多科技领域在水平和创新成果上居于世界前列。

为了能真正迈开以科技促发展的脚步，需要解决面对的众多制度性障碍和投入、人才、教育等问题。这就要求我们坚持科技促发展大战略，搞好顶层设计，制定有效政策。特别要坚持改革，遵循科技进步与创新的客观规律，探索和构建中国特色的科技创新体系，依靠体制活力，实现"创新驱动"，走出一条更多依靠科技力的促转型和稳增长之路。

共享发展理念与中国特色社会主义的实践探索

刘 灿[*]

摘 要：改革开放40年来，中国共产党坚持以马克思主义为指导，带领人民群众走中国特色社会主义发展道路，从"富起来"到"强起来"，共享发展成为其实践逻辑的主线。共享发展理念和发展道路是改革开放40年实践经验的历史总结，也是在此基础上中国特色社会主义政治经济学理论创新的重大成果。

关键词：中国特色社会主义；共享发展；实践探索；理论创新

一 共享发展是马克思科学社会主义理论的核心价值

共享发展是马克思在对资本主义两极分化式发展批判基础上，对未来社会主义社会发展方式的科学揭示，马克思的科学社会主义理论就是建立在生产资料公有制为基础的共享发展基础上的。马克思恩格斯曾提出"真正的共同体"概念，他们用这一概念特指一种由人民群众共同参与治理公共事务的生存和生活状态。"在真正的共同体的条件下，各个人在自己的联合中并通过这种联合获得自己的自由"，"在那里，每个人的自由发展是一切人的自由发展的条件。"[①]

马克思把人的自由全面发展作为人的权利的基本内涵，同时把人的劳动实践活动作为权利实现的途径和过程。他认为只有在现实的世界中并使用现实的手段才能实现真正的解放，也只有在共同体中，个人才能获得全

---

[*] 本文选自刘灿《共享发展理念与中国特色社会主义的实践探索》，《政治经济学评论》2018年第11期。

① 《马克思恩格斯选集》（第1卷），人民出版社1972年版，第273页。

面发展其才能的手段。从这个意义上讲,共享发展理念作为人类经济社会活动的先进理念,必须体现人的共同意志,体现人的"类"本质,体现人的主体性地位,如此才能防止人在发展中出现异化。在马克思看来,市场体制、赤裸裸的金钱交换关系支配的整个自由资本主义历史阶段,以纯粹性利己为核心动机和价值目的的所谓"理性经济人",构成其全部社会关系尤其是生产关系主体的最重要特质。

马克思认为,在共产主义社会中,社会生产关系的主体的生存特质实现了质转变,这一转变是一个长期的、复杂的历史过程。在《哥达纲领批判》中,论及未来的新制度及其形成,马克思是这样描述的:"在共产主义社会高级阶段上,在迫使人们奴隶般地服从分工的情形已经消失,从而脑力劳动和体力劳动的对立也随之消失之后;在劳动已不仅仅是谋生的手段,而且本身成了生活的第一需要之后;在随着个人的全面发展,他们的生产力也增长起来,而集体财富的一切源泉都充分涌流之后,——只有在那个时候,才能完全超出资产阶级权利的狭隘眼界,社会才能在自己的旗帜上写上:各尽所能,按需分配!"①

共享发展与共同富裕是两个密切相关的范畴。共同富裕是指发展成果由全体人民共同享有,它既是人们追求的梦想,也是实现后的一种状态。因此,共同富裕的内涵中必然包含共同享有。从共享自身的内涵看,共享的主体是全体人民而不是一部分或少数人,不管是个人还是群体,都有平等的资格和机会参与经济社会活动。共享不等于共有或均享,不能无偿占有他人劳动和损害他人的正当权益。共享发展是建立在社会公平正义、共建基础上的共享,即建设越多、贡献越大,享受发展成果的能力和机会也越大。共享经济发展成果是最重要、最基础的共享,但不是共享的唯一内容;践行共享发展理念不是只解决基本社会民生问题,还包括满足人民的精神层面需求,包括干净的空气、丰富的闲暇休息和文化生活等等,即包括经济、政治、社会、文化、生态等在内的全面共享。在社会主义初级阶段社会生产发展不充分、不均衡的条件下,还不能实现全方位、全领域的共享,而是"渐进共享"和"有条件的共享",并需要通过法律法规形式,建立秩序和规则,为共享发展提供稳定的社会预期和长期的制度保

---

① [德]马克思:《哥达纲领批判》,《马克思恩格斯选集》(第3卷),人民出版社1995年版,第305—306页。

障。从这几个方面的意义上讲，共享与共富有着相同的含义，因此，共同富裕必然包含共享共富。

二 中国特色社会主义追求共享发展与共同富裕的实践探索

中华人民共和国成立之初，我国建立了人民民主专政和人民代表大会制度的国体和政体，经过全面的社会主义改造，建立起社会主义的制度体系，为共同富裕理念奠定了制度基石。中国共产党以"实现共产主义"作为党的最高纲领，以"全心全意为人民服务"作为党的根本宗旨，符合共建、共享、共富等社会价值的追求。1953年12月16日，中共中央通过了《关于发展农业生产合作社的决议》，指出"为着进一步提高农业生产力……并使农民能够逐步完全摆脱贫困的状况而取得共同富裕和普遍繁荣的生活"。走共同富裕的社会主义道路和社会主义基本制度为实现共同富裕奠定了根本前提，以毛泽东为核心的党中央领导集体进行艰辛的社会主义建设探索。在分配领域，通过实行生产资料社会主义公有制，采取均等的按劳分配方式中尝试共享和共同富裕。

邓小平是我国改革开放的"总设计师"，也是我国改革开放以来共同富裕理论的主要奠基者和共同富裕实现路径的领路人。邓小平认为，共同富裕"是体现社会主义本质的一个东西"，"社会主义的本质是，解放生产力，发展生产力，消灭剥削，消除两极分化，最终达到共同富裕"；关于在社会主义初级阶段实现共同富裕目标方面，邓小平指出"社会主义原则，第一是发展生产力，第二是共同致富"，实现共同富裕的物质基础是大力发展生产力，即"整个社会主义历史阶段的中心任务是发展生产力"[①]。在共同富裕的实施路径上，邓小平反复强调："我们允许一些地区、一些人先富起来，是为了最终达到共同富裕，所以要防止两极分化"[②]。邓小平时代沿着这样的思路对经济体制进行了大胆的改革。在农村推行家庭联产承包责任制、在城市开始发展商品经济，同时对外开放、建立经济特区、鼓励东部沿海有条件的地区率先实现现代化等。在分配领域，打破平均主义的分配方式，提出一部分人先富起来，在效率的基础上实现公平，通过先富带动后富，逐步实现共同富裕。

---

① 《邓小平文选》（第3卷），人民出版社1993年版，第254—255页。
② 《邓小平文选》（第3卷），人民出版社1993年版，第195页。

1992年以后，党的领导集体不断继承、丰富和发展共同富裕思想。党的十四大报告明确提出"我国经济体制改革的目标是建立社会主义市场经济体制""兼顾效率与公平，运用包括市场在内的各种调节手段，既鼓励先进，促进效率合理拉开收入差距，又防止两极分化、逐步实现共同富裕"。在分配领域，实行按劳分配和按要素贡献分配相结合的方式，以及效率与公平相统一的原则，追求分配共享；促进区域平衡发展，追求区域共享。

党的十六大制定了全面建设小康社会的奋斗目标，以江泽民为核心的党中央领导集体强调在社会主义现代化建设的每一个阶段都必须让广大人民群众共享改革发展的成果，兼顾效率与公平，指出共同富裕思想为"三个代表"重要思想的核心内容之一。

党的十七大以胡锦涛为核心的党中央领导集体，强调"以人为本，科学发展，更加注重公平"，提出科学发展观的战略思想。科学发展观的核心是以人为本，就是要始终把实现好、维护好、发展好最广大人民的根本利益作为党和国家一切工作的出发点和落脚点，做到发展为了人民，发展依靠人民，发展成果由人民共享。这种以人为本、关注人的多方面需求和全面发展极大地扩展了共享和共富的内涵。

党的十八大提出了"全面建成小康社会"总目标的要求，明确坚持走共同富裕道路，"要坚持社会主义基本经济制度和分配制度，调整国民收入分配格局，使发展成果更多更公平惠及全体人民，朝着共同富裕方向稳步前进"，提出"人人参与、人人尽力、人人享有"的共享发展理念。

党的十九大立足中国特色社会主义进入新时代的新的历史定位，习近平总书记提出到2035年基本实现社会主义现代化时，全体人民共同富裕迈出坚实步伐，到本世纪中叶把我国建成富强民主文明和谐美丽的社会主义现代化强国时，全体人民共同富裕基本实现。

从党的十七大提出"逐步提高居民收入在国民收入分配中的比重，提高劳动报酬在初次分配中的比重"，到党的十八大再次肯定"再分配更加注重公平"的提法，表明了党和政府在对两次收入分配领域中出现收入分配差距拉大的重视和着力缩小收入的决心；从党的十七大提出"发展成果由人民共享"，到十八届五中全会提出"共享发展的理念"，标志着我们在共同富裕和共享发展理论与实践上由"先富论"向"共富论"再到"共享论"的转变。这一转变是中国特色社会主义经济改革与发展实践经验的历史总结，也是在此基础上中国特色社会主义政治经济学理论创新的重大成果。

改革开放 40 年来，共享发展一直是中国特色社会主义实践的主线，在追求共享发展和实现共同富裕的过程中，国家逐步富强，人民逐步富裕，人民群众从改革和发展中得到了实惠。1978 年，我国是世界上最贫穷的国家之一。按照世界银行的统计数据，当时我国人均 GDP 只有 156 美元，2017 年，我国人均 GDP 已达到 9480 美元，上升为中等偏上收入国家，与高收入国家人均 GDP12700 美元的标准已相当接近；1978—2017 年，我国 GDP 以年均 9.5% 的速度增长了 39 年，现有经济规模已经是 1978 年的 34 倍。① 改革开放以来，中国的贫困人口从 1978 年的 2.5 亿人下降到 2017 年的 3046 万人，贫困发生率从 30.7% 下降到 3.1%；特别是党的十八大以来，我国创造了减贫史上的最好成绩，5 年累计减贫 6853 万人，消除绝对贫困人口 2/3 以上②；但同时，在经济增长过程中也出现了不充分不均衡的问题。现阶段我国收入分配领域的突出矛盾和问题主要是：社会成员之间收入差距过大，基尼系数超过国际警戒线；财产占有在社会成员间的分布差距大；初次分配领域资本与劳动的分配关系失衡。

三 中国特色社会主义共享发展理念下的发展道路

（一）发展是为了人的全面发展

从历史唯物主义出发，马克思认为财产权和所有制不仅是一种与物质生产力发展有关的生产关系，它本质上包含着人的发展的基础条件，即能否突破旧的社会分工和机器大工业对人的束缚，消灭并剥夺任何人利用财产的占有权力去奴役他人劳动的权力，重建"劳动者个人所有制"和自由人联合体，最终实现每个人的自由全面发展。马克思追求的是人的全面发展，物质资料的生产和发展只不过是人的全面发展的基础。

经济生活中的发展如果背离了发展是为了人的发展观，发展将是不可

---

① 《四十位代表委员热议改革开放 40 年：民生篇》，光明网，https：//www.sohu.com/a/224762322_162758，2018 年 3 月 3 日。

② 参见林毅夫《改革开放创 40 年经济增长奇迹》，新浪财经，http：//finance.sina.com.cn/roll/2018-05-07/doc-ifyuwqfa7439312.shtml，2018 年 5 月 6 日。

持续的。先期发展的国家存在着这种现象。美国学者加尔布雷思曾经批评资本主义国家把经济增长作为主要目标，对物的关注胜过于对人的关注，认为应当改变这种现象，应当对人本身给予充分关注，确立和追求公共利益或最大限度地满足公众需求的公共目标。1998年诺贝尔经济学奖得主阿马蒂亚·森在其颇具影响的《以自由看待发展》一书中，同样批评了将发展等同于国民生产总值的增长，或个人收入的提高，或工业化与技术进步，或社会现代化等的观点，认为这些都是狭隘的发展观，最多属于工具性范畴，是为人的发展服务的。进入2000年，世界各国领导人在联合国千年首脑会议上商定了一套时限为15年的目标和价值指标，强调自由、平等、共济、宽容、尊重大自然和共同承担责任，最终是为了人的发展。[①]

（二）以共享发展来解决不平等、不均衡问题

经济增长与发展理论认为，一国人均收入的高低取决于该国的长期经济增长。同样，增长理论与各国发展的历史经验表明长期经济增长关键是实现经济的转型，即实现从传统马尔萨斯陷阱向现代持续经济增长的转变。长期经济增长的进程必然经历经济成果的分配过程，该过程是收入分配理论研究的主要内容。不同的收入分配必然造成收入的不同分布，并进而影响一国的经济福利。根据各个发展中国家的经验，经济转型和实现长期经济增长并非能自行解决收入的不平等问题。另一方面，社会制度结构也会影响一国的经济增长，如果经济增长的成果不能为全体社会成员共享而是被少数人或社会利益集团独占，经济增长将失去普遍的激励价值。

经济增长的成果如何让人民共享，特别是让穷人受益，20世纪以来发展经济学根据一些发展中国家的增长经验概括出"包容性增长"和"益贫式增长"的模式。"包容性增长"这一概念最早由亚洲开发银行在2007年首次提出。它的原始意义在于"有效的包容性增长战略需集中于能创造出生产性就业岗位的高增长、能确保机遇平等的社会包容性以及能减少风险，并能给最弱势群体带来缓冲的社会安全网。"包容性增长最基本的含义是公平合理地分享经济增长，其中最重要的表现就是缩小收入分配差距，它涉及平等与公平的问题，最终目的是把经济发展成果最大限度地让普通民众来受益。与此相关的是"益贫式增长"，它关注经济增长、不平

[①] 李义平：《马克思的经济发展理论：一个分析现实经济问题的理论框架》，《中国工业经济》2016年第11期。

等和贫困三者之间的关系。

发展中国家的增长实践表明,单纯的经济增长并不能自动惠及穷人,穷人的生活水平有可能随着经济增长而下降,因此"涓滴效应"并没有出现。在这个背景下,人们重新审视经济增长、贫困和不平等之间的关系并达成共识:高速的经济增长和对穷人有利的收入分配相结合能够导致绝对贫困下降的最大化,达到所谓的"益贫式增长"。为实现"益贫式增长"模式,一国必须努力实现较高且可持续的经济增长率、增加贫困人口参与经济增长过程的机会、提高贫困人口参与经济增长的能力、使其成为经济增长的推动者,而非单纯依赖社会保障和救济的受助者。

(三) 走贫困人口脱贫致富的中国道路

贫困人口脱贫致富是全面建成小康社会,实现共同富裕的一个标志性指标。关于贫困的定义,世界银行在其年度报告《1981年世界发展报告》中指出:"当某些人、某些家庭或某些群体没有足够的资源去获取他们那个社会公认的,一般都能享受到的饮食、生活条件、舒适和参加某些活动的机会,就是处于贫困状态。"

贫困不只是一种物质和精神生活能力低于基本生活水准,更在于是一种人的机会的丧失,体现为社会的不公正不道义。当今世界各国都把贫困作为最大的难题。改革开放以来,中国在全面推进现代化国家进程取得巨大成果的同时,扶贫开发事业也取得了举世瞩目的伟大成就。中国在30多年的扶贫过程中也形成了自己的扶贫经验和有中国特色的道路,受到国际社会的高度关注和赞誉。[①] 作为一个"二元结构"特征显著,城乡和区域发展差距较大的发展中国家,快速快推进工业化、城镇化阶段的人口大国,如何平衡公平和效率的关系、提高发展的包容性,特别是如何帮助农村贫困人口走出贫困陷阱,是我们在新时代面临的重大课题。

有效调节收入分配

实践证明,只是通过社会再分配政策来缩小收入差距,如税收、转移支付、提供公共产品等并不能有效克服收入差距,需要在初次分配和再分

---

① 联合国《2015年千年发展目标报告》显示,中国极端贫困人口比例从1990年的61%,下降到2002年的30%以下,率先实现比例减半,2014年又下降到4.2%,中国对全球减贫的贡献率超过70%。根据国家统计局发布的数据,截至2017年年末,全国农村贫困人口从2012年年底的9899万人减少至3046万人,累计减少6853万人;贫困发生率从2012年年底的10.2%下降至3.1%,累计下降7.1个百分点。参见中国经济网,2018年2月2日。

配领域构建起一整套财产分布稳定机制和行之有效的财产再分配的经济调节机制，以之抑制和扭转整个社会财富的过度集中和财产分布过度不均等的趋势。高基尼系数是一国在经济高速发展过程中的现象，经济学面临的需要解释的问题是，高基尼系数是市场有效配置资源的自然结果吗？初次分配领域需要政府作为吗？经济增长与工资调节机制如何建立（政府、工会和劳工三方的利益关系）？税收政策（尤其是高的资本所得税、遗产税）对收入不平等的调节作用有多大？为什么一国在经济发展初期（低收入阶段）转移支付政策对收入不平等调节的效果可能更为显著？中国特色社会主义的发展道路需要总结和借鉴经验，立足国情，实现理论和实践创新。

中国特色社会主义政治经济学的共享发展研究

刘 灿*

摘 要：共享发展是马克思在对资本主义私有制、剥削和社会两极分化现象批判的基础上，对未来社会主义社会发展的价值目标和发展方式的科学揭示。共享发展的理念对于构建中国特色社会主义政治经济学具有重要意义，它构成了中国特色社会主义政治经济学的逻辑主线，是整个体系借以形成和展开的核心。进入新时代，中国特色社会主义共享发展理念下的发展道路要坚持人的全面发展，以发展来推进社会公平正义，体现包容性增长和益贫式增长。实践证明，中国现代化必然要走、也正在走一条有自己特色的独特道路，在这条道路的特殊内涵中，共享发展无疑是其中的核心价值之一。

关键词：中国特色社会主义；政治经济学；共享发展；共同富裕

共享发展是马克思在对资本主义私有制、剥削和社会两极分化现象批判的基础上，对未来社会主义社会发展的价值目标和发展方式的科学揭示。中国传统文化中包含着共享的文化意蕴和理想追求。直到20世纪80年代后，邓小平逐渐形成了其共同富裕的思想，清晰阐述了社会主义的本质，共享的理想追求逐步实质化。2015年党的十八届五中全会，以习近平为核心的中央领导集体，适应新的发展需要首次提出了共享发展的新发展观。这是在继承共同富裕思想的基础上，深入对社会主义本质的理解，是

---

* 本文选自刘灿《中国特色社会主义政治经济学的共享发展研究》，《学术研究》2018年第6期。本文是"马工程"重大课题、国家社会科学基金重大项目"中国特色社会主义政治经济学研究"（2015MZD006）子课题"中国特色社会主义收入分配制度研究"的阶段性成果。

中国特色社会主义的本质要求,是新时代引领中国发展的思想指南。

一　共享发展理念的思想渊源

(一)　共享发展与自由人联合体、命运共同体

在人类历史文化和思想发展的进程中,我们可以找到共享发展的思想渊源,"共富""公平正义""共同体"这些概念都与共享发展这一理念有关。例如最早提出共同体概念的是法国思想家让·雅克·卢梭从社会契约论角度出发,认为社会契约一旦缔结,"就意味着每个人把自己的全部权利都转让给由人民结合成的集体,因此个人服从集体的'公意',也就是服从自己,人民则是这个政治共同体的主权者"。①

马克思的科学社会主义理论是建立在生产资料公有制基础上的,共享发展、共同富裕、公平正义都是这个理想社会的特征,马克思恩格斯曾经用"真正的共同体"概念来表达,并提出"在真正的共同体的条件下,各个人在自己的联合中并通过这种联合获得自己的自由","在那里,每个人的自由发展是一切人的自由发展的条件"。②马克思恩格斯认为这是一种人类发展的高级阶段的社会,在这个社会中没有阶级,没有民族国家,没有私有制和压迫。在"真正的共同体"中,不仅实现了各个人的真正联合,这种联合把个人的自由发展建立在共同发展之上;同时,个人的发展又是全面的、自由的,既保证了人在社会实践中的主体性,又充分保证人作为人的本质属性和独特优势。

马克思把人的自由全面发展作为人的权利的基本内涵,同时把人的劳动实践活动作为权利实现的途径和过程。他认为只有在现实的世界中并使用现实的手段才能实现真正的解放,也只有在共同体中,个人才能获得全面发展其才能的手段。可见,人的实践活动既是人的权利的实现途径,也是人的社会责任和实践属性的彰显过程。从这个意义上讲,共享发展理念作为人类经济社会活动的先进理念,体现了在一个人的全面发展的理想社会人的共同意志和人的主体性地位。共享发展理念与资本主义生产关系是不相容的,这是因为资本主义不可能内含共享发展所需要的价值取向和生产关系特质。在马克思看来,资本主义私有制和与之适应的市场体制,商

---

① [法]卢梭:《社会契约论》,商务印书馆1982年版,第23页。
② 《马克思恩格斯选集》(第1卷),人民出版社1972年版,第273页。

品拜物教和货币拜物教支配着所谓"理性经济人"的行为,劳动"异化"和资本强权等构成资本主义生产关系中社会个人的生活生存特质。

在社会主义社会,基本经济制度和所有制关系发生了根本变化、广大人民需要的充分满足以及公平正义的普遍化,生产关系的主体的生存特质也相应地发生变化,社会成员在有自身个人利益的同时,又成为实现社会共同利益的主体,共享发展有了高度发展的生产力和新的生产关系提供的条件,又成为这一社会生产关系的特质。按照马克思历史唯物主义的观点,从资本主义向未来理想(共产主义社会)的转变是一个长期的历史过程,而实践表明,这一过程中还要经历社会主义发展阶段以及在社会主义发展中要经历一个初级阶段。在《哥达纲领批判》中,论及未来的新制度及其形成,马克思是这样描述的:"在共产主义社会高级阶段上,在迫使人们奴隶般地服从分工的情形已经消失,从而脑力劳动和体力劳动的对立也随之消失之后;在劳动已不仅仅是谋生的手段,而且本身成了生活的第一需要之后;在随着个人的全面发展,他们的生产力也增长起来,而集体财富的一切源泉都充分涌流之后,——只有在那个时候,才能完全超出资产阶级权利的狭隘眼界,社会才能在自己的旗帜上写上:各尽所能,按需分配!"①

(二) 共享与分享

麻省理工学院的马丁·魏茨曼提出了著名的分享工资理论。分享工资,是指对生产单位——企业的利润分享,因此,也可以看作是分红工资。它是工人的工资与某些经济效益指标挂钩、随经济效益水平而同比例增减的劳动报酬制度。分享工资制是对资本主义传统工资是的一种改良,它并没有改变资本主义企业中的劳资对立关系;随着资本主义经济进入20世纪后经济停滞、通货膨胀、企业效率下降等顽疾的出现,分享制在企业中被广泛运用。分享制对20世纪西方劳动经济学和工资理论有重要影响,它与19世纪末20世纪初的"边际生产力工资理论"和20世纪中期的"劳资谈判工资理论",成为主流的工资理论;和20世纪开始流行的"企业员工持股"一样,分享制成为企业改善公司治理结构和劳资关系的重要手段。

---

① 《马克思恩格斯选集》(第3卷),人民出版社1995年版,第305—306页。

(三) 共享与公平正义

共享与公平正义在社会价值追求上是一致的。人们对公平问题的探讨，可以追溯到很早以前。从古希腊的卡克利斯、柏拉图和亚里士多德，到中世纪的西欧思想家，及至资产阶级革命时期的伏尔泰、孟德斯鸠、卢梭等人及其以后的马克思、恩格斯等，都对公平问题作了许多阐述，形成了丰富的有关公平的思想。

17、18 世纪资产阶级思想家格劳秀斯、霍布斯、伏尔泰、卢梭等都是"天赋人权论"的提出者和发展者，他们的公平正义思想代表了当时欧洲资产阶级革命时期追求所谓"社会理性"，即捍卫公民自由，反对封建主义专制。格劳秀斯认为，基于人类共有的理性，人们所拥有的符合人性要求的自然权利是公正的、公平的；霍布斯认为，人类在自然法支配之下，人人都是平等的，遵守自然法就是实现正义、公平、公道；伏尔泰认为，人生而是平等的，一切享有各种天赋能力的人，都是平等的；卢梭认为，公平很重要的内容就是平等，它不是绝对的、事实上的平等，而是能够缩小贫富差别，实现法律面前的平等。19 世纪，不少资产阶级思想家提出与自然法思想相异的公平思想，如边沁认为，公平的要求在于为社会谋福利；奥斯丁认为法律往往与公平、正义相分离。

马克思认为，公平正义虽然代表了一种价值判断，但它是现实经济关系的反映；在不同的历史时期，不同的社会利益代表者给予了公平正义范畴不同的内涵，因此，公平正义范畴本身是"历史的"。公平正义是马克思关于社会分配的价值取向和基本原则，但马克思认为公平分配原则和方式是客观的，而不是主观的、抽象的。分配公平与否取决于它是否与一定历史阶段由生产力水平决定的生产方式及生产关系相适应。马克思指出，所谓的分配关系，是同生产过程的历史规定的特殊社会形式，以及人们在他们生活的再生产过程中互相所处的关系相适应的，并且是由这些形式和关系产生的，分配关系不过表示生产关系的一个方面。

二 共享发展的理论逻辑和实践探索

(一) 共享发展的深刻内涵

共享发展首先是发展。共享发展理念具有多层次性，共享发展分为质和量两个方面。质的方面是指多个发展主体在发展结果分配上，拥有平等索取权；量的方面是指平等不等于等量，平等的享有权利仅仅是指资格的平等，并非等量的平均索取权。共享式发展在质与量上定义应更加精确化，可分为非等量式共享发展和等量式共享发展。社会主义或共产主义条件下的共享是相对的，而非绝对的，在按劳分配下有劳动质量的差异，在按需分配下有需求能力的差异，共享更多是指机会和资格。在基本生存必需品方面是等量共享，由于人的需求、才能、个性、偏好的差异，在发展品和享受品的共享方面，只能是相对共享。①

共享在经济学意义上是共享经济。共享经济表达了这样一种状态，即人们在开展经济活动的思想认知上具有共识性，在经济活动的过程中具有共同管理的原则，而在经济活动的成果占有上具有共享性的处置方法。因此，共享经济涉及主体、组织、机制、过程、结果等方面的共享特征，我们党提出的共享发展理念所包含全民共享、全面共享、共建共享、渐进共享正是对共享理念深刻内涵的科学概括。

(二) 共享发展与共同富裕

共同富裕是指发展成果由全体人民共同享有，它既是人们追求的梦想，也是实现后的一种状态。因此，共同富裕的内涵中必然包含共同享有。

关于共享和共富的关系问题，学界有较多的讨论。如邓鹏认为指出共同富裕侧重物质财富的增加，共享发展强调经济、政治、文化、社会、生态发展成果的全面共享；他认为共同富裕是社会主义的发展目标，共享发展是实现共同富裕目标的阶段性基础。② 刘武根认为共享内含共富，并为共富的实现提供动力，共富指引着共享，共富是目标，并为共享指明方向。③ 余源培认为共享突出的是分配问题，具体化为处理好"先富""后富""共富"的关系，关键是初次分配、再次分配都要讲公平，实现分配正义；共享发展体现社会主义本质，深化了共同富裕的内涵，共享发展的宗旨在于缩小收入差距、消除两极分化。④ 胡培兆认为，我国处于社会主

---

① 李红梅：《共享发展的理论来源、科学内涵和实践维度》，红网，http://ldhn.rednet.cn/c/2017/07/12，2017 年 7 月 12 日。
② 邓鹏：《论共享发展理念的民生伦理意蕴》，《中国社会科学院研究生院学报》2016 年第 5 期。
③ 刘武根、艾四林：《论共享发展理念》，《思想理论教育导刊》2016 年第 1 期。
④ 余源培：《以共识、共通、共容、共享引领社会管理创新》，《毛泽东邓小平理论研究》2011 年第 8 期。

义初级阶段,共同富裕就是让人民大众能共享经济发展的成果,逐步扩大社会福利①。按照马克思主义的观点,所有制决定分配关系,财产关系决定分配关系,财富和收入的分配不公的根源在于所有制结构的根本性变化②,卫兴华认为,要坚持公有制为主体、多种所有制共同发展的基本经济制度,搞好搞活国有经济,为全国人民创造更多的财富和增加全民的利益③,贯彻新时代中国特色社会主义思想,"坚持以人民为中心的发展思想,不断促进人的全面发展、全体人民共同富裕"。马克思认为人的全面发展内含了所有个体的发展,人的自由发展必须以个体能力的全面发展为前提,且发展的最终目标是为了人本身④,共享发展中的全民共享、全面共享、共建共享和渐进共享的发展理念是马克思主义中国化和时代化的新成果。范从来等认为,共享发展是共同富裕道路的新阶段,现阶段的共同富裕就是走共同富裕的道路⑤。

从共享和共富的相互关系看,在推进社会主义共同富裕的过程中,共享是共富的基础,为共富提供动力,共享的目标是共富;共富在发展阶段上包含着先富以及先富带后富、实现共同富裕。

从共享自身的内涵看,共享的主体是全体人民而不是一部分或少数人,不管是个人还是群体,都有平等的资格和机会参与经济社会活动。共享不等于共有或均享,不能无偿占有他人劳动和损害他人的正当权益。共享发展是建立在社会公平正义、共建基础上的共享,即建设越多、贡献越大,享受发展成果的能力和机会也越大。共享经济发展成果是最重要、最基础的共享,但不是共享的唯一内容;践行共享发展理念不是只解决基本社会民在社会主义生问题,还包括满足人民的精神层面需求,包括干净的空气、丰富的闲暇休息和文化生活等等,即包括经济、政治、社会、文化、生态等在内的全面共享。在社会主义初级阶段社会生产发展不充分、不均衡的条件下,但不能实现全方位、全领域的共享,而是"渐进共享"

---

① 胡培兆:《贫富论》,《学术月刊》2006 年第 5 期。
② 程恩富、张建刚:《坚持公有制经济为主体与促进共同富裕》,《求是学刊》2013 年第 1 期。
③ 卫兴华:《坚持和完善中国特色社会主义经济制度》,《政治经济学评论》2012 年第 1 期。
④ 李雪娇、何爱平:《政治经济学的新境界:从人的全面自由发展到共享发展》,《经济学家》2016 年第 12 期。
⑤ 范从来、谢超峰:《益贫式增长、分配关系优化与共享发展》,《学术月刊》2017 年第 3 期。

和"有条件的共享",并需要通过法律法规形式,建立秩序和规则,为共享发展提供稳定的社会预期和长期的制度保障。从这几个方面的意义上讲,共享与共富有着相同的含义,因此,共同富裕必然包含共享共富。

(三) 我国社会主义建设中追求共享和共富的实践探索

(1) 新中国建立到改革开放以前 (1949—1978 年)

中华人民共和国成立之初,我国建立了人民民主专政和人民代表大会制度的国体和政体,经过全面的社会主义改造,建立起社会主义的制度体系,为共同富裕理念奠定了制度基石。中国共产党以"实现共产主义"作为党的最高纲领,以"全心全意为人民服务"作为党的根本宗旨,符合共建、共享、共富等社会价值的追求。1953 年 12 月 16 日,中共中央通过了《关于发展农业生产合作社的决议》,指出"为着进一步提高农业生产力……并使农民能够逐步完全摆脱贫困的状况而取得共同富裕和普遍繁荣的生活"。走共同富裕的社会主义道路和社会主义基本制度为实现共同富裕奠定了根本前提,以毛泽东为核心的党中央领导集体进行艰辛的社会主义建设探索。在分配领域,通过实行生产资料社会主义公有制,采取均等的按劳分配方式中尝试共享和共同富裕。

(2) 邓小平时代 (1978—1992 年)

邓小平是我国改革开放的"总设计师",也是我国改革开放以来共同富裕理论的主要奠基者和共同富裕实现路径的领路人。邓小平认为,共同富裕"是体现社会主义本质的一个东西","社会主义的本质是,解放生产力,发展生产力,消灭剥削,消除两极分化,最终达到共同富裕";关于在社会主义初级阶段实现共同富裕目标方面,邓小平指出"社会主义原则,第一是发展生产力,第二是共同致富",实现共同富裕的物质基础是大力发展生产力,即"整个社会主义历史阶段的中心任务是发展生产力"[1]。在共同富裕的实施路径上,邓小平反复强调:"我们允许一些地区、一些人先富起来,是为了最终达到共同富裕,所以要防止两极分化"[2]。邓小平时代沿着这样的思路对经济体制进行了大胆的改革。在农村推行家庭联产承包责任制、在城市开始发展商品经济,同时对外开放、建立经济特区、鼓励东部沿海有条件的地区率先实现现代化等。在分配领域,打破平

---

[1] 《邓小平文选》(第 3 卷),人民出版社 1993 年版,第 254—255 页。
[2] 《邓小平文选》(第 3 卷),人民出版社 1993 年版,第 195 页。

均主义的分配方式，提出一部分人先富起来，在效率的基础上实现公平，通过先富带动后富，逐步实现共同富裕。

(3) 构建社会主义市场经济体制（1992—2012年）

1992年以后，党的领导集体不断继承、丰富和发展共同富裕思想。党的十四大报告明确提出"我国经济体制改革的目标是建立社会主义市场经济体制"，"兼顾效率与公平，运用包括市场在内的各种调节手段，既鼓励先进，促进效率合理拉开收入差距，又防止两极分化、逐步实现共同富裕"。在分配领域，实行按劳分配和按要素贡献分配相结合的方式，以及效率与公平相统一的原则，追求分配共享；促进区域平衡发展，追求区域共享。

党的十六大制定了全面建设小康社会的奋斗目标，以江泽民同志为核心的党中央领导集体强调在社会主义现代化建设的每一个阶段都必须让广大人民群众共享改革发展的成果，兼顾效率与公平，指出共同富裕思想为"三个代表"重要思想的核心内容之一。

党的十七大以胡锦涛总书记为核心的党中央领导集体，强调"以人为本，科学发展，更加注重公平"，提出科学发展观的战略思想。科学发展观的核心是以人为本，就是要始终把实现好、维护好、发展好最广大人民的根本利益作为党和国家一切工作的出发点和落脚点，做到发展为了人民，发展依靠人民，发展成果由人民共享。这种以人为本、关注人的多方面需求和全面发展极大地扩展了共享和共富的内涵。

(4) 习近平新时代（2012年至今）

党的十八大提出"全面建成小康社会"总目标的要求，明确坚持走共同富裕道路，"要坚持社会主义基本经济制度和分配制度，调整国民收入分配格局，使发展成果更多更公平惠及全体人民，朝着共同富裕方向稳步前进"，提出"促进人的全面发展、逐步实现全体人民共同富裕"是中国特色这主义的目标，深刻体现科学发展观中"以人为本"的价值观。以习近平为核心的党中央站在全面建成小康社会、实现中华民族伟大复兴中国梦的历史高度，坚定"人人参与、人人尽力、人人享有"的共享发展理念，不断深化收入分配制度改革，着力构建"发展成果由人民共享"的长效机制。

党的十九大立足中国特色社会主义进入新时代的新的历史定位，针对我国现阶段发展不平衡不充分中的突出问题，民生领域存在的短板，城乡区域发展和收入差距依然较大等，提出我国社会主要矛盾已经转化为人民日益增长的美好生活需要和不平衡不充分的发展之间的矛盾，根据主要矛盾的变化，明确了新时代中国特色社会主义思想的丰富内涵，最根本的要求是以人民为中心的发展思想，着力解决发展不平衡不充分问题，不断促进人的全面发展、全体人民共同富裕。将全面建设小康社会目标划分为两步或两个阶段，突出提高人民收入和提高人民生活水平的目标任务，立足改善民生、让改革成果更多惠及全体人民。

三　共享发展在中国特色社会主义政治经济学中的理论价值

（一）共享发展体现了社会主义的本质要求和根本目标

根据中国特色社会主义实践，邓小平提出了关于社会主义本质的科学论断："社会主义的本质，是解放生产力，发展生产力，消灭剥削，消除两极分化，最终达到共同富裕。"[①] 邓小平对社会主义本质的新概括，既坚持了马克思主义的科学社会主义，同时又赋予社会主义新的时代内容．它的基本内涵包括两个方面：一是把解放和发展生产力纳入社会主义的本质；二是突出强调了社会主义社会的发展目标，即消灭剥削、消除两极分化，最终达到共同富裕。

在共同富裕这个概念中，"富裕"反映了社会成员对社会财富拥有的丰裕程度，是社会生产力发展水平的集中体现；"共享"则反映了社会成员对财富的占有方式，是社会生产关系性质的集中体现。因此，共享发展和共同富裕包含着生产力与生产关系两方面的特征，从质的规定性上成为社会主义的本质规定和奋斗目标。

（二）社会主义制度为实现共享发展提供了根本条件

在现实中是不存在抽象的财富分配，它们总是同特定的经济制度和社会关系结合在一起，而共享发展和共同富裕的基本属性规定了只能和社会主义公有制结合起来才能具有充分的实现条件。马克思讲到，只有在存在着资产阶级和无产阶级的阶级对立的私有制社会被一个新的"联合体"代替后，即一个新的社会制度产生后才能实现。这就界定了共享发展和共同富裕的制度前提。

生产资料占有不公和由此导致的分配不平等是资本主义社会的顽疾，

[①] 《邓小平文选》（第3卷），人民出版社1993年版，第113页。

只有消除生产资料私人占有的资本主义制度，才能消灭剥削和不平等，实现共同富裕。在资本主义经济制度的前提下，无论采取什么样的社会财富和收入再分配的办法，都无法消除内生于资本主义生产方式的不平等和两极分化现象。建立在公有制基础上的社会共同占有和管理社会共同财产的社会主义制度是确立共同富裕、共享发展目标的根基，体现了社会主义制度的价值追求，也为实现共同富裕提供了制度条件。

当代资本主义国家一直在用国家干预和社会福利政策来调节贫富差距，减少社会矛盾。但是要看到，资本主义市场经济内在的贫富分化和社会利益结构失衡是由它的基础生产关系决定的，资本主义私有制限制了对财产和收入分配结构调节的力度及范围。当代资本主义国家为经济增长已付出巨大的代价（不平等和社会分裂），我国在发展社会主义市场经济的过程中，要避免资本主义制度最有害的和破坏性的特征出现。

（三）生产力的发展是实现共享共富的必要条件

马克思深刻地揭示并突出地强调了人类物质生产力及其发展对于人类社会和人的发展所具有的重要性。历史唯物主义把人类的生产活动理解为人类最基本的也是最重要的实践活动，而人类生产活动的主要内容就是不断发展社会的物质生产力，人类从事物质生产活动以及其他一切社会活动的一般的主要目的和动机，就是为了获得一定的物质利益，即追求物质福利和富裕水平的提高。生产力发展为人类社会进步提供最重要的基础和条件。马克思恩格斯认为，在未来社会生产力充分发展和物质财富极大丰富的基础上，建立了生产资料公有制，个人被动地、强迫性的服从旧的社会分工，脑力劳动和体力劳动的对立现象才能消失；在这个基础上，劳动不仅仅是谋生的手段随之成为生活的第一需要，人的全面发展才能实现；在这个基础上，被市场等价交换原则和资产阶级权力所束缚的个体才能得到解放，多样性、平等性、自由性的个体特征才能出现，才能真正实现个人的"自由和全面"发展，从而实现全社会的共享发展和共同富裕。

（四）共享发展理念的当代价值

中国特色社会主义政治经济学是马克思主义政治经济学在当代中国的创新和发展，共享发展的理念对于构建中国特色社会主义政治经济学具有重要意义，这主要表现在三个方面：一是共享发展作为中国特色社会主义政治经济学的价值取向决定了其以人民为中心的基本立场；二是共享发展理念本身所蕴含的马克思主义历史唯物主义方法对于中国特色社会主义政治经济学构建具有重大的方法论价值；三是共享发展理念构成了中国特色社会主义政治经济学的逻辑主线，是整个体系借以形成和展开的核心。这就是：社会主义基本经济制度和分配制度共享发展的制度保证；生产关系的性质决定共享发展的层次和范围；生产力发展是共享发展的物质基础；解决社会主要矛盾是共享发展的出发点；企业及个人的微观主体地位、市场要素的决定作用以及政府调控的主导作用，是共享发展的基本条件；促进人的全面发展、全体人民共同富裕是共享发展的根本目的；共享是人类发展的本质，是构建人类命运共同体的重要价值目标。

四　中国特色社会主义共享发展理念下的发展道路

（一）发展只不过是人的全面发展

马克思、恩格斯从人的解放和全面发展出发，从历史演变的角度揭示了三大社会形态中人的发展状态，指出人的全面发展的历程和人类社会历史发展一样是一个自然历史过程。在《1857—1858年经济学手稿》中，马克思按照人的个体发展的程度把人类社会分为依次递进的三种社会形态。其中最初的社会形态是指人的依赖关系，"在这种形态下，人的生产能力只是在狭窄的范围内和孤立的地点上发展着"①。这种形态包括原始社会、奴隶社会、封建社会，生产力不发达，人身依附是社会人与人关系的特征。人身依附关系完全扼杀了个人的主动性和生产积极性，严重阻碍了生产力的发展。

以物的依赖性为基础的人的独立性，是第二种社会形态，相当于马克思所讲的资本主义社会和资本主资本生产力义市场经济。在这种社会形态下，物的依赖性主要表现为对资本的依赖性，资本追求剩余价值的同时也推动了社会生产力的极大发展，马克思、恩格斯在《共产党宣言》中对于资本主义市场经济形成的巨大生产力给予了充分的肯定。他们写道："资产阶级在它的不到一百年的阶级统治中所创造的生产力，比过去一切世代所创造的全部生产力还要多，还要大。自然力的征服，机器的采用，整个大陆的开垦，河川的通航，仿佛用法术从地下唤出来的大量人口，……过去哪一个世纪能够料想到有这样的生产力潜伏在社会劳动里呢？"② 资本主

---

① 《马克思恩格斯全集》（第46卷上），人民出版社1979年版，第104页。
② 《马克思恩格斯选集》（第1卷），人民出版社1972年版，第256页。

义社会生产力的发展为一个更高级的生产形式创造了物质条件，但是，资本生产力本身又是在"异化"的形式下表现出来，其生产关系特征是资本以市场平等交换的假象无偿占有他人的劳动成果以及资本与劳动的对立。

"建立在个人全面发展和他们共同的社会生产能力成为他们的社会财富这一基础上的自由个性，是第三阶段"①，它相当于马克思所讲的社会主义和共产主义社会。在这个阶段，人类由"必然王国"进入"自由王国"，以自由人联合体为基础，消灭了私有制和剥削。在这一社会形态中，高度发展的生产力的基础上实现了对异化劳动的扬弃，个人从权力和资本的奴役下解放出来，实现了全面发展和自由发展。马克思强调，"第二个阶段为第三个阶段准备条件。"马克思所讲的条件既包括生产力发展所提供的物质条件，也包括人与人的社会关系方面的条件，如社会公平正义，按需分配，个人自由选择和对社会公共事务的充分参与等等，在这里，共享发展和共同富裕不仅是社会价值、理念，更是现实的社会实践。就物质资料生产、所有制与人的发展的关系看，从历史唯物主义出发，马克思认为财产权和所有制不仅是一种与物质生产力发展有关的生产关系，它本质上包含着人的发展的基础条件，即能否突破旧的社会分工和机器大工业对人的束缚，消灭并剥夺任何人利用财产的占有权力去奴役他人劳动的权力，重建"劳动者个人所有制"和自由人联合体，最终实现每个人的自由全面发展。马克思追求的是人的全面发展，物质资料的生产和发展只不过是人的全面发展的基础。

生产力的发展和经济增长的目的是什么？经济社会的发展怎样做到可持续？各个国家都必须回答这些问题。美国学者加尔布雷思认为经济发展应当回到重视公共目标、重视人的发展的轨道；阿马蒂亚·森在其颇具影响的《以自由看待发展》一书中，同样批评了将发展等同于国民生产总值的增长，或个人收入的提高，或工业化与技术进步，或社会现代化等的观点，认为这些都是狭隘的发展观，最多属于工具性范畴，是为人的发展服务的。

经济发展是以人为基础又以人为目的的社会生产活动，马克思主义政治经济学就是以物质资料生产为起点的。马克思认为生存和发展的需要是

---

① 《马克思恩格斯全集》（第46卷上），人民出版社1979年版，第108页。

人类开展社会生产活动的根本原因；在社会生产活动中，人是活动的主体，另一方面，社会生产活动又以人为目的，即保障人的生存和发展。从19世纪中叶开始的产业革命和工业化带来了极大的生产力以及社会物质资料的丰富，物质化的发展观不断驱使各个国家走了一条偏技术而忽略人、忽略人与自然关系的发展道路，这种发展方式长期的结果是造成社会差距扩大，社会分裂，生态环境不堪重负，人与自然关系紧张。到21世纪，各国纷纷反思这种传统工业化的发展方式，在发展理念上形成新的共识，即经济发展的价值目标是为了人的发展，并且强调世界各国形成一套的共同的价值目标和行动纲领，即自由、平等、共济、宽容、尊重大自然和共同承担责任。①

中国立足于改革开放以后的经济增长与发展实践，在丰富的实践经验基础上，形成了以人民为中心的发展思想。习近平指出，"要坚持以人民为中心的发展思想，这是马克思主义政治经济学的根本立场。要坚持把增进人民福祉、促进人的发展、朝着共同富裕方向稳步前进作为经济发展的出发点和落脚点，部署经济工作、制定经济政策、推动经济发展都牢牢坚持这个根本立场。"② 以人民为中心的发展，其关键是实现共享发展，体现逐步实现共同富裕的要求。

(二) 以共享发展来推进社会公平正义

经济增长与发展理论认为，一国人均收入的高低取决于该国的长期经济增长。同样，增长理论与各国发展的历史经验表明长期经济增长关键是实现经济的转型，即实现从传统马尔萨斯陷阱向现代持续经济增长的转变。长期经济增长的进程必然经历经济成果的分配过程，该过程是收入分配理论研究的主要内容。不同的收入分配必然造成收入的不同分布，并进而影响一国的经济福利。根据各个发展中国家的经验，经济转型和实现长期经济增长并非能自行解决收入的不平等问题。有学者认为，经济转型过程呈现出三种特征，人口转移与产业变迁、人力资本积累和人口的转型，因而收入不平等与经济增长之间可以正相关，也可以负相关，他

---

① 李义平：《马克思的经济发展理论：一个分析现实经济问题的理论框架》，《中国工业经济》2016年第11期。

② 习近平：《立足于我国国情和我国发展实践，发展当代中国马克思主义政治经济学》，《人民日报》2015年11月25日。

们之间的关系最终取决于技术进步结构和技能劳动供给。① 另一方面，社会制度结构也会影响一国的经济增长，如果经济增长的成果不能为全体社会成员共享而是被少数人或社会利益集团独占，经济增长将失去普遍的激励价值。

发展中国家如何实现经济现代化以及成功转型，西方主流经济学根据西方国家经验开出了不少药方，而中国立足于自身国情坚持走中国特色社会主义道路，其发展道路和成功经验却受到越来越多的关注。但是，我们在转型和发展过程中也遇到和其他发展中国家一样的问题。"尽管中国经济正在经历不可思议的增长和经济趋同，然而不应该忽视的是，与其他发达国家一样，不平等问题与中国息息相关，而且在接下来的几十年里，不平等问题将越来越突出，因为经济增长最终将不可避免地放缓。"② "在过去的几十年里，中国立足于本国国情，并从19世纪到20世纪的西方历史经验里吸取教训，试图在资本主义和共产主义之间找到一条融合二者优点的道路，并建立起适合自己的发展模式。……调和经济效率、社会公平和个体自由的矛盾，防止全球化以及贸易和金融开放所带来的利益被少数人独占，阻止我们的自然资源被彻底破坏等诸如此类的问题，无论我们身处何地，都需要共同面对。"③

当前我国收入分配领域存在着分配不公和收入差距过大的突出矛盾，其原因是复杂多样的。总的说来，一方面是来自深化改革，一方面来自发展过程。通过不断完善社会主义市场经济体制和深化改革，处理好市场经济中政府与市场的关系，可以在一定程度上抑制住差距扩大的趋势，而在今后相当长的时间内保持较高速度的经济增长，实现共享经济发展，对于抑制和缩小差距具有更加重要的意义。我们的道路选择应该是坚持共享发展理念，坚持发展为了人民、发展依靠人民、发展成果由人民共享，来解决收入分配领域中的公平正义问题，稳步实现共同富裕。

中国特色社会主义是一个不断追求公平正义、实现共同富裕的过程，在实践中需要与之相适应的体制机制。按照马克思历史唯物主义观点，人

---

① 刘勇：《经济转型、经济增长与收入不平等研究》，博士学位论文，武汉大学，2010年。
② 李实、岳希明：《〈21世纪资本论〉到底发现了什么》，中国财政经济出版社2016年版，第3页。
③ 李实、岳希明：《〈21世纪资本论〉到底发现了什么》，中国财政经济出版社2016年版，第5页。

类社会不存在普遍的正义，正义是历史的产物。一个公平正义的制度，其作用是要形成一个让社会绝大多数成员都感到满意，从而能激励他们的创造性劳动的制度环境，最终促进经济效率的提高。任何一个制度作为生产关系的法定表现是由生产力决定的，在收入分配和财产权构建上，我们要选择的是这种制度与现阶段生产力发展、增进经济效率的内洽性。

（三）包容性增长和益贫式增长

经济增长的成果如何让人民共享，特别是让穷人受益，20世纪以来发展经济学根据一些发展中国家的增长经验概括出包容性增长和益贫式增长的模式。包容性增长这一概念最早由亚洲开发银行在2007年首次提出。它的原始意义在于"有效的包容性增长战略需集中于能创造出生产性就业岗位的高增长、能确保机遇平等的社会包容性以及能减少风险，并能给最弱势群体带来缓冲的社会安全网。"包容性增长最基本的含义是公平合理地分享经济增长，其中最重要的表现就是缩小收入分配差距，它涉及平等与公平的问题，最终目的是把经济发展成果最大限度地让普通民众来受益。与此相关的是益贫式增长，它关注经济增长、不平等和贫困三者之间的关系。发展中国家的增长实践表明，单纯的经济增长并不能自动惠及穷人，穷人的生活水平有可能随着经济增长而下降，因此"涓滴效应"并没有出现。在这个背景下，人们重新审视经济增长、贫困和不平等之间的关系并达成共识：高速的经济增长和对穷人有利的收入分配相结合能够导致绝对贫困下降的最大化，达到所谓的益贫式增长。[①] 从各个发展中国家的发展经验看，在实现经济增长和现代化的过程中必然会产生大量剩余劳动力和失业现象，同时，需要依靠社会救助的贫困人口也可能随之增加。益贫式增长模式强调要增长机会平等，对贫困人口给予更多关注，实现充分就业并使劳动收入增长率高于资本报酬增长速度。益贫式增长强调一国要实现较高且可持续的经济增长率就要增加贫困人口参与经济增长过程的机会，提高贫困人口参与经济增长的能力使其成为经济增长的推动者，而不是单纯依靠社会保障和救济来帮助穷人。对处在经济社会转型期的我国而言，发展劳动密集型产业，尽可能多地创造就业机会，减少失业；实施乡村振兴战略，富农增收，是贫困减除和实现益贫式增长的主要途径。

---

① 张庆红：《对"益贫式增长"内涵的理解：一个文献综述》，《经济学研究》2013年第4期。

共享发展作为中国道路实践经验的概括和总结，它包含着包容性增长和益贫式增长的意义，同时彰显了中国增长和发展道路的鲜明特色。实践证明，中国现代化必然要走、也正在走一条有自己特色的独特道路，在这条道路的特殊性内涵中，共享发展无疑是其中的核心价值之一。

新时期技术创新与我国经济周期性波动的再思考

丁任重　徐志向[*]

摘　要：从马克思和熊彼特关于技术创新的经济周期理论及其在当代的新发展来看，技术创新对经济增长起到了关键性的推动作用，本质上解释了当前世界经济回暖复苏的根源。而伴随着新一轮技术革命成果的应运而生，新时期技术创新对我国经济周期性波动也产生了一定的冲击。分析结果表明，从一般性的角度来看，我国技术创新在繁荣阶段与经济周期运行的关联度要高于衰退阶段；分地区讨论来看，我国东北地区技术创新与经济周期性波动之间的关联度明显高于其他地区；另外，技术创新冲击对我国经济周期的影响具有十分显著的正向效应，持续时间为7—8年，且新时期技术创新的冲击将使我国经济周期性波动表现出周期长度缩短、波动幅度减小、平均位势上升、波动频率降低的"缓升缓降"的新特征。

关键词：新时期；技术创新；关联度；经济周期；新特征

一　引言及文献回顾

改革开放以来，中国高速的经济增长备受瞩目。然而，正如熊彼特所言："事实是，经济体系并不是连续地和平滑地向前运动，大多数不同种类的逆运动、退步、事变的出现，阻碍着发展的道路。"[①] 近年来，随着国际政治、经济形势的波云诡谲以及我国经济从"三期叠加"到"三去一降一补"时期的到来，加之新一轮技术革命已悄然而至，我国经济发

---

* 本文选自丁任重、徐志向《新时期技术创新与我国经济周期性波动的再思考》，《南京大学学报》（哲学·人文科学·社会科学）2018年第1期。

① ［奥］约瑟夫·熊彼特：《经济发展理论》，商务印书馆2017年版，第247页。

展进入了新时期,经济增长速度逐步趋缓,经济增长方式正在实现由单纯依靠劳动和资本投入增加的"新古典增长模式"向主要依靠技术创新的"内生增长方式"的转变。在这一新的历史时期,如何正确看待中国的经济形势并准确实现吐故纳新,寻找新的增长动力,成为当前我国经济发展亟须解决的重大课题,而对经济周期性波动所处阶段做出合理性判断自然也属题中应有之意。目前,对于我国经济周期运行所处阶段的争论层出不穷,主要观点可大致归纳为两种:一种认为,我国经济运行已经成功步入新周期的起点,且即将进入上升期,增长呈"V"形;另一种则认为,我国短期出现的经济增速回升现象实属昙花一现,经济增长仍将处于换挡期,长期呈现"U"形发展。尽管各类观点持有者都对部分宏观经济数据进行了定量分析以或多或少证实了自己的观点,但大都缺乏理论性与系统性。

  事实上,不同的经济周期理论对经济周期性运行的判断标准各不相同,而且每个周期理论都是在综合考察了研究者所处的历史背景及现实经济发展阶段的基础上提出的。因此,对于我国新时期经济周期的研究及判断,同样需要从我国的现状出发,立足于经济转型的客观要求,充分考虑要素(劳动、资本、技术)之间的相互替代关系。我们认为,目前我国正处于由新一轮技术创新驱动的创新周期阶段,主要基于以下两方面:一方面,我国目前正处于经济转型换档期。其一,人口红利逐渐消失,尽管劳动力资源依然丰富,但是劳动年龄人口增长速度缓慢,人口结构逐步趋于畸形,人口老龄化问题日趋严重。其二,资本投资后劲不足,短期内尽管我国固有的高储蓄率不会出现明显下降,但是随着经济发展方式的转变,进一步扩大消费,创造消费新需求成为主导,加上人口老龄化问题的加剧,必将导致未来一个时期内储蓄率的下降,从而降低资本供应量。另一方面,世界经济形势不明朗。"黑天鹅"事件引起的不确定性增加,贸易保护主义甚至"去全球化"趋势明显,我国经济发展的全球化红利正面临逐步消退的危机。从而,新的科技创新红利已然成为我国目前经济发展的主要推动力,新的技术进步衍生新的资源优势,技术创新水平的不断提高、科学技术贡献率的稳步增加无疑是影响国家发展新阶段经济周期性运行的主导因素。因此,对于如何正确认识新一轮科技革命的新特点、准确把握技术创新与经济周期性波动的内在关联及影响机制等问题的回答,具有一定的理论意义和现实意义,本文试图采用定性与定量分析相结合的方法予以进行探讨。

国内外有关技术创新与经济周期关系研究的文献着重从两个方面进行：一是技术创新与经济增长的关系；二是技术创新过程的不同时期与经济周期性波动的不同阶段的对应关系。前者实质上是从技术创新对经济增长的激励与贡献的角度出发，讨论技术创新与经济增长之间的数量关系，以期去伪存真，提高各国及地区对技术创新的重视度；而后者则是以经济周期性波动为基础，研究不同的创新类型及创新所处的不同时期对经济波动的影响，进而得出缓解经济周期性波动的政策，以达到"削峰填谷"、保障经济可持续发展的目标。后者也是本文研究的主要内容。熊彼特较早对这一问题进行了研究，他通过将一个经济体系分成不同的三类：循环流转过程、发展过程、阻碍后者未受干扰的进程的过程，来分析导致经济周期性波动的原因。分析认为，企业家成批地出现，即创新，是经济繁荣产生的唯一原因，进而理论证明了创新与经济周期之间存在着必然的联系。自熊彼特开创性的成果之后，Rios 等基于 2006—2012 年 147 个国家的面板数据信息，采用汉森的阈值回归方法对创新与增长之间可能存在的非线性关系进行了检验，结果表明，创新和增长之间的关系并非线性的，且只有高水平的创新才能促进经济增长[1]。另外，从中国经济转型的背景出发，技术创新是促进经济周期运行的最终原因，并且制度创新在其中起到了一定的约束作用，主张在鼓励技术创新的同时要保证制度的及时跟进[2]。

综上所述，尽管长期以来国内外的相关研究对技术创新与经济周期性波动之间的关系做出了巨大贡献，成果斐然，但依然存在着一些不足之处：一方面，当前国内外学者对经济周期的研究大都将目光集中于盲目追求理想的数学模型上，而对传统的规范性分析却置若罔闻；另一方面，对于新一轮技术创新所表现出的新特点没有实现全面、准确的认识，从而也就不能对我国新阶段技术创新与经济周期的关系做出客观的理解和判断。鉴于此，本文首先对马克思和熊彼特关于技术创新的周期理论及其在当代的新发展做了系统阐述；其次，在详细分析了新一轮技术创新的新特点的

---

[1] Aristizabal-Ramirez, M., G. Canavire-Bacarreza & F. Rios-Avila, "Revisiting the Effects of Innovation on Growth: A Threshold Analysis", *Applied Economics Letters*, 22 (18), 2015.

[2] 吴晓波、张超群、窦伟：《我国转型经济中技术创新与经济周期关系研究》，《科研管理》2011 年第 1 期。

基础上，利用基于数值排序的非参数统计方法——灰色关联分析——对我国技术创新与经济周期性波动的关联度进行了测算；最后，使用脉冲响应函数方法研究了新时期技术创新对我国经济周期性波动的影响。

二 马克思和熊彼特关于技术创新的周期理论及其新发展

马克思曾指出："正如天体一经投入一定的运动就会不断地重复这种运动一样，社会生产一经进入交替发生膨胀和收缩的运动，也会不断地重复这一运动。"① 由此可以看出，马克思和恩格斯早在19世纪40年代就已经开始了对于资本主义经济周期性运动的考察。马克思关于技术创新的周期理论主要包含两个方面：一方面，马克思把机器大工业看作是经济周期的可能性向现实性转化的物质基础。他认为："一旦与大工业相适应的一般生产条件形成起来，这种生产方式就获得一种弹性，一种突然地跳跃式地扩展的能力"②，而"当机器工业如此根深蒂固，以致对整个国民生产产生了绝对影响时……才开始出现不断重复的周期"③。这意味着机器大工业不仅能够扩大生产力，改善生产方式，而且构成了经济周期性运行的前提条件；另一方面，马克思将经济周期性失衡和周期性得以恢复的物质基础归因于固定资本的更新。当经济进入停滞阶段，迫于竞争的压力，各资本家将争相开启新一轮的固定资本投资，由于投资而导致的生产力的发展，促进了社会资本平均有机构成的提高，从而利润率表现出了趋于下降的规律，而受资本主义生产方式对自身发展限制的影响，不断与资本价值增值的目的发生冲突，如此循环往复，便产生了经济的周期性运动。另外，马克思在《资本论》中描述利润率趋向下降规律时表明："价格下降和竞争斗争也会刺激每个资本家通过采用新的机器、新的改良的劳动方法、新的结合，使他的总产品的个别价值下降到它的一般价值以下，就是说，提高既定量劳动的生产力……这样，周期会重新通过。"④ 这也就意味着马克思所说的"新一轮固定资本投资"实质上就是我们现在所理解的技术创新的过程。因此，尽管马克思在其理论思想中没有明确的提出"创新"的概

---

① 《资本论》（第1卷），人民出版社2004年版，第730页。
② 《资本论》（第1卷），人民出版社2004年版，第519页。
③ 《马克思恩格斯全集》（第23卷），人民出版社1972年版，第695页。
④ 《资本论》（第3卷），人民出版社2004年版，第284页。

念,而是大量采用了"新机器""新改良的劳动方法""新结合""技术进步""生产工具的迅速改进""科学的进步"等说法,但他无疑是将技术创新与经济周期结合研究的鼻祖,为熊彼特创新经济周期理论奠定了坚实的基础。

继马克思之后,美国经济学家熊彼特在20世纪30年代提出来了"创新周期理论"。熊彼特认为仅从外部因素出发来研究经济的周期性波动是远远不够的,必须从经济活动内部寻找原因。他在《经济发展理论》中用"企业家"的"创新"活动来解释经济的周期波动,指出:"长达半世纪左右的长波周期,是由那些影响深远,实现时间长的创新活动所引起的。确切地说,这种创新活动是指以产业革命为代表的技术创新活动。"① 他的理论贡献主要表现在两个方面:一方面,首次提出了"创新"与"企业家"的概念。一是将"创新"活动分为五种情况——采用新产品、运用新的生产方法、开辟新市场、原材料等的新的供应来源以及实现新组织;二是将新组合的实现称为"企业",职能是实现新组合的人们称为"企业家",并将"企业家"看作是资本主义的"灵魂",是"创新"的主要组织者和推动者;三是将"创新"归为发明、创新与模仿三个过程。熊彼特假设发明是一种新产品或新的生产过程的发现,而创新是新发明的首次应用或者是现有产品和工艺的改进过程,以适应不同的市场需求。当某个企业家通过创新获得了超额利润以后,必然会吸引大批的模仿者进入,这一过程的持续最终将会导致投资的过度,引致经济危机爆发。随后经济进入调整阶段,企业家又开始创新活动,于是带来了下一轮周期;另一方面,建立了自己的周期理论体系。首先,熊彼特认为创新是繁荣产生的唯一原因,而繁荣又构成了"不景气"的唯一原因。他指出:"繁荣会从自身创造出一种客观的情形,而这种客观的情形,即使忽略了所有的附属物和偶然的要素,也将使繁荣结束,轻易地导致危机,必然地导致萧条。"其次,对于周期的实际长度,熊彼特明确指出:"没有理论可以从数量上来解释,因为它明显地要依靠个别情况的具体数据。"但他依然给出了一般性的回答:经过一段时间,直到新企业的产品能够出现在市场之前,繁荣结束,

---

① [奥]约瑟夫·熊彼特:《资本主义、社会主义和民主主义》,商务印书馆1979年版,第86页。

萧条开始。① 最后，熊彼特建立了"三种周期"体系，认为经济系统中存在很多的周期在同时进行，并得出了1个康德拉季耶夫周期约包含6个朱格拉周期且相当于18个基钦周期的结论。

当代进步经济学家斯威齐曾评价，"尽管熊彼特的理论与马克思的理论具有某些惊人的相似之处，但两者之间依然存在着根本上的理论差别"②。着实，我们认为，斯威齐的说法有其可取之处。一方面，毋庸置疑，熊彼特的创新周期理论是在马克思关于"创新"的周期理论基础上建立的，是发展的马克思主义经济周期理论。其共同点主要可以归纳为：（1）强调技术创新的重要性。马克思认为："由于劳动过程的组织和技术的巨大成就，使社会的整个经济结构发生变革，并且不可比拟地超越了以前的一切时期。"③ 同时指出："资产阶级除非对生产工具，从而对生产关系，进而对全部社会关系不断地进行革命，否则就不能生存下去。"④ 而熊彼特也毫不掩饰地将技术创新摆在了资本主义经济发展的至高无上的位置，他认为，没有"创新"就没有资本主义，既没有资本主义的产生，更没有资本主义的发展。⑤（2）强调技术创新的溢出效应。马克思认为，一个工业部门生产方式的变革，会引起其他部门生产方式的变革⑥。熊彼特同样指出，一个或少数几个企业家的出现可以促使其他企业家出现，于是又可促使更多的企业家以不断增加的数目出现。⑦（3）同时强调"创新"的内涵和外延。不仅将创新过程局限于技术层面，还延伸到产品的创新、生产方法的创新等方面。如马克思所说，劳动生产力是由多种情况决定的，其中包括：工人的平均熟练程度，科学的发展水平和它在工艺上应用的程度，生产过程的社会结合，生产资料的规模和效能，以及自然条件。⑧（4）强调"企业家"精神。马克思认为，在机器的发明中，起作用的不是工厂手工业工人，而是学者、手工业者甚至农民等⑨。由此可以推断，

---

① ［奥］约瑟夫·熊彼特：《经济发展理论》，商务印书馆2017年版，第244页。
② ［美］保罗·斯威齐：《资本主义发展的理论》，1942年英文版，第94—95页。
③ 《资本论》（第2卷），人民出版社2004年版，第44页。
④ 《共产党宣言》，人民出版社2014年版，第30页。
⑤ ［奥］约瑟夫·熊彼特：《经济发展理论》，商务印书馆2017年版，第9页。
⑥ 《资本论》（第1卷），人民出版社2004年版，第440页。
⑦ ［奥］约瑟夫·熊彼特：《经济发展理论》，商务印书馆2017年版，第260页。
⑧ 《资本论》（第1卷），人民出版社2004年版，第53页。
⑨ 《资本论》（第1卷），人民出版社2004年版，第40页。

马克思早于熊彼特之前就已经注意到了"企业家"在"创新"过程中的重要性。(5) 强调信用和创新的内在联系。马克思将信用看作是生产力与生产关系矛盾运动的纽带，信用的发展促进了危机的潜在可能性向现实性的转化。熊彼特也指出，资本主义信用制度在所有各国都是从为新的组合提供资金而产生并从而繁荣起来的。(6) 采用矛盾分析方法。马克思将资本主义经济周期性运动归因为生产方式基本矛盾冲突周期性失衡的结果。熊彼特也采用了同样的分析方法，用三对相应的矛盾对企业家行为进行了细致的描绘，矛盾具体表现为两个真实过程的对立、两种理论工具的对立以及两种类型人物的行动的对立；另一方面，二者存在着本质上的区别：马克思谴责资本主义，而熊彼特却是资本主义的"热心辩护人"①。首先，马克思在肯定了技术创新在资本主义社会发展中的巨大作用的同时，对其采取了深刻的批判态度。他将机器运作的本质看作是生产剩余价值的手段，认为机器的大量使用使得工人家庭全体成员不分男女老少都受到了资本的统治。其次，马克思明确指出："随着大工业的发展，资产阶级赖以生产和占有产品的基础本身也就从它的脚下被挖掉了。它首先生产的是它自身的掘墓人。资产阶级的灭亡和无产阶级的胜利是同样不可避免的。"② 这充分表明了资本主义经济周期性运动所产生的经济危机现象实质上只是现有矛盾的暂时的暴力解决，根源在于资本主义生产方式的基本矛盾，资本主义在其自身范围内只能使危机得到缓解而无法根除。而熊彼特则忽视了资本主义生产关系与生产力的矛盾运动，将技术创新看作资本主义经济周期性运动的唯一根源，从而掩盖了资本主义的剥削关系，误判了资本主义的历史命运。

在马克思和熊彼特的关于技术创新周期理论的基础上，美国经济学家格·门施于20世纪70年代提出了技术创新经济学。他认为，经济的周期性波动是由于经济结构的不稳定而引起"技术僵局"从而促使基础技术进行创新的过程。通过进一步的论证得出了经济的长期波动并不是连续的波形而是断续的"S"形的结论；随后，荷兰经济学家冯·丹因在1979年提出了创新寿命周期长波论，他把技术——尤其是基础技术创新——看作经

---

① [奥] 约瑟夫·熊彼特：《从马克思到凯恩斯十大经济学家》，商务印书馆1965年版，第3页。

② 《共产党宣言》，人民出版社2014年版，第40页。

济波动的主要动因。他认为，基础技术创新的介绍、扩散、成熟、衰落阶段分别与经济周期波动的复苏、繁荣、衰退、危机阶段相对应，繁荣和衰退形成上升阶段，危机和复苏形成下降阶段。另外，英国经济学家弗里曼在1982年提出了制度创新经济学理论。他认为，长波与技术创新、劳工就业具有很大的关系。从长远的角度看，政府的科学技术政策可以起到促成创新、扩大就业的效果。尽管以上理论均从不同角度考察了创新对经济周期运行的作用，但其理论核心均是以创新为主题，故一般统称为"新熊彼特主义"。无论是马克思、熊彼特还是"新熊彼特主义"，他们区别于其他西方经济周期理论的最大特点就在于将技术创新看作是影响经济周期波动的内在因素，强调技术创新在推动经济增长过程中具有无可比拟的决定性的作用。马克思曾断言："社会的生产方式的变革，生产资料改革的这一必然产物，是在各种错综复杂的过渡形式中完成的。"① 这也就意味着当前我国所处的经济转型时期无疑是变革生产方式、提高技术创新能力的最佳时期。关于技术创新的周期理论为我国在新时期研究经济转型和经济周期性波动提供了理论支撑和指导思想，也对我国在新时期如何正确理解和把握新一轮技术革命的新特点提出了更高的要求。

三　新一轮技术革命的新特点

技术革命作为经济发展的助推器，在不断自我革新的进程中，也潜移默化地促进了人类社会的全面自由发展。一方面，从世界发展的角度来看，考虑到与世界经济长周期波动相对应，自英国发生第一次产业革命以来，世界经济已经经历了四次技术革命，推动着人类社会发展分别进入了"蒸汽时代""电力驱动时代""大规模生产时代""信息和远程通信时代"；另一方面，从我国的发展历程来看，自改革开放以来我国科技事业的发展也大致可以划分为四个阶段：1978—1985年，改革初期，科学技术受到初步重视；1985—1995年，提出"科学技术是第一生产力"的论断，并引导科学技术为经济建设服务；1995—2005年，实施科教兴国与人才强国战略；2005—2020年，提高自主创新能力，建设创新型国家。然而，纵观每次技术革命的爆发以及技术发展政策的实施都伴随有其独有的特征，不同程度的影响着产业格局和社会进步。当前随着世界经济新格局的变化

---

① 《资本论》（第1卷），人民出版社2004年版，第544页。

以及我国发展进入新阶段,包括互联网经济(如电商、互联网金融、新型网络社交平台、在线教育等)、人工智能(如汽车驾驶、语言翻译、证券交易、法律服务、人脸识别技术等)、生物新技术(如生命工程、器官移植、远程医疗等)、共享经济(如共享汽车、单车、民宿、设备仪器、知识付费等)以及大数据在内的新一轮技术革命也应运而生,世界经济社会发展已经完全步入了"知识经济""数字经济"以及"创新经济"时代。在我国,鉴于受到人口基数大、互联网普及程度高以及新一轮技术革命所具备的独特优势等因素的影响,未来我国或将成为应用新一轮技术创新成果最广泛的国家。以人脸识别技术为例,据前瞻产业研究院发布的《中国人脸识别行业市场前瞻与投资规划分析报告》显示,2016年我国人脸识别行业市场规模已超过10亿元,且预计2021年,人脸识别市场规模将达到51亿元左右。

因此,相比较而言,新一轮技术革命进一步推动了社会生产力的发展,无论从广度还是深度上都比以往几次技术革命所带来的影响更加深远,呈现了一系列新的特点。大致可归纳为以下几点:(1)重塑国际产业新格局,产业结构趋于模糊化。首先,新一轮技术革命显著降低了企业的运作成本,一定程度上弱化了发达国家劳动力的成本劣势,在充分考虑了库存、成本以及市场等因素之后,部分劳动密集型产业在发达国家变得有利可图,由此可能进一步推动以美国为代表的发达国家的"再工业化"进程,从而改变世界产业格局;其次,由于近几年服务业比例过快增加且效率不高而导致的制造业"空心化"与经济"脱实向虚"风险的存在,致使许多国家正在逐步向"制造业+服务业+高科技"三者有机融合的发展模式转变,产业发展规律与路径也已经逐渐转向了服务型制造业与高科技服务业,从而打破了第二、第三产业之间固有的界限,使产业结构划分逐渐趋于模糊。(2)互联网新经济行业蓬勃发展,高新技术产业有望跃升为第一支柱产业。伴随着由互联网应用的普及而导致的信息消费的井喷式增长,2013—2016年,我国规模以上互联网接入及相关服务、互联网信息服务、软件和信息技术服务、其他互联网服务企业营业收入年均增长率分别为21.5%、32.4%、17.5%和28.0%,[①] 互联网作为新经济行业发展态势

---

① 《为产业转型升级经济持续发展注入新动能》,网易财经,http://money.163.com/17/0824/06/CSJ65THR002580S6.html,2017年8月24日。

空前高涨。另外，据国家统计局数据显示，2015年全年我国高技术产业增加值比规模以上工业快 4.1 个百分点，所占规模以上工业比重为 11.8%，比上年提高 1.2 个百分点。其中，电子及通信设备制造业增长 12.7%，航空、航天器及设备制造业增长 26.2%，信息化学品制造业增长 10.6%，医药制造业增长 9.9%。按照这一速度推断，未来高技术产业必将成为推动我国经济增长的新动能。(3) 技术创新成果转化为经济效益的时间急剧缩短，产品生命周期展现出新的特征。受每次技术革命的广度及深度的影响，在 18 世纪由技术创新转化为产品效益的年限大约为 100 年，19 世纪缩短至 50 年，到 20 世纪 40 年代以后平均为 7 年，而新一轮技术革命的产品更新周期则已经下降到了 3—6 月。[①] 这一特征的凸显主要得益于新一轮技术革命使得互联网、大数据、人工智能等技术实现了有机跨界融合，显著提高了企业生产的柔性化程度。企业可以根据市场需求导向制定高效生产决策，有效缓解由于信息不对称而导致的社会再生产过程中的比例失衡问题，从而在提高产品的多样化和个性化的同时缩短了产品的生产和交付周期。(4) 提升了金融业的风险管理能力，优化了金融服务体验。伴随着人工智能、大数据、超级计算等新科技在金融领域的深度融合与快速发展，新一轮技术革命对金融业的影响同样不容小觑。一方面，通过金融高科技的应用提高了对金融风险预警与防范的科学性和针对性，能够及时有效的帮助金融机构解决可能存在的包括道德风险与系统性风险等在内的内部风险。同时，还可以通过实时监控客户资金的异常流动来应对外部风险，以保障金融机构的健康运行；另一方面，通过高科技的运用，不仅能够提高金融行业的信息处理能力，缓解中小企业的融资成本高筑现象。而且，能够提高金融交易的监管效率，改变金融机构的行为方式，以更好地满足多样化的客户需求。(5) 就业结构发生新变化，知识型劳动者占比大幅度增加。目前，随着制造过程的数字化与智能化水平的提升，知识劳动者已然成为社会劳动结构中的主力军。同时，据国家统计局数据显示，截至 2015 年年底我国工业机器人已达 32996 台，同比增长 21.7%。未来，在越来越多的领域，人工智能将快速超越人类。牛津学者指出，在未来十年的时间里，人工智能技术将变得足够先进，并将消灭 40% 以上的职业。这就意味着，在不久的将来大量的安保、记者、收银员、助理、司机、交

---

① 刘美平：《高科技服务业引领的创新供给规律和路径》，《社会科学研究》2017 年第 3 期。

易员以及客服等都可能失去自己原有的工作。(6)应用范围广泛,涉及产业发展及人类生活的各个领域。李晓华认为,人工智能已经在搜索引擎、图像识别、翻译、新闻推荐和撰稿、金融投资、医疗诊断、工业生产、无人驾驶汽车等领域得到了广泛的应用。在很多情况下,人工智能甚至不以可视的形态存在。① 由此可以看出,包括人工智能在内的新一轮技术革命不仅与科学、军事、经济有着密切的关联,而且对政治、文化、教育、卫生以及人们的生活方式,甚至思维方式都产生了深远的影响。

总之,新一轮技术革命的冲击不可阻挡,面对"逆全球化"思潮兴起与贸易保护主义倾向抬头的国际政治经济形势,目前我国参与经济全球化的发展过程也相继进入了新的阶段。瑞士经济学会2015年的调查报告指出,我国的经济全球化指数为49.8,而发达国家的经济全球化指数均高达90左右,这说明单纯地仅仅依靠对外开放来带动我国经济实现成功转型并不现实。因此,只有大力提高自主创新能力,坚定不移地推进创新经济,才能保证经济的稳定增长,有效推动我国开启新一轮的经济周期。改革开放至今,尽管我国科技投入不断提高,企业在科技创新中的地位也日益凸显。但是,据《全球创新指数》数据显示,2015年我国创新指数仅为47.47,较发达国家(如瑞士为68.3,美国为60.1,英国为62.42)而言,仍然存在着较大的差距,无论是创新投入还是创新产出都存在着巨大的进步空间。然而,值得庆幸的一点是,我国的创新效率指数一直稳居世界前列,这也就意味着我国在建设创新型国家方面存在着独特的优势,只要能够牢牢把握住新一轮技术革命的机遇,营造良好的创新政策环境,新一轮周期的复苏阶段将很快历历可辨。

四 技术创新与经济周期性波动的关联性分析

通过以上理论分析可以得知技术创新与经济周期性波动之间存在着必然的联系,二者关联度的大小势必将决定技术创新对经济周期的影响程度。目前,对于关联度的测算主要有两种方法,其一是相关系数测度;其二是灰色关联度测度。基于灰色系统理论是从模糊数学的研究角度出发对"部分信息已知,部分信息未知"的不确定性系统的运行行为及演化机制进行研究,从而能够有效解决统计数据有限、数据灰度较大问题的特点,

---

① 李晓华:《人工智能是什么?》,《人民日报》2017年8月2日。

故我们选择第二种方法来对技术创新与经济周期的关系进行定量分析。

表1 世界及部分国家高科技出口占制成品出口比例与经济增长率之间的关联度

发达国家	关联度	发展中国家	关联度
美国	0.6804	中国	0.6044
英国	0.5481	俄罗斯	0.5754
法国	0.7767	印度	0.8290
德国	0.7852	巴西	0.6203
日本	0.5857	埃及	0.6881
均值	0.67522	均值	0.66344
世界	0.7839		

资料来源：世界银行原始数据计算所得。

首先，从世界经济发展视角来看。考虑到数据的可获得性，选择1989—2015年世界高科技出口占制成品的出口比例作为技术创新的衡量指标。根据测算，世界及部分国家经济增长率与高科技出口占制成品出口比例之间的灰色综合关联度均已超过0.5，表明二者之间存在较强的关联性。从图1同样也可以粗略看出二者具有较好的拟合程度。一方面，发达国家与发展中国家高科技出口占制成品的出口比例与经济增长率之间的关联度均值并没有显著差别，说明经济增长对技术创新的依赖程度与各个国家的经济发展水平关系不大。同时，值得注意的是，尽管印度高科技出口占制成品的出口比例不足10%，远低于其他国家的20%—30%的水平。但是，印度高科技出口占制成品出口比例与经济增长率之间的关联度却高居首位，从而体现了印度经济增长对技术创新的依赖程度；另一方面，按照"峰—峰"法判断，整个时期世界经济大致经历了三次周期性波动，包括1989—2000年、2000—2004年、2004—2011年。与之相对应的，高科技出口占制成品出口比例从1989年到2000年经历一段较长的上升期后，在2000年与经济增长率几乎同时达到了最高值，之后便逐渐下降，并从2006年开始，下降幅度显著增加，直到2008年才得以逐步回升，且近几年呈现出了较强的上升态势。在这期间技术创新增长阶段的经济波动幅度与频率明显低于技术创新下降阶段，也就意味着经济繁荣阶段与技术创新增长的拟合度要优于经济衰退阶段。因此，这一现象不仅在一定程度上印证了马克思和熊彼特关于技术创新的周期理论,而且可以激励我们做出进一步猜想:繁荣阶段技术创新与经济周期运行的关联度要高于衰退阶段。

------ 高科技出口占制成品出口的比例 ——— 世界GDP增长率

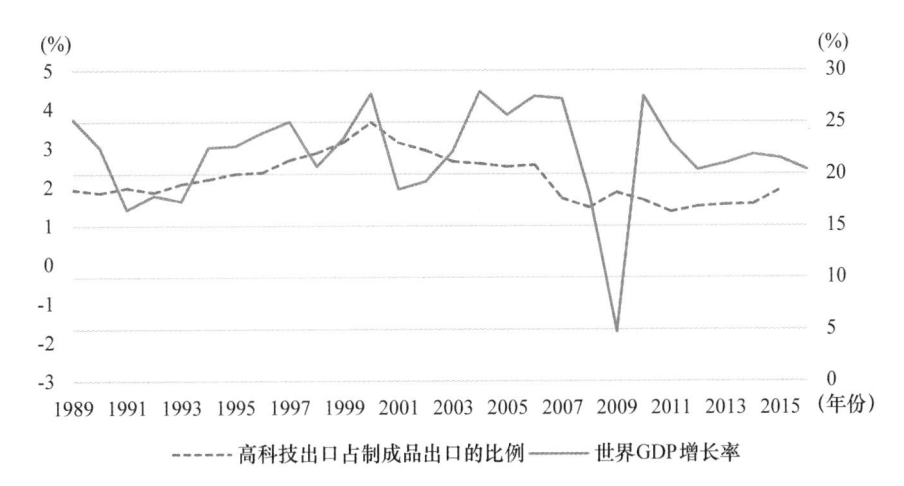

图1 世界经济增长率与高科技出口占制成品出口比例的变动趋势

资料来源:世界银行。

其次,从我国的经济发展视角来看。一般常用的技术创新指标主要有 R&D 经费投入与人员数、专利、科技论文数以及高技术产品贸易额等,但是考虑到这些数据只是反映了技术创新活动的不同侧面,不能准确衡量技术创新综合过程对经济周期的影响。因此,我们选择用全要素生产率增长率的变化来表示技术创新的冲击。所选样本包括我国除西藏以外的八大经济区域,分别为东北地区(辽宁、吉林、黑龙江)、北部沿海(北京、天津、河北、山东)、东部沿海(上海、江苏、浙江)、南部沿海(福建、广东、海南)、黄河中游(山西、内蒙古、河南、陕西)、长江中游(安徽、江西、湖北、湖南)、西南地区(广西、重庆、四川、贵州、云南)、大西北地区(西藏、甘肃、青海、宁夏、新疆),时间范围是1997—2015年。其中 GDP 与固定资产投资额均为按相应指数折算后的实际值,资本存量的计算方法为永续盘存法,全要素生产率的计算采用数据包络分析法,计算结果如表2所示。一方面,从表2可以看出,近几年全国各区域全要素生产率增长率都出现了不同程度的下降,且只有西南地区的全要素生产率增长率连续为正数,这与西南地区对人才吸引的重视度的提高以及投资的增加是密不可分的;另一方面,从图2显示的全国全要素生产率增长率与经济增长率的变动趋势来看，全要素生产率增长率的变化也表现出了一定的周期性特征。且在完整的经济周期内，全要素生产率增长率的变化较为频繁。其中，以 2008 年前后的波动最为强烈，这主要归因于国际金融危机的冲击重创了经济的创新活力，而随着我国适时采取的经济政策刺激，改善了创新环境，又重新将其拉回了高位。然而，尽管全要素生产率增长率呈现了较大的波动，但仍然与经济增长率表现出了较好的拟合，二者关联度为 0.6644，且在经济繁荣阶段（1999—2007 年）二者的拟合程度明显高于经济衰退阶段（2008—2015 年）。在此值得注意的一点是，拟合程度并不能完全代表关联程度。虽然繁荣阶段全国全要素生产率增长率与经济增长率两条曲线相对较为接近，但在衰退阶段（特别是 2009 年以后）全要素生产率增长率的每一次变动都对经济起到了一定的拉动作用，表现为较强的协同性。因此，前文的猜想在此产生了质疑。

表 2　　1999—2015 年全国及八大经济区域全要素生产率增长率

（以 1998 年为基期）　　　　　　　　单位：%

年份	全国	东北地区	北部沿海	东部沿海	南部沿海	黄河中游	长江中游	西南地区	大西北地区
1999	-0.73	7.04	-11.46	-4.39	1.17	3.16	8.01	13.47	8.40
2000	0.28	3.47	3.43	0.38	3.00	-11.79	2.63	-32.76	-7.62
2001	0.18	-1.93	-36.32	-4.42	-1.72	-36.12	-37.32	-66.98	-33.07
2002	0.64	-9.61	-45.44	-5.27	-5.99	-51.56	-56.18	331.62	-61.64
2003	0.91	-66.96	245.12	-53.83	-58.84	306.21	243.78	7.33	310.16
2004	0.09	70	-2.77	37.41	50	11.57	4.52	-59.60	1.94
2005	0.09	82.78	-1.87	84.06	73.73	-19.64	-1.40	-44.78	-1.12
2006	0.18	8.87	-68.91	4.55	-1.13	-72.48	-59.28	319.90	-58.47
2007	0.99	4.83	-6.14	-4.62	-1.52	0.48	-12.60	2.37	-3.52
2008	-2.32	-6.88	233.18	-5.50	-2.78	251.18	170.40	-70.43	138.14
2009	-0.09	-47.49	0.54	-48.32	-51.19	4.45	9.54	20.16	3.83
2010	1.28	-40.37	-8.36	-44.15	-46.74	-9.95	-3.91	184.20	-6.10
2011	-1.26	203.77	-64.78	249.34	283.79	-73.17	-64.93	-1.83	-57.64

续表

年份	全国	东北地区	北部沿海	东部沿海	南部沿海	黄河中游	长江中游	西南地区	大西北地区
2012	-1.1	1.09	109.81	5.69	1.27	150.80	74.52	-70.81	63.58
2013	-0.92	1.15	57.81	-6.54	4.88	58.53	57.52	104.20	39.28
2014	-1.40	-0.76	-5.04	-3.23	-2.93	7.67	6.98	48.48	-0.52
2015	0.57	-8.49	-8.76	-3.97	-10.59	-8.37	-8.21	4.62	-5.51

资料来源：原始数据主要从《中国统计年鉴》《中国国家统计局》获得，且计算结果均保留了两位小数。

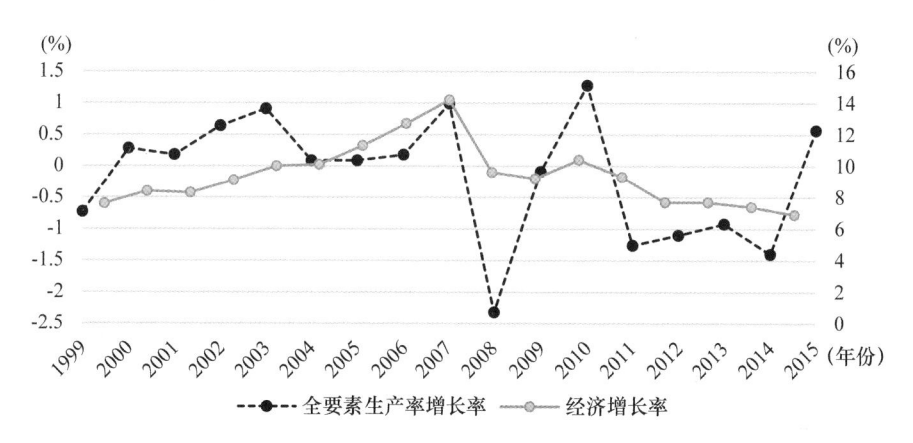

图2 中国经济增长率与全要素生产率增长率的变动趋势

资料来源：中国国家统计局。

另外，从全国及八大经济区域全要素生产率增长率与经济增长率波动的具体关联度来看。一方面，从表3的关联度测算结果及排名可以看出，全国及八大经济区域全要素生产率增长率与经济增长率的关联度均超过了0.5，说明我国的技术创新变化速率与经济周期性运行之间着实存在着较强的关联性。其中，东北地区全要素生产率增长率与经济增长率的关联性最强，为0.7521，超过了全国水平。相比较而言，沿海地区二者关联度最弱，且彼此之间差距不大。造成这一现象的主要原因可从两个方面进行分析，一是受我国各区域经济增长方式的影响。东北地区曾一度作为我国的重工业发展基地，以优先发展工业和资源型产业为主要发展战略。而我国沿海地区主要以发展劳动密集型产业为主，轻纺织业占工业生产的比重较大,并且兼顾第二、第三产业同时发展。正如熊彼特所言,"创新是繁荣产生的唯一原因"①,"而繁荣首先实现于工业厂商(工厂、矿山、船舶、铁路等)的生产中"②。这就意味着,从马克思和熊彼特的研究可以推断,机器的发明使用以及创新活动的产生大都首先发生在工业部门,尤其偏向于重工业。因此,东北地区的技术创新与经济运行之间固然存在着很强的关联性,而沿海地区尽管具有引进技术的独特优势,但经济发展对技术创新的依赖程度远不如东北地区高;二是受技术创新激励机制的影响。众所周知,我国东北地区工业企业中国有企业占有突出地位,而沿海地区由于市场经济发展较为活跃,企业大多具有竞争性。熊彼特认为企业在一定程度上的垄断性质对于技术创新具有很大的促进作用,这不仅能给企业带来许多政治倾斜,而且会使企业承担更多的国家使命,从而有利于满足企业技术创新的资金需求,增强技术创新的动力。

表3 全国及八大经济区域全要素生产率增长率与经济增长率波动的关联度比较

区域	关联度	排名	区域	关联度	排名
东北地区	0.7521	1	黄河中游	0.5426	5
长江中游	0.6221	2	南部沿海	0.5305	6
大西北地区	0.6091	3	东部沿海	0.5276	7
西南地区	0.6024	4	北部沿海	0.5267	8
			全国	0.6644	

注:本文所测算的关联度均为综合关联度。

最后,从经济周期运行的不同阶段全要素生产率增长率与经济运行的关联度比较来看。根据表4的结果显示,不论繁荣阶段还是衰退阶段,全要素生产率增长率与经济运行的关联度都在0.5以上,说明在整个经济周期运行的各个阶段,技术创新与经济波动持续保持着较强的关联性。其中,全国全要素生产率增长率与经济运行的关联度在繁荣阶段确实低于衰退阶段,从而印证了上文提及的关于曲线的拟合程度并不完全等同于变量之间关联度的观点。然而,在包括全国在内的9个经济区域中,有7个地

---

① [奥] 约瑟夫·熊彼特:《经济发展理论》,商务印书馆2017年版,第263页。
② [奥] 约瑟夫·熊彼特:《经济发展理论》,商务印书馆2017年版,第246页。

区的全要素生产率增长率与经济增长率的关联度在繁荣阶段明显高于衰退阶段，东北地区差距最为明显。因此，从一般性的角度来考虑，我们完全可以坐实之前关于繁荣阶段技术创新与经济周期运行的关联度要高于衰退阶段的猜想。而尽管熊彼特在他的经济周期理论中有提到，一个或者少数几个企业家的出现可以促使其他更多企业家成组或成群地以不断增加的数目出现，从而表明了繁荣阶段创新与经济增长的较强关联性；但是，对于经济处在衰退阶段的整个过程中并没有明确指出二者之间的具体联系并与繁荣阶段进行比较分析。所以，对于这一猜想的证实不仅实现了理论上的细微突破，而且对于经济政策的制定具有些许的指导作用，从而不乏一定的理论意义和现实意义。

表4　经济周期不同阶段全要素生产率增长率与经济运行的关联度比较

区域	繁荣阶段	衰退阶段	区域	繁荣阶段	衰退阶段
东北地区	0.8214	0.5571	黄河中游	0.6115	0.5685
长江中游	0.6014	0.5617	南部沿海	0.6168	0.5131
大西北地区	0.6185	0.5258	东部沿海	0.5819	0.5262
西南地区	0.5899	0.5456	北部沿海	0.5244	0.5319
			全国	0.6735	0.7124

五　新时期技术创新对我国经济周期性波动的影响

鉴于新时期的技术创新是一次波及全世界且影响深远的技术革命，故首先从我国经济周期波动与世界经济周期性波动之间的关系着手分析。从图3可以看出，我国与世界经济的周期性波动具有以下几点一般性特征：一是1962—2016年，按照"谷—谷"法划分，我国与世界宏观经济同样都经历了9轮完整的周期波动，每一轮周期的平均持续时间为6年，与朱格拉中周期理论基本相符。二是经济周期波动的幅度逐渐缩小，频率逐步降低，稳定性逐渐增强。20世纪90年代之前，我国与世界经济波动均较为频繁，而之后尽管2009年世界经济曾一度跌入到历史最低谷，但总体来看宏观经济波动（尤其是我国）呈现出了趋于稳定的迹象，具体表现为波峰有所下降，波谷显著上升，波幅显著下降，且每个经济周期内的平均经济增长率有所降低。三是我国经济周期波动的对称性明显高于世界。世界经济在1990年之前总体表现为"陡升缓降"的态势，特别是1975—

1982年周期内，仅用1年时间就达到了1976年的最高点，随后经历了整整6年的下降阶段，呈现出了显著的"宽带现象"。1990—2005年则转变为"缓升陡降"的趋势，经历2008年国际金融危机之后，对称性表现尚不明显。四是我国经济周期与世界经济周期性波动之间具有一定的协动性。其中，1997年亚洲金融危机之前协动性最强，1997年之后，世界经济的波动频率和幅度均比我国剧烈，协动性也出现减弱。主要原因可能在于，我国具有的明显的制度优势在一定程度上缓解了经济的剧烈波动。此外，1962—1981年，世界经济增长率变化先行于中国经济增长率变化，先行时间大约为1年左右。1981—2000年世界经济增长率较中国经济增长率变化则相对滞后，滞后时间呈现了逐渐增加的趋势。随后，二者表现出了较高的同期性，也就是说，随着我国参与经济全球化程度的加深，我国已经基本融入了世界经济的变化格局中。

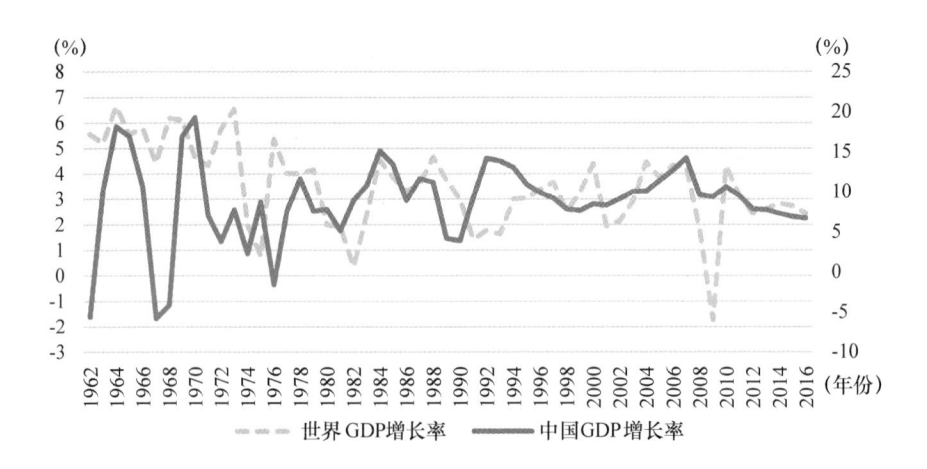

图3 中国与世界GDP增长率的变动趋势

资料来源：世界银行。

其次，来看我国技术创新对经济周期性运行的影响关系。我们采用三种当今流行最广的技术创新衡量指标以从不同侧面来分析我国技术创新过程对经济周期波动的影响：一是用研发支出占GDP的比例作为创新投入的衡量指标；二是用高科技出口占制成品出口的比例作为创新产出的衡量指标；三是用全要素生产率作为衡量技术创新的综合指标。另外，考虑包括GDP增长率在内的四类数据的同期可获得性，我们按照"谷—谷"法，选择 1999—2016 年这一个完整的经济周期（暂且认为目前我国经济已经探底）来进行分析。根据图 4 显示的各指标变化趋势可以看出以下几点：第一，创新投入方面。除研发支出占 GDP 的比例持续稳定增加以外，其余变量均出现了不同程度的波动，意味着我国对技术创新投入的支持力度逐渐提高，这也是保障技术创新活动顺利进行的条件和前提。然而，尽管如此，我国研发支出占 GDP 的比例依然低于发达国家水平（2.5% 左右），甚至低于世界平均水平（2% 左右）。因此，我国需要继续不遗余力地增加创新投入。第二，创新产出方面。高科技出口占制成品出口的比例出现了波动，波动特征与经济周期波动基本吻合，且表现出了一定的先行性，先行时间约为 1 年左右。经济繁荣阶段，创新产出的增加对经济具有明显的拉动作用，上升幅度较为平缓，并没有剧烈的短周期波动出现，此阶段可以归为熊彼特的"创新吸收过程"。经济衰退阶段，2007 年以后创新产出出现了小幅波动，但总体处于均衡状态，表明技术创新进入了新一轮的发明和孕育阶段。当前，随着人工智能、生物新技术等新一轮技术创新成果的初现及应用，同时考虑到 1 年的先行期，尽管时下我国经济形势尚不明朗，但新周期的开启必然指日可待。第三，创新投入与产出共同作用的结果。图 2 可以更加明显地表明，全要素生产率增长率与经济增长率的变化之间具有同期性，且全要素生产率增长率的波动特征深刻影响了经济增长率的波动特征。具体来看：一方面，全要素生产率增长率的波动频率影响着 GDP 的波动频率。1999—2015 年全要素生产率增长率共发生了 10 次波折，而经济增长率发生了 7 次，且前者的每一次变化都会带动后者做出相应的变化。另一方面，全要素生产率增长率的波动幅度影响着 GDP 增长率的波动幅度。排除 2015 年全要素生产率增长率激增的情况，在经济繁荣阶段，全要素生产率增长率增加了 1.72 个百分点，GDP 增长率增加了 6.56 个百分点。经济衰退阶段，全要素生产率增长率约下降了 2.39 个百分点，GDP 增长率下降了 6.93 个百分点。平均而言，1 单位的全要素生产率增长率的变化将带动 GDP 增长率发生 3.35 个单位的同方向变化。

接着，运用脉冲响应函数方法，从长期的角度再一次来验证我国技术创新对经济周期性波动的影响关系。此处，分别用 GDPZ 表示 GDP 增长率；用 TFPZ 表示全要素生产率增长率。样本时间范围依然为 1999—2015 年，考虑到 GDPZ 序列本身为非平稳序列，所以我们采取逐期差分法得到全国 GDPZ 的 1 阶差分，单位根检验表明两个变量都是平稳序列。同时，

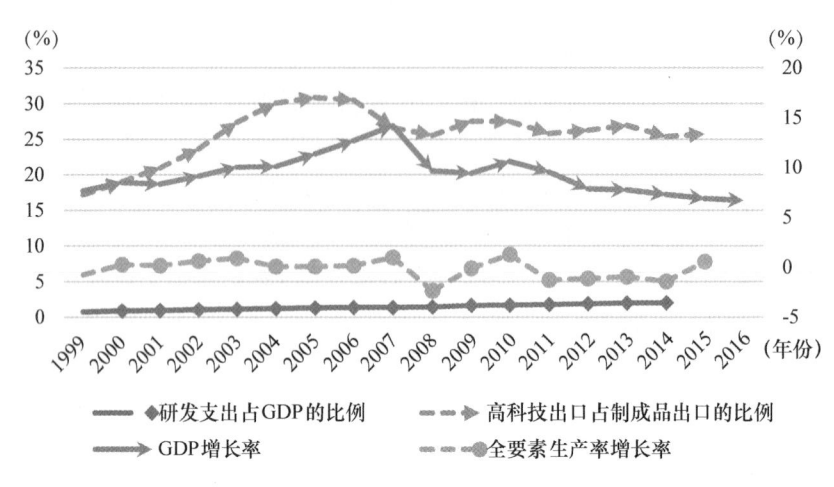

第四篇 中国特色社会主义经济发展

图4 中国技术创新与经济增长率的变动趋势

资料来源：中国国家统计局直接获得或计算而来。

对数据做了协整检验，二者存在协整关系，说明GDPZ与TFPZ之间着实具有长期的均衡关系。通过建立包括GDPZ和TFPZ两个变量的VAR模型，给全要素生产率增长率一个正的冲击，采用广义脉冲方法得到关于GDP增长率的脉冲响应函数图，如图5所示。其中，横轴表示冲击作用的滞后期间数，纵轴表示GDP增长率的响应。实线代表脉冲响应函数，揭示了GDP增长率对全要素生产率增长率的冲击的反应，虚线表示正负两倍标准差偏离带。从图5中可以看出，当在本期给全要素生产率增长率一个正的冲击后，在第1期对全国GDP增长率将会产生最大的正向影响，之后这一正向影响逐渐减弱，直至对经济增长产生一定的抑制作用后出现回升，到第7—8期逐渐趋于0，这与图4所示的繁荣阶段的持续时间十分匹配。整个过程与前文所述的熊彼特技术创新经济理论也是相吻合的：当"新组合"成群的初现时，新的经济结构的产品和劳务就可以到达它们的市场，使得企业家的需求迅速增加，从而极大地提升了整个商业界的购买力，带动了经济的增长。但由于新的组合在时间上并不是均匀分布的，而是一种跳跃式的干扰，所以，一次创新对经济的影响程度必定会随着对旧产品和劳务的"清算""调整""吸收过程"的完成而逐渐减弱，直至"在商品和劳务流程中就很少或者没有增加（事实上在消费品的产出中可能是一次减少）。与此同时，由于信贷开展的结果和其他途径，生产者和消费者的支出将会增加"① 进而对经济增长率的提高产生了一定的抑制作用。然而，这种抑制作用并不会一直持续下去，随着经济体系中创新领域的逐步减少，各企业（尤其是国有企业）将审时度势调整生产策略以适应这种状况，导致经济小幅回升，并最终达到"均衡位置"②。如此，一轮完整的经济周期结束了，直到出现下一次技术创新冲击才可以开启新一轮的经济周期。而面对新一轮技术革命成果的纷至沓来，我国经济运行新周期早已曙光乍现。

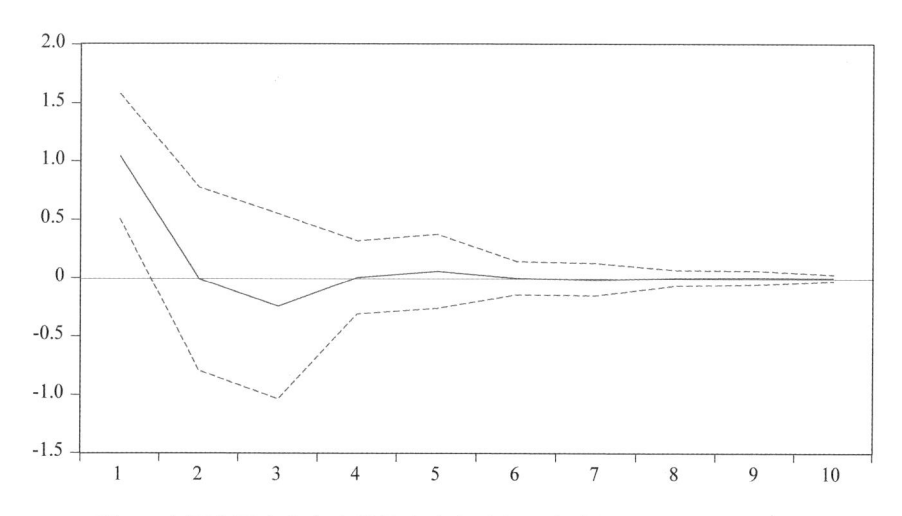

图5 全国全要素生产率增长率冲击引起经济增长率变动的响应函数

最后，基于新一轮技术革命所表现出的新特点，新时期技术创新对我国经济周期的影响也将产生一些新的变化。主要表现为以下几点：（1）经济周期长度的变化。新时期技术创新成果转化为经济效益的时间急剧缩短，加快了产品更新换代的速率，从而使经济周期的长度具有缩短的趋势。一方面，产品的生产和交付周期急剧缩短，降低了繁荣阶段的持续时间；另一方面，新发明、新组合的孕育时间的下降缩短了衰退阶段持续的时间。（2）经济周期波动幅度的变化。伴随着人工智能、大数据、超级计算等新科技在金融领域的深度融合与快速发展，新一轮的技术创新大大提

---

① ［奥］约瑟夫·熊彼特：《经济发展理论》，商务印书馆2017年版，第299页。
② 熊彼特此处所说的"均衡位置"指的是技术创新对经济增长的影响达到了均衡，而具体的经济增长状况受技术创新冲击的消散实而进入了"不景气阶段"，也就是衰退阶段。

高了金融业的风险管理能力。而金融业作为国民经济的"血液",它的稳定发展是避免和缓解经济危机大范围爆发的有力屏障。因此,新时期经济周期的波谷具有上升的趋势,经济周期的幅度将逐渐减小。(3)经济周期波动频率的变化。新时期,随着大数据与互联网新经济行业的蓬勃发展,"制造业+服务业+高科技"三者有机融合的发展模式必将造成产业结构逐渐趋于模糊化,第二、第三产业之间的固有界限将逐渐淡化,从而使得企业之间由于信息不对称与信息不完全而导致的社会再生产比例失调的问题能够得到及时、有效缓解,进而降低经济周期性波动的频率。(4)经济周期平均位势的变化。平均位势是指每轮经济周期的平均经济增长率。一旦人工智能在经济领域内得到普及应用,必将提高生产效率,带来劳动生产率的大幅上升,从而促进经济的增长。(5)新时期的经济周期将呈现出"缓升缓降"的态势。每一次技术创新在产业之间的渗透过程并不是一蹴而就的,由于新时期的技术革命应用范围十分广泛,涉及了产业发展及人类生活的各个领域,所以每一次技术创新从一个行业波及其他各个行业所消耗的时间必将受到创新广度和深度的影响而有所增加,相应地,也就增加了繁荣阶段的持续时间。同理,衰退阶段也将呈现出缓慢的态势。因此,通过以上分析可以得出结论:新时期技术创新的冲击将会使我国经济周期表现出周期长度缩短、波动幅度减小、平均位势上升、波动频率降低的"缓升缓降"的总体特征。

总而言之,尽管目前我国经济周期所处阶段扑朔迷离,学术界众说纷纭。但是,根据以上定量与定性相结合的分析结果:我国经济波动与世界经济波动之间的同期性和协动性明显增强,且当前世界经济出现向好势头,有关国际组织预计,2017年世界经济有望增长3.5%;[①] 我国全要素生产率增长率的波动与经济增长率波动之间表现为明显的同向性和关联性;我国技术创新冲击对经济周期的影响具有十分显著的正向效应,且影响时间为7—8年,等同于我国本轮经济周期繁荣阶段的持续时间。此外,面对上一轮技术创新红利的消失殆尽,再加上世界经济已经进入回暖复苏的崭新阶段的事实,充分表明了新一轮技术创新的潮流已经涌现。因此,种种迹象促使我们得出同一个结论:我国经济即将开启新一轮的周期性运行,经济复苏阶段指日可待。

---

① 习近平:《坚持开放包容　推动联动增长》,《人民日报》2017年7月8日。

六 结语

技术创新作为推动经济增长的关键步骤，是经济周期由衰退转向繁荣的动力源泉。马克思和熊彼特早在19、20世纪就对技术创新与经济周期性波动之间的这一关系的研究做出了理论性的贡献。尽管二者所代表的阶级利益大相径庭，但他们在关于创新的周期理论方面仍存在着不可胜计的共识。如今，在新一轮技术革命成果接踵而至的特殊时期，创新也表现出了许多新的特征，无论是影响广度还是深度都较之前更为深远。因此，如何将马克思和熊彼特的理论应用于指导新时期的经济实践，并实现新的发展，对于准确理解和把握当前技术创新与我国经济周期性波动之间的关系尤为重要。本文选择运用数据包络分析方法计算出的全国及八大经济区域1999—2015年的全要素生产率增长率作为技术创新冲击的综合衡量指标，并采用灰色关联分析方法与脉冲响应函数分析方法对技术创新与经济周期性波动之间的关联性及技术创新冲击对经济周期波动的影响进行了定量分析。结果表明：第一，从全球视角来看，技术创新与经济周期性波动之间的关联性并不会因为各国或各地区的宏观经济发展水平的不同而出现较大差异；第二，我国东北地区技术创新与经济周期性波动之间的关联性明显要高于其他地区；第三，从一般性的角度来讲，我国技术创新在繁荣阶段与经济周期运行的关联度要高于衰退阶段；第四，随着经济全球化进程的加快，我国经济周期性波动与世界经济周期性波动之间表现出了明显的同期性和协动性；第五，我国技术创新冲击对经济周期的影响具有十分显著的正向效应，1单位全要素生产率增长率的波动将带动经济增长率发生约3.35个单位的同方向变化，且持续时间为7—8年；第六，新时期技术创新的冲击将使经济周期表现出周期长度缩短、波动幅度减小、平均位势上升、波动频率降低的"缓升缓降"的总体特征。总之，当前我国已经进入了新周期的起点，经济即将开启新一轮的周期性运行。

2016年以来，随着我国《"十三五"国家科技创新规划》、《国家创新驱动发展战略纲要》等一系列重要文件的颁布，充分表明创新作为拉动新一轮经济增长的动能之一，在我国国家宏观经济政策层面已经受到了高度的重视。然而，要想实现从资源依赖型向创新驱动型发展模式的华丽转变并非易事。因此，基于本文的研究结论，对新时期我国创新经济政策的进一步完善提出以下几点建议：一是要继续加大创新投入力度，营造良好的市场环境和创新政策环境。一方面，长期以来，虽然我国的创新投入占GDP的比例稳步增长，却不及世界平均水平，与发达国家更是相差较远。所以，新时期一定要把握新一轮技术创新革命的重要机遇，加大创新投入的力度；另一方面，要建立完善的市场机制，营造公平竞争的市场环境。尤其在经济衰退阶段，竞争是促进企业创新的主要推动力。同时，要加快实施激励创新的税收政策和金融政策，完善知识产权管理和保护体系。二是面对近年来东北经济一蹶不振的困境，要增强关于东北地区技术创新对经济增长具有重大推动作用的认识，充分发挥国有企业作为创新主体的绝对优势，对东北地区的创新激励给予必要的政策倾斜，通过政策引导和资源重组来培育东北地区的创新驱动型产业。三是要继续坚持对外开放，统筹用好国际国内两个市场、两种资源。当前，要以"一带一路"倡议为契机，抓住沿线各国的资源禀赋特点，积极推进各国之间在教育、科技等领域的交流与合作，扩大开放的空间和范围，在经济全球化进程中努力实现互利共赢。四是要继续深化供给侧结构性改革，促进产业结构优化升级，加快新旧产业更替。一方面，要把握好全球"工业4.0"战略的发展机遇期，努力推动传统产业朝信息化、智能化、绿色化和服务化方向转型升级；另一方面，要加快发展战略性新兴产业和支柱产业，确保节能环保、新能源、新材料、新能源汽车、生物、高端装备制造业、新一代信息技术等产业成为我国产业结构优化升级的中坚力量。

人工智能与新时代中国特色社会主义政治经济学的映射及其政策价值

蒋南平[*]

摘　要：要弄清新时代中国特色社会主义政治经济学产生及发展的根本动因，必须涉及以人工智能为代表的高新技术的映射关系。马克思主义政治经济学发展中形成映射关系的各历史阶段的科学技术，是人工智能与新时代中国特色社会主义政治经济学形成映射的技术基础。人工智能与新时代中国特色社会主义政治经济学的映射关系涉及当代中国经济的方方面面。要进一步促进当代中国经济社会的发展，一要用新时代中国特色社会主义政治经济学反映以习近平为核心的党中央的大政方针；二要关注映射涉及的中国当前社会主要矛盾转化的政策价值；三要关注映射涉及的中国当前社会的市场主体重塑的政策价值；四要关注映射涉及的中国社会当前的收入分配关系的政策价值；五要关注映射涉及的中国社会的新的经济发展状况的政策价值；六要关注映射涉及的当代中国就业失业问题的政策价值；七要关注映射涉及的当代中国对外经济关系问题的政策价值。

关键词：人工智能；新时代；中国特色；社会主义政治经济学

一　问题的提出

党的十九大报告提出，当代中国经济社会进入了新时代，这标志着中国经济理论与实践也处于一个新时代。在新时代，我们将在习近平中国特色社会主义经济思想指导下，形成完整的新时代中国特色社会主义政治经济学理论体系，以指导当代中国经济发展的实践。

---

[*] 本文选自蒋南平《人工智能与新时代中国特色社会主义政治经济学的映射及其政策价值》，《人文杂志》2019年第2期。

实际上，习近平总书记对于新时代中国特色社会主义政治经济学的构建已有多次指示，确立了新时代中国特色社会主义政治经济学的发展方向。早在2014年7月，习近平总书记就提出要学好用好政治经济学。2015年11月，他又提出"要努力开拓当代中国马克思主义政治经济学的新境界"的思想。2016年5月，他又是从整个哲学社会科学的高度，进一步提出"全面繁荣当代中国的哲学社会科学"的观点。党的十九大以来提出的习近平新时代中国特色社会主义经济思想，更被学者们认为是进行新时代中国特色社会主义政治经济学理论体系创新的指导思想。① 显然，习近平总书记倡导创立新时代中国特色社会主义政治经济学理论体系，是具有与时俱进深意的。不少学者根据习近平总书记的论述及当代中国经济形势的新变化来加以理解。例如，王东京认为，在当代中国经济发展过程中，运用习近平经济思想构建中国特色社会主义政治经济学要坚持以人民为中心的思想为主线、以"五大新发展理念"为理论框架；而研究资源配置的基本范式应是"处理政府与市场关系"的思想、研究中国经济健康持续发展应是将"供给侧结构性改革"思想作为中国方案。② 鞠立新认为，要根据习近平新时代中国特色社会主义经济思想，构建新时代中国特色社会主义政治经济学。因为习近平新时代中国特色社会主义经济思想，"掀开了当代中国马克思主义政治经济学的新篇章"。③ 洪银兴提出，在构建新时代中国特色社会主义政治经济学理论体系方面，尤其应关注十八届三中全会通过的《中共中央关于全面深化改革若干重大问题的决定》所体现的新进展，以及党的十九大关于"四个自信"的新指示，对现有的重要理论成果进行归纳和总结。④ 王立胜认为，新时代中国特色社会主义政治经济学，是对新中国成立以来，特别是改革开放以来中国社会主义经济建设经验的历史总结，是对新时代中国特色社会主义重大经济现实问题的时代

---

① 蒋南平：《新时代中国经济学理论创新的指导思想和主要任务》，中国社会科学网，http://www.qstheory.cn/2018-02/11/c_1122400132.htm，2018年2月10日。
② 王东京：《习近平经济思想与中国特色社会主义政治经济学构建》，《管理世界》2017年第11期。
③ 鞠立新：《掀开马克思主义政治经济学新篇章》，《解放日报》2018年1月24日。
④ 洪银兴：《关于中国特色社会主义政治经济学理论体系建设的几个问题》，《人文杂志》2017年第12期。

回应。①

当然，构建新时代中国特色社会主义政治经济学任重道远。应当认为，学者们从不同角度对新时代中国特色社会主义政治经济学构建的看法都是有道理的。但如果能够进一步说明新时代中国特色社会主义政治经济学正好诞生于党的十八大特别是十八届三中全会以后，习近平总书记新时代中国特色社会主义经济思想在当代中国为什么能高屋建瓴地指导新时代中国特色社会主义政治经济学理论体系的构建，其中有没有更深刻地哲学底蕴和规律性，就必须进一步从根本上进行深入研讨。所谓映射，是指两种事物之间直接互相镜鉴、反映、作用的联系关系。弄清新时代中国特色社会主义政治经济学产生、发展的根本动因，就必须涉及它与以人工智能为代表的高新技术之间的映射关系。

二 历史的映射：科学技术与马克思主义政治经济学发展

学界较为共同的看法，是认为新时代中国特色社会主义政治经济学的来源应是经典马克思主义政治经济学、西方现代经济学及当代中国改革开放的理论与实践。这三个部分紧密联系，互为补充。实际上，笔者认为，新时代中国特色社会主义政治经济学的构建，最主要仍然应是在习近平新时代中国特色社会主义经济思想指导下，立足于当代中国改革开放的理论与实践。这是因为：其一，新时代中国特色社会主义政治经济学反映的是新时代当代中国的经济实践，而不是其他时代的经济实践。其二，新时代中国特色社会主义政治经济学是当今新时代这个历史时期的政治经济学，不是全部经济社会的政治经济学。正如有的学者指出的那样，"中国特色社会主义政治经济学属于中等收入阶段的政治经济学"。② 而我国所处的新时代，正是我们进入中等收入阶段、还将长期处于社会主义初级阶段、长期仍是最大的发展中国家的阶段的新时代。其三，新时代中国特色社会主义政治经济学的理论与实践，本身就坚持了经典马克思主义政治经济学，借鉴了现代西方经验，并作了重大创新，是"当代中国马克思主义政治经

---

① 王立胜：《构建中国特色社会主义政治经济的历史维度》，中国政治经济学智库 2018 年 1 月 22 日。

② 洪银兴：《关于中国特色社会主义政治经济学理论体系建设的几个问题》，《人文杂志》2017 年第 12 期。

济学的新境界"。① 显然，基于上述分析，新时代中国特色社会主义政治经济学是当代中国的政治经济学，而在这以前的马克思主义政治经济学及其他经济学理论，只能对应当时历史的映射而不是对应现实的映射。

应当认为，任何一个时期的科学政治经济学都有历史的映射。例如，马克思主义政治经济学产生于19世纪40年代的资本主义矛盾尖锐时期。当时经济危机不断爆发，无产阶级与资产阶级的矛盾日益尖锐。马克思恩格斯扬弃了空想社会主义者的理论，批判地吸收了古典经济学派的合理成分，创造了"科学劳动价值论"，由此创立了马克思主义经济学。表面上看，马克思主义经济学的诞生是当时生产关系及上层建筑的映射，实际上是当时的社会生产力，尤其是生产力中最活跃的科学技术发展的映射。一方面，学界普遍认为，当时科学界的三大发现，即进化论、细胞学说和能量守恒定律，成为马克思主义经济学乃至整个马克思主义理论论据的坚实支撑。另一方面，当时社会的科技运用直接成为马克思主义经济学的现实支柱。因为这一时期，英国的工业革命已经完成。作为工业革命大规模发展主要标志的蒸汽机的使用。在法国，蒸汽机已从1820年的39台激增至5212台。德国也从19世纪30年代开始了工业革命，发展迅速。这些状况与马克思主义经济学的映射关系有着必然性。

列宁对马克思主义经济学的进一步发展有着较大的推动作用。列宁的经济学说根据当时俄国的经济社会现实，阐述了有关资本主义发展的一系列理论问题，创立了帝国主义学说，阐述了社会主义经济建设的各种问题，并制定了社会主义经济建设的方针政策，形成了研究社会主义经济规律的政治经济学基础。列宁的经济思想，同样与当时的科学技术高度发展形成直接影射。因为当时资本主义国家工业革命的成果在世界范围内大面积普及，工业革命的继续深入不断引起技术革命及经营管理革命，使得资本主义的一切矛盾更加全面地暴露出来。当时的俄国本来经济发展十分落后，但在1861年农奴制改革以后，资本主义经济受技术刺激迅速发展。1885年前后，在主要工业部门中，大机器生产已占绝对优势。使用工业技术的现代工厂从1866年的2600个左右发展到1903年的近10000个。而冶金、建筑、铁路、金融等部门的发展，成为垄断资本主义的内核，也成为

---

① 习近平：《在中共中央政治局集体学习会上的讲话》，2015年11月19日。

列宁经济学说的重要理论实证材料。可以认为，当时的科学技术，仍与列宁经济学说形成直接影射。

继列宁经济学说形成之后，资本主义世界又经历了几次大危机。特别是1929年至1933年的全球经济危机，直接成为资本主义世界矛盾白热化的导火绳，最终还是由战争来解决危机。第二次世界大战结束，缓解了世界性的政治、经济矛盾，但全球性的经济发展问题，仍有赖于战后的科学技术的大发展。以能源工程、海洋工程、航天技术工程为代表的第三次技术革命的浪潮，推动着新的生产力，引发新的生产关系及上层建筑的变化，也形成马克思主义经济学的新发展。而新技术发展的先后作用，对中国经济社会也形成强大影响，直接与毛泽东经济思想产生映射。应当认为，毛泽东经济思想之所以能在中国产生，正是世界对中国的直接影响和联系的结果。

按照毛泽东同志的看法，中国本身就是世界革命的"东方战场"，中国的经济市场本身就是各国列强企图分割的重要目标，中国的科技发展本身就受制于世界科技发展的潮流。鉴于世界形势的变化，以毛泽东同志为代表的中国共产党人，立足中国实践，在将一个落后的农业国建成一个强大的现代化工业国的过程中不断探索，形成了毛泽东经济思想。

20世纪80年代以来，世界科技革命的浪潮进一步高涨。以信息技术、计算机技术的兴起被称为第四次科技革命。邓小平洞见科技对中国经济发展的重大影响，及时提出教育要面向现代化、面向世界、面向未来；计算机要从娃娃抓起；发展才是硬道理等等重要观点，坚信科学技术是第一生产力。可以认为，在带领中国人民富起来的过程中，科学技术仍是邓小平经济思想的直接映射。当然，"三个代表"重要思想、科学发展观等，同样是随着世界各国强大的科技发展，人口、资源与环境难题呼唤科学方法、科学手段予以解决，进而引致在中国大地上形成的，其与科技发展的映射更是显而易见。这些高新科技也是人工智能与新时代中国特色社会主义政治经济学形成映射的技术基础。

三 现实的映射：人工智能与新时代中国特色社会主义政治经济学

党的十九大明确提出，要构建和发展新时代中国特色社会主义政治经济学。而在如何构建和发展这个问题上，专家学者们发表了不同的意见。

有的学者认为,"构建中国特色社会主义政治经济学不能复制苏联的教科书"①"中国特色社会主义政治经济学的逻辑体系目前还只能是问题导向","应保持主流经济学的学科定位","要批判地吸收世界成熟的经济学理论"。②"要完整把握中国特色社会主义政治经济学的核心"③,"中国特色社会主义政治经济学的研究不能脱离现实和中国国情,要有时代性,要有利于改革开放,有利于经济社会发展"。④这些都是很有意义的重要见解。然而笔者认为,党的十九大强调我国经济社会进入了"新时代",那么理论的着力点在于构建具有新时代特征的中国特色社会主义政治经济学。在新时代,我国经济社会尽管长期处于社会主义初级阶段、属于世界上最大的发展中国家的基本国情没有变,但社会的主要矛盾则已转变为人民群众不断增长的对美好生活的需要同不平衡不充分发展的矛盾。由于主要矛盾的转变,势必带来我们解决这个主要矛盾的方法、手段、任务的变化,必然带来在法律、意识形态、政治、宗教等方面的变化。当然,这些变化直接服从于、服务于中国特色社会主义经济发展的方向。这完全符合马克思主义关于"生产力决定生产关系""经济基础决定上层建筑"的基本原理。然而,如果穷究根底,新时代中国特色社会主义政治经济学的构建、产生和发展,仍是生产力推动的,仍与新时代科学技术的代表——人工智能形成直接映射相关。

60年前,人工智能才刚进入人们的视野。然而在今天,人工智能已引起经济社会的全面进步。在中国,人工智能已在司法方面、电子科技领域、制造业领域、教育服务领域、金融投资领域及社会生活领域发挥重要作用。其工作效率之高,引起人们强烈的关注。例如,2017年9月26日在北京召开的"全国三维显示技术与产业发展高端论坛"上,全球首个人工智能影视制作平台上线,实现了全球唯一的实时3D转换。在3D转换的时效上,其效率是人类立体设计师的1250倍。而德勤公司的智能机器人

---

① 王东京:《习近平经济思想与中国特色社会主义政治经济学构建》,《管理世界》2017年第11期。

② 洪银兴:《关于中国特色社会主义政治经济学理论体系建设的几个问题》,《人文杂志》2017年第12期。

③ 王立胜:《建构中国特色社会主义政治经济学的历史维度》,中国政治经济学智库2018年1月22日。

④ 田国强:《我对中国特色社会主义政治经济学的理解》,清华大学政治经济学高端论坛2017年12月19日。

"小勤人"工作效率是人工的 10 倍以上，它几分钟就可以完成基础财务人员几十分钟的工作量，且可以 24 小时不间断地工作。① 正因为如此，人工智能必然带来当代中国经济发展的新问题，必然形成与新时代中国特色社会主义政治经济学的映射。所以，习近平总书记十分强调中国特色社会主义政治经济学发展的新时代特点，即强调以人民为中心的基础上，通过问题导向，立足中国实际，揭示新时代的新特点、新规律，提炼总结当代中国改革开放的经济实践过程中的规律性成果，将经济发展的实践经验提升为系统化的经济理论，不断开拓当代中国马克思主义政治经济学的新境界。"理论创新只能从问题开始。从某种意义上说，理论创新的过程就是发现问题、筛选问题、研究问题、解决问题的过程"，"只有以我国实际为研究起点，提出具有主体性、原创性的理论观点，构建具有自身特质的学科体系、学术体系、话语体系，我国哲学社会科学才能形成自己的特色和优势"。②

人口智能对经济社会的影响，从而形成新时代中国特色社会主义政治经济学的映射，实际上早就被经济学家加以重视。有学者认为，"理论层面，经济学对决策问题的探讨与人工智能所研究的问题有许多不谋而合之处。这决定了这两门学科在研究上存在许多交叉之处"。③ 这实际上是对经济学与人工智能映射关系的具体描述。而人工智能学科的创始人，本身就是诺贝尔经济学奖获得者之一的希尔伯特·西蒙。特别是在当代社会的应用层面上，人工智能在金融领域、管理领域、市场经营领域，与经济学的互动及深度融合、运用更为频繁。特别是人工智能作为经济学研究的有力工具，使两者的映射作用更加增强。

一般来说，新时代中国特色社会主义政治经济学在人工智能映射关系中要找到自身的问题或出发点，真正做到问题导向，则下列问题应当得到很好的解决。其一，人工智能的发展对新时代中国经济社会主要矛盾的变化有何作用？在较早时期，当人工智能产生经济效应时，关于人工智能对经济的影响及作用就引起了学界的讨论。Zeira 就提出过机器自动化的增长

---

① 《财务机器人来了效率相当惊人，又一行业即将大洗牌》，《经济日报》2017 年 9 月 26 日。
② 习近平：《在中共中央政治局集体学习会上的讲话》，转引自中国政治经济学智库 2018 年 1 月 22 日。
③ 陈永伟：《人工智能与经济学：关于近期文献的一个综述》，《财新》2018 年 2 月 8 日。

效应模型。Aghior 等则对人工智能的自动化效应及"鲍莫尔病"效应作了全面分析。一些学者的研究结果都发现,人工智能技术会通过促进知识组合使经济显著增长,特别是一旦知识增长的瓶颈被打破,将会形成经济超常规发展的"经济奇点"。当然,党的十九大明确提出,我国当前社会主要矛盾是人民群众日益增长的对美好生活的需要与不平衡不充分发展的矛盾。尽管经济的增长不等于美好生活,但美好生活的物质基础及精神文明基础却必须由经济增长的高质量所带来。因此,人工智能与经济增长的映射背后,存在解决当代中国社会主要矛盾问题的钥匙,使用这把钥匙,将为新时代中国特色社会主义政治经济学谱写基本的一篇。其二,人工智能的发展将对劳动者这个重要的生产力要素产生何种影响?劳动力作为经济发展、创造美好生活的主力军,也是影响、改变生产关系的重要力量。人工智能强大的技术技能力量,其作用不可低估,这也是构建新时代社会主义政治经济学的重要方面。而学者们主要是从人工智能对失业就业角度阐述这种影响的。Aator 等提出 ALM 模型来研究人工智能的就业影响模型,Frey 和 Osborne 对此模型作了进一步拓展。Benzell 等提出了机器人对劳动力进行跨期迭代的模型,认为资本的使用成本如果足够低,可能导致所有职业都会实现自动化。陈永伟等学者认为在未来 20 年中,总就业人口的 76.76% 会受到人工智能冲击。[①] 在此种情况下,使劳动者避免失业而仍具有美好生活的学术研究,在新时代中国特色社会主义政治经济学构建中也十分重要。其三,人工智能如何影响人们的收入分配?收入分配问题历来是被各个时期的政治经济学内容所包含的问题,新时代中国特色社会主义政治经济学也不例外,因为它在很长一段时间中,都标志着人们追求的美好生活的质量。且如果收入分配不合理,势必在利益获取上直接体现发展的不平衡及不充分。人工智能作为一种偏向性技术,可以大大增加资本回报率,降低劳动力的回报率,这会造成收入差距在资本——劳动之间的进一步扩大。同时,人工智能还可能造成市场力量对比的改变。由于一些所谓超明星企业对人工智能的技术优势,会在利润的市场分配上占绝对优势,使发展的不平衡不充分状况加剧。因此,通过何种途径及方式调控收入不平等现象,也是新时代中国特色社会主义政治经济学无法回避的问题。其四,人工智能对市场的作用如何影响?习近平总书记强调,我国尽

---

① 陈永伟:《人工智能与经济学:关于近期文献的一个综述》,《财新》2018 年 2 月 8 日。

管进入了新时代，但处于社会主义初级阶段的国情没有变。因此，社会主义市场经济还需要进一步发展。但人工智能对市场结构、企业组织会形成强大的冲击。人工智能使市场更集中，政府对市场的调控运用可能无法按照过去的思路。人工智能影响企业行为、引发新的竞争垄断问题，也是传统的调控手段不可以达到的。因此新时代中国特色社会主义政治经济学构建过程中，如何将人工智能的映射影响，展现在诸如市场经济运行、市场与政府的作用、反市场失灵、产权改革、市场主体的重新塑造等方面，意义十分重大。其五，人工智能如何影响对外经济关系？对外经济关系也是中国在"五大新发展理念"指导下深化改革的重要内容，它包括对外贸易、资本输出、对外服务、对外工程、国际旅游等多个方面，必然也是新时代中国特色社会主义政治经济学涉及的重要内容。人工智能强化的规模效应及知识密集效应，会形成不同于传统的对外经济关系，而战略性贸易保护政策、补贴政策、人才政策、产业集群政策都会出现为适应新状况而从内容到形式的重大变化，使得新时代中国特色社会主义政治经济学相关内容必须谱写新时代的新内容。除此之外，人工智能与新时代中国特色社会主义政治经济学的映射关系涉及方方面面，无法赘述。因此，新时代中国特色社会主义政治经济学必然也必须全面谱写新时代的新篇章。

四　人工智能与新时代中国特色社会主义政治经济学映射的政策价值

新时代中国特色社会主义政治经济学的重要价值在于它能指导中国实现"中国梦"的正确实践。而要将理论真正同中国的具体实际结合起来，必须凸显人工智能与新时代中国特色社会主义政治经济学映射的政策价值，因为通过政策的落实才能形成中国梦实现的实际成果。因此，我们在习近平新时代中国特色社会主义经济思想的指导下构建新时代中国特色社会主义政治经济学理论体系时，一定要注意人工智能为代表的高新技术产生的强大生产力推动理论发展的与时俱进特征，同时，一定要注意人工智能为代表的高新技术与新时代中国特色社会主义政治经济学映射的政策价值。为此，我们必须关注下列几个方面。

第一，要用新时代中国特色社会主义政治经济学反映以习近平为核心的党中央的大政方针。按照一些学者的看法，习近平新时代中国特色社会主义经济思想包含一系列经济建设的大政方针。诸如实现中国梦及"两个一百年"的战略目标论、新发展理念论、基本国情不变论、经济发展新常态论、生产力发展基础论，"四化"同步论等，① 这些论断可以认为都是直接用于指导中国实现现代化的行动指南、实施战略及大政方针。如何按照习近平总书记关于构建新时代中国特色社会主义政治经济学理论体系的指示，将其在学科理论体系中反映出来，是凸现政策价值的首要任务。

第二，要关注映射涉及的中国当前社会主要矛盾转化的政策价值。以人工智能为代表的高新技术的生产力，引起当代中国乃至世界层面的生产关系和上层建筑的变化，形成新时代中国社会主要矛盾的转化也是必然的。根据人工智能的特征，它推动人民群众对美好生活需要的增长过程应如何引导，使得对美好生活的供给与需求如何处于协调、和谐状态，这同样需要理论给予阐释并在政策上给予反映。

第三，要关注映射涉及的中国当前社会的市场主体重塑的政策价值。以人工智能为代表的高新技术将引起一系列市场变化，从而使市场主体的重塑问题更显紧迫。按传统经济学的理论，企业作为"一种资源配置的社会经济组织"，通过经济资源的优化配置来降低"交易成本"，从而推动经济运行。然而在人工智能经济时代，尽管资本、技术与网络将高度融合，但在组织架构上则可能碎片化、弱性化，不断打破传统企业的明确边界。因此，市场主体的重塑既需要新时代中国特色社会主义的理论阐释，更需要政府政策的直接作用。

第四，要关注映射涉及的中国社会当前的收入分配关系的政策价值。收入分配关系是经济学永恒关注的话题，在人工智能背景下的中国经济社会，尤其是这样。现有的研究成果均表明，人工智能会形成新的收入分配差距。传统意义上，收入分配差距一般仅在资本所有者与劳动者之间拉大，然而人工智能条件下，不仅资本等要素所有者与劳动者之间的收入分配差距会进一步拉大，而且在资本要素所有者中，利润回报会更多地向少数人手中聚集。更由于人工智能的"技术偏向性"，使得不同劳动岗位不同技能的劳动者会受到差别巨大的冲击，从而在劳动者之间拉大收入分配差距。鉴于这种状况，急需新时代中国特色社会主义政治经济学的理论阐释及政策措施。

第五，要关注映射涉及的中国社会的新的经济发展状况的政策价值。党的十九大明确指出，我国经济处于从高速度向高质量发展的时期，这正

---

① 鞠立新：《掀开马克思主义政治经济学新篇章》，《解放日报》2018年1月24日。

是人工智能为代表的高新技术影响我国经济发展的新时代。这个新时代中，人工智能对经济发展的影响是无疑的。尽管理论界对人工智能的影响存在两派观点，一是认为人工智能对经济增长的影响不确定；二是认为人工智能技术可以引发"经济奇点"，促使经济腾飞。实际上，第一种观点过多考虑了因为资本回报率不确定削弱劳动生产率的影响，但在社会主义公有制为主体的当代中国，这不是一个问题。同时，人工智能的关键之处在于促进知识的全面组合从而显著提升经济发展效率。因此，我们必须尽早关注人工智能促进中国经济的新状况、新途径、新特征及新影响，尽快通过新时代中国特色社会主义政治经济学的理论来阐释、归纳和总结这些新经济现象和新发展动向，并针对这些新问题尽快制定相关政策加以引导、解决和预防。

第六，要关注映射涉及的当代中国就业失业问题的政策价值。国内外研究成果表明，人工智能对就业状况的冲击是毫无疑问的。Autor 等，Goos 和 Manming，Autor 和 Dorn，Goos 等都用实证方法证明，人工智能产生的"极化效应"，会使大量制造业的就业机会丧失。Acemoglu 和 Restrepo 对美国的数据进行了研究，认为机器人和工人的比例每增加千分之一，就业岗位则会减少 0.18%—0.34%。而根据牛津大学迈克尔·奥斯本等人的调查研究，在以人工智能为代表的高新技术影响下，许多行业被取代的概率最低为 76%，最高为 99%。有专家甚至认为，"未来 10 年内，人工智能将取代 50% 人类的工作"。[①] 显然，人工智能对当代中国乃至世界的就业状况冲击将是巨大的。特别是当人工智能导致的"经济奇点"如期而至，则完全会打破传统的"经济增长拉动就业"的模式，而只能是"经济大增长造成大失业"的状况。特别要注意的是，"经济奇点"的出现具有突然爆发性，如果不尽快作好新时代中国特色社会主义政治经济学的理论阐释及解决有关问题的政策准备，则可能给我们的经济和社会造成巨大的损失。

第七，要关注映射涉及的当代中国对外经济关系问题的政策价值。前已所述，人工智能映射的经济理论与经济问题，如引发的经济关系变动不仅仅是中国，甚至会影响到全球。在这个方面，新时代中国对外经济关系显得特别突出。由于人工智能的发展，会改变不同要素之间的相对回报状

---

① 转引自《上海首例智能取代人工劳动的争议仲裁开庭，失业 or 转型》，《中国经济周刊》2017 年第 36 期。

况，这对不同自然禀赋及社会禀赋的各国之间的比较优势形成大震荡。且由于人工智能技术的超先进性，使得各国的贸易战略、策略及方法也会发生重大改变。特别是人工智能技术的超高生产率，使人工智能资源严重不平衡的世界各国的企业决策及贸易格局发生大分化，由此产生的贸易结果会导致新的对外经济关系的失衡。因此，认识到对此方面问题的重要性，由新时代中国特色社会主义政治经济学及时对其阐释及尽早出台相应的对外关系政策，是巩固中国几十年来对外开放重要成果的切实保障。

总之，人工智能与新时代中国特色社会主义政治经济学映射关系涉及的方面还很多，上述只是其中一部分内容。我们应大力研究人工智能条件下新时代中国社会面临的各种经济问题，尽快构建新时代中国特色社会主义政治经济学的完整体系，为实现"中国梦"而奋斗。

利润率下降与中国经济新常态

赵 磊 刘河北[*]

摘 要：经济增长速度下滑是中国经济新常态最明显的特点，其成因值得认真探讨。从马克思主义政治经济学的视角出发，利用马克思的理论对经济危机与利润率下降之间的关系进行论述，构建经济增长率与资本有机构成（或剩余价值率）、储蓄率、利润率之间的数量关系，定性分析发现，在其他变量不变的情况下，经济增长率与利润率呈现正相关关系。构建三个利润率指标，分析1998—2014年中国的经济增长率与利润率的关系，发现2007年以后资本有机构成的快速上升和剩余价值率的相对下降，导致利润率的快速下降，而且利润率与经济增长率的变化趋势高度一致，因此可以断定利润率下降是中国经济增长率下降的主要原因。通过辽宁和重庆两地经济增长率的对比分析揭示，在2010年之后出现一高一低分化的结果是两者利润率和资本有机构成的内在差异导致的。资本的破坏能够降低资本有机构成、提高利润率，进而能使经济增长率得以恢复。以何种方式进行资本破坏，是主动破坏还是被动破坏，这是中国供给侧改革可以参考的一个视角。

关键词：新常态；经济增速下滑；利润率下降；资本有机构成

一 引言

新常态是概括当前中国经济最恰当的词汇之一。根据官方的表述，新常态有三个主要特征：中高速增长、经济结构不断优化升级、创

---

[*] 本文选自赵磊、刘河北《利润率下降与中国经济新常态》，《四川大学学报》（哲学社会科学版）2017年第1期。

新驱动①。其中，经济增速下滑是新常态最明显的特征，也是中国经济所面临的众多问题的最集中体现，GDP 增速由 2010 年的 10.4%，逐步下降至 2015 年的 6.9%，2016 年上半年则为 6.7%。而且在 GDP 增速上，进入新常态以来全国各省市也出现了分化，如重庆的 GDP 增速自 2014 年第一季度开始连续 10 个季度全国增速第一，2016 年上半年 GDP 增速为 10.6%，而东北地区最近几年的 GDP 增速则经常垫底，辽宁 2016 年第一季度的 GDP 增速则为 -1.3%②。面对新常态这一重要的经济现象，学术界进行了大量的研究和讨论。探讨 GDP 增速为什么会在短短几年的时间里出现大幅度下滑具有重要的意义，因为只有找准了原因，才能"对症下药"。

从经济学的研究范式来看，对于中国经济的新常态，可以从西方经济学和政治经济学的视角进行研究。从西方经济学现有文献对这一问题的研究来看，他们基本没有找到新常态的真正原因。王庆从中国经济增长核算、与日本和韩国经验中的深层次因素和行业依据进行对比、中国国内较大的地区差异的角度进行探讨，认为 2020 年前的中国经济一定会发生增长减速的问题③。袁富华通过对发达国家经济增长的历史数据进行分析，一方面发现 20 世纪 70 年代发达国家的经济减速与产业结构向服务化转变导致的生产率减速有关，另一方面发现在经济增长的长期过程中，存在结构性加速和结构性减速两种状态，作者由此认为当前中国的经济减速是由于中国的经济结构向服务化转变的趋势在增强，生产率出现了减速④。张平也认为中国经济的减速是结构性减速，而非周期性减速，但作者只探讨了经济减速的影响和应对的改革措施，并未探讨是什么因素导致了经济减速⑤。沈坤荣和滕永乐一方面研究了日本、韩国和中国台湾的经济发展历

---

① 《习近平谈"新常态"：3 个特点 4 个机遇 1 个挑战》，新浪新闻，http：//news.sina.com.cn/o/2016-02-25/doc-ifxpvutf3361264.shtml，2016 年 8 月 3 日。

② 《2016 年上半年全国 31 省市 GDP 数据及排名》，会计网，http：//www.kuaiji.com/news/3192637?utm_source=customizePanel，2016 年 8 月 3 日。

③ 王庆、章俊、Ernest Ho：《2020 年前的中国经济：增长减速不是会否发生，而是如何发生》，《金融发展评论》2011 年第 3 期。

④ 袁富华：《长期增长过程的"结构性加速"与"结构减速"：一种解释》，《经济研究》2012 年第 3 期。

⑤ 张平：《"结构性"减速下的中国宏观政策和制度机制选择》，《经济学动态》2012 年第 10 期。

史，认为当人均GDP达到7000美元（按购买力平价）时，经济就容易步入减速拐点，并对照中国当前的发展水平，认为中国经济此时的结构性减速是符合日本、韩国和中国台湾的发展轨迹的，另一方面则把结构性减速的原因归结为旧制度红利的消失、刘易斯拐点的到来、社会总需求结构失衡、资源环境承载能力达到极限、收入差距不断拉大①。蔡昉认为中国潜在生产率或已开始下降，经济减速是人口红利消失与国际出口需求减少共同作用的结果②。李扬和张晓晶认为要素供给效率变化、资源配置效率变化、创新能力不足、资源环境约束增强是导致中国经济出现结构性减速的四个主要原因③。刘伟和苏剑认为生产成本上升、技术进步方式变化、投资收益率下降、出口导向型增长不可持续，使得中国经济进入了一个新常态④。任保平和宋文月认为中国要素（自然资源、人口、技术以及资本等）的禀赋结构发生了变化，使得原有比较优势和增长红利出现衰减，中国经济增长的潜力受到制约⑤。林毅夫则认为始于2010年的经济增速下滑，主要不是内部结构问题，而是外部结构问题，因为一方面中国的内部结构性问题以前一直存在，另一方面在中国经济下滑的同时，发达国家和其他发展中国家出现了更大幅度的下滑⑥。而另外一些文献，在没有弄清楚是什么因素导致经济减速的情况下，就直接给出政策建议，比如贾康指出，我们需要走向、适应和引领新常态，调动一切潜力和积极因素，按照现代国家治理的取向，对接新常态，打开新局面，打造升级版，真正提高增长质量⑦。李佐军从短期和长期的角度，给出了我们应该如何去引领新常态的具体办法和措施⑧。以上文献对中国经济结构性减速的探讨和原因分析是不足和不够的，既缺乏原因分析所必备的统一的理论框架，也缺乏相应的实证分析和经验验证。而在关于中国经济减速的少数几篇实证文献中，李

---

① 沈坤荣、滕永乐：《"结构性"减速下的中国经济增长》，《经济学家》2013年第8期。
② 蔡昉：《从人口学视角论中国经济减速问题》，《中国市场》2013年第7期。
③ 李扬、张晓晶：《"新常态"：经济发展的逻辑与前景》，《经济研究》2015年第5期。
④ 刘伟、苏剑：《"新常态"下的中国宏观调控》，《经济科学》2014年第4期。
⑤ 任保平、宋文月：《新常态下中国经济增长潜力开发的制约因素》，《学术月刊》2015年第2期。
⑥ 林毅夫：《什么是经济新常态》，《领导文萃》2015年第2期。
⑦ 贾康：《把握经济发展"新常态"打造中国经济升级版》，《国家行政学院学报》2015年第1期。
⑧ 李佐军：《引领经济新常态走向好的新常态》，《国家行政学院学报》2015年第1期。

猛利用增长核算和 Ordered Logistic 实证研究的方法，分析了中国经济减速的原因，发现全要素生产率增长放缓可以解释中国经济减速的90%，其余10%可以由资本增长放缓来解释，而劳动对经济减速的影响可以忽略不计，所以中国经济稳增长的关键在于提振全要素生产率①。韩永辉等基于中国1978—2012年的省级数据，利用非参数面板模型中的均值估计和逐点估计的方法，分析了产业结构调整和经济增长的关系，发现中国目前正处在倒"U"形曲线的拐点处，中国面临从结构性加速向结构性减速转变的困境之中②。总之，这些西方经济学范式的文献对新常态原因的分析，一方面在方法论上缺乏统一的分析框架，中国经济增长速度下滑的具体原因和表现形式有很多，但主要原因和根本原因是什么，并未搞清楚，另一方面基于一般均衡理论和市场出清的视角，是不能认清中国经济新常态的本质和真正原因的。要认清新常态的本质和原因，必须从马克思的视角出发。

从中国经济整体的供求关系和发展阶段来看，赵磊和刘河北认为中国经济已经步入了马克思所讲的资本主义"生产相对过剩"阶段③。李民骐则从资本主义经济危机的角度来探讨中国的经济增长和经济增速下滑的问题，由于资本主义生产的目的是追求利润，利润率的大小决定了资本家的投资水平，进而决定就业、产出和经济的整体运作状况，李民骐发现从2007年开始中国的利润率出现了急剧的大幅度的下降，2010年以后中国的劳动收入份额比例开始上升，利润份额比例出现下降，2012年左右劳动收入份额则超过了利润份额，2014年利润份额下降到33%左右，中国利润率和利润份额的下降与中国经济增速的下降，不仅在时间上是吻合的，而且也抓住了资本主义生产的核心和关键④。而对于经济危机与利润率的关系，伊藤诚较早地探讨了利润率下降引发经济危机的机制⑤。Grossman认为利润率下降趋势在马克思危机理论中处于核心地位，利润率下降必将导致利润总量的增长速度下降，因为没有利润，新投资不会增加，危机最

---

① 李猛：《中国经济减速之源：1952—2011年》，《中国人口科学》2013年第1期。
② 韩永辉、黄亮雄、邹建华：《中国经济结构性减速时代的来临》，《统计研究》2016年第5期。
③ 赵磊、刘河北：《新常态背景下财政支出与农民收入增长》，《江汉论坛》2015年第4期。
④ 李民骐：《资本主义经济危机与中国经济增长》，《政治经济学评论》2016年第7期。
⑤ 伊藤诚：《价值与危机》，宋群译，中国社会科学出版社1990年版，第106页。

终会爆发①。Dumenil 和 Levy 发现 1929—1933 年大萧条和 20 世纪 70 年代的滞涨等危机爆发之前，利润率已经下降了②。陈恕祥认为经济危机的核心问题是利润率问题，利润率下降加剧了资本过剩、人口过剩和生产过剩，各种矛盾的激化最后引发了经济危机③。布伦纳认为生产能力过剩是 2008 年国际金融危机的根本原因，70 年代以来的过剩生产能力一直没有被摧毁，为了遏制利润率的下降，发达国家过剩的生产能力不断地向其他国家转移，全球化作为对利润率下降的回应，导致全球性产能过剩，产品供过于求，价格下跌，资本投资回报率和利润率进一步下降④。杨继国认为资本家追求剩余价值采用的新技术会导致资本有机构成提高，而剩余价值率的变化幅度是有限的，两者共同作用会使利润率下降，利润率下降会导致投资率（储蓄率）下降，经济增速下滑，当经济增速下降至一定程度时便引发了经济危机⑤。

为此，本文从马克思主义政治经济学的视角出发，把最能体现中国经济新常态特征的经济增长率与利润率联系在一起，利用中国的数据，并从利润率下降的角度来探讨中国经济新常态的原因。

二 利润率下降规律与经济危机

马克思对利润率下降规律与经济危机之间的关系的探讨，是建立在马克思劳动价值论的基础之上，商品和货币的内部潜伏着危机的可能性，"总之，可以说：危机的第一种形式是商品形态变化本身，即买和卖的分离。危机的第二种形式是货币作为支付手段的职能，这里货币在两个不同的、彼此分开的时刻执行两种不同的职能。"⑥ 因此，只要存在商品生产和商品交换、价值生产和价值实现，商品内部矛盾的发展最终必然会转化为资本主义基本矛盾。但是仅仅从商品和货币的角度来探讨经济危机是不够

---

① Grossman, H., *The Law of Accumulation and Breakdown of the Capitalist System* (1929), London: Pluto Press, 1992, p. 10.

② Dumenil, G., and D. Levy, *The Economics of the Profit Rate: Competition, Crises, and Historical Tendencies in Capitalism*, Aldershot: Edward Elgar, 1993, p. 23.

③ 陈恕祥：《论一般利润率下降规律》，武汉大学出版社 1995 年版，第 153 页。

④ ［美］布伦纳：《布伦纳认为生产能力过剩才是世界金融危机的根本原因》，蒋宏达、张露丹译，《国外理论动态》2009 年第 5 期。

⑤ 杨继国：《基于马克思经济增长理论的经济危机机理分析》，《经济学家》2010 年第 2 期。

⑥ 《马克思恩格斯全集》（第 26 卷中），人民出版社 1974 年版，第 582 页。

的,"但是,现在的问题是要彻底考察潜在的危机的进一步发展(现实危机只能从资本主义生产的现实运动、竞争和信用中引出),要就危机来自作为资本的资本所特有的,而不是仅仅在资本作为商品和货币的存在中包含的资本的各种形式规定,来彻底考察潜在的危机的进一步发展。"① 所以,危机由可能性转变为现实性必须从资本作为资本所具有的特性中来考察。

资本主义生产的目的不是满足资本家个人的消费需求,而是占有价值、货币、抽象财富,也即追求更多的利润和更高的利润率,就是为了赚钱,赚更多的钱。资本家追求更多利润和剩余价值的动力,一方面来自资本家作为资本的人格化代表,存在追求更多剩余价值,特别是超额剩余价值的内在动力,另一方面则来自于资本之间的外部竞争压力,落后的一方在竞争中存在被淘汰的危险。这两方面因素促使资本家必须不断地进行技术创新,提高劳动生产率,使自身的个别价值低于社会价值,从而获得更多的利润和更高的利润率。当大部分企业都这样做时,整个社会的资本有机构成便提高了,一定的活劳动推动着更多的不变资本,虽然社会中存在各种阻止利润率下降的反作用因素,但利润率最后还是不可避免地会下降,这也是资本积累和生产力发展的结果。所以,资本主义生产的真正限制是资本自身,是利润率,只有那种能够提供恰当利润的东西才会被生产出来,"资本主义生产不是在需要的满足要求停顿时停顿,而是在利润的生产和实现要求停顿时停顿"。②

马克思对利润率下降规律给予了高度的评价和重视,利润率下降规律"这从每一方面来说都是现代政治经济学的最重要的规律,是理解最困难的关系的最本质的规律。从历史的观点来看,这是最重要的规律"。③ 可以说,利润率下降规律贯穿了资本主义发展的整个历史过程,是真正关系到资本主义发展动态和命运的规律,与其他对马克思经济危机理论进行不同解读的理论相比,如比例失调论、消费不足论,利润率下降规律更本质更全面。同时,资本积累规律和利润率下降规律,也是生产力发展规律在资本主义经济中的不同表现形式,而且利润率下降规律也是资本积累规律在

---

① 《马克思恩格斯全集》(第26卷中),人民出版社1974年版,第585页。
② 《马克思恩格斯全集》(第25卷),人民出版社1974年版,第288页。
③ 《马克思恩格斯全集》(第46卷下),人民出版社1980年版,第267页。

利润率变化形态上的具体化。因此，正确理解和认识利润率下降规律及其规律内部矛盾的展开是理解生产过剩和经济危机的关键。

马克思在《资本论》第三卷第三篇利用三章的篇幅来论述利润率下降规律以及规律内部矛盾的展开如何导致了经济危机的。具体而言：第一，利润率的下降刺激了资本积累，促使生产不断地扩大。资本增殖是资本主义生产的唯一目的，资本有机构成的提高，导致利润率的下降，为了维持相应的利润额，资本家必然扩大资本积累规模，投入更多的资本，"另一方面，利润率的下降又加速资本的积聚，并且通过对小资本家的剥夺，通过对那些还有一点东西可供剥夺的直接生产者的最后残余的剥夺，来加速资本的集中。所以，虽然积累率随着利润率的下降而下降，但是积累在量的方面还是会加速进行"①。在这个过程中，资本家最大限度追求价值增殖的努力与抵抗利润率下降趋势的努力，共同导致了生产扩大和生产过剩。第二，利润率下降规律在另一方面又限制了资本主义的发展。利润率的下降必然会引起积累动力的衰减、积累率的下降和资本形成的延缓，进而造成资本过剩，这种资本过剩是针对一定利润率水平而言的过剩。在这种情况下，新资本的形成缺乏动力，已有资本的过剩导致一部分资本或闲置或转向虚拟的投机领域，一部分资本在实物和价值形态上走向毁灭，剩下的资本被迫在低利润率水平上循环和增殖。此时，人口过剩和失业人口的增长是不可避免的。第三，利润率下降规律破坏了剩余价值的实现条件。利润率下降一方面对应着商品和资本的生产过剩，资本循环中货币资本、生产资本和商品资本之间不能顺利转换，另一方面不仅导致社会消费能力的下降，"但是社会消费力既不是取决于绝对的生产力，也不是取决于绝对的消费力，而是取决于以对抗性的分配关系为基础的消费力；这种分配关系，使社会上大多数人的消费缩小到只能在相当狭小的界限以内变动的最低限度"②，而且也导致资本家对生产资料需求的降低，生产与消费的矛盾随着利润率的下降而逐渐被激化。

此外，资本主义的多种矛盾可以通过利润率下降规律内部矛盾的展开来说明经济危机。利润率下降规律直接推动了资本主义生产与消费的矛盾、扩大生产与价值增殖的矛盾、人口过剩与资本过剩的矛盾，加剧了生

---

① 《马克思恩格斯全集》（第25卷），人民出版社1974年版，第269—270页。
② 《马克思恩格斯全集》（第25卷），人民出版社1974年版，第272—273页。

产比例的破坏和消费能力的萎缩，造成资本价值实现的困难，实物补偿和价值补偿无法继续，企业之间的债权债务关系必将破裂，"在这里，在资本主义生产中，我们已经看到了使危机可能性可能发展成为现实性的相互债权和债务之间、买和卖之间的联系"①。这些矛盾交织在一起，相互影响，最终引发了经济危机。以利润率下降规律为中心的各种矛盾的展开，最后都集中到扩大生产与价值增殖的矛盾上来，扩大生产导致的利润率下降与资本主义追求价值增殖的目的相矛盾，"手段——社会生产力的无条件的发展——不断地和现有资本的增殖这个有限的目的发生冲突"②，当矛盾激化时，经济危机便爆发了。同时，生产资料的资本主义私人占有意味着资本必须不断地进行价值增殖，资本的特性导致资本有机构成的提高也意味着生产的不断扩大以及生产社会化的程度不断提高，所以扩大生产与价值增殖的矛盾也是资本主义基本矛盾的具体化。

总之，资本主义基本矛盾是经济危机的根源，扩大生产与价值增殖的矛盾是基本矛盾的具体化，利润率下降规律则是扩大生产与价值增殖矛盾的动态表现，而利润率下降规律反过来一方面在刺激资本积累的同时又限制着资本主义的发展，另一方面又导致商品价值和利润无法正常实现，资本生产总过程受阻，由支付手段引起的债权债务链条被打断，当矛盾被激化时，经济危机便发生了。但危机爆发导致各种价格和资本价值的崩溃，使失衡的经济关系又重新恢复平衡和统一，这又为利润率的上升、资本兼并和积累率的增加，创造了基础和条件。利润率的复苏，推动着资本积累的增加，为新一轮经济繁荣铺平了道路。

三 利润率与经济增长率模型

经济增长率与利润率、积累率（储蓄率）、资本有机构成等变量的关系是怎样的呢？对这一问题的分析，不仅需要借助马克思简单再生产和扩大再生产理论中的总量关系，而且还需要对变量之间的关系进行转换，因为西方经济学采用价格核算，而政治经济学采用价值核算，特别地在总量上，国民收入总量 $Y = v + m$，资本总量 $k = c + v$。

杨继国根据马克思简单再生产和扩大再生产理论，引申和发展出了马

---

① 《马克思恩格斯全集》（第 26 卷中），人民出版社 1974 年版，第 584 页。
② 《马克思恩格斯全集》（第 25 卷），人民出版社 1974 年版，第 279 页。

克思的经济增长理论[①]，本文在此基础上进行相应的拓展，把利润率融入经济增长的方程当中，国民生产总值增长率 g：

$$g = \frac{vk}{c+v} = \frac{\frac{vk}{v+m}}{\frac{c+v}{v+m}} = \frac{s}{a} \tag{1}$$

其中，vk 为投资，$s = \frac{vk}{v+m}$ 为储蓄率，$a = \frac{c+v}{v+m} = \frac{k}{Y}$ 为投入产出比。令 $q = \frac{c}{v}$ 为资本有机构成，$m' = \frac{m}{v}$ 为剩余价值率（剥削率），对（1）式进行简单变换，可得：

$$g = \frac{s}{a} = \frac{s(v+m)}{c+v} = \frac{s(1+m')}{1+q} \tag{2}$$

（1）式和（2）式没有考虑折旧、技术进步和人口增长率，而且这里的经济增长速度 g 借鉴了哈罗德－多马模型的结果，其实经济增长率等于储蓄率除以投入产出比，是一个普遍性的结论，利用常用的资本动态方程和索罗模型、内生增长模型等都能得到这一表达式。

（1）式和（2）式没有利润率，对（2）式进行简单变换，并令 $R = \frac{m}{c+v} = \frac{m'}{1+q}$ 为利润率，可得：

$$g = s\frac{v+m}{c+v} = s\left(\frac{1}{1+\frac{c}{v}} + \frac{m}{c+v}\right) = s\left(\frac{1}{1+q} + R\right) \tag{3}$$

由于资本有机构成既会影响利润率，又会影响经济增长速度，所以把（3）式中的资本有机构成 q 消去，可得：

$$g = sR\left(1 + \frac{1}{m'}\right) \tag{4}$$

（3）式和（4）式意味着经济增长率与储蓄率、利润率正相关，与资本有机构成、剩余价值率负相关，假定储蓄率、资本有机构成和剩余价值率不变时，经济增长率随着利润率的变化而成正相关变化。

杨继国从理论上探讨了经济增长率与储蓄率、剩余价值率、资本有机

[①] 杨继国：《马克思经济学"辩证均衡"理论体系初探》，《当代经济研究》2005 年第 7 期。

构成的定性关系,特别强调资本有机构成的变化对会影响一般利润率,进而导致周期性经济危机的爆发[1],但是他没有进行实证分析,而且他的经济增长率公式中也未包括利润率这一变量。本文把利润率融入经济增长率公式当中,利用(3)式和(4)式,从定量的角度重点考察中国的利润率变化对经济增长率的影响。

四 利润率与经济增长率的数量关系分析

(一) 以往文献采用的利润率计算方法

由(3)式可知,本文涉及四个变量,分别为经济增长率、储蓄率、资本有机构成和利润率,如何把马克思所讲的价值变量转化为当前国民经济核算中使用的价格变量是本文研究的关键,其中利润率是最难处理的变量,如 Moseley[2] 和 Maniatis[3] 等借助投入产出表和 SNA 的其他账户,对美国不同时期的税前利润率、一般利润率、净利润率、利润份额和资本有机构成等变量进行测算,Maniatis 同时区分了一般利润率 R[4] 和净利润率 r[5]。中国学者对利润率的研究,如谢富胜等专门研究了美国非金融公司部门的利润率变化趋势[6],而对利润率的测算方法则直接采用 Weisskopf[7] 和 Du-

---

[1] 杨继国:《基于马克思经济增长理论的经济危机机理分析》,《经济学家》2010 年第 2 期。

[2] Moseley, F., "The Rate of Surplus Value, the Organic Composition, and the General Rate of Profit in the U. S. Economy, 1947 – 67: A Critique and Update of Wolff's Estimates", *American Economic Review*, 78, 1988: 300.

[3] Maniatis, T., "Marxian Macroeconomic Categories in the Greek Economy", *Review of Radical Political Economics*, 37 (4), 2005: 499.

[4] R = (增加值 – 可变资本) /资本存量,其中增加值 = 生产和贸易部门增加值 + 贸易部门的中间投入 + 生产和贸易部门支付给私人版税部门的使用费;可变资本 = 生产工人的工资和薪水;剩余价值 = 增加值 – 可变资本。

[5] r = 净利润/资本存量 = 剩余价值 – 非生产成本/资本存量,其中非生产成本 = 贸易金融保险房地产部门工资 + 贸易金融保险房地产部门的中间投入 + 公司利润税和净间接税。

[6] 谢富胜、李安、朱安东:《马克思主义危机理论和 1975—2008 年美国经济的利润率》,《中国社会科学》2010 年第 5 期。

[7] Weisskopf, T., "Marxian Crisis Theory and the Rate of Profit in the Postwar U. S. Economy", *Cambridge Journal of Economics*, 3 (4), 1979: 350.

menil 和 Levy① 的方法；鲁保林和赵磊②、鲁保林③采用莫恩（Mohun）的平均利润率和净利润率的分解和计算方法（平均利润率等于扩展利润份额与产出资本比的乘积；净利润率等于利润份额与产出资本比的乘积），并分别对美国非金融公司部门和中国工业部门的利润率情况进行了测算。

以上这些利润率处理方法，虽然比较贴近马克思意义上的利润率，但是本质上依然是依据价格来计算的，而且所用的数据较难获取，特别是投入产出表不是每年都会编制的，处理方法也比较烦琐，也不能保证准确度。Dumenil 和 Levy 发展了另外一种利润率计算方法，并提出了三种不同的利润率概念，并认为不同的利润率适用于分析不同的经济问题，这种利润率计算方法不仅易于操作计算方便，而且可以用于计算一个企业、一个行业和一个国家的利润率状况。具体而言，Dumenil 和 Levy 首先定义了利润率的一般公式：

$$r = \frac{\Pi}{K} = \frac{Y - W}{K} = P_k\left(1 - \frac{w}{P_L}\right) = P_K \pi$$

其中，r 为利润率，Π 为利润，K 为资本存量，W 为劳动收入总和，P_K 和 P_L 分别为资本和劳动的生产率，w 为一个单位实际工资，π 为利润份额。

而后，在此基础上 Dumenil 和 Levy 提出了三种不同的利润率公式：

$$r_1 = \frac{NNP - 劳动收入}{固定资本净存量};$$

$$r_2 = \frac{NNP - 劳动收入}{固定资本净存量 + 存货};$$

$$r_3 = \frac{NNP - 劳动收入 - 间接税}{固定资本净存量 + 存货}$$

其中，NNP 为国民生产净值，当这三个利润率公式用于计算某个行业或企业的利润时，NNP 则为相应的生产净值。此外，利润率 r_1 适应于研究技术变迁，而 r_3 则是企业最关心的利润率，是影响企业投资的最重要指标，也是衡量长期资本投资和经济波动的重要指标。Dumenil 和 Levy 利用

---

① Dumenil, G., and D. Levy, *The Economics of the Profit Rate: Competition, Crises, and Historical Tendencies in Capitalism*, Aldershot: Edward Elga, 1993: 33.

② 鲁保林、赵磊：《美国经济利润率的长期趋势和短期波动：1966—2009》，《当代经济研究》2013 年第 6 期。

③ 鲁保林：《中国工业部门利润率动态：1981—2009 年》，《海派经济学》2014 年第 2 期。

这三种利润率指标计算了美国 1948—1985 年和 1869—1989 年的利润率变化趋势。Dumenil 和 Levy 所构建的这三种利润率指标虽然与马克思的一般利润率和净利润率存在差异，但也还是比较接近马克思意义上的利润率，而且很容易进行计算。

（二）本文采用的利润率计算方法和数据说明

由于 Dumenil 和 Levy 所构建的利润率指标在计算上的便利和在性质上较为接近马克思的利润率，所以本文使用他们构建的这三种利润率指标。由于中国缺乏详细的存货数据，所以本文参照高伟[①]年的处理方法，使用流动资产来替代存货，使用劳动者报酬来替代劳动收入，并且用国内生产净值（NDP）来替代国民生产净值（NNP），所以本文使用的三种利润率公式为：

$$R_1 = \frac{NDP - 劳动者报酬}{固定资本净存量}$$

$$R_2 = \frac{NDP - 劳动者报酬}{固定资本净存量 + 流动资产}$$

$$R_3 = \frac{NDP - 劳动者报酬 - 间接税}{固定资本净存量 + 流动资产}$$

受统计口径的变化和数据的限制，本文将利润率的考察区间设定为 1998—2014 年，这也有利于计算中国经济新常态下的利润率变化趋势。本文所有的数据来源于《中国统计年鉴》（1999—2015），其中历年 GDP 和全社会固定资产投资数据可以直接得到，利用"地区生产总值收入法构成项目"中各省的数据加总可以得到全国的劳动者报酬和固定资产折旧数据（其中缺少 2004、2008 和 2013 年数据，这三年的数据分别通过相邻两年的算术平均得到），$NDP = GDP - 固定资产折旧$，而固定资产净存量（资本存量）数据直接使用张军等[②]计算得到的 2000 年的数据——2000 年以当年价格计算的各省合计的资本存量为 189318 亿元，然后利用永续盘存法计算每年的新增投资数量（$VK = I - \delta K = 全社会固定资产投资 - 固定资产折旧$），最后利用 2000 年的资本存量数据进行迭代就可以得到每年的固定资本净存量数据。

[①] 高伟：《中国国民收入和利润率的再估算》，中国人民大学出版社 2009 年版，第 119 页。
[②] 张军、吴桂英、张吉鹏：《中国省际物质资本存量估算：1952—2000》，《经济研究》2004 年第 4 期。

因此，用固定资本净存量数据替代不变资本（C），用劳动者报酬数据替代可变资本（V），GDP 为增加值，所以剩余价值（M）等于 GDP 减去劳动者报酬。而流动资产的数据则采用《中国统计年鉴2015》中 13-3 "分地区规模以上工业企业主要指标"中的"流动资产合计"进行近似替代。由于间接税存在转嫁，企业只负担部分间接税，所以企业负担的间接税本文采用 CCER "中国经济观察"研究组[①]的计算方法，即企业负担的间接税 =（主营业务税金及附加 + 本年应交增值税）×30.15%，主营业务税金及附加和本年应交增值税的数据同样来源于《中国统计年鉴2015》中的 13-3 部分。同时利用 GDP 平均指数，对所有变量进行价格调整，剔除价格因素，进而利用公式 $R1$、$R2$、$R3$ 就可以得到表 1 的结果，此外，GDP 增速和资本形成率，来源于《中国统计年鉴2015》。

（三）全国的经济增长速度与利润率变化趋势

由表 1 可知，1998—2014 年，资本形成率（储蓄率）呈现上升趋势，在 2011 年达到峰值后出现小幅下降；而资本有机构成则持续快速上升，整个过程上升了 1.5 倍左右，这是符合马克思的预言的；剩余价值率从 1998 年上升至 2007 年的峰值后，开始下降，2014 年的剩余价值率大约只有 2007 年的一半。四个利润率指标 $[M/(C+V)$、$R1$、$R2$、$R3]$ 的变化趋势是一致的，1998—2007 年的利润率在小幅波动中，呈现上升趋势，在 2007 年达到峰值后，开始大幅度地下降。同时，GDP 增速的峰值（2007 年的 14.2%）与四个利润率指标的峰值高度一致，都是 2007 年，随后 GDP 增速出现大幅度下滑，中国经济进入新常态。从数值上来看，2014 年的利润率大致为 2007 年的一半，同时 2014 年的 GDP 增速为 7.3%，也大致只有 2007 年 14.2% 的一半，利润率与经济增长速度的变化趋势在数值上是高度一致的。

由第三部分的（3）式和（4）式的定性分析和表 1 的定量数据可知，1998—2014 年的资本形成率的变化幅度较小，剩余价值率和资本有机构成的变化影响利润率的变化，所以经济增长速度的变化主要可以由利润率的变化来解释，特别是 2007 年以后，剩余价值率的下降和资本有机构成的提高导致利润率的快速下降，而利润率的快速下降导致经济增长速度的快

---

① CCER "中国经济观察"研究组：《我国资本回报率估测（1978—2006）——新一轮投资增长和经济景气微观基础》，《经济学》（季刊）2007 年第 4 期。

速下降，因此可以断定利润率下降是中国经济新常态下经济增速下滑的主要原因。

表1　　全国的利润率与其他指标的变化趋势（1998—2014年）　　单位：%

年份	GDP增速	资本形成率	资本有机构成 C/V	剩余价值率 M/V	利润率 M/(C+V)	利润率 R1	利润率 R2	利润率 R3
1998	7.8	35.3	3.484	0.930	0.207	0.189	0.145	0.138
1999	7.6	34.5	3.657	0.964	0.207	0.185	0.143	0.137
2000	8.4	33.9	3.790	0.998	0.208	0.184	0.143	0.137
2001	8.3	35.9	3.889	1.007	0.206	0.180	0.142	0.136
2002	9.1	36.4	3.992	1.013	0.203	0.177	0.140	0.134
2003	10.0	39.9	4.164	1.030	0.199	0.170	0.134	0.128
2004	10.1	42.2	4.618	1.155	0.206	0.176	0.137	0.131
2005	11.3	40.5	5.092	1.270	0.208	0.179	0.141	0.134
2006	12.7	40	5.432	1.320	0.205	0.177	0.140	0.134
2007	14.2	40.7	5.915	1.447	0.209	0.184	0.147	0.140
2008	9.6	42.6	5.911	1.264	0.183	0.160	0.130	0.123
2009	9.2	45.7	5.880	1.030	0.150	0.126	0.103	0.096
2010	10.6	47.2	6.572	1.079	0.142	0.121	0.099	0.093
2011	9.5	47.3	7.008	1.066	0.133	0.111	0.093	0.087
2012	7.7	46.5	7.540	1.032	0.121	0.099	0.084	0.078
2013	7.7	46.5	8.230	1.024	0.111	0.090	0.077	0.072
2014	7.3	45.9	8.910	0.999	0.101	0.081	0.070	0.065

（三）辽宁与重庆的利润率与经济增长速度

面对新常态背景下全国各省市GDP增速出现分化的现象，本文选取了最近几年经济增速处于末位的辽宁和位于前列的重庆，进行比较分析。表2中主要经济变量的数据来源和数据处理方法与表1一致，受到数据的限制，表2仅计算了利润率R1，同时利用GDP平减指数剔除了价格因素。特别地，由于张军等[1]没有估算重庆2000年的资本存量，而是把重庆的资

---

[1] 张军、吴桂英、张吉鹏：《中国省际物质资本存量估算：1952—2000》，《经济研究》2004年第4期。

本存量并入了四川,本文的处理方法是利用四川 2000 年的 GDP 与资本存量的比例关系和重庆 2000 年的 GDP 数据,计算得到重庆 2000 年的资本存量,然后进行迭代,计算出重庆各年的资本存量。

表 2　　　　辽宁与重庆的利润率与其他指标的变化趋势　　　　单位:%

年份	辽宁					重庆				
	GDP增速	C/V	M/V	M/(C+V)	R1	GDP增速	C/V	M/V	M/(C+V)	R1
1998	8.3	3.36	0.966	0.221	0.194	8.4	4.23	0.766	0.147	0.121
1999	8.2	3.44	1.061	0.239	0.207	7.6	4.47	0.797	0.146	0.117
2000	8.9	3.62	1.224	0.265	0.236	8.5	4.71	0.844	0.148	0.115
2001	9.0	3.77	1.274	0.267	0.238	9.0	4.85	0.856	0.146	0.118
2002	10.2	3.75	1.239	0.261	0.237	10.2	5.02	0.881	0.146	0.130
2003	11.5	3.88	1.249	0.256	0.217	11.5	5.35	0.916	0.144	0.127
2004	12.8	4.15	1.154	0.224	0.186	12.2	5.92	1.010	0.146	0.129
2005	12.7	4.62	1.272	0.226	0.196	11.7	6.51	1.041	0.139	0.122
2006	14.2	5.37	1.354	0.213	0.181	12.4	7.41	1.130	0.134	0.117
2007	15.0	6.39	1.469	0.199	0.171	15.9	8.01	1.091	0.121	0.109
2008	13.4	6.48	1.251	0.167	0.142	14.5	7.74	0.931	0.106	0.093
2009	13.1	6.5	1.030	0.137	0.111	14.9	7.54	0.974	0.114	0.102
2010	14.2	7.29	1.055	0.127	0.104	17.1	8.33	1.031	0.110	0.098
2011	12.2	8.32	1.164	0.125	0.104	16.4	8.43	1.031	0.109	0.097
2012	9.5	9.14	1.149	0.113	0.091	13.6	8.81	1.009	0.103	0.090
2013	8.7	10.4	1.193	0.105	0.084	12.3	10.4	1.214	0.106	0.092
2014	5.8	11.4	1.158	0.094	0.073	10.9	12.1	1.430	0.109	0.093

由表 2 中的数据可知,2007 年之前,辽宁的 GDP 增速在大部分年份快于重庆,而在 2010 年以后辽宁的 GDP 增速快速下滑,至 2016 年第一季度下降为负,重庆的 GDP 增速在 2010 年达到顶峰后,虽然也出现了下降,但依然保持两位数增长,至 2016 年上半年依然有 10.6% 的增速。1998—

2014年，辽宁和重庆的资本有机构成都是快速上升，两者数值差异不大；剩余价值率辽宁1998—2012年均高于重庆，但2013—2014年重庆则反超辽宁；辽宁的这两个利润率指标（$M/(C+V)$ 和 $R1$）1998—2014年出现了非常明显的下降趋势，而重庆的这两个利润率指标1998—2014年非常稳定地出现了小幅下滑，重庆2013年和2014年的利润率水平均高于辽宁。

辽宁与重庆经济增速的分化，与利润率的分化密切相关。而利润率分化的背后，则与当前新常态背景下的产能过剩紧密联系在一起，虽然辽宁和重庆的资本有机构成差别不大，但资本有机构成背后的内容则差别较大。辽宁工业结构中的重工业占了很大比重，钢铁、煤炭、有色金属、造船、冶金等资本密集型产业的产能过剩现象较为严重，这些过剩产业的价格下滑、产品卖不出去、利润率下降，利润率作为投资的决定因素，自然影响整体的投资和经济增长速度。而重庆的经济结构较为合理和多样，工业领域的产能过剩现象没有辽宁严重，工业以偏向资本和技术密集型的装备制造业、汽车业、电子业、材料业、化学医疗业等为主，而且民间投资占据全部固定资产投资的一半①，这使得重庆的经济增长后劲更足。所以，辽宁和重庆资本有机构成的内容不同，使得产能过剩的严重程度和去产能的压力不同，进而导致两者的利润率差异较大，最后表现出来的则是经济增速的大相径庭。

五　结论与对策

2010年以来，中国经济增长出现了结构性减速，经济增长速度下滑作为新常态最明显的特征，是什么因素导致经济增长速度下滑的呢？现有文献对这一问题的解释是不充分的。本文从马克思主义政治经济学的视角出发，首先利用马克思的理论对经济危机与利润率下降之间的关系进行论述，然后在前人研究的基础上构建了经济增长率与资本有机构成（或剩余价值率）、储蓄率、利润率之间的数量关系，发现在其他变量不变的情况下，经济增长率与利润率呈现正相关关系。在明确定性关系之后，本文构建了三个利润率指标，首先分析了全国的经济增长率与利润率的关系，发

---

① 《为何看好重庆：2015年重庆经济8大关键数据》，新华网，http://www.cq.xinhuanet.com/2016-01/20/c_1117839101.htm，2016年1月20日。

现 2007 年以后资本有机构成的快速上升和剩余价值率的相对下降，导致利润率的快速下降，而且利润率与经济增长率的变化趋势高度一致，2014 年的利润率和经济增长率均为 2007 年的一半左右。单个企业虽然无法控制资本有机构成的上升和剩余价值率的下降，但由此导致的利润率下降却是企业进行投资决策的关键影响因素，产能过剩的背后是低利润率，低利润率意味着潜在的低投资率，在中国经济主要由投资拉动的背景下，这必然意味着低经济增长率。所以，可以断定利润率下降是中国经济增长率下降的主要原因。此外，在全国经济出现增长减速的背景下，各省市的经济增长率也出现了分化，本文选取了经济增长前列的重庆与末位的辽宁进行比较分析，两者经济增长率的严重分化出现在 2010 年之后，经济增速分化的背后是利润率的分化，辽宁利润率的快速下降始于 2007 年，而重庆的利润率虽有下降，但下降幅度非常小。利润率下降的这种差异与两者资本有机构成的内容密切相关，辽宁经济结构中的产能过剩行业较多，产能过剩程度也较严重，而重庆经济结构中的产能过剩行业较少，去产能的压力较小，经济活力和增长后劲都比辽宁强，进而使两者的利润率出现差异，最终使两者的经济增长率一高一低。

那我们应该如何应对中国经济的新常态以及经济增长率的下滑呢？中央经济工作会议给出的答案是进行以去产能、去库存、去杠杆、降成本、补短板为重点的供给侧结构性改革。本文认为，进行供给侧改革确实非常重要和必要，但是在面对新常态时，我们必须首先承认中国经济新常态的实质是马克思所讲的资本主义生产相对过剩，新常态是经济周期中的一环，是资本积累的必然结果。资本主义生产的目的就是为了获取利润，当利润率很低时，不仅意味着生产过剩，还意味着投资乏力、生产停滞，经济增速自然下滑。利润率下降的背后是资本有机构成的提高，马克思在批判李嘉图的积累理论时指出经济危机的爆发会引起"资本的破坏"，这种资本破坏一方面是指实际资本的闲置和被消灭，另一方面是指资本价值的贬值和被消灭，"危机所引起的资本的破坏意味着价值量的贬低，这种贬低妨碍价值量以后按同一规模作为资本更新自己的再生产过程。这就是商品价格的毁灭性的下降。……这种消灭正好可以大大促进新的再生产"[①]。经济危机消灭了一部分实际资本，同时也使资本价值贬值，这降低了资本

---

① 《马克思恩格斯全集》（第 26 卷中），人民出版社 1974 年版，第 565—566 页。

有机构成，提高了利润率，使得企业的盈利能力得以恢复，这为下一轮的经济繁荣打下了基础。从这个角度来看，只有恢复了利润率，才能恢复经济增长率，而这必须以资本的破坏为代价，以何种方式进行资本破坏，是主动破坏还是被动破坏，这是中国供给侧改革可以参考的一个视角。

新常态下我国经济增长动力新解

——基于"创新、协调、绿色、开放、共享"的测算与对比

王 军 李 萍*

摘 要：在经济"新常态"下，如何以五大发展理念为指导来稳增长，是一个新的需要深入研究的重大课题，但目前针对性的实证研究还较为鲜见。文章在 Cobb – Douglas 生产函数的基础上引入"创新、协调、绿色、开放、共享"五大发展理念为自变量，以 2000—2015 年我国的时序数据和 2000—2014 年 30 个省的面板数据为样本，通过岭回归和面板数据模型对经济增长动力进行测算、对比分析及其经济解释。结论如下：第一，五大发展理念变量对经济贡献的比率不同，除了绿色发展外，其他解释变量都为正，且弹性系数由大到小依次为：资本、劳动、创新、协调、开放、共享与绿色；第二，分区域从五大发展理念来解析经济增长来看，表现的由好到差依次为：东部、中部和西部地区。第三，中国地区经济差距从 2000 年以来呈现逐步扩大趋势，但是协调发展和共享发展有利于经济增长的相对趋同。据此，着眼于"供给侧结构性改革"深入挖掘增长新动力，着重从创新、协调、绿色、开放和共享五个角度提出了针对性的相关对策和建议。

关键词：经济增长；五大发展理念；动力分解；趋同检验

一 引言

新常态经济转入中高速增长，经济下行压力不断加大，需要发现新的增长动力。五大发展理念的提出，对我国经济实现"稳增长、调结构"具

---

* 本文选自王军、李萍《新常态下我国经济增长动力新解——基于"创新、协调、绿色、开放、共享"的测算与对比》，《经济与管理研究》2017 年第 6 期。

有重要的意义。此外，改革开放以来，我国经济取得了为世界所瞩目的发展成就，但我国区域间发展不均衡问题也日益凸显。面对经济下行的困局，五大发展理念的提出和引领对中国经济增长产生了什么影响？进一步地看，它们对中国经济增长的地区差异又会产生怎样的影响？

实际上，近来涉及新常态下经济增长和发展及其五大发展理念问题的研究可谓新潮迭起，成果不少。梳理后发现主要有如下三大研究路径：一是围绕新常态下经济增长和发展问题的研究，这一研究多从经济转型发展这一研究视角来进行展开的。秦天程[①]认为经济的新常态给中国经济转型带来了工资性收入低增长、人口结构制约劳动生产率的提升、企业的创新投入受制于宏观经济不确定性、地方经济脆弱性变强等新的制约因素。任保平和辛伟[②]站在大数据的视角，从新常态中国经济增长的实际出发，从战略、动力机制、实现路径和经济政策转型方面，研究中国新常态经济增长的路径与政策选择。梁凯乔[③]认为，新常态下，我国经济结构转型主要呈现消费需求变迁、投资需求变化、出口需求变迁、生产要素相对优势变化、资源环境约束强化、化解各类风险等六大新特征。刘志彪[④]认为新常态下经济转型升级的关键措施是全要素生产率的提升。

二是围绕五大发展理念的研究。这类研究多围绕五大发展理念的内涵与特征、相互之间的辩证关系以及其与相关理论和学科的关系等角度展开的。程恩富[⑤]为了更准确地把握"五大发展理念"的内涵和特征，从新常态下我国具体的发展实际出发，对五大发展理念的特征进行了有益的阐释。秦宣[⑥]充分界定了五大发展理念之间的辩证关系，认为五大发展理念共同构成了一个有机结合的整体，其中创新、协调、绿色、开放和共享发展分别是新常态下经济增长的动力、方法、方向、战略和归宿。易淼和任

---

① 秦天程：《新常态下影响经济转型的制约因素分析》，《当代经济管理》2015年第3期。
② 任保平、辛伟：《大数据时代中国新常态经济增长路径与政策的转型》，《人文杂志》2015年第4期。
③ 梁凯乔：《新常态下我国经济结构转型新特征》，《广东行政学院学报》2015年第5期。
④ 刘志彪：《提升生产率：新常态下经济转型升级的目标与关键措施》，《审计与经济研究》2015年第4期。
⑤ 程恩富：《论新常态下的五大发展理念》，《南京财经大学学报》2016年第1期。
⑥ 秦宣：《五大发展理念的辩证关系》，《光明日报》2016年2月4日。

毅①从中国特色社会主义政治经济学的重大原则、现实指导意义等角度出发，探讨了"五大发展理念"与中国特色社会主义政治经济学之间的重要联系。

三是探讨五大发展理念与经济增长之间关系的研究。大体看来，有如下几个方面：首先，充分发挥五大发展理念对新常态下经济增长的指导作用。杨嘉懿和李家祥②、宋广玉③分别站在宏观理论和区域发展的视角，认为要运用"五大发展理念"来深刻认识新常态的内在规律，并用五大发展理念来引领经济发展。其次，界定了新常态下经济增长速度问题，普遍认为经济增长速度会放缓，将会维持在6.5%左右，但是发展前景较好④。再次，经济增长动力转换问题，需要在扩大内需、推进新型城镇化建设和实现创新驱动发展战略等方面来实现新常态下经济增长动力的转换⑤。最后，围绕"供给侧结构性改革"的研究，改革成为新常态下中国经济发展的关键，大部分学者谈到改革的时候认为，虽然改革的最佳时机已过，但是现在发力为时未晚⑥。

从相关文献检视可以看出，已有文献对五大发展理念与经济增长的相关性业已进行了诸多有益的探索，对新常态、五大发展理念等问题进行了比较深入地研究，围绕五大发展理念对新常态下经济增长的作用所做的分析和阐发也具有一定意义的科学性和解释力，某些理论探讨和政策建议还具有一定的应用价值和实践可操作性。但是文献梳理也凸显出一些问题，诸如定性分析、规范分析相对较多，而定量分析、或者说针对五大发展理念的实证研究还鲜有所见，表明这是一个尚待进一步深化研究的课题，需

---

① 易淼，任毅：《五大发展理念：中国特色社会主义政治经济学的重要拓展》，《财经科学》2016年第4期。
② 杨嘉懿，李家祥：《以"五大发展理念"把握、适应、引领经济发展新常态》，《理论月刊》2016年第4期。
③ 宋广玉：《以"五大发展"理念引领南京"五型经济"建设》，《南京日报》2015年11月24日。
④ 林毅夫：《新常态下中国经济的转型和升级：新结构经济学的视角》，《新金融》2015年第6期；刘胜军：《中国经济通往新常态之路》，《清华金融评论》2015年第1期。
⑤ 吴敬琏、厉以宁、林毅夫等：《小趋势2015：读懂新常态》，中信出版社2015版，第4—8页；刘胜军：《中国经济通往新常态之路》，《清华金融评论》2015年第1期。
⑥ 郎咸平：《郎咸平说：中国经济的旧制度与新常态》，东方出版社2014年版，第2—3页；杨伟民：《适应引领经济发展新常态 着力加强供给侧结构性改革》，《宏观经济管理》2016年第1期。

要在深刻认知五大发展理念的根本价值和思想特质的基础上，运用实证的方法针对性地结合我国的具体国情和各地的实际来研究如何实现进一步的经济增长。

作为深刻变革中国发展全局的新理念，五大发展理念根植于中国发展的实际，是对新常态下"实现什么样的发展、怎样发展"问题的新回答：创新为发展提供不竭的动力，协调是发展的基本要求，绿色是可持续发展的必要条件，开放是国家繁荣富强的必由之路，共享是发展的目的。创新、协调、绿色、开放、共享的发展理念，将经济增长和发展的动力、要求、条件、路径和目的相互贯通、相辅相成，其深刻的内在联系更好地体现了发展理念内蕴的系统性、科学性和引领性的思想特质，指引着我国实现更高质量、更有效率、更加公平、更可持续的发展。基于此，本文拟从"创新、协调、绿色、开放、共享"的角度对中国地区经济增长动力进行新的解析，旨在为改善和促进各地区经济稳健增长和发展提供理论诠释和政策依据。本文的贡献主要在于：一是结合五大发展理念，运用实证的方法来对经济增长动力进行解析，二是从五大发展理念的视角，来分析区域经济增长相对趋同问题。更重要的是，为促进我国经济健康持续发展提供理论依据及对策建议。

二 模型简介与数据选取

（一）模型简介

本文选用 Cobb–Douglas 生产函数来测度五大发展理念对经济增长的贡献，因为它具有能够反映边际产量递减、边际替代递减、规模报酬不变等经济特性。① Cobb–Douglas 生产函数的一般形式为：

$$Y = AK^{\alpha}L^{\beta} \tag{1}$$

其中，Y 表示产出，K 为资本，L 为劳动力，α 和 β 分别表示资本和劳动力的弹性系数。

现将"创新、协调、绿色、开放、共享"作为解释变量引入 $C-D$ 生产函数，分别测算它们对经济增长的弹性系数和贡献，则包含"五大发展理念"的函数可表示为：

---

① 王军：《新能源、传统能源对我国经济增长的贡献分析》，《安徽行政学院学报》2014 年第 2 期。

$$GDP = AM^{\beta_1}L^{\beta_2}X^{\beta_i} \tag{2}$$

式中，GDP 为国内生产总值；K 为资本存量；L 表示城乡就业总人数；X 表征五大发展理念；β_i 为各变量的回归系数，$i=3, 4, 5, 6, 7$。

对（2）式进行对数化处理，把原模型转化为线性函数形式，如下所示：

$$LnGDP_t = \alpha + \beta_1 LnK_t + \beta_2 LnL_t + \beta_i LnX_t \tag{3}$$

在此基础之上，可求得各投入要素对经济增长率的贡献如下所示：

$$\varphi_K = E_K \cdot \frac{\Delta K_t/K_t}{\Delta GDP_t/GDP_t} \cdot 100\%$$

$$\varphi_L = E_L \cdot \frac{\Delta L_t/L_t}{\Delta GDP_t/GDP_t} \cdot 100\%$$

$$\varphi_X = E_X \cdot \frac{\Delta X_t/X_t}{\Delta GDP_t/GDP_t} \cdot 100\% \tag{4}$$

（二）指标选取与数据处理

1. 经济增长（GDP）：为消除价格变动的影响，文中选用以 2000 年不变价格调整过的实际 GDP 为研究样本。同时为了消除人口因素的影响，用实际 GDP 比上人口数，进而使用人均增长率来进行分析。

2. 劳动（L）：考虑到研究的目的和为了简化计算，在此假定所有的劳动者是同质的，故而选用我国就业人口数量来作为劳动替代变量。

3. 资本（K）：本文使用永续盘存法来对我国的固定资本存量进行测算，并借用陈昌兵（2014）[①] 的测算结果来进行全国层面研究，而分省数据采用其可变折旧率的资本存量测算方法进行计算所得。

4. 创新（INN）：使用中国创新指数（CII）来衡量我国的创新发展水平，具体计算方法采用国家统计局社科文司"中国创新指数（CII）研究"课题组的研究成果。

5. 协调（COO）：我国协调发展主要包括城乡协调发展和区域协调发展。城乡协调发展用城乡居民收入比来衡量。区域协调发展用区域经济增长水平变异指数来进行衡量。由于二者都是无量纲化的数据，故此，直接对它们取均值，作为协调发展的替代变量。其中，区域经济增长水平变异指数的具体计算公式为：

---

① 陈昌兵：《可变折旧率估计及资本存量测算》，《经济研究》2014 年第 12 期。

$$\theta_i = \frac{\sqrt{\dfrac{\sum_j (y_i - y)^2}{n}}}{y}$$

其中，θ_t 表示经济增长率的变异系数，y_j 为分省的经济增长率，$j=1$，2，$\cdots$，n；y 为分省 GDP 的平均增长率。

6. 绿色（GRE）：目前研究产业问题往往采用二氧化硫等排放物作为度量产业绿色发展状况的指标。但是考虑到数据的可获得性和研究的这个具体问题，本文选用万元地区生产总值能耗来衡量绿色发展问题。

7. 开放（OPE）：本文使用外贸依存度来度量我国经济的开放发展水平，其中外贸依存度为我国的进出口总额和国内生产总值的比值。

8. 共享（SHA）：根据研究的需要，选用资源配置效率作为共享发展的替代变量，这是因为促进各种要素充分有效配置，推动经济持续发展、质量效益不断提高，社会财富较快增长，才能确保发展成果惠及全体人民群众。现代经济学认为，市场是资源配置的最重要方式，而资本市场在资本等资源的配置中起着极为关键的作用，资本配置是资源配置的核心。故而本文进一步使用资本配置效率作为共享发展的替代变量，具体采用王军和王慧①的计算成果。

此外，相关数据来自历年的《中国统计年鉴》和各省的统计年鉴、2015 年国民经济和社会发展统计公报和各省统计公报，缺失数据从中经网统计数据库、国泰安数据库与相关政府网站补齐。且全国时间序列数据和省际面板数据的指标和口径是一致的。

三 纵向分析：全国时序数据的测算与分解

（一）多重共线性检验

多变量时间序列数据模型存在多重共线性的可能性较大。且在严重共线性的情况下，OLS 估计量非有效，所以一定要对它进行识别和消除。首先，运用特征根与条件指数来对模型是否存在多重共线性进行识别。检验结果如表 1 所示。

---

① 王军、王慧：《资本配置效率与通货膨胀：1994—2014》，《金融与经济》2016 年第 5 期。

表1　　　　　　　　　　　　多重共线性诊断表

维数	特征值	条件索引	方差比例							
			（常量）	X1	X2	X3	X4	X5	X6	X7
1	7.401	1.000	0.00	0.00	0.00	0.00	0.00	0.00	0.00	0.00
2	0.592	3.535	0.00	0.00	0.00	0.00	0.00	0.00	0.00	0.42
3	0.006	35.318	0.00	0.00	0.00	0.00	0.00	0.00	0.01	0.06
4	0.001	97.185	0.00	0.00	0.00	0.00	0.00	0.00	0.16	0.45
5	6.965E−6	1030.79	0.00	0.01	0.00	0.03	0.03	0.65	0.05	0.01
6	4.161E−6	1333.64	0.00	0.06	0.00	0.19	0.71	0.00	0.17	0.00
7	1.323E−6	2364.85	0.00	0.92	0.00	0.67	0.01	0.28	0.23	0.06
8	7.427E−9	31566.5	1.00	0.02	1.00	0.11	0.25	0.07	0.39	0.00

通过对多重共线性检验的结果进行分析，我们可以发现模型存在着严重的多重共线性。观察特征根和条件指数这两个指标，多个维度的特征根小于等于0.1，且条件指数大于10，这表明模型存在多重共线性。

（二）岭回归分析

消除多重共线性的方法主要有差分法和岭回归法，其中差分法在消除多重共线性的同时会失去部分经济信息。此外，岭回归（ridge regression）是通过放弃最小二乘法的无偏性的改良的最小二乘估计法，以降低精度为代价获得回归系数更为符合实际、更可靠的回归方法，所以本文选取岭回归。

本文选用SPSS19.0来进行岭回归，得出对应不同岭参数K的拟合优度以及自变量的标准化回归系数的变化趋势如图1和图2所示。

由图1和图2可知，当岭参数K值大于0.05时，拟合优度一直处于缓慢下降中，没有表现出明显的波动；且当K值位于0.05附近时，相关解释变量的岭迹都已处于平稳状态。故在此选取K值为0.05作为惩罚值来进行岭回归分析。

在K取值为0.05时，对（3）式进行岭回归分析，得出各解释变量的标准化岭回归系数如下所示：

由表2可知，当岭回归的惩罚值k取0.05时，模型的拟合优度为0.99606，且F统计量可以通过1%的显著性检验，说明模型的整体解释力强。此外，变量回归系数的t值除了LnL都大于2，通过了5%的显著性检

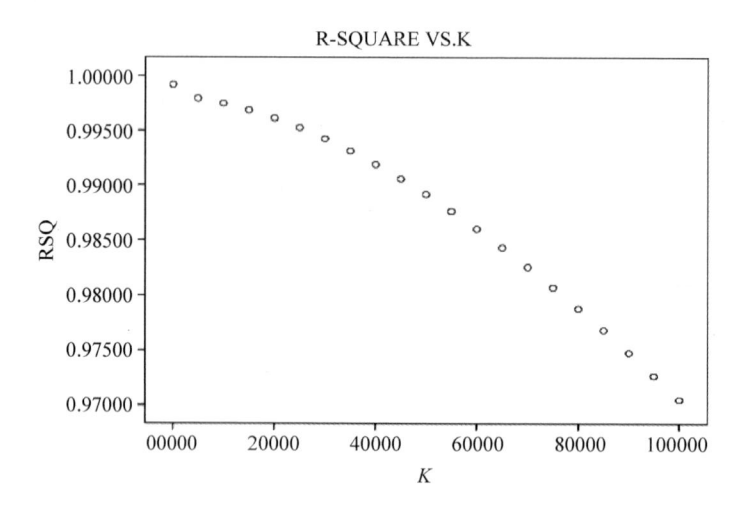

图 1　决定系数与 K 值的线图

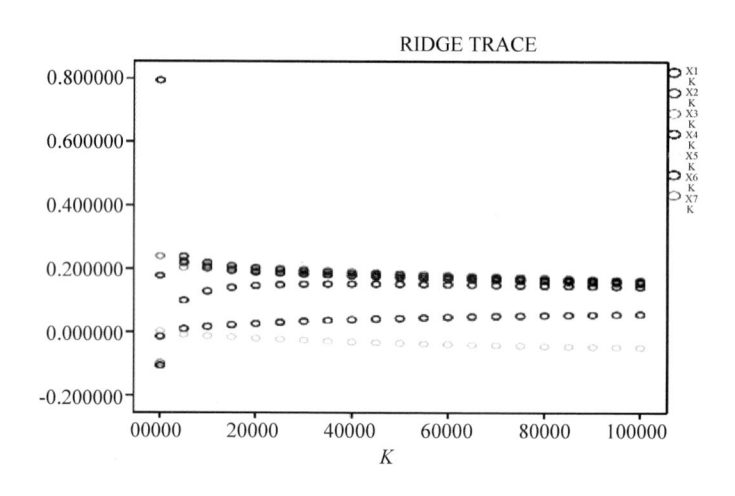

图 2　各自变量的标准化回归系数的岭迹图

验，表明各自变量对因变量的解释力较高。总体来看，所建模型具有较高的合意性。通过弹性系数我们可以发现，除了绿色外，其他解释变量都为正，与现实经济状况相符。资本、劳动、创新、协调、绿色、开放与共享对经济增长的弹性系数分别为 0.29518、0.26643、0.25254、0.23059、-0.37150、0.17252 和 0.08330，即资本、劳动、创新、协调、绿色、开放与共享每提高 1% 时，经济增长分别会提高 0.29518、0.26643、0.25254、0.23059、-0.37150、0.17252 和 0.08330 个百分点。弹性系数由大到小依次为：资本、劳动、创新、协调、开放、共享与绿色。

表2 岭回归弹性系数

自变量	系数	t 值	自变量	系数	t 值
LnK	0.29518	19.35211	LnGRE	-0.37150	-7.30029
LnL	0.26643	8.56730	LnOPE	0.17252	2.19472
LnINN	0.25254	15.71131	LnSHA	0.08330	4.86737
LnCOO	0.23059	17.41207			
常数项	-19.62056	-6.95375	调整后 r 方	0.99606	
F 值	543.65315		$P(f)$	0.0000000	

由此引发我们深入地思考并有了一些新的认识。第一，资本和劳动依旧是经济增长最重要的两个方面，其对经济增长的影响也最大，这需要我们在原有的基础上，对资本和劳动进行调结构和提质量，具体表现为扩大资本的来源，提高社会资本和人力资本的重要性。第二，创新发展非常有利于推动我国经济的增长，且已经成为除劳动和资本以外对经济增长作用力度最大的投入要素，尤其是随着我国经济增长动能由要素投入驱动向着创新驱动的转换，国家不仅不断加大对科技创新的投入和转化力度，更是提出了"万众创新"的口号，这有利于我国经济的良性发展。第三，共享发展和协调发展目前虽然存在着诸如劳动者报酬占比不断降低、城乡和区域绝对差距扩大等一系列问题，但是对我国经济增长业已产生了重要的影响。这是因为协调发展和共享发展可以让更多的人富起来、让劳动者的财富增加，也符合我国转变经济增长方式、提高消费在经济增长中作用的方略和政策取向。第四，开放发展依旧是经济增长的一个重要推动力，是国家走向繁荣富强的必然之路。但在近年来全球贸易低迷不振、国外需求疲软的情况下，我们需要结合供给侧结构性改革来对我国的外贸结构进行优化与调整，从而促使我国由外贸大国向外贸强国进行跨越。第五，绿色发展要求保护生态与资源、矫正畸形增长，这既意味着一些高污染、高耗能项目的下马或关停并转，更意味着须有相应地投入大力发展以绿色清洁能

源为代表的循环经济。因而，绿色发展短期内对传统 GDP 的经济增长虽有一定的抑阻影响，但这却是我们寻求实现长期可持续发展不得不付出的代价。

（三）各项投入要素贡献率的测算与分解

根据（4）式求出它们对经济增长率的贡献。具体的计算结果如表 3 所示。

表 3　　　　　　　　2000—2015 年各要素对经济增长的贡献

年份	资本	劳动	创新	协调	绿色	开放	共享
2000 年	—	—	—	—	—	—	—
2001 年	0.030597	0.042140	0.015399	0.026441	0.029743	-0.004850	0.311993
2002 年	0.033244	0.028307	0.009407	0.037303	-0.012297	0.018967	0.065324
2003 年	0.037701	0.026548	0.011545	0.027545	0.005443	0.037181	-0.085831
2004 年	0.038960	0.030550	0.011041	0.025314	0.014004	0.026188	3.540559
2005 年	0.039218	0.022003	0.011264	0.026170	0.016368	0.010012	-0.018442
2006 年	0.041743	0.018918	0.014594	0.030392	0.019438	0.005136	0.123727
2007 年	0.042480	0.019517	0.012185	0.041412	0.032050	-0.006688	-0.052905
2008 年	0.039023	0.013764	0.012991	0.032264	0.041408	-0.015119	0.595056
2009 年	0.044720	0.014905	0.019509	0.021177	0.012924	-0.040138	-0.018556
2010 年	0.044376	0.015585	0.012677	0.022900	0.035929	0.022742	-0.025570
2011 年	0.041186	0.017658	0.014945	0.029038	0.033899	-0.001754	-0.027128
2012 年	0.038622	0.015855	0.015557	0.027357	-0.012617	-0.011018	-0.013658
2013 年	0.032017	0.015184	0.007838	0.019890	0.013427	-0.006821	-0.101775
2014 年	0.028884	0.015297	0.008924	0.011922	0.017832	-0.009183	-0.655805
2015 年	0.026310	0.010934	0.021231	0.034278	0.020799	-0.021699	0.015462
均值	0.037272	0.020478	0.013260	0.027560	0.017890	0.000197	0.243496

通过表 3 可以发现，创新发展在样本期内一直处于平稳发展水平，但是 2015 年迎来了我国创新发展的峰值，这与我国大力推行的创新发展战略显著相关。2000 年以来，协调发展处于一种波动下降态势，这说明这一

时期发展的不均衡已经开始对经济增长产生较为明显的阻碍。绿色发展是折线状波动,阶段性很强,这是因为绿色发展在过去一直服务于经济增长和社会需求,受到国家政策和社会意识的影响很大。样本期内,在2008年之前,开放发展对经济增长的贡献度很高,并于2003年、2004年达到峰值;2008年之后受国际金融危机的影响,其比例不断降低,并在经历了一个短期的回升后,于2011年开始持续下滑。共享发展对经济增长的贡献经历了一个缓慢下降的过程,并于2009年开始处于一个较低的水平,这是因为金融危机导致了我国资源配置效率的降低,会阻碍经济的增长和社会财富的增加,从而影响共享发展水平的提高。此外,除了开放发展因素以外,创新、协调、绿色和共享发展在2015年都有显著地改善与提高,这直接受益于我国各项改革的深化和经济的转型升级,也佐证了深化改革的必要性和现实意义。

四 横向对比:省级面板数据的检验

时间序列数据研究的是时间和主体两个维度,由于不同的地区具有不同的资源禀赋,单纯分析时序数据,会遗失部分有用信息。所以加入空间维度,需要运用面板数据来进行进一步的考察。

(一) 单位根检验

为了提高研究结果的准确性,需要进行单位根检验来考察实证分析的面板数据是否平稳。面板数据的单位根检验主要可以分为不同根和相同根情形下的单位根检验两大类,其各自的代表分别为 ADF – Fisher 和 LLC 单位根检验。通过检验,我们可以发现[①]:变量 LnGDP、LnK、LnL、LnINN、LnCOO、LnGRE、LnOPE 和 LnSHA 在 5% 的置信水平上面是平稳的,可以进一步对相关变量进行面板回归分析。

(二) 面板数据模型回归结果分析

在进行面板回归分析之前,先要确定样本数据应该采取哪种面板数据模型。在 Hausman 检验和 LR 检验的基础上,本文选取固定效应变系数模型,构建的面板回归模型如下式所示:

$$\mathrm{Ln}Y_{it} = \alpha_i + \beta_i \mathrm{Ln}M_{it} + e_{it} \tag{5}$$

其中,LnGDP 分别作为被解释变量 Y,LnK、LnL、LnINN、LnCOO、

---

① 考虑到篇幅问题,单位根检验结果未在此列出。

LnGRE、LnOPE 和 LnSHA 为解释变量 M，时间 $t=2000,2001,\cdots,2014$，样本个体 $i=1,2,\cdots,(9、9)12$。其中分别以全国数据样本、东中西部①省份样本分别进行省级面板数据回归。

表4　　　　　　　　　　　分地区面板模型回归结果

自变量	全国		东部地区		中部地区		西部地区	
	系数	t 值	系数	t 值	系数	t 值	系数	t 值
LnK	0.267	2.239	0.317	2.660	0.288	1.936	0.007	3.776
LnL	0.254	3.263	0.342	5.794	0.144	2.531	0.019	2.003
LnINN	0.219	3.034	0.271	3.962	0.193	1.994	0.089	4.354
LnCOO	0.207	15.423	0.135	13.513	0.192	10.573	0.249	23.201
LnGRE	-0.276	-3.245	-0.195	-1.882	-0.327	-2.184	-0.427	-5.223
LnOPE	0.113	8.462	0.095	4.227	0.116	3.238	0.006	1.829
LnSHA	0.108	14.281	0.058	9.181	0.113	5.852	0.154	3.991
常数项	6.861	18.359	1.206	2.774	-5.230	-3.802	1.864	6.389
F 值	277.336		593.335		385.257		221.409	
R^2	0.527		0.663		0.428		0.509	
$P(f)$	0.000		0.000		0.000		0.000	

由表4可知，面板数据模型的拟合优度都大于0.4，且 F 统计量在1%的显著性水平上面显著，说明所建模型的解释力强。此外，回归系数的 t 值都大于2，说明各变量的显著性较高，模型具有较高的合意性。从全国层面来看，与时间序列数据得出的结果相似，这也佐证了前文的分析，有助于说明模型的稳定性。从区域层面来看，站在五大发展理念的视角来解析经济增长，表现的由好到差依次为：东部地区、中部地区和西部地区。这是因为东部地区经济发展基础最优，中部地区各方面协调发展较好，西部地区资源禀赋较差、生态环境脆弱。

---

① 在本文中，东部地区包括辽宁、北京、天津、河北、山东、江苏、上海、浙江、福建、广东、广西、海南；中部地区包括山西、内蒙古、吉林、黑龙江、安徽、江西、河南、湖北、湖南；西部地区指陕西、甘肃、青海、宁夏、新疆、四川、重庆、云南、贵州。

从我国三大区域经济增长的分要素对比来看：第一，资本和劳动对东中部地区经济增长的影响远高于西部地区，且劳动对东部地区经济增长的影响力度也数倍于中部地区，这与我国的现实相符合。第二，从创新来看，对经济增长的推动作用由大到小依次为东、中、西部，这是因为科技创新和技术吸收显著地受制于地区的体制环境和科技资源禀赋，而这些在我国的分布由东到西逐渐变差。第三，从协调发展来看，对经济增长的推动作用由大到小依次为西中东部，实践表明，经济越发达的地区其内部发展不均衡性往往会更加严重，典型的就是广东和江苏两省。第四，从绿色发展来看，对经济增长的阻碍作用由大到小依次为西中东部，这也表明绿色发展更多地受制于各地区已有的环境状况。第五，从开放发展来看，东中部地区明显享受到开放的好处，而我国的西部地区从开放发展中受益相对较低，这主要由我国改革开放初期的不均衡发展战略效应的后遗症所致。第六，从共享发展来看，对经济增长的推动作用由大到小依次为西中东部地区，显而易见，经济越是落后的省区，其往往资源配置效率的提升空间越大，即存在着某种程度的后发优势。

（三）中国省际经济增长的相对趋同检验

我们不仅需要考察"五大发展理念"对经济增长的影响，更要分析它对区域经济增长的协同发展产生了何种影响。我们选取经济发展水平比较高的上海市作为参照进行相对趋同检验，进而分析其他 29 个省区在资本、劳动、绿色、创新、协调、开放、共享等方面的变化是否发生"追赶"现象。本文采用 Los 和 Timmer[①] 的检验方法，具体模型如下：

$$g_{m,i} - g_{m,sh} = \alpha_m + \beta_m \log\left(\frac{g_{y,i}}{g_{y,sh}}\right) + \varepsilon_{m,i} \qquad (6)$$

其中，$g_{m,i}$ 分别表示第 i 个省区源于资本、劳动、创新、协调、绿色、开放、共享的经济增长率；$g_{y,i}$ 为各省区 2000 年的人均 GDP；sh 代表上海市，α 和 β 为回归参数，ε 为误差项。模型运算结果如表 5 所示。

---

① Los, B., Timmer, M. P., "The 'Appropriate Technology' Explanation of Productivity Growth Differentials: An Empirical Approach", *Journal of Development Economics*, 2005: 77.

表 5　　2000—2014 年中国省际经济增长的相对趋同检验表

模型	LnK (1)	LnL (2)	LnINN (3)	LnCOO (4)	LnGRE (5)	LnOPE (6)	LnSHA (7)
α	0.021 (4.031)	0.028 (2.062)	0.030 (2.873)	-0.027 (-2.353)	0.020 (4.367)	0.016 (1.695)	-0.017 (-1.008)
β	0.242 (3.035)	0.018 (1.945)	0.273 (1.972)	-0.113 (-2.690)	0.251 (2.026)	0.204 (2.774)	-0.028 (-2.41)
R^2	0.421	0.463	3.857	0.468	0.482	0.398	0.538
$D-W$	2.033	1.965	1.802	2.128	1.884	2.776	1.952
F	4.367	3.551	7.741	6.026	4.905	5.003	4.729

观察表 5 我们可以发现，各模型的回归系数 β 的 t 值均通过了 5% 的显著性检验，各模型的 $D-W$ 值表明模型不存在自相关问题，F 统计量通过 5% 置信水平的显著性检验，表明所构建的模型具有良好的合意性。具体来看，第一，模型（1）中系数 β 为正数，表明资本导致省际经济增长趋异。市场规则决定了资本的逐利性，投资者会把更多的资金投向回报率高的东部地区，从而导致中西部地区的资本存量不能满足经济增长的需要，致使其经济长期陷入低水平循环状态。第二，模型（2）的系数 β 为正数，代表劳动导致省际经济增长趋异。因为人口转移的存在，农民工和高人力资本人才迁移，进一步扩大了区域间的增长差异。第三，模型（3）代表创新导致省际经济增长趋异。β 估计值为正，表明由创新引致的人均产出增长阻碍了各地区间经济的协同发展。这是因为科技创新和技术吸收显著地受制于地区的体制环境和科技资源禀赋，而这些在我国东中西部之间存在的显著地差异，路径依赖效应明显。第四，模型（4）的系数 β 为负数，表示协调发展可以使省际经济增长趋同。近年来，"国家战略性"区域规划的重心向欠发达的中西部地区倾斜，尤其是围绕精准扶贫、脱贫的顶层政策设计在产业政策、投资项目、税收政策和财政转移支付等方面向中西部地区的倾斜，使得中西部地区获得了更多的经济增长资源。第五，模型（5）的 β 估计值为正，代表绿色导致省际经济增长趋异。这说明源于绿色发展的人均产出增长都发生了显著的相对趋异，绿色发展推动了省际经济增长差距的扩大。这是因为西部地区的生产方式依旧以粗放型为主，而随着环境政策的趋紧，其发展所受的限制将会越来越大。第六，模型（6）

代表开放导致省际经济增长趋异。落后地区开放程度较差，没有发达省份获得的改革红利多，必然导致区域经济增长的分化。第七，模型（7）的 β 估计值为负，有助于地区间经济的"追赶"。这是因为我国中西部地区尤其是广大的西部地区资源配置效率较低，提升空间较大，在国家大力推进中西部区域发展战略时，可以比东部地区更快的提升本地区的资源配置效率，从而实现经济增长的相对趋同。

五　结论与对策建议

（一）研究结论

在 Cobb – Douglas 生产函数的基础上引入"创新、协调、绿色、开放、共享"五大发展理念为自变量，以我国2000—2015年的统计数据为样本，建立了对数线性模型，通过岭回归分析并对要素贡献率进行测算。随后运用面板数据模型，对各省2000—2014数据进行测算对比。研究得到如下结论：第一，五大发展理念变量对经济贡献的比率不同，除了绿色发展外，其他解释变量都为正，且弹性系数由大到小依次为：资本、劳动、创新、协调、开放、共享与绿色。第二，分区域从五大发展理念解析经济增长来看，表现的由好到差依次为：东部地区、中部地区和西部地区，且不同地区五大发展理念对经济增长的影响存在着显著的异质性。第三，中国地区经济差距从2000年以来总体呈现逐步扩大趋势，资本、劳动、创新、绿色和开放等进一步拉大了省际之间的经济增长差距，但是协调发展和共享发展有利于经济增长的相对趋同。

（二）对策建议

针对上述结论，着眼于供给侧结构性改革深入挖掘经济增长新动力，着重从创新、协调、绿色、开放、共享等几个方面，提出如下促进经济增长的针对性对策建议。

第一，彰显发展智慧，释放创新发展第一动力。一是需要进一步推动"万众创新"，着力提高全要素生产率对经济增长的推动作用，实现经济增长方式向着集约型转变，不断地提高经济增长水平。二是要打破区域间的体制性障碍，采取有效措施来促进省区间技术的扩散和贸易，以此来逐步缩小地区间的技术差距。三是要构建有助于创新的体制机制，提高中西部地区的技术吸收能力，充分激发市场、政府和个人的活力，着力推动"双创"的合力。四是要创新人力资本、社会资本等新的资本形态，提高资本的配置效率，充分发挥各类资本在"供给侧结构性改革"中的导向作用。

第二，凝聚发展合力，努力实现发展战略的协调。发展战略要为发展一国或地区的创新体制、自然资源保护、物质和人力资本等做出规划，重在推动作为制约经济增长和发展关键的能力建设。对广大中西部省区而言，推进经济增长和发展既需要有更好的基础设施、物质与人力资本、制度等要素，也需要有各地发展战略及其规划的多重协调的能力建设。进一步说，落后省区当务之急是要加大教育、培训的制度供给和投入，施行各类优惠政策来实现人才的集聚，以提高人力资本对经济增长的贡献，使之成为实现区域协调发展的一个有效路径。更重要的是，中西部省区各级政府之间的发展战略需要协调，而且各地政府内部的各部门的发展项目、发展时序也需要协调，民间部门和公共部门之间也要进行协调，以培育和形成新型的中国地区间竞争促效与合作共赢的发展格局，以及新型的政府、民间部门和社会之间共同发展的伙伴关系。

第三，明确发展方向，大力推进绿色发展。一是要促进人与自然的和谐发展。合理的利用自然资源，重视生态环境的保护，在促进传统产业的绿色改造的同时，大力发展绿色节能产业，从而从绿色发展的角度来践行供给侧结构性改革。二是要更多的使用经济激励手段，合理制定更高标准的污染排放和环境准入标准，推行水权交易、碳排放权、排污权等环保交易制度，以经济杠杆倒逼企业节能降耗减排治污。三是要继续大力推进循环经济，实现传统产业的转型升级，推行产业间的循环组合，提高资源的利用效率。

第四，拓展发展空间，践行开放发展的新战略。首先，要进一步推动双向开放战略，大力推进国内国际两个市场的深度融合和要素的有序流动，着力培育具有全球影响力的对外开放基地。其次，要优化对外贸易结构，提高服务业、高端制造业和高新技术贸易的比重，创新外贸发展模式，巩固出口对经济增长的拉动力，并充分发挥其和供给侧结构性改革的相互引导和促进作用。最后，要推进"一带一路"建设，完善双边和多边合作机制，并积极参与全球治理。

第五，提升发展质量，让广大民众共享发展的成果。一是坚持居民收入与经济增长同步，推行利于缩小居民收入差距的政策，提高公共产品供给数量和质量，从制度安排上缩小收入差距。具体来看，应借助转移支付制度、税收制度等来实现"调高、扩中、提低"收入发展战略。二是进一步完善社会保障制度的公平性，重点建设兜底机制，深化失业和医疗保险制度的改革，确保其能为产业结构调整提供必要的保障。三是要让中西部地区的广大人民群众更好地享受到发展的成果，需要进一步助推"中部崛起"和"西部大开发"发展战略。

新时代中国省际经济发展质量的测度、预判与路径选择

徐志向　丁任重[*]

摘　要：新时代背景下，贯彻新发展理念，构建现代化经济体系业已成为增强中国特色社会主义道路自信的基本要求。基于此，本文从总量、创新、协调、绿色、开放、共享六个维度对中国省际经济发展质量指标体系实现了重构，并采用熵值法测算了1999—2016年中国省际经济发展质量综合指数。结果表明，以往时期中国省际经济发展质量在逐步上升的同时存在着发展不稳定、不充分、不协调、不平衡等异质性问题。另外，运用熵值法与均等赋权法分别对"十三五"时期与"十四五"时期省际经济发展质量的变动趋势进行预测发现，新时代中国省际经济发展质量在呈现出向好趋势的同时，尽管省际间异质性仍将存在，但体现统筹发展的均等赋权方式将利于差异的有效缓解。为此，在新时代背景下，应将控制经济总量相对增速作为保证经济高质量发展的基本前提，在切实改变地方官员晋升考核机制的基础上，实现创新、协调、绿色、开放、共享的统筹发展。

关键词：新时代；经济发展质量；熵值法；改革；路径选择

一　引言及文献综述

党的十九大报告明确表示中国特色社会主义迈向了新时代，经济发展步入了由追求高速度增长转变为追求高质量发展的攻关阶段，为此党中央提出了建设现代化经济体系的战略要求。随后，在中央经济工作会议上再

---

[*] 本文选自徐志向、丁任重《新时代中国省际经济发展质量的测度、预判与路径选择》，《政治经济学评论》2019年第1期。

一次强调应将形成推动高质量发展的指标体系作为今后一个时期宏观调控的根本要求之一。毋庸讳言，如何构建系统完备的省际经济发展质量评价指标以准确判断经济发展阶段和发展态势已然成为新时代建设现代化经济体系的题中应有之意，作为当前中国经济发展亟待研究的重大课题，此研究不乏一定的理论意义与现实意义。

根据现有代表性文献来看，新时代有关中国经济发展质量的研究焦点主要集中于三个维度：一是经济发展质量内涵的界定。林兆木指出"我国经济高质量发展，是能够更好满足人民日益增长的美好生活需要的发展，是体现创新、协调、绿色、开放、共享理念的发展，也应是生产要素投入少、资源配置效率高、资源环境成本低、经济社会效益好的发展"①。对此，金碚从经济学基础理论的视角做了系统研究，并认为在转向高质量发展阶段的同时，"以交换价值所体现的市场经济的工具理性机制仍然具有重要意义"②。也就是说，经济发展方式的转变并不是要求为追求质的提高而盲目舍弃量的增长，保证质与量的平衡才是可持续发展的本质规定。任保平和李禹墨同样指出高质量发展的内涵是以总量为基准的、量与质相协调下的演进发展；③ 二是经济发展质量评价体系的构建与测度。詹新宇、崔培培基于"五大发展理念"，使用主成分分析法对中国省域经济发展质量进行了测度。④ 经济质量研究课题组则从经济运行、经济结构、微观活力及民生福利四个层面，采用算数平均的指数合成方法考察了我国省际经济质量。⑤ 邹一南等同样从创新、协调、绿色、开放、共享五个方面构建了中国经济发展方式转变的指标体系，并综合利用德尔菲法和熵值法进行了测算。⑥ 师博和任保平则通过构建包括增长的基本面和社会成果两个维度的指标体系，运用均等权重法，实现了对中国省际经济高质量发展的测

---

① 林兆木：《关于我国经济高质量发展的几点认识》，《人民日报》2018 年 1 月 17 日。
② 金碚：《关于"高质量发展"的经济学研究》，《中国工业经济》2018 年第 4 期。
③ 任保平、李禹墨：《新时代我国高质量发展评判体系的构建及其转型路径》，《陕西师范大学学报》（哲学社会科学版）2018 年第 3 期。
④ 詹新宇、崔培培：《中国省际经济增长质量的测度与评价——基于"五大发展理念"的实证分析》，《财政研究》2016 年第 8 期。
⑤ 经济质量研究课题组、孙志明：《我国省际经济质量比较与评价研究》，《经济纵横》2017 年第 12 期。
⑥ 邹一南、赵俊豪：《中国经济发展方式转变指标体系的构建与测度》，《统计与决策》2017 年第 23 期。

度与分析；① 三是提升经济发展质量的途径。丁任重指出完善中国发展模式的前提应该坚定发展方向、明确发展目的、贯彻新发展理念并转变发展方式，② 孙久文③、李佐军④则为区域经济发展质量全面提升提供了建议。另外，金碚⑤、任保平等⑥也从不同角度为新时代中国高质量发展路径建言献策。

上述已有研究既丰富了经济高质量发展的深刻内涵，又为构建符合新时代要求的经济发展质量指标体系指明了方向，同时，也存在进一步完善的空间。主要表现为：（1）经济发展质量内涵的认识不统一。随着我国社会主要矛盾的转化，发展不平衡不充分问题逐步凸显。尽管贯彻新发展理念是未来中国发展的必然要求，但是我们认为，在社会主义初级阶段，经济总量的持续高速增长作为保证社会充分发展的源泉与维持经济高质量发展的内在保障，依然不容忽视。（2）指标体系的构建不全面。当前关于现代化经济指标体系构建的研究还较少，指标的选择标准存在很大差异，要么只注重新发展理念而忽略了经济总量增长的作用，要么考虑到了经济总量增长而忽略了新发展理念的综合影响。（3）测算方法缺乏客观性。现有测算方法大都采用主观评价的综合分析法，权重的选择过于主观、随机，缺乏客观性。基于此，本文拟遵循由单一的国民收入指标转向综合经济指标的研究思路，在充分考虑将问题导向与目标导向相统一的基础上，结合经济发展质量的深刻内涵，从经济总量、创新、协调、绿色、开放、共享六个层面来实现对经济发展质量指标体系的重构，以准确把握过去一个时期中国省际经济发展质量的特征，从而为推动新时代中国经济高质量发展提供一定的帮助和指导。

---

① 师博、任保平：《中国省际经济高质量发展的测度与分析》，《经济问题》2018年第4期。
② 丁任重：《深刻领会和把握新时代我国社会主要矛盾的变化与完善我国发展模式》，《经济学家》2017年第12期。
③ 孙久文：《从高速度的经济增长到高质量、平衡的区域发展》，《区域经济评论》2018年第1期。
④ 李佐军：《推进中国区域经济发展质量的全面提升》，《区域经济评论》2018年第1期。
⑤ 金碚：《关于"高质量发展"的经济学研究》，《中国工业经济》2018年第4期。
⑥ 任保平、李禹墨：《新时代我国高质量发展评判体系的构建及其转型路径》，《陕西师范大学学报》（哲学社会科学版）2018年第3期；师博、任保平：《中国省际经济高质量发展的测度与分析》，《经济问题》2018年第4期。

二 中国省际经济发展质量的测度

(一) 指标体系的重构

本文分别构建了目标层、一级指标层、二级指标层、三级指标层四个层级作为中国省际经济发展质量的指标评价体系。具体地，目标层即为经济发展质量综合指数；一级指标层的设置考虑到经济增长数量与经济增长质量平衡协调发展的指导思想，故选取了经济增长总量以及体现经济增长质量的创新、协调、绿色、开放、共享6个指标；二级指标层包括11个指标，分别为体现经济总量的经济体的增长水平、消费水平、投资水平，体现创新的投入水平、产出水平、成果转化水平，体现省际经济协调发展的产业协调水平、城乡协调水平，体现绿色发展的资源与环境状况，体现省际开放程度的对外开放水平以及体现共享的人民生活水平；三级指标层的构建主要遵循科学性、可行性、可比性、层次性的基本原则，最终选取了16个指标，分别为地区生产总值增速、居民消费水平增速、资本形成率、R&D经费支出增速、专利申请授权量增速、技术市场成交额增速、第三、二产业产值比、城镇化率、城乡居民收入比、煤炭消费量增速、工业二氧化硫排放量增速、工业废水排放量增速、进出口总额增速、实际利用外商投资额增速、城乡居民家庭恩格尔系数比、城镇居民最低生活保障人数增速。具体指标体系见表1。

表1 中国省际经济发展质量指标体系

目标层	一级指标层	二级指标层	三级指标层	单位	属性
经济发展质量综合指数	总量	增长水平	地区生产总值增速	%	正向
		消费水平	居民消费水平增速	%	正向
		投资水平	资本形成率（全社会固定资产投资/地区生产总值）	%	正向
	创新	创新投入	R&D经费支出增速	%	正向
		创新产出	专利申请授权量增速	%	正向
		创新成果转化	技术市场成交额增速	%	正向

续表

目标层	一级指标层	二级指标层	三级指标层	单位	属性
经济发展质量综合指数	协调	产业协调	第三、二产业产值比	%	正向
		城乡协调	城镇化率（城镇人口/总人口）	%	正向
			城乡居民收入比	%	负向
	绿色	资源与环境	煤炭消费量增速	%	负向
			工业二氧化硫排放量增速	%	负向
			工业废水排放量增速	%	负向
	开放	对外开放水平	进出口总额增速	%	正向
			实际利用外商投资额增速	%	正向
	共享	人民生活水平	城乡居民家庭恩格尔系数比	%	负向
			城镇居民低保人数增速	%	负向

资料来源：通过国家统计局官方网站、各省（市、自治区）历年统计年鉴、《新中国六十年统计资料汇编》《中国环境年鉴》《中国农村统计年鉴》《中国城市（镇）生活与价格年鉴》以及《中国价格及城镇居民家庭收支调查统计年鉴》直接获取或计算所得。

（二）综合指数的测算及说明

一般地，按权重赋值方式可将综合指标评价法分为两类，一类是主观评价法，指通过对指标间的相对重要程度进行主观判断以确定权重的方法，包括主成分分析法、层次分析法、模糊综合评价法等；另一类是客观评价法，即根据指标的原始数据所呈现的具体差异进行赋权的评价方法，有熵值法、标准差法、极差法以及均方差法等。颜双波认为主成分分析法的使用不仅需要具备一定的约束前提，而且存在着所提取的主成分与实际意义相悖的不确定性[①]，尤其在研究经济发展质量问题时得出的结论有失偏颇。同时，层次分析法在指标数据较多时，计算过程比较繁琐，权重难以确定。而模糊综合评价法的最大缺陷则在于对指标权重的确定主观性太强，得出的结论很难让人信服。因此，经过综合比较，我们选择了客观评价法中的熵值法进行测算，具体过程依照王军等[②]的做法进行。需要说明的是，在将数据进行标准化处理的过程中，为保证取对数的有效性且不影

---

① 颜双波：《基于熵值法的区域经济增长质量评价》，《统计与决策》2017 年第 21 期。
② 王军、邹广平、石先进：《制度变迁对中国经济增长的影响——基于VAR模型的实证研究》，《中国工业经济》2013 年第 6 期。

响最终计算结果，在原有公式上进行了改进，正向指标和负向指标的计算公式分别由（1）式、（2）式表示：

$$\chi_{ij} = \frac{X_{ij} - \min\{X_j\} + 0.01}{\max\{X_j\} - \min\{X_j\}} \quad (1)$$

$$\chi_{ij} = \frac{\max\{X_j\} - X_{ij} + 0.01}{\max\{X_j\} - \min\{X_j\}} \quad (2)$$

其中，i 代表年份，j 代表具体指标，X_{ij} 表示第 i 年第 j 项指标的数值，$\min\{X_j\}$、$\max\{X_j\}$ 分别表示所有年份中第 j 项指标的最小值和最大值，χ_{ij} 即为标准化后的指标值。

另外，考虑到从1997年党的十三大提出要积极推进经济增长方式的根本转变到2017年党的十九大特别强调重视经济发展质量的提升，从1997年商品生产过剩的衰退阶段到新常态背景下经济过剩运行的再现，中国经济发展业已经历了一轮长达20年之久的中长周期波动。由此，基于在一轮相对完整的制度周期和经济周期的视阈下能够增强研究的价值，更好的体现增长速度与发展质量变化的差异性，本文拟选择1998—2016年的经济数据进行考察，样本涉及除西藏自治区以外的30个省级地区，测算结果如表2所示。

表2　　　　　　　　各时期省级经济发展质量综合指数及排名

时期	1999—2000 年	"十五"	"十一五"	"十二五"	2016 年	均值
北京	0.4093（1）	0.4197（1）	0.4733（1）	0.4962（1）	0.5311（1）	0.4609（1）
上海	0.3335（2）	0.3432（2）	0.3657（2）	0.3702（3）	0.4068（2）	0.3594（2）
天津	0.2768（3）	0.2858（3）	0.3330（3）	0.3734（2）	0.3634（4）	0.3265（3）
海南	0.2658（4）	0.2510（5）	0.3106（4）	0.3560（4）	0.3739（3）	0.3052（4）
宁夏	0.2449（8）	0.2480（7）	0.2758（9）	0.3159（5）	0.3598（5）	0.2804（5）
浙江	0.2621（5）	0.2604（4）	0.2679（9）	0.2804（12）	0.2990（9）	0.2703（6）
吉林	0.2417（9）	0.2427（8）	0.2908（5）	0.2797（14）	0.3001（8）	0.2694（7）
内蒙古	0.2495（7）	0.2494（6）	0.2719（8）	0.2909（8）	0.2879（16）	0.2693（8）
辽宁	0.2202（14）	0.2364（11）	0.2861（6）	0.2802（13）	0.2810（18）	0.2631（9）
青海	0.2544（6）	0.2329（12）	0.2344（17）	0.3059（6）	0.3494（6）	0.2625（10）
江苏	0.2302（13）	0.2426（9）	0.2674（10）	0.2809（11）	0.2905（13）	0.2614（11）
黑龙江	0.2130（15）	0.2182（16）	0.2530（13）	0.3037（7）	0.3342（7）	0.2575（12）

续表

时期	1999—2000年	"十五"	"十一五"	"十二五"	2016年	均值
广东	0.2318 (12)	0.2424 (10)	0.2537 (12)	0.2743 (16)	0.2849 (17)	0.2556 (13)
福建	0.2402 (10)	0.2237 (14)	0.2571 (11)	0.2744 (15)	0.2796 (19)	0.2520 (14)
湖北	0.2322 (11)	0.2239 (13)	0.2450 (14)	0.2720 (18)	0.2785 (21)	0.2471 (15)
重庆	0.2022 (18)	0.2198 (15)	0.2435 (15)	0.2837 (9)	0.2916 (12)	0.2462 (16)
新疆	0.2072 (16)	0.2145 (18)	0.2275 (24)	0.2812 (10)	0.2973 (11)	0.2404 (17)
山西	0.2055 (17)	0.2150 (17)	0.2362 (16)	0.2683 (19)	0.2989 (10)	0.2393 (18)
山东	0.1948 (21)	0.1967 (23)	0.2334 (18)	0.2597 (22)	0.2742 (22)	0.2285 (19)
陕西	0.1922 (22)	0.1939 (25)	0.2277 (23)	0.2593 (23)	0.2759 (22)	0.2258 (20)
湖南	0.1895 (23)	0.1971 (22)	0.2313 (19)	0.2524 (25)	0.2601 (26)	0.2246 (21)
江西	0.2022 (19)	0.2089 (19)	0.2266 (25)	0.2408 (27)	0.2535 (27)	0.2244 (22)
广西	0.1771 (26)	0.1845 (27)	0.2287 (21)	0.2624 (21)	0.2884 (15)	0.2234 (23)
安徽	0.1977 (20)	0.1976 (21)	0.2312 (20)	0.2369 (28)	0.2448 (29)	0.2205 (24)
河北	0.1807 (24)	0.1925 (26)	0.2222 (26)	0.2461 (26)	0.2641 (25)	0.2183 (25)
贵州	0.1688 (29)	0.1998 (20)	0.2081 (28)	0.2553 (24)	0.2391 (30)	0.2162 (26)
四川	0.1776 (25)	0.1941 (24)	0.2279 (22)	0.2293 (29)	0.2510 (28)	0.2146 (27)
河南	0.1724 (27)	0.1667 (29)	0.2125 (27)	0.2632 (20)	0.2693 (24)	0.2126 (28)
云南	0.1353 (30)	0.1593 (30)	0.2022 (29)	0.2737 (17)	0.2886 (14)	0.2075 (29)
甘肃	0.1708 (28)	0.1802 (28)	0.1996 (30)	0.2288 (30)	0.2794 (20)	0.2036 (30)
均值	0.2227	0.2280	0.2581	0.2865	0.3032	

注：(1) 以上除2016年以外各段时期的综合指数均为取均值后的结果。(2) 对于部分年份的缺失数据，本文根据数据序列的变化趋势选择线性差值法予以补充。(3) 本文最终计算结果均保留四位有效数字以便于排名。

根据表2综合指数数据，我们可将中国省级经济发展质量划分为"低、较低、较高、高"四个等级①，各等级对应的指数区间依次为 [min $\{\Psi_p\}$, 0.25]、(0.25, 0.3]、(0.3, 0.35]、(0.35, max $\{\Psi_p\}$]。其中，min $\{\Psi_p\}$ 与 max $\{\Psi_p\}$ 分别表示第 p 期所有综合指数的最小值和最大值。由此可以发现，不仅不同地区的经济发展质量存在显著差异，而且部分地区在不同时期的经济发展质量等级也是一个动态变化的过程。因

---

① 这四个等级并不具有绝对性，只是相对而言的等级划分。

此，这就要求我们必须对不同时期各地区经济发展质量进行系统、详尽地对比分析，从而全面把握长期以来我国转变经济发展方式的具体状况。

三 中国省际经济发展质量的评析

自20世纪90年代至今，我国经济发展逐步进入了体制转轨和增长方式转换的"两期叠加"阶段。一方面，社会主义市场经济体制的确立激发了全社会生产的积极性，推动了各省经济总量的提升；另一方面，由外延式扩大再生产到内涵式扩大再生产转变的制度要求在一定程度上制约了传统的粗放发展模式，"科学技术是第一生产力"的发展理念逐渐深入人心，从而有效促进了经济发展质量的提高。然而，囿于省际资源禀赋的差异与发展战略的固有惯性，各地区经济在高质量发展的同时也呈现出了一些不足和缺陷。

（一）中国省际经济高质量发展不充分

首先，各省（市、自治区）经济高质量发展不充分。根据表2测算结果进行横向对比来看，同一时期不同地区之间的发展水平参差不齐，差异较大。北京、上海、天津、海南持续位居前列，而河北、云南、四川、甘肃等地发展质量则相对较低，造成这一现象的主要原因在于地区资源条件的禀赋差异与改革的先行性两个方面。另外，通过纵向对比来看，1999—2000年、"十五"时期、"十一五"时期、"十二五"时期以及2016年属于高质量发展的地区分别仅有1个、1个、2个、4个、5个，而处于较低和低质量发展阶段的地区则分别有28个、28个、26个、23个、22个，虽然发展质量整体表现出逐年提高的趋势，但增长速度始终非常缓慢。极端的表现在连续位列第1的北京与其他地区的综合发展指数之间存在的明显差距上，尽管这与北京长期首都功能定位密切相关，但仍然可以反映出其他地区的经济发展质量尚存很大的提升空间。此外，我们运用极差法计算出各时期经济发展质量综合指数的离散程度并通过图1进行趋势对比发现，极大值与极小值均呈现出了逐渐上升态势，进一步印证了随着改革的深化，我国省际经济发展质量在稳步提升。然而，极差值却并未发生较大幅度的改变，也就意味着长期以来我国省际之间经济发展质量的较大差异也并未发生可观改变。

其次，区域之间经济高质量发展不充分。从表3中我国八大经济区域的发展质量综合指数来看，1999—2000年和"十五"时期的所有区域全

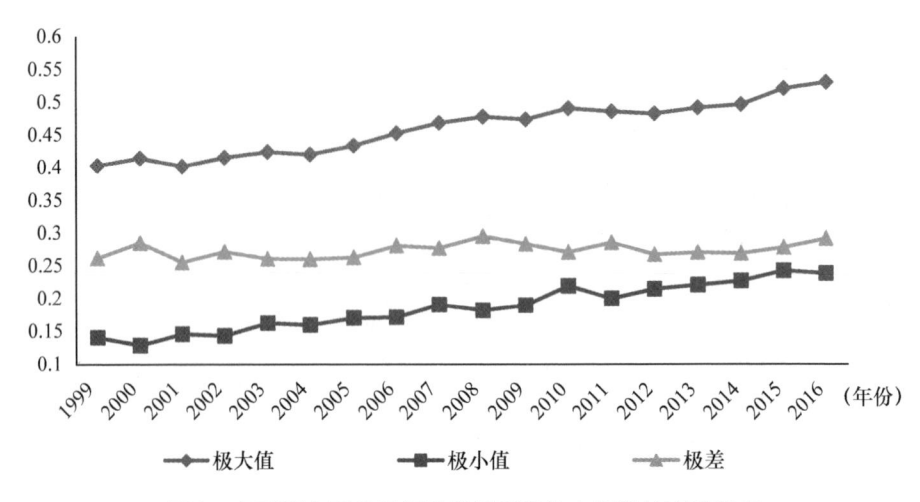

图1 各时期中国省际经济发展质量综合指数的离散程度

部处在较低质量发展和低质量发展阶段，只有从"十一五"时期开始，随着沿海地区城市化和工业化水平提高，市场机制和政策环境的相对完善，外向型经济的发达以及在国际产业分工中展现出较强的竞争力，才逐渐出现了较高质量发展的地区，而只有2016年的北部沿海顺利进入了高质量发展阶段。但是，需要注意的是，从"十一五"时期到2016年跻身较高质量发展行列的地区由2个增加到了5个，充分表明当前我国各区域追求高质量经济发展的战略已初步得到了落实。同样利用极差法对区域之间的综合指数离散程度进行测算得出，从1999—2000年到2016年的五个时期，各期综合指数均值的最大值与最小值之间的差距分别为0.1031、0.0906、0.0934、0.0933、0.099，也就表明，长期以来，各区域之间经济发展质量在呈现同步增长的同时，低质量发展区域始终存在着长足的上升空间，区域之间的差距依然没有改变。

最后，经济高质量发展缺乏稳定性。纵向对比发现，部分地区经济发展质量表现出总体上升态势的同时，相对水平却存在较大程度的波动，以东北地区最为显著。东北地区经济发展质量排名近年出现了落后的倾向，具体地，吉林从"十一五"时期的第5名下降到了"十二五"时期的第14名，2016年得益于创新成果转化水平的大幅增加重新趋于正常水平；辽宁主要因资本形成率的降低从"十一五"时期的第6名下降到了"十二五"时期的第 13 名,2016 年继续降至第 18 名;黑龙江则反而伴随产业结构的升级推动经济发展质量从"十一五"时期的第 13 名上升到了"十二五"时期和 2016 年的第 7 名。另外,从地区之间的排名来看,排名呈向前趋势的有宁夏、青海、重庆、新疆、山西、广西、河南、云南、甘肃,而逐渐趋于落后的包括内蒙古、福建、湖北、湖南、江西、安徽、四川、贵州,而北京、上海、天津、海南、江苏、山东、陕西以及河北的排名则相对较为稳定,这就说明在高质量发展的过程中,由于各地转变经济发展方式的速度存在差异,经济发展质量也提升程度也不尽相同。

表 3　　　　　　　　八大经济区域经济发展质量综合指数及排名

	1999—2000 年	"十五"	"十一五"	"十二五"	2016 年	均值
北部沿海	0.2654 (2)	0.2737 (2)	0.3155 (1)	0.3438 (1)	0.3582 (1)	0.3085 (1)
东部沿海	0.2753 (1)	0.2821 (1)	0.3003 (2)	0.3105 (2)	0.3321 (2)	0.2971 (2)
南部沿海	0.2459 (3)	0.2390 (3)	0.2567 (4)	0.3016 (3)	0.3128 (3)	0.2709 (3)
东北地区	0.2250 (4)	0.2324 (4)	0.2766 (3)	0.2879 (4)	0.3051 (5)	0.2633 (4)
大西北地区	0.2193 (5)	0.2189 (5)	0.2343 (6)	0.2829 (5)	0.3215 (3)	0.2467 (5)
黄河中游	0.2049 (7)	0.2063 (7)	0.2371 (5)	0.2704 (6)	0.2830 (6)	0.2368 (6)
长江中游	0.2054 (6)	0.2069 (6)	0.2335 (7)	0.2505 (8)	0.2592 (8)	0.2292 (7)
西南地区	0.1722 (8)	0.1915 (8)	0.2221 (8)	0.2609 (7)	0.2717 (7)	0.2216 (8)
均值	0.2267	0.2314	0.2595	0.2886	0.3055	

注:八大经济区域的划分标准依据 2005 年国务院发展研究中心发布的《地区协调发展的战略和政策》报告。

(二) 中国省际经济高质量发展不协调

首先,经济高质量发展与经济总量增长不协调。虽然,从表 4 可知,在利用熵值法计算的一级指标层所占权重中,经济总量占 18.419%,超过了绿色、开放、共享三个指标。但是,各省(直辖市、自治区)的经济增长总量与经济发展质量之间的变化趋势并不呈现协同性特征。如图 2 中二者均值的变动趋势来看,1999—2000 年二者呈反向变动,2000—2003 年呈同向变动,2003—2006 年呈反向变动,2006—2010 年呈同向变动,2010—2016 年呈反向变动,这充分证明随着我国逐渐步入后工业化阶段,数量扩张型的经济增长方式已然成为经济高质量发展的桎梏,从而为新时代中国政府提出新的发展理念提供了佐证。总体而论，在历年地区生产总值均值的波动呈现出一定的周期性波动态势的同时，全国省际经济发展质量综合指数均值持续稳步上升，这也就意味着无论经济增速处于衰退阶段还是低潮阶段，保证经济发展质量的提高依然是切实可行的。

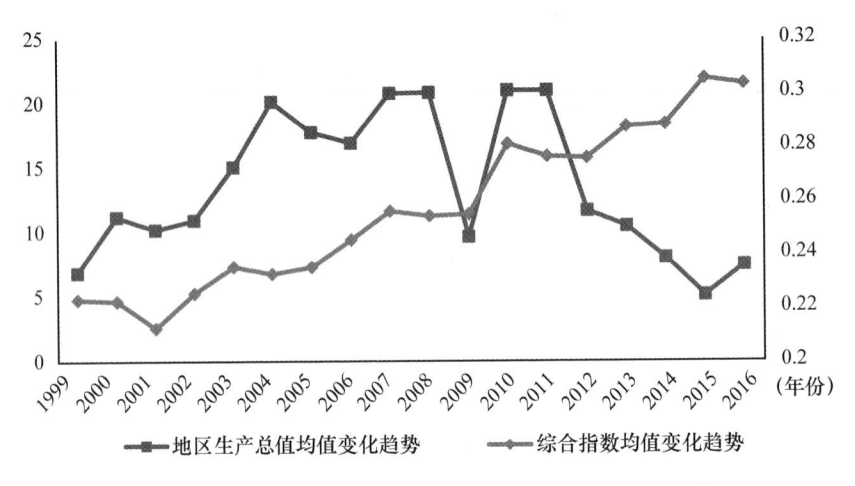

图2　各时期中国省际经济发展数量和质量的变化趋势

其次，经济高质量发展中"五大"发展理念不协调。表4显示，在经济发展质量的测算过程中，一级指标中"五大"发展理念所占权重由高到低依次为协调、创新、开放、共享、绿色。其中，协调占全部份额的比重高达44.377%，创新和开放分别占22.702%和10.941%，而绿色与共享仅占3.561%。一方面，表明过去一个时期内"唯GDP论"的地区竞争模式促使了地方发展战略向协调、创新、开放倾斜，无疑这三者是拉动地区快速增长的唯一动力。另外，由于协调战略的主动权基本掌握在地方政府手中，因此高效快速的协调增长捷径备受地方政府青睐。然而，基于创新成果投入使用的长周期性以及对外开放的话语权一般掌握在中央政府手中，创新与开放所占比重稍低的事实也便无可厚非。另一方面，反映出了我国传统粗放式经济增长的固有弊病，尤其体现在地方经济社会发展层面，以追求产值增长作为政绩考核的评价形式致使绝大多数地方政府忽视了绿色发展与共享发展的重要性，极其缺乏保护资源环境和提高人民生活水平和生活质量的主动性和积极性。

表4　　　　熵值法测算省际经济发展质量各指标层所占权重　　　　单位:%

一级指标层	二级指标层	三级指标层
总量（18.419）	增长水平（1.780）	地区生产总值增速（1.780）
	消费水平（2.099）	居民消费水平增速（2.099）
	投资水平（14.540）	资本形成率（14.540）
创新（22.702）	创新投入（3.170）	R&D经费支出增速（3.170）
	创新产出（5.742）	专利申请授权量增速（5.742）
	创新成果转化（13.790）	技术市场成交额增速（13.790）
协调（44.377）	产业协调（24.736）	第三、二产业产值比（24.736）
	城乡协调（19.641）	城镇化率（14.728）
		城乡居民收入比（4.913）
绿色（1.462）	资源与环境（1.462）	煤炭消费量增速（0.236）
		工业二氧化硫排放量增速（1.056）
		工业废水排放量增速（0.170）
开放（10.941）	对外开放水平（10.941）	进出口总额增速（4.478）
		实际利用外商投资额增速（6.463）
共享（2.099）	人民生活水平（2.099）	城乡居民家庭恩格尔系数比（1.946）
		城镇居民低保人数增速（0.153）

（经济发展质量综合指数（100））

最后，保证经济高质量发展的具体层面存在不协调。（1）从总量发展来看，投资水平在全部指标中所占的比重为14.540%，远远高于增长水平与消费水平，这与我国传统发展模式下地方政府盲目追加投资、以政府投资弥补社会投资空缺的投资事实完全吻合，这种畸形投资显然不利于经济质量的提升。（2）从创新发展来看，创新成果转化明显要比创新投入和创新产出所占比重要高，且以创新投入所占比重为最低。主要归因于从创新投入到创新成果得以应用的时间跨度一般要长于地方政府官员的任期，从而再一次证明了在地方政府眼中即期利益始终高于长远利益的现实。（3）从协调发展来看，尽管产业协调与城乡协调所占份额相当，但是，在城乡协调发展过程中，加快推进城镇化建设远比降低城乡居民收入差距而备受地方政府的重视，城镇化率的提高与城乡收入差距的扩大并存。（4）从绿色发展来看，工业化进程的加快导致的二氧化硫排放量的增加是限制我国绿色发展的罪魁祸首，也是雾霾产生的首要原因。（5）从开放发展和共享发展来看，实际利用外商投资额增速所占比重高于进出口总额增速所占比重，城乡居民家庭恩格尔系数比所占份额大于城镇居民低保人数增速所占份额，同样体现了发展的不协调。

（三）中国省际经济高质量发展不平衡

首先，我国省际地区之间经济高质量发展不平衡。通过绘制不同时期我国省际经济发展质量类型的空间分布地图，如表 2 所示，从"十五"时期到"十二五"时期，随着科学发展观的提出与贯彻落实，我国省际经济发展质量有了长足的进步，特别是"十二五"时期提高幅度最大。其中，从较高质量发展提升到高质量发展的有天津、海南，由较低质量发展转变为较高质量发展的有宁夏和黑龙江，由低质量发展到较低质量发展的分别有湖北、重庆、新疆、山西、山东、陕西、湖南、广西、贵州、河南、云南，而青海则直接由低质量发展跨越到了高质量发展阶段。其他地区尽管发展质量所属等级未发生改变，但经济质量发展指数除吉林和辽宁出现下降以外均有所上升。然而，尽管如此也无法掩盖甘肃、四川、河北、江西、安徽等部分地区长期处于低质量发展阶段的客观事实，尤其是安徽，受投资动力不足与城镇化率较低等多重因素的制约一直未走出低质量发展的困境。

其次，我国区域之间经济高质量发展不平衡。从表 2 可以看出，我国省际经济发展质量呈现了一定的空间集聚效应。由于我国历来注重实施鼓励东部地区与沿海地区率先实现现代化的发展战略，加之沿海地区先天具备的优越开放条件以及完善的市场环境、创新环境、投融资环境与政策环境，最终造成了沿海地区经济发展质量明显高于内陆地区、东北地区的经济发展质量仅次于沿海地区的空间布局。同时，我们也应该清醒地认识到，尽管"十二五"时期内陆地区的经济发展质量出现了大范围提升，大西北地区与西南地区经济发展质量呈向好态势，但东北地区和长江中游却逐渐趋于落后，发展不平衡问题在短期内依然无法得到有效解决。

最后，我国区域内部各省（直辖市、自治区）之间经济高质量发展不平衡。区域内部高质量发展不仅不具有带动效应，反而呈现出明显的"分离"现象。诸如：北部沿海区域中，北京、天津已经进入了高质量发展阶段，而河北、山东的发展质量属于低质量发展级别，尤其是河北长期维持在全国倒数第 5 名左右；南部沿海区域中海南自"十二五"时期就跨入了高质量发展的行列，而福建和广东长期处于较低质量发展阶段；东部沿海地区江苏、浙江与上海的差距也较大;"十二五"时期东北地区经济发展质量的"分离"现象则最为明显;大西北地区中新疆和甘肃属于低质量发展地区,且甘肃的发展质量一直处于全国末位,而青海和宁夏却表现出了向好态势;黄河中游地区中的山西、陕西、河南均处于低质量发展阶段,尽管河南发展质量近期有所提高,但与内蒙古的发展质量仍存在很大差距;西南地区中四川、贵州、云南长期处于低质量发展区间,并且贵州的发展质量排名继续呈现后退的趋势,而重庆、广西、云南的发展质量在"十二五"时期和2016年出现了明显的好转。综合来看,发展战略的差异与产业结构的升级速度以及要素配置的优化程度是导致区域内部省份之间经济发展质量高低背离的主要原因。

四 新时代中国省际经济发展质量的预判

(一)情景设置与预测方法选择

党的十九大报告明确指出从十九大到二十大,是实现"两个一百年"奋斗目标的历史交汇期,在这期间,中国省际经济发展质量的优劣程度与发展走向势必是决定能否成功跨越关口的关键。为此,我们拟在上文研究的基础上,通过设置两种不同的发展情景进行模拟预测。

情景1:根据熵值法测算出的客观权重,并假设未来依然遵循该经济高质量发展模式,从而对"十三五"时期和"十四五"时期经济发展质量综合指数进行预测。

情景2:采用主观评价的均等赋权法,并假设未来将按照各经济层面统筹均衡的发展模式,从而对"十三五"时期和"十四五"时期经济发展质量综合指数进行预测。

考虑到灰色系统理论对于少量信息和不确定性问题的应用研究具有较高的优越性。而且灰色预测能够通过鉴别系统因素之间发展态势的相异程度,对原始数据进行生成处理来寻找系统变动规律,使得预测结果能较好反映出各地区经济发展质量的变化趋势。此外,我们分别对四种灰色 GM (1,1) 模型进行模拟预测后发现,原始差分 GM (1,1) 模型的模拟精度最高,故选择原始差分 GM (1,1) 模型对"十三五"时期、"十四五"时期中国省际经济发展质量综合指数进行预测具有一定的合理性。因此,基于以上两种情景,利用1999—2016年的综合指数数据作为原始数据,运用 GTMS3.0 软件进行原始差分 GM (1,1) 预测,结果如图3所示。

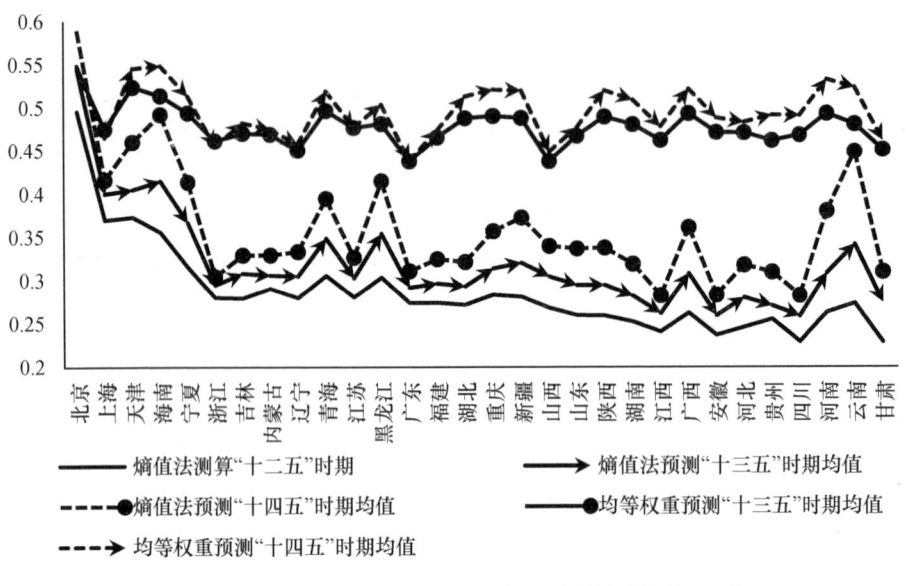

图 3　不同情景下中国省际经济发展质量综合指数预测

（二）新时代中国省际经济发展质量展望

首先，新时代中国省际经济高质量发展呈向好趋势。通过图3可以看出，无论在何种发展情景下，中国省际经济发展质量在"十三五"时期与"十四五"时期都将呈现出向好趋势，且情景2的发展模式最优。一方面，根据情景1的预测结果，从"十三五"时期开始处于低质量发展水平的地区将会消失，且相比较"十二五"而言，云南、宁夏将进入高质量发展阶段，处于较高质量发展阶段的地区增加了辽宁、河南、新疆、内蒙古、重庆、吉林、湖南、江苏以及广西9个地区。而进入"十四五"时期，处于高质量发展阶段的地区共有12个，处于较高质量发展阶段的共15个，仅有四川、安徽、江西依然处于较低发展阶段；另一方面，根据情景2的预测结果，如果将经济指标赋予均等权重，新时代中国省际经济发展质量将全部进入高质量发展阶段，这也就意味着新时代统筹各经济层面协调发展是保证中国省际经济质量高速提升的重要前提。

其次，新时代中国省际经济高质量发展的异质性依然存在。根据情景1和情景2的预测结果来看，一是从"十二五"时期到"十四五"时期，各地区经济高质量发展的稳定性仍然具有一定的差异。上海、浙江、广东、江西等地的经济发展质量提升缓慢,而天津、青海、黑龙江、新疆、广西以及云南等地的高质量发展势头则相对较为迅猛;二是各地区经济高质量发展的不充分与不平衡现象将依然存在。通过采用极差法测算出"十三五"时期和"十四五"时期经济发展质量综合指数的极大值和极小值之间的差距分别为0.2866、0.30772。由此与以往阶段相比,如果继续按照情景1中的经济质量发展模式将导致省际之间高质量发展差距逐渐拉大的态势,北京、上海、天津、云南的发展质量远高于江西、安徽、四川、甘肃等地的显著特征并没有得到较大改变。

最后,全面统筹均衡的发展方式将有利于缓解新时代省际经济增长质量差异。根据情景2的预测结果来看,即使按照情景2的发展模式同样存在与情景1的发展模式相似的发展不稳定、不充分、不平衡问题,但在情景2的发展模式下,以上问题将得到较大程度的缓解。一是尽管部分地区的高质量发展速度仍不稳定,但增长幅度的差异并不十分明显;二是通过计算"十三五"时期和"十四五"的极差值分别为0.1103、0.1099,可以初步判断,情景2中的发展模式将有助于缩小省际间经济高质量发展的差距,从而表明采取对各项发展指标进行均等赋权的统筹发展方式是保证新时代实现省际经济质量全面发展的关键措施和有力保障。

五 新时代中国经济高质量发展的路径选择

综上所述,我国经济高质量发展过程中存在的问题诸多,采取行之有效的改革方式已迫在眉睫,关键在于如何统筹总量增长与质量提升。对此,我们认为,新时代背景下应该重拾"把改革当作一种革命"①的精神,我国作为社会主义国家,以公有制为主体、多种所有制经济共同发展的基本经济制度为改革的顺利实施提供了根本保障。因此,只有坚定改革定力、增强改革勇气才是推动社会进步的唯一路径。然而,改革的推进首先需要逻辑的支撑,当前的改革必须坚决破除"以总量增长为主、质量提高为辅"的一贯思想,将统筹数量增长与质量提升,以总量增长带动质量提升,以质量提升弥补增长不足作为后续改革的基本原则,具体改革逻辑如图4所示。一方面,要注重控制总量增速,优化经济结构,在继续深化供给侧结构性改革的同时,保证投资需求与消费需求、国内需求与国外需求

---

① 《邓小平文选》(第3卷),人民出版社1993年版,第82页。

的协调、共进；另一方面，要认真贯彻落实新发展理念，建立现代经济体系，努力构建囊括创新发展、协调发展、绿色发展、开放发展以及共享发展的全方位发展路径。

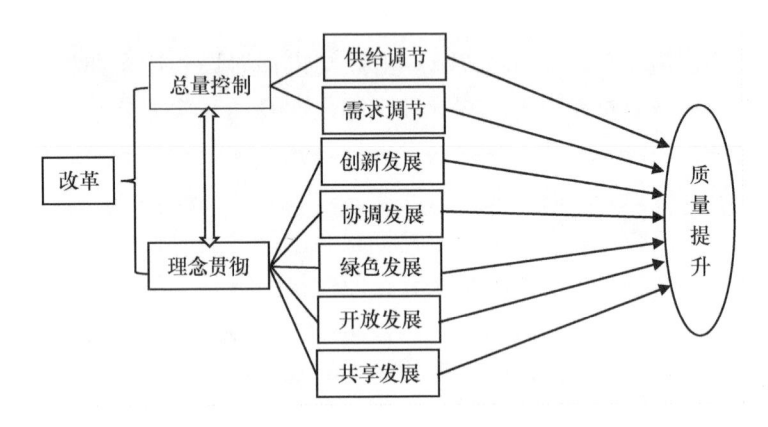

图4 新时代提升经济发展质量的改革逻辑

(一) 新时代中国经济高质量发展的前提是控制总量增速

通过上文分析得知，经济高质量发展与经济总量增加之间并无必然联系，而传统"唯GDP论"的政绩考核机制限制了地方政府的发展视野，尤其阻碍了内陆地区经济发展质量向沿海地区靠拢的积极性。为此，国家层面首先应该加快建立能够反映社会综合发展水平和发展质量的指标体系，转变政府职能，提高地方领导干部的科学发展观意识，将考核标准从偏重经济指标改为涵盖新发展理念的综合性指标。如果疏漏了这一点，一切改革措施都将是隔靴搔痒，这既是建立现代经济体系的本质要求，也是保障改革顺利推进的根本前提。

此外，要继续创新宏观调控模式，完善经济稳定政策。当前，面对错综复杂的国际、国内形势，政府应该继续努力创新宏观调控模式。一方面，要继续加大结构性调控力度。既要积极实行结构性减税政策，从保护实体经济的角度出发帮助我国制造业摆脱踟蹰不前的困境，也要建立健全差别准备金动态调整机制以实现逆周期调节作用。另一方面，要努力实现短期调控与长期调控的良性结合，在保障经济短期平稳发展的同时要增强宏观调控的前瞻性和协调性，财政政策和货币政策要与产业政策和贸易政策相匹配，以有效实现宏观调控模式的机制化。此外，要加快推进金融体制改革。当前首要的任务是建立健全系统性风险预警指数体系和境外投资风险防控机制，在此基础上抓住新一轮技术革命的机遇，实现区块链、人工智能、金融创新的有机融合，以充分发挥科技对金融业改革的引领作用。

再次，要继续深化供给侧结构性改革，深入推进"三去一降一补"。供给侧结构性改革作为一项长期任务，不可能毕其功于一役。当前，仍然要继续深入推进"三去一降一补"。第一，要实现新一轮供给侧结构性改革与宏观调控政策、创新驱动以及产业结构优化升级的协调配合，提高供给侧结构性改革对需求侧变化的适应性和灵活性。第二，要努力化解当前我国各类债务的偿还压力。一是要压缩国有企业经营性、竞争性领域支出的同时，加大推进企业的改革力度，继续清理"僵尸企业"；二是要继续大力推进地方债置换工作，减轻地方政府的利息负担，以缓解地方偿债压力。另外，要进一步促进经济发展"脱虚向实"，降低企业成本，提高实体经济的投资收益率，从而分散人们的投资行为，以化解房地产及金融行业存在的泡沫风险。

最后，突出消费导向，保证投资需求与消费需求、国内需求与国外需求协同并进。早在20世纪和21世纪之交，刘诗白就指出"艰难的体制转轨（以及增长方式转换）中出现的基本消费群体收入增长滞后问题，是消费弱化的根本原因。"[①]，现在依然如此。由就业、医疗、教育、住房以及收入分配等体制改革的相对滞后产生的抑制即期消费的聚合负效应，是导致新时期有效需求不足的关键。消费带动投资、内需补充外需作为今后的主要改革逻辑，应该着重从三个方面进行：（1）在逐步提高居民收入在国民收入分配中的比重的同时，加大政府的社会保障投入和公共服务支出，只有消除了人们未来消费上升的预期，才能增强消费积极性，只有消费得到了振兴，民间投资才能得到有效启动。（2）转变外贸增长方式，明确各地方企业在产业转移中的优劣势，取长补短，增强国际竞争力，保障对外贸易和国际收支平衡。（3）提倡、引导合理消费和健康消费，将资源环境承载力纳入衡量消费是否合理的指标体系。

(二) 新时代中国经济高质量发展的创新之路

技术创新是一项长期工程，只有坚持把技术创新作为加快转变经济发

---

① 刘诗白：《我国转轨期经济过剩运行研究》，西南财经大学出版社2000年版，第136页。

展方式的重要支撑,坚定实施科教兴国战略、人才强国战略,才能取得经济发展方式的实质性转变。以往时期,部分地区在注重技术创新成果转化的同时轻视了创新投入,尤其以四川、青海、广西、山西、海南、吉林、辽宁以及黑龙江最为明显,而根据丁任重等的研究结果,东北地区、大西北地区以及西南地区的创新水平与经济增长的关联性很强①,因此以着重提高这些地区的技术创新优势来实现缩小经济发展质量差距势在必行。另外,我国大部分省份还存在着严重的创新效率低下现象,要积极通过鼓励、倡导向创新效率较高地区学习的方式,特别是要向北京、上海、天津、重庆、四川、江苏、湖北等地学习先进创新模式和管理经验,以全要素生产率的提高作为实现创新发展的根本目标。

总体来看,要继续推进创新驱动战略,有效发挥创新推动经济高质量发展的重要作用。当前,各地"抢人大战"潮流的涌现充分证明了地方政府发展观念的深刻转变。就此,国家应努力把握机遇,营造公平、良好的创新环境,分区域、分城乡、分产业的、有针对性地制定相应政策。此外,倡导创新驱动,还要以企业的技术创新为重点,以体制机制创新和内部管理创新为辅助,完善创新体系,充分激发企业的创新活力。首先,从国家层面而言,要借鉴西方国家的做法,尽快出台一系列创新扶持政策,鼓励实现产学研三位一体的创新模式。同时,要重视对"高精尖"人才的培养,保障人才的供给与合理分配。而且,还要加强对知识产权的保护力度,建立有效的信用监管机制,并尽可能地降低维权成本。其次,就地方政府层面而言,要充分重视小企业在缩短技术创新和推广之间的时间间隔的重要作用,鼓励、支持风险投资性质的、知识密集型小企业的创建。第三,就企业层面而言,一方面要从业务领域寻求突破创新,积极拓展新的业务范围,创新经营模式;另一方面要从生产领域出发,加快先进机器设备的研发与应用,以提高企业的生产效率,增加企业的核心竞争力。

(三) 新时代中国经济高质量发展的协调之路

首先,要积极推动区域协调发展战略,形成全国统一大市场。宣晓伟指出,从中央和地方关系的角度来分析我国区域协同发展能有效解决长期

---

① 丁任重、徐志向:《新时期技术创新与我国经济周期性波动的再思考》,《南京大学学报》(哲学·人文科学·社会科学) 2018 年第 1 期。

以来我国地方自主权限不足与中央约束能力有限的症结①，我们同样认为，只有厘清中央与地方关系才能充分释放地方政府的自主权和竞争活力，明确中央与地方之间的职权界限，既要充分发挥中央的主导作用，又要调动地方政府的积极性。一是中央要在保障区域间公平竞争、人口正常流动与中央转移支付准确使用等宏观调控方面下功夫，政策倾斜应遵循"因地制宜，有的放矢、补偏救弊"的原则，避免统包统揽与盲目的资金支持；二是地方政府则要积极推进区域经济合作，坚决破除以往地方保护壁垒，建立完善的市场经济制度和自觉遵守市场竞争秩序，通过发挥比较优势弥补现实不足。另外，高质量发展地区应主动承担起互利共享的责任，强化区域内部省域之间的高质量发展带动效应，有效解决区域之间与区域内部发展不充分、不平衡、不协调问题。

其次，要逐渐实现产业协调发展，促进产业结构优化升级。一是要继续坚持改造传统农业，尽快实现农业全面现代化。正如舒尔茨所言："土地的差别并不是足以解释农业生产趋势的变量……解释农业生产差别的关键变量是人的因素，即农民所获得的能力水平的差别。"② 当前应着重把培育农村中介组织，提高农民的组织化程度作为工作重点，在保障分散农户的合法权益的同时，充分利用农村中介组织的技术与资源，加大对农民的教育、培训，分离出有能力的农民实行规模生产，提高农业生产效率。二是要加快发展战略性新兴产业和支柱产业，确保新一代信息技术产业能够成为我国产业结构优化升级的中坚力量。三是要进一步促进服务业优化升级。一方面，要大力发展生产性服务业，依靠创新驱动提高生产性服务业的附加值；另一方面，要不断满足生活性服务业的发展要求，通过市场机制的调节作用保障生活性服务的有效供给。另外，还要加强对房地产行业泡沫问题的防范与治理，政府中期内可实行适度紧缩的货币政策，抑制资产价格的过度膨胀，并严格土地管理制度，增加土地的有效供给。

最后，要稳妥推进城乡协调发展，贯彻落实乡村振兴战略。一是要加快推进城乡融合步伐。从现有数据来看，2016年我国甘肃、广西、贵州、云南、四川、河南、新疆7个省份的城镇化水平依然相对较低，与北京、

---

① 宣晓伟：《中央地方关系的调整与区域协同发展的推进》，《区域经济评论》2017年第6期。

② ［美］西奥多·W. 舒尔茨：《改造传统农业》，商务印书馆2006年版，第16页。

上海、天津相差 40 个百分点左右，与广东、福建、江苏等地相差也有 20 个百分点，表明大部分地区的城镇化水平仍有很大的提高空间，推进城镇化进程不可懈怠。其一，要继续积极发展城市群，保障城市群内部要素资源合理配置，发挥"以点带面"的联动效应。其二，随着农地"三权分置"日臻完善与农地非农化兴起，确保非公有制经济的健康发展是保证农村剩余劳动力自主择业和自主创业的前提。其三，要加快破除城乡二元经济结构的进度，尽快推行全国统一的户籍管理制度，既要为城乡居民营造平等的就业环境，也要让农民享受到城镇化发展的裨益。二是要形成科学合理的城镇化发展格局。现实来看，不少地区城镇化水平虽然较高，但城乡收入差距依然较大。行政区划的形式改变并不能从根本上解决城乡差距问题，必须制定完善的发展规划，以提高人民切身利益为出发点和落脚点。

（四）新时代中国经济高质量发展的绿色之路

党的十九大报告再次强调"必须树立和践行绿水青山就是金山银山的理念，坚持节约资源和保护环境的基本国策，像对待生命一样对待生态环境"。但是，长期以来，基于多重因素，生态经济、绿色经济、循环经济、低碳经济等发展要求始终没有得到地方政府的足够重视，从而造成了积重难返的局面。对此，新时代背景下，我们应该明确改革的逻辑，抓住改革的重点，加大改革的力度。首先，要加快落实将绿色发展理念纳入地方官员晋升考核机制，并赋予适当的权重。同时，充分利用地方政府的决策权、执行权与监督权，完善有利于能源资源的节约和生态环境保护的法律法规，"双管齐下"共同推动全社会树立绿色发展意识。其次，要充分认识到发展绿色经济是一项长期系统工程，改革要循序渐进，通过主要矛盾的解决来缓解次要矛盾的影响。

当前，我们认为，应该重点突出创新发展对绿色发展的引领和带动作用。马克思所言如是，"科学的进步，特别是化学的进步，发现了那些废物的有用性质。"① 因此，我们应借助新一轮技术革命的浪潮，一方面，在综合考虑各地区资源禀赋与环境承载力的基础上，通过制定完善的绿色科技投入和成果转化扶持政策，着力形成具有低能耗、低污染、高效率的绿色产业链。另一方面，加快实现有助于节能减排、新能源和可再生能源高

---

① 《资本论》（第 3 卷），人民出版社 2004 年版，第 115 页。

效利用的核心技术攻关，尤其是地方政府需根据当地高校办学特色，以公开、公平、公正的招标形式吸引社会各界参与绿色科技投资，形成产学研一体化。此外，从发展生态经济的维度，要继续加大退耕还林、退牧还草、退田还湖的补助力度，加强森林资源的保护和再培育，全面实施排污费征收管理，并相应提高征收标准；从发展循环经济的维度，要规范ISO14000环境管理体系认证的程序，为高污染行业的从业者提供清洁生产的教育和培训，一律采取持证上岗；从发展低碳经济的维度，要抓好试点、树立典型、加强宣传，既要保证生产、生活及消费方式向低碳化转型，也要严格限制高耗能、高污染产品的进口。

（五）新时代中国经济高质量发展的开放之路

中国40年改革开放的成功经验告诉我们，始终不渝走和平发展道路、奉行互利共赢的开放战略无疑是中国经济社会取得历史性转变的重要法宝。然而，当前面对波谲云诡的国际政治经济形势和贸易保护主义抬头的趋势，如何选择对外发展道路的问题再一次摆在了中国面前。我们认为，新时代背景下更应该继续扩大开放，主动开放，进一步彰显出我国坚定推行新一轮更大力度改革开放的决定和意志。正如习近平总书记在博鳌亚洲论坛2018年年会开幕式上所指出的："未来中国经济实现高质量发展也必须在更加开放条件下进行。这是中国基于发展需要作出的战略抉择，同时也是在以实际行动推动经济全球化造福世界各国人民。"①

继续坚持对外开放，统筹用好国际国内两个市场、两种资源。当前，要以"一带一路"倡议为契机，抓住沿线各国的资源禀赋特点，扩大开放的空间和范围，积极推进各国之间的交流与合作。一方面，要进一步强化经济政策、基础设施、多边贸易、资金融通以及产业结构优化等方面的协调配合，在国际比较和竞争中寻找经济可持续发展的新动能。同时，要继续广泛开展教育、科技、文化、旅游、卫生、环保等领域的合作，努力实现互利共赢；另一方面，要努力培育国际经济竞争新优势，统筹用好国际国内"两个市场、两种资源"。今后，需进一步加大制度改革力度，在形成对外开放新体制上迈出新步伐，加快形成对外开放战略新布局，努力推动全球经济治理体系趋向合理、完善。另外，从国内各区域的开放进程来

---

① 《习近平在博鳌亚洲论坛2018年年会开幕式上的主旨演讲》，中国西藏网，http://news.sina.com.cn/o/2018-04-10/doc-ifyuwqez8123281.shtml，2018年4月10日。

看，要在巩固东部沿海地区对外贸易核心地位的基础上，继续提高中部对外开放水平，并协同加快西部对外开放的步伐，以实现从局部开放向全面开放的转变。

（六）新时代中国经济高质量发展的共享之路

增进民生福祉是发展的根本目的。从"十五"时期到"十三五"时期，尽管我国城乡居民收入差距整体呈现出了波动下降的态势，但不同地区的差距水平仍然参差不齐，贵州、云南、陕西、甘肃、青海的城乡差距最为显著。当前，在全面建成小康社会的决胜期，应举全国之力，以精准脱贫、精准扶贫为契机，一鼓作气，解决区域整体贫困与城乡差距问题。首先，建立系统完善的反映人民生活水平与生活质量的综合指标体系，且基于不同地区起点不同的客观考虑，建议以增速代替总量作为评判标准。其次，要继续深化收入分配制度改革，规范收入分配秩序，明确按劳分配与生产要素按贡献分配的具体途径，在提高城乡居民整体收入水平的基础上力争有效缓解和缩小收入差距。一是要调节过高收入，在垄断行业的过高收入逐渐得到控制的同时将重点转向打击由非法收入引起的过高收入，确保收入来源正规化；二是要保护合法收入，尤其是保护农民和中等收入阶层的合法收入，既要加快建立农产品的市场价格体制，增强政府转移支付的针对性和高效性，也要在完善工资标准的基础上，提高收入透明度。第三，要继续深化社会保障体制改革，强化各级地方政府对发展社会事业的重视度，努力实现教育、科技、文化、医疗卫生等领域的协调发展。要做到这一点，当务之急是建立健全符合社会主义市场经济体制要求的、多元化的资金筹措机制，吸引社会投资基础设施建设和社会保障事业。

六　结论

新时代，追求经济高质量发展的号角已经吹响，从国家层面到地方政府直至社会公民都应强化对转变传统发展观念的深刻认识，认真贯彻落实新发展理念，为建立现代经济体系贡献力量。我们通过运用熵值法对涵盖经济发展总量、创新发展、协调发展、绿色发展、开放发展以及共享发展各个维度发展指标的以往省际数据进行综合指数测算发现，1999—2016年，我国省际经济发展质量在稳步上升的同时存在着发展不充分、不协调、不平衡问题。其中，不充分主要体现于省际之间、区域之间经济高质量发展的差距较大和发展稳定性不足；不协调主要体现于经济发展质量与经济发展总量不协调、经济高质量发展过程中创新发展、协调发展、绿色发展、开放发展、共享发展不协调以及发展的具体层面存在不协调；不平衡主要体现于省际之间、区域之间以及区域内部各省份的发展不平衡。但是，从初步预测结果来看，未来时期中国整体经济发展质量将逐步提升的态势早已历历可辨。

基于现存的不足，本文最后就新时代如何统筹总量增长与质量提升提出了相应的改革思路，认为：（1）应将控制总量相对增速作为保证经济高质量发展的基本前提，重点在于改变地方官员的晋升考核机制、创新宏观调控模式、促进经济结构优化，努力实现全面统筹发展。（2）要把握新一轮技术革命的关键机遇，提升自主创新能力，推动核心技术研发实现重大突破。（3）要积极推进区域协调、产业协调、城乡协调发展，遵循"因地制宜、有的放矢、补偏救弊"的原则，提高政策的针对性。（4）要坚持走资源节约型、环境友好型的绿色发展道路，提高绿色发展在综合指标体系中所占的权重，深化地方政府的环保意识。（5）要更加积极主动的扩大改革开放力度，发挥比较优势，提高外资的使用效率，充分实现互利共赢的本质目标。（6）要始终坚持以人为本的发展理念，缩小居民收入差距，增强地方政府对提高人民生活质量的重视度，广泛吸引社会投资。

马克思的生态经济理论与我国经济发展方式的转变

丁任重　何　悦[*]

摘　要：马克思生态经济理论认为自然与社会生产具有辩证统一的关系，自然影响社会生产力的发展，同时社会生产方式也影响着自然的发展。从自然与生产方式的关系入手，马克思揭示了资本主义生产方式对自然生态与社会生态带来的负面影响，并构想了社会主义生产方式下社会与自然的协调发展。我国由于长期高投入、高消耗、低收益的发展惯性，高排放、高污染、低标准的发展形态以及城乡、区域不平等发展格局造成我国生态环境恶化，生产方式转变面临新困境，必须要以马克思生态经济理论为指导，从树立生态文明发展观，经济结构及组织形式转型与升级、加强自主科技创新，以及明确政府定位等方面促进经济发展方式的生态化转变。

关键词：马克思；生态经济理论；经济发展方式转变；生产方式；社会生态系统

生态环境问题不仅威胁人类生存，更成为影响经济进一步发展的重要因素。国内外学者对人与自然关系的讨论从未间断，我国学者也试图从演化经济学、管理学等学科中寻找发展生态经济的依据。在梳理马克思主义生态经济理论发展历程中可以发现马克思主义经济学中蕴含着系统的以生产方式转变为核心的生态经济理论。结合我国加快转变经济发展方式，建

---

[*] 本文选自丁任重、何悦《马克思的生态经济理论与我国经济发展方式的转变》，《当代经济研究》2014年第9期。

设"美丽中国"① 的基本要求，马克思的生态经济理论是实现经济发展方式转变，推动形成人与自然和谐发展的重要指导思想。

一 马克思生态经济理论基本内容

马克思生态经济理论中，他通过劳动将经济系统与生态系统联系在一起，他指出"作为其中的第三个同盟者的，只是一个幽灵——劳动，这只不过是一个抽象，就它本身来说，是根本不存在的；……只是指人借以实现人和自然之间的物质变换的人类一般的生产活动，它不仅已经脱掉一切社会形式和性质规定，而且甚至在它的单纯的自然存在上，不以社会为转移，超乎一切社会之上，并且作为生命的表现和证实，是尚属非社会的人和已经有某种社会规定的人所共同具有的。"② 他将劳动抽象出现实，使之成为人与自然之间永恒沟通的桥梁。其次，他运用价值的二重性对自然做了一个清晰的界定："一个物可以是使用价值而不是价值。在这个物并不是以劳动为中介而对人有用的情况下就是这样。例如，空气、处女地、天然草地、野生林等等。"③ 认为有价值的自然才是我们需要讨论的自然。从而奠定了生态自然与生产方式之间相互作用、相互影响的辩证统一关系。

1. 自然是影响社会生产力发展的重要因素

（1）自然影响社会生产效率

自然是影响劳动生产力大小的主要因素之一，马克思指出，"劳动生产力是由多种情况决定的，其中包括：工人的平均熟练程度，科学的发展水平和它在工艺上应用的程度，生产过程的社会结合，生产资料的规模和效能，以及自然条件。"④ 在其他条件保持不变的情况下，自然条件的优劣决定了劳动水平的高低。他举例"同一劳动量在丰收年表现为8蒲式耳小麦，在歉收年只表现为4蒲式耳。同一劳动量用在富矿比用在贫矿能提供更多的金属等等。"⑤

自然条件影响劳动生产率高低，他根据人类需求和经济发展将自然条

---

① 《中共中央关于全面深化改革若干重大问题的决定》（2013年11月12日中国共产党第十八届中央委员会第三次全体会议通过），人民出版社2013年版。
② 《资本论》（第3卷），人民出版社1972年版，第921页。
③ 《资本论》（第1卷），人民出版社1972年版，第54页。
④ 《资本论》（第1卷），人民出版社1972年版，第53页。
⑤ 《资本论》（第1卷），人民出版社1972年版，第53页。

件进行分类,"撇开社会生产的形态的发展程度不说,劳动生产率是同自然条件相联系的。这些自然条件都可以归结为人本身的自然(如人种等等)和人的周围的自然。外界自然条件在经济上可以分为两大类:生活资料的自然富源,例如土壤的肥力,渔产丰富的水域等;劳动资料的自然富源,如奔腾的瀑布、可以航行的河流、森林、金属、煤炭等等。"分类的自然条件在不同时期对生产率的影响存在差异,"在文化初期,第一类自然富源具有决定性的意义;在较高的发展阶段,第二类自然富源具有决定性的意义。"① 尽管随着工艺的提升和科技的进步,自然对生产力的约束有所弱化,但不可否认自然条件仍是地区经济发展的基础要素之一,也从另一个侧面说明自然条件是生产力发展的重要保障之一,长远来看,对生态自然的高消耗就是对未来社会生产力发展动力机制的弱化。

(2) 自然影响社会分工的形成

马克思在其生态经济理论中论述了由于自然影响社会分工的两种形式,第一种是自然条件差异影响社会分工的形成。他援引斯卡尔培克的分工理论②,考察了三种分工形式"单就劳动本身来说,可以把社会生产分为农业、工业等大类,叫做一般的分工;把这些生产大类分为种和亚种,叫做特殊的分工;把工场内部的分工,叫做个别的分工"③。而一般分工则是社会分工,由于地区自然条件的差异,导致"不同的共同体在各自的自然环境中,找到不同的生产资料和不同的生活资料。因此,它们的生产方式、生活方式和产品,也就各不相同。这种自然的差别,在共同体互相接触时引起了产品的互相交换,从而使这些产品逐渐转化为商品。交换没有造成生产领域之间的差别,而是使不同的生产领域发生关系,从而使它们转化为社会总生产的多少互相依赖的部门。在这里,社会分工是由原来不同而又互不依赖的生产领域之间的交换产生的。"④

第二种是自然资源多样性影响社会分工形式。他以劳动为切入点认为

---

① 《资本论》(第1卷),人民出版社1972年版,第560页。

② 斯卡尔培克在《社会财富的理论》写道,"在有一定文明程度的国家中,我们看到三种分工:第一种我们称之为一般的分工,它使生产者分为农民、制造业者和商人,这是与国民劳动的三个主要部门相适应的;第二种可以叫作特殊的分工,是每个劳动部门分为许多种……最后,第三种分工可以叫作分职或真正的分工,它发生在单个手工业或职业内部……在大多数手工工场和作坊都有这种分工。"

③ 《资本论》(第1卷),人民出版社1972年版,第389页。

④ 《资本论》(第1卷),人民出版社1972年版,第390页。

"劳动作为使用价值的创造者,作为有用劳动,是不以一切社会形式为转移的人类生存条件,是人和自然之间的物质变换即人类生活得以实现的永恒的自然必然性。"① 有用劳动与自然资源的多样性相结合所体现的有用劳动的多样性构成了社会分工的基本内容,并成为商品生产存在的前提。"各种使用价值或商品体的总和,表现了同样多种的、按照属、种、科、亚种、变种分类的有用劳动的总和,即表现了社会分工。这种分工是商品生产存在的条件,虽然不能反过来说商品生产是社会分工存在的条件。"②

由自然影响形成的社会分工是其他分工的基础,他提到"不是土壤的绝对肥力,而是它的差异性和它的自然产品的多样性,形成社会分工的自然基础,并且通过人所处的自然环境的变化,促使他们自己的需要、能力、劳动资料和劳动方式趋于多样化。"③ 正是人类社会需求、能力、劳动资料和劳动方式的多样化促使分工的进一步深化,并使之具有深刻的时代烙印,资本主义下工场手工业正是分工深化的表现:"整个社会内的分工,不论是否以商品交换为中介,是各种经济的社会形态所共有的,而工场手工业分工却完全是资本主义生产方式的独特创造。"④,自然的变化是社会分工的基础,而这些分工的出现也会影响到自然参与社会分工的形式,从而形成特定生产方式下的社会分工。

(3) 自然周期影响生产过程

自然主要通过影响生产时间来影响生产过程。在描述资本流通过程⑤中,马克思运用劳动时间和生产时间来描述商品生产过程⑥。首先,生产时间包含劳动时间,他在生产时间一章开篇便说明"劳动时间始终是生产时间,即资本束缚在生产领域的时间。但是反过来,资本处于生产过程中的全部时间,并不因此也必然都是劳动时间。"⑦ 也就是生产时间决定产品的生产过程,而生产时间又受到自然的约束。

自然从两个方面对生产过程产生影响,一是自然环境周期性的变化带

---

① 《资本论》(第1卷),人民出版社1972年版,第56页。
② 《资本论》(第1卷),人民出版社1972年版,第55页。
③ 《资本论》(第1卷),人民出版社1972年版,第561页。
④ 《资本论》(第1卷),人民出版社1972年版,第397—398页。
⑤ 《资本论》(第2卷),人民出版社1972年版。
⑥ 马克思在《资本论》第二卷第二篇中讨论了资本周转,资本总流通时间,等于流通时间和生产时间之和,而我们这里讨论生产时间主要是商品生产,是资本流通的一部分。
⑦ 《资本论》(第2卷),人民出版社1972年版,第266页。

来的生产周期变化。例如季节,他提到"一种商品需要的生产时间较长,另一种商品需要的生产时间较短。不同的商品的生产与不同的季节有关。"① 在讨论"再生产的连续性"时,他认为自然条件影响连续性的,"在有季节性的生产部门,不论是由于自然条件（如农业、捕鲱鱼等）,还是由于习惯（例如在所谓季节劳动上）,连续性可能或多或少地发生中断。"②

二是由于自然资源的自然属性影响生产过程。"这里要说的是与劳动过程长短无关,而受产品的性质和产品制造本身的性质制约的那种中断。在这个中断期间,劳动对象受时间长短不一的自然过程的支配,要经历物理的、化学的、生理的变化;在这个期间,劳动过程全部停止或者局部停止。"③ 他更列举了几个例子来说明"例如,榨出来的葡萄汁,先要有一个发酵时期,然后再存放一个时期,酒味才醇。在许多产业部门,产品要经过一个干燥过程,例如陶器业,或者,把产品置于一定条件下,使它的化学性质发生变化,例如漂白业。越冬作物大概要9个月才成熟。在播种和收获之间,劳动过程几乎完全中断。在造林方面,播种和必要的准备工作结束以后,也许要过100年,种子才变为成品;在这全部时间内,相对地说,是用不着花多少劳动的。"④

马克思对生产时间的界定意在说明在生态经济发展中要遵循客观自然规律,选择适合的生产方式。他以木材生产为例说明资本主义生产方式不适合森林资源合理利用。因为木材生产"只有经过长时期以后,才会获得有益的成果,并且只是一部分一部分地周转,对有些种类的树木来说,需要150年时间才能完全周转一次。"而这"漫长的生产时间（只包括比较短的劳动时间）,从而其漫长的周转期间,使造林不适合私人经营,因而也不适合资本主义经营。"因为在资本主义生产方式下,"文明和产业的整个发展,对森林的破坏从来就起很大的作用,对比之下,它所起的相反的作用,即对森林的护养和生产所起的作用则微乎其微。"⑤

---

① 《资本论》（第1卷）,人民出版社1972年版,第155页。
② 《资本论》（第2卷）,人民出版社1972年版,第121页。
③ 《资本论》（第2卷）,人民出版社1972年版,第266页。
④ 《资本论》（第2卷）,人民出版社1972年版,第266页。
⑤ 《资本论》（第2卷）,人民出版社1972年版,第272页。

2. 生产方式是影响自然的重要因素

（1）劳动是影响自然的主要手段

马克思通过劳动为中介，将人与自然联系起来。人之所以劳动，是因为"人自身作为一种自然力与自然物质相对立。为了在对自身生活有用的形式上占有自然物质，人就使他身上的自然力——臂和腿、头和手运动起来。当他通过这种运动作用于他身外的自然并改变自然时，也就同时改变他自身的自然。"① 这种对立并不是敌对状态，而是人为了满足自己的需求，以自然为对象进行物质变换②。因此，他总结道："劳动首先是人和自然之间的过程，是人以自身的活动来中介、调整和控制人和自然之间的物质变换的过程。"③ 所以这里讨论的劳动不是人与自然自发产生的关系，而是有目的性和主观能动性的劳动形式，他辨析道："在这里，我们不谈最初的动物式的本能的劳动形式。现在，工人是作为他自己的劳动力的卖者出现在商品市场上。对于这种状态来说，人类劳动尚未摆脱最初的本能形式的状态已经是太古时代的事了。"④

带有主观能动性的劳动对自然产生影响，马克思认为"人们在生产中不仅仅影响自然界，而且也互相影响……为了进行生产，人们相互之间便发生一定的联系和关系；只有在这些社会联系和社会关系的范围内，才会有他们对自然界的影响，才会有生产。"⑤ 因此，生产方式影响自然的逻辑关系便是生产方式决定着人进行有目的性的劳动，而人又通过有目的性的劳动与自然进行物质变换，因此生产方式通过劳动形式来影响自然。

（2）资本主义生产方式异化人与自然的关系

在马克思生态经济理论中，马克思着重探讨了资本主义生产方式对自然的作用机制。一方面，他认为在资本主义生产方式下，对自身生活有用的自然物质的需求已经异化为对利润的追求。他认为："剩余价值的生产是资本主义生产的决定的目的，同样，富的程度不是由产品的绝对量来计

---

① 《资本论》（第1卷），人民出版社1972年版，第202页。
② "物质变换"（德语是Stoffwechsel；英语是metabolism）一词，在中译本《资本论》中，人民出版社译为"物质变换"，在郭大力和王亚南的译著中翻译为"代谢机制"。
③ 《资本论》（第1卷），人民出版社1972年版，第202页。
④ 《资本论》（第1卷），人民出版社1972年版，第202页。
⑤ 《马克思恩格斯选集》（第1卷），人民出版社1995年版，第344页。

量，而是由剩余产品的相对量来计量。"① 而"这个剩余价值就是产品价值超过消耗掉的产品形成要素即生产资料和劳动力的价值而形成的余额。"② 因此，人类的需要已经不是劳动的根本目的，对于剩余产品的追求就表现为对生产资料和劳动力的无限攫取，从而造成对自然资源的无限攫取，也就是对自然的无限攫取。另一方面他认为"资本主义生产方式以人对自然的支配为前提。"③ 为此，他引述笛卡尔④对资本主义生产形态和人与自然看法来说明资本主义生产方式对自然的僭越："我们就可以像了解我们的手工业者的各种职业一样，清楚地了解火、水、空气、星球以及我们周围的其他一切物体的力量和作用，这样我们就能在一切适合的地方利用这些力量和作用，从而使自己成为自然的主人和占有者"，并且"促进人类生活的完善"。⑤ 形成资本主义下人与自然的关系错误定位。而这种错误定位，使得资本主义生产方式对自然的"剥削"愈发严重。在工业革命的推动下，资本主义进入快速发展期，生产力迅速提高，意味着对自然的掠夺迅速增加。"生产力按几何级数增长，"⑥ 商品生产空前扩大，"而市场最多也只是按算术技术扩大。"⑦ 为了追求利润最大化，"资本主义生产方式一方面促进社会劳动生产力的发展，另一方面也促进不变资本使用上的节约。"⑧ 为了在不变资本上的节约，只能通过扩大对自然资源的消耗和对劳动力的"剥削"。但是对自然的"统治"当然只是人的一时短视，正如恩格斯指出："我们不要过分陶醉于我们人类对自然界的胜利。对于每一次这样的胜利，自然界都对我们进行报复。"⑨

3. 资本主义生产方式对生态系统的影响

资本主义生产方式对人与自然关系的异化以及错误定位，使得资本主义下的生态系统受到严重破坏。马克思更将生态的概念进行拓展，在狭义的自然生态系统中增加了对社会生态系统的考察，不仅关注了自然环境的

---

① 《资本论》(第1卷)，人民出版社1972年版，第257页。
② 《资本论》(第1卷)，人民出版社1972年版，第235页。
③ 《资本论》(第1卷)，人民出版社1972年版，第561页。
④ 笛卡尔在其《方法论》的书中提到实践哲学时提出这一观点。
⑤ 《资本论》(第1卷)，人民出版社1972年版，第428页。
⑥ 《资本论》(第1卷)，人民出版社1972年版，序。
⑦ 《资本论》(第1卷)，人民出版社1972年版，序。
⑧ 《资本论》(第3卷)，人民出版社1972年版，第102页。
⑨ 《马克思恩格斯选集》(第4卷)，人民出版社1995年版，第383页。

恶化与资源的消耗，也关注了人类发展的社会环境恶化与社会结构的断裂。

（1）资本主义生产方式对自然生态系统的影响

马克思用残酷的现实来说明资本主义生产方式对自然环境造成的严重破坏。他继承了威廉·配第"劳动是财富之父，土地是财富之母"的思想，详细论述了资本主义生产方式对土地资源的破坏。他指出资本主义工业化下，资本在城市迅速膨胀，人口在城市的聚集，"破坏着人和土地之间的物质变换，也就是使人以衣食形式消费掉的土地的组成部分不能回归土地，从而破坏土地持久肥力的永恒的自然条件。"[1] 他援引李比希的论述进一步说明，"大土地所有制使农业人口减少到一个不断下降的最低限度，而同他们相对立，又造成一个不断增长的拥挤在大城市中的工业人口。由此产生了各种条件，这些条件在社会的以及由生活的自然规律所决定的物质变换的联系中造成一个无法弥补的裂缝，于是就造成了地力的浪费，并且这种浪费通过商业而远及国外。"[2] 同样在资本主义下的农业生产同样破坏着土地的生态环境，"资本主义农业的任何进步，都不仅是掠夺劳动者的技巧的进步，而且是掠夺土地的技巧的进步，在一定时期内提高土地肥力的任何进步，同时也是破坏土地肥力持久源泉的进步。"[3]

除了土地资源，其他自然资源也损耗严重，他将自然资源作为天然的劳动对象："所有那些通过劳动只是同土地脱离直接联系的东西，都是天然存在的劳动对象。例如从鱼的生活要素即水中分离出来的即捕获的鱼，在原始森林中砍伐的树木，从地下矿藏中开采的矿石。"[4] 而资本主义生产对自然的破坏，一是源于资本主义特有的生产方式要求不断提高利润，获取最多剩余价值。他指出，"劳动生产率也是和自然条件联系在一起的，这些自然条件所能提供的东西往往随着由社会条件决定的生产率的提高而相应地减少。……我们只要想一想决定大部分原料数量的季节的影响，森林、煤矿、铁矿的枯竭等等，就明白了。"[5] 二是源于对自然资源的错误认识："例如在采矿业中，原料不是预付资本的组成部分。这里的劳动对象

---

[1] 《资本论》（第1卷），人民出版社1972年版，第522页。
[2] 《资本论》（第3卷），人民出版社1972年版，第552—553页。
[3] 《资本论》（第1卷），人民出版社1972年版，第552—553页。
[4] 《资本论》（第1卷），人民出版社1972年版，第203页。
[5] 《资本论》（第3卷），人民出版社1972年版，第289页。

不是过去劳动的产品，而是由自然无偿赠予的。如金属矿石、矿物、煤炭，石头等等。"① 对自然资源的无偿使用使得社会忽视自然，而资源的有限性有进一步促使生产中更加急迫和疯狂的掠夺资源。

（2）资本主义生产对社会生态系统的影响

马克思生态经济理论的一大亮点在于，他不仅讨论了生产方式对自然环境产生的狭义的生态影响，更关注其对人类个体发展的广义社会生态系统的影响，这拓展了生态系统的深度与广度，更体现出对人类发展的终极关怀。他提出，资本主义生产方式下，对工业劳动者和农业劳动者的剥削体现在生产条件以及生活条件的恶化，而阻隔式的城乡二元结构的出现将会促使城乡对立，破坏社会和谐。

资本主义下工业化的迅速发展，带动资本迅速向城市化累积，人民蜂拥进入城市，却在城市生活中被剥夺了正常生产和生活条件。一方面由于大机器的使用以及"不过资本家对剩余劳动的贪欲表现为渴望无限度地延长工作日"②。破坏了工人的健康和获取人类正常生活的权利。而资本主义为了不择手段的节约成本，进行大工业生产"一开始就同时是对劳动力的最无情的浪费和对劳动发挥作用的正常条件的剥夺，"③ 这就注定了"随着资本本身越来越雄厚，就业规模的大波动以及大贫困变得越来越频繁。"④ 而"贫困剥夺了工人必不可少的劳动条件——空间、光线、通风设备等等，"最后在大生产中被淘汰，他忧虑地指出"女工或未成熟工人的身体还被丧尽天良地置于毒物等等的侵害之下"⑤，恶劣的生产环境对工人生命造成威胁，因此，他毫不客气的批判道"工人的肺结核和其他肺部疾病是资本生存的一个条件"⑥。生产生活条件的恶化，剥夺了城市工人实现自我发展的最基本权利，基层工人的社会"塌陷"造成城市生态系统的"塌陷"。

马克思认为这种社会生态系统的失衡在农村更为严重和惨烈，农民抵抗不平等生产关系的力量更加薄弱，他提到"农业工人在广大土地上的分

---

① 《资本论》（第1卷），人民出版社1972年版，第662页。
② 《资本论》（第1卷），人民出版社1972年版，第265页。
③ 《资本论》（第1卷），人民出版社1972年版，第505—506页。
④ 《马克思恩格斯选集》（第32卷），人民出版社1972年版。
⑤ 《资本论》（第1卷），人民出版社1972年版，第506页。
⑥ 《资本论》（第1卷），人民出版社1972年版，第505页。

散，同时破坏了他们的反抗力量"①，使得"在现代农业中，像在城市工业中一样，劳动生产力的提高和劳动量的增大是以劳动力本身的破坏和衰退为代价的。"② 在土地私有化下，农民没有土地，只能受雇与地主。土地和劳动力受到双重剥削，生活更加贫困，结果造成"吃不饱的农民每天晚上都处在各种各样的有害健康的影响下；其结果是居民身体屡弱，常常患瘰病，"③ 在农村中，土地肥力和农民劳动力被迅速消耗，自然生态和社会生态迅速恶化。

资本主义生产方式不仅对个体生存条件造成毁灭性破坏，也对社会生态系统的整体性造成无法弥补的裂痕。二元结构的形成和进一步分化，导致城乡对立，这种对立不仅破坏了自然界的物质循环，更是形成城市与农村之间阶级的对立，促使自然矛盾和社会矛盾尖锐化。他指出"资本主义生产使它汇集在各大中心的城市人口越来越占优势，"然而这种优势却是以建立在城乡对立的基础上，"农业和工场手工业的原始的家庭纽带，也就是把二者的幼年未发展的形态联结在一起的那种纽带，被资本主义生产方式撕断了。"④ 他尖锐的提出了城乡对立是由于资本主义生产关系必然带来的结果，同时，打破了社会生态的平衡，使得"它同时就破坏城市工人的身体健康和农村工人的精神生活。"⑤ 另外，与中世纪"农村在政治上榨取城市"不同，资本主义生产下"城市则无论在什么地方都毫无例外地通过它的垄断价格，它的赋税制度，它的行会，它的直接的商业诈骗和它的高利贷在经济上剥削农村"⑥。导致城市和农村差距日益扩大，城乡对立日益严重。

4. 马克思对社会主义生产方式与生态关系的构想

以资本主义生产对生态的破坏为鉴，马克思认为只有转变资本主义生产方式才能从根本上改变人与自然日益紧张的关系。而社会主义生产方式的确立即是实现人、社会与自然的和谐发展的关键，他从原理、形式以及技术层面阐述了在社会主义生产方式下人与社会，人与自然的相互作用

---

① 《资本论》（第1卷），人民出版社1972年版，第553页。
② 《资本论》（第1卷），人民出版社1972年版，第553页。
③ 《资本论》（第1卷），人民出版社1972年版，第747页。
④ 《资本论》（第1卷），人民出版社1972年版，第551—552页。
⑤ 《资本论》（第1卷），人民出版社1972年版，第553页。
⑥ 《资本论》（第3卷），人民出版社1972年版，第902页。

机制。

(1) 统一协调的生态关系

统一平等的社会生产关系下人与自然协调发展是社会主义生产基本生态形式,也是马克思生态经济理论的研究目标。他认为要修复人与自然之间物质变换的扭曲,首先要摆脱剩余价值的奴役,实现人的自由发展,他认为社会主义是资本主义发展到一定阶段后的"一个更高级的、以每一个个人的全面而自由的发展为基本原则的社会形式",[1] 而在对待人与自然的关系上则是"社会化的人,联合起来的生产者,将合理地调节他们和自然之间的物质变换,把它置于他们的共同控制之下,而不是让它作为盲目的力量来统治自己;靠消耗最小的力量,在最无愧于和最适合于他们的人类本性的条件下来进行这种物质变换"[2],也就是人的解放与自然的统一。"合理地调节物质变换"正是对资本主义生产方式的调整;而"社会化的人,联合起来的生产者"更是表明需要建立社会主义中人与人之间平等统一的生产关系;"共同控制"是由对立而转向共融的形式参与社会生产;而"最适合于他们的人类本性"则是摒弃追求剩余价值的冲动,消除由于资本主义利润最大化带来的人与自然关系的异化,取而代之的是自然包容的经济发展方式。

(2) 城乡融合的物质循环

物质循环是马克思社会主义生产理论下人与自然的主要作用形式。马克思指出"劳动就它生产使用价值,就它是有用劳动而言,它与一切社会形式无关,是人类生存的不可缺少的条件,是永恒的必然性"[3],是人和自然之间的物质循环的中介。因此,在社会主义生产方式下,劳动作为最自由的劳动,回归到物质循环当中。他用排泄物的概念来说明资本主义生产方式对物质循环链条的破坏。他将排泄物分为两种,"生产排泄物"和"消费排泄物":"我们所说的生产排泄物,是指工业和农业的废料;消费排泄物则部分地指人的自然的新陈代谢所产生的排泄物,部分地指消费品消费以后残留下来的东西。"[4] 他认为"对生产排泄物和消费排泄物的利

---

[1] 《资本论》(第1卷),人民出版社1972年版,第683页。
[2] 《资本论》(第3卷),人民出版社1972年版,第926—927页。
[3] 《资本论》(第1卷),人民出版社1972年版,第56页。
[4] 《资本论》(第3卷),人民出版社1972年版,第116页。

用,随着资本主义生产方式的发展而扩大",而"消费排泄物对农业来说最为重要。在利用这种排泄物方面,资本主义经济浪费很大";① 这种浪费主要来源于资本主义生产方式下城乡对立带来的物质循环的割裂,而社会主义生产方式的建立将打破这种城乡对立,使城市与农村联合起来,实现对自然的"共同控制"。

(3) 超越资本主义生产方式的技术创新

技术创新是社会发展的永恒动力,是独立于时代存在又带有鲜明时代特征的人类劳动进步手段。其独立性表现在,任何一个社会阶段,都存在以劳动力的发展为表现形式的技术的革新与创造,促进生产效率的提高从而促进社会的发展。"劳动生产力是随着科学和技术的不断进步而不断发展的",但在不同社会阶段下,技术革新的性质却不同。"化学的每一个进步不仅增加有用物质的数量和已知物质的用途,从而随着资本的增长扩大投资领域。随着资本的增长扩大投资领域。"② 在资本主义生产方式下,技术成为资本膨胀的催化剂。

同样,科技的进步"还教人们把生产过程和消费过程中的废料投回到再生产过程的循环中去,从而无需预先支出资本,就能创造新的资本材料"③。但由于资本主义生产方式的影响,科学技术的发展加深了对人的束缚以及对自然的"错觉",成为资本生态技术主义④的基本形式。正如马克思所指出的那样"正像只要提高劳动力的紧张程度就能加强对自然财富的利用一样,科学和技术使执行职能的资本具有一种不以它的一定量为转移的扩张能力"⑤。因此,没有超越资本主义生产方式的技术创新只是帮助资本进一步扩大掠夺自然的范围和程度的"帮凶"。

超越了资本主义生产方式的技术创新不仅同样行使着提高社会生产力和提高物质循环利用率的作用,而且已经脱离了追求剩余价值的束缚,成为马克思所描述的:"自由不在于幻想中摆脱自然规律而独立,而在于认

---

① 《资本论》(第3卷),人民出版社1972年版,第116页。
② 《资本论》(第1卷),人民出版社1972年版,第664页。
③ 《资本论》(第1卷),人民出版社1972年版,第664页。
④ 在韩欲立《自然资本主义还是生态社会主义——评福斯特与奥康纳之间的生态马克思主义论战》一文中对奥康纳有关生态技术观点的分析。
⑤ 《资本论》(第1卷),人民出版社1972年版,第664页。

识这些规律,从而能够有计划地使自然规律为一定的目的服务。"① 在社会主义生产方式下,科技创新成为了解自然、认识自然规律的重要工具,也成为尊重自然发展,促使人类发展与之相协调的重要手段,因此,只有脱离了资本主义生产方式的技术创新才是真正为人类与自然和谐发展服务的创新模式。

二 我国经济发展与生态困境

马克思主义经济学中国化进程,自马克思主义进入中国以来就从未断绝,对生产关系的理论研究和实践改造形成了中国特色的社会主义发展道路,取得了世界瞩目的成就。但由于我国经济发展阶段的局限,对生产中蕴含的生态关系的认识和研究相对滞后,没有适时地运用马克思的生态经济理论来指导我国经济发展。如今,环境问题凸显,人与自然的矛盾愈加突出,社会阶层进一步分化对立,为我国转变经济发展方式带来了新的困境与难题。

高投入、高消耗、低收益的发展惯性造成资源消耗严重,传统经济增长模式难以维系。马克思生态经济理论强调社会生产力的发展要与自然环境相互适应和协调。新中国成立之初,国家生产力薄弱,生产与生活水平极其落后,但由于历史的原因,实行优先发展资本密集型的重工业赶超战略,与当时国家自然和社会环境极为不符,只能通过高投入、高积累来推进生产。而技术的落后、国际的封锁以及对成本收益认识不足,又造成我国生产效益低下。改革开放以后,社会主义市场经济的确立使得我国经济发展取得长足进步,但仍未摆脱高投入、高消耗、低收益的发展惯性:经济增长通过高投入来推动,而低收益又促使更高的投入来维持增长,产生更高的消耗,形成一个以资源加速消耗为代价的发展"怪圈"。随着国家物质基础的不断累积,对资源的需求愈加扩大。1978 年我国能源消耗总量为 5.71 亿吨标准煤,1990 年为 9.87 亿吨标准煤,突破 20 亿吨标准煤能源消费经历了 14 年,而突破 30 亿吨标准煤能源消费只用了短短 5 年,截至 2012 年,能源消费已经达到 36.2 亿吨标准煤②,位居世界第一③。而低

---

① 《马克思恩格斯选集》(第 3 卷),人民出版社 1995 年版,第 455 页。
② 数据来自中国国家统计局年度数据。
③ 从 2013 年 BP 世界能源统计中统计得出。

端的产品制造和有限的资源利用率使我国单位能源产值大大低于世界平均水平。2012年，我国每万吨标准油产值为0.3亿美元，仅为全球平均水平的52%，而相比于发达国家，仅为美国的42%，德国的28%，日本的24%。在现有的发展方式下，资源约束日益趋紧，我国将陷入资源需求越大，资源消耗越高，资源供给越少的恶性循环中。要打破这一循环只有以优化投入结构、降低消耗、提高收益等策略及其组合作为突破口，创新经济增长方式。

表1　　　　　　　　2012年中国能源消耗与其他国家比较情况

	能源消耗总量 （百万吨标准油）	地区生产总值 （亿美元）	能源消耗强度 （万吨标准油/亿美元）
世界	12476.6	717073	1.74
中国	2735.2	82270.0	3.32
美国	2208.8	156847.0	1.41
德国	311.7	34,006	0.92
日本	478.2	59639.0	0.80

资料来源：由2013年BP世界能源统计，国际货币基金组织统计数据计算得来。

高排放、高污染、低标准的发展形态造成环境污染严重，自然环境受到严重破坏，威胁人类健康发展。马克思认为，资本主义生产方式下消费排泄物是污染的主要来源，他指出"在伦敦，450万人的粪便，就没有什么好的处理方法，只好花很多钱来污染泰晤士河。"① 而我国高排放、高污染除了由于基础设施不完善带来的生活污染物外，更多的是由于生态低标准下的工业污染与城市污染的加剧。生态低标准体现在生态环境要求的低标准以及环境监督和管理的低标准。生态低标准带来污染的低成本，最终导致污染和排放的进一步增加，生态环境进一步破坏。如今已经演变成土壤、水资源以及大气污染等为代表的立体的、复合污染系统。

优质土地迅速减少，土地污染严重。我国人均耕地面积呈下降趋势，由1996年人均耕地1.59亩，下降到2009年的1.52亩，明显低于世界人

---

① 《资本论》（第3卷），人民出版社1972年版，第117页。

均耕地 3.38 亩的水平。而有 5000 万亩耕地受到中、重度污染,不宜耕种,加上因开矿塌陷造成地表土层破坏、因地下水超采,已影响正常耕种的土地,全国适宜稳定利用的耕地只有 1.2 亿多公顷①,环保部和国土资源部联合发布全国首次土壤污染状况的调查公报显示,全国土壤环境状况总体不容乐观,部分地区土壤污染较重。全国土壤总的点位超标率为 16.1%,其中耕地土壤点位超标率更是高达 19.4%,地膜覆盖面积超过两亿亩,世界排名第一,严重污染土地②。水资源污染持续恶化,七大水系均被不同程度污染;超过 2/3 的河流被污染,地下水资源污染形势严峻,2008—2010 年,通过对全国 31 省(区、市)69 个城市地下水有机污染物的检测发现,64 个城市的地下水样品中至少有一项有机污染物,占检测城市总数的 92.8%③。空气污染近几年也呈现井喷态势,以城市雾霾为首的空气污染威胁人类生命健康。环保部对 161 个城市的空气质量进行监控,有超过 50% 的城市受到不同程度的污染,其中,中、重度污染城市超过 1/5④。环境破坏以转化为人类生存环境与自然环境同步恶化。近年来,污染事故往往出现在贫困农村地区,严重危害当地人的身心健康,带来更加深重的贫困;癌症村的出现对我国现有的高污染、高消耗、低标准的经济发展形态提出严峻挑战。

城乡、区域不平等的发展格局造成城乡发展差距进一步扩大,人民收入差距进一步拉大,社会生态受到严重破坏。在不均衡发展战略的指导下,城市发展成为国家发展重心,城乡的割裂已经超出了马克思所描述的"二者的幼年未发展的形态联结在一起的那种纽带被撕裂了"⑤的范畴,而是压缩农村的发展机会来帮助城市进行要素累积:通过工农业产品剪刀差把农业的剩余转变为工业的积累,使用农村剩余劳动力参与城市建设以及利用农村土地进行城市扩张。城乡对立越来越突出,城市与农村由原始的分裂发展为分裂的加深,具体表现为城乡发展机会的不平等以及城乡收入

---

① 数据来自 2013 年由国土资源部、国家统计局、国务院第二次全国土地调查领导小组办公室发布的《关于第二次全国土地调查主要数据成果的公报》。
② 数据来自 2013 年 5 月 9 日的中央电视台新闻报道。
③ 数据来自中国国土资源部下属中国地质环境监测院 2013 年的一项调查的数据。
④ 数据来自中华人民共和国环境保护部的"全国城市空气质量日报"。
⑤ 《资本论》(第 1 卷),人民出版社 1972 年版,第 551—552 页。

差距的持续扩大。目前,我国城乡收入差距已达到 3.23∶1①。2013 年,国家统计局发布我国近 10 年居民收入基尼系数,均高于世界 0.44 的平均水平。地区间收入差距的绝对值迅速扩大:东西部地区 2002 年的城镇居民可支配收入差为 3200 元左右,到 2012 年已扩大为 8900 多元;而农村人均纯收入差也由 2002 年的 1700 多元上升到 2012 年的 4200 余元②。社会发展进程中城市和农村的进一步分化,城市内部新的阶层分化以及区域间的分化。城乡对立的新发展严重破坏了社会生态系统的稳定性,制约了经济的进一步发展,甚至成为影响社会和谐的主要因素之一。

三 生态经济背景下我国经济发展方式的转变路径

1. 推进人与自然协调发展的生态文明建设

生态文明是人类在改造自然以造福自身的过程中为实现人与自然之间的和谐所作的全部努力和所取得的全部成果,它表征着人与自然相互关系的进步状态③:人类由原始社会盲目崇拜自然,到农业社会开始逐渐适应自然;进入工业社会演变成企图征服自然,在面临种种生存和发展问题后,认识到与自然协调发展才是人类社会发展的基础。生态文明是历史发展的产物,其核心理念包括:(1)自然是人类唯一的生存系统,对自然的破坏就是对人类自身生存的破坏,需要改变现有的生产生活方式,以减少对自然的破坏;(2)人、社会与自然是相互关联的,人与人的关系会影响人与自然的关系,同样人与自然的关系也会作用于社会的发展,需要实现人与自然的协调发展,从而实现人类社会的健康发展;(3)人与自然的相互作用是以人类个体为基础,从生产、生活的各个方面与自然进行互动,在与自然的协调发展过程中要树立人类个体维护自然的意识。因此生态文明的推进,需要人类对以往社会形态中人与自然关系进行反思和超越。

新中国成立前,由于我国特殊的社会发展背景,长期的战争和社会动荡,导致人的发展受到极度压制,自然条件相对宽松,制约社会发展的主

---

① 数据来自中国社会科学院城市发展与环境研究所发布的《中国城市发展报告 No.4——聚焦民生》中的计算报告。
② 根据国家统计局对东、中、西部以及东北地区的划分标准,由国家统计年鉴数据收集、计算得来。
③ 俞可平:《科学发展观与生态文明》,《马克思主义与现实》2006 年第 3 期。

要因素体现为民族发展的约束。新中国成立后，人的发展潜力得到释放，相对宽松的自然条件下，"人定胜天"的思想应运而生，并在前期取得一定成效。但随着我国生产力的发展，对自然的需求和破坏也在不断增加，自然条件的约束逐渐增强，资源的消耗以及环境的破坏已经严重威胁人类的生存与发展。发展约束的转变要求发展观念随之转变：摒弃落后的征服自然、单方面利用自然的发展观，在宏观上树立尊重自然，遵循经济发展与自然规律相协调的经济发展观；在微观上树立人与自然共生和全民参与环保的公民意识。

自党的十七大明确提出建设生态文明以来，我国基本形成节约能源资源和保护生态环境的产业结构、增长方式、消费模式。循环经济形成较大规模，可再生能源比重显著上升。主要污染物排放得到有效控制，生态环境质量明显改善。党的十八大报告再次提出了全面落实经济建设、政治建设、文化建设、社会建设、生态文明建设"五位一体"总体布局，大力推进生态文明建设，促进现代化建设各方面相协调，促进生产关系与生产力、上层建筑与经济基础相协调，不断开拓生产发展、生活富裕、生态良好的文明发展道路。拓宽生态文明传播渠道，丰富生态文明传播内容，利用新兴传播平台和传播手段，发挥民间环保组织的基础作用。除了一般的宣传教育，还应开展生动活泼的实践教育，走进中小学、走进社区、走进乡村，从小做起、从个体做起，牢固树立人与自然相互依存，协调发展的生态文明观，构建保护自然、尊重自然的公民生态意识。

2. 加快经济结构转型，发展生态产业，实现生态与经济的协调发展

（1）加快产业转型与升级

产业转型与升级是经济发展方式转变的直接体现，产业转型主要以产业结构转型与产业组织形式转型为重点。长期以来，我国产业结构比例失衡，产业之间缺乏相互支撑，产业结构趋同，地区间产业恶性竞争严重。转型则要侧重于三次产业在区域内部以及区域间的协调比例，以城市群发展为基础，以主体功能区规划为指导，因地制宜的对区域产业结构进行调节和引导。

产业组织形式转型，主要是调整产业内部各企业间的相互联系及其组合形式。确定市场是资源配置的决定性力量，改变以往政府为主导，企业

盲目跟风的产业发展模式，继续释放和发展混合所有制①的经济活力，鼓励和非公有制经济主体参与国内和国际竞争，培育和开发一批具有世界影响力的品牌及产品。

产业升级主要是以科技创新为支撑，实现生产要素的优化组合、技术水平和管理水平以及产品质量的提高。需要积极探索我国新型农业、新型工业和新兴服务业的产业内涵与特点，集约利用资源、提高产品技术含量以及产品附加值。以着重解决我国面临的资源、环境以及人民发展等问题为导向，搭建产业组织平台与产业网络，构建新型产业体系。在国内市场中，提高产品质量与档次，统一出口与内销商品质量标准，提高国内消费质量。在国际产业链中，实现两个转变，即由传统的原材料输出向产品创意输出转变，由简单的产品组合加工到产品设计营销转变。

（2）着力发展生态产业体系

生态产业（Ecological Industry）指按生态经济原理和知识经济规律组织起来的基于生态系统承载能力、具有完整的生命周期、高效的代谢过程及和谐的生态功能的网络型、进化型、复合型产业②。生态产业的理论基础是产业生态学。产业生态学是对产业活动及其产品与环境之间相互关系的跨学科研究，是继经济技术开发、高新技术产业开发发展的第三代产业。生态产业是包含工业、农业、居民区等的生态环境和生存状况的一个有机系统。通过自然生态系统形成物流和能量的转化，形成自然生态系统、人工生态系统、产业生态系统之间共生的网络。生态产业以此为基础横跨初级生产部门、次级生产部门、服务部门，包括生态农业、生态工业以及生态服务业。短期来看，社会对生态、环保的日益关注，生态产品越加受到市场的青睐，具有广阔的市场空间；长期来讲，从日本、德国的发达国家发展生态产业经验来看，生态产业是实现可持续发展的主要形式，也是国际市场中的重要竞争优势。因此，需借鉴国内外的先进经验，从公民意识、人才培养、技术支持、资金支持及政策支持等方面促进生态产业的发展。

---

① 十八届三中全会通过积极发展混合所有制经济，主要是指国有资本、集体资本、非公资本等交叉持股、相互融合的混合所有制经济。

② 由全国科学技术名词审定委员会审定公布。

3. 以自主科技创新为着力点，推动经济发展方式转变

（1）提高尊重自然规律的科技创新能力

尊重自然规律的科技创新体现在两个方面，一是以自然界的科学规律、事物之间的联系为基础和灵感，实现特定功能的事物组织方式的传统科技创新；二是在了解自然发展规律以及自然界限的基础上，实现人类智慧与自然相融合的科技创新能力。过去往往重视第一类科技创新，而忽略了后者，虽然实现了技术的创新，但是带来了更多资源的消耗和更大的环境破坏。因此，要首先端正对科技创新的作用认识，在利用自然的同时更要尊重自然规律及其发展方式。深化科技管理体制、企业创新体制改革，实现自主研究、自主创新与开发。利用科学技术，对部分传统产业着重降低能耗，减少污染，提高效率，制定并严格执行产业生态标准及产业退出标准，避免对落后产业的放任和保护，并逐步淘汰高消耗、高污染、低效率的产业生产，发展节能、环保的产业生产模式。

（2）以战略性新兴产业发展为机遇，实现科技创新重点、难点突破

战略性新兴产业是以重大技术突破和重大发展需求为基础，对经济社会全局和长远发展具有重大引领带动作用，知识技术密集、物质资源消耗少、成长潜力大、综合效益好的产业，是转变经济发展方式的重要突破口。国家和地方也出台了相关政策，扶持战略性新兴产业的发展，但是随着国外新兴产品的涌入，我国战略性新兴产品在产业规模、技术水平以及相关配套产业建设方面却相对不足。需要拓宽技术创新主体范围，支持多种经济主体、社会团体参与产业建设；引进专业人才，从项目支持到生活配套全方位引入人才，留住人才；加强国际交流合作，学习国外先进研发经验和创新模式，鼓励企业引进国外先进技术；注重科学技术的市场转化能力，以市场为导向，完善相关配套产业，构建产业组织网络，实现科技创新的快速、高效转化。

（3）以生态、绿色为宗旨，加大新产品、新技术的研发，参与国际竞争，引导合理消费

以自主创新为动力，加大研发投入，鼓励高校、企业进行自主或联合研发，开拓国际市场，参与国际竞争，提高产品技术的人力资本含量，降低物质资本使用，从而减少资源消耗，提高产品附加值。在我国现有的产品生产水平和生产标准下，我国庞大的消费市场和日益增长的消费需求没有得到有效满足，也没有形成健康、和谐的消费观。新产品及新技术的出

现也能进一步引导合理消费观的形成,形成健康的消费习惯和生活方式。

4. 贯彻落实《全国主体功能区规划》,以制度促进经济发展方式转变

国务院于 2010 年年底印发了《全国主体功能区规划》,这是我国第一个国土空间开发规划,是战略性、基础性、约束性的规划。规划明确了国家层面四类主体功能区的功能定位和发展方向,阐述了国家层面优化开发、重点开发、限制开发和禁止开发四类主体功能区的功能定位、发展方向和开发管制原则。推进形成主体功能区,有利于推动经济结构战略性调整,加快转变经济发展方式,有利于按照以人为本的理念推进区域协调发展,缩小地区间基本公共服务和人民生活水平的差距,有利于从源头上扭转生态环境恶化趋势,实现可持续发展。

(1) 规划对不同的主体功能区实行不同的绩效考核评价办法

在优化开发区域上,对它的考核是强化对经济结构、资源消耗、环境保护、科技创新以及对外来人口、公共服务等指标的评价,以优化对经济增长速度的考核。在重点开发区域上,也就是资源环境承载能力还比较强,还有一些发展空间的地区,主要是实行工业化、城镇化发展水平优先的绩效考核评价,综合考核经济增长、吸纳人口、产业结构、资源消耗、环境保护等方面的指标。在限制开发区域方面:一类是农产品主产区,主要是要强化对农业综合生产能力的考核,而不是对经济增长收入的考核;一类是限制开发的重点生态功能区,主要是强化它对于生态功能的保护和对提供生态产品能力的考核。在禁止开发区域上,主要是强化对自然文化资源的原真性和完整性保护的考核。绩效考核评价结果要作为地方党政领导班子和领导干部选拔任用、培训教育、奖励惩戒的重要依据。

(2) 规划对不同的主体功能区实行不同的产业政策

在主体功能区规划中还确定了"9 + 1"的政策体系。"9"是财政政策、投资政策、产业政策、土地政策、农业政策、人口政策、民族政策、环境政策、应对气候变化政策。"1"是绩效评价考核,也算是一个政策。我们国家地域广大,但是各项政策应该分类指导、因地制宜,有差别化。未来的产业政策不再是全国同一个政策,而是按主体功能区来实行,每一个主体功能区都会有相应不同的产业政策的指导。可以说,规划从制度和政策上保障了经济社会可持续发展与经济发展方式的转变。

5. 明确政府定位,以生态保护为己任助力经济发展方式转变

明确政府在生态保护以及经济发展中的不同责任:在生态保护中,政

府起主导作用;在经济运行中,市场起主导作用,政府只是适度引导。因此,政府应在对生态进行全方位保护的前提下推进经济的发展。一是加强政策制定及政策落实相结合生态环境保护体制建设,明确中央到地方部门责任,完善政府管理体系,为自然环境保护和个人健康发展提供法律保障和政策依据,同时支持有利于自然环境保护、资源优化开发的行为。二是积极构建生态建设与经济发展相结合的实践道路,制定合理的国家产业政策,落实主体功能区规划的发展政策,促进经济发展方式的转变。三是监督和禁止破坏自然环境和资源过度消耗的行为并进一步落实处罚管理政策,逐步淘汰生态破坏型产业。

转变经济发展方式,主要内容是转变经济增长模式,优化产业结构,实现经济的可持续发展,而本质上是对当下经济生产方式和社会生产关系的再定位与再调整。如在马克思认为城市的出现之所以会破坏人与自然关系,其根源在于资本主义生产方式下人与人、人与自然关系的异化。[①] 城市化并不必然带来环境的破坏与污染,而是城市化背后选择的社会生产方式对生态环境造成重要影响。因此要理顺人与自然的关系,关键在于对生产方式的认识和选择。因此,在马克思生态经济理论中国化过程中,需要从理论上深化对马克思生态经济学的认识和扩大其理论内涵;在实践中,有选择性的引进先进的技术和管理经验,为我国经济发展方式转变提供思路和借鉴。

---

① 马克思提出:"资本主义生产使它汇集在各大中心的城市人口越来越占优势,这样一来,它一方面聚集着社会的历史动力,另一方面又破坏着人和土地之间的物质变换,也就是使人以衣食形式消费掉的土地的组成部分不能回归土地,从而破坏土地持久肥力的永恒的自然条件。"参见《资本论》(第1卷),人民出版社1972年版,第552页。

构建以用益物权为内涵属性的农村土地使用权制度

刘 灿[*]

摘 要：我国《物权法》采纳了用益物权的概念，把农村土地集体所有制基础上产生的土地承包经营权和宅基地使用权确定为一种用益物权，在权利内容上规定了可依法享有占有、使用和收益的权利。农村土地使用权用益物权法律性质的确定，使农村土地产权由"弱化""残缺"的使用权逐步走向私法物权意义上的财产权，这是一个重大的历史进步。进入21世纪，农村经济发展面临新的环境、新的形势和新的问题，农村土地产权制度面临许多新的挑战。新一轮的农村土地制度改革以赋予农村居民土地财产权和实现农民土地财产权益为核心，就是要从法律上建立所有权和使用权制度，让土地用益物权成为农民最重要的财产权利。

关键词：用益物权；财产权利；土地使用权制度

在新的历史时期，全面深化经济体制改革和激发各类经济主体发展创新的活力是新一轮农村改革的主题。十八届三中全会作出的《中共中央关于全面深化改革若干重大问题的决定》明确提出了要赋予农民更多财产权利，要赋予农民对集体资产股份占有、收益、有偿退出及抵押、担保、继承权；保障农户宅基地用益物权，改革完善农村宅基地制度，稳妥推进农民住房财产权抵押、担保、转让，探索农民增加财产性收入渠道；建立农村产权流转交易市场，推动农村产权流转交易公开、公正、规范运行。本

---

[*] 本文选自刘灿《构建以用益物权为内涵属性的农村土地使用权制度》，《经济学动态》2014年第11期。本文得到四川省哲学社会科学重大招标项目"四川农村土地产权制度改革研究"和中央高校基本科研业务费（重大基础理论研究项目，JBK141112）的资助。

文认为，新一轮农村土地产权制度改革的基本方向已经清晰，这就是：坚持农村土地农民集体所有，明确界定集体所有权的行使主体及其权能，保证集体所有制基础上土地承包关系长久不变，依法保障农民对承包地占有、使用、收益、流转及承包经营权抵押、担保权利；明确土地承包经营权、宅基地使用权和集体建设用地使用权是法律赋予农民的合法财产权利。农民的土地财产权利包括排他的使用权、独享的收益权及自由的转让权，并以此获得财产性收入，并分享土地长久的增值收益。

一　用益物权的理论分析

1. 物权和用益物权：法学的视角

用益物权的法学解释是："指所有人对他人之物品所享有的占有、使用、收益的排他性权利。"[①] 用益物权作为以物的使用收益为内容的物权，随着以物的利用为核心的物权观念的确立，已成为现代物权制度的核心。

在社会经济活动及其人们相互交往的关系中，财产的客体即财产物具有使用价值和交换价值的双重属性，用益物权和担保物权就是以这两种不同的价值而设立的权利。用益物权以物的使用和收益为目的，担保物权侧重于物的交换价值。从各国物权法的规定看，由于各国的国情不同，物权法规定的用益物权的种类也不相同。在罗马法中，用益物权包括地地役权、永佃权、地上权，其中地上权分为地役权和人权，人权又包括用益权、使用权、居住权和奴畜权。我国古代法中，用益物权包括地上权、地役权、地基权、永佃权、典权。北洋政府和国民党政府规定了地上权、地役权、永佃权和典权四中物权。新中国成立至 2007 年近 50 年里，我国立法中一直没有设立物权及用益物权体系。2007 年颁布实施的《物权法》，明确规定了"本法所称物权，是指权利人依法对特定的物享有直接支配和排他的权利，包括所有权、用益物权和担保物权"；"所有权人有权在自己的不动产或者动产上设立用益物权和担保物权"；"用益物权人对他人所有的不动产或者动产，依法享有占有、使用和收益的权利。"[②] 至此，我国民法体系中物权和用益物权的概念得以确立。

[①] 王利民对此作了详细的论述。详见王利民《物权法论》，中国政法大学出版社 2003 年版。
[②] 详见《中华人民共和国物权法》第 2 条、第 40 条和第 11 条的规定。

物权法在财产权法律制度中具有基石地位。关于物权法的意义，法学界学者认为，按照大陆法系民法理论，规范财产关系的法律为财产法。财产法分为物权法和债权法两大部分，物权法是规范财产归属关系的法律，债权法是规范财产流转关系的法律。在我国现行民法立法体系中，已有民法通则、民事特别法、财产管理法等法律法规，但还没有形成一个完善的体系，主要是缺乏物权的最基本的规则和基本制度。因此，物权法的制定具有重要意义[1]。周林彬认为，作为我国民事立法核心内容之一的物权立法，虽然因我国既存的公有制经济体制的障碍而导致物权立法成本较高，但是以私法为基本特征的物权法，因该法与市场主体较强的亲和力，使物权法的实施成本低于一系列国有资产管理法规的实施成本；加之物权法采取人大立法的基本法形式，所以物权法稳定性强，能创造更大的效益。可见制定统一物权法是一种有效率的法律资源配置。他认为，我国物权立法应当坚持以所有权为核心的大陆法系物权法为基本构架，以个人与社会相结合的所有权观念为核心，注重用益物权和担保物权的种类和内容，使归属与利用并重，从而适应现代物权法发展趋势[2]。梁慧星认为，物权法中规定的所有权制度、用益物权制度和担保物权制度，是实行社会主义市场经济体制的基本制度。因此可以说，物权法的制定和实施，对于激发全社会的创造活力，全面建设小康社会，构建社会主义和谐社会，具有重大的现实意义和深远的历史意义[3]。

用益物权制度的设立对于我国农村土地产权制度改革的意义十分重大。在农村土地集体所有权与使用权分离情况下土地使用权的法律性质，在立法解释和实践中是一个一直没有清晰界定的问题。近年来，学界对于土地用益物权问题进行了诸多讨论。关于土地使用权是不是物权，陈甦[4]认为，我国农村土地承包经营权是一种合同关系，具有债权的性质，并主张在市场经济条件下应该将土地承包经营权变为物权性质的"土地使用

---

[1] 梁慧星：《制定中国物权法的若干问题》，《法学研究》2000年第4期。
[2] 周林彬、刘俊臣：《我国物权法立法若干问题新探》，《四川大学学报》（哲学社会科学版）2001年第4期。
[3] 梁慧星：《梁慧星教授今日成都说物权》，新华网，http://www.sc.xinhuanet.com/content/2006－04/23/content_6840831.htm，2006年4月23日。
[4] 陈甦：《土地承包经营权物权化与农地使用权制度的确立》，《中国法学》1996年第3期。

权"。张少鹏从法学的视角认为土地使用权具有不动产物权的属性。① 目前，《物权法》已经明确界定了土地承包经营权的物权性质，不过《物权法》中的"土地使用权"主要是指城市的居民、法人和团体拥有的国有土地的使用权，而农村居民拥有的宅基地的使用权却没有赋予完整的物权权利内涵。王小映主张在现有农村土地集体所有制的制度背景下，通过将土地承包经营权市场化、长期化、法定化和具有可继承性实现土地承包经营权的物权化。② 黎元生认为在土地集体所有制的治理结构不完善和土地交易的市场化程度不高的现实约束下可以实现土地产权物权化，不过重点是实现土地承包经营权的物权化，让农村居民拥有更多的土地收益的自主决策权。③ 夏锋认为，农民土地使用权是物权而不是债权，是农民最重要、最大的财产权；④ 夏锋提出从一个渐进式改革的角度考虑，目前农村土地可以试点推行"国家终极所有，农民永久使用"的永佃产权制度，由"三级所有"的各级集体经济组织拥有土地所有权，农户拥有土地使用的永佃权。两者都属于物权性质。⑤ 张艳等认为，土地承包经营权是一种用益物权，但这种权利和传统物权法中的用益物权是有区别的；在一定意义上说，承包土地的农民是在使用自己所有或者说是在使用自己与其他集体经济组织内的农民共同所有的土地，而不是一般意义上所称的使用他人之物。⑥ 因此，土地承包经营权并不是一般意义上的用益物权，而是一种特殊的用益物权。

2. 用益物权的法律属性

用益物权作为他物权，具有以下法律特征。

第一，用益性是用益物权的基本属性。所谓用益性，即用益物权的设立以客体物的使用和收益为目的，它鼓励和保护权利人在不取得所有权的情况下对标的物的使用、收益，从而取得物的使用价值。

---

① 张少鹏：《土地使用权是独立的不动产物权》，《中国法学》1998 年第 6 期。
② 王小映：《土地制度变迁与土地承包物权化》，《中国农村经济》2000 年第 1 期。
③ 黎元生：《农村土地产权配置市场化与制度改革》，《当代经济研究》2007 年第 3 期。
④ 夏锋：《农民土地财产权的长期保障走向：物权化改革与对应收入》，《改革》2014 年第 3 期。
⑤ 夏宁、夏锋：《农民土地财产性收入的制度保障与改革路径》，《农业经济问题》2008 年第 11 期。
⑥ 张艳、马智民、朱良元：《农村土地承包经营权的物权化建构》，《中国土地科学》2009 年第 4 期。

第二，用益物权具有独立性。用益物权一旦设立，用益物权人便独立地享有对标的物的使用和收益权，即这种权利是独立存在的，相对于其他物权（如所有权）不是从属的，也不像担保物权那样必须依附于债权。不以使用权人对所有人享有其他财产权利为其存在的前提。

第三，用益物权的内容不包括最终处置权。处置权是所有权最重要的权利，在不违反其他法律规定的情况下所有权人可以任意将自己的财产转让、遗赠或消灭。用益物权设定后，物的所有权人并没有将处置权转移给用益物权人，用益物权人可以在权利设定范围内行使使用权、抵押权、典权，但不能对标的物本身进行最终处置。

第四，用益物权具有排他性和对抗性。用益物权虽然是在所有权权能分离的情况下设立的，但它与所有权一样具有排他性和对抗性，即有权对抗和排斥包括所有权人在内的任何人对其权利的干涉。"这就使得在非所有人对他人之物的利用方面，用益物权制度具有债权制度不可比拟的优越性。"①

3. 财产、占有和财产权：马克思的财产权思想

对物权的理解，要回到它的客体即物和财产。财产是经济学的一个重要范畴。什么是财产？最直接的定义就是：它是一种使用价值，即它的客体是物。

"财产"一词在不同的历史阶段具有不同的法律内涵和形式：在古罗马社会，财产主要表现为物质实体形态的有形物，物依自然属性的不同分为动产和不动产。② 在古罗马社会，财产主要表现为物质实体形态的有形物，物依自然属性的不同分为动产和不动产，其中奴隶作为客体被纳入动产的范畴。与此同时，罗马法也提出了"有体物"和"无体物"的划分，有体物是以实体存在，并且可以凭人们感官触觉的物，如动产和不动产；无体物则仅指没有实体存在，为人们拟制的物，如债权、用益权、地役权等权利。在当时社会条件下，财产绝大多数都表现为有体物，无体物只是财产的特殊形式，因此罗马法在定义所有权概念时，所使用的"物"的概

---

① 王利民：《物权法论》，中国政法大学出版社2003版，第409—410页。
② 罗马法中，对物的理解是广义的。物是指除去自由人以外存在于自然界的一切东西。罗马法有时也称物为Bona，意指那些对人们有用而能满足人们需要的东西，包括用金钱价值来衡量的。而在《德国民法典》中，是从狭义上理解物的，规定"法律上所称物，仅指有体物而言"。

念就是指"有体物"。

随着资本主义商品经济的发展，人们生产交易活动增加和形式的多样化，西方各国社会经济生活中财产的范围迅速扩大，股票、债券等有价证券大量出现，成为新的财产形式，知识产品也成为民事权利的保护对象。这时财产客体的无体物受到大陆法系各国有关财产的立法的保护。由于法律传统的差异，英美法系普遍采用"财产"的概念，而较少使用"物"的概念。在英美法系的财产法中，也有具体物和抽象物的划分，如地产权、债权、股份、信托基金以及权利证书均被视为抽象物。①

马克思说，"不论财富的社会形式如何，使用价值总是构成财富的物质内容。"② 物要成为财产，关键在于占有，在于人和物之间客观存在的一种占有关系或占有权利。马克思认为，所有制反映的就是经济生活中现实的占有关系；作为经济关系的所有制，其法律形式就是所有权，即对某物的最高的、排他的任意支配权；同时，只有具有了法律上的所有权，事实上的占有才具有合法占有的性质。现实的经济占有关系和法律上的所有权是有区别的。现实的经济占有关系是一种物质利益关系，它体现于所有者享有的经济利益上，作为法律上的财产所有者，他对某物拥有所有权，但也有可能并未享有现实的经济利益，即所有权不能在经济上实现。③

就人类社会某一特定发展阶段来说，客观上存在着某种占主导地位的财产所有权形式，它决定与制约着其他非主导的财产权形式和派生的财产形式，是社会一定发展阶段的经济、政治和意识形态、上层建筑的基础。这种占主导地位的财产所有权形式，就是财产权的基本制度，马克思把它称为一种"普照之光"。在一个社会确立的基本财产制度框架内，财产权制度作为规范和协调主体在财产占有行为及利益关系方面的规则、准则，它是形成人们经济行为合理性和经济生活有序化的重要的法权基础。

---

① 马俊驹、梅夏英：《财产权制度的历史评析和现实思考》，《中国社会科学》1999 年第 1 期。
② 《资本论》（第 1 卷），人民出版社 1975 年版，第 48 页。
③ 马克思在《资本论》第三卷的地租篇中讲到："地租的占有是土地所有权借以实现的经济形式"，"土地所有权的前提是，一些人垄断一定量的土地，把它作为排斥其他一切人的、只服从自己个人意志的领域。在这个前提下，问题就在于说明这种垄断在资本主义生产基础上的经济价值，即这种垄断在资本主义生产基础上的实现。用这些人利用或滥用一定量土地的法律权力来说明，是什么问题也解决不了的。"详见 ［德］马克思《资本论》（第 3 卷），人民出版社 1975 年版，第 695 页。

马克思认为,所有权是全部财产关系的核心和基础,主要决定其他派生财产权利的性质和状况。但是,马克思并没有把所有权等同于全部财产权利,除了所有权,马克思还研究了占有权、使用权、支配权等一系列权利,从而构成他对所有制结构的动态分析。马克思注意到,财产的各种权利在某些情况下是统一的,小生产者就提供了所有权和占有,使用权相统一的典型例证。马克思还考察了所有者和占有者不是同一主体,所有权与占有、使用权(经营权)相分离的几种情况。例如,在亚细亚的所有制形式中,所有者和占有者不是同一主体,在公社内,公社是唯一的所有者,个人只是占有者;在资本主义农业生产方式中,土地所有权与经营权的分离;以及在存在借贷资本的场合,资本的所有权与资本使用权的分离。马克思认为,所有权与占有、使用、支配权的统一或分离,并不改变所有权的基本性质,但它要影响所有权的实现方式和所得利益的分配。马克思的这些思想,已经构成现代财产权体系中用益物权立法理念的思想来源。

4. 财产权的界定与财产利用:产权经济学的分析

在各国的财产权立法实践中,均对财产权做了明确的规定。如在大陆法系国家中,"财产权"概念有着特定的内涵,即财产权是相对于人身权而言的民事权利,它不仅包括所有权(自物权),还包括他物权、债权、知识产权,以及其他具有财产内容的权利;并且,"绝对所有权"是传统大陆法系财产权立法的核心理念。英美法理论中没有严格的所有权概念,也没有比较抽象的他物权体系,其财产权表现为基于不动产(土地)、动产和无形财产而形成的一套排他性的权利体系,它与强调"物的归属"和"绝对所有权"的大陆法系形成重要区别。正如罗伯特·考特说的,"从法律理念看,财产就是一组权利。这些权利规定了一个人对其拥有的所有资源可以做些什么,不可以做些什么。"[①]

在经济学上,传统的所有权概念与大陆法系的财产权比较容易沟通,而现代产权经济学中的"产权"概念与英美法系的财产权概念有较多的相似之处。

产权经济学文献中所定义的"产权"及产权制度,是从人与人之间的行为关系出发的。"产权是一种通过社会强制而实现的对某种经济物品的

---

① [美]罗伯特·考特、托马斯·尤伦:《法和经济学》,史普川、董雪兵等译,上海三联出版社1996年版,第125页。

多种用途进行选择的权利"①。配杰威齐说,"产权是因为存在着稀缺物品和其它特定用途而引起的人们之间的关系","产权详细表明了人与人之间的相互关系中,所有的人都必须遵守的与物相对应的行为准则,或承担不遵守这种准则的处罚成本。"② 产权设定的意义在于,为人们利用财产的行为设定了一定的边界,它允许权利在法律准许的范围内支配财产,并承担相应支配结果的权利。

在新制度经济学的产权分析范式中,所有权仍然被理解是产权的核心,包括使用权、收益权、处置权、转让权,也就是说,产权是一组财产权利。"在一个社会中,产权的主要结构可以被理解为一组经济和社会关系,这种关系为每个人界定了与资源利用有关的位置。"③ "产权给予个人自由处置资源的权利,从而为竞争性市场提供了一个基础。"④ 埃里克·弗鲁博顿认为,私人产权拥有的产权价值,一是所有权内容所赋予的自由处置权,二是产权的可转让性。私人产权的自由转让在市场经济中起着基础性的作用,它会促进资源的优化配置,提高经济效益。可转让性可以保证,当农夫的技术水平很差,生产力更高的某个人将会给出一个稍微高于农夫自己所能赚到的价格来购买土地。如此,就会诱使技术水平差的农夫出售土地给一个技术水平较高的农夫。⑤

科斯并没有给什么是产权下过定义,但科斯对"财产"却有独到见解。科斯认为,交易双方通过博弈达成的合作会给双方均带来收益,建立强有力的财产法律制度可使交易失效造成的损害达到最小,财产法的中心任务即是清除交易的障碍。只有产权被清晰地界定了,交易双方合作的可能性才能提高,交易的成本才能降低。科斯的产权思想是:产权界定清晰是交易的前提,产权界定清楚了,就让市场去运作;而巴泽尔认为,产权

---

① 阿尔奇安对此做出的词条解释。[英] 约翰·伊特韦尔等:《新帕尔格雷夫经济学大词典》(第三卷),经济科学出版社 2003 版,第 1101—1103 页。
② 配杰威齐:《产权与经济理论:近期文献的一个综述》,《财产权利与制度变迁》,上海三联书店 1994 年版,第 204 页。
③ [美] 埃里克·弗鲁博顿、[德] 鲁道夫·芮切特等:《新制度经济学——一个交易费用分析范式》,姜建强、罗长远译,上海三联出版社 2006 年版,第 97—98 页。
④ 配杰威齐:《产权与经济理论:近期文献的一个综述》,《财产权利与制度变迁》,上海三联书店 1994 年版,第 97 页。
⑤ [美] 埃里克·弗鲁博顿、[德] 鲁道夫·芮切特等:《新制度经济学——一个交易费用分析范式》,姜建强、罗长远译,上海三联出版社 2006 年版,第 100 页。

常常不可能完整地被界定,因为完全界定产权的成本太高。"不管谁拥有权利,只要权利被清楚界定,收入就会实现最大化是毫无疑义的,因为,……只有与收入最大化相一致的权利转让,才能完全清楚地界定产权。"① 巴泽尔认为产权界定具有渐进性,是说产权界定过程是一个演进的过程。财产的交换价值是它能产生的总收入和测度、控制它的交易的成本的函数。如果交易的成本太高,人们就不会愿意花费成本去界定这些资源的权利,这些资源的权利就会滞留在公共领域,有待日后再作处理。随着资源新价值被发现,花费代价去界定产权变得有利可图,人们就会对权力作进一步的调整。因此,权利的边界,即均衡权力取决于获得权利的成本 - 收益分析。

二 使用权"物权化":农村土地产权制度演变的路径与方向

1. 从所有权、经营权到物权:农村土地产权制度的变迁

从中华人民共和国成立以来到推行家庭联产承包责任制长达60多年的历史中,我国农村土地产权制度经历了一个从土地私有(农民拥有土地所有权)——土地集体公有(所有权与使用权合一)——土地集体公有(所有权与使用权分离)的过程,在这一过程中,农民拥有的土地使用权逐渐得到强化,但土地使用权作为财产权的含义并没有充分体现,其财产权权能也不完整。

新中国成立后,为了实现"耕者有其田、居者有其屋"的目标,国家将没收、征收来的土地,无偿地、平均地分配给无地少地的农民,并通过正式的制度安排赋予其所有权,并允许土地所有者自由经营、出租、买卖土地。在当时的《宪法》《土地改革法》等正式制度中,土地所有权的私权性得到明确的体现。② 土改后,以农民拥有土地所有权形成了以家庭为基本经济单位的分散的小农经济和农业生产。这一时期农村土地的私有化,是在国家为了兑现对参加革命的农民的政治承诺和亟待恢复农村生产

---

① 详见巴泽尔的论述。[美] Y. 巴泽尔:《产权的经济分析》,费方城、段毅才译,上海人民出版社、上海三联书店1997年版。
② 1947年的《中国土地法大纲》第1条规定:"废除封建性及半封建性剥削的土地制度,实行耕者有其田的土地制度"。1950年的《土地改革法》第10条规定:"所有没收和征收得来的土地和其他生产资料,除本法规定收归国家所有者外,均有乡农民协会接受,统一地、公平合理地分配给无地少地及缺乏其他生产资料的贫困农民所有"。

力的背景下进行的，是靠国家力量推动的。由于这一时期农民的土地所有权不是通过市场交换取得，而是国家权力介入分配的结果，因而它并不具有私权财产的意义，并为后来国家权利重新介入土地财产的分配提供了潜在的可能①。

1956年，全国农村掀起了合作化运动。到1958年，合作化从初级社进入到高级社阶段，农民私有的土地、耕畜、大型农具等主要生产资料以及土地上附属的私有塘、井等水利设施，被一起转为合作社集体所有；取消土地入股，实行按劳分配。至此，农村土地从个体农民所有转变为集体所有。就在当年，全国快速推行"政社合一"的人民公社制，自留地、零星果树等都变为公有，一个月内即结束了农民土地私有制，所有权与经营权统一归于人民公社。从1959年开始，中国农村在人民公社制度下开始实行"三级所有，队为基础"的政策，确定了农村土地以生产队为基本所有单位的制度，并且恢复了社员的自留地制度。1963年中央又规定社员宅基地都归生产队集体所有，一律不准出租和买卖，归各户长期使用；宅基地上的附着物永远归社员所有，但宅基地的所有权仍归生产队所有。至此，农村土地集体所有制的财产结构基本形成，即三类农地（农业用地、非农建设用地包括宅基地、自留地）、一个财产归属（集体所有制）、一个权利主体（集体组织享有对其财产的占有、使用、收益和处分的全部权利），农民在不动产土地上没有任何属于私人的财产权利。

"三级所有""政社合一"是一个国家强制性制度安排，它决定了拥有土地所有权的农村集体经济组织在本质上只能是国家意志的贯彻者和执行者，是国家控制农村经济，以支持国家工业化战略的一种社会经济组织形式。"三级所有"的土地制度格局模糊了集体土地财产权的主体，便于国家实际上控制农村土地配置、农业生产和农业利润分配。农村土地的集体所有制虽然拥有名义上的土地所有权，但是在权利构成上缺乏完整意义上的使用权，并且缺乏土地收益权和处分权；在权利属性上，不具有排他性、可让渡性。因此，农村土地上无论是所有权还是使用权都不具有真正的财产权意义。在这种集体所有制下，土地的控制权实际上掌握在国家手

---

① 周其仁对中国农村改革中，国家权利介入土地财产的分配并干预农民的土地财产权利提供了详细的分析。详见周其仁《中国农村改革：国家和所有权关系的变化——一个经济制度变迁史的回顾》，《管理世界》1995年第3、第4期。

中，所有权内含的占有、使用、收益、处分等权能极大的受到了国家意志的限制。所有权主体虚置（名义主体是三级所有的农村集体经济组织，实际主体是国家）和所有权权能的弱化是"政社合一"的人民公社集体所有制的实际状态，这种产权制度安排难以在农村生产力主体（即劳动者）中建立有效的激励机制，它也是我国农村经济绩效从1959年至1978年长期低效徘徊的重要原因。

1978年，由试点带动，全国开始推行家庭联产承包责任制。1982年元月，中央以"一号文件"的形式第一次明确了"包产到户"的社会主义性质。此后，集体所有制为基础的家庭承包经营制度是我国的农村土地产权制度的基本模式。这种产权制度安排保留了土地所有权属于集体（即村集体经济组织）所有，而土地使用权（承包经营权）由农民个体或家庭拥有，国家对土地承包经营权进行严格的规定和控制。1986年制定的《民法通则》首次提出了农户的承包经营权的概念，并把承包经营权作为一种与财产所有权有关的一项财产权予以保护。1993年宪法修正案将《宪法》中"农村人民公社、农业生产合作社"的条款改为"农村中的家庭联产承包为主的责任制"，正式从根本大法形式确立了家庭联产承包责任制的法律地位。

从20世纪80年代中期开始，随着农村经济改革的深化、农业产业结构的调整和规模经营以及剩余劳动力向非农产业的转移，家庭联产承包责任制的缺陷开始显现出来。例如，由于农户对土地承包经营权缺乏长期稳定的预期和产权激励问题使得农民对土地的长期投资不足；分散经营和对使用权的限制无法在更大范围实现土地资源的流转和合理配置。从20世纪80年代中期到2000年前后，家庭联产承包责任制在国家法律层面上有过几次重要的调整，政策调整的重心主要放在解决土地承包经营权的长期性和流转上，对它的法律属性并没有明确的解释。直到2007年颁布实施的《中华人民共和国物权法》，才第一次在财产权制度上确认了农村土地集体所有权基础上产生的土地承包经营权、建设用地使用权和宅基地使用权是同样受法律保护的物权。

2007年3月16日第十届全国人民代表大会第五次会议通过《中华人民共和国物权法》，规定了物权体系中主要由所有权、土地承包经营权、建设用地使用权、宅基地使用权、地役权、抵押权、质权、留置权等基本物权组成，涉及农村集体土地方面的主要物权，包括农民集体土地所有权、土地承包经营权、农村集体建设用地使用权、宅基地使用权等四种基本物权，即"一权"（农民集体土地所有权）带"三权"（土地承包经营权、农村集体建设用地使用权、宅基地使用权），特别是《物权法》将土地承包经营权确定为用益物权，这对我国农村土地产权制度和农村经济社会的发展将产生深远影响。但是，2007年颁布的《物权法》又规定土地所有权和耕地、宅基地、自留地、自留山等集体所有的土地使用权作为财产不得抵押，这样农户以耕地、宅基地、自留地、自留山等集体所有的土地使用权抵押而获得金融机构贷款的渠道和机会就深受限制。即使这样，《物权法》的相关条款还有一个"但法律规定可以抵押的除外"的规定，这就给新一轮改革各地试点土地承包经营权作为财产抵押贷款留下了空间。

2. 土地使用权用益物权法律性质的确定具有重大意义

物权性质的土地承包经营权，是指土地承包经营权人为农业目的，直接支配承包的国家或者农民集体所有农村土地，并排除他人干涉的权利。该土地承包经营权为支配权，土地承包经营权人无须依赖他人之行为即可直接支配其物，并从中获得收益。所谓"直接支配"，一方面，是指物权的权利人可以依据自己的意志直接依法占有、使用其物，或采用其他的支配方式，任何人非经权利人的同意，不得侵害或加以干涉；另一方面，是物权的权利人对物可以以自己的意思独立进行支配，一般无须得到他人的同意。目前，土地承包经营权虽然为用益物权，是一项重要的财产权利，但土地承包经营权权能还不完整，支配权性质不充分，使用权的法定性和独立性还难以体现。

美国学者盖尔·约翰逊在研究中国农村经济改革时曾说："如果要充分发挥家庭联产承包责任制的所有潜力，那么必须保证土地使用权神圣不可侵犯，必须允许转让土地使用权并且确保这种权力不受地方政府官员干涉。"① 农村土地使用权用益物权法律性质的确定，使农村土地产权由"弱化""残缺"的使用权逐步走向私法物权意义上的财产权，这一个重大的历史进步。

进入21世纪，农村经济发展面临新的环境、新的形势和新的问题，

---

① ［美］D. 盖尔·约翰逊：《经济发展中的农业、农村和农民问题》，林毅夫、赵耀辉编译，商务印书馆2004年版，第38页。

农村土地产权制度面临许多新的挑战，例如：土地细碎化制约了农业的规模效益；土地产权界定不清影响了农地利用效率和农业长期发展①；工业化、城镇化给"三农"带来新挑战，谁来种地问题突出；"长久不变"面临两难选择，农民进行土地流转的需求日益突出。在这一背景下，现行土地使用权制度的"用益物权"还显得名不符实，其主要问题，一是土地所有权主体虚位，土地所有权与使用权的权属边界模糊，造成土地用益物权人的权能受到限制；二是土地使用权缺乏稳定性，产权激励并提供长期预期的作用难以发挥；三是土地使用权缺乏可分解性和可交易性，难以发挥市场配置资源的作用；四是土地权利的资本属性受到限制，农民实现土地财产收益缺乏制度保障。

三 农村土地用益物权体系的构建

1. 农民土地财产权利体系与权利类型

财产权是社会公民的基本权利之一，是公民参与社会经济活动和社会公共事务的基础。农村居民拥有财产权是社会主义市场经济的基本要求。农民拥有的土地财产权是一组权利，其基础或者说起决定作用的基本生产关系是所有制，即农村土地的集体所有制。这一组财产权利，从产权类型看，包括集体土地（资产）所有权、土地承包经营权、宅基地使用权；从产权权能看，包括使用权、收益权、处分权（在物权范围内）、继承权（解释为"土地承包关系长久不变"）。

在现行制度下，农民土地财产权的各种权利形式之间存在着比较复杂的关系。首先，农民的土地财产权来源于他是集体经济组织的成员资格，即来源于法定的成员权，成员权是农民获得土地财产权的资格，但它本身并不是财产权，而是一种身份性权利。农民的宅基地使用权和承包经营权虽然是因特定身份而获取的，但一旦成为农民的财产权对象后就获取了独立的财产权形式，是农民依法拥有的民事上的

---

① 谁是农村土地集体所有权的行使主体，目前有三种情况：村民小组（原生产队）、村委会（原大队）、乡镇（基层行政组织）。据农业部20世纪80年代调查，土地归村民小组的约占1/3，归行政村的占1/3。据国务院发展中心2011年调查，32.9%的家庭没有土地承包经营权证，37%的家庭没有与集体签过承包合同；认为土地归集体的农民占40.6%，认为归国家的占44.7%，有14.7%的人说不清楚农村土地归谁所有。

土地用益物权。其次，农民对土地使用权的处分权来源于土地使用权（特别是承包经营权）中的流转权能，即"处分权"的权利客体是土地使用权本身，它是在所有权与使用权分离情况下产生的一种财产权形式，它与所有权的法律地位应该是平等的。第三，农民在农村土地上的未来权益是当前权利的延伸，如土地征收中的受补偿权是对农民拥有的土地所有权和土地使用权的补偿，继承权则主要是土地使用和收益利益的承继。同时，未来权益同样需要获得独立的权利形式。不论是何种权利形式，农民的土地财产权利都需要在一个理论逻辑与实践一致和内洽的农地制度框架内实现。

2. 需要寻找农民土地财产权利实现的有效途径

现行农地制度的产权特征可以描述为一个两权分离的双层构架：土地的归属权（集体所有权）和土地的实际利用权（集体共用和农民个体私用）。从理论和实践两个层面都值得关注的是，在这种制度框架内作为生产力主体的农民能否获得真正的土地财产权利。

从所有权制度看，集体所有权是指劳动群众集体组织享有的对其财产的占有、使用、收益和处分的权利。许多学者都认为，集体所有权的权利是高度抽象的，法律规定行使所有权的主体是集体组织，每个集体成员无论在法律上还是现实中都不可能是集体所有权的主体，如果没有市场契约型的委托—代理关系，单个的成员不可能享有任何属于个人的土地财产权利。

从使用权制度看，现行的土地制度下国家对农民拥有的承包经营权有种种限制，包括对土地使用权流转的限制和农村土地转为城市建设用地时国家在一级土地市场上的行政垄断，产权主体（农民或农民集体组织）被排斥在交易之外，也不可能分享农地转用的级差地租。这些都造成农村土地产权的排他性弱化、产权主体的处置权缺失、农民的土地收益权无法得到保证。

进入21世纪，为寻找农民土地财产权利实现的有效途径，以赋予农村居民土地财产权和实现农民土地财产权益为核心的新一轮农村土地制度改革开启。新一轮的农村土地产权改革可以概括为：以"还权赋能"为基本纲领，以土地使用权的物权化为基本取向。① 土地确权颁证②、土地使用权流转③、培育农村新型经济组织和农业经营主体、基层民主和乡村治理的重建，是这次改革所涉及的几个主要方面。新一轮改革的意义在于，通过确权赋能，把集体经济组织所有、农户使用的土地权利变为永久性物权，使它们能流转交易；保护农民分享土地增值收益，以此建立农民的长期保障，防止政府和其他强权的侵害。

但是，这一轮的改革毕竟只是在国家或各省市认可的实验区范围内，在国家或地方政府层面允许先行先试的情况下进行的，而目前遇到的现实困难是：农地使用权的私人物权化还未得到法律和政策层面上的确认；宅基地使用权的转让、抵押已超出《物权法》的规定；农户拥有的土地承包经营权和集体建设用地所有权还没有被认为是一种"资产"，还不能以"土地股份"进行工商企业登记注册，不能以"土地股份"融资；农村经营性集体建设用地统一入市还存在诸多困难。

---

① 2007—2008 年，成都市和重庆市作为国家批准的"全国统筹城乡综合配套改革试验区"，在现行征地制度的框架下启动变革，在维系现有城市化筹资功能的同时，积极寻找增加农村和农民分享城市化土地收益的实际途径，启动了一次新的土地产权制度改革。"还权赋能"是周其仁教授在总结成都市土地产权制度改革经验中提出的概念。参见北京大学国家发展综合研究院课题组：《还权赋能：奠定长期发展的可靠基础——成都市统筹城乡综合改革的调查研究》，北京大学出版社 2010 年版。

② 2008 年 3 月，成都市在都江堰柳街镇推开了集体土地所有权、农户承包地和宅基地使用权、农民房屋所有权的确权颁证工作。截至 2010 年年底，成都市在全省率先完成了全部 255 个乡镇（街办）、2622 个村（社区）、3 万多个村民小组、170 余万农户的确权登记发证。重庆市自 2010 年开始在第二轮土地承包基础上展开新一轮农村土地确权颁证工作。这一工作覆盖该市 39 个涉农区县、711 万农户。确权工作由区县政府推行，政府承担确权所费成本，约 3000—4000 万，其中九龙坡、南川、梁平、垫江作为试点区县。到 2013 年年底，农村承包地、宅基地和林地确权颁证基本完成，发证率达到 99％。

③ 土地使用权流转主要涉及土地承包经营权流转、集体建设用地使用权流转和宅基地流转。土地承包经营权流转的主要形式是转包、出租、互换、转让、股份合作，在此基础上发展起农村新型经营组织和经营主体；在集体建设用地使用权流转上，在符合土地利用总体规划、城乡规划和产业发展布局规划的前提下，集体建设用地可以通过使用权出让、出租、作价入股（出资）、联营等形式进行流转，按照规定用于工业、商业、旅游业、服务业、农村集体经济组织租赁性经营房屋等经营性用途及建设农民住房；宅基地流转，执行一户一宅的法律规定，建立宅基地自愿退出及其补偿机制。重庆市的办法是，"农村居民整户自愿转为城镇居民、退出宅基地及建（构）筑物的，按照区县（自治县）人民政府制定的标准对农村住房及其构筑物、附着物给予一次性补偿，并参照地票价款分配政策一次性给予宅基地使用权补偿及购房补助。今后征地时不再享有补偿权利。"详见《重庆市户籍制度改革农村土地退出与利用办法（试行）》（渝办发〔2010〕203 号）。

如果说前一阶段农村土地产权制度改革的关注点是实现土地要素权利的市场配置功能，改变分散的小规模经营，提高土地规模经营效率，而新一轮的改革方向应该是解决农民的土地财产权利问题，即从法律上确权、建立所有权和使用权（用益物权）制度，在经济上实现权利的获益问题。要使农村居民拥有真正的土地财产权利，改革的取向是集体所有制框架内真正解决农民的土地财产权利问题，这需要一个基础性的制度结构，即构建以用益物权为内涵属性的农村土地使用权制度。这一制度的产权功能是：它将成为农民生存及长期发展的基础；它将发挥产权的激励功能，形成合理预期，有利于土地的长期投资和保护农民的土地收益；它将发挥市场配置土地资源的作用，推动土地适度规模经营和现代农业；它将让土地使用权人分享土地增值价值，获得财产性收入。让土地用益物权成为农民最重要的财产权利，不仅是确认农民的财产权利，更要赋予农民完整的具有作为市场经济主体的能力，要实现生产要素在城乡之间自由流动，在农村建立长久稳定的土地产权关系。

3. 土地用益物权的实现机制

（1）构建国家与农民集体、集体与私人之间平等的产权关系。

土地用益物权的充分实现，需要改变在土地所有权上面的国家强制，即把土地把国家意志和国家的政治职能剥离出来，建立国家与农民集体、集体与私人之间的平等的产权交易。农村土地产权制度改革，是政府、农村集体经济组织、农民的权利和利益的确认与调整过程；农民在产权制度安排中的地位，决定了在土地财产使用和收益的实际程度、效率与水平。新一轮的改革，就是要使农民拥有平等的权利和地位，能够分享经济改革和发展的成果，重新构建农民与集体、政府的权利和权利关系。农地产权关系（所有权、承包权、经营权）的不断明晰化，有助于合理界定个人与集体、政府之间的权利边界，从而构筑土地生产要素市场化配置的制度基础。

（2）建立土地用益物权的保护制度

第一，重新界定农村集体土地的所有权主体，农村集体组织主体理应确定为行政村农民集体，由具有法人资格、并行使集体土地处置权的村委会行使集体土地所有权权能。第二，完善农村土地登记发证制度，向农民统一颁发土地使用权证号，农民宅基地与地上建筑物应发给房地产所有权证；完善和制定《物权法》和《民法典》，建立健全保护城乡居民不动产权益的法律体系。第三，明确界定公共利益用地范围，并将政府征地权的行使范围真正限定在"公共利益"的范畴，以遏制假借公共利益之名侵犯集体土地所有权的企图；在立法方法上，制定"公共利益征地否定式目录"，明确规定盈利性目的用地不得征收。第四，需要修改现行土地管理法律、法规，明确集体土地在符合国家土地利用规划的前提下可以转为非农建设用地，也可以自由流转以保障集体土地资源配置效率和土地收益最大化。第五，完善土地征收补偿办法，把"尊重农民的土地物权"作为征地制度改革政策设计的首要价值取向；开展留地安置、集体建设用地土地使用权入股、土地股份合作等多种征地安置模式，在此基础上，建立基于市场价格的征地补偿标准体系。

(3) 完善土地流转交易的市场体系

首先，要建立完善的土地交易制度，使之交易顺畅，提高土地资源配置效益与效率。充分发挥农村资源优势，努力搭建政府主导、农民主体、市场化运作的农村发展平台，进一步激活城乡各类发展要素，加快农村资源资本化进程，真正实现土地可持续利用、产业可持续发展、农民可持续增收。其次，建立农村产权价值评估机制。县级以上人民政府负责制定并公布区域农村土地承包经营权基准价格、集体建设用地使用权基准价格和最低保护价，为农村产权的价值评估提供依据和基础；大力发展农村产权价值评估、法律咨询等中介服务组织，为农村产权流转担保提供服务。再次，完善农村产权流转体系。依托各级农村产权交易平台设立覆盖辖区内各地的农村产权流转交易服务中心并实现联网，及时收集和发布各类产权流转交易信息，组织产权流转、招拍挂等交易活动，为贷款抵押物处置、抵押权利的实现提供平台。国土资源管理部门、房产管理部门和农业行政主管部门为农村产权的流转办理变更登记手续。最后，完善农村产权抵押融资风险分担机制。为推动农村产权抵押融资，由各级人民政府按一定比例出资设立农村产权抵押融资风险基金，用于收购抵债资产。

(4) 加强土地用途管制

土地用途管制制度是国家为保证土地资源的合理利用和优化配置，促进经济、社会和环境的协调发展的一项重要制度。土地用途管制的内容包括：土地按用途进行合理分类、土地利用总体规划规定土地用途、土地登记注明土地用途、土地用途变更实行审批、对不按照规定的土地用途使用土地的行为进行处罚等。在保证土地用益物权和强化使用者权利的同时，政府需加强土地用途管制以调节个人利益、局部利益与社会公共利益的矛盾，保证土地资源的合理有效利用。

土地用途管制除采取相关法律法规行政手段外，还可设置土地发展权。土地发展权是土地变更为不同使用性质的权利，是一种可以与土地所有权分割而单独处分的财产权。它既可以与土地所有权合为一体，由拥有土地所有权的土地拥有者支配，也可以单独支配，它是土地处分权中最重要的权利。土地发展权的提法在我国目前还仅限于理论界，在实践中并未作为一个明确的概念使用。在国外，土地发展权一般有归私人所有（如美国）和归政府所有（如英国）两种制度。土地发展权归政府所有主要基于社会公平的考虑。土地所有权可以买卖、土地使用权可以转移，但是土地所有者和使用者都不能随意变更土地发展权。如果土地所有者要改变土地用途或增加土地使用集约度，必须先向政府购买发展权。我国农村土地使用权的物权性质，以及土地资源配置的市场化，我国在设置土地发展权时可在使用权用益物权中赋予部分土地发展权，政府在土地征用时向农民购买这项财产权利，用市场交易方式寻找土地使用权（含土地发展权）的对价，以保证农民长期发展的利益。

四 土地使用权物权化与土地私有化

我国农村土地产权向农民私人回归，是在国家允许或政策引导下的一场制度变革，这种改革方向绝不等于私有化。因为，农村土地使用权的物权化，我们坚持的所有制基础是集体所有制。这里，有两个关键点：其一，在中国农村经济的发展中，农民的"土地私有情结"在制度选择中将起到重要作用，而土地使用权的"硬化"是对土地私有的一种可行的制度替代，而且是改革成本及未来风险较小的制度选择。其二，最有效率的农地使用制度的所有制基础并不只是私有制。事实证明，土地私有私营并不是最有效的一种方式。土地集体所有制实际上是一个有较大包容性的制度安排，在土地集体所有制框架内所有权与使用权的分离可以寻找多种农地经营模式。盖尔·约翰逊说："私有化并不是经济转轨的灵丹妙药，它只是促进计划经济向市场经济转轨的一系列紧密关联的政策当中的一项。""只有在自由化被纳入整体政策框架之下，并且在市场经济有效运作所要求的法律制度业已建立的情况下，私有化才能够取得预期的积极效果。波兰农业在社会主义时期的经历提醒我们，土地私有化本身对资源的有效利用以及农业的繁荣并没有太大的帮助。"①（波兰当时大约有 3/4 的土地留在私人手中，1950—1990 年，农业增长幅度并不比其他中欧国家高）

在实践中，土地使用权物权化必然涉及土地承包经营权的流转。土地承包经营权流转是否意味着土地私有化，已成为社会各界近期关注的焦点问题。本文已经说明，土地承包经营权流转中的土地承包经营权的法律性质是用益物权，而不是土地所有权；土地承包经营权流转或转移给他人的是物权性质的土地使用权而不是土地所有权。我国多年来土地承包经营权流转实践历程的内容演变趋势也表明，我们一直在坚持完善农村基本经营制度而不是向土地私有化方向走；完善土地承包经营权权能和允许多种形式土地承包经营权流转使土地承包经营权财产权性质得益彰显，使农民得到充分而有保证的土地财产权利，但不体现土地私有化性质。未来农地流转制度改革的方向应该是进一步深化改革，强化土地集体所有，厘清土地财产主体和财产关系，界定土地财产权利内容并赋予其完整的权能，即"落实集体所有权、稳定农户承包权、放活土地经营权"，更好的发挥产权制度对农村经济发展的推动作用。

---

① ［美］D. 盖尔·约翰逊：《经济发展中的农业、农村和农民问题》，林毅夫、赵耀辉编译，商务印书馆 2004 年版，第 329 页。

财政支农资金转为农村集体资产股权量化改革、资源禀赋与农民增收

——基于广元市 572 份农户问卷调查的实证研究

李　萍　王　军*

摘　要：如何利用财政支农资金、促进农村集体经济及其农业现代化发展和农民增收，是当前值得关注和深入探讨的新课题。文章以全国率先启动引入市场机制的作用、将财政支农资金转为农村集体资产进行股权量化改革的四川广元试点区为样本，构建了一个财政支农资金转为农村集体资产股权量化改革、农户资源禀赋及其他因素对农民增收作用的分析框架，建立农民增收影响因素模型，并提出相关假说，进而采用微观调研数据，运用多元线性回归模型和 PSM 模型进行实证分析。通过分析得出如下结论：第一，财政支农资金转为农村集体资产股权量化改革对农民增收会产生显著的正向影响，且影响力度由大到小依次为财产性收入、经营性收入和工资性收入；第二，农户资源禀赋中人力资源和社会资源对农民收入的增长有正向促进作用，农户自然资源禀赋会抑制其收入水平的提高，但可以增加经营性收入；第三，综合保障、区位差异和精准扶贫等其他因素对农民收入的变化有显著的影响。文末，从加大财政支农资金投入及其整合力度、增强农户资源禀赋和完善其他影响因素等方面提出了针对性的对策建议。

关键词：农民增收；财政支农资金股权量化改革；资源禀赋；广元

---

* 本文选自李萍、王军《财政支农资金转为农村集体资产股权量化改革、资源禀赋与农民增收——基于广元市 572 份农户问卷调查的实证研究》，《社会科学研究》2018 年第 5 期。

一 引言

改革开放以来，农民收入得到了快速的增长，但是城乡收入的绝对差距却越来越大。虽然近期的城乡收入比有所回落，但是城乡收入差距矛盾却依旧严重。财政支农资金投入也在不断增加，但是其使用效率低下，农民增收作用不明显[①]。农业现代化是"四化"中的短板，如何另辟蹊径、引入市场机制的作用、有效利用财政支农资金促进农业现代化发展和农民增收，并以此来深入贯彻以人民为中心的发展思想，是当前值得我们关注并深入研究的新课题。

当前，四川正处在全面深化农村改革的新阶段，率先推进了引入市场机制作用、改变过往财政支农资金使用办法，将财政支农资金以项目资金注入，转为农村集体资产进行股权量化改革，积极探索新型农村集体经济发展、精准扶贫新模式和农民增收的新途径。2015年1月四川省政府办公厅下发《关于推进财政支农资金形成资产股权量化改革试点的意见》，选取广元市等八地开展试点工作。2016年12月中共中央国务院出台《关于稳步推进农村集体产权制度改革的意见》，2017年1月四川省委农工委、省农业厅等七部门也联合出台了《关于深化农村集体产权制度改革发展农村新型集体经济的试行意见》，高度重视探索符合我国现阶段实际的农村集体所有制经济的有效组织形式、经营方式和发展路径，做实做强农村集体经济，并让所有集体成员共享发展成果，促进农民增收。2017年10月，党的十九大报告明确指出，我国需要进一步"深化农村集体产权制度改革，保障农民财产权益，壮大集体经济"。本文正是以笔者在广元市围绕"财政支农资金转为农村集体资产进行股权量化改革""精准扶贫"等主题展开的专项调查和跟踪研究为基础，运用田野调查问卷一手数据来实证分析财政支农资金转化为农村集体资产股权量化改革对农民增收的影响[②]。

二 相关文献回顾

近年来，国家财政支农资金支持力度逐年加大，对提升农业综合生产

[①] 刘家养、黄念兵：《基于城乡公平视角的我国省级地方财政支农资金效率研究》，《宏观经济研究》2015年第5期。

[②] 本文主要选择了广元市苍溪县永宁镇兰池村、利州区工农镇小岩村和赤化镇泥窝村等地率先开展股权量化试点的地区进行入户问卷、走访座谈等田野调查。

能力、促进农民增收起到了积极的作用①。但是财政支农依旧存在诸多问题：在规模上，有学者认为，财政对农业支持力度不够，财政支农支出规模过低，自筹资金所占比重依然过大，并据此认为政府应大幅度扩大财政支农支出规模②。在结构上，也有学者基于理论考察和实证分析，认为我国目前的财政支农资金分配结构不合理，需要进一步优化支出方式与结构③。在效率上，一些学者提出，财政支农效率还相对低下，对农民增收的促进作用尚存在诸多不足④。基于此，有必要探索新的财政支农方式来实现财政支农资金提效和农民增收的双赢，而财政支农资金转为农村集体资产股权量化改革，不失为一种有益的探索。

考虑到目前财政支农资金转为农村集体资产股权量化改革尚处于起步阶段，就此论题的专门研究付之阙如。但针对农村集体资产股权量化的相关研究则不乏其文，主要形成了三个方面的成果：第一，从法学研究的视角看，我国至今尚未有系统的法律、法规对农村集体资产进行规范，使得农村集体资产产权改革在推进过程中遇到了不少问题⑤，主要包括农村集体资产的管理主体不明⑥、农村集体资产的成员资格标准混乱、由于无法人地位带来的治理结构问题和集体资产股权流转制度的不健全等。第二，从社会学的角度来看，所进行的研究更多的是站在农村治理的角度来进行分析。刘玉照和金文龙⑦认为准确把握集体资产分割背后的多重逻辑，正确处理好不同意识形态冲突与村民实际利益之间的关系，是保证集体资产分割顺利进行的关键。井世洁和赵泉民⑧研究发现苏南地区农村通过成

---

① 罗东、矫健：《国家财政支农资金对农民收入影响实证研究》，《农业经济问题》2014年第12期。
② 韩占兵：《中国财政支农规模与效率的实证分析：1978—2013》，《当代经济管理》2016年第5期。
③ 邓卫平、侯俊军：《财政支农方式、结构对农业现代化的影响效应研究》，《求索》2015年第7期。
④ 刘家养、黄念兵：《基于城乡公平视角的我国省级地方财政支农资金效率研究》，《宏观经济研究》2015年第5期。
⑤ 方志权：《农村集体经济组织产权制度改革若干问题》，《中国农村经济》2014年第7期。
⑥ 冯卓、詹琳：《城镇化进程中农村集体资产管理问题探究》，《经济体制改革》2014年第2期。
⑦ 刘玉照、金文龙：《集体资产分割中的多重逻辑——中国农村股份合作制改造与"村改居"实践》，《西北师大学报》（社会科学版）2003年第6期。
⑧ 井世洁、赵泉民：《新型乡村社区治理模式构建——基于苏南Y村"村社协作型"的个案》，《南京社会科学》2015年第4期。

立"产权社会化"的股份合作社组织,围绕村级治理变革,最终形成"村社协作型"社区治理模式。第三,从经济学的视角看,赵家如[①]对集体资产股权的形成、内涵以及建设进行了研究。程世勇和刘旸[②]通过研究苏南模式中的张家港永联村,发现永联村通过探索"私人"股权与"集体"股权混合的集体经济治理模式,实现了农村集体财富的扩张与企业市场效率的双向增进。王军和詹韵秋[③]针对四川广元改革试点区的实践,对财政支农资金形成农村集体资产改革的现状和困境进行了研究,并提出了针对性对策建议。

现阶段各地区农村集体股权量化改革也存在不同的做法,基本形成了以温州"三分三改"、松江"三级合一"和成都"取零为整"为代表的典型股改模式。马永伟[④]研究发现,温州农村集体产权制度改革是资源禀赋和政府自愿选择共同作用的结果,通过产权改革,明确集体资产所有权归属,成立股份经济合作社,并建构合作社内部治理结构和监督机制,保障集体经济组织成员对集体资产的控制权和剩余收益索取权。李宽和熊万胜[⑤]认为上海松江农村资产产权改革是以股份合作社的形式,根据土地份额和从事农业生产年限将全部集体资产量化到人,以此来实现保护集体资产和集体成员的个人收益的双赢。李佯恩[⑥]认为成都农村集体资产改革模式的主要特征是"取零为整,双层配股",即将经营性资产、公益性资产和除承包地之外的所有资源性资产,通过统一清查核算按照集体资产量入为股、清算到人的方式进行股份制改造。

从现有文献的检视看,一方面,我们对已有的农村集体资产股权量化改革的探索和讨论应给予高度评价,这种探索和讨论为深化农村产权制度

---

① 赵家如:《集体资产股权的形成、内涵及产权建设——以北京市农村社区股份合作制改革为例》,《农业经济问题》(月刊)2014 年第 4 期。

② 程世勇、刘旸:《农村集体经济转型中的利益结构调整与制度正义——以苏南模式中的张家港永联村为例》,《湖北社会科学》2012 年第 3 期。

③ 王军、詹韵秋:《财政支农资金股权量化改革:实践探索、现实困境与破解之策——以四川省广元市改革试点区为例》,《农村经济》2016 年第 11 期。

④ 马永伟:《农村集体资产产权制度改革:温州的实践》,《福建论坛》(人文社会科学版)2013 年第 6 期。

⑤ 李宽、熊万胜:《农村集体资产产权改革何以稳妥进行——以上海松江农村集体资产产权改革为例》,《南京农业大学学报》(社会科学版)2015 年第 15 期。

⑥ 李佯恩:《指路村:宅基地退出模式初探》,《中国土地》2014 年第 2 期。

改革、壮大农村集体经济以增加农民收入起了极大的推动作用；另一方面，学界虽对财政支农与农民增收的研究不少，但因其缺乏对近期财政支农资金转为农村集体资产股权量化改革的跟进研究而不足以解释新的实践，且更多的是定性分析，定量分析尤其是微观数据实证研究存在明显不足。因此，本文从财政支农资金转为农村集体资产股权量化改革的视角出发，以四川省广元市改革试点区为例，运用微观调研数据来实证分析财政支农资金股权量化对农民增收的影响，以期为下一步在四川乃至西部广大农村地区推动此项改革的深化辨识机理、厘正策略、探求特色，促进农民长效综合增收机制的形成。

三 改革的基本情况、理论分析与假说的提出

（一）财政支农资金转为农村集体资产股权量化改革的基本情况

实践中，由于东部沿海地区存在丰厚的集体资产家底，因而具有集体资产进行股权量化改革的经济基础，使改革得以不断地推进。但西部多数地区不同，原有集体资产呈现出空壳化现象，改革遂采取了创新财政支农资金的使用方式，以项目注入转为农村集体资产进行股权量化改革。

针对财政支农资金使用效率低下、促进农民增收不明显和西部农村集体资产空壳化等严重问题，四川省率先选取八个试点区开展财政支农资金转为农村集体资产股权量化改革。实践中财政支农资金转为农村集体资产股权量化改革，基本上走的是这样一条路径：将过去财政支农、扶贫资金按上级政府的规划分配下拨，改为按下面依托农村各种合作社，包括农民专业合作社、土地股份合作社等，通过申报项目获得批准的形式投入，形成集体资产，再按具有成员资格的农户进行股权量化，其中贫困农户还额外享受特定扶贫股份，目的是既注入了既无集体资产的与集体经济相当的启动资金量，又将集体和农户个人利益联结起来以促进合作社增强市场竞争能力和盈利能力；既重建或壮大了基于合作社经营发展之上的农村新型集体合作经济，又实现了精准扶贫和增加了农民收入。实践表明，这是财政支农由过去"输血式"转变为"造血式"的一条现实可行的路子。

（二）分析框架与研究假说

农民收入的快速增长离不开政府的支持与投入，同时，农户的资源禀赋差异及其他影响因素决定了农民增收实现的可能和程度。因此，本文基于财政支农资金转为农村集体资产股权量化改革、农户资源禀赋及其他因

素的三维视角,研究农民收入增长的影响因素,构建如下理论分析框架。

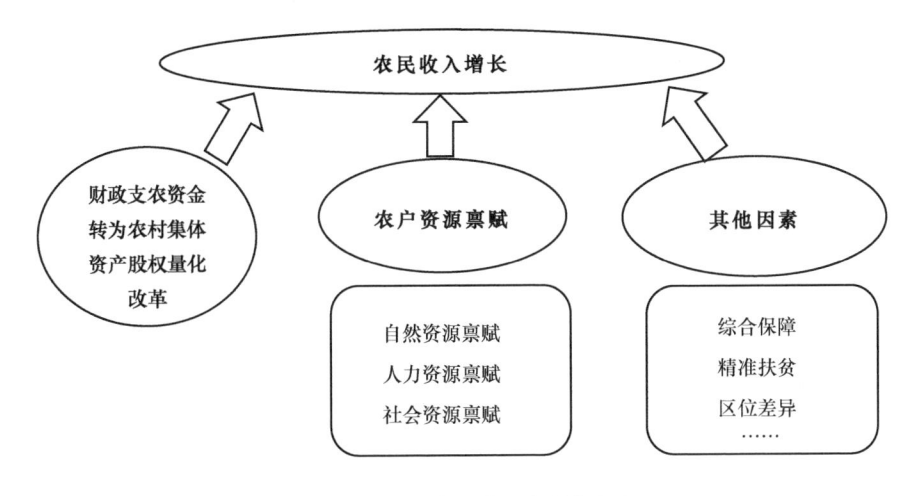

图 1 农民增收影响因素分析框架

1. 财政支农资金转为农村集体资产股权量化改革与农民收入增长

农业和农民,作为一个特殊的产业和职业,其发展离不开政府等外部力量的支持,一个显著的体现就是财政转移支付的扶持。我国家庭联产承包责任制改革以来,"统分结合"的双层经营体制在实践中逐渐失衡,"分"基本上形同小生产、低效率、农民增收困难,而"统"日渐式微,实质上丧失了集体经济增加农民收入的功能。在这种情况下,以财政支农资金转为农村集体资产的改革,不啻对集体经济注资重新奠定其发展的必要基础,关键是通过股份量化改革,建立起与市场经济体制相适应的农村集体经济运行机制与分配机制,即建立起集体经济发展与农民切身利益直接挂钩的利益链,从而促使集体经济在市场运营的保值增值中增加农民收入。进一步来看,改革通过形成壮大集体经济组织和各类涉农合作社,从而对农民的财产性收入、工资性收入、经营性收入等收入成分产生不同程度的影响。

由此,提出假说1:财政支农资金转为农村集体资产股权量化改革,可以带来农民收入的增长,且对农民收入的不同成分的影响存在显著差异。

2. 农民的资源禀赋与收入增长

本文将农民的资源禀赋细分为自然资源、人力资源和社会资源三类。

第一，农户家庭自然资源禀赋是影响财政支农资金转为农村集体资产股权量化改革，从而影响农民增收的重要因素。以土地为自然资源禀赋的典型形式，现假设有两个同样具有成员资格的农户，除了各自的土地自然资源禀赋不同以外，其他条件相同。那么拥有耕地资源越多的农户，可以从财政支农资金转为农村集体资产股权量化改革形成的农村新型合作经济组织中获得更多的财产性收入、分红等经营性收入和入社劳动的工资性收入，这可以显著增加农民的财产性收入和经营性收入，当然也会影响农民进城务工的工资性收入，进而可能在一定时间内对农民的总体收入水平产生不利的影响。① 总之，农村集体经济组织成员通过财政支农资金股权量化改革后获得的股权股份，以及作为股份合作社利益共同体成员之一，随着股份合作社的资本运作和发展，使农民有了多渠道获得收入的机会。②

由此，提出假说2：农户的人均耕地资源禀赋越高，农民财产性和经营性收入的获取空间就越大，但不利于农民进城务工的工资性收入和总收入的增长。

第二，农户的人力资源对农民的收入会产生非常重要的影响。本文主要通过分析农户的受教育程度对其收入的影响，从而探究其在改革中发挥的作用。农户的人力资源对农民增收的影响，更多地体现在农户信息搜寻、处理、获得、判断的能力，乃至务农或非务农决策的选择等形成的农户竞争力增强带来的收入增加，如在财政支农资金转为农村集体资产股权量化的改革进程中，对改革的步骤、程序、规则、建议及改革大势的判断，对重构农村集体经济组织、股份合作社及其内部治理结构等发挥积极的作用，以促进农村新型集体合作经济的健康发展，从而增加农民的收入。

第三，提出假说3：农户受教育程度越高，农民从财政支农资金转为农村集体资产股权量化改革中获取收益的可能性越大。

可以把参与改革看作农民的一种决策行为，遵循有限理性经济人的假

---

① 根据笔者的调研，发现目前该地农民的收入主要依靠外出进城务工获取，这形成了进城务工的工资性收入占农户家庭总收入的90%以上的收入格局。目前来看，农民外出务工的工资性收入是高于入社劳动获得的工资性收入的。

② 当然，市场竞争中，改制后的农村新型股份合作社等集体经济组织同样面临可能的各种风险，如自然灾害风险，特别是市场经营的各种风险，因而，不排除因决策失误、经营亏损等引致农民减收的客观存在。

设,个人总是试图选择自己利益最大化的制度安排。一般而言,农民从事的职业为非农业且非农劳动力越多的家庭,其外出就业的期望收入就越高,从农村的现实来看,目前越来越多的农户更愿意将过去抛荒或者半抛荒的土地资源入股加入各类合作社,也包括财政支农资金转为集体资产股权量化改革形成的股份合作社,促进农业适度规模化经营,从而分享改革带来的红利。

由此,提出假说4:农户家庭非农就业率越高,获得改革红利的可能性越大,进而有助于农民收入的增长。

3. 影响农民增收的其他因素

此外,农民从财政支农资金转为农村集体资产股权量化改革中获得收益的多少还受到其他因素的影响,主要有综合保障、是否为精准扶贫户及区位因素。农民通常具有强烈的"恋土情结",对于他们来说,土地发挥着极其重要的生存保障作用,除非有了较为完善的养老、医疗等社会保障的配套改革,否则一般都不会轻易将土地流转出去。一旦农户的生存有了保障,在发挥其经济理性判断的前提下,才会降低对土地的依附性,进而将土地投入到改革中去。此外,从精准扶贫和区位因素的角度来看,精准扶贫是为了实现全面小康社会而进行的转移性支付,在财政支农资金转为农村集体资产股权量化改革中动态识别贫困户基础上,因设立特定的扶贫股份,使兼具集体成员和贫困户双重身份的农户享有双份股份更赋予了其实质性内容,必然会对受助贫困农户的收入产生较大的影响,而农民的居住地距离城镇的远近会对农民的收入产生非常重要的影响。

(三) 改革促进农民增收的理论思考

1. 财政支农资金转为农村集体资产股权量化改革促进农民增收的理论阐释

财政支农资金转为农村集体资产股权量化改革,产权改革是始发环节,也是最重要的基础。先后试点启动的财政支农资金转为农村集体资产股权量化改革,都绕不过产权改革这一基础性环节。而新制度经济学认为,产权是一组财产权权利束,所有权是产权的核心,还包括使用权、处置权和收益权等一系列权利。从产权经济学的角度来看,广元做法在这一环节的内在理论逻辑是"产权确定—产权分离—产权流转—产权保护",其目的是形成并激活农村集体资产,提高资源的配置效率,进而解决农民的"增收难"问题。具体分析如下:首先,要对产权进行明确的界定。产权明确是实现资产价值的前提,只有明确的产权归属才能降低交易费用,形成经济效益。广元市在改革中首创的"七权同确"① 就是为了明晰农村的集体产权,为农村集体资产的流转和创造效益、农民增收的实现打下坚实的基础。其次,财产权权利束的分离是改革的基础。这主要体现为承包权和经营权的可分置性,农村土地所有权依旧归集体所有,承包权归土地承包农户,农户的经营权折股量化到经改制的股份合作社后,在其运营过程中还可以进行转让和抵押,这是促进农民财产收益权实现的基础。再次,产权顺畅的流转是实现财产权利的核心,任何产权主体对其产权的行使,都是在收益最大化动机支配下的经济行为,财产权的自由转让在市场经济中起着基础性的作用。基于土地流转组建起来的具备了一定经济基础的股份合作社更有条件实行农业适度规模经营,提高农业经营效率。它可以保证提高土地的生产率,进而促进农户的长效增收。广元改革试点区设置了专门的土地信息平台和土地流转交易平台来加快土地等资产的流转,为农民收入的增长提供了一个现实的可能性。最后,严格的产权保护是实现农民增收的重要保障。在中央政策确保农户确权后的产权长久不变的总体方针下,地方政府还需配合财政支农资金转为农村集体资产股权量化改革出台细化的相应政策,确保股份合作社运营中相关产权主体的各项产权权益如转让、抵押等权益的实现。

2. 财政支农资金转为农村集体资产股权量化改革对农民增收的传导路径

本文从农民收入的构成角度来探索改革对农民增收的影响,农民人均纯收入包括经营性收入、工资性收入、财产性收入和转移性收入。② 现阶段,广元改革试点区财政支农资金转为集体资产股权量化改革对农民增收的传导路径如下。

(1) 提高了农民的经营性收入

广元是典型的盆周山区,家庭农业经营规模过小,难以实现规模经济效应。在此项改革推行后,股份合作社聚集了更多具有各类资源禀赋的农

---

① "七权同确",是指广元市政府同时对农民的农村土地承包经营权、集体土地所有权、建设用地使用权、房屋所有权、林权、小型水利工程产权和集体财产权七项权利进行确认到户。

② 李萍、王军:《城镇化发展对不同收入水平农民增收的影响研究——以四川省为例》,《四川大学学报》(哲学社会科学版)2015年第6期。

户,在市场的经营过程中,着力培育职业经理人和职业农民,并和种养大户、家庭农场、农专合作社等各类新型农业经营主体形成新型的竞争与合作关系,有助于促进农业适度规模化、集约化和社会化经营,进而提高了农业的经营效率和农民的经营性收入水平,也有助于壮大农村的中产阶级。

(2) 激活了农民的财产性收入

实施家庭联产承包责任制后,农村土地的"两权分离"使农民拥有了土地的实际使用经营权和收益权,但却始终没有处置权和交易权。新一轮的"确实权"改革虽然让农民拥有了土地等一定量的"固定资产",但由于农村基本不存在交易的市场,所以这些资产都是难以变现的。而财政支农资金转为农村集体资产股权量化改革有助于激活此类农村资产,可以带来土地流转收入、股金或者利息性收入等原本不存在或者较少的财产性收入。典型表现为,将财政支农资金转变为农户的资本金,使农民能够享受到资本金和农业产业化经营带来的红利。以笔者调研的苍溪县为例,改革后每年人均能领取股金利息536元,相当于2016年该县农民人均纯收入的5.9%。此外,调研发现:改革的实质就是创新财政支农资金使用方式,壮大农村集体资产并使其在市场运行中保值增值,以增加农民财产性收入。

(3) 稳定了农民的工资性收入

财政支农资金转为农村集体资产股权量化改革施行以后,会释放一定量的农村劳动力,这部分劳动力有两条出路:外出进城务工或进入本地合作社等各类农业经营组织劳动,这会带来临时性或者长期性工资收入的增加。改革壮大了各类新型合作社,促进了农业的产业化,发展了与农业相关的上下游企业,提出了对一批职业农民和农业产业工人的新的需求,如广元改革试点区的猕猴桃、土鸡和生猪三大产业吸收了大量的农业劳动力,使农民可以不用背井离乡就获得长期性的工资收入;同时,在农忙季节也提供一定的新增临时性就业,带来临时性工资收入;土地入股后会释放劳动力,外出进城务工收入会增加。

(4) 增加了贫困农户为重点对象的转移性收入

针对贫困户,在股权量化环节先划出一部分设立贫困户优先股,再平均量化剩余部分,即贫困户多配给一部分股权,切实做到精准扶贫。这与此前的现金类扶贫补助不同,由于其股权为产业发展的一部分,可以形成长期且具有可持续性的扶贫收入,利于从根本上消除贫困。如广元苍溪县永宁镇兰池村的贫困群众不仅可享受普通村民分配的股份,还额外享受扶贫股份,按此,254名贫困群众,每人分得财政支农资金量化股金9516元,计9.52股,比普通群众多5.67股,至2016年贫困户人均每年至少可多得股权收益309元。此外,社会福利也可以视为一种转移性收入,当村集体经济组织获得了留存收益和公益金后,可以给贫困户发放一定的临时性补助。

四 模型构建与指标选取

在前文理论分析框架的基础上,构建农民增收的影响因素模型。以期通过实证结果揭示财政支农资金转为农村集体资产股权量化改革、农户资源禀赋差异与农民增收之间的关系,同时验证理论分析中提出的研究假说。

(一)模型构建

本文分别选取多元线性回归模型和PSM模型两种方法来进行实证分析。构建多元线性回归模型对影响改革试点区农民增收的各因素进行定量分析,从而更明确地鉴别出收入变化的原因及各解释变量的贡献大小。基本的模型设定如下:

$$Y = \alpha + \beta P + \varphi R + \gamma C + \varepsilon \quad (1)$$

其中,Y为农民收入;P、R和C分别表示土股权量化改革、农户资源禀赋和其他影响因素(即控制变量);α、β、φ和γ是待估计参数;ε是一个随机扰动项。

此外,为了更加精确分析改革的影响,进一步使用倾向得分匹配法(PSM)进行分析,具体步骤如下:首先,运用分位选择模型,并结合反映农户财政支农资金股权量化的匹配变量,计算每个样本受到财政支农资金股权量化的条件概率(即倾向得分值),使匹配标准由多维的降为一维的倾向得分值(PS)。其次,对控制组与对照组的样本进行匹配。再次,进行平衡性假设检验,通过检验配对样本有无显著差异来确保匹配效果的精确性。最后,计算处理组与对照组的平均收入差异,即平均处理效应(ATT),以得到财政支农资金转为农村集体资产股权量化改革影响农户收入的净效应。其中,ATT计算公式如下所示:

$$ATT = E[Y_i^1/D_i = 1, P(X_i)] - E[Y_i^0/D_i = 0, P(X_i)] \quad (2)$$

其中，ATT 表示财政支农资金转为农村集体资产股权量化改革影响农户收入的净效应，Y_1 和 Y_0 分别表示受到改革影响和没受到改革影响的农民收入水平，X_i 是其他各类影响因素。此外，运用自抽样方法来计算 ATT 的标准误来提高研究的准确性。

（二）指标选取及数据说明

1. 指标选取说明

（1）农民收入增长变量。本文不仅研究农民人均纯收入，还选取农民收入的三个构成部分：农民人均经营性收入、农民人均工资性收入和农民人均财产性收入来进行进一步的实证分析。

（2）财政支农资金转为农村集体资产股权量化改革变量。为了衡量财政支农资金转为农村集体资产股权量化改革对农民性收入的影响，在多元线性回归模型和 PSM 模型中，分别选用改革直接带来的收入增长和是否参与改革对农民收入的影响程度两种形式，来度量改革对农民增收的具体影响。

（3）资源禀赋变量。农户家庭资源禀赋包括三个方面：一是农户自然资源禀赋，表示为农户人均耕地面积；二是人力资源禀赋，主要是指户主的受教育年限；三是农户家庭社会资源禀赋，使用农户家庭非农就业率来衡量。

（4）其他控制变量。农民收入的增长还会受到家庭外部环境特征的影响，如综合保障、区位因素和是否是精准扶贫户等，其中，综合保障是农户对自己养老、医疗等基本保障的现实满意度和心理预期情况。因此，本文同时引入这三个控制变量，以提高模型的精度，并检验其带来的影响。对收入性数据取对数和无量纲化处理，以此来形成统一的研究口径。在表1 中汇总了解释变量的名称、单位及定义。

2. 数据来源说明

选择在广元市苍溪县永宁镇兰池村、利州区工农镇小岩村和赤化镇泥窝村等地率先开展股权量化试点进行随机抽样调查，共计发放问卷 607 份，回收有效问卷 572 份，问卷有效率达到 94.23%。具体问卷以笔者 2015 年 7 月在广元市围绕"农村集体资产和财政支农资金股权量化改革""精准扶贫"等问题展开的专项调查及其跟踪研究为基础。

表1 相关指标说明

变量类别	变量名称	表征变量	定义	变量形式
被解释变量	农民收入（FI）	农民人均收入	家庭总收入除以家庭人数	连续变量
	经营性收入（FOI）	农民人均经营性收入	家庭经营性收入除以家庭人数	连续变量
	工资性收入（FWI）	农民人均工资性收入	家庭工资性收入除以家庭人数	连续变量
	财产性收入（FPI）	农民人均财产性收入	家庭财产性收入除以家庭人数	连续变量
解释变量	财政支农资金股权量化（REFORM）	改革直接相关资金收入	股金、利息、精准扶贫资金	连续变量
	农户自然资源禀赋（NR）	人均耕地	平均每人拥有耕地面积（亩）	连续变量
	农户人力资源禀赋（HR）	农民受教育程度	户主受教育年限	连续变量
	农户社会资源禀赋（SR）	非农就业率	从事非农产业劳动力数量与总劳动力之比	连续变量
控制变量	综合保障（SS）	是否有好的各类保障	1＝好，0＝不好	虚拟变量
	区位差异（RL）	农村或城郊	1＝农村，0＝城郊	虚拟变量
	精准扶贫（PP）	是否为贫困户	1＝是，0＝否	虚拟变量

五　实证结果分析

（一）多元线性回归模型分析

利用stata12.0软件，采用最小二乘法得出如表2计算结果。

表2　多元线性模型回归结果

变量类别	变量名称	FI	FOI	FWI	FPI
常数项	C	8.559253 *** (7.928646)	10.312004 *** (13.840251)	4.990214 *** (5.716721)	7.778515 *** (12.61105)

续表

变量类别	变量名称	FI	FOI	FWI	FPI
解释变量	REFORM	0.681619 *** (3.515631)	0.645013 *** (5.700361)	0.401339 *** (3.794311)	1.024519 *** (6.217962)
	NR	−0.000239 * (−1.790942)	0.173094 ** (2.506613)	−0.102513 * (−1.863204)	0.230716 *** (3.816448)
	HR	0.036774 ** (2.461027)	0.106892 ** (2.820305)	0.235409 *** (3.742534)	0.000208 (0.248168)
	SR	0.166135 *** (4.749112)	0.174627 *** (3.968507)	0.1940228 *** (5.269737)	0.142236 *** (3.994527)
控制变量	SS	0.208093 * (1.821337)	−0.405473 ** (−2.942177)	0.324605 * (1.842513)	0.125502 *** (3.759831)
	RL	0.815212 ** (2.672717)	−1.016842 * (−1.900331)	0.930221 * (1.943506)	1.136466 ** (3.451657)
	PP	0.712475 *** (3.652826)	0.235462 (0.745318)	−0.128741 (−0.204315)	0.391406 ** (2.892378)
F 值		$F = 6.695289$ ($P = 0.000264$)	$F = 7.103588$ ($P = 0.000012$)	$F = 5.990136$ ($P = 0.000497$)	$F = 4.780518$ ($P = 0.001575$)
调整后 R 方		0.507429	0.586536	0.424496	0.488780

注：括号内的数值为 t 值；*、** 和 *** 分别表示在 10%、5% 和 1% 的水平下显著。

由表 2 可知，4 个回归方程的 F 统计量和解释变量的 t 统计量均较为显著，所建模型的拟合效果均较好，且较为合意。具体分析如下。

第一，改革的影响。实证结果表明，财政支农资金转为农村集体资产股权量化改革与农民增收之间呈正相关关系，即改革有利于实现农民增收。此外，改革对农民收入不同成分的影响力度由大到小依次为：财产性收入、经营性收入和工资性收入。这符合改革的初衷，即大力提高农民的财产性收入水平。假说 1 得到了验证。

第二，农户自然资源禀赋对农民增收会产生不利的影响，主要是因为不利于增加农民工资性收入，虽然会对经营性收入和财产性收入产生较大的积极影响，且可以从财政支农资金转为农村集体资产股权量化改革形成的农村新型合作经济组织中获得入社劳动的工资性收入，但是明显不能抵消减少进城务工的工资性收入的负效应,进而可能在一定时期内对农民总体收入水平产生不利的影响。究其原因,是因为拥有较好自然资源禀赋的农户进城务工的意愿较低,尽管改革可以带来农民经营性收入和财产性收入的增加,但是农业的低收益依旧会阻碍其总收入水平的提高。假说2得到了验证。

第三,农户人力资源禀赋。由表2可知,拥有较高的人力资源对农民收入整体和各个构成部分都会产生积极的影响,且其影响力度由高到低依次为工资性收入、经营性收入和财产性收入。这也佐证了人力资本对于农民增收的重要作用,即人力资本可以成为彻底解决农民增收难题的关键因素,更是影响改革成效的重要内容。假说3得到了验证。

第四,农户社会资源禀赋对农民总收入及其各组成部分都会产生积极的影响,且影响力度由大到小依次为:工资性收入、经营性收入和财产性收入。工资性收入具有明显的社会性倾向,即农户有用的社会资源越多,越容易获得优质的就业信息和就业机会,更容易增加工资性收入;而由于农村的资产市场较差,农民就算有好的社会资源也很难实现其固定资产的售卖和增值,严重制约农民财产性收入的增长,所以其影响力度最小。假说4得到了验证。

第五,是否享有好的综合保障。良好的综合保障对农民收入整体、工资性收入和财产性收入会产生积极的影响,对经营性收入会产生不利的影响。保障越好,收入反而越高,因为在无后顾之忧后,可以放心流转土地,参与改革,总体上能够实现农民收入增加,但是会弱化农业,使农村空心化问题进一步加剧。

第六,区位因素。离城镇越近的农民收入增长得越快,尤其体现在财产性收入和工资性收入上面。但是,离城镇越近的农民的经营性收入越低,这是因为离城镇近的农民的土地更多地会用来从事非农经营活动。

第七,精准扶贫有助于农民财产性收入和总收入的增长,这与改革中给贫困户多分发一定股权有着密切的关系。但是对经营性和工资性收入没什么影响,变量不显著,这也反映了农村贫困户,很难通过自身努力来实现脱贫,农村的脱贫离不开政府的扶持。

(二) PSM 模型的进一步检验

为了消除模型可能存在的内生性,进一步提高研究结果的准确性,在此,对农民的总体收入运用倾向得分匹配法(PSM)来进行检验。

1. logit 模型结果分析

运用 logit 模型,并结合反映农户财政支农资金转为农村集体资产股权量化改革的匹配变量,计算每个样本受到改革影响的条件概率(即倾向得分 PS 值)。然后,对控制组与对照组的样本进行匹配。

由表 3 可知,总体上 logit 模型中变量系数的符号与多元线性回归模型的估计结果是基本一致的,且在 10% 水平下显著,说明这些匹配变量对农户是否受到财政支农资金转为农村集体资产股权量化改革影响具有显著相关性。logit 模型的回归结果符合预期,也进一步验证了本文提出的几点基本假说,提高了研究结论的稳健性。此外,这一结果与笔者实地调研的结果基本一致。

表3   **logit 模型的回归结果**

自变量	因变量
C	0.9260(5.41)***
REFORM	0.2338(1.84)*
NR	−0.0046(−1.77)*
HR	0.1740(3.59)***
SR	0.0050(4.29)***
SS	0.4340(5.93)***
RL	0.0038(2.86)**
PP	0.1660(2.28)**

注:括号内的数值为 t 值;*、** 和 *** 分别表示在 10%、5% 和 1% 的水平下显著。

2. 平衡性假设检验

平衡性假设是倾向匹配得分法的一个重要假设。如果匹配后所有变量在处理组和对照组的均值偏差都能大幅降低,则意味着不同组别的个体特征差异得到了大幅消除,配对样本具有高度相似性。本文列出了按照核匹配法进行匹配后的平衡性假设检验结果(见表4),不难看出,大多数变量在进行倾向得分匹配后的均值偏差在 5% 以下,说明满足平衡性假设。

表4　　　　　　　　　　平衡性假设检验结果

变量	匹配前	匹配后
FI	0.9	1.5
REFORM	0.6	0.7
NR	4.3	0.7
HR	10.2	3.9
SR	12.4	2.1
SS	4.2	4.2
RL	5.3	0.4
PP	7.5	2.3

注：表中数值为各变量在处理组和对照组的均值差异的偏差比率。

3. 匹配结果分析

由于本文样本数据有限，所以选取核匹配方法，以此来充分利用所有的对照组样本。计算处理组与对照组的平均收入差异，即平均处理效应（ATT），如表5所示。

表5　　　　　　平均处理效应（ATT）的估计系数表

考察变量	ATT 值
财政支农资金股权量化改革	0.171*** （4.39）

注：括号内的数值为 t 值；*** 表示在1%的置信区间内显著。

由上文可知：即便采用 PSM 方法尽可能地控制内生性，财政支农资金转为农村集体资产股权量化改革依旧会显著影响农户收入，虽然影响程度有所降低，但是在1%的置信区间内显著。从 ATT 的估计系数来看，若农户遭受财政支农资金转为农村集体资产股权量化改革的冲击，则其收入平均将增加17.1%。

六　结论与对策建议

（一）研究结论

本文利用四川省广元市572户农民问卷调查数据，通过构建多元线性回归模型和倾向得分匹配模型，分析财政支农资金转为农村集体资产股权量化改革、农户资源禀赋及其他因素对农民收入增长的影响。得出如下几点结论：第一，财政支农资金转为农村集体股权量化对农民总收入及其各构成成分之间均会造成显著的正向影响，且影响力度由大到小依次为：财产性收入、经营性收入和工资性收入。第二，农户资源禀赋差异会影响农民通过改革促进收入增加的程度。人力资源禀赋和社会资源禀赋对农民收入的增长有正向促进作用，并有助于改革的推进；农户拥有良好的自然资源禀赋反而会抑制其收入水平的提高，但可以增加其经营性收入。第三，农户享有的社会保障越好、所处的地理位置越优，则农户实现收入增长的可能性越大；改革中的精准扶贫政策可以显著地提高贫困农户的收入水平。第四，文章从农民收入构成的视角，提出了财政支农资金股权量化改革对促进农民增收的理论传导机制，改革的实质是创新财政支农资金使用方式，形成并激活农村集体资产、重在有效运行以实现集体资产保值增值，从而增加农民财产性收入。

（二）对策建议

上述理论分析和实证研究表明，农民增收与国家对农业支持政策的倾斜、市场机制的引进、农户资源禀赋差异及农业改革与发展的多方面因素密切相关，需要综合考虑这些因素的配合。针对此，我们提出如下对策建议。

1. 加大财政支农资金投入及其整合力度

农业作为一个的特殊产业，需要政府大量的资金投入和必要的指导。具体要做好如下几点：首先，要进一步增加产业发展和生产性基础设施项目资金，增加股权量化资产，让农民获得更多的量化股权。其次，将财政扶贫资金、农村集体资产纳入股权量化范畴，拓宽资金的来源渠道。再次，改变涉农资金管理部门多，使用分散和交叉重复的现状，提高财政部门对支农资金的整合能力。最后，赋予县级财政更多的使用操作权限，力争使农户获得更多的量化股权。

2. 增强农户的资源禀赋

土地等自然资源是无法增加的，所以更多的是要增加其人力资源和社会资源。而农户的人力资源主要由教育、身体素质和培训三项构成。地方政府应加强对农民的非农就业培训，并为主动进城农民提供充分就业的机会，使农民在增加工资性收入的同时，获取合理的土地流转费用，实现农民土地等财产性收入的增长。社会资源除了农民自身的拓展，也需要政府和社会组织来牵线搭桥,如搭建专门的信息交流平台。

3. 其他因素方面

需要进一步优化农民增收的其他影响因素,具体如下:第一,完善农村的医疗、养老等各项社会保障制度,为改革的深入推进提供必要的制度保障。第二,改善交通条件,缩小偏远农户和城镇的距离。第三,继续大力推进精准扶贫,对贫困户进行分类动态管理。此外,还要提升农业产业化经营水平,提高农业产业效益;培育和发展新型农业经营主体,为改革提供稳定的承担主体;完善政府配套服务,为改革的推进提供必要的保障;建立现代农业企业制度,改善经营水平。

对坚持和完善农村基本经营制度的新探索

程民选　徐灿琳[*]

摘　要：坚持和完善农村基本经营制度，既是在认真总结历史经验基础上，对政社不分的人民公社体制下"只统不分"传统集体经营制度的否定，又是在农村实行家庭承包制度改革后，对于家庭承包"分"的基础上仍然需要"统"的肯定。真正落实"统分结合"，不仅是进一步发展我国农业生产力的客观要求，也是社会主义生产关系的内在要求。"统"必须符合"两个坚持"的要求，即坚持农村土地的集体所有制和坚持农户的家庭承包制，合作社则是符合新型"统"的要求的经济组织形式。但合作社应当如何建？实践中的塘约模式和南猛模式给出了两种不同的思路：塘约村的探索是"村社合一"，而南猛村的探索则是集体入股合作社。本文从制度结构、主体关系和利益机制三个方面，对两者的探索进行了比较和思考。

关键词：农村基本经营制度；统分结合；合作社；模式比较

一　问题的提出

党的十九大报告明确强调要巩固和完善农村基本经营制度。[①] 坚持党的农村政策，首要的就是坚持农村基本经营制度，因此《深化农村改革综合性实施方案》[②] 中，明确将坚持和完善农村基本经营制度作为深化农村

---

[*] 本文选自程民选、徐灿琳《对坚持和完善农村基本经营制度的新探索》，《江西财经大学学报》2018年第9期。

[①] 习近平：《决胜全面建成小康社会　夺取新时代中国特色社会主义伟大胜利——在中国共产党第十九次全国代表大会上的报告》，人民出版社2017年版。

[②] 中办国办印发：《深化农村改革综合性实施方案》，《安徽日报》2015年11月3日。

综合改革的基本原则之一,指出要把握好土地集体所有制和家庭承包经营的关系,落实集体所有权,稳定农户承包权,放活土地经营权,实行"三权分置"。同时明确提出要探索社会主义市场经济条件下农村集体所有制经济的有效组织形式与经营方式,确保集体经济发展成果惠及本集体所有成员,发挥集体经济的优越性,调动集体经济组织成员的积极性。在党中央这一系列重要精神指引下,当前我国农村深化改革的实践中也涌现出了坚持和完善农村基本经营制度的一些新探索,需要我们理论联系实际进行新的思考,以有利于提高我们的认知并推动实践的进一步发展。

我国农村基本经营制度一直强调"统分结合",理论界对于"统分结合"的双层经营体制也持续给予了关注。有学者认为,虽然双层经营中的"统一经营"由20世纪的致力于解决单个家庭办不了、办不好的事转化为更丰富的内涵,提出了更多的要求,而普遍的状况却是地区性经济组织并未承担起有效职责。① 有学者指出,改革开放以来形成对家庭经营的高度肯定后,农村基本经营制度已由双层经营异化为单层经营,过度的强调"分"而忽略了"统"。② 而家庭经营层经济的提升与村集体经济的普遍贫穷,使得我国一些地方的倾向性政策在逐渐削弱和动摇农村基本经营制度。③ 也有研究者指出集体经济发挥"统"的作用在现有生产条件下有其存在的必要性,但总体说来集体经济力量却比较薄弱。④ 而对农户服务的种类较少、产供销各环节没有衔接等现状,直接反映出了当前集体经济统的职能发挥还远远不够。⑤ 概言之,主张集体经济应发挥"统"的功能的学者,要么是从农村经济的现实出发,要么是从历史的经验总结中,得出"统分结合"的重要性和"统"的功能并不完善的结论。而从实现"统分

---

① 张晓山:《创新农业基本经营制度,发展现代农业》,《经济纵横》2007年第1期。
② 张德元:《农村基本经营制度的异化及其根源》,《华南农业大学学报》(社会科学版)2012年第1期。
③ 王景新:《影响农村基本经营制度稳定的倾向性问题及建议》,《西北农林科技大学学报》2013年第5期。
④ 孙中华:《关于稳定和完善农村基本经营制度的几个问题》,《农村经营管理》2009年第5期;孙中华:《关于稳定和完善农村基本经营制度的几个问题》,《农村经营管理》2009年第6期;国鲁来:《农村基本经营制度的演进轨迹与发展评价》,《改革》2013年第2期。
⑤ 孔祥智、刘同山:《论我国农村基本经营制度:历史、挑战与选择》,《政治经济学评论》2013年第4期。

结合"的理性回归看,[①] 显然还需要从生产力和生产关系这一马克思主义的视角,对农村基本经营制度中"统"的层面存在的必要性进行充分的论述。同时,对于农村集体经济组织采取何种形式有效实现"统"的功能,各地从实际出发也在进行新探索。对于已有的探索,显然需要从理论与实践的结合上进行必要的总结。本文试图重新思考历史经验教训,基于生产力、生产关系的双重视角论述落实"统分结合"的必要性,并结合实践中的一些新探索进行比较分析和思考,以利于贯彻落实党的十九大报告提出的"巩固和完善农村基本经营制度"这一重要精神。

二 "统分结合"是对历史经验的认真总结

农村基本经营制度作为中央在推行家庭承包制过程中及时提出的命题,明确了以家庭承包经营为基础,实行"统分结合"的双层经营体制是我国现阶段农村的基本经营制度。坚持和完善农村基本经营制度,既是在认真总结历史经验教训基础上,对政社不分的人民公社体制下"只统不分"传统集体经营制度的否定,又是在农村实行家庭承包制度改革后,对于家庭承包实施以来"分"的基础上仍然需要"统"的肯定。

1952年土地改革完成后,亿万农民"耕者有其田"的夙愿得以实现,但农民所有的小土地所有制从本质上未能突破私有制关系。而汪洋大海般的小生产难以避免两极分化的产生,因而,如何将农民群众组织起来成为其时毛泽东思考的一个重大问题。毛主席思考的结论是小农经济与社会主义工业化不相适应,必须把分散的小农组织起来走合作化道路。于是,农业合作化运动也就在农村互助合作基础上迅速展开。1954年起初级农业生产合作社迅速在全国普及,农民将土地和大农具入社、统一组织生产、按劳动分配结合要素分红。初级农业生产合作社促进了当时农业生产的发展,只不过由于很快过渡到高级社,接着迅速实现人民公社化,而人民公社体制将农村一切生产要素捆绑在一起,运用行政命令组织农业生产,形成了政社合一的体制和在生产经营层级只统不分的格局,导致生产关系超越了生产力发展的要求,从而严重束缚了我国农业生产力的发展。生产关系与生产力错配,其结果是农业生产停滞不前,使得1978年全国人均占

[①] 毛铖:《利益缔结与统分结合:立体式复合型现代农业经营体系构建》,《湖北社会科学》2015年第6期。

有粮食甚至低于1957年，由203.06公斤降到195.46公斤,[①] 就连温饱问题都无法解决。

在这样的背景下，农民内生出强烈的变革要求，这也是1978年启动的改革开放率先在农村展开的根本原因。农村改革的成果是家庭承包责任制的全面推行，以及人民公社体制的终结。推行家庭承包经营，实质是调整生产关系去适应生产力发展的要求，在坚持农村土地的集体所有制前提下，农民获得了土地的家庭承包经营权，实现了土地的所有权与承包经营权的两权分离，这是符合我国社会主义初级阶段国情的，因而极大提高了亿万农民的积极性。改革红利的释放使广大农民群众直接受益，也大大促进了农业生产力的发展，使我国农村发生了根本性的变革。在家庭承包经营改革取得巨大成就面前，中央及时提出了农村基本经营制度的命题，明确以家庭承包经营为基础，实行"统分结合"的双层经营体制是我国现阶段农村的基本经营制度。

"统分结合"是在"分"的前提下的"统"，以此区别于传统体制下的"统"。但由于多种原因，我国农村家庭承包制实行以来，总的趋势是"分"落实了而"统"却难以落实。推行家庭承包经营，事实上使农民获得了承包土地的用益物权。如果说在2006年前，承包经营农地的农民还需承担上缴农业税的义务的话，随着农业税的废除，农民在承包土地上自主经营并自主支配土地的全部收获。在这样的状况下，在一些集体经济原本薄弱的地方，"谁来统，谁能统，如何统"事实上已经成为问题。于是，小农分散经营必然产生的问题，诸如小生产与大市场的矛盾，农户抗风险能力弱，无规模效益，农业机械化和现代农业技术的推广等存在问题，导致农业产业化进程受阻，遑论农业现代化的实现。

如果说传统农业经营制度的弊端证明了实行家庭承包制即"分"的必要性，那么实行家庭承包制即"分"以来农户分散经营存在的上述问题，显然又说明了在"分"的基础上也有"统"的必要性。因此，中央及时提出以家庭承包经营为基础，实行"统分结合"的双层经营体制是我国现阶段农村的基本经营制度，无疑是高瞻远瞩的，是对历史经验进行认真总结后所得出的正确结论。

---

① 赵德馨：《中国经济50年发展的路径、阶段与基本经验》，《中国经济史研究》2000年第1期。

三　从生产力与生产关系的双重视角看"统分结合"

从理论上看，在"分"的基础上要有"统"，真正落实"统分结合"，既是进一步发展我国农业生产力的客观要求，又是社会主义生产关系的内在要求。

首先，从生产力角度来看，实行"统分结合"是生产力发展的要求。生产力包含三基本要素：劳动者、劳动资料和劳动对象，生产力三要素之间的任何一要素发生改变，都会引起生产力的变动。推行农地家庭承包制的成功，主要在于劳动者从原有体制束缚中解放出来，焕发了劳动热情和积极性。但一家一户的分散经营，土地零碎、规模狭小，不可能获得规模效益，且在劳动对象受限的情况下，劳动资料的使用也具有局限性，导致劳动生产率难以提高。加之一家一户的分散经营既谈不上资源的优化配置，也无法产生合作剩余。于是，当劳动者从原有体制束缚中解放出来的改革红利释放完毕后，农业生产力的进一步发展客观上需要"统分结合"基础上更好发挥"统"的功能。

发挥"统"的功能反映了生产力发展的客观要求，这是因为"统分结合"基础上更好发挥"统"的功能的经营体制，可以弥补生产者独自经营、土地分散零碎、难以使用农机设备等缺陷，也可以一定程度上减轻单个生产者农业科技知识的匮乏，以及难以抗衡自然风险和市场风险等问题，还可以解决土地撂荒问题。"统分结合"通过资源的重新组合，能够产生新的生产力，推动生产力的进一步发展。由此，坚持"统分结合"的农村基本经营制度，是我国农业生产力进一步发展的内在要求，只有不断完善农村基本经营制度，才能激活生产要素的潜在生产力，创造出新的生产力。

其次，从生产关系角度来看，实行"统分结合"也是生产关系发展的需要。土地是农业最基本的生产要素，我国实行农村土地的劳动群众集体所有制，土地所有权归集体所有。在家庭承包制实行后，集体所有的农地由作为本集体成员的农户分别承包经营，实现了集体土地所有权与承包经营权的两权分离。前已指出，这一改革激发了劳动者的生产积极性，从而释放了改革红利。但一家一户的分散独自经营，不仅存在前述有碍农业生产力进一步发展的问题，而且从社会主义生产关系的性质和内在要求看，客观上也需要实行"统分结合"。

从生产关系视角看必须实行"统分结合",一则因为我国实行农村土地的劳动群众集体所有制,农村土地是集体的,所有制不能变,同时又是家庭承包的,现阶段承包制也不能变。两个不能变决定了只能实行"统分结合",因而"统分结合"是我国现阶段农村的基本经营制度。二则由于社会主义性质决定了我国必须走共同富裕的道路。就前者论,坚持农村土地的劳动群众集体所有制,在这一前提下赋予农户作为集体成员对于集体土地的承包经营权,既否定了回到土改时的小土地私有制,也根治了人民公社制度下政社不分,农民散失自主经营权,大呼隆劳动方式下生产效率低下的诸多弊端。农村土地的劳动群众集体所有制,客观上为"统分结合"的双重经营制度奠定了产权基础:农村土地的劳动群众集体所有制既为"统"提供了产权依据,也是集体成员承包农地的家庭承包经营制的产权制度基石。就后者论,我国的社会主义性质决定了必须走共同富裕的道路,实现全体人民共同富裕是社会主义的本质要求,也是社会主义制度优越性的根本体现。而家庭承包制虽然激发了亿万农户的生产积极性,但一家一户在狭小和分散的承包土地上的耕作,既损失了规模效益,又有碍农业现代化的实现,且对于那些因缺少劳动力或因病致贫的家庭,不仅致富无望,甚至陷入生活困顿的窘境,需要政府精准扶贫。显然,分户承包所无法解决的问题,从根本上看只有寄望于"统"来克服。在"分"的基础上实现"统"的功能,即实行"统分结合",才能够加速我国农业现代化的进程,让全体农民群众共同奔小康,最终实现共同富裕的中国梦。

上文从生产力和生产关系的双重视角,论述了坚持和完善"统分结合"的农村基本经营制度的必要性与必然性。而历史的经验教训告诉我们,通过合作化方式把分散的农户组织起来进行农业生产经营,是解决农户各自分散经营存在的问题、提高农业生产组织化程度和实现规模效益的必由之路;但一定要从实际出发探索农业合作化的方式和途径,使之因地制宜,真正得到广大农民群众的拥护,自愿参与,真心支持,全力投入。这是农业合作化能否真正成功的关键。而现实条件下发展农民合作社的实质,也正是要实现"分"基础上的"统",做到统分结合。由此看来,坚持"以家庭承包经营为基础、统分结合的双层经营体制",合作化应是题中之意。这样一个认识,是我们近年来深入成渝统筹城乡改革综合试验区,以及安徽、江苏等多地农村调研后逐渐形成的。尤其是 2017 年西南财经大学同贵州大学组成联合课题组到贵州农村调研"三变"改革①,当我们深入安顺市的塘约村和黔东南州雷山县的南猛村,了解了两个村在"三变"改革中的新探索后,对此有了进一步的认知。我们认为,《中共中央关于全面深化改革若干重大问题的决定》中,明确强调"鼓励农村发展合作经济",富有战略远见。

四 坚持和完善农村基本经营制度:贵州的新探索

贵州省兴起的"三权"促"三变"改革,通过对农村各类产权进行确权、赋权、易权,促进"资源变资产、资金变股金、村民变股东"。"三变"改革中,塘约村和南猛村的做法虽有不同,但都是在坚持土地的集体所有和家庭承包制度的前提下,探索农村集体经济的有效实现形式,以实现集体"统"的功能的发挥,因而具有一定典型意义。

塘约村位于贵州省安顺市平坝区乐平镇,2014年以前贫困人口多,几乎无村集体经济可言,是一个省级二类贫困村。为改变"村穷、民弱、地撂荒"等现状,塘约村以"党建引领、改革推动、合股联营、村民自治"为主线,探索出"村社一体、合股联营"的发展模式,形成村集体与村民"联产联业""联股联心"的发展格局,构建经营服务平台、创业就业平台、"七统一"发展机制,极大程度地释放了改革红利。2016年,全村农民人均可支配收入较2014年增加1.5倍,村集体资产增加接近200万元,成为贵州省贫困村变为小康村的典范。

塘约村改革的核心措施,一是进行产权制度改革,实行"七权"② 同确,建立相应机构确保"确权、赋权、易权"有序进行。通过精准测量,摸清家底,建立大数据产权档案,确权颁证,明确权利归属,构建稳定的土地承包经营权,确保"三权分置"得以落实,盘活了沉睡资产。二是进行农村经营制度改革,实现"统分结合"双层经营。塘约村成立村集体所有的"金土地合作社",实行"村社合一",引导农民以土地入股加入合作社,实现股份合作,带股入社,合股联营。入社土地由村集体统一经

---

① "三变"改革是贵州全省农村正在推行的"资源变资产、资金变股金、农民变股东"改革的简称。

② "七权"包括土地承包经营权、林权、集体土地所有权、集体建设用地使用权、房屋所有权、小型水利工程产权和农民集体财产权。

营,并建立全体成员大会制度、财务管理制度、利润分红制度等。对于经营收益按照"三三四"①进行分配。塘约村以村两委为核心,由村干部带头,以专业合作社为载体,以"村集体+合作社+公司+农户"打造特色产业园区,调优结构,做精品农业,促进产业间融合发展。在合作社下组建建筑队、运输队、市场营销中心、妇女创业中心、劳务输出中心,将全村的劳动力组织起来进行优化配置。社员在合作社务工月收入不少于2400元,农民收入得到极大的改观。三是实现了乡村治理制度的优化,实行"党总支管全村,村民管党员"。通过组织建设、监督机制、管理办法等形成党员和村民的互相监督体系。②

南猛村隶属贵州省黔东南州雷山县郎德镇,地处山区,自然环境恶劣,水土流失严重,农业生产力落后,人均耕地仅有0.59亩。虽然南猛村历史悠久、民族文化底蕴深厚,被誉为"芦笙舞艺术之乡",但多年来民族文化并未带动南猛村民脱贫致富。全村人均纯收入不足4800元,贫困发生率超过30%,无集体经济收入。2014年,按照国家精准扶贫工作要求,南猛列入建档立卡贫困村,由于贫困发生率高,资金、技术、生产力等各种生产要素缺乏,扶贫难度大。虽然南猛村申请到300万旅游扶贫资金,但因缺乏产业支撑、缺乏集体资产、基础设施落后,对社会资金难以形成吸引力,政府资金也难以持续性投入。加之缺乏青壮年劳动力,缺乏改变山区面貌所需的人才和先进发展理念,要想形成改变贫困山区面貌的"造血"机能,提高其自身发展能力,从根本降低贫困发生率和返贫率,极其困难。这也恰好说明单靠一家一户的力量显然是无法改变贫困山区落后面貌,必须发挥集体"统"的功能。为此,南猛村在"三变"改革中,积极探索村级合作社流转农户土地发展特色产业,成立村集体领办、党员带头示范、全体贫困户参与、一二三产业融合发展的共济乡村旅游合作社,农户以自有资源,如土地、山林、房屋等入股合作社,由合作社"统一管理,统一营销"。转贫困户帮扶资金为贫困户持股,鼓励农民将资金和土地承包经营权入股,按股分红。通过系统性的改革,在不到两年的时间内,合作社稳定年收入达到30万元,贫困户户均增收超过3000元,南猛村贫困发生率由32%下降到10%,村集体经济也实现了由0到100万

---

① 即合作社30%、村集体30%、村民40%。
② 《中共中央关于全面深化改革若干重大问题的决定》,人民出版社2013年版。

的突破。

南猛村改革的核心措施，一是改变原有的生产资料归属、生产方式和分配方式，不再将生产资料、资金分到户，而是集中使用、统一经营。通过整合产业扶贫资金，以"村集体+贫困户"成立共济乡村旅游合作社，既创新了扶贫资金使用，推进资金融合，又建立了村集体主导的合作经济组织。南猛村的共济乡村旅游合作社注册资金100万元，其中村集体以芦笙博物馆作价和部分村集体经济发展资金共40万入股，全体贫困户以60万产业扶贫资金作为股金加入合作社，形成"44+1"（44户建档立卡贫困户和1个村集体）的股权结构，贫困户入社率达100%，同时鼓励非贫困户以资金、土地继续入股，使大部分村民都能参与和发挥作用。二是通过共济乡村旅游合作社的经营，发挥"统"的功能。合作社内设芦笙表演组、民族手工艺组、农业经营组和电子商务组，建档立卡贫困户根据个人特长和爱好，分别加入4个小组。合作社充分利用优质农产品、旅游文化资源与多家公司建立合作关系，成立以来各项业务快速发展。截至去年芦笙表演组已连续两年承办了苗族芦笙大赛，多次组织芦笙队参加各类表演；农业经营组积极调整产业结构，将分散的山坡玉米地、半荒地集中连片种植茶叶、杨梅、中草药材等，通过土地流转新增茶叶种植250亩；民族手工艺组获得2000件手工刺绣订单，将为30名南猛绣娘增收数万元，并与国家级非物质文化遗产传承人签订了芦笙制作培训合作协议；电子商务组入驻雷山县电子商务产业园区办公，南猛村微信公众号"新插队"微店"为杨梅送行"上线运行顺畅。三是大力推进基础设施建设，除道路、卫生室等改造外，由共济乡村旅游合作社重点投资建成雷山县第一个乡镇仓储物流中心，同时引进包装加工技术，推动发展本地水果蔬菜产业。为解决"最初一公里"的农产品保鲜，通过建设冷库和购置冷藏车，率先建设全程冷链，与贵阳、凯里甚至省外部分城市实现了"农超""农社"[①]等的对接。

针对塘约村"村社合一"的探索和南猛村的集体入股合作社的探索，我们从制度结构特征、主体之间关系、利益机制设计等方面进行以下比较

---

① 即实现了新鲜瓜果蔬菜直接对接城镇超市和社区等。

(见表1)。①

表1　　　　　　　　　塘约模式与南猛模式的比较

制度结构		塘约村	南猛村
制度结构	主导类型	村两委主建合作社	村集体领办合作社
	组织特点	村社合一，合股联营	村集体资产入股合作社
主体关系	合作社与农户关系	村民全体入社，村民即社员	贫困户全体入社，其他农户自愿入社
	村集体和合作社关系村集体分取合作社收益	村集体参与合作社运作	
利益机制	利益联结机制	村集体+合作社+公司+农户	合作社+农户+基地
	利益分配机制	村集体30%、合作社30%、村民40%	按股分红

塘约村的探索和南猛村的探索都具有典型意义，为我们坚持和完善"统分结合"的农村基本经营制度提供了两种不同模式的比较。以上从制度结构、主体关系和利益机制三个方面所反映的塘约模式和南猛模式的基本不同，在于塘约模式的根本特征是基于行政权力的"统"，因而起步就实现了"村社一体"，是由村两委主建村集体名下的金土地合作社；而南猛模式则是村集体以一个市场主体的身份主导的"统"，其共济乡村旅游合作社由"44+1"起步，即44户贫困户加1个村集体，村集体有资产入股，然后在发展中吸引非贫困户加入。显然，是建立村集体的合作社，还是村集体入股领办合作社，这是二者实现"统"的功能的根本不同之处，也是我们以下将要思考分析的着重点。

五　基于两种新探索模式的思考

我国农村基本经营制度强调"统分结合"，显然并不是要走政社合一

---

① 本文所重点关注的是两村所办合作社模式的区别，而不是对他们迄今的全部改革进行比较。

的回头路。基于必须坚持农村土地的集体所有制和必须坚持农户的家庭承包制，新型的"统"一定要符合这两个坚持的要求，一定得是符合自愿互利原则、农民内心认同并自主要求的"统"。由此看来，合作社这种经济组织形式无疑是符合新型"统"的要求的组织形式，这也正是为什么塘约模式和南猛模式都采取了建立合作社这种经济组织形式所内含的道理。但合作社应当如何建？塘约模式和南猛模式却给出了两种不同的思路。南猛村是将村集体资产加入合作社，在合作社中占有一定股份，而塘约村则是建村集体的合作社，村集体据此分享收益。两种模式都旨在发挥集体"统"的功能，然而在坚持和完善农村基本经营制度中，村集体究竟应当如何发挥"统"的功能，是依托行政权力来"统"，还是以平等的经济主体的身份来"统"，需要我们认真思考。

塘约村的探索离不开上级政府在政策、资金上的大力支持，同时其带头人也是既具有公心同时又具有较强能力的能人。这是塘约村迄今改革取得成果的关键性条件。然而，塘约村"村社合一"的做法却又存在争议。塘约村"村社合一"的实质是以村集体名义成立合作社，于是村两委与村集体名义下的金土地合作社是同一套人马，存在组织功能重叠等问题。按照法律规定，村委会和村集体经济组织是两个独立的组织，一个是村民自治组织，一个是农村集体经济组织，二者具有不同功能，且不存在上下级关系。由于一直以来对村集体经济组织"统"的功能不够重视，许多地方村集体逐渐成为空壳，于是村委会代替村集体的现状普遍。但村委会是法律上的群众自治组织，其主要承担协助乡镇政府进行社区治理的职能，完成政府安排的各项工作等，从这种意义上来说是一个准公共权力机构，主要体现的是民主自治。而村集体经济组织的根本性质是经济组织，在农村基本经营制度中体现经济上"统"的功能，其经营活动需要经受市场经济的检验，目的是为了实现集体经济利益最大化。概言之，前者主要担负乡村治理的职责，而后者负责组织发展集体经济。由于二者承担着不同的职能，合二为一容易产生矛盾。所以，村集体和村委会在形式上的融合，并不符合经济组织发展的规律和要求。塘约村成立的金土地合作社是发挥集体经济"统"功能的经济组织，在"村社合一"的发展模式下，其经营究竟是统到村集体还是合作社？如果实际上是合作社在经营，那么在其上重叠一个没有具体经济职能却又参与分红的村集体有无必要？还应看到，"村社合一"是一把双刃剑，一方面扩大了村委会的经济职能，减少了人员需求、降低了制度成本；另一方面也使得权利过度集中，政经不分为以后的长远发展埋下隐患。一旦缺乏良好的管理机制、运行机制和有效的监督机制，难免产生"内部人控制"风险，影响村集体经济组织的行为抉择，甚至可能滋生违法犯罪、腐败行为，严重损害合作社成员权益，产生社员对合作社的离心倾向，从而妨碍集体经济组织发挥"统"的功能。[①]。有鉴于此，关于《深化农村改革综合性实施方案》中指出要"研究明确村党组织、村民委员会、村务监督机构、农村集体经济组织的职能定位及相互关系。在进行农村集体产权制度改革、组建农村股份合作经济组织的地区，探索剥离村'两委'对集体资产经营管理的职能，开展实行'政经分开'试验，完善农村基层党组织领导的村民自治组织和集体经济组织运行机制。"可见，中央已经明确政经分离是农村综合改革深化的方向。

在探索"统分结合"的经济组织形式中，如何实现各方的利益诉求，设计合理的利益分配机制至关重要，这是关系到改革能否持续的关键。在塘约村的探索中，实行了"村社一体"，在利益分配上规定了村集体与合作社各占30%，村民占40%这样一个"三三四"的分配比例，但无法解释村集体参与分配的经济依据是什么。在这一点上，南猛村村集体按资产入股合作社，按股分红，显然明确了村集体参与合作社分配的经济依据。这也启发我们思考：村集体参与合作社分配究竟需不需要经济依据？仅仅凭村集体名义建合作社就参与分配，其参与分配的比例究竟由什么确定？既然是合作经济组织，其组织、运作和分配等就都应当遵循合作经济的性质和经济规律，否则，曾经发生过的行政权力支配经济组织活动的旧疾可能复发。基于此，我们更看好南猛村的改革探索。南猛村在"三变"改革中，通过村集体领办合作经济组织以实现"统分结合"的探索，在将近两年的实践中取得了初步的成果，不仅将全体贫困户纳入了合作社，而且吸收了大部分非贫困户加入。虽然较之塘约村"村社合一"，全村农户加入合作社，尚未能实现"统"的全覆盖；但我们相信随着村集体领办合作社的进一步发展，剩下不到10%的农户自愿加入合作社是可以预见的。而

[①] 这一点绝非危言耸听，事实上已有前车之鉴。据《上海证券报》2015年11月3日"深化农村改革顶层设计出炉，首提正经分开"报道：长三角、珠三角等地城乡接合部的村集体资产，随着城镇化的推进而市值增大。在缺少监督的情况下，一些村干部在参与集体资产经营管理过程中出现了侵吞集体资产、"小官大贪"现象，既侵吞了农民利益，也影响了农村的稳定和发展。

且，南猛村由村集体领办合作社的做法，较之塘约村一统到底的做法，对于避免党政社难分的问题，确有其独到的价值，也符合中央关于《深化农村改革综合性实施方案》中提出的实行"政经分离"的方向。

此外，南猛村的探索还启发我们思考：如何将丰富的文化资源变为农民的资产？这一问题迄今还缺乏整体思路。2017年1月中央出台的《关于稳步推进农村集体产权改革意见》，对集体资产的定义不仅包括有形资产，也包括无形资产。而"三变"改革要求资源变资产、资金变股金，其实质就是要盘活存量要素，让资源资金能够成为经营发展、不断增值的资本。毫无疑问，只有实现资源变资产和资金变股金，才有农民变股东的第三变。就需要盘活的存量要素论，贵州不仅资金短缺，而且物质资源也有限。从我们调研的多个点的情况看，谈及资源变资产所说的资源，除南猛村触及一点民族文化资源，将村里的芦笙博物馆折价入股合作社外，其余所打包入股的资源，无一例外都是有形的物质资源，如农地、山林等，连同水利设施一并打包作为股金，要么加入合作社，要么入股农业园区。现有的资源变资产改革显然存在很大的局限性。贵州地处云贵高原，很多地方山高坡陡，人均耕地少且分散，甚至人均仅有几分地，虽然山林茂密，但由于是生态林，承担着保护乌江、长江流域的生态功能，不允许砍伐，如果"三变"改革中仅仅看到有形的物质资源，无异于民间所说的"螺蛳壳里做道场"，难有大的作为。我们认为，在"三变"改革的资源变资产中，需要突破有形资源的观念束缚，认识到民族文化资源（含有形和无形的文化资源）的价值，通过开发民族文化资源并将其转变为经济资产，才能让数千年历史沉淀的民族文化资源变为发展现代旅游经济的可贵资产。毋庸置疑，承认并将文化资源转化为发展所需的经济资产，对于促进文化资源丰富而其他经济资源匮乏地区的经济社会发展，显然更具有积极而重要的意义。

习近平新时代农地"三权"分置的实践探索

韩文龙　杨继瑞*

摘　要：农地"三权"分置是以马克思辩证唯物主义认识论为指导，结合实践探索，产生的指导中国农村土地产权制度改革实践的重大理论创新。农地"三权"分置理论产生于新时代和社会主要矛盾发生历史性转变的时代背景下，体现了"坚持和发展中国特色社会主义""坚持以人民为中心"的发展思想和"新发展理念"等习近平治国理政的核心思想。农地"三权"分置具有丰富的理论内涵，它是中国农村土地产权变迁从"一权"确立、"两权"分离到"三权"分置的历史性探索产生的集体智慧结晶。随着实践发展，"三权"分置也需要不断完善和创新，尤其需要明确"三权"的权利边界和权利关系，硬化所有权主体，对"三权"进行平等保护，探索承包地退出的有效途径，强化经营权流转后的土地用途管制等。

关键词："三权"分置；农地产权；治国理政

一　引言

习近平总书记首次提出农地"三权"分置是在2013年的中央农村工作会议上。时隔三年，2016年，中央深化改革领导小组审定并下发了《关于完善农村土地所有权、承包权经营权分置办法的意见》②。2017年党的

---

* 本文选自韩文龙、杨继瑞《习近平新时代农地"三权"分置的实践探索》，《财经科学》2018年第11期。本文受到国家社科基金青年项目"农民市民化过程中农地财产权的实现机制创新研究"（16CJL004）的支持。

② 中共中央办公厅、国务院办公厅：《关于完善农村土地所有权承包权经营权分置办法的意见》，新华社，www.gov.cn/xinwen/2016-10/30/content_ 5126200.htm，2016年10月30日。

十九大报告又对农地"三权"分置做了方向性规定，指出要进一步完善承包地"三权"分置制度。随着实践发展，新时代习近平农地"三权"分置思想也在不断深化和发展。农地"三权"分置是中国农村改革的又一次重大理论和实践创新①。农地"三权"分置是新时代解决"三农"问题的重要抓手，也是推动农业现代化和实施乡村振兴战略的关键性制度安排②。

阐释和深化习近平农地"三权"分置的重要论述，是进一步完善和发展习近平新时代中国特色社会主义经济思想的理论需要，也是科学指导中国农村土地产权制度改革，进一步解放和发展农村生产力的实践需要。本文的分析以马克思辩证唯物主义认识论为指导，坚持马克思主义的实践观、认识观、真理观和方法论。具体来说，农地"三权"分置是农村产权改革在实践中的创新和发展，也是经过理论再认识，在农村土地产权改革理论上的又一次深化和升华。它需要在实践中不断尝试和探索，在理论上进一步创新，最终形成更具智慧和科学性的农村土地产权改革理论。本文主要分四部分，第一部分概括了农地"三权"分置改革的时代背景及意义，第二部分阐释农地"三权"分置体现了习近平治国理政的核心思想，第三部分论述农地"三权"分置的权利内涵，第四部分总结农地"三权"分置实践探索经验，第五部分提出了进一步完善农地"三权"分置的思路和建议。

二 新时代农地"三权"分置改革的时代背景及重大意义

（一）时代背景

1. 进一步解放和发展农村生产力的需要

新时代，我国社会的主要矛盾已经转变为"人民日益增长的对美好生活的需要与不平衡不充分发展之间的矛盾"③。社会主要矛盾在"三农"领域的体现，一是城乡发展不平衡，表现在城乡之间的经济发展差距、收

---

① 韩长赋：《再谈"三权"分置》，《农村工作通讯》2017年第23期。
② 本文提到的农地仅限于狭义的农地，即农民的承包地，主要是耕地。广义的农地是泛指农村土地，包括耕地、林地、草地、四荒地，以及农村集体建设用地等。目前，全国范围内已经在试点承包权"三权"分置、宅基地"三权"分置和林地"三权"分置。
③ 习近平：《决胜全面建成小康社会 夺取新时代中国特色社会主义伟大胜利——在中国共产党第十九次全国代表大会上的报告》，《人民日报》2017年10月28日。

入分配差距、社会治理差距、基础设施和公共服务差距等。二是农业发展不充分，具体表示为农业仍然是"弱质产业"，现代农业体系没有健全和完善，生产和经营方式相对落后，农产品质量善待提升，农产品的国际竞争力相对较弱等。三是农民的全面小康生活还没充分实现。具体表现在农民的收入有待提高，生活质量有待进一步提升，享受的教育、医疗和社会保障等公共服务权利需要进一步改善。另外，农民的职业身份需要得到社会广泛认同，职业能力需要得到进一步提升。

新时代，农地产权制度改革是解决农村不平衡不充分发展和事关"三农"问题的关键性制度安排，通过制度变迁来调整农村的生产关系，解放农村生产力、发展农村生产力是解决主要矛盾的必然选择。随着我国工业化和城市化的推进，农民进城务工的收入在不断增加，从事农业的比较收益越来越低，"三农问题"逐渐显性出来。一方面，农村人多地少，种地只能解决吃饭问题，不能解决脱贫致富，进城务工不仅收入高，而且在城市享受到较好的生存和发展环境，以及现代化的各项设施和服务。一部分农民开始进城落户和就业，这就导致土地撂荒等问题严重。谁来种地，科学种地的问题是伴随工业化和市民化的时代拷问。另一方面，现代农业的发展需要规模经济的支撑，中国农地的细碎化是制约农业规模化经营和农业现代化发展的主要瓶颈之一。如何在坚持农村土地集体所有制基础上，既要稳定农民的承包权，保障进城务工农民最后的生存依赖，又要放活经营权，通过经营权流转来解决现代农业生产的规模问题，这就涉及农地产权制度的创新。农地"三权"分置可以解决以上矛盾，释放制度红利，促进农村生产力进一步发展。

2. 更好解决"三农"问题的需要

"三农"问题是中国的重大问题。要解决"三农"问题，最根本的目的就需要让农民富裕起来，农村发展起来，农业竞争力强起来。要实现这样的目标，必然涉及与"三农"密切联系的农地产权制度改革。

首先，农民富起来，需要解决土地财产权问题。农民增收，需要依靠农业的经营性收入和外出务工收入，也需要依靠土地财产权和房屋财产权收益等。[①] 农民可以将自家不种的土地流转出去，获得租金收益，即保障

[①] 刘元胜、胡岳岷：《农民权益：农村土地增值收益分配的根本问题》，《财经科学》2017年第7期。

了粮食生产，防止土地被撂荒，也增加了农民收入。

其次，农村富起来需要发挥农村土地集体所有制的制度优势。农村土地集体所有制是中国特色社会主义公有制在农村的集中体现。新时代，要使农村富起来，需要大力发展相关产业。农村产业的发展，必然离不开土地要素的供给。如何构建城乡统一的土地要素市场，进一步激活参与农村发展建设的各类市场主体的积极性，必然涉及进一步改革现有的农村土地制度，尤其是需要推进承包地"三权"分置、宅基地"三权"分置、集体经营性建设用地，以及非经营性建设用地入市改革。

最后，农业强起来需要解决土地规模经营问题。自20世纪80年代初我国农村逐渐实施家庭联产承包责任制以来，农业生产取得了较好的成绩。① 根据统计局公布的数据，我国粮食总产量翻了一番，从1978年的30477万吨增加到了2017年的61791万吨，基本满足了人民的生活需要。但是仍然存在粮食供给的结构性矛盾，如优质粮食有待提高，大豆等进口依赖度大。随着人民生活水平的提高，人民的饮食结构发生了深刻变化，对优质的粮食、果蔬、肉食和奶制品的需求日益增加，但是传统的小农经济和细碎化耕种既不能满足现代农产品的生产需要，也不能解决农民增收问题。从世界主要发达国家和农业强国的经验来看，发展现代农业是解决农产品供给侧结构性矛盾的主要途径。在小农经济和细碎耕地为主的中国，要发展现代农业，首先要解决的问题是土地规模经营问题。现阶段，在坚持"农民土地集体所有制"基础上，要实现土地集中和规模经营，需要放活经营权。通过农地经营权流转，解决制约现代农业发展的土地规模瓶颈问题。当然，基于中国的基本国情，在"三权"分置基础上还需要实现小农生产和现代农业生产的有机衔接，解决好农民生存和现代农业发展的新矛盾。

3. 更好适应工业化、城市化和农业现代化发展的需要

改革开放40年来，我国已经初步实现了工业化，并且在相关领域取得了很大成就。目前我国已经是世界第二大经济体，工业化发展也由快速工业化阶段向高质量工业化阶段转变。伴随着工业化的推进，我国城市化率已经超过了50%。工业化和城市化带来了农村生产要素向城市集中，尤其是农村劳动力的就业向工业和服务业领域转变，农民人口向城市迁移。

---

① 林毅夫：《制度、技术与中国农业发展》，上海三联书店2005年版。

在这一过程中，就需要解决农民进城工作、安家和落户后，农民手中的土地承包权处置问题。另外，工业化和城市化过程，也是农业现代化的过程。面对农村人口向城市的转移过程中大规模土地撂荒，以及现代农业的规模经济需要，农村土地流转成为必然要求。要实现农地的流转，就需要进一步分割传统的农地产权，在所有权和承包权经营权两权基础上分离出"三权"，既要保证农村集体所有制的性质不变，农民的土地承包权不变，也要通过土地经营权流转实现农业的规模化经营。

（二）重大意义

解决"三农"问题的关键是农民问题，而农民问题的核心之一是土地问题[①]。从某种意义来讲，"三权"分置改革是解决"三农"问题的重要抓手。

首先，通过"三权"分置改革，为乡村振兴战略的实施提供充足的土地要素供给保障。新时代，要防止农村出现凋敝，需要大力实施乡村振兴战略。实施好乡村振兴战略的关键一环是产业兴旺。为此，在坚持农村土地集体所有制基础上，通过"三权"分置改革，集中和流转经营权，有效解决农村产业融合发展所需要的土地供给，以及农业经营的规模问题。

其次，通过"三权"分置改革，为现代农业发展提供用地支持，解决农业规模化发展的瓶颈。中国要实现农业现代化，除了实现小农户和现代农业的有效衔接外，重点是要发展现代农业。从国际经验来看，农业现代化需要土地、技术、劳动和管理等要素的综合支持。在中国，由于受制于人多地少的矛盾，小农经济占主体地位。随着工业化和市民化推进，逐渐具备了发展大规模农业的可能性。大规模农业需要土地集中和流转。"三权"分置改革可以有效释放农地流转活力，将经常务工和落户农民不愿意耕种的土地集中和流转到一起，通过转租和承包等方式流转给新型农业经营主体进行耕种，有利于提高农业生产和经营效率，有利于探索农业现代化之路。

最后，通过"三权"分置既可以释放农村劳动力，又可以增加农民收入。目前，我国仍然有7亿多的农村人口常住农村或以传统农业生产为生，随着工业化和城市化发展，有一部分人会继续转移出去，在城市落户

[①] 陈锡文：《深化农村土地制度改革与"三权分置"》，《公民与法》（综合版）2017年第7期。

和就业。这部分人会逐渐脱离土地，成为兼业农民，甚至一部分会成为市民，放弃农民身份。农地"三权"分置为这部分进城务工农户解决了后顾之忧，他们可以自愿决定是否保留农地的承包权，也可以决定是否流转手中的土地。进城务工农户流转土地后，可以进城务工，既可以获得工资性收入，又可以获得土地流转租金收入，有利于拓宽农民的增收渠道。

三 农地"三权"分置体现了习近平治国理政的核心思想

（一）农地"三权"分置体现了习近平"坚持和发展中国特色社会主义"的理念

习近平总书记多次强调要坚持和发展中国特色社会主义，并系统阐释了坚持和发展中国特色社会主义的基本方略[①]。具体到农村，坚持和发展中国特色社会主义就是要坚持和发展中国特色农村集体所有制，不断发展和不断壮大农村集体经济规模，坚持能够体现公有制核心理念的农村集体所有制和基本经营制度。

农地"三权"分置改革是社会主义基本经济制度的自我完善，重点体现在坚持农村集体所有制基础上通过土地产权制度改革进一步解放农村生产力，激活各类经营主体发展现代农业的积极性。农地"三权"分置改革有利于进一步巩固社会主义公有制。在农村，社会主义公有制主要体现在集体所有制的两个方面，一是指生产资料和资产的集体所有制经济，二是指农村土地的集体所有制。农地"三权"分置改革是在坚持农村土地集体所有制基础上进行的，包括三个方面，即做实所有权、稳定承包权、流转经营权。马克思认为生产关系要适应生产力的发展，在坚持农村土地集体所有制基础上，对农地产权的具体权能做出调整是适应农村生产力发展的表现。通过"三权"分置改革进一步释放制度红利，才能激发创新活力，农村土地集体所有制这一公有制具体实现形式才能够在新时代迸发新的生命力。

农地"三权"分置改革要继续坚持农村基本经营制度，即继续坚持"以家庭承包经营为基础和统分结合的双层经营体制"。一方面，通过"确权颁证""还权赋能"，以及土地承包权到期后再延长30年等政策，进一

---

① 习近平:《决胜全面建成小康社会 夺取新时代中国特色社会主义伟大胜利——在中国共产党第十九次全国代表大会上的报告》,《人民日报》2017年10月28日。

步稳定农民的承包权，解决农民的后顾之忧；另一方面，在采用多种形式发展和壮大农村集体经济的同时，允许传统的小农户，现代的家庭农场、种粮大户、专业合作社和农业企业等新型农业经营主体通过现代农业科技大力发展农业，实现增产增收。

农地"三权"分置改革要有利于发展壮大农村新集体经济。改革开放以后，家庭联产承包责任制和农村基本经营制度有利于保障农民居民的基本生存。但是随着农民进城务工和市民化，以及农业经营的兼业化等，统分结合的双层经营体制受到了冲击，尤其是统的层面的集体经济逐渐弱化。农地"三权"分置改革有利于进一步创新农村集体经济实现的组织形式，如以土地入股形成的股份合作社，以现代农业和加工业结合的工农联营体，以土地流转形成的新型家庭农场和现代化农业企业等，都是农村新集体经济实现的具体形式。通过"三权"分置可以放活经营权、流转经营权，有利于实现新型集体经济组织的做大做强，进一步增加农村集体经济的实力，如江苏的苏南的新集体经济就是典型。

（二）农地"三权"分置体现了习近平"坚持以人民为中心"的发展理念

中国"三农"问题的核心是7亿多仍然常住农村的农民问题，而农民问题的核心是要保障和实现其基本权益，增加其收益，增强其幸福感和获得感。习近平总书记在多种场合多次强调"小康不小康，关键看老乡"[1]。衡量"三农"问题是否真正解决好，关键的标准之一要看农民是否富起来，这是新时代全面建成农村小康社会的必然要求。

习近平总书记对"三农"问题的关注，体现了他治国理政的核心思想，即"坚持以人民为中心"的发展思想。如果说1947年开始的"土改运动"，解决了几亿农民翻身后当家做主问题，20世纪80年代初，农村探索和逐渐实行的家庭联产承包责任制解决了农民吃饱穿暖的问题；那么新时代坚持以人民为中心的发展思想和实施乡村振兴战略，主要解决农民富起来和全面建成小康社会的问题。当前，要实现富村和富民，就需要从农村土地产制度改革方面进行制度创新，进一步破除束缚农村生产力发展的生产关系。"三权"分置改革是从微观层面对农村的生产关系进行微调，重点是通过放活和流转经营权，释放出更大的制度红利。"三权"分置改

---

[1] 中央农村工作领导小组办公室：《小康不小康关键看老乡》，人民出版社2013年版。

革过程中,通过土地入股、转租和流转等形式,解决了农民外出务工的后顾之忧,还可以获得一定的租金收益,进而增加农民的工资性收入和财产性收入。农地"三权"分置,坚持了农村土地的集体所有制性质不改变,保障了农民的承包权和基本生产资料的基本权益,也增加了农民的土地财产性收入。从这三个角度讲,农地"三权"分置充分体现了新时代习近平"坚持以人民为中心"的发展思想。

(三) 农地"三权"分置体现了习近平"新发展理念"

创新、协调、绿色、开放、共享的新发展理念,是指引新时代我国经济和社会发展的新理念,是建设现代化经济体系的总导引。新时代"三农"问题的解决,尤其是农村土地产权制度改革,离不开新发展理念的指引。

农地"三权"分置改革体现了创新发展的理念。随着实践探索的推进,在稳定农村以家庭为单位的土地承包关系基础上,将承包权经营权分离为"承包权"和"经营权",最终形成农地所有权归"农民集体",承包权归有"农民集体"成员权资格的农户,经营权可以顺畅流转的"三权"分置的新型农地产权体系。现实中,一项产权制度变迁的收益大于成本时,人们就会对稀缺资源做出反应,重新创立和分化出产权制度来。① "三权"分置正是农地产权制度变迁的预期收益大于预期成本时,人们对产权细分需要做出反应,实现了承包权和经营权的分离。

农地"三权"分置改革体现了协调发展的理念。"三权"分置本质上要解决不同权利主体的利益关系。面对农民收入非农化和农民市民化的外生冲击,如何坚持农村集体所有制的公有制性质不变,坚持农村基本经营制度,保障承包权成为农户的基本生存和发展权利,通过土地流转等发展现代农业,就需要协调好国家、地方政府、农民集体、农户和新型农业经营主体之间的利益关系。这种利益关系中最核心的是协调好具体的产权制度安排。"三权"分置通过坚持农地的农民集体所有制保障了国家和农民集体的利益,通过稳定承包权和延长承包期限等稳定了承包农户的利益,通过流转经营权满足了新型农业主体对农地规模经营的需要,解决了现代农业发展的土地产权瓶颈问题。

---

① Pejovich, S., "Towards an Economic Theory of the Creation and Specification of Property Rights", *Review of Social Economy*, 30 (3) 1972: 309 – 325.

农地"三权"分置改革体现了绿色发展理念。新时代,农村的发展需要绿色产业支持,通过一二三产业的融合发展和绿色发展才能实现乡村振兴。农地"三权"分置有利于为农村一二三产业融合发展和绿色发展提供灵活的土地要素供给体系;有利于稀缺土地资源的流转和集中,为现代绿色农业、现代绿色工业和绿色乡村旅游业等提供用地保障;有利于在农村形成合理的绿色产业布局,实现产业兴旺和生态宜居的农村发展新格局;有利于统筹城市和农村土地制度和开放规划,形成城乡一体化的生态产品和服务供给体系,真正实现绿色发展。

农地"三权"分置改革体现了开放发展的理念。在农地两权分离背景下,土地的流转主要集中在以村社为单位的农村集体内部,尤其是邻居和亲戚朋友之间,这会很大程度会抑制农地资源向"农民集体"之外的市场主体流转,减少农民获得土地财产性收入的可能性,也抑制了通过土地流转和集中发展现代农业的规模和速度。"三权"分置打破了农地仅限于在农民集体内部流转的传统模式,通过承包权和经营权的分离,允许和鼓励经营权向新兴农业经营主体集中和流转,如可以流转给种粮大户、家庭农场、合作社、农业企业等市场主体。这种"对内流转"模式向"对外流转"模式的转变体现了开放发展的新理念。

农地"三权"分置改革体现了共享发展的理念。马克思指出"由社会全体成员组成的共同联合体来共同地和有计划地利用生产力;把生产发展到能够满足所有人的需要的规模;结束牺牲一些人的利益来满足另一些人的需要的状况;彻底消灭阶级和阶级对立;通过消除旧的分工,通过产业教育、变换工种、所有人共同享受大家创造出来的福利,通过城乡的融合,使社会全体成员的才能得到全面发展"[1]。共享发展就是要让农村居民能够在经济社会发展中增强获得感。通过农地"三权"分置可以使得村社等农民集体获得土地所有权收益,以家庭为单位的承包农户获得土地流转后的租金,新型农业经营主体获得经营性收益,实现不同权利主体共享式发展[2]。尤其是在农地"三权"分置中保障农民的土地财产权,即允许承包农户通过土地流转获得租金收益,允许进城落户的农民获得退出承包地

---

[1] 《马克思恩格斯选集》(第1卷),人民出版社2012年版,第308—309页。
[2] 杨继瑞、汪锐、马永坤:《农村承包地产权收益的经济学解析》,《中国农村经济》2014年第12期。

的补偿性收益。

四 农地"三权"分置的理论内涵

(一)习近平关于农地"三权"分置的重要论述

习近平对农地"三权"分置进行了较多论述,主要体现在农地产权制度改革方向、"三权"分置内容和目的,以及农地承包期限等方面。

首先,关于农地产权制度改革的方向,习近平明确指出要坚持农村土地集体所有制前提下的"三权"分置①。农地"三权"分置改革目的是坚持和巩固农村集体所有制,不走私有化的邪路。习近平总书记的讲话结束了改革方向之争,为新时代农村土地产权改革指明了新的前进方向。

其次,关于农地"三权"分置内容,习近平强调"顺应农民保留土地承包权、流转土地经营权的意愿,把农民土地承包经营权分为承包权和经营权,实现承包权和经营权分置并行②"。农地"三权"分置是在两权分离基础上,把承包经营权分割为承包权和经营权,实现了承包权归"农民集体"所有;经营权放活,可以流转给新型农业经营主体的新农地产权制度改革。"三权"分置是1978年改革开放以来,继家庭联产承包责任制下农地"两权分离"以来,农村土地产权的又一次重大变迁,也是又一次重大理论和实践创新。

再次,关于农地"三权"分置的目的,习近平强调"三权"分置应该"有利于更好坚持集体对土地的所有权,更好保障农户对土地的承包权,更好用活土地经营权,推进现代农业发展③"。新时代,农地"三权"分置改革的目的是构建现代农村土地产权制度。具体来说,进一步坚持和落实农地的农民集体所有制,坚持社会主义方向;稳定农户的承包权,保障农民最基本的生存资料和权利;放活和用活土地经营权,有利于土地规模化和农业现代化发展。

最后,农地承包权期限,习近平在党的十九大报告中指出"保持土地

---

① 习近平:《关于引导农村土地承包经营权有序流转发展农业适度规模经营的意见》,中国共产党新闻网,cpc. people. com. cn/n/2014/0930/c64094_ 25763751. html,2014年9月30日。
② 《习近平在中央农村工作会议上讲话》,中央政府门户网站,www. gov. cn/jrzg/2013 - 12/24/content_ 2553822. htm,2013年12月24日。
③ 《习近平在中央农村工作会议上讲话》,中央政府门户网站,www. gov. cn/jrzg/2013 - 12/24/content_ 2553822. htm,2013年12月24日。

承包关系稳定并长久不变,第二轮土地承包到期后再延长三十年①"。通过保持农地承包关系稳定并长久不变和延长承包期限30年,有利于稳定农民的经营预期,保证农地社会稳定和保障国家粮食安全;有利于推进农地流转,解决新型农业主体流转土地后的投资期限配置和投资激励问题,进一步提高农业生产效率。

(二) 三权分置的权能内涵

"三权"分置的权能内涵,重点是落实所有权、稳定承包权和放活经营权。

1. 落实所有权

按照现行法律和法规,我国现行农村土地的所有权归农民集体所有,而农民集体并不是具有法人资格和可以行使法定权利的权利主体。农民集体仅仅是一个集合概念,即具有成员资格权的农户组成的一个集合体。正因为如此,农民集体是虚置的,其所有权一般由乡镇行政组织、村委会或村民小组代为行使。这就导致了农地所有权主体的虚置问题。另外,受到现行《土地管理法》等法律制度限制,农民集体及其代理人对农地是缺乏充分的所有权权能的,如缺乏处置权,仅拥有不完整的所有权收益权②。"三权"分置改革中,落实集体所有权,一是要明确界定农民集体的范围,二是要明确农民的集体成员权资格,三是要进一步明晰农地的集体所有的产权归属和产权主体。

2. 稳定承包权

自1978年我国农村逐渐实施家庭联产承包责任制以后,农地的产权由一权分离向两权分离转变,集体所有权归农民集体所有,承包经营权归具有农民集体资格权的农户所有。改革初期,两权分离的农地产权制度和家庭联产承包责任制释放了巨大的制度红利,激发了农民的生产积极性,粮食生产取得了巨大成就。但是随着工业化和城镇化的推进,从事农业的比较收益逐渐下降,部分农民对土地的依赖逐渐松动,同时对土地承包经营权的重视程度也在减弱。目前的情况是,一方面,中国农村还有7亿多小农,需要依靠土地维持生存。另一方面,农业现代化又需要土地规模化

---

① 习近平:《决胜全面建成小康社会 夺取新时代中国特色社会主义伟大胜利——在中国共产党第十九次全国代表大会上的报告》,《人民日报》2017年10月28日。

② 刘守英:《中国土地制度改革:上半程及下半程》,《国际经济评论》2017年第5期。

经营。要统筹土地使用分散和集中的关系,需要将小农经济和现代化农业实现有机衔接,需要继续稳定农户的承包经营权。稳定农户承包权,就是在现行法律制度下,依法公正地赋予具有农民集体成员权的农户一定的承包权,并将集体土地依法依规承包给以家庭为单位的农户,同时严格执行国家对承包期限的规定。这样做的主要目的就是要稳定承包农户的经营预期。

3. 放活经营权。

农地"三权"分置是适应工业化、城镇化和农业现代化发展的必然选择。其中,农地"三权"分置中,重点和难点是放活经营权,以及赋予经营权应有的法律地位和权能内涵。为什么要放活经营权?因为是要适应农地规模化和农业现代化发展,进一步释放农地产权制度红利的需要。放活农地经营权,为农地规模经营提供了土地集中的可能性,有利于为种粮大户、家庭农场、合作社和农业企业等新型农业经营主体提供现代化生产的土地要素。

放活经营权的内涵包括土地经营权人可以依法对流转得到的土地享有一定的占有、使用、耕种和收益的权利;经营权人可以在合同期内对土地进行整理、提升农地肥力和建设农业基础设施和配套设施等;经营权人形式可以多样,经营权人可以通过土地入股、土地托管、代耕代种等多种形式发展适度规模经营;经营权人可以以经营权为标的物,进行抵押贷款等。放活经营权的目的就是最大限度地调动新型农业经营主体的积极性,提高农业生产效率和土地资源利用效率,逐步实现农业现代化发展。当然,放活经营权,还要注意防范和化解潜在风险,重点是要做到"四不",不能动摇农地集体所有制,不能触及耕地红线,不能威胁到粮食安全,不能损害农民利益。

五 农地"三权"分置的实践探索

目前,农地"三权"分置的关键是"落实所有权""稳定承包权"和"流转经营权",各地进行了不同的实践探索。

(一) 落实所有权的实践探索

当前,落实农地所有权的实践中,主要是通过一定的实现机制来保障所有权权能。如成都市的"确权颁证"和"还权赋能"改革,通过现代土地遥感测量技术和传统的"鱼鳞图"等明晰了各类农地的产权边界。① 成都市还颁发了土地所有权证给农民集体,承包权证给具有农民集体成员资格权的承包农户,经营权证给新型农业经营主体,并赋予了农民集体一定的处置权和收益权,通过承包地有偿退出等改革试点实现农户以承包权为基础的土地财产权,通过经营权抵押贷款等扩大了经营权的权能用途。

尽管我国宪法和相关的土地管理法等已经确立了农民集体和农村集体经济组织的法律地位,但是具体的规范性法律却不完善,如对农民集体权利主体的管理法律、对农民集体成员的管理法律,农民集体和农村集体经济组织的法人资格和法律地位等都是缺失的。党的十八大以来,在落实所有权的实践探索中,国家通过修订法律,正在逐步解决农地所有权主体的法律资格问题。2015 年 11 月中共中央办公厅和国务院办公厅印发了《深化农村改革综合性实施方案》,提出"明晰集体土地产权归属,实现集体产权主体清晰"②。2017 年的《民法总则》则对社会呼声做出了反应,将农村集体经济组织列为"特殊法人",赋予一定的民事权利和行为能力。但是农民集体的法人资格和法律地位还需要进一步研究和探索。

(二)稳定承包权的实践探索

各地稳定承包权的实践探索中,一是通过确权颁证稳定了农户的承包权,明晰了承包地的产权边界,强化了承包权的法律效力。农地的确权颁证,目前在全国范围内已经广泛推广和实施。二是进一步落实中央相关规定,对农民自愿放弃承包权的,尝试探索承包权有偿退出模式(张守夫等,2017)③。如,重庆市梁平县川西村的承包地有偿退出尝试等。当然,承包地对农户具有最后的生存保障功能,在城市化和工业化过程中,不应该也不能强迫农户退出承包地,以免积累巨大的社会风险。从国家层面,对农户承包权的保护体现在两个方面,一是通过现行法律和法规进一步保障农户的承包权,防止侵犯农户承包权的事件发生。二是通过进一步延长农地承包权期限,给承包农户的生产经营预期。党的十九大报告和 2018

---

① 周其仁等:《还权赋能——成都土地制度改革探索的调查研究》,《国际经济评论》2010 年第 2 期。

② 中共中央办公厅、国务院办公厅:《深化农村改革综合性实施方案》,中央政府门户网站,www.gov.cn/zhengce/2015 - 11/02/content_ 5003540. htm,2015 年 11 月 2 日。

③ 张守夫、张少停:《"三权分置"下农村土地承包权制度改革的战略思考》,《农业经济问题》2017 年第 38 期。

年的中央一号文件都指出，农户的承包地到期后再延长 30 年。进一步稳定了政策预期。

(三) 放活经营权的实践探索

放活经营权，主要是通过经营权流转和抵押等探索经营权的多种实现途径。"三权"分置将原来赋予家庭农户的承包经营权分为承包权和经营权两类细分产权，目的就是要放活经营权，解决农业规模化经营和农业发展资金等问题。经营权的流转，实践中出现了多种模式，如将经营权入股形成土地股份合作社，进一步壮大农村集体经济，如四川崇州市的"农业共营制"；① 将经营权流转给种粮大户、家庭农场、合作社和农业企业等新型经营主体，形成了农业规模化经营和现代化发展的新格局，如上海的松江的家庭农场模式、河南商水和山东济宁的合作社模式等。通过农地经营权的集中流转，一方面释放了农村劳动力，一部分农民可以放心的进城务工或定居，同时可以增加其工资性收入；另一方面也提高了农业的规模化、集约化和专业化，解决了农村"谁来种地"和"科学种地"问题。

经营权的抵押贷款也是放活经营权实践探索的重要内容。经营权集中流转以后，现代农业发展的规模化问题得到了解决，但是现代农业发展的资金问题如何解决？除了传统的财政补贴和一般性贷款外，试点经营权抵押贷款是一种新的尝试。② 目前，重庆市、上海市、成都市等省市都出台了经营权抵押贷款的试点意见，且各地出现了权利质押、权利和地上附着物复合式抵押，以及担保性抵押等各种方式。中国人民银行和原银监会也出台相关政策鼓励商业银行积极参与经营权抵押贷款的试点。不过，农地经营权抵押贷款也存在如何防范和分散抵押贷款生产的显性和隐性风险的问题。由于农地，本质上属于国家赋予农民的保障性生产资料，承包权也是国家赋予农户的特殊权利，经营权仅仅是从承包经营权中分化出来的，如果经营权抵押贷款失败，必定会侵犯所有者和承包者的权利，这种权利之间的冲突，是经营权抵押贷款的难点。各地正在通过担保基金等方式解决此类风险问题。

---

① 罗必良：《农业共营制：新型农业经营体系的探索与启示》，《社会科学家》2015 年第 5 期。
② 林乐芬、沈一妮：《异质性农户对农地抵押贷款的响应意愿及影响因素——基于东海试验区 2640 户农户的调查》，《财经科学》2015 年第 4 期。

六　进一步完善农地"三权"分置的思路和建议

农地"三权"分置是中国农地产权制度的重大理论创新，已经建立了基本的制度框架，在实践中也探索出了很多实现模式。但是，"三权"分置需要不断完善和发展，尤其需要进一步明确"三权"的权利边界和权利关系，硬化所有权主体，对"三权"进行平等保护，探索承包地退出的有效途径，强化经营权流转后的土地用途管制等。

（一）进一步明确界定权利边界和理顺权利之间的相互关系

创新和实现农地的"三权"分置，不仅要厘清楚所有权、承包权和使用权的权能内涵，还要厘清楚这种权能之间的法律关系。只有清楚梳理好了三种权能之间的关系，才能够更好地落实农民集体所有权、稳定承包户的承包权和放活经营权，才能最大限度地明晰产权，并发挥产权的激励和约束作用。从产权角度来看，所有权是三种权能束中最基本的权利，承包权和经营权都是在此基础上的派生权利。所有权对承包权和经营权具有统辖的作用，一旦承包权和经营权落实后，他们两者对所有权又会产生"制衡"和"对抗"的作用。在"三权"分置中，承包经营权被分解为承包权和经营权，这两种权利尽管在形式上是平行的，但是承包权是国家赋予农户的特殊权利，更具有稳定性和强法律保护性。现实中，经营权抵押贷款等实践中，一旦发生贷款违约问题，就会出现经营权对承包权的排斥和侵犯问题。如果金融机构依据合同收回经营权，但是这可能是违背承包权主体意愿的，或者是间接损害承包权主体和所有权主体权益的。如何从法理上理清三种权利之间的关系，并通过立法等界定权利边界，并设置保障三种权利实现的制度装置，是需要解决的关键问题之一。

（二）实现所有权主体的法律化

由于所有权主体的虚置和代理人制度，使得农民集体的所有权并没有充分实现。要进一步落实所有权，实现所有权主体的法律化是改革的重要内容。[①] 为了防止农地所有权主体的多元化带来权能的弱化，需要通过立法等明确"农民集体"的所有权主体，且实现所有权主体代表的唯一性和

[①] 刘灿、韩文龙：《农民的土地财产权利：性质、内涵和实现问题——基于经济学和法学的分析视角》，《当代经济研究》2012年第6期。

法律化。通过修改相关的法律，明确农地所有权主体的特殊法人资格，赋予所有权主体特殊的权利和义务，登记法人代表，确权颁证，进一步明确所有权主体的法律行为和经济行为。2017年通过的《民法总则》已经赋予农村集体经济组织特殊法人资格，可以履行相关的权利和义务。但是，"农民集体"这一所有权主体还没有进一步明确法律资格和地位。在市场经济中，权利具有了经济价值，如果不能规范和完善相关权利的法人地位或市场经济地位，权利主体的权益就不容易得到有效保护。从保护和完善市场中各类主体产权的角度来看，进一步完善相关法律，赋予所有权主体"农民集体"特殊法人地位是解决农地产权权能冲突的重要措施。

（三）实现对所有权、承包权和经营权的平等保护

在实践中，由于农地的所有权主体有"虚置"问题，经常会发生承包权主体和经营权主体侵害所有权主体权利的情况。如承包权主体擅自随意调换土地，或者破坏土地肥力等，经营权人擅自改变土地用途等。另外，农地的所有权权利一般是由村委会或乡镇行政组织代为行使，往往会侵犯承包权主体和经营权主体的权利，如村委会或乡镇强迫农户种植指定农作物，或者强迫农户流转土地等，以及对已经集中流转给新型经营主体的土地随便变更合同期限，甚至违约等。

要进一步理顺所有权、承包权和经营权之间的权能关系，不仅要从法律上界定三种权能的边界和内涵，还要创新实现三种权能的有效机制，强化所有权主体对承包权主体的土地发包、调整、监督和用途管制等职能；强化对承包权主体的权利保护，防止所有主体对承包权主体的非法干预，也要防止经营权主体对承包权主体权利的侵害；强化对经营权主体的保护，防止所有权主体和承包权主体的非法干预。

（四）探索农地承包权退出的有效办法和途径

农地"三权"分置以后，承包权进一步独立了，通过确权颁证和延长承包期限，家庭农户的承包权得到了强化。随着农民市民化进程的推进，一部分农民在城市解决了就业、住房和社会保障等，对农地的依赖性减少，增加了退出农地承包权的可能性。一些地区已经在试点承包权有偿退出。承包权的有偿退出，是新时代利用市场化原则维护农民土地财产权的重要手段。但是，农户退出承包地，必须坚持两个原则，一是自愿退出原则，即要尊重农民的意愿，不搞诱导和强迫。二是落实基本社会保障原则，即自愿退出承包权的农户必须取得城市就业、有一定的住所和获得了

城市最低社会保险。否则，可能由于农民的非理性退出，最后积累巨大的社会风险。在满足以上两项原则的基础上，需要进一步探索农地承包权有偿退出的途径。农地有偿退出的补偿标准、资金来源，退出承包权土地的再承包等问题都需要相关制度给予支持。

（五）强化经营权流转后的土地用途管制

农地"三权"分置中，放活经营权后会不会大量出现让人们担忧的改变农地用途的情况？这是需要重点关注。农地"三权"分置的目的之一是通过放活经营权，以此来实现农地的集中流转和规模经营，提高农业经营效率。但是，实践中出现了农地"非粮化"和"非农化"的趋势问题。考虑到粮食安全和耕地红线等关系国计民生的问题，借鉴国外经验，对农地实现严格的用途管制是必须的。为此，首先，要编制城乡一体的土地使用管规划，划定农业生产区，建立相关制度进行严格保护。其次，强化农地用途管制的管理和责任体系，建立中央和省级督查、市县监察、县乡监管和村级行政组织直接管理的多级管理体制，畅通监察和举报渠道，防止擅自改变农地用途。再次，强化对粮食主产区农地用途的专项管制制度。为了保证粮食安全，需要对黑龙江、辽宁、吉林、河南和河北等全国十三个粮食主产区的粮食种植进行合理的财政补贴，强化粮食主产区的特殊功能区管制，禁止农地经营权流转后出现非粮化。

农地非农化制度的变迁逻辑：从征地到集体经营性建设用地入市

盖凯程　于　平[*]

摘　要：城乡土地市场二元分割和非对称的土地权利构架塑造了非均衡的土地利益分配机制，模糊产权制度环境使地方政府成为农地非农化过程中土地的实际最终剩余控制者和索取者。各利益主体围绕争夺土地增值收益和外部利润的博弈推动着农地非农化模式的变迁，集体经营性建设用地合法入市是对既有土地利益关系的重构。从征地出让到集体经营性建设用地入市，农地非农化模式变迁中内嵌着一个土地剩余控制权和剩余索取权向农民（集体）转移的核心逻辑。

关键词：农地非农化；征地出让；集体经营性建设用地；剩余索取权；剩余控制权

引　言

十八届三中全会提出"在符合规划和用途管制前提下，允许农村集体经营性建设用地出让、租赁、入股，实行与国有土地同等入市、同权同价"，朝着构建城乡统一的建设用地市场迈出了实质性步伐。农村集体建设用地被赋予了与国有城市建设用地以平等的地位和相同的权能，将在极大程度上消解土地市场权利二元、市场进入不平等以及由此带来的土地利益分享不公的弊端。

城市化进程中，特别是在土地征用和出让中，农地非农化增值收益分配不公和利益关系失衡引致了严重的经济社会问题。与此同时，城市建设

---

[*] 本文选自盖凯程、于平《农地非农化制度的变迁逻辑：从征地到集体经营性建设用地入市》，《农业经济问题》2017年第3期。

用地日趋紧张和农村集体建设用地低效闲置的悖论催育出了集体土地隐形流转市场,供需双方自发匹配和灰色交易在重构土地权益关系的同时滋生了新的利益冲突和社会矛盾。以农村集体经营性建设用地入市为突破,推动集体建设用地循序合法入市,无疑将改变既有农地非农化模式下土地增值分配关系的生成逻辑。

从微观层面观察,中国经济体制改革始终贯穿着一条围绕微观主体(企业、家庭、个人)进行主体财产权构建的脉络。新时期农村全面深化改革的核心要义在于赋予农民土地财产权利,使其平等参与现代化进程、共享现代化成果。的新阶段。当下推进的农村集体建设用地产权制度改革呈现出愈益清晰的演绎方向,即在不断地试错、总结和摸索过程中将农地最终控制权逐渐地赋予农民(集体)。

一 文献综述

土地利益关系受土地制度的支配。相关研究证实正式制度约束如土地征用制度、出让储备制度等是造成土地增值收益归属不均和利益失衡的直接原因。[①] 深层原因则是集体土地产权的边界模糊和权能残缺使土地产权排他性弱化、主体处置权缺失,进而导致土地权益的错配。

现行土地利益格局正是相关主体在现有土地制度约束下围绕土地增值收益博弈的产物。这一过程中,地方政府借助一系列制度安排实现了对土地市场的操控,土地增值收益分配制度的演进具有显著的政府主导和财政依赖特征[②]大量研究认为通过征用和出让进行土地融资成为地方财政和城市化资金的重要来源,使得其他利益主体特别是农民无法分享城市化、市

---

① 钱忠好等:《我国城乡非农建设用地市场:垄断、分割与整合》,《管理世界》2007年第6期;罗必良:《公共领域、模糊产权与政府的产权模糊化倾向》,《改革》2005年第7期;黄小虎、周其仁:《征地制度改革和集体建设用地流转》,《经济研究参考》2008年第6期。

② 刘永湘、杨明洪:《中国农民集体所有土地发展权的压抑与抗争》,《中国农村经济》2003年第3期;匡家在:《地方政府行为的制度分析:基于土地出让收益分配制度变迁的研究》,《中央财经大学学报》2009年第4期;罗必良:《分税制、财政压力与政府"土地财政"偏好》,《学术研究》2010年第10期。

场化带来的土地增值收益和级差地租,农民权益受到剥夺。① 但亦有学者认为土地财政背后蕴藏着"涨价归公"的深层逻辑,是分享经济发展剩余的最优制度安排。②

城市化进程中,农村集体土地资产价值逐渐显化,集体建设用地入市增值收益分配问题备受关注。农民土地利益意识唤醒、制度创新外部利润和制度安排低成本等使集体建设用地入市成为土地制度诱致性变迁的需要。③ 但基于集体土地产权归属模糊,公开流转和隐形流转并存,导致了流转收益分配不公、集体资产流失、侵害农民权益等问题。④ 集体建设用地入市的核心是利益问题,关键是建立合理的收益分配和利益分享机制,在市场化流转中合理确定流转收益分配在土地所有者、政府和土地使用者之间的比例权重。⑤ 争论焦点在于政府是否有权参与集体建设用地流转收益分配。⑥

综上所述,既有研究有极强的"问题意识",对不同性质土地增值收益分配和利益关系问题做了很好的理论推进,提出了富有价值的政策建议。但整体上观察,现有研究或偏重集体建设用地流转,或偏重土地征用出让,二者之间的内在关联和作用机制研究有待强化。基于此,我们将集体经营性建设用地入市纳入到整体土地制度变迁全局视域中去考察,找寻

---

① 钱忠好、曲福田:《规范政府土地征用行为 切实保障农民土地权益》,《中国农村经济》2004年第12期;钱忠好等:《我国城乡非农建设用地市场:垄断、分割与整合》,《管理世界》2007年第6期;周其仁:《农地产权与征地制度》,《经济学》(季刊) 2004年第4期;党国英:《土地制度对农民的剥夺》,《中国改革》2005年7月;胡家勇:《地方政府"土地财政"依赖与利益分配格局》,《财贸经济》2012年第5期;刘守英:《中国城乡二元土地制度的特征、问题与改革》,《国际经济评论》2014年第3期。

② 贺雪峰:《地权的逻辑2:地权变革的真相与谬误》,东方出版社2013年版。

③ 蒋省三、刘守英:《土地资本化与农村工业化——广东省佛山市南海经济发展调查》,《管理世界》2003年第11期;钱忠好、曲福田:《农地股份合作制的制度经济解析》,《管理世界》2006年第8期;张曙光:《土地流转与农业现代化》,《管理世界》2010年第7期。

④ 罗丹等:《不同农村土地非农化模式的利益分配机制比较研究》,《管理世界》2004年第9期;李志辉:《农村集体非农建设用地流转收益分配问题研究》,湖北省土地学会《建设社会主义新农村土地问题研究》论文集,2006年。

⑤ 黄小虎:《征地制度改革和集体建设用地流转》,《经济研究参考》2008年第6期;蔡继明:《农村集体建设用地流转的主体和利益分配》,《学习论坛》2010年第7期。

⑥ 李延荣:《集体建设用地流转要分清主客体》,《中国土地》2006年第2期;彭文英等:《集体建设用地流转收益及分配探析》,《经济与管理研究》2008年第5期;王文等:《中国农村集体建设用地流转收益关系及分配政策研究》,经济科学出版社2013年版。

农地非农化模式——从征地出让到集体建设用地入市——转变背后所遵从的核心逻辑和深层机理。

二 模糊产权和产权的模糊：有意还是无心的制度安排？

用产权理论释解中国农地问题，主流的研究路径是基于产权细分和权能重组的角度来界定其所有权，以期达成利益相关主体——政府、农村集体（个体）、用地者等——责权利的"契约化"。然而，基于缔约或信息成本、所有者能力、政府行为等因素，问题的关键并不在于如何通过契约化厘定各利益主体的权利边界，而在于不完备契约无法明确的"剩余权利"（剩余控制权和剩余索取权）的归属问题。若在最终控制权层面上定义农地产权（所有权），那么，农地治理结构表面上关乎利益相关主体间责权利的配置关系，实则关乎农地"剩余权利"谁来拥有、怎样拥有以及如何行使等的一系列契约化安排。

（一）模糊产权范式

在巴泽尔的产权模型里，人们对资产的权利是"他们自己直接努力加以保护、他人企图夺取和政府予以保护程度的函数"。交易成本——权利获得、保护和转让的成本——的昂贵使得"产权作为经济问题还从来没有被完全界定过"，无法充分界定的权利导致一部分有价值的产权总是处于"公共领域"。随着市场环境或技术条件变化，资源的新价值被发掘，"在一项合同并未明确界定某些权利，而这些权利的价值又有上升时，就可能出现冲突"。此时，花费代价界定产权重新变得有利可图，留在公共领域里的权利边界随之发生调整。因此，产权界定具有渐进动态演进的特征。

GHM 模型基于不完备契约提出了与"公共领域"概念暗合的"剩余权利"。交易费用的存在导致了契约的非完备性。在不完备契约里，所有权是契约对决策权未明确的地方实施剩余控制的权利及在契约履行后取得剩余收益的权利。剩余控制权是不完全契约框架内除明确权利外的所有其他权利，剩余索取权是指不完全契约框架中未能规定分配方式的那部分盈余的归属，在收益分配优先序列上表现为"最后的索取权"。Hart 认为拥有剩余控制权则必定拥有剩余索取权，反之则不一定。[①] 控制权作为产权

[①] Grossman, S. and Hart, O., "The Costs and Benefits of Ownership", *Political Ecnonmy*, 94, 1986.

实现形式的集中体现，是产权之根本。任何产权和所有权的实现都必须通过控制权而完成。[1]

在 GHM 体系基础上，李稻葵[2]的模糊产权模型把产权（所有权）定义于最终控制权层次上，模糊产权即最终控制权的模糊性。模糊产权是一种所有者控制权缺乏保证以致于受损亦即存在效率损失的产权安排。模糊产权实际上是灰市场条件下不得已的产权组织安排。在灰市场里，某些交易行为高昂的交易费用和潜在的非法性使得模糊产权成为相对具有效率的"最不坏"的制度安排，但是这一制度安排会随着市场的成熟而变得效率低下。所以，问题的关键不在于强迫模糊的产权清晰化，而在于改造和培育市场机制。经济转型的最终目标是消灭模糊产权。

相较于巴泽尔"公共领域"基于"成本—收益"的纯技术性界定和 GHM "剩余权利"强调所有者行为（能力）之于产权界定的作用，"模糊产权"考虑到了转型经济的制度条件约束，从而给出了转型经济非国有部门（乡镇企业）高效运行的逻辑化解释。然而，这一模型回避了市场环境与产权安排的内生性问题。以之为基础，我们对模糊产权作如下界定：某物有价值属性的归属因其实际最终控制权未能得以准确、及时、清晰地界定而造成利益主体竞相攫取的"公共领域"的产权现象即为模糊产权。模糊产权关系下利益相关者对最终控制权利的取得是通过协商、讨价还价甚至斗争而敲定的。当市场环境变化衍生出新的赢利性财产权利束或在既定产权结构下经济当事人无法获取的外部利润（潜在利润）时，会引起模糊产权重新界定的要求和实施制度创新以期外部利润内在化的努力，进而导致产权结构的变迁。

(二) 产权的模糊：农村集体土地产权变迁

厘清农地模糊产权的历史形成机理，意在昭示未来农地制度改革的方向。运用模糊产权范式来解释农村土地产权的制度演进，需要回答：现行农村土地产权制度形成的历史始点在哪里？农村集体土地资产有价值的属性是否存在不明确的最终控制权（剩余控制和剩余索取）？农村土地产权模糊化是有意的还是无心的？

---

[1] Hart, O. and Moore, "Property Rights and the Nature of the Firm", *Political Ecnomy*, 98, 1990.

[2] 李稻葵：《转型经济中的模糊产权理论》，《经济研究》1995 年第 4 期。

新中国成立之初，政治协商会议《共同纲领》以实行"农民的土地所有制"兑现了"耕者有其田"的政治承诺，将"剥夺剥夺者"的土地无偿平均分配给农民。在《土地改革法》中，农民土地可"自由经营、出租和买卖"的私权性得以充分体现。由于这一时期农民对土地的所有权是国家权力嵌入的结果，反过来也为其后国家对农地产权的重新改造和最终控制权掌握提供了可能。

1956年合作化运动开启了对农地私权的集体化改造，农民土地从个体所有转为集体所有。同年推行的人民公社制，将农村土地所有权、经营权皆归于公社。1960年《关于农村人民公社当前政策问题的紧急指示信》进一步将"三级所有、队为基础"确立为人民公社的根本制度。1962年《农村人民公社工作条例修正草案》明确了"生产队范围内的土地，都归生产队所有。生产队所有的土地，包括社员的自留地、自留山、宅基地等等，一律不准出租和买卖。"

"政社合一""三级所有"体制作为一种强制性制度安排，其对于农地产权的实质意义在于：通过"政社合一"，公社成为介入农村经济的基层政治单位，国家权力变量牢牢地嵌入到农地产权主体结构中；通过三级所有的模糊"集体"概念，虚化了农地所有权主体，使得"土地所有权内含的占有、使用、收益、处分等权能皆受国家意志限制"。如是，通过农地产权的模糊化处理，国家权力实现了对农村集体土地剩余控制权和剩余索取权的控制，其用意在于将农村经济创造的价值剩余转化为支持国家工业化战略的资本积累。

1978年家庭联产承包责任制是一场试图绕开剩余控制权而放开剩余索取权的改革尝试。1983年"撤社改乡"，乡镇取代公社成为基层政权组织。村民自治委员会的法律地位虽在"八二宪法"中得以确立，但其真正全面实施是在1988年之后。这表明，在农地产权制度与政治体制的匹配上，"国家基层政权组织早于农村基层自治组织嵌入农地产权主体结构之中，国家始终具有先占优势"。"三级所有、队为基础"的制度安排得以延续和保存，农地最终剩余控制权仍掌握在国家手里。但同时，通过土地所有权和使用权（承包经营权）的"两权分离"，借助于"交够国家的，留够集体的，剩下的都是自己的"的契约结构赋予了农民一定的剩余索取权，改变了公社化时期的激励问题，极大促进了农业生产效率的改进。

20世纪80年代中期开始，由于承包经营期限约束下的激励不足问题阻碍了农业长期投资，且土地使用权按人均分导致了土地零碎化经营，进而制约了规模效益，农业劳动生产率随即下降，陷入"温饱陷阱"。其后农地制度调整以所有权、承包权和经营权"三权分离"为特征、以土地（要素）权利的市场化配置（土地流转）为内涵，不断推动着农地产权结构的变迁，产权形态演变遵从着"明晰所有权、硬化使用权、活化经营权"的基本逻辑，"公共领域"范围逐渐趋于缩小，权利边界愈益清晰。期间，城市化扩张下建设用地增量供应日趋紧张也将农村集体建设用地和宅基地的产权明晰纳入到农地制度改革范畴里。但是，这一变革仍被紧紧局限在农村范围内。在城乡分割的二元市场体系下，集体土地转为城市建设用地受严格控制，无法直接入市交易，产权主体——农民（集体）——被排斥在城市土地一级市场之外，无法分享农地非农化的增值收益和级差地租。农地产权的排性弱化、处置权缺失、收益权缺损在农地征用环节展露无遗，表明农地非农化中土地最终控制权仍被掌握在国家权力主体手里，其用意在于通过土地"剪刀差"价格机制将新时期农村土地资源资本化创造的价值剩余转化为城市化的融资来源。

"考察集体土地所有权的形成史，我们就会发现，……赋予虚幻的集体以一个空洞的所有权……，而其目的就在于为国家权力对农村的资源摄取扫除障碍"。不难看出，从合作化、人民公社到家庭联产承包责任制时期，再到其后的土地市场化流转阶段，内嵌着一个农地产权制度有意模糊化的基本逻辑。它并非纯粹是巴泽尔意义上产权界定成本造成的，也非仅仅由于GHM意义上信息不对称或所有者行为能力局限导致的，更多的是国家权力变量主动嵌入的结果，政府行为（能力）是产权模糊化的关键性变量。在"特定的时空条件下，模糊农地产权能够促进农地资源配置效率的持续提高"。在市场不完善条件下，农村集体土地模糊产权是一种相对富有效率的制度安排，有力地推动了中国工业化和城市化进程。反过来，在市场化进程中，它也在不断承受着其他利益主体要求产权重新界定和明晰化的压力。

三 征地出让：地方政府对剩余控制权和剩余索取权的获取

在模糊产权制度环境下，农地产权权利束各个具体的权利（权能）必然"以分散的、或以各种排列组合的形态，落入不同利益主体的手中"。作为从财政分权中分化出来的一个利益主体，转型期的地方政府逐渐具备了借助土地要素资源去推动现行制度框架可允纳的地方增长以获取最大化垄断租金的能力。地方政府由此作为一个楔入变量在农地"剩余权利"的争夺中嵌入进来。中国特殊的二元土地产权制度和城乡间非对称的土地权利构架使地方政府在农地非农化过程中掌握了土地的实际剩余索取权和控制权。

这一事实是通过如下两个不完全"隐性契约"完成的。

（1）中央—地方不完全契约。财政包干体制下中央对地方"剩余分享"激励的制度规则设计使得双方搭建起一种政治治理结构中的"委托—代理"关系。"分税制"改革削弱了这一合约结构的稳定性，中央事权下放和财权上收所造成的地方财权和事权的错配严重削弱了代理人（地方政府）的积极性。为了稳定"委托—代理"关系、纾解地方财政压力，双方选择通过重新分割国有土地产权权利束以重订一份"隐性"激励合约：调整双方对城市土地占有、使用、收益、处分权的分配关系。中央保留法律意义上的所有权，仅保留少部分收益权和最终处置权；地方则实际上拥有剩余的使用、收益和转让权。中央通过默许地方对城市土地产权剩余权利的攫取，使得政治治理结构中各治理主体的权利边界得以重新划定，从而稳固了双方的"委托—代理"关系。如是，分税体制下的地方政府借口财权和事权的错配，通过与中央讨价还价取得了城市土地价值的剩余索取权；通过征用变农村集体土地为增量城市土地，通过出让变土地出让金为预算外收入，地方财政取向由此具备了浓厚的土地财政色彩。

（2）地方—微观经济主体的不完全契约。根据GHM模型，当出现多个产权主体时，产权（所有权）的实现是通过协商或谈判来确定的，结果剩余控制权必然落在谈判力较强的产权主体手里。在现行农地产权形态下，农民缺乏对土地财产权利的实际控制能力，所有权主体虚置、使用权的用途管制限制、转让权非经征用不得入市的约束等使农地产权的有价值属性被流入"公共领域"。在模糊产权制度环境下，地方政府与辖区微观经济主体（农民或农民集体）围绕着土地实际最终控制权展开争夺。作为谈判力较弱的产权主体，农民（集体）往往无法形成对话的力量或有效的集体行动，而地方政府则凭借其在土地市场上的多重身份（产权主体、监管主体、公共利益主体）可随时转换自己的角色，这种身份的复杂性和角色变换的灵活性既使微观主体无从判断其行为的合理（法）性而在谈判中处于劣势地位，又使地方政府可以在合法外衣庇护下对土地资源进行符合自身效用函数的配置,从而牢牢占据谈判的优势地位,地方政府由此成为农地非农化过程中土地产权的实际最终剩余控制者。

经济转型期,这一特殊的制度安排对支撑中国城市化战略起到了至关重要的作用。作为农地非农化中土地产权的剩余控制者和土地价值的剩余索取者,地方政府对土地资源进行符合自身效用目标函数的配置行为促成了地方扩张型增长路径,推动了地方经济快速发展和城市化快速推进,但也导致了土地资源浪费、社会公平破坏、市场分割加剧等诸多负面效应。农地非农化过程中土地最终控制权的错配严重排挤了农民平等参与分享工业化、城市化带来的土地增值红利,阻塞了农村集体建设用地财产权利的实现渠道,遮蔽了农民财产性收入的财产权利之源。随着城乡土地市场结构从分割、垄断走向整合,这一相对富于效率的"较优"制度安排逐渐沦为潜伏了效率与公平双重损失的"最劣"制度安排,市场环境的变化对模糊产权清晰化和重新界定提出了客观要求,现行农地非农化(征地出让)模式已然难以为继。

四 农村集体经营性建设用地入市:剩余控制权和剩余索取权的转移

中国现行土地制度的产权特征可描述为一个"公有私用""双轨并行"的二元架构,在这一非对称的土地权利制度框架内作为生产力主体的农民(集体)能否真正获得土地(承包地、宅基地和建设用地)财产权利,并在农民这一层面上真正实现土地产权剩余控制和土地价值剩余索取权的统一,是未来农村土地制度改革的聚力点。

(一)从征地出让到集体经营性建设用地入市:制度变迁

传统农地非农化的治理结构符合国家正式法律安排的只有一种,即通过国家征用农民集体土地。农村集体经营性建设用地入市——通俗地说,"就是不征收了"[①]——的实质性意义在于在政治决策层面上突破了凡变为城市建设用地须转为国有制的制度设计,为打破传统农地非农化利益分配格局、形成市场化农地转用机制准备了条件,是一种典型的制度创新。

中国农地制度变迁始终都围绕着对外部利润的激烈争夺而展开。根据制度变迁理论,制度创新的诱因是基于外部利润的存在。市场环境的变化(市场规模、技术条件、要素相对价格等)引致了传统制度环境下当事人

---

① 陈锡文:《关于农村土地制度改革的两点思考》,《经济研究》2014年第1期。

无法获取的外部利润（潜在利润），进而诱致经济当事人实施制度创新以使外部利润内部化的努力。制度变迁本质上是一个利益重构的过程，相关利益主体间力量比对及其利益耦合度决定了制度创新的基本维度。

城市化加速凸显了集体建设用地的巨大增值空间，土地权利意识迅速唤醒的农民（集体）追求将这一潜在利润显性化的动机成为推动集体建设用地直接入市的原动力。农民（集体）基于追求潜在的制度创新净收益而成为第一行动集团，当预期收益大于预期成本时，就会在正式制度之上进行规避征地侵害、获取潜在利润的边际创新。绕开正式制度安排推动集体建设用地直接入市交易成为其最优选择，具有典型的诱致性特征。自下而上的需求诱致性制度变迁得到了自上而下的供给主导的强制性制度变迁的回应。中央政府（第二行动集团）力图将其自发入市行为纳入到正规制度创新范畴：一是通过允许合法的地方试点或成立试验区试错以测算新制度的运行成本和收益；二是通过立法提供正式制度供给，以降低交易成本。这一过程中，初始制度安排中获取既得利益的压力集团（地方政府）面临着二难选择：集体建设用地入市有利于降低因征地导致的交易成本，获取建设用地流转部分增值收益，并将土地出让金一次性收入转化为长期税收收入。但是，传统征地出让模式下地方政府土地融资规模巨大，大量集体建设用地集中入市必然导致其抵押土地估值急降，进而演化成为地方债务和金融风险。

在集体建设用地增值收益的争夺中，不同利益主体根据制度创新的预期成本收益选择符合自身利益的行动方案，推动着农地非农化模式的渐进变迁。改革的决策过程，"其实是社会中各种互相冲突的力量互相抗衡和妥协的过程"。"农村集体经营性建设用地入市"作为一个新的有效制度形成的缔约过程，本质上是各个利益主体（中央、地方、农民集体与个体）围绕着潜在利润进行反复利益博弈进而达成的新的利益均衡和行动选择集。将农村集体建设用地入市范围仅仅界定为集体经营性用地而非全部（包括宅基地）则是对土地发展权市场交换域和政治权力域混合域博弈参数调整的结果，是一个嵌入了政治过程变量（稳定与发展、效率与公平、利益与风险）的强制性和诱致性制度变迁妥协兼容的结果。

（二）从征地出让到集体经营性建设用地入市的核心逻辑：剩余控制权的转移

农地非农化模式变迁中，农地产权主人能在多大程度上分享农地非农化引致的契约未能明确的增值盈余（剩余索取），是由农地实际最终控制权的制度安排决定。在模糊农地产权的"剩余权利"中，剩余控制权——特别是农地使用权的可转让或授使他人行使的权利——起着更为关键的作用。理论上，界定清晰的剩余控制权（转让权）决定了剩余索取权（收益权）的清晰界定，反之则不一定。在传统征地出让利益分配机制中，地方政府作为农地市场的垄断需求者和城市土地市场的垄断供地者，对剩余控制权的掌握使其可以轻易攫取农地增值后的剩余索取，即出让收益－（征地补偿成本＋其他"地方—农民"不完备契约明确的收益权利）。反观农民，由于土地转让权（实质是土地财产权利）的缺失，无法获取土地流转后的大部分增值收益，进而严重滞阻了农民以土地为发展资本获取土地资本化收益的权利。

构成土地产权完整权利束的占有、使用、收益、处分权在各利益主体间的调整和分配是农地产权制度改革的核心。纵观农村集体建设用地入市的政策演进脉络，从1998年《土地管理法》严禁农村集体建设用地"出让、转让或者出租用于非农业建设"，到2004年国务院《关于深化改革严格土地管理的决定》"在符合规划的前提下，村庄、集镇和建制镇重大农民集体所有建设用地的使用权可以依法流转"；从十七届三中全会"集体（建设）土地和国有土地同地、同价、同权"，再到十八届三中全会"在符合规划和用途管制前提下，允许农村集体经营性建设用地出让、租赁、入股，实行与国有土地同等入市、同权同价"。在集体建设用地的产权结构变迁中，其权能逐渐从占有、使用、收益权利逐步拓展到了占有、使用、收益、处置权利。这一过程中，农村集体建设用地的产权残缺性不断得以弥补，产权权利束的完整性不断得以增强，其内含的各项权利界定和实施的完全性不断得以完善。

产权界定是一个明确产权主体及其拥有的财产权利范围的过程和结果状态，实质是以社会契约形式对微观经济主体财产权利的确认和保护。集体经营性建设用地入市，与国有建设用地同地、同价、同权，其突破性意义在于剥离了国家意志之于农地所有权的强制性依附，解除了农民（集体）土地财产权益损害的制度屏蔽，实现了土地"剩余控制权"对农民（集体）的赋予，从而真正构建起国家、集体和个人间平等的产权关系。"同等入市"，意味着农村集体经营性建设用地享有与国有建设用地进入市场的平等地位，可在更广的范围、用途以及更多市场主体间进行市场交易。"同权同价"，意味着集体经营性建设用地享有与国有建设用地相同的权能，具体表现为在土地一级市场上可租赁、出让、入股；在土地二级市场上可租赁、转让和抵押等。基于农村集体建设用地的用益物权特性，在既有权属基础上扩大权能，明确赋予了农民（集体）以集体经营性建设用地处置权、抵押权和转让权。赋予了转让权，意味着集体土地资源具备了通过市场交换转化为资本的变现渠道；赋予了抵押权，集体土地才能有效地融入金融市场获得金融资源的获取权。集体经营性建设用地自发入市进行市场对价，多个农民（集体经济组织）作为供地主体，改变了现行城市土地一级市场政府垄断供应格局，必然增强农民在围绕土地增值收益争夺中的讨价还价能力和议价权，继而改变和重塑土地利益格局。

（三）一个延伸性命题

前述分析建立在农民集体与农民个体的同质性假定上，若我们将这一假设性条件进行修正或现实性还原，则会将上述分析进一步推向纵深。

在"三级所有、队为基础"的制度安排中，农民集体所有的土地依法属于村农民集体所有的，由村集体经济组织或者村民委员会经营、管理；已经分别属于村内两个以上农村集体经济组织的农民集体所有的，由村内各该农村集体经济组织或者村民小组经营、管理；已经属于乡（镇）农民集体所有的，由乡（镇）农村集体经济组织经营、管理。在农民个体与农民集体之间复杂的多层级"委托—代理"关系里，信息不对称诱发的"代理人风险"以及"内部人控制"引发的集体资产流失风险成为集体建设用地入市必须面临的新课题。

"农民集体"——包括乡镇、村以及村内部（两个以上）集体济组织三个层次——作为一个法律人格意义缺失的抽象集合，并不具备真正独立的法律主体地位。从已有试点和实践看，农村集体经济组织主体和代表的"虚化"模糊了农民集体与个体间的利益边界，使得建设用地入市增值收益分配上集体占有比例过大、农民分红缺乏有效保障现象普遍存在。在围绕最终控制权争夺的传统农地治理结构层次里，通常由具备法人资格的村委会（村干部）来充当政府与农民（集体）模糊契约安排下内在紧张关系的缓冲器，代以行使集体土地所有权权能（处置权）。现实中，村委会身兼农村社区公共管理者、集体资产运营管理者和政府基层代理人等多种角色，"政经合一、议行合一"的行为特征使其具备成为新的剩余控制者和索取者的独特便利。农民自组织能力涣散和基层自治机制的缺失，使得集体经营性土地增值收益往往易被少数内部人所攫取。

对此，应通过优化乡村治理结构来有效规避"内部人控制"，以保障农民公平分享土地增值收益：健全农村"选举、决策、管理、监督"四位一体的基层民主制度，提升农民自组织能力；硬化村民议事会"一事一议"机制，使集体建设用地入市全过程公开透明；建立村委会监督约束机制，对村干部权力进行界定，剥离其政府基层代言者身份；增设可代表集体经营性建设用地股权利益的独立董事；以法律形式明确界定集体经济组织和农民在土地增值收益上的分配比例；规范严格财务制度以制约集体经济组织对集体资金的使用；引入第三方监督监管机制，对集体土地经营收益及其用途进行评估监督，等。

五　结论

我国城乡建设用地市场二元结构和模糊的产权制度环境塑造了非均衡的土地利益分配机制。在征地出让过程中地方政府作为实际剩余控制者和索取者攫取了绝大部分农地非农化的增值收益和极差地租。土地权益的错配导致土地交易中权力（租金）代替了权利（租金），增加了市场交易成本，耗散了土地资源利用的潜在租金，潜伏了效率与公平的双重损失。

各利益相关主体围绕争夺土地增值收益的互动博弈推动着农村土地制度的变迁，集体经营性建设用地合法入市的实质是各利益主体土地利益关系的重构。制度的重新设计安排以其配给交易功能和分配性质相应地拓宽或压缩相关主体的利益空间，改变其行为逻辑，引发新的利益调整，最终促成"各依其权，各获其利"的新型利益分配模式和格局。

增值收益分配是农村集体经营性建设用地制度运作的核心利益机制。由于集体经营性建设用地的异质性、土地增值来源的多样性和土地产权转移过程的复杂性，决定了土地增值收益分配模式的多元化，但其遵从的核心逻辑是土地产权剩余控制权和土地价值剩余索取权从（地方）政府向农民（集体）的转移。这一过程中，需审慎观察农民与农村集体委托代理关系下的代理人风险，通过优化乡村治理结构和提升农民自组织能力来予以化解。

参考文献

一 外文书

《普列汉诺夫哲学著作选集》第3卷，生活·读书·新知三联书店1962年版。

［澳］艾伦·查尔默斯：《科学究竟是什么》，邱仁宗译，河北科学技术出版社2002年版。

［奥地利］约瑟夫·熊彼特：《从马克思到凯恩斯十大经济学家》，商务印书馆1965年版。

［奥地利］约瑟夫·熊彼特：《资本主义、社会主义和民主主义》，商务印书馆1979年版。

［奥地利］约瑟夫·熊彼特：《经济发展理论》，商务印书馆2017年版。

［德］黑格尔：《逻辑学》（下卷），杨一之译，商务印书馆1976年版。

［德］柯武刚、史漫飞：《制度经济学：社会秩序与公共政策》，商务印书馆2000年版。

［俄］普列汉诺夫：《论一元论历史观之发展》，博古译，生活·读书·新知三联书店1961年版。

［法］亨利·勒帕日：《美国新自由主义经济学》，转引自王永华《美国新自由主义经济学评价》，经济科学出版社1999年版。

［法］托马斯·皮凯蒂：《21世纪资本论》，巴曙松等译，中信出版社2014年版。

［美］D.盖尔·约翰逊：《经济发展中的农业、农村和农民问题》，林毅夫、赵耀辉编译，商务印书馆2004年版。

［美］R.科斯、［美］A.阿尔钦、［美］D.诺斯：《财产权利与制度变迁——产权学派与新制度学派译文集》，刘守英等译，上海人民出版社2002年版。

［美］德隆阿西莫格鲁、詹姆斯·A. 罗宾逊：《国家为什么会失败》，李增刚译，徐彬校，湖南科学技术出版社2015年版。

［美］埃里克·弗鲁博顿、［德］鲁道夫·芮切特等：《新制度经济学——一个交易费用分析范式》，姜建强、罗长远译，上海三联书店2006年版。

［美］保罗·斯威齐：《资本主义发展的理论》，1942年英文版。

［美］米尔顿·弗里德曼、罗斯·弗里德曼：《自由选择》，胡骑等译，商务印书馆1998年版。

［美］克里斯特曼：《财产的神话：走向平等主义的所有权理论》，张绍宗译，张晓明校，广西师范大学出版社2004年版。

［美］卢梭：《社会契约论》，商务印书馆1982年版。

［美］罗伯特·考特、托马斯·尤伦：《法和经济学》，史普川、董雪兵等译，上海三联出版社1996年版。

［美］罗尔斯：《正义论》，何怀宏等译，中国社会科学出版社1988年版。

［美］道格拉斯·C. 诺思：《制度、制度变迁与经济绩效》，杭行译，韦森译审，格致出版社、上海人民出版社2014年版。

［美］帕特里夏·沃哈恩：《亚当·斯密及其留给现代资本主义的遗产》，夏镇平译，上海译文出版社2006年版。

［美］西奥多·W. 舒尔茨：《改造传统农业》，商务印书馆2006年版。

［美］托马斯·库恩：《科学革命的结构》，金吾伦等译，北京大学出版社2012年版。

［美］威廉·鲍莫尔：《企业家精神》，孙智君等译，郭熙保等校译，武汉大学出版社2010年版。

［美］约·贝·福斯特：《生态革命——与地球和平相处》，刘仁胜、李晶、董慧译，人民出版社2015年版。

［美］约瑟夫·E. 斯蒂格利茨：《自由市场的坠落》，李俊青等译，机械工业出版社2011年版。

［美］约瑟夫·E. 斯蒂格利茨：《不平等的代价》，张子源译，机械工业出版社2013年版。

［南］斯韦托扎尔·平乔维奇：《产权经济学——一种关于比较体制的理论》，蒋琳琦译，张军校，经济科学出版社1999年版。

［日］伊藤诚：《价值与危机》，宋群译，中国社会科学出版社1990年版。

［日］速水佑次郎：《发展经济学——从贫困到富裕》，李周译，社会科学文献出版社 2003 年版。

［瑞典］阿萨·林德贝克：《经济制度与新左派经济学》，中国经济出版社 1992 年版。

［印］阿马蒂亚·森：《以自由看待发展》，任赜等译，中国人民大学出版社 2013 年版。

［英］弗里德利希·冯·哈耶克：《自由秩序原理》（上卷），邓正来译，生活·读书·新知三联书店 1997 年版。

［英］庇古：《福利经济学》，商务印书馆 2002 年版。

［英］萨比娜·阿尔基尔等：《贫困的缺失维度》，刘民权等译，科学出版社 2010 年版。

［英］亚当·斯密：《国民财富的性质与原因的研究》（下卷），郭大力、王亚南译，商务印书馆 1983 年版。

［英］约翰·洛克：《政府论两篇》，赵伯英译，陕西人民出版社 2004 年版。

［英］约翰·伊特韦尔等：《新帕尔格雷夫经济学大词典》（第三卷），经济科学出版社 2003 版。

二 中文书

《马克思恩格斯全集》，人民出版社。

《马克思恩格斯文集》，人民出版社。

《马克思恩格斯选集》，人民出版社。

［德］马克思：《哥达纲领批判》，人民出版社 1997 年版。

［德］马克思：《〈政治经济学批判〉序言、导言》，人民出版社 1971 年版。

［德］马克思：《资本论》，人民出版社 2004 年版。

《列宁全集》，人民出版社。

《列宁选集》，人民出版社。

《毛泽东选集》，人民出版社。

《邓小平文选》，人民出版社。

江泽民：《加快改革开放和现代化建设步伐 夺取有中国特色社会主义事业的更大胜利——在中国共产党第十四次全国代表大会上的报告》，人民出版社1992年版。

江泽民：《高举邓小平理论伟大旗帜　把建设中国特色社会主义事业全面推向二十一世纪——在中国共产党第十五次全国代表大会上的报告》，人民出版社1997年版。

江泽民：《全面建设小康社会　开创中国特色社会主义事业新局面——在中国共产党第十六次全国代表大会上的报告》，人民出版社2002年版。

胡锦涛：《高举中国特色社会主义伟大旗帜　为夺取全面建设小康社会新胜利而奋斗——在中国共产党第十七次全国代表大会上的报告》，人民出版社2007年版。

习近平：《决胜全面建成小康社会　夺取新时代中国特色社会主义伟大胜利——在中国共产党第十九次全国代表大会上的报告》，人民出版社2017年版。

《十三大以来重要文献选编》（上），人民出版社1991年版。

北京大学国家发展综合研究院课题组：《还权赋能：奠定长期发展的可靠基础——成都市统筹城乡综合改革的调查研究》，北京大学出版社2010年版。

常修泽：《所有制改革与创新中国所有制结构改革40年》，广东经济出版社2018年版。

陈恕祥：《论一般利润率下降规律》，武汉大学出版社1995年版。

高培勇：《收入分配：经济学界如是说》，经济科学出版社2002年版。

高伟：《中国国民收入和利润率的再估算》，中国人民大学出版社2009年版。

《共产党宣言》，人民出版社2014年版。

郭克莎、胡家勇：《中国所有制结构变化趋势和政策问题研究》，广东经济出版社2015年版。

国务院扶贫开发领导小组办公室组织编写、范小建主编：《中国农村扶贫开发纲要（2011—2020）干部辅导读本》，中国财政经济出版社2012年版。

贺雪峰：《地权的逻辑——中国农村土地制度向何处去》，中国政法大学出版社2010年版。

贺雪峰：《地权的逻辑2：地权变革的真相与谬误》，东方出版社2013年版。

黄燕芬等：《分配的革命：部分劳权向股权的转换》，中国水利水电出版社 2004 年版。

经济研究编辑部：《中国社会主义经济理论的回顾与展望》，经济日报出版社 1986 年版。

李楠：《马克思按劳分配理论及其在当代中国的发展》，高等教育出版社 2003 年版。

李实等：《中国居民收入分配研究Ⅲ》，北京师范大学出版社 2008 年版。

李实、岳希明：《〈21 世纪资本论〉到底发现了什么》，中国财政经济出版社 2016 年版。

郎咸平：《郎咸平说：中国经济的旧制度与新常态》，东方出版社 2014 年版。

林毅夫：《制度、技术与中国农业发展》，上海三联书店 2005 年版。

刘灿等：《完善社会主义市场经济体制与公民财产权利研究》，经济科学出版社 2014 年版。

《刘诗白文集》（第 4 卷），西南财经大学出版社 1999 年版。

刘诗白：《我国转轨期经济过剩运行研究》，西南财经大学出版社 2000 年版。

陆汉文、黄承：《中国精准扶贫报告（2016）》，社科文献出版社 2016 年版。

陆立军、王祖强：《新社会主义政治经济学论纲》，中国经济出版社 2000 年版。

梅夏英：《财产权构造的基础分析》，人民法院出版社 2002 年版。

青连斌：《分配制度改革与共同富裕》，江苏人民出版社 2004 年版。

权衡、杨鹏飞：《劳动与资本的共赢逻辑》，上海人民出版社 2008 年版。

荣兆梓：《公有制实现形式多样化通论》，经济科学出版社 2001 年版。

唐士其：《西方政治思想史》，北京大学出版社 2002 年版。

王珏：《社会主义政治经济学四十年》（第 4 卷），中国经济出版社 1991 年版。

王利民：《物权法论》，中国政法大学出版社 2003 年版。

王启荣、王广礼、方涛：《中国社会主义经济学理论》，华中师范大学出版社 1987 年版。

王文等：《中国农村集体建设用地流转收益关系及分配政策研究》，经济科学出版社 2013 年版。

吴敬琏、厉以宁、林毅夫等：《小趋势 2015：读懂新常态》，中信出版社 2015 年版。

武建奇：《马克思的产权思想》，中国社会科学出版社 2008 年版。

肖林：《新供给经济学——供给侧结构性改革与持续增长》，格致出版社、上海人民出版社 2016 年版。

《学习马克思关于再生产的理论》，人民出版社、中国社会科学出版社 1980 年版。

杨辉：《马克思主义个人收入分配理论中国化研究》，世界图书出版公司 2011 年版。

张宇等：《高级政治经济学：马克思主义经济学的最新发展》，经济科学出版社 2002 年版。

张作云等：《社会主义市场经济中收入分配体制研究》，商务印书馆 2004 年版。

赵凌云：《富国裕民的梦寻：经济学的进化与当代图景》，天津教育出版社 2002 年版。

赵晓雷：《中华人民共和国经济思想史纲》，首都经济贸易大学出版社 2009 年版。

《中共中央关于全面深化改革若干重大问题的决定》，人民出版社 2013 年版。

中共中央文献研究室：《建国以来重要文献选编》（第 7 册），中央文献出版社 1993 年版。

中共中央文献研究室：《十六大以来重要文献选编》，中央文献出版社 2008 年版。

中共中央宣传部编：《习近平总书记系列重要讲话》，学习出版社、人民出版社 2016 年版。

中共中央宣传部编：《习近平总书记系列重要讲话读本》，学习出版社、人民出版社 2016 年版。

中共中央宣传部理论局：《习近平新时代中国特色社会主义思想三十讲》，北京习出版社 2018 年版。

中共中央宣传部：《习近平总书记系列重要讲话读本》，学习出版社、人民出版社 2016 年版。

中国发展研究基金会课题组：《转折期的中国收入分配：中国收入分配相关政策的影响评估》，中国发展出版社 2012 年版。

中国经济体制改革研究基金会、中国经济体制改革研究会联合专家组：《中国改革发展报告 2005：收入分配与公共政策》，上海远东出版社 2005 年版。

中国社会科学院语言研究所词典编辑室：《新华字典》，商务印书馆 2011 年版。

中央农村工作领导小组办公室：《小康不小康关键看老乡》，人民出版社 2013 年版。

钟祥财：《中国收入分配思想史》，上海社会科学院出版社 2005 年版。

周黎安：《转型中的地方政府：官员激励与治理》，格致出版社、上海三联书店、上海人民出版社 2017 年版。

周振华等：《收入分配与权利、权力》，上海社会科学院出版社 2005 年版。

朱炳元等：《马克思劳动价值论及其现代形态》，中央编译出版社 2007 年版。

朱玲：《减贫与包容：发展经济学研究》，中国社会科学出版社 2013 年版。

左常生：《中国扶贫开发政策演变（2001—2015）》，社科文献出版社 2016 年版。

三 期刊

Brad Stone：《现时现地：硅谷的黄金时代》，《商业周刊》2012 年第 1 期。

CCER "中国经济观察" 研究组：《我国资本回报率估测（1978—2006）——新一轮投资增长和经济景气微观基础》，《经济学》（季刊）2007 年第 4 期。

Louis Kuijs、Willian Mako、张春霖：《国企分红：分多少？分给谁？》，《中国投资》2006 年第 4 期。

白暴力、王胜利：《供给侧改革的理论和制度基础与创新》，《中国社会科学院研究生院学报》2017 年第 2 期。

白重恩、路江涌、陶志刚：《国有企业改制效果的实证研究》，《经济研究》2006 年第 8 期。

蔡昉：《从人口学视角论中国经济减速问题》，《中国市场》2013 年第 7 期。

蔡昉、王美艳：《中国面对的收入差距现实与中等收入陷阱风险》，《中国人民大学学报》2014年第3期。

蔡继明：《农村集体建设用地流转的主体和利益分配》，《学习论坛》2010年第7期。

陈昌兵：《可变折旧率估计及资本存量测算》，《经济研究》2014年第12期。

陈冬华、陈信元、万华林：《国有企业中的薪酬管制与在职消费》，《经济研究》2005年第2期。

陈健：《集体建设用地流转及其收益分配机制》，《改革》2008年第2期。

陈甦：《土地承包经营权物权化与农地使用权制度的确立》，《中国法学》1996年第3期。

陈锡文：《关于农村土地制度改革的两点思考》，《经济研究》2014年第1期。

陈锡文：《深化农村土地制度改革与"三权分置"》，《公民与法》（综合版）2017年第7期。

陈先达：《寻求科学与价值之间的和谐——关于人文科学性质与创新问题》，《中国社会科学》2003年第6期。

陈钊、陆铭：《教育、人力资本和兼顾公平的增长——理论、台湾经验及启示》，《上海经济研究》2002年第1期。

陈宗胜：《倒U曲线的"阶梯形"变异》，《经济研究》1994年第5期。

陈宗胜等：《新时代中国特色社会主义市场经济体制逐步建成》，《经济社会体制比较》2018年第4期。

陈宗胜、高玉伟：《论我国居民收入分配格局变动及橄榄形格局的实现条件》，《经济学家》2015年第1期。

程恩富：《改革开放与马克思主义经济学创新》，《华南师范大学学报》（社会科学版）2009年第1期。

程恩富：《论新常态下的五大发展理念》，《南京财经大学学报》2016年第1期。

程恩富、谭劲松：《创新是引领发展的第一动力》，《马克思主义与现实》2016年第1期。

程恩富、张建刚：《坚持公有制经济为主体与促进共同富裕》，《求是学刊》2013年第1期。

程世勇、刘旸:《农村集体经济转型中的利益结构调整与制度正义——以苏南模式中的张家港永联村为例》,《湖北社会科学》2012年第3期。

迟巍、蔡许许:《城市居民财产性收入与贫富差距的实证分析》,《数量经济技术经济研究》2012年第2期。

党国英:《土地制度对农民的剥夺》,《中国改革》2005年第7期。

邓鹏:《论共享发展理念的民生伦理意蕴》,《中国社会科学院研究生院学报》2016年第5期。

邓卫平、侯俊军:《财政支农方式、结构对农业现代化的影响效应研究》,《求索》2015年第7期。

邓伟:《"国进民退"的学术论争及其下一步》,《改革》2010年第4期。

丁冰:《坚持公有制经济的主体地位是我国当前不容忽视的一项重要任务》,《思想理论教育导刊》2010年第7期。

丁任重:《关于供给侧结构性改革的政治经济学分析》,《经济学家》2016年第3期。

丁任重:《深刻领会和把握新时代我国社会主要矛盾的变化与完善我国发展模式》,《经济学家》2017年第12期。

丁任重、徐志向:《新时期技术创新与我国经济周期性波动的再思考》,《南京大学学报》(哲学·人文科学·社会科学)2018年第1期。

董敏杰、梁泳梅、张其仔:《中国工业产能利用率:行业比较、地区差距及影响因素》,《经济研究》2015年第1期。

范从来、谢超峰:《益贫式增长、分配关系优化与共享发展》,《学术月刊》2017年第3期。

范亚峰:《财产权保护的正义之维》,《经济学消息报》2003年第546期。

范亚峰:《财产权入宪的意义》,《求是》2004年第8期。

方志权:《农村集体经济组织产权制度改革若干问题》,《中国农村经济》2014年第7期。

冯卓、詹琳:《城镇化进程中农村集体资产管理问题探究》,《经济体制改革》2014年第2期。

盖凯程等:《中国城市土地市场化进程中的地方政府行为研究》,《财贸经济》2009年第6期。

盖凯程:《"市场的逻辑"的逻辑》,《马克思主义研究》2011年第12期。

高尚全:《坚持基本经济制度把握"两个中性"原则》,《宏观经济管理》

2019 年第 7 期。

葛扬：《马克思所有制理论中国化的发展与创新》，《当代经济研究》2016 年第 10 期。

顾海良：《中国特色社会主义经济学的时代篇章》，《经济理论与经济管理》2011 年第 7 期。

郭凯、姚洋：《国有企业改制的成因：对五个假说的检验》，《世界经济》2004 年第 12 期。

郭熙保、张平：《对我国经济体制改革论争的回顾与思考》，《江海学刊》2009 年第 4 期。

国鲁来：《农村基本经营制度的演进轨迹与发展评价》，《改革》2013 年第 2 期。

韩长赋：《再谈"三权"分置》，《农村工作通讯》2017 年第 23 期。

韩永辉、黄亮雄、邹建华：《中国经济结构性减速时代的来临》，《统计研究》2016 年第 5 期。

韩占兵：《中国财政支农规模与效率的实证分析：1978—2013》，《当代经济管理》2016 年第 5 期。

郝大明：《国有企业公司制改革效率的实证分析》，《经济研究》2006 年第 7 期。

郝立新：《历史唯物主义的理论本质和发展形态》，《中国社会科学》2012 年第 3 期。

何中华：《重读马克思：可能性及其限度》，《山东社会科学》2004 年第 11 期。

洪银兴：《关于中国特色社会主义政治经济学理论体系建设的几个问题》，《人文杂志》2017 年第 12 期。

洪银兴：《中国特色社会主义政治经济学的话语体系》，《政治经济学评论》2017 年第 3 期。

侯晓东：《供给侧结构改革的马克思主义政治经济学研究——基于市场供需均衡理论比较视角》，《当代经济》2016 年第 19 期。

胡鞍钢：《"国进民退"现象的证伪》，《国家行政学院学报》2012 年第 1 期。

胡鞍钢、周绍杰、任皓：《供给侧结构性改革——适应和引领中国经济新常态》，《清华大学学报》（哲学社会科学版）2016 年第 2 期。

胡家勇：《地方政府"土地财政"依赖与利益分配格局》，《财贸经济》2012 年第 5 期。

胡培兆：《贫富论》，《学术月刊》2006 年第 5 期。

黄凯南：《供给侧和需求侧的共同演化：基于演化增长的视角》，《南方经济》2015 年第 12 期。

黄砺等：《中国农地产权是有意的制度模糊吗?》，《中国农村观察》2014 年第 6 期。

黄群慧：《管理腐败新特征与国有企业改革的新阶段》，《中国工业经济》2006 年第 11 期。

黄速建、余菁：《国有企业的性质、目标与社会责任》，《中国工业经济》2006 年第 2 期。

黄泰岩：《论按生产要素分配》，《中国经济问题》1998 年第 6 期。

黄小虎：《征地制度改革和集体建设用地流转》，《经济研究参考》2008 年第 6 期。

纪宏、陈云：《我国中等收入者比重及其变动的测度研究》，《经济学动态》2009 年第 6 期。

纪明、许春慧：《论中国当前供需结构性改革思路——基于供需转换与经济持续均衡增长视角》，《社会科学》2017 年第 1 期。

纪念改革开放 40 周年系列选题研究中心：《重点领域改革节点研判：供给侧与需求侧》，《改革》2016 年第 1 期。

季素娇：《习近平精准扶贫思想逻辑体系论略》，《山东社会科学》2017 年第 10 期。

冀县卿、钱忠好：《农地产权结构变迁与中国农业增长：一个经济解释》，《管理世界》2009 年第 1 期。

贾根良、崔学锋：《经济学中的主流与非主流：历史考察与中国情境》，《湖北经济学院学报》2006 年第 3 期。

贾根良：《李斯特经济学的历史地位、性质与重大现实意义》，《学习与探索》2015 年第 2 期。

贾康：《把握经济发展"新常态"打造中国经济升级版》，《国家行政学院学报》2015 年第 1 期。

贾康等：《中国需要构建和发展以改革为核心的新供给经济学》，《财政研究》2013 年第 1 期。

贾康、苏京春：《探析"供给侧"经济学派所经历的两轮"否定之否定"：对"供给侧"学派的评价、学理启示及立足于中国的研讨展望》，《财政研究》2014 年第 8 期。

贾康、苏京春：《"五维一体化"供给理论与新供给经济学包容性边界》，《财经问题研究》2014 年第 11 期。

贾康、孙洁：《公司伙伴关系（PPP）的概念、起源、特征与功能》，《财政研究》2009 年第 10 期。

简新华：《马克思主义经济学面临的挑战与创新》，《中国经济问题》2006 年第 3 期。

江宗超：《按劳分配与劳动价值论的关系综述》，《法制与社会》2008 年第 11 期。

蒋省三、刘守英：《土地资本化与农村工业化——广东省佛山市南海经济发展调查》，《管理世界》2003 年第 11 期。

蒋学模：《马克思主义政治经济学的与时俱进——正确认识和对待〈资本论〉理论体系》，《学术月刊》2003 年第 7 期。

金碚：《三论国有企业是特殊企业》，《中国工业经济》1999 年第 7 期。

金碚：《论国有企业改革在定位》，《中国工业经济》2010 年第 4 期。

金碚：《关于"高质量发展"的经济学研究》，《中国工业经济》2018 年第 4 期。

经济质量研究课题组、孙志明：《我国省际经济质量比较与评价研究》，《经济纵横》2017 年第 12 期。

井世洁、赵泉民：《新型乡村社区治理模式构建——基于苏南 Y 村"村社协作型"的个案》，《南京社会科学》2015 年第 4 期。

孔祥智、刘同山：《论我国农村基本经营制度：历史、挑战与选择》，《政治经济学评论》2013 年第 4 期。

匡家在：《地方政府行为的制度分析：基于土地出让收益分配制度变迁的研究》，《中央财经大学学报》2009 年第 4 期。

雷钦礼：《技术进步偏向、资本效率与劳动收入份额变化》，《经济与管理研究》2012 年第 12 期。

黎元生：《农村土地产权配置市场化与制度改革》，《当代经济研究》2007 年第 3 期。

李稻葵：《转型经济中的模糊产权理论》，《经济研究》1995 年第 4 期。

李繁荣：《马克思主义经济学视域下的供给侧结构性改革解读——基于社会总资本再生产理论》，《当代经济研究》2017年第4期。

李宽、熊万胜：《农村集体资产产权改革何以稳妥进行——以上海松江农村集体资产产权改革为例》，《南京农业大学学报》（社会科学版）2015年第15期。

李猛：《中国经济减速之源：1952—2011年》，《中国人口科学》2013年第1期。

李民骐：《资本主义经济危机与中国经济增长》，《政治经济学评论》2016年第7期。

李平：《论竞争领域国企改革的根本出路》，《管理世界》2000年第3期。

李萍：《邓小平理论视阈中的主题与创新观》，《社会科学研究》2005年第3期。

李萍、王军：《城镇化发展对不同收入水平农民增收的影响研究——以四川省为例》，《四川大学学报》（哲学社会科学版）2015年第6期。

李实、魏众、丁赛：《中国居民财产分布不均等及其原因的经验分析》，《经济研究》2005年第6期。

李实：《中国农村劳动力流动与收入增长和分配》，《中国社会科学》1999年第2期。

李实：《中国个人收入分配研究回顾与展望》，《经济学家》2003年第2期。

李实：《中国收入分配格局的变化与改革》，《北京工商大学学报》（社会科学版）2015年第4期。

李松龄：《供给侧改革的价值论依据与制度保障》，《山东社会科学》2018年第1期。

李雪娇、何爱平：《政治经济学的新境界：从人的全面自由发展到共享发展》，《经济学家》2016年第12期。

李延荣：《集体建设用地流转要分清主客体》，《中国土地》2006年第2期。

李扬、张晓晶：《"新常态"：经济发展的逻辑与前景》，《经济研究》2015年第5期。

李佯恩：《指路村：宅基地退出模式初探》，《中国土地》2014年第2期。

李义平：《马克思的经济发展理论：一个分析现实经济问题的理论框架》，

《中国工业经济》2016年第11期。

李中建、柳新元：《国有企业"内部人"控制问题研究综述》，《经济学动态》2004年第11期。

李佐军：《引领经济新常态走向好的新常态》，《国家行政学院学报》2015年第1期。

李佐军：《推进中国区域经济发展质量的全面提升》，《区域经济评论》2018年第1期。

梁慧星：《制定中国物权法的若干问题》，《法学研究》2000年第4期。

梁凯乔：《新常态下我国经济结构转型新特征》，《广东行政学院学报》2015年第5期。

林岗：《马克思主义经济学分析范式的基本特征》，《经济学动态》2007年第7期。

林岗、张宇：《〈资本论〉的方法论意义——马克思主义经济学的五个方法论命题》，《当代经济研究》2000年第6期。

林来梵：《论私人财产权的宪法保障》，《法学》1999年第3期。

林乐芬、沈一妮：《异质性农户对农地抵押贷款的响应意愿及影响因素——基于东海试验区2640户农户的调查》，《财经科学》2015年第4期。

林毅夫、蔡昉、李周：《竞争、政策性负担和国有企业改革》，《经济社会体制比较》1998年第5期。

林毅夫、李贽：《中国的国有企业与金融体制改革》，《经济学》（季刊）2005年第4期。

林毅夫：《什么是经济新常态》，《领导文萃》2015年第2期。

林毅夫：《新常态下中国经济的转型和升级：新结构经济学的视角》，《新金融》2015年第6期。

林幼平、张澍：《20世纪90年代以来中国收入分配问题研究综述》，《经济评论》2001年第4期。

刘斌：《西方经济学中收入分配公平观述评》，《山西大学学报》（哲学社会科学版）2004年第4期。

刘灿：《构建以用益物权为内涵属性的农村土地使用权制度》，《经济学动态》2014年第11期。

刘灿、韩文龙：《农民的土地财产权利：性质、内涵和实现问题——基于经济学和法学的分析视角》,《当代经济研究》2012年第6期。

刘放桐:《从经典马克思主义到西方马克思主义》,《求是学刊》2004年第5期。

刘凤义:《中国特色社会主义政治经济学原则与供给侧结构性改革指向》,《政治经济学评论》2016年第3期。

刘福森:《马克思哲学研究中三个不可回避的重要问题》,《哲学研究》2012年第6期。

刘家养、黄念兵:《基于城乡公平视角的我国省级地方财政支农资金效率研究》,《宏观经济研究》2015年第5期。

刘美平:《高科技服务业引领的创新供给规律和路径》,《社会科学研究》2017年第3期。

刘瑞明:《金融压抑、所有制歧视与增长拖累——国有企业效率损失再考察》,《经济学》(季刊)2011年第2期。

刘瑞、王岳:《从"国进民退"之争看国企在宏观调控中的作用》,《政治经济学评论》2010年第3期。

刘胜军:《中国经济通往新常态之路》,《清华金融评论》2015年第1期。

刘诗白:《走向21世纪的新时期政治经济学研究之我见》,《学术月刊》1999年第3期。

刘世锦:《"新常态"下如何处理好政府与市场的关系》,《求是》2014年第8期。

刘世锦:《中国国有企业的性质与改革逻辑》,《经济研究》1995年第4期。

刘守英:《中国城乡二元土地制度的特征、问题与改革》,《国际经济评论》2014年第3期。

刘守英:《中国土地制度改革:上半程及下半程》,《国际经济评论》2017年第5期。

刘伟、苏剑:《"新常态"下的中国宏观调控》,《经济科学》2014年第4期。

刘伟:《习近平新时代中国特色社会主义经济思想的内在逻辑》,《经济研究》2018年第5期。

刘武根、艾四林:《论共享发展理念》,《思想理论教育导刊》2016年第1期。

刘永湘、杨明洪:《中国农民集体所有土地发展权的压抑与抗争》,《中国农村经济》2003年第3期。

刘玉照、金文龙:《集体资产分割中的多重逻辑——中国农村股份合作制改造与"村改居"实践》,《西北师大学报》(社会科学版)2003年第6期。

刘元春:《国有企业宏观效率论——理论及其验证》,《中国社会科学》2001年第5期。

刘元胜、胡岳岷:《农民权益:农村土地增值收益分配的根本问题》,《财经科学》2017第7期。

刘元胜:《农村集体建设用地产权流转价格形成机理》,《农村经济》2012年第7期。

刘志彪:《提升生产率:新常态下经济转型升级的目标与关键措施》,《审计与经济研究》2015年第4期。

柳平生:《当代西方马克思主义对马克思经济正义原则的重构》,《经济学家》2007年第2期。

卢现祥:《供给侧结构性改革:从资源重新配置追赶型经济转向创新驱动型经济》,《人文杂志》2017年第1期。

鲁保林、赵磊:《美国经济利润率的长期趋势和短期波动:1966—2009》,《当代经济研究》2013年第6期。

鲁保林:《中国工业部门利润率动态:1981—2009年》,《海派经济学》2014年第2期。

鲁品越:《〈资本论〉是关于市场权力结构的巨型理论——兼论社会主义市场经济的理论基础》,《吉林大学社会科学学报》2013年第5期。

吕长江、赵恒宇:《国有企业管理者激励效应研究——基于管理者权力的解释》,《管理世界》2008年第11期。

吕恒立:《试论公共产品的私人供给》,《天津师范大学学报》(社会科学版)2002年第3期。

吕萍等:《集体建设用地流转影响效应及障碍因素分析》,《农业经济问题》2008年第2期。

罗必良:《分税制、财政压力与政府"土地财政"偏好》,《学术研究》2010年第10期。

罗必良:《公共领域、模糊产权与政府的产权模糊化倾向》,《改革》2005

年 7 期。

罗必良:《农业共营制:新型农业经营体系的探索与启示》,《社会科学家》2015 年第 5 期。

罗楚亮、李实、赵人伟:《我国居民的财产分布及其国际比较》,《经济学家》2009 年第 9 期。

罗丹等:《不同农村土地非农化模式的利益分配机制比较研究》,《管理世界》2004 年第 9 期。

罗东、矫健:《国家财政支农资金对农民收入影响实证研究》,《农业经济问题》2014 年第 12 期。

罗宏、黄文华:《国企分红、在职消费与公司业绩》,《管理世界》2008 年第 9 期。

罗进辉:《"国进民退":好消息还是坏消息》,《金融研究》2013 年第 5 期。

马俊驹、梅夏英:《财产权制度的历史评析和现实思考》,《中国社会科学》1999 年第 1 期。

马艳:《中国马克思主义经济学的主流地位及其创新》,《上海财经大学学报》2005 年第 1 期。

马永伟:《农村集体资产产权制度改革:温州的实践》,《福建论坛》(人文社会科学版)2013 年第 6 期。

毛铖:《利益缔结与统分结合:立体式复合型现代农业经营体系构建》,《湖北社会科学》2015 年第 6 期。

毛寿龙:《财产权的悖论》,《商务周刊》2003 年第 1 期。

孟捷:《劳动与资本在价值创造中的正和关系研究》,《经济研究》2011 年第 4 期。

逄锦聚:《论劳动价值论与生产要素按贡献参与分配》,《南开学报》(哲学社会科学版)2004 年第 5 期。

逄锦聚:《把握"根"与魂开拓新境界》,《中国社会科学》2016 年第 11 期。

逄锦聚:《经济发展新常态中的主要矛盾和供给侧结构性改革》,《政治经济学评论》2016 年第 2 期。

逄锦聚:《中国特色社会主义政治经济学的民族性与世界性》,《经济研究》2016 年第 10 期。

彭文英等：《集体建设用地流转收益及分配探析》，《经济与管理研究》2008年第5期。

平新乔、范瑛、郝朝艳：《中国国有企业代理成本的实证分析》，《经济研究》2003年第11期。

戚聿东、柳学信：《中国垄断行业的竞争状况研究》，《管理学前沿》2006年第2期。

钱忠好等：《我国城乡非农建设用地市场：垄断、分割与整合》，《管理世界》2007年第6期。

钱忠好、曲福田：《规范政府土地征用行为切实保障农民土地权益》，《中国农村经济》2004年第12期。

钱忠好，曲福田：《农地股份合作制的制度经济解析》，《管理世界》2006年第8期。

秦天程：《新常态下影响经济转型的制约因素分析》，《当代经济管理》2015年第3期。

秦颖：《论公共产品的本质》，《经济学家》2006年第3期。

邱海平：《供给侧结构性改革必须坚持以马克思主义政治经济学为指导》，《政治经济学评论》2016年第3期。

曲创、石传明、臧旭恒：《我国行政垄断的形成：垄断平移与行政合谋》，《经济学动态》2010年第12期。

曲福田等：《统筹城乡与农村集体土地产权制度改革》，《管理世界》2011年第6期。

屈炳祥：《论〈资本论〉的科学批判精神与中国特色社会主义政治经济学建设》，《当代经济研究》2018年第6期。

屈茂辉：《论完善我国私人财产法律制度》，《湖南社会科学》2003年第1期。

饶志平：《完善宪法财产权——基于我国公民宪法财产权问题的分析》，《黑龙江省政法管理干部学院学报》2003年第2期。

任保平、李禹墨：《新时代我国高质量发展评判体系的构建及其转型路径》，《陕西师范大学学报》（哲学社会科学版）2018年第3期。

任保平：《马克思主义政治经济学分工理论及其对供给侧改革的解释》，《政治经济学报》2018年第6期。

任保平、宋文月：《新常态下中国经济增长潜力开发的制约因素》，《学术月刊》2015 年第 2 期。

任保平、辛伟：《大数据时代中国新常态经济增长路径与政策的转型》，《人文杂志》2015 年第 4 期。

荣兆梓：《"国退民进"与公有制为主体》，《财贸研究》2014 年第 1 期。

《上海首例智能取代人工劳动的争议仲裁开庭，失业 or 转型》，《中国经济周刊》2017 年第 36 期。

邵丽敏、王建秀、阎俊爱：《社会总资本再生产理论——基于生产持续性视角》，《经济问题》2018 年第 9 期。

沈坤荣、滕永乐：《"结构性"减速下的中国经济增长》，《经济学家》2013 年第 8 期。

沈尤佳、马君实：《收入分配差距问题研究新进展》，《经济学动态》2008 年第 1 期。

师博、任保平：《中国省际经济高质量发展的测度与分析》，《经济问题》2018 年第 4 期。

石菊：《〈易经〉就是辩证法吗》，《学术研究》2007 年第 9 期。

孙敬水、程芳芳：《初次分配公平与再分配公平满意度研究——基于浙江省 11 个地区 958 份居民家庭问卷调查分析》，《江西财经大学学报》2017 年第 2 期。

孙久文：《从高速度的经济增长到高质量、平衡的区域发展》，《区域经济评论》2018 年第 1 期。

孙中华：《关于稳定和完善农村基本经营制度的几个问题》（上），《农村经营管理》2009 年第 5 期。

孙中华：《关于稳定和完善农村基本经营制度的几个问题》（上），《农村经营管理》2009 年第 6 期。

谭劲松、黎文靖：《国有企业经理人行为激励的制度分析：以万家乐为例》，《管理世界》2002 年第 10 期。

檀学文、李静：《习近平精准扶贫思想的实践深化研究》，《中国农村经济》2017 年第 9 期。

陶启智、冯青琛、刘铭：《深化供给侧结构性改革的马克思主义政治经济学分析》，《财经科学》2017 年第 8 期。

滕泰、刘哲：《供给侧改革的经济学逻辑——新供给主义经济学的理论探索》，《兰州大学学报》（社会科学版）2018 年第 1 期。

田宝会、刘静仑：《私有财产权与法律改革：1978—2003 中国法律改革史考察》，《河北法学》2006 年第 8 期。

田国强：《现代经济学的本质（下）》，《学术月刊》2016 年第 8 期。

田学斌：《共享发展的逻辑机理和实现路径》，《中国党政干部论坛》2017 年第 9 期。

汪海波、吴敬琏、周叔莲：《必须把劳动者的一部分收入和企业的经营状况紧密地联系起来》，《经济研究》1978 年第 12 期。

汪三贵、刘未：《"六个精准"是精准扶贫的本质要求——习近平精准扶贫系列论述探析》，《毛泽东邓小平理论研究》2016 年第 1 期。

王东京：《习近平经济思想与中国特色社会主义政治经济学构建》，《管理世界》2017 年第 11 期。

王景新：《影响农村基本经营制度稳定的倾向性问题及建议》，《西北农林科技大学学报》2013 年第 5 期。

王军：《新能源、传统能源对我国经济增长的贡献分析》，《安徽行政学院学报》2014 年第 2 期。

王军、詹韵秋：《财政支农资金股权量化改革：实践探索、现实困境与破解之策——以四川省广元市改革试点区为例》，《农村经济》2016 年第 11 期。

王军、邹广平、石先进：《制度变迁对中国经济增长的影响——基于 VAR 模型的实证研究》，《中国工业经济》2013 年第 6 期。

王克忠：《论社会主义市场经济与按劳分配》，《学术月刊》1997 年第 4 期。

王利明：《关于中国物权法的基本原则、主要内容（下）》，《中国法律》2001 年第 8 期。

王林辉、赵景：《技术进步偏向性及其收入分配效应：来自地区面板数据的分位数回归》，《求是学刊》2015 年第 4 期。

王庆、章俊、ErnestHo：《2020 年前的中国经济：增长减速不是会否发生，而是如何发生》，《金融发展评论》2011 年第 3 期。

王婷：《马克思社会再生产理论视域中的供给侧结构性改革》，《河北经贸大学学报》2017 年第 3 期。

王小鲁、樊纲：《中国收入差距的走势和影响因素分析》，《经济研究》2005 年第 10 期。

王小映:《土地制度变迁与土地承包物权化》,《中国农村经济》2000 年第 1 期。

王晓林:《经济学范式:逻辑困惑、现实悖论及其可能出路》,《经济评论》2006 年第 6 期。

王亚丽:《运用马克思宏观经济均衡思想指导供给侧结构性改革》,《经济问题》2017 年第 5 期。

王仪祥:《国有企业不宜完全退出竞争性领域》,《经济学动态》2010 年第 10 期。

王永钦、丁菊红:《公共部门内部的激励机制:一个文献述评——兼论中国分权式改革的动力机制和代价》,《世界经济文汇》2007 年第 1 期。

王占强:《十九世纪的新财产:现代财产概念的发展》,《社会经济体制比较》1995 年第 1 期。

卫兴华:《坚持和完善我国现阶段基本经济制度的理论和实践问题》,《马克思主义研究》2010 年第 10 期。

卫兴华:《坚持和完善中国特色社会主义经济制度》,《政治经济学评论》2012 年第 1 期。

魏杰:《自然垄断性国有企业如何改?——英国铁路企业改革的启示》,《理论前沿》2007 年第 20 期。

魏旭:《唯物史观视阈下"供给侧结构性改革"的理论逻辑》,《社会科学战线》2018 年第 4 期。

吴敬琏:《不能把"供给侧结构性改革"和"调结构"混为一谈》,《中国经贸导刊》2016 年第 10 期。

吴晓波、张超群、窦伟:《我国转型经济中技术创新与经济周期关系研究》,《科研管理》2011 年第 1 期。

吴延兵:《国有企业双重效率损失研究》,《经济研究》2012 年第 3 期。

吴易风:《用马克思的产权理论指导国有企业产权改革》,《中国社会科学》1995 年第 1 期。

夏锋:《农民土地财产权的长期保障走向:物权化改革与对应收入》,《改革》2014 年第 3 期。

夏宁、夏锋:《农民土地财产性收入的制度保障与改革路径》,《农业经济问题》2008 年第 11 期。

项启源:《对"国进民退"争论的深入思考》,《当代经济研究》2011 年第

1 期。

谢富胜、李安、朱安东：《马克思主义危机理论和 1975—2008 年美国经济的利润率》，《中国社会科学》2010 年第 5 期。

邢成举、李小云：《精英俘获与财政扶贫项目目标偏离的研究》，《中国行政管理》2013 年第 9 期。

宣晓伟：《中央地方关系的调整与区域协同发展的推进》，《区域经济评论》2017 年第 6 期。

颜双波：《基于熵值法的区域经济增长质量评价》，《统计与决策》2017 年第 21 期。

杨灿明、赵兴罗：《"收入分配理论与政策"国际学术研讨会综述》，《中南财经政法大学学报》2012 年第 190 期。

杨春学、杨新铭：《关于"国进民退"的思考》，《经济纵横》2015 年第 10 期。

杨华星：《中国传统收入分配思想及其当代价值》，《江西财经大学学报》2016 年第 2 期。

杨继国：《马克思经济学"辩证均衡"理论体系初探》，《当代经济研究》2005 年第 7 期。

杨继国：《基于马克思经济增长理论的经济危机机理分析》，《经济学家》2010 年第 2 期。

杨继国、朱东波：《马克思结构均衡理论与中国供给侧结构性改革》，《上海经济研究》2018 年第 1 期。

杨继瑞、汪锐、马永坤：《农村承包地产权收益的经济学解析》，《中国农村经济》2014 年第 12 期。

杨嘉懿、李家祥：《以"五大发展理念"把握、适应、引领经济发展新常态》，《理论月刊》2016 年第 4 期。

杨瑞龙、张宇、韩小明、雷达：《国有企业的分类改革战略（续）》，《教学与研究》1998 年第 3 期。

杨天宇：《国有企业宏观效率论辩析——与刘元春先生商榷》，《中国社会科学》2002 年第 6 期。

杨伟民：《适应引领经济发展新常态　着力加强供给侧结构性改革》，《宏观经济管理》2016 年第 1 期。

杨晓玲：《理解马克思主义政治经济学》，《当代经济研究》2006 年第

7 期。

杨新铭、杨春学:《对中国经济所有制结构现状的一种定量估算》,《经济学动态》2012 年第 10 期。

姚德利:《论我国制度对财产权利的保护》,《皖西学院学报》2009 年第 4 期。

姚洋:《中国农地制度:一个分析框架》,《中国社会科学》2000 年第 2 期。

叶秀山:《论"瞬间"的哲学意义》,《哲学动态》2015 年第 5 期。

易淼、任毅:《五大发展理念:中国特色社会主义政治经济学的重要拓展》,《财经科学》2016 年第 4 期。

于金富:《努力实现马克思主义经济学的现代化》,《河南大学学报》(社会科学版)2009 年第 3 期。

余源培:《以共识、共通、共容、共享引领社会管理创新》,《毛泽东邓小平理论研究》2011 年第 8 期。

俞可平:《科学发展观与生态文明》,《马克思主义与现实》2006 年第 3 期。

袁恩桢:《收入差距与社会和谐》,《上海交通大学学报》(哲学社会科学版)2005 年第 13 期。

袁富华:《长期增长过程的"结构性加速"与"结构性减速":一种解释》,《经济研究》2012 年第 3 期。

袁志刚:《国外国有企业制度及其演变的比较研究》,《世界经济》1995 年第 6 期。

詹新宇、崔培培:《中国省际经济增长质量的测度与评价——基于"五大发展理念"的实证分析》,《财政研究》2016 年第 8 期。

张传开、干成俊:《改革开放以来辩证法研究范式的批判性反思》,《学术研究》2014 年第 3 期。

张德元:《农村基本经营制度的异化及其根源》,《华南农业大学学报》(社会科学版)2012 年第 1 期。

张建刚:《国家资本主义的模式及其发展状况》,《当代经济研究》2010 年第 3 期。

张军:《社会主义的政府与企业:从"退出"的角度分析》,《经济研究》1994 年第 9 期。

张军、吴桂英、张吉鹏：《中国省际物质资本存量估算：1952—2000》，《经济研究》2004 年第 4 期。

张俊山：《用马克思再生产理论指导我国的"供给侧结构性改革"》，《当代经济研究》2017 年第 7 期。

张平：《"结构性"减速下的中国宏观政策和制度机制选择》，《经济学动态》2012 年第 10 期。

张庆红：《对"益贫式增长"内涵的理解：一个文献综述》，《经济学研究》2013 年第 4 期。

张少鹏：《土地使用权是独立的不动产物权》，《中国法学》1998 年第 6 期。

张世贤：《战略性产业何来公益型国企》，《中国经济周刊》2011 年第 12 期。

张曙光：《土地流转与农业现代化》，《管理世界》2010 年第 7 期。

张守夫、张少停：《"三权分置"下农村土地承包权制度改革的战略思考》，《农业经济问题》2017 年第 38 期。

张维迎：《从公司治理结构看中国国有企业改革的成效、问题与出路》，《社会科学战线》1997 年第 2 期。

张晓晶：《樊纲的经济思想——转型理论：改革的政治经济学》，《河北经贸大学学报》2010 年第 6 期。

张晓山：《创新农业基本经营制度，发展现代农业》，《经济纵横》2007 年第 1 期。

张艳、马智民、朱良元：《农村土地承包经营权的物权化建构》，《中国土地科学》2009 年第 4 期。

张耀伟：《双重垄断下中国垄断行业改革：逻辑次序与路径选择》2008 年第 8 期。

张宇：《马克思主义经济学中国化的集中表现》，《学术月刊》2008 年第 3 期。

张宇：《当前关于国有经济的若干争议问题》，《经济学动态》2010 年第 6 期。

张宇燕、何帆：《国有企业的性质（上）》，《管理世界》1996 年第 5 期。

张宇燕、何帆：《国有企业的性质（下）》，《管理世界》1996 年第 6 期。

张占斌：《习近平同志扶贫开发思想探析》，《国家治理》2015 年第 36 期。

赵昌文：《对国企垄断要具体问题具体分析　国企改革几个理论问题辨析》，《人民论坛》2013年第4期。

赵德馨：《中国经济50年发展的路径、阶段与基本经验》，《中国经济史研究》2000年第1期。

赵家如：《集体资产股权的形成、内涵及产权建设——以北京市农村社区股份合作制改革为例》，《农业经济问题》（月刊）2014年第4期。

赵磊：《西方主流经济学方法论的危机》，《经济学动态》2004年第7期。

赵磊：《马克思主义不是"科学"吗？——一个"证伪主义"的维度》，《当代经济研究》2011年第2期。

赵磊等：《对经济学形式化的非主流解读》，《四川师范大学学报》（社会科学版）2012年第1期。

赵磊、刘河北：《新常态背景下财政支出与农民收入增长》，《江汉论坛》2015年第4期。

赵磊：《"刘国光之忧"》，《贵州商学院学报》2016年第1期。

郑京海、刘小玄、Arne Bigsten：《1980—1994期间中国国有企业的效率、技术进步和最佳实践》，《经济学》（季刊）2002年第3期。

周黎安：《中国地方官员的晋升锦标赛模式研究》，《经济研究》2007年第7期。

周林彬、刘俊臣：《我国物权法立法若干问题新探》，《四川大学学报》（哲学社会科学版）2001年第4期。

周其仁：《中国农村改革：国家和所有权关系的变化——一个经济制度变迁史的回顾》（上），《管理世界》1995年第3期。

周其仁：《中国农村改革：国家和所有权关系的变化——一个经济制度变迁史的回顾》（下），《管理世界》1995年第4期。

周其仁：《农地产权与征地制度》，《经济学》（季刊）2004年第4期。

周其仁等：《还权赋能——成都土地制度改革探索的调查研究》，《国际经济评论》2010年第2期。

周新成：《毫不动摇地坚持公有制为主体、多种所有制经济共同发展》，《当代经济研究》2010年第4期。

朱富强：《经济学的科学性意味着什么——经济学的双重属性及其研究思维》，《当代经济科学》2008年第3期。

邹一南、赵俊豪：《中国经济发展方式转变指标体系的构建与测度》，《统计与决策》2017 年第 23 期。

陈舒：《我国大宗商品国际定价权问题研究》，硕士毕业论文，山东大学，2013 年。

李洪波：《公共物品供给机制研究》，博士学位论文，天津大学，2005 年。

李志辉：《农村集体非农建设用地流转收益分配问题研究》，湖北省土地学会，《建设社会主义新农村土地问题研究》论文集，2006 年。

刘勇：《经济转型、经济增长与收入不平等研究》，博士学位论文，武汉大学，2010 年。

［美］布伦纳：《布伦纳认为生产能力过剩才是世界金融危机的根本原因》，蒋宏达、张露丹译，《国外理论动态》2009 年第 5 期。

［美］托马斯·C. 格雷：《论财产权的解体》，《社会经济体制比较》1994 年第 9 期。

四 英文

Aristizabal – Ramirez, M., G. Canavire – Bacarreza & F. Rios – Avila, "Revisiting the Effects of Innovation on Growth: a Threshold Analysis", *Applied Economics Letters*, 22 (18), 2015.

Brenner, R., *The Economics of Global Turbulence: The Advanced Capitalist Economies From Long Boom to Long Downturn, 1945 – 2005*, New York: Verso Books, 2006.

Brown, V. and Mohun, S., "The Rate of Profit in the UK, 1920 – 1938", *Cambridge Journal of Economics*, 5 (6), 2011.

Carroll, Archie B., "A Three – Dimensional Conceptual Model of Corporate Social Performance", *Academy of Management Review*, 1979, 4 (4).

Cohen G. A., *Freedom, Justice, Capitalism*, New Left Review, 1981,

Crotty, R., "Why do Global Markets Suffer From Chronic Excess Capacity?: Insights From Keynes, Schumpeter and Marx", Economics Department of UMass Amherst Working Paper, 2003.

Dobb, M., *On Marxism To – Day*, The Hogarth Press, 1932.

Dumenil, G., and D. Levy, *The Economics of the Profit Rate: Competition, Crises, and Historical Tendencies in Capitalism*, Aldershot: Edward Elga, 1993.

F. Martin, "Social Security and the Distribution of Wealth", *Journal of the American Statistical Association*, 356 (73), 1976.

Grossman, H., *The Law of Accumulation and Breakdown of the Capitalist System*, London: Pluto Press, 1992.

Grossman, S. and Hart, O., "The Costs and Benefits of Ownership", *Political Ecnonmy*, 94, 1986.

Hart, O. and Moore., "Property Rights and the Nature of the Firm", *Political Ecnonmy*, 98, 1990.

Harvey, H., *Spaces of Capital: Towards a Critical Geography*, Routledge Press, 2001.

Husami Ziyadi, "Marx on Distributive Justice", *Philosophy and Public Affairs*, (8), 1978.

Kotz, D., "Over-Investment and the Economic Crisis of 2008", *World Review of Political Economy*, 2 (1), 2011.

Lapavitsas, C., "Financialised Capitalism: Crisis and Financial Expropriation", *Historical Materialism*, 17 (2), 2009.

Los, B., Timmer, M. P., "The 'Appropriate Technology' Explanation of Productivity Growth Differentials: An Empirical Approach", *Journal of Development Economics*, 2005.

Mandel, E., *Marxist Economic Theory*, Monthly Review Press, 1962.

Maniatis, T., "Marxian Macroeconomic Categories in the Greek Economy", *Review of Radical Political Economics*, 37 (4), 2005.

Mcdonough, T., et al., *Contemporary Capitalism and Its Crises: Social Structure of Accumulation Theory for the 21st Century*, Cambridge University Press, 2010.

Moseley, F., "The Rate of Surplus Value, the Organic Composition, and the General Rate of Profit in the U.S. Economy, 1947–67: A Critique and Update of Wolff's Estimates", *American Economic Review*, 78, 1988.

Nilelson Kai, "Marx on Justice: the Tucker-Wood Thesis Revisited", *The University of Toronto Law Journal*, (38), 1988.

Okishio, N., "Technical Change and the Rate of Profit", *Kobe University Economic Review*, 7, 1961.

Peffer R. G. Marxism, *Morality and Social Justice*, Princeton, New Jersey: Princeton University Press, 1990.

Pejovich, S., "Towards an Economic Theory of the Creation and Specification of Property Rights", *Review of Social Economy*, 30(3) 1972.

Roemer John, *Free To Lose: An Introduction to Marxist Economic Philosophy*, Harvard University Press, 1988.

Samuelson P. A., "The Pure Theory of Public Expenditure", *Review of Economics and Statistics*, 1954, 36(4).

Shaikh, A., "Reflexivity, Path-Dependence and Disequilibrium Dynamics", *The Journal of Post Keynesian Economics*, 33(1), 2010.

Sweezy, P., *The Theory of Capitalist Development*, New York: Oxford University Press, 1942.

T. Piketty and E. Saez, "Inequality in the Long Run", *Science*, 6186(344), 2014.

Weisskopf, T., "Marxian Crisis Theory and the Rate of Profit in the Postwar U. S. Economy", *Cambridge Journal of Economics*, 3(4), 1979.

Wood Allen. W., "Marxian Critique of Justice", *Philosophy and Public Affairs*, (1), 1972.

五 报纸

习近平:《在纪念毛泽东同志诞辰120周年座谈会上的讲话》,《人民日报》2013年12月27日。

习近平:《在主持中共中央政治局第二十八次集体学习时的讲话》,《人民日报》2015年11月23日。

习近平:《立足我国国情和我国发展实践 发展当代中国马克思主义政治经济学》,《人民日报》2015年11月25日。

习近平:《在哲学社会科学工作座谈会上的讲话》,《人民日报》2016年5月19日。

习近平:《高举中国特色社会主义伟大旗帜 为决胜全面小康社会实现中国梦而奋斗》,《人民日报》2017年7月28日。

习近平:《坚持开放包容 推动联动增长》,《人民日报》2017年7月8日。

习近平：《决胜全面建成小康社会　夺取新时代中国特色社会主义伟大胜利——在中国共产党第十九次全国代表大会上的报告》，《人民日报》2017年10月28日。

习近平：《抓住世界经济转型机遇　谋求亚太更大发展——在亚太经合组织工商领导人峰会上的主旨演讲》，《人民日报》2017年11月10日。

习近平：《携手建设更加美好的世界——在中国共产党与世界政党高层对话会上的主旨讲话》，《人民日报》2017年12月2日。

习近平：《习近平在全国网络安全和信息化工作会议上强调　敏锐抓住信息化发展历史机遇　自主创新推进网络强国建设》，《人民日报》2018年4月22日。

习近平：《在民营企业座谈会上的讲话》，《人民日报》2018年11月2日。

习近平：《推动媒体融合纵深发展　巩固全党全国人民共同思想基础》，《人民日报》2019年1月26日。

白天亮：《国企将分公益性竞争性》，《人民日报》2011年12月14日。

陈彦斌：《理解供给侧改革的四个要点》，《光明日报》（理论版）2016年1月6日第15版。

陈永伟：《人工智能与经济学：关于近期文献的一个综述》，《财新》2018年2月8日。

丁任重：《高度重视供给侧结构性改革》，《经济日报》（理论版）2015年11月19日。

贵州省委政研室联合调研组：《"塘约经验"调研报告》，《贵州日报》2017年5月18日。

何新：《论世界经济形势与中国经济问题》，《人民日报》1990年12月11日。

鞠立新：《掀开马克思主义政治经济学新篇章》，《解放日报》2018年1月24日。

劳动和社会保障部劳动工资研究所课题组：《深化劳动价值论和分配理论的认识》，《经济日报》2002年3月18日。

李彬：《"公益性"概念引发国企改革方向之争》，《人民政协报》2011年12月27日。

李晓华：《人工智能是什么？》，《人民日报》2017年8月2日。

林兆木：《关于我国经济高质量发展的几点认识》，《人民日报》2018年1

月 17 日。

刘元春：《供给侧结构性改革的政治经济学解读》，《光明日报》2016 年 7 月 28 日 16 期。

秦宣：《五大发展理念的辩证关系》，《光明日报》2016 年 2 月 4 日。

人民日报评论员：《坚持以供给侧结构性改革为主线不动摇——四论贯彻落实中央经济工作会议精神》，《人民日报》2018 年 12 月 26 日。

盛丹：《外资垄断纵深中国》，《中国联合商报》2007 年 9 月 17 日。

宋广玉：《以"五大发展"理念引领南京"五型经济"建设》，《南京日报》2015 年 11 月 24 日。

卫兴华：《按贡献参与分配的贡献是指什么》，《人民日报》2003 年 2 月 18 日。

俞吾金：《哲学的困惑和魅力》，《文汇报》2005 年 1 月 2 日。

张政军：《国有企业分类管理如何推进》，《经济日报》2013 年 5 月 3 日。

赵磊：《透支经济与财富幻觉——美国新经济质疑》，《光明日报》2001 年 5 月 29 日 B02 版。

中办国办印发：《深化农村改革综合性实施方案》，《安徽日报》2015 年 11 月 3 日。

中共中央：《关于建立社会主义市场经济体制若干问题的决定（中国共产党第十四届三中全会通过）》，《人民日报》1993 年 11 月 17 日。

六　网址

李红梅：《共享发展的理论来源、科学内涵和实践维度》，红网，http://ldhn.rednet.cn/c/2017/07/12，2017 年 7 月 12 日。

梁慧星：《梁慧星教授今日成都说物权》，新华网，http://www.sc.xinhuanet.com/content/2006-04/23/content_6840831.htm，2006 年 4 月 23 日。

刘世锦：《应摘下企业头上"所有制的帽子"》，新浪财经，http://finance.sina.com.cn，2019 年 3 月 23 日。

《为何看好重庆：2015 年重庆经济 8 大关键数据》，新华网，http://www.cq.xinhuanet.com/2016-01/20/c_1117839101.htm，2016 年 1 月 20 日。

吴小平：《中国私营经济已完成协助公有经济发展的任务，应逐渐离场》，凤凰新闻网，http：//wemedia.ifeng.com，2018年9月12日。

《习近平谈"新常态"：3个特点4个机遇1个挑战》，新浪新闻，http：//news.sina.com.cn/o/2016-02-25/doc-ifxpvutf3361264.shtml，2016年8月3日。

《习近平在博鳌亚洲论坛2018年年会开幕式上的主旨演讲》，中国西藏网，http：//news.sina.com.cn/o/2018-04-10/doc-ifyuwqez8123281.shtml，2018年4月10日。

杨伟民：《减少政府机构 取消所有制分类》，新浪财经，http：//finance.sina.com.cn，2018年9月16日。

张思平：《国有企业后退一步，中国经济海阔天空》，澎湃新闻，https：//www.thepaper.cn，2017年12月15日。